广东石油化工学院史

1954—2024

《广东石油化工学院史（1954—2024）》编委会 编

华南理工大学出版社
· 广州 ·

图书在版编目（CIP）数据

广东石油化工学院史. 1954—2024 /《广东石油化工学院史（1954—2024）》编委会编. -- 广州：华南理工大学出版社，2024.10. -- ISBN 978-7-5623-7829-7

Ⅰ. G649.286.53

中国国家版本馆CIP数据核字第2024HC6557号

Guangdong Shiyou Huagong Xueyuan Shi（1954—2024）
广东石油化工学院史（1954—2024）
《广东石油化工学院史（1954—2024）》编委会　编

出 版 人：	房俊东
出版发行：	华南理工大学出版社
	（广州五山华南理工大学17号楼，邮编510640）
	http://hg.cb.scut.edu.cn　E-mail: scutc13@scut.edu.cn
	营销部电话：020-87113487　87111048（传真）
责任编辑：	刘　锋　宗　艺
责任校对：	盛美珍　龙祈君
印 刷 者：	广州一龙印刷有限公司
开　　本：	787mm×1092mm　1/16　总印张：37.5　插页：17　字数：841千
版　　次：	2024年10月第1版　印次：2024年10月第1次印刷
定　　价：	168.00元

版权所有　盗版必究　　印装差错　负责调换

广东石油化工学院史 1954—2024 编委会

主　　　任：张清华　梁　浩
常务副主任：万　勇
副　主　任：李　华　李为民　周如金　孙国玺　朱永东
委　　　员：陈龙彪　黎齐英　宋德源　赖新华　黄　碧　张海明
　　　　　　刘国平　蔡业彬　刘　美　李宗宝　范忠烽　陈铨禄
　　　　　　杨　高　邓　宇　郑宏伟　杨联斌　彭　波　吕国善
　　　　　　陈亚喜　赖建东　刘晋胜　黄　妍　左敬龙　黄军左
　　　　　　黄　敏　林　军　吕运容　谢文玉　吴英柱　李　哲
　　　　　　冯耀勇　唐少莲　田益民　陈国民　冯　晓　余长林
　　　　　　隋亦可　李　凝　欧　莉　徐井水　史　博　王素华
　　　　　　谭　辉　王　春　韦明肯　王新刚　何建东　王　倩
　　　　　　陆晓清　高志英　任红卫　张　磊　李　添　荆晓远
　　　　　　吴长虹　刘宝良　严君洲　梁　根　吴文衔　罗永华
　　　　　　温云峰　马　波　李　旭　李特夫　黎育生　吴剑明
　　　　　　陈东亮　郑凌云　蒋快安　张长明　刘　根
顾　　　问：何　浏　李　润

编 辑 部

主　　编：张海明

副 主 编：周海燕

编 写 组：程妙玲　蔡雯姬　吴嘉城　陈星宇　刘华旋　方　略
　　　　　胡丹玲　孙丽霞　周　墨　叶红霞　许婵贞　刘晓娟
　　　　　汪胜亮　卢洁蓓　廖达涛　左素萍　张　浩　吴杏思
　　　　　庞海全　黄小润　张法清　叶林宁　陈海均　苗　宇
　　　　　黄　雷　赵景全　江振丽　赖思银　周慧婷　周　莉
　　　　　丁元柱　李志娇　冯晓琳　梁扬眉　林秋丽　王　馨
　　　　　尹爱国　冉继龙　骆　磊　王依彤　于　松　吴嘉恩
　　　　　毛玉凤　梁晓蓓　张齐东　郑　棋　沈静秋　谢秋媚
　　　　　谭夏茹　段　勇　谭婧钰　梁植栋　王志刚　黄　梅
　　　　　宋艳萍　李少媚　周　婷　殷旭东　汤　起　凌　冰
　　　　　张绍兵　梁淑娟　徐观田　杨彩凤　李　杰　杨晓坤
　　　　　胡　杨　何宁强　蒋　倩　李容萍　王　锐　张　亮
　　　　　石佳奇　陈文丽　方　丹　张志远　陈恩满　张健强
　　　　　薛　锋　朱　璇　何华烨　吴福贵　卢　谷　王德临
　　　　　吴锡凤　李霖霆　吴文瑾

校 对 组：黄　敏　冼春梅　贺嫁姿　贾　薇　梁晓道　黄　容
　　　　　柳　丰　方灵子　余雪芳

序

气势磅礴七十载，浩浩荡荡一册史。广东石油化工学院，这所承载着华南地区石油化工教育重任的高等学府，自1954年诞生以来，已走过七十年的风雨历程。七十年来，广油赓续学校精神文脉，在中国共产党坚强领导下，与祖国同呼吸、共命运，不断淬炼学校精神，构筑起具有丰富历史内涵和鲜明时代特征的广油精神谱系。翻开历史的长卷，每一个前进的足迹都凝聚着广油人的智慧与血汗，可以说广东石油化工学院的历史就是不同时代广油人艰苦奋斗、求实献身的奋斗史。古人云："以古为鉴，可知兴替。"今天，我们站在历史的交汇点上回眸与记录，追溯办学往昔，传承学校精神，汲取奋进力量，谱写石化教育新华章。

肇始省会，血脉工农。1953年4月，中南军政委员会教育部做出将1950年成立的广州工农速成中学归华南工学院领导，作为华南工学院附设学校的决定。1954年8月25日，华南工学院（现华南理工大学）附设工农速成中学举行成立仪式暨开学典礼。从上级作出决定到成功招生开学，只有短短15个月时间，时间之紧迫、任务之繁重，不言而喻。筹建组发扬艰苦奋斗精神，千方百计克服人力、财力的困难，夜以继日开展基本建设和采购工作，力求为600多名师生员工教学、工作、生活准备好物质条件。从此，学校播撒了一颗工农血脉的红色种子。

因油而生，与油结缘。成立之初的新中国还顶着"贫油国"帽子，全国只有甘肃玉门、陕北延长、新疆独山子几个小油田，四川几个气田和东北几个人造油田，石油年产量只有 12 万多吨。在国家百废待兴、对石油工业迫切需求的背景下，1956 年 1 月 14 日，为适应我国石油工业发展的需要，经国务院批准，学校更名为石油工业部广州石油学校，隶属石油工业部管理。在成立大会上，冉济川校长作了动员报告，发言指出，石油是黑色的金子、工业的血液，我们的国防、工业、农业和人民生活都迫切需要大量石油，但是我国的石油工业还很落后，帝国主义者讥笑我们是"贫油"，我们中国工人阶级有志气有能力改变落后面貌；我国的石油藏量并不比别人少，但还缺乏人去开采，我们改校名，就是为了培养更多的石油人才，加快石油工业的发展，使石油工业尽快赶上世界先进水平，多产石油，使国家建设腾飞，让帝国主义者发抖！至此，学校与油结缘，开启了广东石油学院的征途。在广州办学期间，学校根据石油工业人才的需要，先后更名为中南石油学院、广东石油学院、华南石油学院，培养了一批本科人才。

听党召唤，西迁茂名。1954 年，国家 130 钻井队在广东茂名勘探发现了储量为 51 亿吨的油页岩矿，按年产 100 万吨页岩油计算，可开采 100 年以上。1956 年 4 月 25 日，毛泽东主席在《论十大关系》中谈到沿海工业与内地工业关系时说："现在我们准备在广东的茂名（那地方有油页岩）搞人造油，那也是重工业。"1956 年 4 月 28 日，周恩来总理批示："经中央同意，在茂名建设规模为年产 100 万吨原油的油页岩炼油厂。"开发茂名油页岩被列入国家第一个五年计划 156 个重点项目之一。1964 年 12 月 19 日，国家石油主管部门和广东省着眼于石油工业建设布局和石化人才培养实际，作出将学校西迁茂名的重大决定。学校坚决执行这一决定，1965 年 1 月，学校成立迁校工作领导小组，全校师生服从大局，做到"迁人，迁物，迁思想"，当年 8 月底搬迁完毕。1965 年 9 月，学校更名为广东石油学校，在茂名开始办学。从省会广州，西迁至相对贫穷落后的粤西，从此一直照亮着广油的是"听党召唤、为国奉献；艰苦创业、忠诚担当"的伟大广油"西迁精神"。

扎根油城，为油奉献。西迁茂名后，学校立足粤西、辛勤耕耘、薪火相传、百折不挠、承前启后、再铸辉煌，表现出开拓奋进的坚强意志，彰显了爱国爱校的大学精神。其间多次更名，体制也多次划转，但始终矢志不渝，扎根油城，锚定石油化工产业和国家、地方经济建设发展目标，建设石化特色鲜明的高水平理工科大学。早在 1978 年，石油工业部党组便提出要把学校办成重点中专，这成为学校进一步发展的推动力。1979 年 7 月，学校实行部和省双重领导，以部领导为主的管理体制，面向全国招生和分配，学校更名为石油工业部广东石油学校。1980 年，学校被教育部正式确立为全国重点中专。1985年11月，学校更名为广东石油化工高等专科学校，学制为大专三年，是央企中石化总公司直属的副局级单位，实行总公司和广东省双重领导，以总公司为主的领导体制。其间，作为学校前身之一的茂名教育学院（成立于1970年），于2000年与广东石油化工高等专科学校合并。在30年的办学中，茂名教育学院艰苦奋斗、开拓创新，取得丰硕成果，为地方基础教育作出了巨大贡献，也为两校合并升本打下坚实基础。

合并升本，迎评促建。2000年12月，广东石油化工高等专科学校和茂名教育学院实质性合并升本工作基本完成，一所新型的本科高校矗立在南海之滨，开启了本科办学新时期。合并升本后学校首先要攻克的两个难关是学士学位评审和本科教学工作水平评估。2002年初，学校启动申请学士学位授予权评审准备工作，同时也启动了本科教学评建工作。学校上下一心，以"万众一心、不畏困难；艰苦奋斗、求实献身"的评估精神，在迎评促建过程中克服了硬件不足、办学条件不完善、领导班子调整等客观困难，不断深化教育教学改革、加强教学基本建设、提高办学条件、规范教学管理、完善教学质量保障体系，全面提升教育教学质量与水平，于2006年12月顺利通过教育部教学审核评估。学校本科教学水平评估的顺利通过，为学校进一步发展奠定了坚实基础。

突破瓶颈，四方共建。为进一步凸显学校办学历史、办学特色和办学体制，突出为石化产业服务职能、优化调整学科专业结构，经过多方长期坚持和努力，2010年学校正式更名为广东石油化工学院，开启了建设国内知名的石化品牌高校新征程。2013年12月，广东省人民政府、中国石油化工集团公司、中国石油天然气集团公司、中国海洋石油总公司签订了共建广东石油化工学院的协议，为学校带来了重大发展机遇。为改善办学条件、突破瓶颈、推动学校进一步发展，学校早在升本后就启动了新校区选址、征地、建设工作。在广东省委省政府、茂名市委市政府的大力支持下，西城校区一期工程经历了600多个日夜的艰苦奋战，于2019年9月初基本完工。西城校区的投入使用，完善了学校基础设施建设和办学条件，为学校快速发展提供了坚实保障。为解决学校"双重主体"历史遗留问题，广东省教育厅与学校签订了办学体制调整协议，这标志着我校正式成为省属本科高校。广油人凭借着强大的精神动力，接续奋斗、不畏艰苦，在短短几年内突破了限制学校进一步发展的三大瓶颈：成功更名、建设新校区、调整理顺办学体制，学校节节攀升，发展步步铿锵。

入选高建，圆梦申硕。2015年4月，广东省率先在全国启动高水平大学、高水平理工科大学建设工作，以"双高"建设对接"双一流"大学建设。为顺应广东高等教育大发展的形势需要，更好服务创新驱动发展战略，学校主动抢抓新机遇，积极谋求新发展，全力开展高水平理工科大学创建工作，2017年11月，学校成功跻身高水平理工科大学建设行列。学校申硕工作先后经历了2008年的初次尝试失利、2011年以全省第3名的成绩进入教育部答辩但最终未能如愿、2017年因未能入选广东省硕士学位立项建设单位无缘申报的三次跌倒和坎坷，但是全校上下希望不灭、信念不倒、志气不泄，最终于2021年圆梦。在主动调整发展战略、实施新发展规划、建设高水平理工科大学、申报硕士学位授予单位的背景下，学校人才培养、师资队伍建设、学科专业建设近年来都取得重大突破和发展。工程科学、化学、环境/生态学3个学科跻身ESI全球排名前1%。通信工程（2021年、2022年）、计算机科学与工程（2022年、2023年）、化学工程（2023年）、环境科学与工程（2023年）4个学科入选软科世界一流学科。如今的广油，已发展成为拥有三个校区，占地135.96万平方米，办学规模近30000人的华南地区唯一一所石油化工特色高校，教育部"卓越工程师教育培养计划"试点高校，广东省高水平理工科大学建设高校，硕士学位授予单位。学校先后荣获"全国普通高校毕业生就业工作先进集体""全国毕业生就业典型经验高校""2010年全国普通高等学校毕业生预征工作先进集体""全国志愿服务工作先进集体""全国优秀志愿者组织""全国大中专学生志愿者暑期'三下乡'社会实践活动优秀单位"（连续八年）"全国五四红旗团委""全国无偿献血促进奖""广东省文明单位""首届广东省文明校园""广东省依法治校示范校""广东省五一劳动奖状""广东志愿服务金奖（集体）""广东省红十字标准学校"等荣誉。

赓续文脉，接续奋斗。在70年的办学历程中，学校历经多次更名，管理体制也几经变更，但是始终与国家和民族同呼吸共命运，并在各个历史时期听党召唤，以国为先，积极投身国家建设发展大业。可以说，学校建设发展史就是广油人献身祖国、迎难而上、艰苦创业、不懈奋斗、求实创新、追求卓越的奋斗史。回顾来时漫漫路，一路风雨一路歌。办校70年，学校共培养了20万毕业生，这些毕业生遍布全国各地的石油化工行业和经济、教育、文化、科技等领域。其中，既有大型国企的管理精英，也有弄潮商海的商界翘楚；有春风化雨的学界名师，又有守土一方的党政干部，更有一大批奉献在基层各行各业的业务骨干和普通建设者。他们共同传承着源自母校的知识、文化和精神，成为母校的骄傲和荣光。时光荏苒，我们每个人都是历史长河中的过客，广油创校建校先贤们大多离开了我们，但是他们以万丈精诚所凝结成的"艰苦奋斗、求实献身"的学校精神将世代镌刻在师生心中，与天地同辉。弦歌不辍竞风流，今天志在接续薪火勇攀高峰的广油人，只有了解先辈们的奋斗历史和伟大精神，并赋予这些精神新的时代内涵，才能真正从中汲取力量，接续奋斗。

习近平总书记曾说："一代人有一代人的使命，一代人有一代人的担当。"在学校建校70周年之际，我们在追寻前人艰苦创业的足迹和学校凤凰涅槃的记忆的同时，也应明白历史的接力棒已经传到我们这一代广油人手中。面对新方位、新形势、新征程、新目标，新一代广油人要在习近平新时代中国特色社会主义思想指引下，牢记"因油而生、为油奉献"的初心和办学理念，弘扬"艰苦奋斗、求实献身"的学校精神，传承"听党召唤、为国奉献；艰苦创业、忠诚担当"的广油"西迁精神"，肩负石化事业使命，立足南海之滨，扎根中华大地，放眼世界大同，抱百折不回之坚毅，怀勇往直前之气概，瞄准"申博改大"总目标不懈奋斗，努力为国家社会经济高质量发展、为建成石化产业强国交出一份无愧于党和人民、无愧于历史、无愧于时代的"广油答卷"。

七十载向油而生，新征程再创辉煌。

是为序。

党委书记：傅清华

校　　长：梁　谊

发展历程

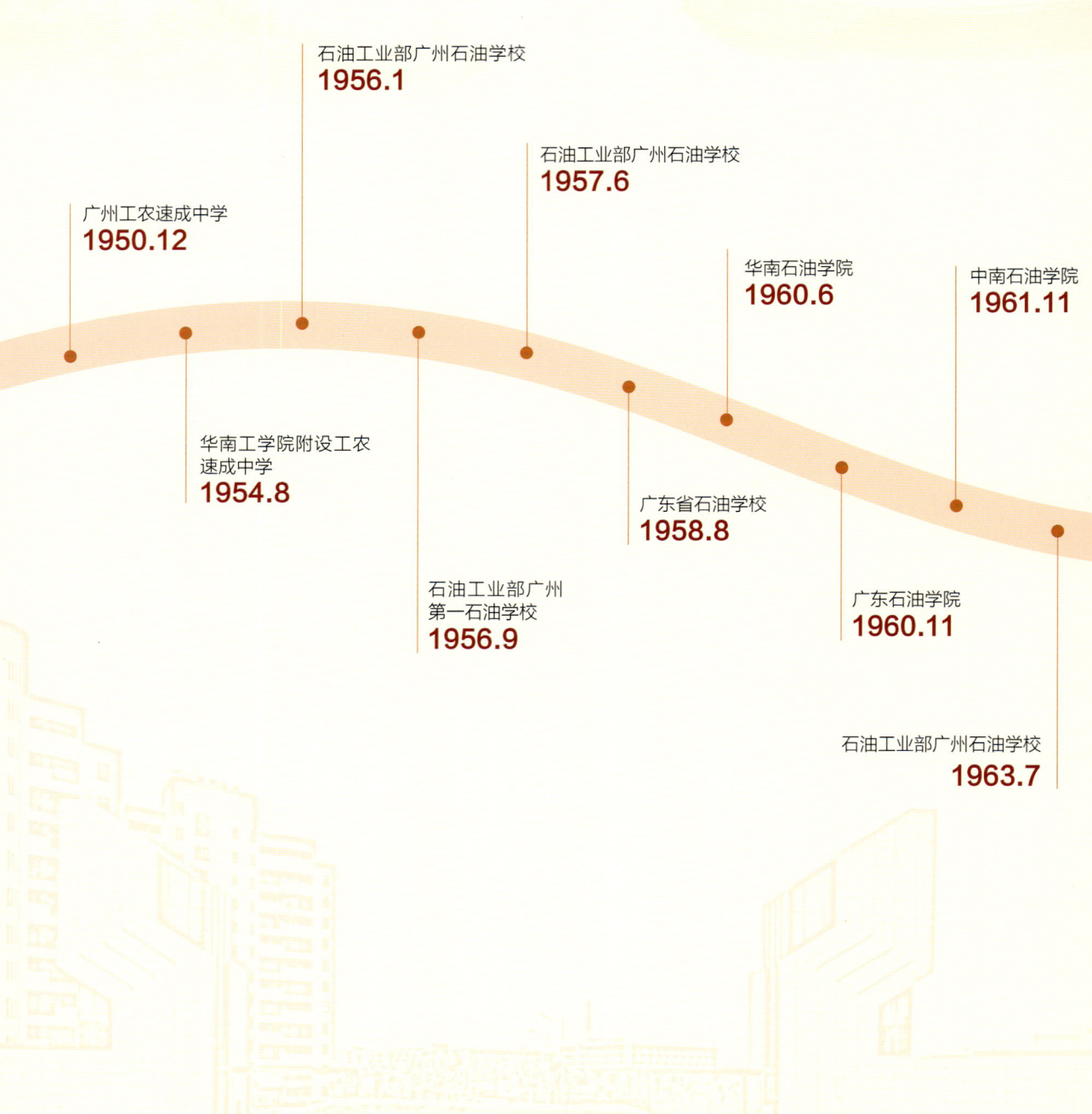

广州工农速成中学
1950.12

华南工学院附设工农速成中学
1954.8

石油工业部广州石油学校
1956.1

石油工业部广州第一石油学校
1956.9

石油工业部广州石油学校
1957.6

广东省石油学校
1958.8

华南石油学院
1960.6

广东石油学院
1960.11

中南石油学院
1961.11

石油工业部广州石油学校
1963.7

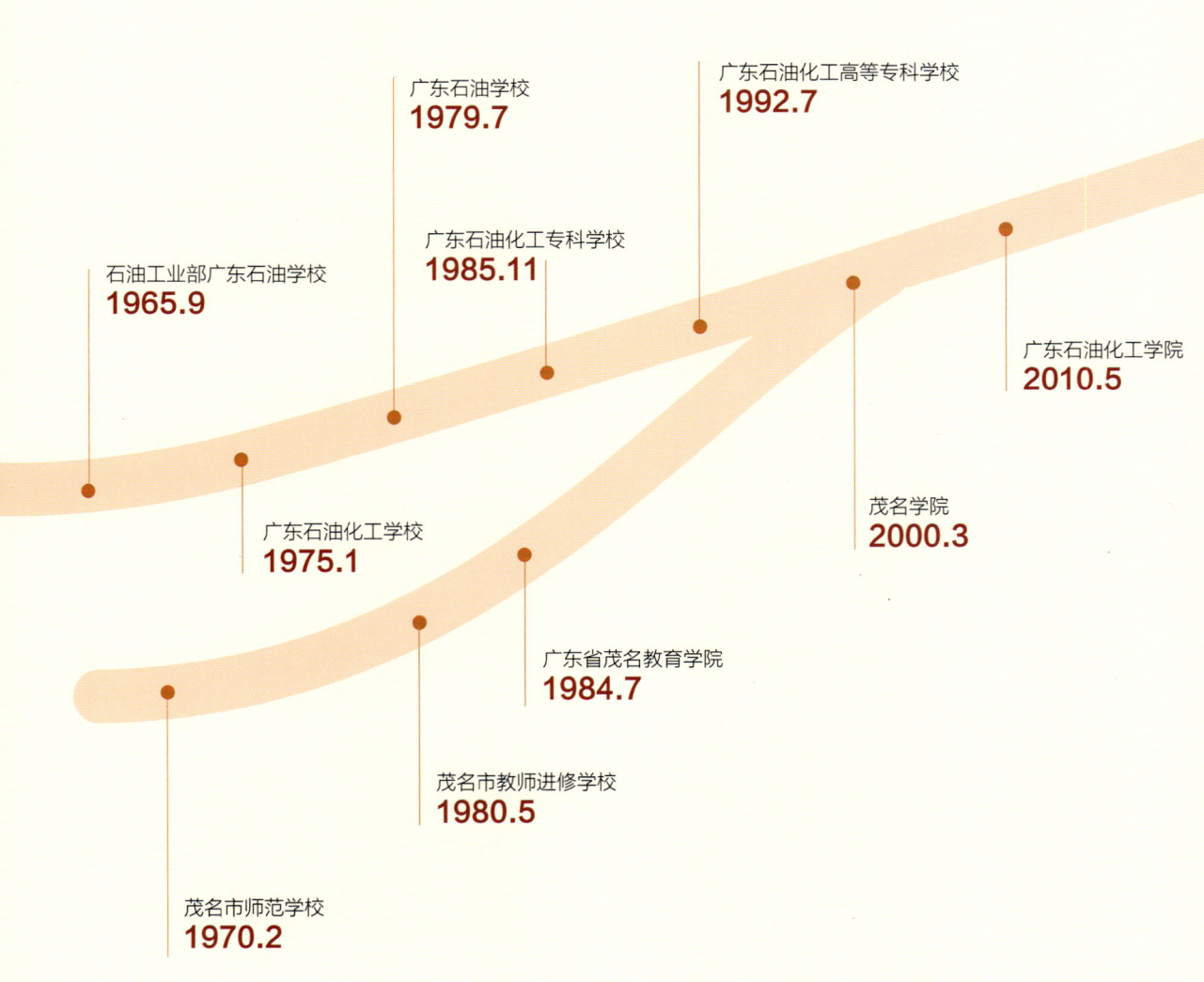

- 石油工业部广东石油学校 **1965.9**
- 广东石油化工学校 **1975.1**
- 广东石油学校 **1979.7**
- 广东石油化工专科学校 **1985.11**
- 广东石油化工高等专科学校 **1992.7**
- 茂名市师范学校 **1970.2**
- 茂名市教师进修学校 **1980.5**
- 广东省茂名教育学院 **1984.7**
- 茂名学院 **2000.3**
- 广东石油化工学院 **2010.5**

学校现职领导班子
（任职起始时间）

张清华
学校党委书记
（2018.9 — ）

梁 浩
学校校长
（2024.6 — ）

李 华
学校党委副书记、纪委书记，
省监委驻学校监察专员
（2015.10 — ）

李为民
学校党委副书记
（2023.11 — ）

周如金

学校党委常委、副校长

（2012.4— ）

万 勇

学校党委常委、副校长

（2022.4— ）

孙国玺

学校党委常委、副校长

（2023.11— ）

广东石油化工高等专科学校及此前

1954—2000

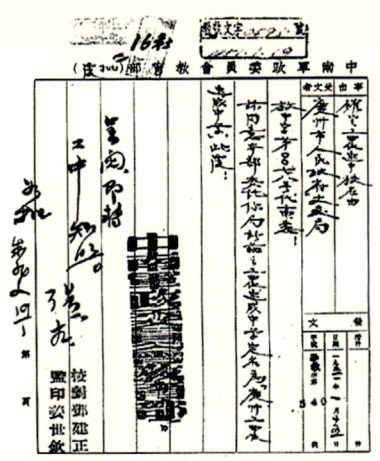
· 1950年，中南军政委员会教育部同意定名为"广州工农速成中学"

· 1954年，学校学生参加建校劳动

· 1955年，广州时期学校教学楼

· 1955年，广州时期学校全景

· 1955年8月22日，广州龙洞，学校学生暑期军事野营生活

· 1956年1月14日，广州工农速成中学改名为广州石油学院时的庆贺场面

· 1957年,学校体育代表队参加广州中专学生运动会

· 1957年5月,人造油402班学生在石油工业部广州第一石油学校校门口合影

· 1963年度中南石油学院庆功大会先进集体和个人合影

· 1964年,广州石油学校射击队员射击训练

· 1964年,学校炼制专业教师带学生到抚顺炼油厂实习

· 1965年2月5日，学校关于迁校问题的公告

· 1965年5月，学校西迁师生（当时简称"劳动队"）在茂名临时住地的合影

· 1967年，新的教学楼（现称中专楼）

· 1975年12月，广东石油化工学校第75届工农兵学员毕业前合影

· 1980年，学校召开中国共产党广东石油学校第四次代表大会

· 1982年，石油工业部副部长黄凯来校视察

· 1983年，迎接新生

· 1985年，广东石油学校第一届学生代表大会召开

广东石油化工高等专科学校及此前 1954—2000

・1986年，学校领导班子合影

・1986年9月20日，广东石油化工专科学校成立暨开学典礼大会

・1987年3月24日，国家体委主任李梦华来校视察工作

・1988年5月3—7日，学校举办首届艺术节

・1988年7月，八八届中专毕业典礼

・1989年，学校教工宿舍区

・1989年，学校教学仪表楼

・1989年7月12日，学校首届专科毕业生毕业

·1989年春节，学校举办迎春花展，丰富教工生活

·1990年6月，石油加工、有机化工专业毕业答辩会

·1990年7月，广东省第八届运动会少年女子排球赛在广东石油化工专科学校举行

·1990年11月，学校广播体操比赛获省高校一等奖

·1991年，新落成的学校大门

广东石油化工高等专科学校及此前　1954—2000

· 1991年,学生在新校门道路两旁植树

· 1991年8月,广东省第三届大学生运动会在茂名市体育馆闭幕,学校被授予"广东省高校体育工作先进单位"称号,校长吴儆苏上台领奖

· 1991年11月7日,学校召开首届工会女职工代表大会

· 1991年12月21日,石油工业部副部长刘放来校视察

· 1992年,学校成立"教工之家"

· 1992年1月11日,广东省高等教育局局长许学强,总公司人教部、副主任张文平在广州讨论建立广东石油化工学院工作方案

· 1993年3月25—26日,"建立广东石油化工学院论证会"在学校举行

· 1993年4月6日,学生在进行电气技术实验

・1994年,学校时任领导班子合影

・1994年,学生在机械零件模型室

・1994年,学生在进行机泵拆装训练

・1994年,学校新建成的语音室

・1994年11月11日,建校40周年庆祝大会

・1997年11月10日,学校教育基金纪念碑落成剪彩

・1998年1月4日,省教育厅与茂名市政府签订省市共建广东石油化工高等专科学校协议

广东石油化工高等专科学校及此前 1954—2000

· 1999年3月31日，学校学生在工厂金工实习车间学习车工技术

· 1999年5月11日，茂名市委、市政府成立茂名学院筹备领导小组

· 1999年5月27日，省教育厅在茂名市召开组建本科茂名学院专家论证会

· 1999年5月27—28日，共建本科茂名学院签字仪式

茂名教育学院

1970—2000

· 1987年3月27日，广东省副省长王屏山、原高教局局长李修宏在茂名市黄庆道副市长陪同下来我院视察

· 1987年3月28日，广东省副省长王屏山视察茂名教育学院，并为学院题词"加强师德教育，培养新型教师"

· 1987年3月28日，广东省副省长王屏山视察茂名教育学院，并在校园植树

· 1987年9月，茂名教育学院举办庆国庆迎中秋文艺晚会

· 1987年，学生实习活动掠影

· 1988年6月，八八届英语科毕业生合影

·1988年，茂名教育学院元旦文艺晚会

·1991年9月，茂名教育学院九一级新生开学典礼

·1991年10月，首期中学校长培训班开学典礼

·1994年3月18日，国家教委孟吉平司长视察茂名教育学院

·1994年10月16日，茂名教育学院举行建校十周年庆典

茂名学院

2000—2010

·2000年9月8日，茂名学院挂牌仪式在官渡校区校门口举行

·2000年11月16—18日，茂名学院举行首届田径运动会

·2001年，时任领导班子合影

·2001年2月23日，学校在官渡校区举行茂名学院成立庆祝大会

·2001年2月23日，学校在学校大门前举行了校牌揭牌仪式

· 2001年12月25日，茂名学院第一次工会会员代表大会暨教职工代表大会代表留影

· 2002年1月8日，中国工程院金涌院士莅临学校作学术讲座

· 2002年1月17日，"广东省教育与科研计算机网茂名地区汇接中心"在学校信息与网络中心开设

· 2002年3月26日，加拿大高雷会馆暨维多利亚皇家学院经贸及教育考察团到校参观交流

· 2002年12月24日，广东高州师范学校更名为"茂名学院高州师范分院"，属正处级事业单位

· 2003年1月12日，中国工程院院士何镜堂教授来校就新校区建设总体规划进行实地考察

· 2003年3月8日，学校在官渡校区举行2003届毕业生供需见面会

· 2003年3月14日，召开茂名学院第一次科研工作会议暨2002年度科研工作总结和表彰大会

· 2003年10月24—25日，由学校承办的广东省高校思想政治教育研究会2003年年会在茂名市迎宾馆召开

· 2004年，时任领导班子合影

· 2004年3月6日，学校在足球场举行"茂名学院迎接学士学位评审动员大会"

· 2004年4月12日，"茂名学院申请新增为学士学位授予单位评审会"开幕式在学校图书馆学术报告一厅召开

· 2004年11月11日，学校在官渡校区田径运动场举行建校50周年庆祝大会

· 2005年，时任学校领导班子合影

· 2005年12月26—28日，学校在图书馆学术报告一厅隆重举行中国共产党茂名学院第一次代表大会

· 2006年11月6日,学校在图书馆208会议室与英国斯泰福厦大学(Staffordshire University)举行合作签约仪式

· 2006年11月28日,学校与英国格洛斯特大学商学院在图书馆208室举行合作意向签约仪式

· 2006年12月4日,本科教学工作水平评估专家参观学校本科教学工作成果展

· 2006年12月4日,党委书记关志强在茂名学院本科教学工作水平评估汇报会开幕式上致欢迎词

· 2006年12月4日,茂名学院本科教学工作水平评估汇报会开幕,副院长张清华同志主持

· 2007年5月13日,学校与太原理工大学联合培养的第一批化工过程机械专业硕士研究生毕业论文答辩会

· 2007年5月15日,英国斯泰福厦大学(Staffordshire University)国际交流中心主任Peter J. Reynolds教授和中国事务主管Iona Huang博士来校进行友好访问

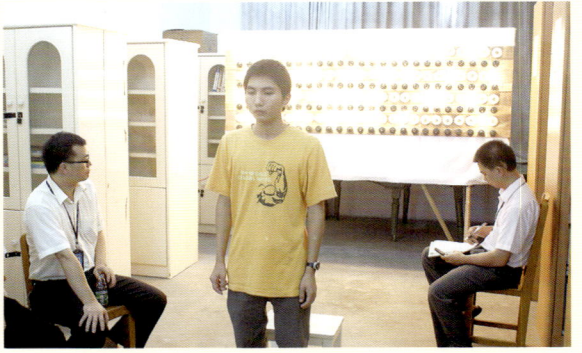

· 2007年7月9日,被称为"记忆王"的在校生吴天胜连续挑战"快速记忆100位数字"和"快速记忆100个灯泡的明暗顺序"两项上海大世界吉尼斯世界纪录获得成功

·2007年8月6日，台胞青年夏令营广东分营来校参观访问

·2007年9月27日，学校2007年教学工作会议暨本科教学评建工作总结表彰大会在图书馆报告一厅开幕

·2007年11月8日，学校举行庆祝党的十七大文艺晚会

·2007年11月12日，中国工程院薛群基院士莅临学校作学术讲座

·2007年12月20日下午，学校在图书馆学术报告一厅举行关键学术岗位受聘人员签约仪式

·2007年12月23日，学校经济管理学院学生吴天胜在第十六届世界脑力锦标赛上获得"一小时数字记忆"项目冠军和"快速扑克记忆"项目季军，同时获得"世界记忆大师"称号

·2008年1月20—21日，学校召开解放思想学习讨论动员大会暨2008年度工作研讨会

·2008年9月18日上午，学校办学特色战略研讨会在图书馆学术报告一厅开幕

茂名学院 2000—2010

· 2008年10月8日下午，广东省教育厅副厅长李学明、调研员张毅莅临学校检查指导工作

· 2009年，时任学校领导班子合影

· 2009年4月2日，澳大利亚威乐比市市长帕特·赖利（Pat Reilly）一行来校访问

· 2009年4月25日，学校大学生素质拓展学分计划暨"春天送你一首诗"大型文化活动启动仪式在学校图书馆广场举行

· 2009年6月1日，学校在茂名市迎宾馆举行与中国石化集团茂名石油化工公司产学研合作协议签约仪式

· 2009年6月17日，在图书馆学术报告一厅举行广东工业大学与学校帮扶共建签约仪式

· 2009年11月11日，学校举行建校55周年庆祝大会

· 2009年12月16日，学校在图书馆208会议室举行与英国北安普顿大学校际合作的签约仪式

广东石油化工学院

2010—2024

· 2010年9月28日，学校在官渡校区第一教学楼正门前广场举行广东石油化工学院校名石刻落成仪式

· 2010年9月28日，学校在科技会堂举行广东石油化工学院发展论坛暨揭牌仪式

· 2010年10月31日，第16届亚洲运动会火炬在茂名传递，学校张清华教授作为火炬手参加了传递工作

· 2011年，时任学校领导班子合影

· 2011年4月8日，茂名市委副书记刘毅来校指导工作

· 2011年4月18日，英国知山大学副校长David Law博士来校进行友好访问

·2011年6月26日，张清华院长向陈新滋院士颁发客座教授聘书

·2012年1月11日，澳门科技大学校长许敖敖教授一行来校访问

·2012年3月23日，广东省副省长陈云贤来校调研工作

·2012年5月23日，中国共产党广东石油化工学院第一次代表大会召开

·2013年6月13日，茂名市长李红军来校调研新校区征地扩建事宜

·2013年6月16日，中国科学院曾毅院士前来校访问

·2014年，时任学校领导班子合影

·2014年7月5日，学校迎来首批外国留学生入读

· 2014年8月14日,学校承办第九届中国通信与网络国际会议

· 2014年11月11日,学校举行建校六十周年庆祝大会

· 2015年3月13日,茂名市委书记、市人大常委会主任许光来校调研

· 2015年11月2日,中科院张厚英、张德良、周家汉、位梦华、陆龙骅等5位老科学家来校作科普报告,受聘为学校客座教授

· 2015年12月30日,2015广油之星年度盛典在科技会堂举行

· 2016年7月,时任中共中央政治局委员、广东省委书记胡春华来校视察

· 2017年,时任学校领导班子合影

· 2017年10月25日,广东省副省长黄宁生来校调研

· 2017年11月11日，学校西城校区建设工程开工

· 2017年11月24日，学校新增列为广东省高水平理工科大学建设单位

· 2017年12月20日，学校聘任中国科学院院士宋振骐教授为"双聘院士"

· 2018年3月8日，广东省委教育工委书记、省教育厅党组书记、厅长景李虎在学校西城校区调研

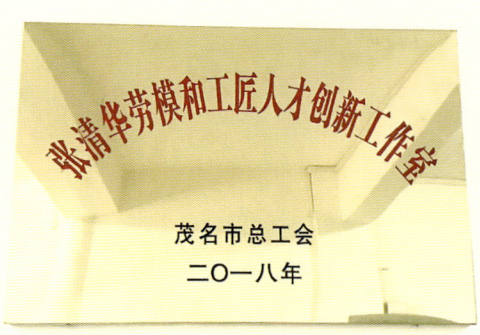
· 2018年4月，张清华工作室被命名为茂名市劳模和工匠人才创新工作室

· 2018年6月11日，西城校区第一栋单体建筑（北生活区7-3号楼）封顶仪式

· 2018年7月2日，2018届国际学生毕业典礼上，张清华校长向国际学生授予学位

· 2018年9月，在斯洛文尼亚卢布尔雅娜大学，李德豪副校长与校长伊格签署校际合作备忘录

· 2018年9月,在乌克兰伊万诺-弗兰克弗斯克国立石油天然气大学,周如金副校长与叶夫斯塔克西副校长签署校际合作备忘录

· 2018年12月15日,学校在图书馆举行2018年"高考新政背景下的高中教育与大学使命"高中—大学融合发展论坛

· 2018年12月23日,广东石油化工学院朱利中院士工作站签约仪式

· 2018年12月28日,学校在图书馆学术报告一厅举行"企业需求与大学担当"政校企合作论坛

· 2019年,时任学校领导班子合影

· 2019年4月27日,学校承办首届全国精细化工青年学者学术会议暨中国化工学会精细化工专业委员会青年学者委员会成立大会

· 2019年6月5日,学校在图书馆学术报告一厅举行广东省大学生心理健康教育与咨询区域中心(第十一片区)挂牌仪式暨学术交流活动

· 2019年6月13日,学校党委书记张清华在校史馆参加联系班级"弘扬西迁精神,争做新时代追梦人"主题班会活动

· 2019年7月15日,中国共产党广东石油化工学院第二次代表大会召开

· 2019年8月23日,广油学子连续七年荣获全国大学生化工设计竞赛全国总决赛一等奖

· 2019年9月5日,学校党委书记张清华在官渡校区主教学楼前作"国旗下的讲话"

· 2019年9月6日,学校西城校区正式启用

· 2019年9月10日,西城校区校名石揭牌仪式

· 2019年11月11日,学校举行校史馆改造竣工仪式

· 2019年11月17日，学校在官渡校区运动场举行本科教学工作审核评估学生动员大会

· 2019年11月21日，学校本科教学工作审核评估专家组反馈会

· 2020年3月8日，学校举行2020年春季学期"同心战疫，励志报国"云升旗仪式

· 2020年5月31日，学校党委书记、校长张清华，副校长李为民检查指导防疫工作

· 2020年9月8日，学校党委书记张清华在图书馆南广场对参加辅导员执行力培训班的学工队伍提出要求

· 2020年9月19日，沈阳鼓风机集团测控技术有限公司、广东茂化建集团有限公司、广东石油化工学院战略合作协议签约仪式

· 2020年11月3日，学校大学生全媒体中心成立并举行揭牌仪式

· 2020年11月11日，学校举行大学生创新创业孵化基地启用仪式

· 2020年11月21日，学校在西城校区举行2020年"聚焦新高考 共话新改革"高中——大学融合发展论坛

· 2020年11月29日，2020年茂名市"互联网+"大学生创新创业大赛总决赛在学校西城校区举办

· 2021年1月29日，广东石油化工学院等5所高校办学体制调整签约仪式在广州举行

· 2021年2月1日，广东省副省长王曦一行莅临学校西城校区调研指导

· 2021年3月1日，茂名市人大常委会副主任、市总工会主席黄奕奕一行到校调研省级劳模创新工作室建设情况

· 2021年5月10日，学校团委在官渡校区科技会堂隆重举行"学党史、强信念、跟党走"灯塔学习会

· 2021年9月23日，学校在西城校区综合教学楼举行2022届毕业生就业动员会

· 2021年11月18日，社会助学金项目"吴飞鹏新生奖学金"在学校科技会堂举行颁奖仪式

· 2021年11月30日,茂名市委书记、市人大常委会主任袁古洁到学校故障诊断重点实验室调研

· 2021年12月11日,广东省2021年急需紧缺人才百校万企公益招聘系列活动(粤西专场)茂名市2021年秋季大学生就业招聘会暨广东石油化工学院2022届毕业生就业供需见面会在西城校区举行

· 2022年,时任学校领导班子合影

· 2022年1月12日,华南理工大学教育人才"组团式"帮扶广东石油化工学院工作对接会在学校图书馆208会议室举行

· 2022年2月23日,学校与中科(广东)炼化有限公司在湛江中科炼化厂区签署战略合作框架协议

· 2022年4月14日,学校在西城校区举行第九届校级辅导员素质能力大赛

· 2022年6月17日,学校党委书记、校长张清华等校领导与2022届毕业生合影

· 2022年9月,中国石化集团下属22家企业来校举行校园招聘宣讲会

· 2022年12月24、25日，2023年全国硕士研究生招生考试如期举行，学校首次设置考点

· 2023年2月，学校获得2020—2021年度全国无偿献血促进奖

· 2023年3月15日，学校党委书记、校长张清华率队赴中国海洋石油集团有限公司走访

· 2023年3月15日，学校党委书记、校长张清华率队赴中国石油化工集团有限公司走访

· 2023年3月15日，学校党委书记、校长张清华率队赴中国石油天然气集团有限公司走访

· 2023年3月24日，学校党委书记、校长张清华出席2023年全国化工高校党委书记、校（院）长年会

· 2023年4月15日，人民日报采访学校党委书记、校长张清华教授

· 2023年7月4日，学校党委书记、校长张清华参加2023粤港澳高校联盟年会暨校长论坛

· 2023年9月，学校党委书记、校长张清华率"百千万工程"领导小组为化州发展把脉问诊

· 2023年9月8日，学校迎来了2023级（首届）硕士研究生

· 2023年9月11日，学校隆重举行"开启研究生教育发展大会暨2023级硕士研究生开学典礼"

· 2023年10月，高等教育评价专业机构软科正式发布2023"软科世界一流学科排名"，学校共有3个学科入选

· 2023年11月11日，学校召开全国能源与可靠性学术会议

· 2023年11月11日，学校举办西城校区四个主题园区建设工程动工仪式

· 2023年11月12日，学校首届研究生到柏桥讲堂开展思政课社会实践活动

· 2023年12月，学校体育学院社体20-2班吴嘉淇同学作为国家代表队成员为国"出征"，获得第19届亚洲轮滑锦标赛单排轮滑成年女子组季军

广东石油化工学院　2010—2024

·2023年12月，学校项目在中国国际大学生创新大赛中获国赛金奖

·2024年，学校领导班子合影

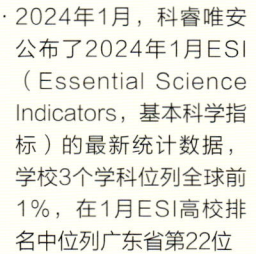 

·2024年1月，科睿唯安公布了2024年1月ESI（Essential Science Indicators，基本科学指标）的最新统计数据，学校3个学科位列全球前1%，在1月ESI高校排名中位列广东省第22位

·2024年1月13日，华工—广油研究生教育专题交流会在茂名国际大酒店举行

·2024年2月29日，学校党委书记、校长张清华教授在全省基础教育高质量发展暨"双创"工作现场推进会上作发言

·2024年6月12日，本科教育教学审核评估专家组与学校领导、教师合影留念

·2024年6月20日，学校在科技会堂举行2024届本科生毕业典礼暨学位授予仪式

·学校光华校区

·学校西城校区教学综合体

·学校西城校区全景

·学校官渡校区主教学楼与学科楼

·学校西城校区教学综合体中庭

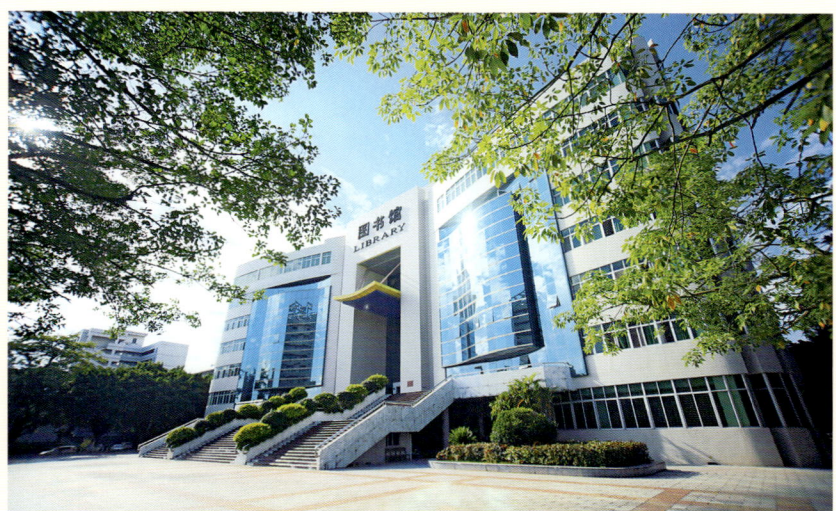
·学校官渡校区图书馆

·学校官渡校区全景

·学校西城校区局部景观

目 录
CONTENTS

第一篇　广东石油化工高等专科学校　1954—2000

第一章　发轫广州　艰苦创业　003
　　第一节　工农教育　应运而生　003
　　第二节　国家谋划　批复建校　007
　　第三节　齐心协力　改办更名　012
　　第四节　精心运筹　升格本科　018
　　第五节　贯彻方针　压缩改办　021

第二章　听党召唤　西迁茂名　025
　　第一节　西迁茂名　筹建新校　025
　　第二节　排除干扰　力争发展　039
　　第三节　解放思想　建设重点　046

第三章　移交石化　新的起点　057
　　第一节　签订协议　移交石化　057
　　第二节　建设大专　奋勇前行　058
　　第三节　勠力同心　申办本科　074

第四章　调整体制　省市共建　085
　　第一节　体制划转　移交省属　085
　　第二节　体制调整　省市共建　088

第二篇　茂名教育学院　1970—2000

第一章	地方亟需　创办学校	099
	第一节　成立之初　培训教师	100
	第二节　稳步发展　培养教师	100
	第三节　艰苦奋斗　勤工俭学	101
第二章	落实政策　撤销改办	102
	第一节　丰富形式　培训教师	103
	第二节　创造条件　提升质量	104
第三章	适应需求　升办学院	105
	第一节　明确方向　确定规模	106
	第二节　攻坚克难　开辟新路	111

第三篇　茂名学院　2000—2010

第一章	合并升本　夯实道路	131
	第一节　两校合并　组建学院	131
	第二节　制定规划　迎评促建	143
第二章	踏上新程　快速发展	149
	第一节　开党代会　明确方向	149
	第二节　加强规划　科学发展	151
	第三节　学习研讨　解放思想	154

第四节	学科建设　稳步发展	156
第五节	学生为本　质量为重	167
第六节	引培结合　增强师资	168
第七节	齐抓共管　繁荣文化	169

第四篇　广东石油化工学院　2010—2024

第一章	**成功更名　开启新篇**	173
第一节	冠名广东　举校欢庆	173
第二节	统筹规划　转型发展	177
第三节	签订协议　四方共建	186
第四节	抓住机遇　创新强校	189
第五节	更名五载　成效显著	192
第二章	**凝心聚力　赋能发展**	196
第一节	开党代会　凝聚师生	196
第二节	队伍建设　全面加强	200
第三节	建强组织　筑牢堡垒	209
第四节	思想建党　理论强党	214
第五节	四严并举　筑牢防线	219
第六节	统一战线　同心同德	223
第七节	学生工作　惟实励新	225
第八节	群团工作　卓有成效	238
第九节	安全稳定　筑牢屏障	248

第三章	建新校区　完善条件	253
第一节	攻坚克难　完成建设	253
第二节	迎难而上　完成搬迁	258
第三节	完善基建　改善条件	260
第四节	信息资源　强化保障	263
第五节	网络建设　快速发展	266
第四章	列入省属　治理升级	271
第一节	体制调整　列入省属	271
第二节	治理水平　全面提升	272
第五章	成功申硕　再谱新篇	289
第一节	主动作为　跻身高建	289
第二节	调整战略　开创新局	295
第三节	久久为功　圆申硕梦	316
第四节	硕士培养　强校之路	321
第六章	传承精神　申博改大	333
第一节	精神凝练　构建谱系	333
第二节	精神传承　弘扬践行	344
第三节	精神引领　蓄势腾飞	359

附 录

附录1	1954—2024年大事记	364
附录2	党政管理、教辅、附属机构和院（系）一览表	458
附录3	历届党政领导任职情况表	461
附录4	高层次人才名单	465
附录5	重点学科一览表	468
附录6	重点科研项目一览表	468
附录7	省级及以上教学项目一览表	510
附录8	省部级及以上科技奖励一览表（2010—2023）	528
附录9	省部级及以上教学奖励一览表（2016—2024）	535
附录10	省部级及以上特色专业、示范专业、一流专业等一览表	543

跋	546

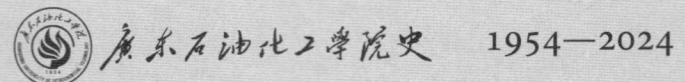
广东石油化工学院史　1954—2024

第一篇

广东石油化工高等专科学校 1954—2000

广东石油化工高等专科学校是广东石油化工学院的前身之一。她经历了从创建至2000年合并组建茂名学院。建校46年的历史，大致可分为四个时期：建设工农速成中学、石油中专及石油学院时期（1954—1965）；建设广东石油学校时期（1965—1985）；建设广东石油化工高等专科学校时期（1985—1998）；合并建设茂名学院时期（1998—2000）。

第一章　发轫广州　艰苦创业

学校的前身是华南工学院附设工农速成中学（工中），创办于1954年，原校址在广州石牌。1956年，为适应我国石油工业发展的需要改为石油中等专业学校。工中时期的工作，为改校打下了良好的基础。经过几年的艰苦努力，工中圆满完成教学任务，建成初具规模的全国性石油中专，并使学校升办本科石油学院。

第一节　工农教育　应运而生

广东石油化工学院的前身是1954年于华南工学院创建的附设工农速成中学。工农速成中学的历史渊源可追溯至1950年下半年，在毛泽东同志主办的广州农民运动讲习所旧址筹办广州工农速成中学。

一、新中国成立初期工农教育的兴起

新中国成立后，全国人民政治热情高涨，广大工农干部迫切希望提高科学文化水平，参加国家工业建设。1949年12月，全国教育工作会议召开，会上提出要普遍创办工农速成中学，把工农干部培养成新型的知识分子。1950年创办了第一批工农速成中学。同年9月30日，中央召开第一次全国工农教育会议，12月，由政务院总理周恩来签署《关于举办工农速成中学和工农干部文化补习学校的指示》，明确指出举办工农速成中学的意义和目的。1951年2月，教育部颁发《工农速成中学暂行实施办法》，指出："工农中学的任务是：招收参加革命或产业劳动一定时期之优秀的工农干部及工人，施以中等程度的文化科学基本知识的教育，使其能升入高等学校继续深造，培养成为新中国的各种高级建设人才。其不愿或不宜升学者，可直接或经一定时期的业务训练后分配工作。"从此开始了全国举办工农速成中学的进程。

二、广州工农速成中学成立

1950年4月，中南军政委员会根据全国教育工作会议精神，印发《关于创办工农速

成中学的决定》，决定集中力量在 1950 年开办 4 所工农速成中学，作为教育实验试点学校，以创造经验、树立楷模，为今后力量条件成熟时大量开办工农速成中学奠定基础。4 所学校中除由教育部自办 1 所（学员 300 名）外，其余 3 所委托河南省、武汉市、广州市各办 1 所（学员各 300 名）。上半年积极筹备师资、抽调学生，下半年正式开办。

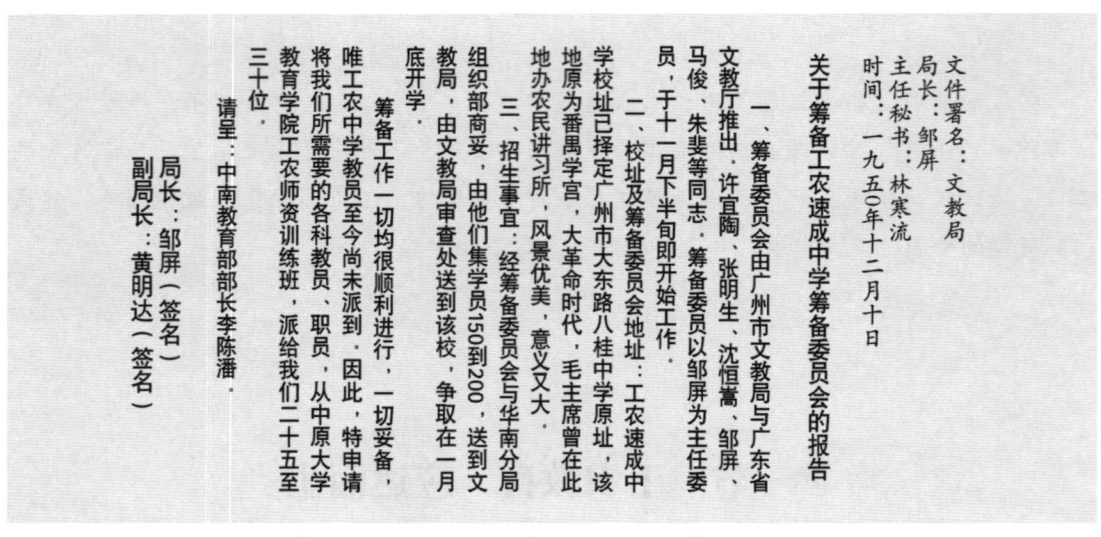

• 1950年12月，广州市文教局《关于筹备工农速成中学筹备委员会的报告》
（广州市档案馆，第97卷（全宗169卷），第12页，根据抄录FDFFRG稿复制）

1950 年下半年，曾在中国人民抗日红军大学教书、新中国成立后任华南分局党校教育科科长的文迅同志，奉调主持广州工农速成中学筹建工作。经过调查研究，筹备委员会决定在毛泽东同志主办的农民运动讲习所旧址办工农速成中学，认为在此办学意义重大。从广州教育单位抽调 12 位大学毕业的水平较高的教师参加筹办，并派他们到中原大学工农速成中学师资训练班学习。他们学成回来后，广州工农速成中学正式开办。但是，办学后不久，因农讲所面积小，办中学不合适，

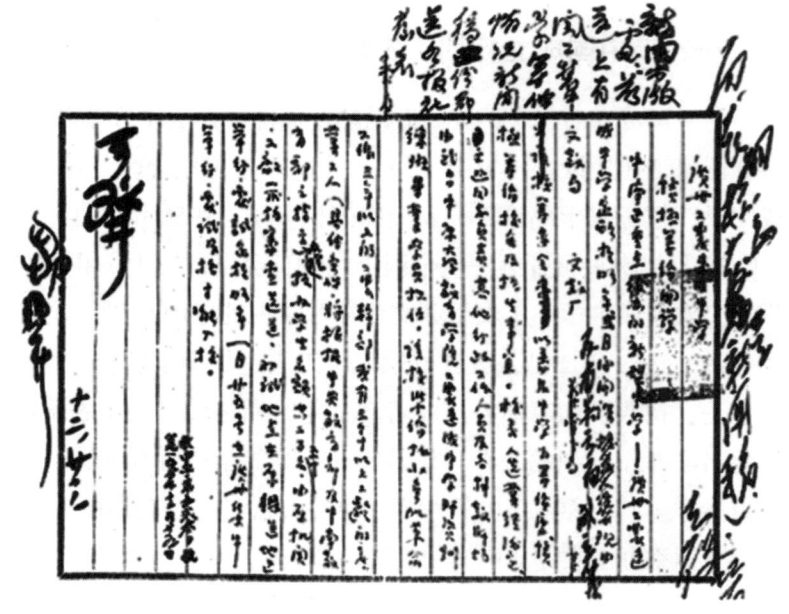

• 1950年12月25日，广州市文教局教中字第5230号文件称"以番禺中学为筹办处，校长人选排定文迅同志负责"（广州市档案馆，第97卷（全宗169卷），第9~17页）

于是他们又在广州另择校址,最后选址为东山寺贝通津团省委旁边的一个美国教会办的教堂旧址。教堂办有培贤中学,全部为男生,旁边是培道女子中学,两所学校都是美国南方浸信教会办的学校。根据当时国家有关文件精神,文迅同志亲自组织接手培贤中学工作。于是,工农速成中学由农讲所搬至新址办学。

起初,广州工农速成中学有5个班,学生来自广东、广西,都是不同时期的优秀工农干部和产业工人,其中还有一名是参加过长征的干部。学校于1951年3月26日开学,因当时的广州市是中央直辖市,政府十分重视,参加开学典礼的师生、来宾共300多人,广州市副市长朱光、中共广州市委副书记肖桂昌、中共广州市委宣传部代部长陈翔南、广雅中学校长卢动、培道女子中学校长陈慕洁、教职员代表黎肇汉以及学生代表多人在会上作了讲话,典礼隆重热烈。3月27日,《南方日报》还发表社论《培养工农出身的知识分子——祝广州工农速成中学开学》,社论称广州工农速成中学的开办是"华南人民和华南教育事业中的一件大事情"。

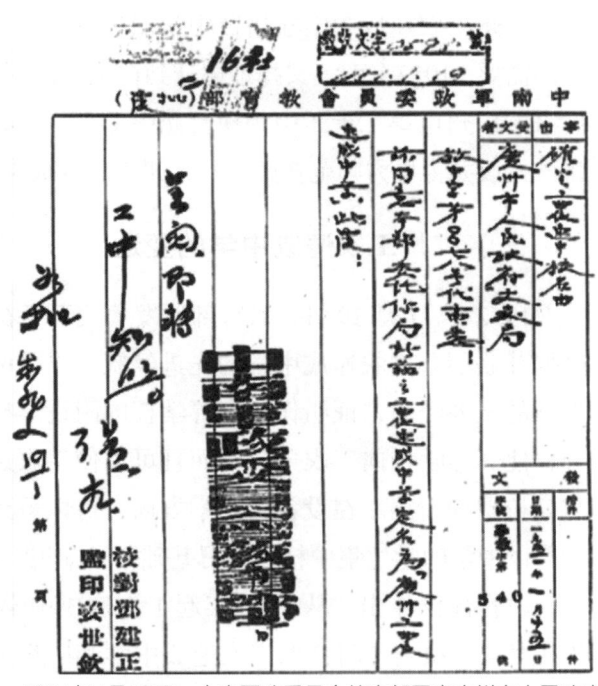

· 1951年1月15日,中南军政委员会教育部同意广州市人民政府文教局提出的定名为"广州工农速成中学"(广州市档案馆,第97卷(全宗169卷),第37~38页)

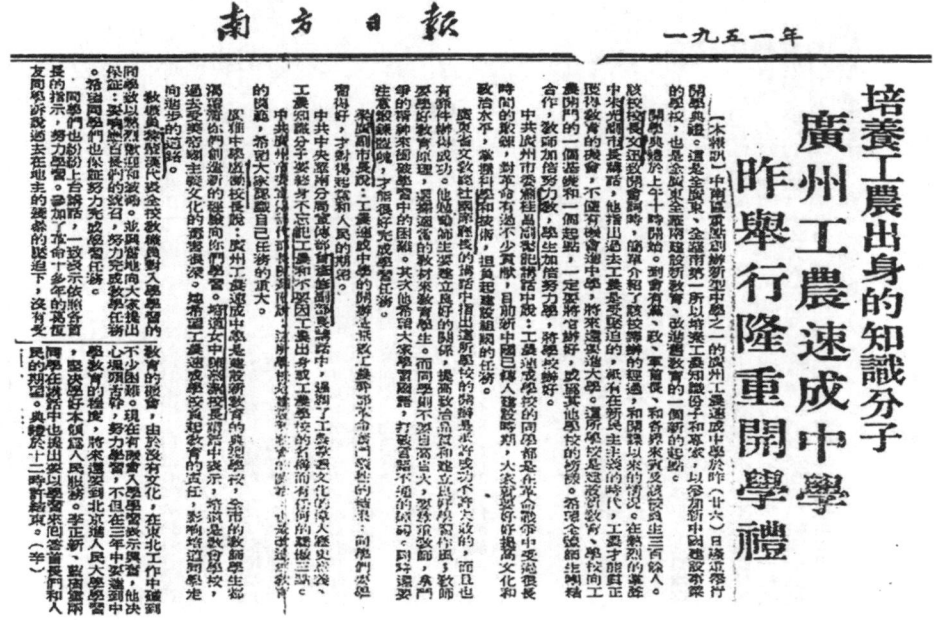

· 1951年3月27日,《南方日报》发表《广州工农速成中学昨举行隆重开学礼》(华南理工大学档案馆提供)

广州工农速成中学在培贤中学旧址办了1年,学校扩大到7个班,基于以后扩大招生的需要,1952年秋,又择址搬迁到白鹤洞山顶的一个长老会牧师办的真光学校办学(即后来的广州市第二十二中,现真光中学)。广州市文教局负责接手真光学校的具体工作,将该校改办为粤秀师范初师部和广州工农速成中学。

三、广州工农速成中学的变迁

1952年11月19日,教育部颁发《关于工农速成中学附设于高等学校的决定》指出,根据苏联创办工农速成中学的先进经验,以及两年来北京大学及清华大学附设工农速成中学的试办经验,证明作为高等学校的附设学校,不但可以逐步改变高等学校的学生成分,使高等学校向工农开门,而且可以使工农速成中学实施重点分类的教学计划,易于与高校课程衔接。在设备及教学方面,可以得到高等学校的具体帮助和指导,因而有利于附设中学的学生集中精力学习基础科学知识,保证速成任务的完成。

教育部已作出"从1953年起工农速成中学附设于高等学校"的决定,上级于1953年4月4日决定"将江西工农速成中学和广州工农速成中学分别移归中山大学和华南工学院领导",把广州工农速成中学的第一类(文史、财经、政法)、第三类(医科、农科、生物)学生调到中山大学,成立中山大学附设工农速成中学;把第二类(理科、工科)学生调到华南工学院,并由冉济川主持筹办华南工学院附设工农速成中学。

· 1953年,江西工农速成中学和广州工农速成中学分别移归中山大学、华南工学院领导

第二节　国家谋划　批复建校

一、华南工学院附设工农速成中学的筹建

1953年4月4日,中南军政委员会教育部发文通知:按照中央人民政府教育部及高等教育部《关于工农速成中学附设于高等学校的决定》的指示及中南区工农速成中学分类教学调整会议的决议,将广州工农速成中学移归华南工学院领导,作为华南工学院附设工农速成中学〔(53)教高字第6414号〕。华南工学院坚决执行这一决定,拨出地皮和数幢楼房,作为创办工农速成中学的基地,并积极领导和支持筹建工作。

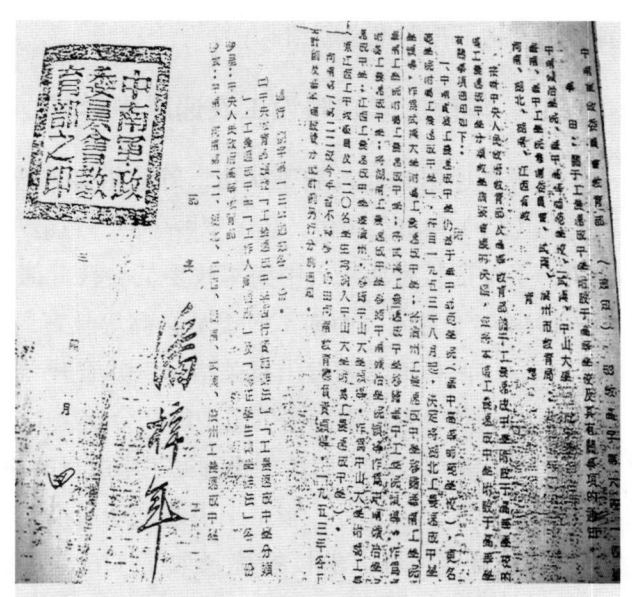

· 中南军政委员会教育部(53)政高字第6414号文件

1953年4月28日,华南工学院筹备委员会第36次会议就工农速成中学建筑地点问题进行讨论。关于工农速成中学建筑地点问题,初拟利用农学院蚕桑馆,并拨给农学院20亿元(旧币),用于新建房屋及搬迁;后工程处"拟另择地建筑,经勘定,本院西北面刘义亭旧址确定为建筑地点,待基地测量完毕,即可进行设计"。

中共中央华南分局选调冉济川、钟英、冯昭等同志负责筹办。华南工学院总务长也参加了筹建工作。新校舍建筑面积规划为1万多平方米,建筑楼房共27栋。

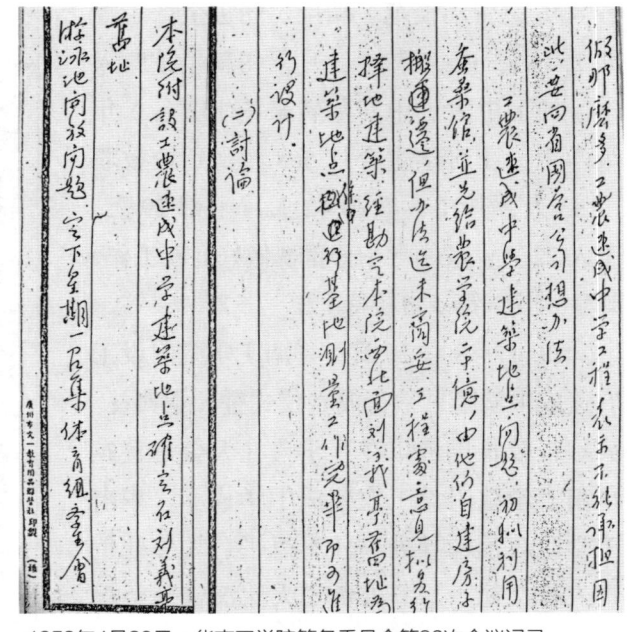

· 1953年4月28日,华南工学院筹备委员会第36次会议记录

1954年4月，中南军政委员会高等教育局发文要求，华南工学院附设工农速成中学（简称"华工工中"）第一期招生400人，学制三年，并由中山大学附设工农速成中学（简称"中大工中"）转来二年级学生160人，当年在校学生合计560人，要求9月份按时开学。筹建时间紧迫，任务艰巨，冉济川、钟英等人一到任便争分夺秒开展筹建工作。

筹建组发扬艰苦创业精神，千方百计克服人力、财力的困难，加紧开展基本建设和采购工作，为600多名师生员工教学、工作、生活准备好基本物质条件。经过努力奋战，各项工程于1954年6月底基本完成，宿舍、饭堂、课室、图书馆、办公室、卫生室、体育运动场地都按时准备就绪。

二、华南工学院附设工农速成中学成立

为了迅速组建起教职工队伍，筹建组多方选调优秀教师、干部，几十次跑省（市）教育厅（局）和有关单位，还"三顾茅庐"邀请一批有经验的教师来校任教。

为了保证教育质量，中南军政委员会教育部主管部门和学校都十分重视抓好招生工作。1954年5月间，中南军政委员会高等教育局专门为此发出指示。6月，华南分局又向广东、广西各地党委发出有关指示，并召开专门会议进行部署。在华南分局宣传部的领导下，成立中大工中和华工工中的联合招生委员会。华工工中派出10多名干部，分赴各地，深入基层厂矿，宣传中央开办工中的目的和意义，动员各单位选派优秀产业工人和工农干部报考。6—8月，华工工中通过动员报名、组织复习、文化考试和全面审查，圆满完成了招生任务。学校择优录取了416名新生，其中：产业工人410名，工农干部6名；党员95名，团员238名，党团员占80%；劳动模范、功臣、先进生产者等共152名，占36.5%。8月下旬新生按时入学，加上中大工中实际转来的152名二年级学生，注册学生合计568名；到校教职工93人，其中：教师42人，干部29人，工人22人。校领导十分重视做好迎新工作，师生到校，都亲自接待。

1954年8月25日，华南工学院附设工农速成中学隆重举行成立仪式暨开学典礼。第一任校长冉济川在开学典礼大会上宣布华南工学院附设工农速成中学成立。华南工学院政治辅导处主任秦思平、教务处负责人誉文德、总务处负责人谢汉曾到会祝贺。就此，学校正式拉开了办学的帷幕。

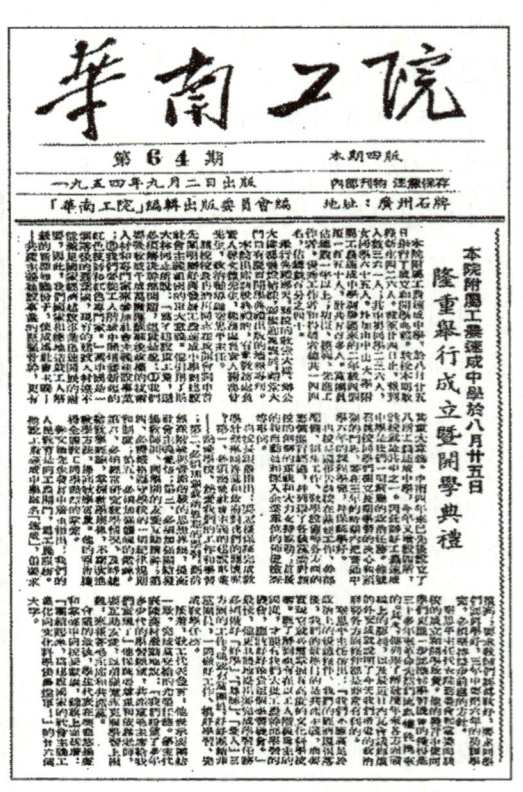

·1954年9月2日，《华南工院》刊登的开学典礼消息

（一）建强领导班子

华南工学院附设工农速成中学实行校长负责制，直属华南工学院领导。冉济川任校长，下设教导处和总务处。牛更生任教导处主任，张志鸿和冯昭任副主任；钟英任总务处主任。学校党团组织分设党总支和团总支（1956年改为分团委），分别直属华南工学院党委和团委领导。战胜福任学校党总支副书记。1955年10月，上级任命牛更生为学校党总支书记。彭章任学校团总支（分团委）书记。这时的学校领导班子，平均年龄只有30岁，年富力强，热爱党的教育事业，富有朝气和开拓进取精神，且有一定的办学经验。如冉济川刚任校长时年仅33岁，曾先后担任过小学校长，华北联合大学、华北大学和南方大学的系助理、班主任、教育科科长，以及县委副书记和粤中区党委宣传科科长；1948年获得"解放区十年革命教育工作者"奖章。就是这样一个领导班子，团结带领师生员工开始了探索创办新型中学的征程。

（二）明确办学指导思想

学校制定的第一个工作计划便提出了明确的办学指导思想："学校是高等学校理工科的预备学校。要在四年内完成普通中学六年的基本课程的教学，培养全面发展、德才兼备、合乎规格的学生，为进入高等学校打好基础，以达到国家培养工农成分的专家和建设社会主义的领导骨干的目的。""提高教育质量，必须贯彻全面发展的方针，使学生具有必需的巩固的文化科学知识、工人阶级的思想品质、一定的马列主义水平和健康的身体。""必须抓住教学工作这个中心，防止轻视政治学习和忽视健康教育的倾向。"

（三）做好思想引领育人工作

工农学生政治素质好，学习劲头大，但是年龄偏大，文化基础偏低，大多数是新中国成立后才进入业余学校，其文化程度相当于高小文化程度。所以，部分学生学习困难，信心不足。老师也缺乏从事工农学生教育的经验。因此，要帮助这些工农学生在四年内完成中学六年的课业，是一项十分艰巨而困难的教学任务。学校紧紧抓住教学这个中心，要求各项工作都要密切配合教学，为完成教学任务服务。

学校党总支重视思想引领育人工作，在学生思想教育方面，要求"帮助学生明确自己的学业与建设社会主义祖国的关系，培养工农专家对巩固国家政权的重要意义，从而树立学习的光荣感和责任感，坚定长期学习的决心和信心，以顽强的意志，克服基础差与不习惯脑力劳动的困难，坚决完成党交给的学习任务"。1954—1955年，学校针对不同时期学生的思想情况，先后重点开展了加强学习信心、增强纪律性、尊敬老师、培养社会主义学习态度等教育，取得了良好的效果。学生学习积极性不断提高，珍惜时间、尊师好学、刻苦钻研蔚然成风。许多学生自觉加班加点，晚上熄灯后还在路灯下或在被窝里打手电筒看书学习。学生们发扬互相帮助的作风，提出"不让一个阶级兄弟掉队"的口号，组织互助组帮助学习困难的同学。在教师思想教育方面，学校明确提出"要贯彻好党的知识分子政策，团结和依靠教师，克服看不起教师的观点，同时要用马列主义思想武装教师，帮助教师提高社会主义觉悟，树立为祖国社会主义革命和建设培养人才的高度责任感，从而热爱工农学生，热爱自己的事业。全心全意为工农教育服务，从工农学生特点出发，努力搞好教学"。学校领导尊重教师，关心教师，密切联系教师，以各种方式做好教师的思想工作。年轻的教师队伍，听党的话，满腔热情地为工农学生服务，刻苦钻研教学，积极进行课外辅导，当天有课则当天下班后给学习困难的学生"开小灶"，经常与学生散步谈心，形成了良好的师生关系，为战胜教学困难创造有利条件。

在思想引领下，学校领导集中主要精力抓教学，抓教研组建设和教学班级建设，经常深入基层，深入师生。校长和教导处3位正副主任，分工明确，每人负责抓2个教研组、联系3个班主任，每人每周至少听课8次，参加科组教学会议1次。学校还规定每月召开1次教研组长会议、1次班主任会议，及时分析研究情况、总结经验、纠正错误偏向，在整个工中时期一直坚持这项制度，每次会议都有详细记录，每次会议上，校长或教导主任都要作总结发言。

1954年9月6日，学校召开第一次教研组长会议，着重研究教师如何备好课、上好课的问题。冉济川校长在总结中强调：学校最中心的工作是课堂教学，而备课是保证课堂教学质量最主要的环节。他要求教师要以对学生高度负责的精神认真备课，要求教研组要组织教师在个人充分备课的基础上进行集体备课，以保证备课和上课的质量。10月5日，学校召开第二次教研组长会议，在分析开学几周的教学情况的基础上，着重研究如何按照工农学生的特点进行教学的问题。会议明确提出：各门课程的教学都要发扬理论联系实际的作风，要克服主观主义和片面发展的教学思想，要有意识地了解工农学生的情况，从工农学生的实际出发进行教学，循序渐进，打好基础。根据初步实践经验，教导处提出了备好课、上好课的三个基本要求：深入钻研教学大纲和教材；深入了解学生，掌握学生特点，有的放矢，因材施教；掌握课堂活动规律，改进教学方法，指导学生运用正确的学习方法，充分发挥教师的主导作用。整个工中时期，学校领导通过听课、评议、召开会议、日常具体指导，推动教研组的建设和教学研究的开展，促进教学水平和师资水平的逐步提高，为学校以后的发展打下最重要的基础。

学校还把班级建设作为落实全面发展方针、提高教育质量的基础来抓，强调充分发挥班主任的作用。学校党、团总支明确要求各班学生党、团支部要尊重班主任，积极配合班主任工作。

1954年9月3日，学校召开了第一次班主任会议，冉济川校长强调要充分认识班主任工作的意义，他说："班主任是全班学生的组织者和领导者，是一个班的指挥员。我们的学生将来是国家建设的骨干，培养好他们，对党的事业影响很大。所以，班主任的任务是光荣而艰巨的。"他要求班主任深入了解和熟悉学生，根据学生的情况和特点，制订出班主任工作计划，有步骤地开展班级教育工作。9月26日，召开了第二次班主任会议，针对当时学生的情况，对班主任工作提出了三条要求：与党、团支部密切配合，加强政治思想教育；动员学生严格执行规章制度，建立良好的教学秩序；帮助学生端正学习态度，改进学习方法，推广好的学习经验。10月26日，召开了第三次班主任会议，由许西庆、李健群等老师介绍班主任工作的初步体会，冉济川校长作总结发言，对班主任工作的指导思想、工作态度和工作方法作了概括。

经过一个学期的实践，学校于1955年初明确提出了班主任的基本任务，任务指出：班主任必须热爱学生，满腔热情地为学生服务，深入掌握工农学生特点，与党团组织、任课教师密切联系，互相配合，全面贯彻党的教育方针，对学生进行思想教育，帮助学生搞好学习，争取优良成绩，注意学生身体健康。各班班主任都按学校要求，坚持和学生打成一片，从思想上、学习上、生活上全面关心和帮助学生。工中时期的班级建设，较好地发挥了班主任的组织领导作用、党团组织的保证作用和班会组织的自治作用，各班都建立起能团结带领同学进步的核心，普遍树立起尊师爱生、勤奋学习、团结友爱、遵守纪律的良好班风，从而促进了良好校风的形成。

为保证教学任务的完成，学校还十分重视体育保健工作，开学不久，便制定《保健工作计划》，计划指出："工农学生尚不习惯脑力劳动，为了完成学习任务，容易采取'拼命干'的做法，从而影响身体健康。所以，要积极开展群众性的保健运动。"学校成立以校长为主任的保健工作委员会，建立每天早操、课间操和课外文娱体育活动的制度。学校还发动师生搞义务劳动，修路植树，绿化美化校园，建设优美的生活环境。

1955年11月，针对当时学生学习负担过重、病号增多的情况，学校还专门召开校务会议，讨论加强保健工作问题，并作出"加强体育卫生工作，减轻学生负担，提高教学质量"的决议。会后，学校敦促各部门制订具体计划加以落实，使教学工作有所改进，学生课内外负担有所减轻，体育工作、卫生工作和膳食工作质量均有所提高。这一年，学校还隆重举行了首届田径运动会。

（四）稳妥做好停止招生工作

1955年，教育部、高等教育部决定全国工农速成中学从秋季起停止招生，通知中说"要求大批优秀工人骨干和干部长期脱产学习，目前是办不到的。今后除工农子女应按普通教育程序大量入学学习外，对广大工农干部和工农群众的学习，应坚决贯彻业务学习为主的方针。不再采用举办工农速成中学的办法。"此后，学校的学生逐年减少，编制上多出来的教师分别调到广州市中学或大学当教师，文迅校长被调回中共广州市委文教部。在工农速成中学停办时，正值广东的暨南大学开办，时任副校长陈江文带领全体教师、工作人员，被调到暨南大学开办预科班。

学校严格执行这一指示，认真做好工作，安抚师生情绪，并继续紧紧抓住教学工作不放松。为了总结推广先进教学经验，1956年4月17日，学校召开了全体教职员参加的校务会议，工人和学生派代表参加，这是学校第一次全校性的经验交流会，冼鸿会老师介绍了"深入了解学生，加强备课，改进教法，提高教学质量"的体会；彭可强老师介

·1957年7月，华南工学院附设工农速成中学第一届毕业生合影

绍了"搞好课堂教学和帮助新教师"的做法和体会；张焕然老师介绍了"理论和实践结合，加强直观教学，提高教学质量"的经验；钟淼荣老师介绍了"建立班级核心，搞好班级教育"的体会。会场气氛热烈，几位老师即席发言，畅谈学习先进经验的体会。最后冉济川校长概括了先进经验的共同特点，总结了工中一年多来所取得的教学成绩和基本经验，号召开展比先进、学先进、赶先进的群众运动，把办学水平和教学水平提高一步。学校首次评选出张焕然、冼鸿会等老师为先进工作者，张焕然老师还出席了5月份在北京召开的全国石油战线先进生产（工作）者代表会议。

工农速成中学是新中国成立初期创办的一种新型学校。它为适应国家的需求而诞生，同样为适应国家形势的发展而完成自己的历史使命。

第三节　齐心协力　改办更名

一、改名为"石油工业部广州石油学校"

为了适应我国石油工业发展的需要，国务院于1955年10月批准将华南工学院工农速成中学改为石油中等专业学校。1956年1月14日，石油工业部给学校的命令指出"你校业经国务院批准改由我部领导，为便于各项工作进行，现决定你校校名改为'石油工业部广州石油学校'，组织机构暂不变动"。时任广东省委工业部部长刘田夫专程来校作改校动员报告。

1956年1月26日，石油工业部广州石油学校成立大会隆重举行。成立大会上，冉济川校长作了改校的动员报告，茂名页岩油厂筹建处主任、华南工学院党委书记秦思平，学校教工代表和学生代表先后讲话。报告指出，石油是黑色的金子、工业的血液，我们的国防、工业、农业和人民生活都迫切需要大量石油,但我国的石油工业还很落后,帝国主义者讥笑我国"贫油",我们中国工人阶级有志气有能力改变落后面貌;我国的石油藏量并不比别人少,但还缺乏人才去开采,我们改校,就是为了培养更多的石油人才,加快石油工业的发展,使石油工业尽快赶上世界先进水平,多产石油,使国家建设腾飞,让帝国主义者发抖!号召全体师生员工把个人志愿和祖国需要结合起来,努力学习,积极工作,把石油学校办好。

·1956年1月14日,工农速成中学改为广州石油学校时的报喜队

后来由于中大工中随后改名为石油工业部广州第二石油工业学校,石油工业部于1956年7月15日发出命令,将学校改名为"石油工业部广州第一石油工业学校"。

1957年2月9日,石油工业部又发出《关于广州石油一、二校合并工作的指示》,将石油工业部广州第二石油工业学校(简称"石油二校")并入石油工业部广州第一石油工业学校(简称"石油一校"),并改名为"石油工业部广州石油学校"。并校工作于当年6月份完成。改为石油学校的决定,使师生员工受到极大鼓舞。

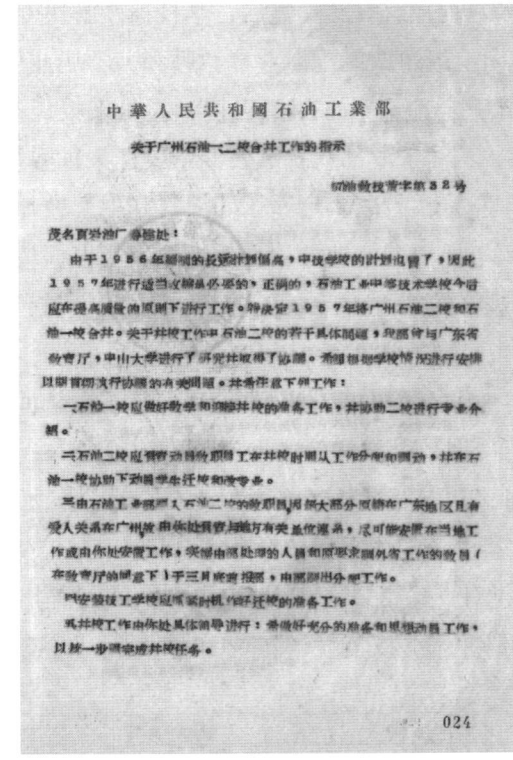

·石油工业部《关于广州石油一、二校合并工作的指示》

二、制订计划向"油校"转变

从"普通中学"到"石油中等专业学校",这是一个重大的转变。为顺利实现这个转变,学校制订了过渡时期的工作计划,做了大量的准备工作。

学校组织专人到兄弟学校和石油厂矿学习取经和调查研究,并根据石油工业部的要求,制定学校发展规划。1956年3月16日,学校召开了石油工业部广州石油学校第一次校务会议,讨论通过了学校五年(1956—1960年)发展规划(草案)。5月18日,石油工业部发文,原则上批准了这个规划,确定学校发展规模为1600人,主要为开发茂名页岩油服务,开设低温干馏与造气工学、石油与石油气体工学、低温干馏与造气工厂机器设备、石油与石油气体加工工厂机器设备四个专业;每年招收初中毕业生400名,学制4年;1956年秋季开始招生。

·《广州日报》1956年9月13日报道

改名为石油工业部广州石油学校(简称"广州石油学校")之后,学校抓紧解决专业课和基础技术课的师资问题。学校一方面积极向上级争取调配专业课教师和大学毕业生,并派出专人到石油厂矿挑选既有实践经验又有一定理论水平的工程技术人员来校任教;另一方面动员部分普通课教师转教基础技术课。石油工业部从抚顺石油学校调来孙慰祖、田颐慧等同志,作为专业建设骨干。到1956年9月,教职工增至176人,其中,教师增至81人。学校很重视师资提高工作,编制了两年的师资培训计划,并组织教师根据教学需要和本人情况制订个人进修计划;加强在职进修的同时,1956年抽调26名教师脱产到高校进修,还有部分教师下厂实习或到兄弟学校参加教学实践。

学校组织教师干部学习有关中专教育的文件和有关专业的教学资料,要求在8月份前编制出各专业的教学计划和各门课程的学期授课计划。按照中专学校的建设要求,学校将教研组改为学科委员会,当时设置了普通课和专业课的8个学科委员会。学校加紧实习工厂和实验室的筹建或改造,加紧教学仪器设备的购置和校舍基本建设。到1956年9月,学校校舍建筑面积增至1.3万多平方米,有课室23个、实验室7个,实习工厂已建好钳工、金工车间,图书馆藏书增至4万多册,增购仪器设备花费30多万元。还有一批在建项目。

三、调整组织机构和安置原工中学生

调整组织机构。为了适应中专学校发展需要，学校设一室两处，即学校办公室、教务处和总务处。教务处下设教务科、图书馆、实习工厂；总务处下设总务科、会计科、膳食科、卫生室、幼儿园；办公室设人事科、保卫科。初步制定了各部门的职责范围及工作制度。

安置原工中学生。改校时按石油工业部的要求，对原工中学生采取"包下来"的做法，一律转入石油中等专业学校（简称"石油中专"）。后矛盾逐渐暴露出来，部分学生因原从事专业时间较长而舍不得放弃本专业；部分学生仍志愿升大学；部分学生因家庭困难或学习困难，难以坚持学习，希望回原单位工作。学校如实向石油工业部反映情况并提出妥善处理意见。经石油工业部批准，按实事求是原则重新安排，即"愿读石油中专的欢迎，愿升大学者继续读工中，愿回原单位者介绍回原单位"。经调整，志愿转读石油中专的有403人，继续读工中的有124人（四年级一个班，三年级两个班），回原单位工作的有40多人。这样的处理，受到广大工农学生的欢迎，迅速安定了学生情绪。

1956年秋季，招初中毕业生100多名，转读石油中专的原工中学生有二年级31名、一年级372名；9月份，按照石油中专教学计划，依时开学上学。

四、建成初具规模的石油中专学校

改校初期，学校担负双重任务。一是继续完成工中的教学任务。学校以负责到底的态度，认真组织好教学和班级教育工作，老师们仍然以满腔热情，严格按照教学大纲教好每门功课。1957年和1958年，两届工中学生先后毕业，90%以上的学生升入大学深造，使工中画上了圆满的句号。二是开始探索中专办学的道路。1956年10月24日，学校党总支召开第一次党员代表大会。大会通过决议，要求充分发挥党员的积极性、创造性，发挥党组织的战斗堡垒作用，团结师生员工，为创建名副其实的中等石油专业学校，为保证完成培养祖国石油技术人员的任务而共同奋斗。

刚开始办中专没有经验，所以，从教学计划、教学大纲、教材到规章制度，学校大都借鉴苏联教育的那一套。学校还组织教师学习苏联的教育学，吸取苏联教育、教学经验。但同时学校也注意总结和推广自己的好经验，坚持工中时期行之有效的教学制度和教学方法。

1957年初，毛泽东主席发表了《关于正确处理人民内部矛盾的问题》的重要讲话，明确指出："我们的教育方针应该使受教育者在德育、智育、体育几方面都得到发展，成为有社会主义觉悟的有文化的劳动者。"讲话还指出，要加强学校思想政治工作，提倡勤俭建国。学校组织教职工认真学习这些指示，进一步明确办学方向和培养目标，端正教育思想，切实贯彻使受教育者德、智、体全面发展的教育方针，努力探索中专的教育规律。由原工中转读石油中专的学员，发扬了工中时期的优良作风，密切配合学校和老师

·1957年,学校体育代表队参加广州中专学生运动会

搞好教学工作,同时以主人翁态度主动关心和积极参加学校的建设,在各方面发挥了良好的作用。

1957年9月,经省委批准,中共广州石油学校委员会成立,由冉济川代理党委书记工作。1957年11月,石油工业部任命冉济川为广州石油学校校长;1958年3月,省委工业部又任命冉济川兼任校党委书记;同时任命了一批负责人。校党政领导机构完成了从普通中学向中等专业学校的过渡。

1957年11月11日,学校举行建校三周年庆祝活动。在庆祝大会上,校长冉济川宣布学校确定每年11月11日为校庆日。

1958年,全国掀起了"大跃进"高潮,开展各项政治运动,在"打破常规"的口号下,学校正常教学秩序受到了一定的影响。4月,学校开展教育革命运动。5月起,学校全面开展"勤工俭学"运动,组织师生一边教学,一边自己动手兴建工厂和实验室,自制仪器设备模型挂图,开展技术革新,取得了一批成果,参加了在广州举行的勤工俭学成果展览。学校还正式成立机械厂,党委决定由牛更生兼任厂长,除增加一批技工外,还安排100多名学生下厂半工半读。当时成批生产的剥麻机、鼓风机、电动机等产品,被纳入国家计划。随后学校还建成了小型炼油厂、晒图厂、印刷厂和中心化验室,办起了一个有200多亩地的农场和一个养殖场。原工中学生中有各种技工,他们在大办工厂和劳动建校中发挥了重要作用。10月,根据上级决定,全校停课参加"大炼钢铁"的群众运动,除部分师生员工留校进行劳动建校外,600多名师生开赴怀集县,其中一部分人参加地方"大炼钢铁"的群众运动,一部分人为学校运木砍竹,解决基建材料问题。回校后,他们又为学校搬运了500立方米木材,参加了广州市芳村修建铁路的劳动,至1959年初结束,前后共三个月。

1958年7月,经省委工业部任命,南海舰队后勤部原副政委,曾获中华人民共和国三级解放勋章、三级独立自由勋章的韩宽定担任学校党委书记,韩宽定任学校党委书记至 1960 年 5 月。

1958 年 8 月，石油工业部决定将学校下放给广东省重工业厅领导。重工业厅将学校改名为"广东省石油学校"，并对专业进行了调整，改设 3 个专业：石油及天然气工学、人造石油工学、石油炼厂机械与设备，学制仍为四年。1958 年秋季学校共招收新生 404 人。新生入学不久，也参加了各项劳动。

1959 年初，根据中央关于全日制学校以教学为主、建立教学新秩序的指示，学校认真总结了运动过多、劳动过多、打乱正常教学秩序、给教学质量造成不良影响的教训，提出了"以教学为主，稳定教学秩序，千方百计提高教学质量"的任务，并积极推进教学改革。各专业按照教学、生产劳动、科研"三结合"的原则，重新修订了专业教育计划，把劳动纳入计划之内，力求计划的相对稳定性。各门课程根据专业教育计划的要求，重新修订教学大纲。广大教师积极进行教学内容和教学方法的改革。当时学校根据中专培养目标的特点，提出教学内容的改革应贯彻"加强政治、面向生产、结合实际、精简重复、删除陈旧"的原则；教学方法的改革要克服课堂教学老一套、单一化的缺点，引进现场参赛教学，创造多样化的教学方法。广大教师为此做了大量的工作。下半年，为迎接建校五周年，学校广泛开展了教学经验交流活动。至 1959 年底，全校共写出经验类文章 60 多篇，于 1960 年上半年选编成两集《教学经验汇编》，先后铅印出版，反映了探索中专教育规律取得的初步成果。

1959 年 4 月，石油工业部召开全国石油教育会议并制定《关于 1959 年全国石油院校规划方案》，确定学校为全国性石油院校之一，负责为全国石油系统培养输送技术人才；规定发展规模为 1600～1800 人；在原有 3 个专业的基础上增设石油及天然气地质勘探、石油及天然气钻井、石油及天然气开采 3 个专业。该年度 6 个专业共招收新生 472 人。还开设了数学、物理、制图师资训练班和机械、化工工人训练班等。这样，在校学生已增至 1437 人。

从建校至 1959 年，学校建设有较大的发展。教职工增至 380 人，其中教师 112 人；校舍建筑面积增至 3 万多平方米，其中课室增至 59 个、实验室增至 27 个；学生宿舍已能容纳 1500 多人。工厂、实验室、图书馆等教学设施有了较大的充实和改善。如校办机械厂建成铸造、金工、铆焊、装配等五个车间；在职工的艰苦努力下，1959—1960 年生产了 3000 吨成堆干馏设备 160 套、鼓风机 276 台、水泵 360 台、矿车 283 台等；产值由 1958 年的 35 万元提高到 1959 年的 67 万元、1960 年的 76 万元；还自制了一批机器设备装备自己和学校实验室；更重要的是扩大了教学与生产劳动相结合的基地，可同时容纳 100 多名学生下厂实习。1959 年 11 月 11 日，学校隆重举行了庆祝建校五周年大会，冉济川校长在报告中全面总结办学五年来所取得的基本成绩和基本经验，概括了已经形成的良好校风，即尊师爱生、遵守纪律、勤学苦练、勤俭朴素、团结互助、热爱劳动、爱校如家。经过五年的艰苦创建，学校已成为初具规模的全国性石油中等专业学校。

第四节　精心运筹　升格本科

一、升办本科石油学院

1960年2月，石油工业部提出"拟将广东省石油学校改为华南石油学院"的方案。3月11日，广东省燃料化工厅发文给有关单位称："石油工业部与省委指示，为了满足石油工业日益发展的需要，相适应地要培养大量石油高等技术人才，因此决定以现有广东省石油学校为基础，华南化工学院大力支援，在今年内建起华南石油学院，本年秋季开始招生。"

1960年6月，石油工业部和省委工业部联合正式发文：以原广东省石油学校为基础，成立"华南石油学院"，由石油工业部直接领导。学校实行两部制。大学部设石油炼制、炼厂机械、石油地质、石油钻井四个专业，招收高中毕业生，学制五年；中专部仍设六个专业（撤销石油及天然气开采专业，增设矿场机械及设备专业，其他专业不变）。同年11月，石油工业部和广东省委共同决定，将"华南石油学院"改名为"广东石油学院"，由广东省石油工业管理局主管，招生、师资、基建等由省统一安排。1961年11月20日，石油工业部复函广东省委和学校："同意将广东石油学院划归我部直接领导。改名为中南石油学院，仍为两部制。"

1960年6月，广东省石油工业管理局转发广东省委的批示，任命冉济川为学校副院长。同时，省委先后调方定、郑雪山来校分别担任学校党委正、副书记。1961年成立了院务委员会，由学校党政领导，系、处、室和团委的负责人，及4名教师代表共17人组成。凡学校工作计划、教学计划、规章制度及其他重大问题，都通过院务委员会讨论并作出决议。学校下设一室两处（办公室、教务处和总务处）和三系一会（炼制系、机械系、勘探系和基础学科委员会）。1961年初，省石油工业管理局党组任命了学院一批中层干部。不久，石油工业部又任命吴健为学校教务处副处长，钟英、马正国为总务处副处长。这样，在领导体制和组织机构方面，学校基本完成了从中专到学院的转变。

1960年秋季，学校按计划要求，如期招生开学。大学部招生230人（其中本科班126人，六年一贯制试点班104人），中专部招生274人，三个师资培训班招生97人，当年在校学生增至1500多人。1961年秋季，大学部再招收本科班新生188人。

二、加强条件建设，促教学质量提高

为创办一所名副其实的高等学校，培养出合乎规格的高级石油专业人才，1960年学校刚成立便提出"坚决贯彻党的教育方针，勤俭办学，自力更生，大抓三材，苦战三年，

根本改变学院面貌"的奋斗目标。此后，学校紧紧抓住"三材"（即人才、器材、教材）建设，加强领导，全面规划，依靠群众，自力更生，争取按各专业教育计划，如期开出所有课程，完成各个教学环节，保证培养质量，同时不断充实和完善学校的办学条件。

（一）抓人才，即抓师资队伍建设

学校党委明确提出："充实和提高师资工作是学院坚定不移的最重要的工作，只许做好，不许放松。"并采取争取上级调配和自己培养"两条腿走路"的办法，先后调入教授、讲师、工程师9名，调入青年教师38名；同时，先后抽调部分中专教师、选留几十名优秀中专毕业生（大多数是原工中生），到高校进修深造。学校还开设高等数学、英语、俄语等教师进修班；制定《教师晋升条例》，充分调动了教师进修的积极性。至1962年底，学校共培养大学教师24人、中专教师50人，教师队伍增至147人。有40多位教师开出了大学部4个专业一到三年级的全部课程，其中教学效果好的和比较好的占91%。这些教师中的大多数一直是学校的教学骨干和学科带头人。

（二）抓器材，即抓教学的物质条件建设

学校提出"千方百计充实教学设备，提高教学质量"的任务，确定"自力更生和积极采购相结合"的方针，成立专门机构，配备专职人员，同时采取"干部、教师、实验员、工人、学生五结合"的办法，依靠群众建设实验室和工厂。学校一方面派出得力干部到全国各地及有关厂矿单位，进行采购和请求支援调拨。除用好石油工业部的投资外，还用勤工俭学积累的10多万元，购买了一批仪器设备。石油工业部和省石油局也调拨了一批车床等机器设备给学院。另一方面发动群众，充分挖掘机械厂的潜力和师生员工中的技术力量，自己设计自己制造，自力更生装备自己。到1963年初，装备了32个实验室，基本上能满足大中专各门课程实验课的需要。其中，材料试验机、冲击机、扭转机、岩石破碎机、精馏塔、蒸汽锅炉等大批实验设备是自己制造的。机械厂厂房面积扩大到3000平方米，自制了一大批机器设备武装自己，如5吨级14米跨度的吊车、牛头刨床、冲床、剪床、摇臂钻、柴油机、电焊机等，大大提高了生产能力。1960—1963年的三个学年中，接受了大中专45个班的1575人次下厂实习，较好地做到了教学与生产劳动相结合。

（三）抓教材，即抓教学计划、大纲、教材及其他教学基础资料的建设

学校一方面组织各系、教研室教师制订大学部分专业教学计划，编写各门课程的教学大纲和教材讲义，填平补缺，解决教学急需；另一方面积极收集整理和积累有关教学资料，包括实验、实习、设计及其他教学参考资料。学校图书馆藏书由5万册增到8.6万册，其中专业书籍由1万册增到4万册。马列主义教研室、制图教研室等也建起了自己的资料室。

在教学研究方面，学校提出要围绕"提高课堂教学质量和贯彻全面发展的方针"，一

方面继续发扬工中、中专好的教学传统和经验，另一方面积极探索高等教育规律，研究大学教学的特点。许多教研室都为此开过多次研讨会或经验交流会。至1962年底，老师们共写出教学经验总结113篇。

三、同舟共济，战胜严重困难

1961—1962年，我国处于严重经济困难时期，由于工农业减产，粮食供应标准降低，副食品、工业品供应紧缺，学校建设困难重重，师生员工生活十分艰苦。刚开始，部分师生对形势认识不清，克服困难的信心不足，思想较为混乱，一度出现纪律松弛、学习松懈、工作疲惫、少数学生去岗不回等现象。面对这种形势，学校党委要求把加强思想教育和关心群众生活结合起来，一方面坚决贯彻中央提出的"劳逸结合"方针，大力抓好群众生活，积极开展爱国卫生运动和群众文体活动，保证师生员工身体健康；另一方面开展形势教育、思想教育，帮助师生员工认清形势，增强战胜困难的信心，稳定正常教学秩序，保证教学和各项工作任务的完成。

1961年1月，学校制定了《关于保证师生员工身体健康，贯彻劳逸结合的几项措施》，并认真付诸实施，取得良好实效。如开展农副业生产，大力办好食堂，使师生员工生活得到改善。1961—1962年，校办农场共生产稻谷2.5万斤、杂粮近6万斤、蔬菜18万斤、花生5000多斤，还有塘鱼1.3万斤、猪肉2500斤，陆续供应食堂，改善伙食。防病治病工作也取得了显著成绩，1961年初，301名水肿病者和50名肝炎患者，都得到及时治疗，学校还防止了当时多种流行性疾病在学院的传播。

学校还制定了《关于教学、生产劳动、科研和生活的安排》，贯彻以教学为主、劳逸结合、全面提高教育质量的原则，对教学、实习、生产劳动、科研及其他各项活动的时间作出具体规定，以保证教师每周5~6天的时间用于业务工作，保证学生每天8小时以上的睡眠时间，保证教学计划的相对稳定。对于学校工作，除严格执行计划进程外，每周的重大活动都在上一周作出安排，以"周程表"形式印发，要求各部门严格遵守，不得随意增加活动。学校仍坚持了早操、课间操和课外体育活动的制度，许多班的出操率保持100%。学校除坚持每星期的周末电影晚会外，还成立了文工团，组织师生文娱骨干，经常排练和演出话剧、歌舞等文艺节目。

学校党委针对当时群众的思想认识问题，制订计划、组织力量，全面开展符合经济形势和石油工业发展形势的教育，组织高教"60条"的学习，进行艰苦奋斗的革命传统教育和"尊师重教，团结友爱，遵守纪律"的学风教育。

1961—1962年，学校坚决贯彻执行党中央、国务院提出的"调整、巩固、充实、提高"的方针，动员师生员工顾全大局，坚决完成上级下达的调整压缩任务。1961年秋季，中专部停止招生，开始压缩学校规模，当年压缩中专部学生700多人，其中提前毕业支援茂名建设的有393人，参军167人，其余支援农业；调出教职工几十名。大学部六年一贯制改为中专。1962年，大中专均停止招生，进一步压缩学校规模。到1963年初，教职工由 557 人压缩至 340 人。为了做好艰巨复杂的压缩工作，学校贯彻"稳妥处理"的原则，坚持思想工作做到家、安置工作做到家。在摸清情况的基础上，学校派出专人先后和 160 多个单位联系，对被调出的教职工作出妥善安排，本着对组织也对个人负责的原则，切实帮助被调动者解决实际困难；同时，耐心细致地做好思想工作，通一个走一个，不通暂不处理，做到"留者安心，去者愉快"，顺利完成压缩任务。

第五节　贯彻方针　压缩改办

一、撤销学院复办中专

1963 年 3 月，石油工业部决定对学校进一步调整压缩，确定撤销学院、改办中专。为了贯彻石油工业部的决定，学校党委于 1963 年 3 月 12 日召开第四次院务委员会，专门讨论按照撤销学院、改办中专的要求，做好调整工作的问题。会议分析了这次改校任务的艰巨性和复杂性，强调一定要坚决执行石油工业部的决定，既要保证调整任务的完成，又要贯彻各项政策，做好思想工作，保证不出乱子，不打乱教学秩序。会议制定了"决心要大，行动要快，步子要稳，工作要细"的方针。会后层层开展思想动员工作，引导师生员工顾全大局，听从组织安排，坚守岗位，搞好学习和工作。

·中南石油学院1963年度庆功大会先进集体和个人合影

1963 年 7 月，石油工业部正式发文通知：撤销"中南石油学院"，恢复"石油工业部广州石油学校"，直属石油工业部领导。同时决定大学部全部学生转学，炼厂机械、石油炼制两个专业两个年级学生 131 人，并入西安石油学院；石油地质、石油钻井两个专业两个年级学生 110 人，并入西南石油学院。中专保留 4 个专业，800 人规模。7 月 6 日，学校召开第五次院务委员会，研究落实石油工业部通知的措施，对转学工作作出具体安排。各系认真做好思想工作和组织工作，并派出专人将4个专业2个年级8个班200多名大学生和各项有关资料，分别送达西安石油学院和西南石油学院。学校还按石油工业部的要求，完成了部分教学仪器设备的外调任务。学校改建工作于8月顺利完成。

与此同时，中专三、四年级的教学任务也没有放松。前几年由于经费紧缩及厂矿难以接收等原因，各专业均未外出进行教学实习。1963年上半年，学校克服重重困难，组织中专三、四年级13个班分别到辽宁抚顺、四川、湖北等地厂矿进行生产实习和毕业实习。学校对毕业班从严要求，第一次举行了正规的毕业设计和答辩工作。专业老师经过定题、试作、指导答辩、评审、答辩、评分等一系列工作，高质量完成毕业环节教学工作，积累了宝贵经验。

二、调整机构与压缩人员

教职工队伍按中专办学要求做了进一步调整，压缩至250人，保留了基本的教学骨干和学校管理骨干。1963年7月25日，中南石油学院院务委员会举行了第六次也是最后一次会议。会议的中心议题是：学院撤销后如何办好中专。经过讨论大家一致认为，石油工业部决定撤销学院改办中专，学校发展进入新的历史时期，今后要继续贯彻党的教育方针，集中全力，千方百计地为办好一所质量较高的石油中等专业学校，为培养又红又专、身体健康的石油中等技术人才而努力。

学院撤销后，方定、郑雪山先后调离学校，上级指定冉济川代理党委书记职务。行政组织、教学组织均按中专体制逐步进行调整。1963年9月，学校重新制定了校长、副校长、校务委员会及各部门的职责范围。1963年10月15日，石油工业部发出命令，任命冉济川为广州石油学校校长，吴健、张志鸿、钟英为副校长。此后，学校党委和石油工业部又先后任命了各科室的负责人，完成了从大学机构到中专机构的过渡。

三、加强领导班子建设

为了适应新形势的要求，加强领导班子的建设，1964年，校党委先后制定《反对官僚主义、改进工作作风的若干规定》《贯彻勤俭办学原则、反对铺张浪费的决定》和《反对特殊化的若干规定》等。这些决定和规定强调领导干部要保持谦虚谨慎、戒骄戒躁，带头发扬艰苦奋斗、勤俭节约、密切联系群众的优良作风，反对骄傲自满、固步自封，反对铺张浪费和官僚主义。规定建立领导干部深入基层、深入教学、深入师生的制度和干部参加劳动的制度。学校主要领导以身作则，亲自蹲点抓典型，使学校各项工作呈现生机勃勃的局面。

四、加强教学教育与管理

根据石油工业部的指示，学校暂只保留石油炼制和炼厂机械两个专业，1963年、1964年、1965年秋季分别招生151人、204人、164人。从1963年开始，学校加强了新生入学教育工作，确定开学第一周为新生入学教育周，主要对新生进行石油形势和专业思想教育、学校历史和校风教育、革命传统教育和规章制度教育，帮助学生明确学习目的，增强组织纪律性，激发创"三好"的积极性。此后，"新生入学教育周"成为制度并长期坚持下来。

为了加强学生思想政治工作，学校党委特别重视和强调发挥班主任和班级教育的作用。1963年9月，学校制定了《加强班级教育工作的计划》，指出："切实加强班级教育工作，是贯彻党的教育方针、实现培养目标的重要一环。""教学班是学校教育工作的基层单位。班主任是班级教育工作的组织者和领导者。在日常思想、学习、劳动、生活等各方面，要引导学生在又红又专的道路上不断前进。要重视经常地联系本班各科教师，共同研究提高本班学生的学习质量，建立坚强的班集体，组织并指导学生的课外活动，关心学生的身体健康，使学生在德、智、体三方面获得全面发展，培养他们成为有政治觉悟的有文化的社会主义劳动者。"

1964年，学校党委又作出决定：试行建立"班级教育研究组"，把每两周一次的班级教育研究组的活动定为制度，由班主任召集、科任教师和蹲点的行政领导参加，共同分析班内学生的思想、学习、健康状况，研究解决存在的问题和提高教育质量的措施。学校还以1963级石油炼制11班为试点，创造了"跟班写实"的调查研究方法。即组织有学校领导、有关部门干部、班主任和教师参加的调查组，深入一个班，在一周内，从早到晚，了解和记录学生学习、生活各方面的详细情况，然后进行系统分析，提出改进教育和管理的意见。学校党政领导深入实际，花大力气抓班级教育，大大增强了班主任的光荣感和责任感，调动了广大教师"管教管导管思想"的积极性。这几年，担任班主任的教师坚决响应党委的号召，把班主任工作视为自己神圣的职责，本着对学生全面负责的原则，艰苦深入，经常与学生打成一片，和学生一道下乡下厂，坚持与学生"五同"（同吃、同住、同劳动、同学习、同活动），一起摸爬滚打，言传身教，细致地做学生思想工作，努力探讨培养学生的经验，开创了学校班级教育工作的新局面。

在党委领导下，党团组织和班级教育研究组互相配合，在学生中开展了一系列富有成效的教育活动。1963年开始，响应毛泽东主席"向雷锋同志学习"的号召，学校大力宣传雷锋平凡而伟大的共产主义精神，组织师生参观雷锋事迹展览，组织学生开展经常性的"学雷锋，做好事"活动，涌现了大量勤俭节约、助人为乐、关心集体、勤奋学习的好人好事。同时，学校组织学生参观解放军驻地，开展学习解放军、建设"红色宿舍"的活动，发动学生自己订公约，将被帐用物都摆放得井然有序，使宿舍成为"讲文明、爱整洁、讲团结、守纪律"的场所，整洁美观。

1964年5月和7月，学校分两批组织师生到花县（今广州市花都区）炭步公社，与农民"三同"（同住、同吃、同劳动），进行劳动锻炼和忆苦思甜的社会主义教育；发动学生返校后参加"人人写家史"忆苦思甜活动，提高阶级觉悟。石油炼制专业210班还根据王志兰同学的苦难家史，创作了《千万不要忘记过去》的话剧，作为学校社会主义教育的活教材，引起强烈反响。社会主义教育进一步激发了广大学生积极上进、努力学习的自觉性。学生中还掀起了学习毛主席著作的热潮，各班纷纷组织学习小组，利用课余时间，刻苦学习，联系实际，写心得体会。学习毛主席著作，促进了"学雷锋、创三好"活动的开展，使优良校风得到进一步发扬。

教职工中掀起了学雷锋、学大庆、学习毛主席著作的热潮。1964年，学校组织科以上干部分期分批赴大庆参加轮训班学习。全校深入贯彻石油工业部大庆政工会议精神，开展以"五好"（政治思想好、完成任务好、革命作风好、学习钻研好、劳动锻炼好）为内容的"比学赶帮超"活动，促进思想、作风的转变，促进教学和管理工作的改革。教师围绕"上好一堂课"积极进行教学改革。学校及时总结推广了以毛泽东思想指导教学、培养学生辩证唯物主义思想的经验，总结推广"六字教学法"（即引——教师引言、读——学生阅读、讲——重点讲解、练——学生练习、议——组织讨论、总——总结提高）、"边讲边练"、现场参赛教学及考试改革等经验。学校还概括了课堂教学的基本要求："四清楚"（即讲解、板书、实验操作、作业布置要清楚），"五及时"（即下班辅导、布置作业、批改作业、发还作业和各项教学准备要及时）。不少教师自己动手创制了一批新的教具，进一步加强教学的直观性和实践性。广大职工学习大庆"三老、四严、四个一样"的作风，提出"面向教学，心向师生"的口号，制定和执行岗位责任制，提高管理工作和服务工作能力，提高管理服务质量。广东省高等教育局组织广州地区中专学校来学校参观实验室、工厂、仓库，大家一致给予好评。

第二章　听党召唤　西迁茂名

1964年12月19日，广东省人民委员会（即省政府）发出《关于广州石油学校搬迁问题的通知》，决定广州石油学校迁往茂名。在迁校过程中，学校领导班子和师生队伍经受了严峻的考验。在校党委领导下，全校师生员工以大局为重，坚决执行上级决定，做到"迁人、迁物、迁思想"，克服重重困难，顺利地完成了迁校任务，奠定了在"南方油城"扎根发展，重新创业的基础。

第一节　西迁茂名　筹建新校

一、西迁渊源

为了茂名石油工业公司的建设发展，广东省人民委员会向石油工业部提出了"将广州石油学校迁往茂名"的意见。1964年10月7日，石油工业部复电同意广东省委意见，决定广州石油学校迁往茂名，并改为半工半读学校。

· 1964年10月3日，《广州石油学校关于是否迁往茂名问题的报告》全文

1964年12月19日，广东省人民委员会（即省政府）办公厅发出了《关于广州石油学校搬迁问题的通知》，该通知中明确：经省人委研究决定，石油工业部同意，广州石油学校迁往茂名。搬迁后，全部校舍移交给广州外语学院使用。要求于1965年上半年搬迁。

二、筹划西迁

（一）西迁前期选址

接到搬迁通知后，学校立即启动相关工作。1964年12月25日，时任校长冉济川率队同广东省高教局李局长、省文办温处长等前往茂名选择校址及研究解决用地用房等问题。经全面比较后，最终选定官渡。

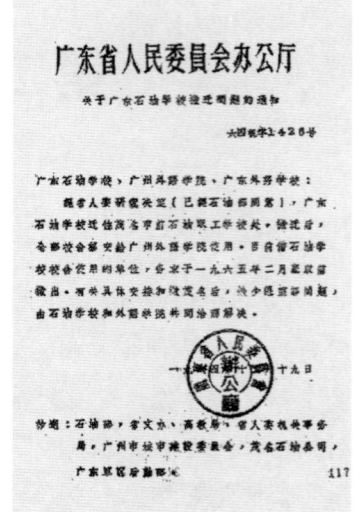

・1964年12月19日，广东省人民委员会办公厅《关于广州石油学校搬迁问题的通知》

1965年1月12日，省下发《关于广州石油学校搬迁问题的补充通知》，确定将中南建筑工程局所属第四工程局在茂名官渡的干部学校（包括当时借给茂名市要办党校的房舍在内）和旧水泥厂的全部房舍，作为财产转移给石油学校使用。

茂名官渡新校址，总面积约310亩，建筑面积15 134平方米。所有校舍除少数永久性建筑外，多数是临时性建筑或竹棚，均无地台、批荡，没有排水沟，照明设备多已拆走，瓦面普遍漏水，门窗多已破烂，没有卫生间和自来水设施。尤其是22栋简易课室，竹搭墙身几乎全部脱落，门窗已经霉烂，杂草丛生……一片破烂荒凉的景象。

（二）制订西迁计划

1. 摸清情况

尽管"搬家"选址确定了，但仅新址就存在诸多问题。新址原有中南建筑工程局第四工程局干部学校、茂名市水泥厂房舍和茂油公司房舍。学校当时发展规模定为学生800人，中南建筑工程局第四工程局干部学校现有房屋基本可以解决师生员工生活用房及教师子女上学的小学用房。但是，实验室、课室、实习工厂、图书馆、体育室、幼儿园、卫生室却不能解决，因此必须另行建设。除建筑楼宇外，供水供电也存在很多问题。当时还有不少住房被临时借用，以至于学校无法正常进行房舍修缮及改建。

解决房子等问题成了当务之急。学校、省高教局总务工作处先后和第四建工局驻茂办公室、官渡干部学校、第四建工局茂名房管所等单位商议，他们对以上两处房子划归学校使用均表示同意，并立即指定管理人员和学校联系，办理交接手续。

用房、用水、用电、维修、资金等问题互相交织，错综复杂，严重影响了学校的搬迁工作。学校就相关问题向省人委和省高教局反映。省人委经研究，同意拟拨给学校40

万元作为基本建设投资，拟拨给学校 30 万元作为茂名新校址的维修安装费用，另拨给学校 30 万元作为搬迁费用；除基建费 40 万元为专款专用外，其余维修安装费、搬迁费用各 30 万元可以由学校包干，互相调剂使用；省协调相关部门帮助学校解决其他相关问题。省高教局答应在当年春节后预拨 10 万元给学校作为准备搬迁的费用，以解决暂时困难。

2. 成立搬迁工作领导小组

迁校，是一次非常大的变动。要按时完成"三迁"工作，须有合理的分工安排。1965 年 1 月，经上级批准，学校党委会由冉济川、吴健、钟英、战胜福、王山月、孙慰祖等人组成，冉济川兼任代理书记。党委决定成立迁校工作领导小组，下设搬迁组和筹建组。

1965 年 2 月 6 日，学校党委召开临时会议，确定第一批的搬迁时间从 3 月开始，并提出"要广泛发动群众、组织好力量，做到有计划、有步骤搬迁，修缮务必要按计划完成"等要求。

3. 制订搬迁计划

1965 年初，石油工业部指示学校用半年左右的时间，基本上完成从广州迁到茂名的工作。1965 年 2 月 5 日，为全力做好迁校有关工作，保证迁校工作顺利进行，争取在 8 月底以前搬迁完毕，学校制订了搬迁计划。

三、举校西迁

学校党委号召：在党委统一领导下，全校师生员工统一思想，团结一致，服从指挥，鼓足革命干劲，分工协作，确保顺利完成迁校工作。

（一）艰苦奋斗，筹建新校

1965 年 2 月，筹建组成立后立即开赴茂名官渡，开展新校筹建工作。先对全部旧房进行改造维修，把东平房、西平房、东楼改造成教职工宿舍，把中平房、西楼改造成学生宿舍，把 22 栋平房改造成教室和实验室。同时，着手筹建新课室大楼、图书馆、工厂厂房、教工饭堂等。搬迁组也立即组织开展全部物资、设备、家具包装和搬运等工作，以完成校党委提出的"在不影响教学的前提下，分清轻重缓急，有计划、有步骤地分期分批进行搬迁，但要在 9 月份前基本迁完，9 月初在新校址接待新生，按计划按时开学上课"的工作目标。

筹建新校区困难重重，早在选址时就能窥见一斑，且很多是学校难以自己完成的。不仅存在基本建设工作可能赶不上新学年开课，实习工厂建设，自来水管供应，基建、维修、搬迁的投资、材料均未落实等问题，筹建组还出现人力严重不足、白蚁蛀房、小偷盗物资、维修技术差、记账不仔细等问题。

1965 年 3 月 15 日，石油工业部教育司司长刘康到广州，主持召开关于学校迁校工作的会议。会后，校党委立即召开会议，研究、部署和落实会议精神，提出"以党建促筹建"等措施。

1965年4月8日，学校委任王特华为茂名工作组的党支部书记，陈大松和黄光霭负责财务等工作，并就上述人力严重不足等问题给出了解决方案。同月9日，又任命王山月为茂名筹备组党支部书记，冯茂姚为维修组组长兼筹迁组副组长。旨在全力推进建设与维修等工作。

筹建组虽然工作干劲大，但工作中仍存在不少问题。冉济川校长了解情况后，为他们支招和提要求："要保证九月份能上课、能住宿、能吃饭。"到7月31日，大部分主体建筑已经完成，维修工程已完成大部分。

尽管问题还存在不少，但在雷锋精神和大庆精神鼓舞下，大家勠力同心，砥砺前行，筹建任务终于在1965年8月底基本完成，学校各行政科室顺利地在新校址开始正常办公，也确保了新老生按计划依时在新校注册上课。

（二）师生行动，做好"三迁"

为完成石油工业部和省人委交给学校的搬迁任务，校党委提出"力争八月底基本完成搬迁任务、力争节约搬运费超过10万元"的两个"力争"目标和"做到迁人、迁物、迁思想，发扬当家作主、艰苦奋斗精神，坚持勤俭办学原则，大家动手，分工负责，安全节约，快而不乱"的要求。按照学校统一部署，搬迁组紧锣密鼓地开展工作。

1. "四线"同行，任务艰巨

迁校工程浩大而艰辛，当时学校工作错综复杂，全校大大小小36个单位、近千名师生及家属离开繁华的广州，跨越数百公里西迁到落后偏远的茂名，既要搞好迁校又要保证教学，有肝炎、肺病患者，还有怀孕的女教师，人力严重缺乏，这显然就不是个容易完成的任务。要搬迁的物品种类繁多，包装要求各有不同，而且新、旧、残、废俱有，不但存在如何清点、包装、运输等一系列问题，而且存在如何鉴定、分类、估价、处理等问题。学校工作错综复杂，茂名半工半读试点、筹建新校、大搞教育思想革命与教学改革、迁校"四条战线"同时进行，迁校工作就是在这种思想斗争激烈，人力、时间都充满矛盾的情况下展开的。归纳起来，迁校工作组面临的迁校形势的特点是：摊子大、担子重、时间紧、人力少。能否按校党委指示完成迁校任务成为一个极为严峻的考验。迁校工作必须各方统筹，互相配合，和整个学校的工作有机地结合起来。

当时，学校党委从领导到群众，从师生员工到家属，全员进行了总动员。在各科室、教研组中抽调了20名干部、教师，组成迁校工作组，负责全校搬迁的组织、协调等工作。各系统的党支部负责各自的"迁人、迁物、迁思想"工作。

2. 迁人——听党号召，力克困难，激昂前行

（1）人多车少，困难重重。

全校师生近800名，其中机械和炼制两个专业的专职教师71人、科级以上干部23人、一般干部36人、行政工勤人员26人、工厂工人19人。除了教职工和学生外，还有教职工家属159人也要搬迁。那时学校只有2辆小货车和1辆小汽车，搬迁运输工具极少，困难重重。且当时正经历"三年困难时期"，许多人吃不上饭，体力跟不上。在此情况下，面对搬迁车少、人多、路途远等难题，要离开熟悉的大都市和亲手建设起来的优美宽广的校园，师生、家属难免感到不舍。

无论遇到多少困难，都要想办法解决，完成艰巨的搬迁任务。1965年7月23日，学校召开党委扩大会议，落实分期分批迁茂名人员名单，落实迁校的有关问题解决办法及各项工作，落实下学期的教务工作安排。会议讨论决定：机关于8月20日基本迁往茂名，医务室提前迁往茂名，可以同意个别人员自己去茂名，但不给补助，不能单独买车票回来，只能跟校车返校。

（2）党员带头，典型带动。

学校党委要求党支部在搬迁中发挥战斗堡垒作用，党员要发挥先锋模范作用，做到率先示范；充分发挥各组织和骨干作用，以典型带动，狠抓进度，落实安排，做好工作进度表，相互配合，按"一运一走相结合的成批走"模式进行搬迁。在层层动员教育和党员干部带动下，广大教职员工和学生做到听党召唤，义无反顾搬迁。在这期间，涌现了许多感人的事迹。

2019—2020年，广油"西迁精神"采访组深入校内、市内、广州、佛山、东莞、惠州等地，采访和慰问了30多位当时西迁的领导及教师，如钟森荣、温质文、林元俸、区志奎、田颐慧、周子平、何庭谦、许西庆、郭东乙、蔡宣礼、洪觉典、吴儆苏、陆慧娴、许金、苏志、陈璇萍、吴逸民、李游、廖宝滢、陈喜东、杜佩瑜、龙娟安、邱益年、肖开梓、罗林大、陶炎兴、巫开鸿、王宝莲、司徒钜，虽然他们大部分都已八九十岁高龄，但是一说起当时西迁，个个神采飞扬，激动不已，滔滔不绝地讲述老一辈广油人听党召唤、爱国奉献的家国情怀。

3. 迁物——自力更生，好字当头，厉行节约

（1）提出"不错、不乱、不漏、不丢、不坏"迁物方针。

当时全校的物资多达数十万件。为了顺利完成迁物这一艰巨工作，学校党委提出了"不错、不乱、不漏、不丢、不坏"的"五不"方针。要做到"五不"，在包装前就要求各单位做好物资清对工作。做好账、物、卡"三对口"的工作是各教研室（科、库）做好装箱准备工作的重要内容之一。

为了摸清整个学校物资情况，掌握物资数量、包装材料需要的数量、装运的程序等，学校党委用党的理论知识指导实践，对全校大小36个单位进行调查研究，分析了整个任

务，认为包装工作是整个迁校工作的中心环节，提出了"以做好待运为中心，有计划安排运输，集中和处理"的工作方针。与此相适应，迁校工作组分为集箱、运输、包装材料供应、物资处理和资料统计5个小组，研究其包装方式、运输方式，确定整个迁校工作的进程和先后搬迁的顺序。

在不影响教学的前提下，分清轻重缓急，有计划、有步骤、有组织、分期分批进行搬迁，学校形成了一套完整有效的"迁物"工作方案。广州和茂名两地的师生员工都在大庆精神的鼓舞下，同心同德，艰苦奋斗，在这过程中没有发生严重的安全事故。

（2）自力更生，节省成本。

为了节省运费，搬迁组发挥"一厘钱"精神，深入各有关运输部门，详细了解火车、汽车、轮船等托运的各种费用、计算方法、包装要求等，反复比较各种运输方式的利弊得失，初步确定家具以水运为主，仪器设备以自运为主，机床等以火车运输为主的运输原则，并和货运公司建立业务关系，得到他们的积极协助。

搬迁组不仅为国家节省了一笔开支，而且通过勤俭迁校，师生员工在思想作风上受到一次很大的锻炼。

（3）搞好试点，提高效率。

为了取得经验，掌握规律，工作组遵照毛主席关于"解剖麻雀"的工作方法的指示，确定了以电工教研组和家具仓库为试点，集中人力，领导、教师、职工、同学一起动手，边干边议，群策群力。另外又请包装工人，包装一部分教学仪器设备和一部分家具。指定专人跟工人一起劳动，向他们学习包装技术。令人欣喜的是，学生不仅学到了包装工人的技术，而且在架床的包装方面使用竹篾编织的方法，超过了包装工人的打包质量和速度，得到工人的好评，学生又把这种方法向工人推广，互相促进，通过电工教研组和家具仓库的试点解除顾虑，提高勇气，增强信心。

（4）集中力量，打"歼灭战"。

组织"歼灭战"的指挥部是迁校工作组，其成员既是指挥员，又是战斗员，和师生员工一起共同战斗。通过在石112班部分同学的试点，在专业队伍的指导下，保证包装质量基础上，学校发动全体教职工和其他班同学投入搬迁工作，并及时表扬出勤率最高的第一支部，又表扬了第二支部，第三支部急起直追，形成热火朝天的搬迁局面。

（5）完成迁物，高效节约。

从1965年8月开始，学校物资通过汽车和轮船分批次从广州运往茂名，其间的装货和卸货师生们都积极参与，全员上阵。到1965年11月，基本完成迁物任务。迁物做到了高效又节约。

3. 迁思想：反复动员，领导带头，师生同心

（1）反复动员以消除负面情绪。

建校几年来，学校经历了几次重大的变革，迁校到茂名，大部分同志都是义不容辞，

坚决拥护党的决策,响应石油产业和国家的号召,但是要从繁华的大都市迁到偏僻落后的茂名,有一小部分人顾虑重重。有人觉得担子很重,搬迁战线很长,人力不足,会有很多困难;有些同志认为学校这几年一直在不停变动,思想一时转不过弯来,产生"十年九变,何年才能稳定"的说法等。虽然只有5%～10%的人存在这些思想问题,占比不会影响大局,但是这些人散播悲观情绪,工作消极,影响不好。

为了消除这部分人的消极思想,鼓励大家以饱满的情绪积极迎接搬迁工作,学校党委多次反复动员,对搬迁态度比较好的进行表扬,向师生介绍了茂名的基本情况,对师生的问题进行一一解答,对重点人员进行开会及家访,消除大家的顾虑,帮助他们克服思想困难。

(2)领导老师身体力行以激发搬迁热情。

搬迁工作,困难重重,迁校之初由于人力、物力不足,战线多而长,茂名与广州的落差大,有些同志打了退堂鼓,有些同志感到茫然、毫无头绪。为了提高师生的劳动热情,学校提出了六条标准(一是思想作风好,二是质量好,三是干劲大,四是注意好安全,五是清理好场地,六是宣传鼓动好),使迁校工作更加规范和高效。学校领导与师生打成一片,与师生一起搬家具,为家属买柴买米,想方设法提高师生到茂名后的伙食等,深得群众的好评。老师们与同学们同吃、同住、同劳动,为同学们劳动迁校鼓舞加油。

(3)做好保障以稳定人心。

搬迁到茂名后,由于学校所在地比较荒凉,有部分教师跟亲人两地分居,他们饱受着思念的痛苦。为了稳定搬迁下来的人,学校当时采取了很多措施。例如,改善搬迁后的环境,完善各种服务保障,解决大家的后顾之忧。

(4)学毛泽东思想以保证"方向对头,路子走正"。

建校以来,学校经历了几次重大的变革,专业设置和机构人员变动都很大。迁校这一工作不但是一项巨大的经济工作,更是一项巨大的政治工作和组织工作。学校党委把学习毛泽东思想作为首要任务来抓,定期检查督促并加强领导。

除了师生员工在规定的政治学习时间坚持集体学习外,教职工的家属亦被组织起来参加学习。进行半工半读的师生,也和工人们一起坚持学习。

(5)加强劳动教育以培养优良品格。

学校注重加强干部教师劳动锻炼。坚持教师、干部参加劳动的制度,培养热爱劳动的习惯,根据学习、工作上的需要,落实教师、干部参加劳动的计划。同时注重对学生进行劳动教育,以培养学生的动手能力及工匠精神。

(6)师生实行"五同"以促使学生思想上进。

为确保学生思想上进,完成分批下厂半工半读、实现迁生的任务,学校要求教师与学生实行同住、同吃、同学习、同劳动、同活动。

1965年3月10日,21名老师带领二年级137名学生第一批开赴茂名。他们在茂名河西建起劳动队基地,住当年工人建炼油厂时的宿舍,每天从宿舍步行到炼油厂进行半工半读。住地成为师生们讨论学习、开会、吃饭、睡觉"四位一体"的地方。

以半工半读形式迁生能取得成功，教师起到了关键作用。期间，教师关爱学生，以身作则，言传身教。学生尊敬老师，与老师建立了深厚感情。同学毕业走上工作岗位后，不忘老师的恩情，经常回校看望老师，祝福拜年、师生聚会、种纪念树等，表现了浓浓的师生情谊。

（三）完成迁校

1. 新校开学

1965年8月底，学校基本完成了筹建工程，广油的"搬家"任务初步完成，学校各行政科室顺利地在新校址开始正常办公，学生也依时在新校注册上课。8月25日，学校在茂名开始正常办公。9月11日下午，举行了开学典礼。9月29日，校名改为"石油工业部广东石油学校"。

2. 下乡支农

迁校茂名后，学校曾多次组织学生到新坡、高山、金塘、袂花、鳌头等公社支农学农。在下乡支农学农过程中，师生与农民饮的是同一井水，住的是同样的茅棚土屋，吃的是稀粥加咸瓜、咸萝卜干，干的是车水、插秧、割稻、挑大粪等重活、脏活。当时有一首这样的歌谣："赤日炎炎似火烧，皮肤差点被晒焦；师生田中忙抢插，汗流浃背累断腰。"这是昔日师生下乡艰辛劳作的真实写照。

四、改革发展

（一）发扬劳动教育传统，建设茂名新校区

1. 师生同心，劳动建校

学校领导和师生员工共同参加建校劳动，这是从建校以来就形成的好传统。学校刚迁来茂名时，各方面条件都比较差，设施也不够完善，可谓百业待兴。学校动员师生员工发扬艰苦奋斗的精神，勤俭建校，劳动建校，把学校建设好。

学校劳动建校的传统可以说源于在广州时大规模的抢运木材、扩建机械厂。迁校茂名后，学校延续了这一优秀传统。新址开学时，学校发动师生清理两口旧井，搬运大量物资设备，安装许多仪器设备，以及修建道路、植树绿化和美化校园等，这些工作都是师生员工利用课余时间义务劳动来完成。

2. 领导垂范，潜心育人

学校当年的学生宿舍是1958年建设茂名时留下的"干打垒"式平房，那时的平房都比较破旧，房子除了石油部投资的那栋楼之外，只有3栋三层的楼，难以满足搬迁过来的众多师生的住宿需求。学校领导加班加点，以最快的速度建设新宿舍供师生使用。在

分配住房时,领导与教师平等对待。正是领导与教师、员工同吃同住,激发了教师爱校如家、爱生如子、为人师表、潜心育人的热情。

3. 自力更生,改善生活

"民以食为天",新校开学后,吃什么、怎么吃成为后勤总务处最操心的问题。最早来到茂名时没有煤烧,后勤工作人员就自己去露天矿坑捡煤运煤。煤不够用,就组织师生参与其中,轮流一伙一伙地提着麻袋捡煤块。学生们劳动捡煤运煤后回饭堂吃饭,觉得饭菜特别香。露天矿运煤既解决了吃饭问题,也为来到茂名的广油人一同在油城"开天辟地"拉开了序幕。

在食品供不应求的情况下,本着"劳动致富"的理念,学校开始实行"劳动致饱"。当时劳动的呼声很高,大多数老师都是服从党的安排,参与劳动以改善生活,十分纯洁地坚信"一分耕耘一分收获"。学校在金塘牙象村开辟了一个农场,种水稻为主,种青菜为辅,每位师生至少都在那儿同吃同住同劳动过一个星期。

4. 自己动手,美化校园

迁到茂名后,为了把学校绿化美化好,学校组织师生开展建校劳动。老师和同学们热情高涨,热爱劳动,他们利用课余时间参与建校劳动,种植了大量的树木。如今官渡校区很多大树如爪哇木棉、芒果树、大叶榕、棕榈树等,都是那时的学校领导带领师生种下的。钟英副校长还特地让后勤职工余金章(印尼华侨)从印度尼西亚买了一些爪哇木棉的树种,到现在长成了十几棵非常大的木棉树,伫立在学校的综合办公楼、东湖、英语角等四周,当时的小木棉树已经长成参天大树,树干粗壮,枝繁叶茂,每到结果时,绿色硕大的木棉果压满枝头,甚是壮美,俨然是校园一道靓丽的风景线。

经过多年努力建设,广油的校园环境发生了翻天覆地的变化。从原来"晴天暴晒,雨天积水,鸟无树做巢,人无歇荫处"的黄土地,变成了三季有花、四季常绿、鸟语蝉鸣、绿树成荫、生机盎然的美丽校园。

(二)开启半工半读,探索实践育人

学校主要职能是培养人才,只有搞好学生教育工作,才能稳定"家庭"。搬迁前,上级就下达了试行半工半读、走劳动与生产相结合的人才培养道路的指示。学校遵循上级指示,开启半工半读的实践探索。先安排1963级学生到茂名半工半读,时间为1965年3—7月;后安排1964级学生到茂名半工半读,时间为1965年9月—1966年1月。

1. 试行半工半读

1965年,1963级炼机和炼制2个专业4个班的学生158人,分别下到茂油公司炼制车间和成品车间、工程队检修车间及机修厂,试行半工半读。

1965年3月1日,1963级一批学生在钟森荣和温质文两位老师的带领下,先行开赴茂名,正式与茂名石油工业公司实行厂校挂钩合作,开展半工半读的试点工作,连续参

加约 5 个月的生产劳动，待新校建好后回校上课。

在思想作风培养上，学校提出"向工人阶级学习""向解放军学习"。学生下厂实施"三固定"：以学徒工身份编入固定生产班组，固定岗位、固定师傅，从严从难从实战出发，参加生产劳动和班组的一切活动。师生们以高度的积极性和纪律性，拜工人为师，边干边学，努力掌握专业生产知识和实际操作技能。工人与学生相互学习、相互促进，展现了良好的精神风貌。

1965 年 7 月，石 210 班赖梅先同学作为半工半读学生代表出席广东省学生代表大会，并在会上当选广东省学生联合会副主席。1964 级炼机、炼制 2 个专业 5 个班级学生共 193 人，读完中专一年级普通文化课后，在上半年 1963 级学生半工半读的基础上，也于 9 月下旬到茂名石油公司所属 7 个单位，开始为期四个半月的生产劳动。

由于学生直接在师傅的带领下参加生产劳动，雷厉风行与艰苦朴素的作风形成得比较快。一般都能指哪打哪，很少有讨价还价的现象。学生自己理发、补衣服、铺路、砌厕所、修门窗等。通过劳动，同学们的体质也有所增强，尤其是第二批下厂学生，因为注意贯彻劳逸结合，发病率比在校时有所降低。

2. 摸索工读育人方法

下厂之初，师生们围绕着政治与业务的关系、劳动与学习的关系、点与面的关系和"三定一顶"等问题展开了争论。学校组织师生学习"两论"和《重要的问题在善于学习》，组织辩论，逐渐取得一致的认识，摸索出"十六个字，四炼，三定三从，两学一顶"的原则和做法。这就是：在"突出政治，干字当头，以点为主，边干边学"的指导下，"炼好思想、炼好作风、炼好基本功、炼好体质"，为此，学校要求每次劳动必须"固定装备、固定岗位、固定师傅"，"从严、从难、从实战出发"，通过"向工人学习，向实际学习"，力争在比较短的时间内"顶上生产岗位"，担负生产责任，真正在三大革命斗争中培养又红又专的革命接班人。

（1）正确认识厂校关系、工读关系和劳逸关系。

学校认为生产单位应该有教学观点，教学单位应该有生产观点。厂校双方必须要具体贯彻上级有关指示，在思想认识上取得一致，这是开展半工半读的根本；公司、车间、工段三级应分别建立半工半读领导小组，解决具体领导问题，这是贯彻半工半读的基本保证；搞好师徒关系，这是搞好厂校关系的基础。对于学生，要强调"干"字当头，从劳动入手，向师傅认真谈心交底。要签订师徒合同，落实培养目标。还要争取所在车间（处）把培养徒弟作为五好职工的条件之一。

（2）实行厂校挂钩，构建工读机制。

搞好半工半读，必须厂校挂钩，协同一致，使半工半读制度成为厂校的共同任务，同时要在公司、车间、工段三级分别建立半工半读领导小组，解决实际问题，促进师徒搞好关系。

根据石油工业部的指示，学校与公司签订厂校挂钩实行半工半读的协议书，作出各项规定，并由石油公司下达安排意见。学校先后与工厂三级组织协同成立各级半工半读领导小组，明确职责，确定定期的会议汇报制度，为逐步贯彻半工半读的计划提供组织保证。

学校对学生反复教育强调，下厂参加生产劳动的目的，就是要进行"四炼"：炼思想、炼作风、炼基本功、炼体质，把"四炼"落实到师傅对学生的培养上面，把学生交给工人培养和锻炼他们。学校的任务，就在于教育和引导学生，千方百计、主动地搞好师徒关系。学校要求厂方配合，组织签订师徒合同，把培养徒弟作为五好职工的条件之一，督促师傅带好徒弟，有计划实现学生培养目标。此举取得了良好的效果。

（3）做到工读相长，保证人才质量。

确立处理工读关系思路。学校在试点过程中，逐渐体会到半工半读也应该以教学为主，在安排教学与劳动时，要兼顾两方面的特点和要求，不能发生偏废，要使学习和劳动相互促进，相辅相成，以达到全面提高教学质量，既出人才、又出产品的目的。在教学方面，学校意识到应本着从生产实际需要出发，贯彻理论联系实际和少而精的原则来安排；在生产劳动方面，应本着"有利生产，方便教学"的原则来进行安排。至于工读的转换周期，1963、1964级两批都是半年学习半年劳动，时间长了一些。根据油厂生产的特点，学校采取每学期一半工一半读的转换方式，使教学与劳动能更紧密地结合起来。

明确工读关系的指导思想。参加生产劳动期间，学校认为首先必须狠抓"四炼"，要求学生必须向师傅学习，向实际学习。但是，实践证明，在参加生产劳动期间，只要明确从生产需要出发，从学生的实际水平出发，从培养目标出发，从循序渐进的认识规律出发，适当组织一些现场参赛教学，把工与读结合起来，两者就可以相互促进，有利于达到"四炼"的目的。

确定现场参赛教学的内容。在整个生产劳动期间，学生的学习包括三方面：一是在实践中运用知识；二是在实践中学到大量的生产知识，掌握一定的生产技能；三是在实践中得到大量的"知其然"的感性知识，并且提出不少问题，为进一步学习打下一定的基础。现场参赛教学就是要围绕这几个方面来进行。

1964级学生下厂后共进行了19次现场参赛教学，贯彻"少而精"的原则和"学用结合，急用先学"的精神，把现场参赛用得着的知识，以"本岗位为主，适当照顾装潢"的需要，将有关知识从各门课中抽出来，在现场参赛教学中综合起来学。

学校确定了炼机专业以制图为试点、炼制专业以过程设备为试点，在1964级下厂期间摸索出了教学内容改革的经验。

提出现场参赛教学的方法。现场参赛教学是指上述三方面的内容，较集中地、有计划地在教师指导下进行的教学形式。学校根据实际组织教学，采取三级教学方法：有关专业有共同知识的，全专业的学生一起上课；有关各工段共同知识的，全工段的学生一起上课；有关各岗位的知识的，同岗位的学生一起上课。教学上采取三套教师（工人、技术人员、学校教师）的方法，充分运用现场参赛的条件进行教学。这一阶段现场参赛教学的特点是：基本上做到每堂课有讲稿，印发讲义，使用实物、模型、挂图较好，有的课还印发了自学讲义，这些对保证教学质量也是很重要的。

现场参赛教学的步骤，与一般课堂教学有所不同。对于结构和施工方法的课，主要在现场参赛边讲边演示边练习，让学生亲自动手去安装拆卸，引导学生掌握其工作原理，了解故障产生的原因和检修方法；而对于理论性较强的课（炼制专业比较多），则按照"讲义—教师提示、启发—学生自学—现场参赛再学习了解—小组讨论—教师总结—复习巩固"等步骤进行。前一类型的课已做过，效果较好，后一类型的课还未完全实行。

尽管如此努力，但是还存在生产很紧张，工人和技术人员不能保证按计划上课等问题，这些需要学校想方设法支持克服。

（4）做到工读劳逸结合，保证学生健康成长。

工厂生产任务一般比较紧张，学生下厂一般也热情高涨，容易忽略休息。在总结1963级师生下厂经验的基础上，学校提出，在劳动上，工人与学生应该有别，男女生也应有别。工人的活动，学生不必全部都参加。要根据青少年的特点来安排下厂期间的活动。因此，对于1964级学生，每周实行"五一一"制，即五天劳动，一天进行现场参赛教学和学习，一天休息。并强调，在处理劳逸关系时，要防止思想上的片面性，防止打击学生的劳动积极性，影响厂校关系。

学校带队下厂不久，就跟公司各级领导商量，坚决贯彻毛主席在1965年7月3日作出的关于减轻学生负担的批示，取得比较显著的效果。

学校认为贯彻劳逸结合的目的，是使半工半读开展得更加生动活泼、主动，使学生得到全面发展。但在贯彻过程中只是削减了一些活动，没有突出强调提高8小时劳动的质量，思想工作没有跟上来，有部分同学放松了对自己的严格要求，以致或多或少地影响与所在劳动单位的关系。发现问题后，学校马上进行调整，才逐步扭转过来。

（5）做好学生工作，增强学习自觉。

学生到了工厂，就是到了三大革命斗争的前线。但他们不单单是一个劳动力，也不是一般的学徒工，对他们的要求更高。如何发挥半工半读的优越性做好学生工作呢？学校认为，就是要把学生交给工人阶级培养。大多数学生是一人跟一位师傅，而绝大多数师傅又是政治觉悟较高、作风比较过硬、生产技术水平较高的优秀工人，他们也都热情拥护半工半读，言传又身教，教技术又教做人，在学生中有很高的威信，因此，这是一支人数多、质量高的教育工作者队伍。我们的任务就是把学生放心交到工人阶级手里，让他们在实际斗争中，在工人阶级的哺育下成长。

在协助车间、工段和师傅做学生工作的同时，学生回到班里，带队教师也积极抓好相关工作。队部曾专门组织教师学习中国青年报根据青少年特点做思想工作的文章，结合大庆的经验，进行讨论、研究，思想认识上有很大提高，工作做得比较细致，要求比较严格，方法也比较多。

（三）开展教学改革，探索校企结合

在半工半读期间，学校仍强调以教学为主，继续推进教学改革。首先，在初步摸索半工半读、工读结合经验的基础上，学校组织各专业第4次修订专业教育计划。其次，抓教材改革，除派员参加石油工业部组织的专业课教材编写外，还组织教师在下厂调查研究、深入解剖教材的基础上，编写了《力学基础》《制图》《电工》《语文》《英语》《石油工学》《过程设备》《炼厂机器》《炼厂设备》等教材讲义，修订"三基"（即基本概念、基本理论、基本技能）提纲。最后是抓课堂教学改革。

在当时，下厂劳动的教师普遍与学生"五同"（同吃、同住、同劳动、同学习、同活动）。实行半工半读，既促进思想改造，也进行一些调查研究和教学改革。专业课和部分技术基础课还利用生产劳动的有利条件，进行现场参赛教学并相应减少课堂教学的时间。教师下厂的任务是什么？大家经过实践，归纳为："一贯彻"（贯彻毛泽东思想），"二改造"（改造思想，改造教学），"三学习"（向工人学习，向实际学习，向学生学习），"四结合"（领导、工人、教师、学生相结合），"五要求"（放下架子，深入群众；教书做人，抓活思想；严格要求，以身作则；干字当头，艰苦奋斗；调查研究，及时总结）。

在开展半工半读之前，学校已初步制订出两个专业的教学计划，但仅仅是一个初步的方案，是在师生下厂试点工作的实践中，经过进一步讨论、修订，特别是经过校内和现场参赛两方面的广泛调查研究工作，才最终定稿。

1. 精简课程课时

学校根据半工半读的特点，贯彻少而精、理论联系实际、学以致用等原则，大力进行课程改革工作。

这次修订教学计划的依据是："一个统帅"（以毛泽东思想为统帅），"三个原则"（少而精、理论联系实际、学以致用的原则），"五个出发"（从培养目标、半工半读特点、生产实际、学生实际、加强基础出发），以培养新型的劳动者为目标，修订课程体系，规定在4年时间，学生下厂参加生产劳动约占一半，等等。

2. 调整教学内容

教材改革是教学改革的核心，旧的教材"错、旧、多、玄"，问题严重，必须有计划、有步骤地进行改革，而教材的改革必然牵涉到培养目标、课程设置、工读安排等问题，因此，必须首先修订教学计划。

要解决这个问题，又必须从调查研究入手。学校进行校内和校外两方面的调查研究，对以往教学上存在的问题有了较明确的认识。在下厂调查的基础上，各教研组初步进行解剖旧教材的工作。为了配合下厂适应后续课程的需要，采用急用先学、缓用后学的原则，在符合循序渐进的认识规律的基础上，几门课程从第一学期开始就交叉进行，使学用密切结合起来，学生的课业负担减轻了，基本内容的掌握比以前要牢固。

3. 改革教学方法

为进一步促进教改向纵深方面发展，学校开展了"以讲好一堂课为中心"的教学上的"比学赶帮超"的群众性活动，这一活动的具体内容是"五落实一提高"，"五落实"就是毛泽东思想统率教材落实，少而精落实，启发式落实，渗透思想教育落实，传带作风落实；"一提高"就是提高教学质量，减轻学生的课业负担。这一活动大大促进了教学方法的改革。

学校多次组织开展全校性的公开教学，各教研组又抓课程的观摩，教学活动大为活跃。这些课程相比以往有较高质量，并且能抓住主要矛盾，突出重点，运用了富有启发性的形象教具，课堂气氛活跃，达到了提高教学质量，减轻学生负担的目的。

为了使教学上抽象问题具体化、复杂问题简明化，两年间各教研组自制了教具171件。教学科把他们的教学方法总结为"七字教学法"。为了更深入开展教改，总结、交流和推广经验，学校还组织了一个教改成果展览会，在年终结合教改评奖正式展出。

4. 改进学习方法

除妥善安排各项活动，切实减轻学生负担外，学校还着重指导学生运用毛泽东著作改革学习方法，促进教学改革，对激发学生生动活泼、主动地学习，取得了一定的效果。学校指导学生运用毛泽东思想改革学习方法时，首先是打破学习上的形式主义、形而上学的东西，在学习的各个环节运用唯物辩证法，主动与老师配合，促进教改。

1965年3月、8月，学校先后两次派人赴京"取经"，一次是参观解放军军训器材展览和石油工业展览，一次是观摩解放军院校教员的示范教学。老师们受到很大启发，回来后即在广大教职工中进行传达和翻版，使教师们大开眼界，大开思路。接着学校又组织了制图教学等6门课程在校内观摩教学，以便通过实践，把解放军院校的教改经验学到手，同时又发动各教研组制作教具，大搞形象化教学。

1966年初，学校举办半工半读成果展览，反映了试行半工半读一年来所取得的成绩和初步经验。时任副校长孙慰祖认为，这次试点达到了预期目的，使学生达到了积极主动地学习的境地。他们在掌握一定理论知识的基础上，通过实践，深入了解某一典型的生产过程，然后进一步结合理论学习，掌握较全面的知识，大大提高了求知的本领。同学们不同程度地参与了岗位的生产劳动，掌握了一定的劳动技能。例如，下成品车间氧化沥青工段的同学，顶岗独立操作了几个班次，生产安全，质量稳定，工厂很满意。

这次试点是一次有益的教改尝试。它从教育体制、教育思想、教育内容和教育方法上都进行了探索，较好地解决了理论脱离实际这一老大难问题，开拓了一条校企紧密结合，灵活有效地培养应用型石化建设人才的新路。

第二节　排除干扰　力争发展

1966年，学校刚刚完成"西迁"、正准备稳定教学生活、乘胜创业时，"文化大革命"爆发。1966—1976年期间，由于学校领导干部和师生员工总体素质比较好，原来的教育工作基础和校风比较好，所以避免了恶性事件的发生，而且顶住了"中专下马风"，排除干扰，坚持办学，并通过多种形式办学，使学校有所发展。

一、排除干扰，复学办学

（一）"文革"初期学校发展状况

1966年，全国刮起一股"中专下马风"，学校"斗批散"，教师"斗批走"，许多中专学校被解散或并入厂矿企业。学校也面临严重威胁，6月初，掀起了"大鸣、大放、大字报、大辩论"高潮，点名"揭发批判"部分教师、干部、学生；6月10日开始"停课闹革命"，校党委"靠边站"；校长冉济川接受重点批斗，几十名干部、教师、工人、家属被打成"牛鬼蛇神"，一批教师被遣送回原籍，接受劳动改造。同时，茂名市有人主张把学校教学大楼改为粮仓，把其他校舍改为职工宿舍；也有人提出要把学校并入工厂；有的单位还想调走学校的物资、汽车。校内教职工队伍很不稳定，流行"教师倒霉论""干部吃亏论"，有的教师想"破师立工"，把讲稿教案也烧了，有的干部职工想"斗批走""斗批散"。学校陷于混乱，教学秩序受到严重冲击。

（二）革命委员会成立

成立学校革命委员会，按规定需要实行革命干部、教职工和学生"三结合"，而关键是要解决结合革命领导干部的问题。酝酿中，群众意见较一致的是先结合吴健。吴健于1939年参加革命，曾任志愿军汽车团政委、解放军汽车拖拉机管理学校训练部部长、云贵石油勘探局供应销售处处长，到校后曾任学院教务处副处长、学校副校长。1968年3月13日，经中共茂名市委（筹）和茂名市军管会的批准，学校在茂名市成立了第一个"三结合"的革命委员会。革委会由革命干部、教职工和学生代表19人组成，吴健任主任，赖维汉、赖梅先（学生）、冯世（学生）为副主任。革委会下设政工组、校务组、教务组。

1968年9月12日，"工宣队"（先后有六批工宣队）进驻学校，参加"斗、批、改"。10月，开始整党建党工作，成立了由工宣队、军训团和学校党员干部代表"三结合"的整党建党领导小组。党员通过自我批评和群众评议逐个"过关"，才分期分批地恢复组织生活。12月13日，召开了学校"党核心领导小组成立暨恢复党组织生活大会"，宣布第一批恢复党组织生活的党员名单（全体党员分五批先后恢复组织生活）和学校党核心领导小组的成立。经上级批准，校党核心领导小组由吴健、张克林、林金带3人组成。年底，军训团撤出学校。工宣队、革委会按照上级指示，将绝大部分的教师、干部分别下放到茂名石油工业公司原油车间和露天矿场参加体力劳动。

1969年1月24日，经茂名市革委会批准，按"工人阶级管理学校"的原则改组校革委会。新一届校革委会由权思和（宣传队队长）任主任，陈善桂（工宣队员）、吴健任副主任。3月，革委会作出决定，把下放在茂名石油工业公司劳动的教师干部陆续调回校办工厂。

1969年7月8日，经茂名市革委会批准，冉济川接替为校革委会常委。同年11月28日，经上级批准，学校新党委筹备组成立，由吴健任组长，开始进行新党委的各项筹备工作。12月11日，召开了全校党员大会，选举产生新一届中共广东石油学校委员会。经上级批准，校党委由冉济川、吴健、陈仲武（工宣队长）、苏志、张克林、林金带、姚志威等7人组成，冉济川任书记，吴健任副书记。12月15日，全校隆重举行了庆祝新党委成立大会。至此，学校恢复了党委领导核心。

二、保住学校，坚持办学

（一）保住学校

1968年校革委会成立后，组织了一个由教务组长易玲带队的师生结合的调查组，深入茂名石油工业公司各厂矿、车间和科室，调查中专毕业生在厂矿企业发挥作用的情况，征求广大职工干部对中专办学的意见，然后写出两份调查报告呈送给上级。调查报告用丰富材料说明中专生在生产建设中的重要作用，反映了企业领导和广大职工要求办好中专的愿望，并提出："中专不仅要办，而且一定要办好。"

1969年3月，石油工业部军管会召开了所属院校教育座谈会，会上明确学校要继续办下去，并明确将学校下放给茂名石油工业公司领导，但师资、设备、专业设置、招生分配仍由石油工业部统一掌握。4月10日，石油工业部军管会以正式文件下发《石油工业部直属院校体制改革初步方案》，其中规定："在学校教育革命方案未确定，部下放学校的正式决定未下达之前，厂矿在处理学校的房屋、设备、仪器等问题时，应采取慎重的态度，不要轻易调整调走，要保证学校教学上的需要。"

1969年12月，校党委会成立后，原学校主要领导干部相继负起主要领导责任。他们有高度的责任感，面对学校受到不同程度冲击等情况，在极为困难的条件下，不计个人恩怨得失，大胆保护好教职工队伍，保住学校。1970年2月，按上级部署开展的"一打三反"运动中，学校领导注意掌握政策、防止偏差，再没有发生乱揪斗现象，设法保护了一些被怀疑的教职工。同时，学校领导坚决执行石油工业部军管会的指示，顶住来自各方面的压力，追回被调出的汽车、被占用的房产，完整地保全了学校，并排除干扰坚持复学办学。

（二）坚持办学

1967—1969年，学校停止招生，若1970年再不招生便没有学生了。要保住学校，迫切需要解决招生问题。在国家尚未下达招生任务的情况下，学校主动向茂名石油工业公司争取承担培训青年工人的任务，得到石油工业公司的大力支持。从1970年上半年起，先后为该公司开办了两期金工、钳工、电工、铆工和化工专业的短期工人培训班，每期3个月，共培训了440多名青年技工。

同时，学校领导积极向省争取招生任务。1970年11月，湛江专区革委会发出《关于广东茂名石油学校今年招生工作的通知》，批准学校在湛江地区7个县（市）招收工农兵学员300名（大多数是高中毕业生），设化工和机械2个专业，学制1.5年。1972年起，经省计委批准，学校招生任务正式被纳入国家计划。当年秋季，择优录取应届高中毕业生320名，学制2年，同时录取初中程度的知识青年100名，先学预科，然后再按两年制中专教学计划进行教学。此后，学校按照国家下达的任务，每年招生300名左右。

1971年5月7日，经茂名市革委会批准，冉济川担任学校革委会主任。1972年11月，学校召开党员大会，选举产生了第三届校党委会。新一届党委会由冉济川、吴健、陈仲武（工宣队）、陈远、孙慰祖、苏志、林金带、王永生、林璇等9人组成，冉济川任书记，吴健任副书记。1972年12月、1974年3月，经茂名市革委会批准，先后增补孙慰祖、钟英为校革委会副主任。

1972年起，除化工、机械专业外，恢复石油炼制专业，增设石油地质专业。1975年又增设无机化工和有机化工2个专业。此外，学校还以多种形式办学，更好地为地方经济和企业发展服务。到1976年，先后为茂名石油工业公司举办青工短训班、炼制老工人进修班、"七二一"工人大学；先后为石油工业部举办炼厂机械短训班，炼制工人和炼机工人培训班，数学师资、制图师资和力学师资培训班等；先后为地方举办制图、电工、分析化验、仪表、热处理、土建、物探、氮肥厂干部、氮肥厂分析化验工人等短期培训班和广东省石油化工局"七二一"工人大学。学校在坚持办学中充分挖掘潜力，调动教职工的积极性，千方百计为经济建设培养急需人才，受到厂矿企业的欢迎和上级有关部门的肯定，用自己的办学实践进一步证明我们这类中专学校的价值。

学校由于坚持办学，做出了显著成绩，受到上级的表扬，于1972年9月参加由燃料化学工业部在河北邯郸市召开的全国燃化系统的大中专院校教育革命座谈会，并在会上发言，交流经验。

三、扩建学校，再次更名

1975年1月31日，广东省委经济工作组发出《关于广东石油化工学校领导关系问题复函》，指出："为适应本省石油化工工业发展的需要，经省革委和石油工业部同意，广东石油学校扩建，并改称'广东石油化工学校'，体制改由广东省石油化工局直接领导，党团组织关系和思想政治工作委托茂名石油公司党委代管。"同年4月，中共广东省委组织部决定，冉济川调任茂名石油工业公司党委常委、革委会副主任。9月4日，经茂名石油工业公司党委批准，吴健任校党委书记、革委会主任，赖维汉、陈远任党委副书记、革委会副主任。11月10日经茂名石油工业公司党委批准，增补苏志为校革委会副主任。

学校改名为广东石油化工学校后，1976年2月，根据省石油化工局指示，茂名石化公司在学校举办"七二一"工人大学，开设炼厂机械和矿山开采两个专业，学制两年，学生65人。10月，省石油化工局在学校开办广东省石油化工局"七二一"工人大学，开设化工机械和无机化工两个专业，学制两年，学生55人。

当时，实行一元化领导，校党委和革委会共设一套机构，即政治处、后勤处和教育革命办公室，教学系统设炼制、机械、地质、化工等4个专业委员会和20个教研组。

四、心系家国，力争发展

在校党委的领导下，全校师生员工在坚持办学中，不断排除干扰，为恢复和维护正常教学秩序，争取学校的发展，做了许多工作。

（一）纠正"左"的做法，恢复正常教学秩序

1971年，学校按照上级的部署，开展了"批林整风"运动，着重批判了林彪反党集团推行的极"左"路线，并联系实际，从思想上清除"左"的瘤毒，在教学上纠正"左"的做法。结合"批林整风"运动，总结经验教训。如1970年恢复招生后，由于受"左"的影响，在教学组织上采取连队建制，教学方法上采取"以典型任务带教学"。当时，机械连4个排学生被分别安排在校办机械厂金工、钳工、铆焊、铸造4个工段；化工连3个排学生被分别安排在校内小油厂、抗氧化添加剂试验装置和茂名石油工业公司炼制车间丙烯分离及洗涤剂试验装置。各科教师和学生一起下厂参加生产劳动和试验工作，结合任务进行教学，基本上是"干什么学什么"。这样做虽然使学生受到实际锻炼，学到一定的实际知识和技能，并为国家创造了一定的财富，但教学计划不稳定，理论教学不系统，零打碎敲，削弱了学生必须掌握的基础理论。

1972年招生后学校便全面恢复了教学班级、教研组、班主任和班级教育小组制度，成立专业委员会和党支部，重新强调要执行毛泽东主席关于"应该使受教育者在德育、智育、体育几方面都得到发展，成为有社会主义觉悟的有文化的劳动者"的方针。1972年8月，学校制定了《有关教学工作的若干规定》，对教研组工作，对教师备课、上课、辅导、作业布置与批改，对开展评教、评学、评领导活动等方面，重新作了具体的规定，使教学工作逐步恢复正规化。

（二）建立规章制度，加强思想政治教育

1973年，教研活动全面恢复起来，学校组织了4次全校性的教学观摩课，召开了一

次全校性的教学经验交流会。同年，先后制定《学生成绩考核和升留级制度》《学生学籍管理及考勤制度》《学生守则》《值周生制度》《课堂纪律》《宿舍纪律》以及《实验室工作制度》等，所有这些旨在克服无政府主义的影响，加强教学管理，恢复和保证正常教学秩序。

在加强学生思想政治工作方面，党委分派一名副书记、各专业党支部分派书记或副书记抓学生思想工作。全校恢复系统的马列主义理论课，开展"学雷锋、创三好"活动，加强革命传统教育，如组织听巴桑的苦难家史，请老红军、老工人、老贫农作报告等；还恢复了"跟班写实"的系统调查研究方法；体育活动，如早操、体育课、课外体育活动、一年一度的校运会，以及群众性的文娱活动，也全面恢复和活跃起来。

（三）加强教育管理，抵制"反复辟回潮"歪风

1974年，"四人帮"刮起"批林批孔"、反击"复辟回潮"的歪风，抛出"白卷英雄""反潮流小将"，借口批判"智育第一""师道尊严""管卡压"，鼓吹"宁要没有文化的劳动者"，妄图取消智育、取消考试和一切规章制度，煽动学生反对教师、搞无政府主义，摧毁无产阶级教育事业。在这个大气候的影响下，学校也出现了一批反击"复辟回潮"的大字报，把1972年以来恢复教学秩序的各项措施，说成是"复辟回潮的产物"。有些班的学生要求公开批判教师，要求取消考试，无政府主义思潮一度泛起，管理有所放松，违反纪律、损坏公物、打架斗殴等现象有所增加，教学秩序受到干扰。在这种形势面前，学校领导保持清醒的头脑，对学生的"鸣放"不予鼓励，也不强行禁止，而是一方面耐心听取意见，采取措施，改进工作；另一方面通过座谈会、个别谈心等方式深入做好部分学生思想工作，制止他们批判老师，引导他们尊师守纪，克服无政府主义的影响，努力搞好学习。同时，鼓励教师干部大胆负责，敢抓敢管，坚持搞好教学工作和管理工作。学校还坚决执行考试、升留级和其他各项规章制度。

1974—1976年，先后多次对严重违反纪律的学生进行坚决处理，该批评的批评，该处分的处分，个别打人致伤者，还由公安部门拘留教育；对考试不及格者，该补考的补考，该留级的留级，从而有力地抑制了无政府主义的蔓延。1976年初，校党委、革委会又专门作出决定，恢复总值日制度，由党委委员、革委会委员、党支部书记、专业主任和科室负责人等分组轮流负责全校值日，加强督促检查，每两周对全校师生员工集中讲评一次，表扬好人好事，批评不良现象，指出存在的问题，提出改进意见。这对建立"紧张而有秩序地工作"的校园环境，起到了良好的推动作用。

（四）加强教学工作，保证教育教学质量

1970—1976年，由于受"文革"的冲击，国家中断了各科教材的供应。为了保证教学质量，学校发动教师自力更生解决教材问题，要求各门课程都做到上课有教材，人手一册，课前发到学生手上。在此期间，学校教师克服重重困难，先后编写和修改了167

种教材和讲义，包括政治课、基础课、专业课在内的各门学科都实现了"上课有教材、学生有书读"的要求。《机械制图》《机械设计基础》《有机化学》《小氮肥生产知识》《小氮肥生产问答》等铅印出版，除满足校内用书外，还供校外几十个单位使用或参考。

1970—1976 年，国家给学校调配的师资很少，教师干部紧缺的矛盾日益突出。为了解决急需人才的问题，学校征得上级同意，从1971年起逐年在本校毕业生中择优留校一批加以培养，至1976年共选留40多人。这些留校毕业生素质较好，能严格要求自己，热爱本职工作，积极上进。学校先后组织他们下乡下厂锻炼、到高等院校进修和进行"以老带新"的教学和工作实践，使他们较快地成长起来，绝大多数成为学校教学或管理的骨干。

在教学工作上，努力排除"读书无用"论、批判"智育第一"的干扰，坚持执行教学计划，强调"加强基础，培养能力"，鼓励教师改进教学方法，不断提高教学质量。为了改变"满堂灌""填鸭式"的教学方法，有些教师积极探索组织学生自学，以提高阅读能力和分析解决问题的能力；有些专业课教师打破旧的内容体系，把工艺课和原理课结合起来，采取分段教学的方法，教完一个单元，即到生产现场参赛实习一段；有的专业课教师继续探索和改进结合任务组织教学的方法，如机械专业结合制造万能磨床、变速箱等任务组织开展有关专业课的教学；有些教师积极进行考试方法的改革，摸索理论与实践相结合的开卷考试或口试的方法。广大教师继续发扬"热爱学生、从严治教、精益求精、全面负责"的优良教风。

在恢复和加强理论教学的同时，也恢复和加强了实践性教学环节。实验室由迁校后的 11 种 21 个增加到 23 种 33 个。机械专业的老师们在生产单位的大力支持下，通过捡破烂、修旧利废，自己动手制造、修理、装配了53台机泵设备，开设机泵安装、水力学、机泵性能试验、应力及探伤等4个实验室，学生在实验室就可以进行机泵拆装、修理、校正等培养动手能力的实验。制图室在"文革"初期遭破坏较严重，这几年老师们自己动手制作教具模型和幻灯机装备了3个制图室，可供3个班同时上课使用。校办机械厂厂房由1200平方米扩大至2000多平方米，机器设备由48台套增加到102台套，其中60%是自己制造的；新增加了电镀和热处理工种，1976年年生产能力增加到300吨，已能生产金刚镗床等较精密的机床。学校小油厂从1970年的"四口大缸"干起，修旧利废，因陋就简，自制了榨油机、油槽、斗车等设备，建起了废润滑油再生装置，1970年年产能力达到200吨。

学校还充分利用校外基地，组织学生参加生产实践和科学实验。1974—1976年，共组织33个班1400多名师生到校外28个点开门办学。化工专业组织学生参加碳铵添加剂的中试装置的建设与试验；炼制专业组织学生参加茂名石油工业公司蒸馏装置增加处理量的方案核算和设计、催化装置改装和第一蒸馏车间常减压塔中段回流的核算等任务。机械专业组织学生分别参加茂名市氮肥厂、化州县化肥厂的生产装置大检修；参加遂溪县氮肥厂、怀集县氮肥厂的建厂工程，独立承担机泵设备及管线的安装任务；参加茂名石油工业公司加氢装置高压离心泵的改装工作；参加广东省化工安装公司承担的广州石化厂引进的30万吨合成氨等安装工程。化工专业还组织学生参加茂名氮肥厂新造气装置开汽的攻关和遂溪氮肥厂的技术改造。地质专业组织学生到广西十万大山，在广西地质队指导下，完成了1600平方千米的地质普查，绘制了1∶50000的地质图；到三水盆地参加地质试采和研究。所有这些，既锻炼了师生，又支援了地方建设。

（五）实行开门办学，服务地方建设发展

学校还鼓励和组织教师采取多种形式开门办学，送教上门，更好为地方经济建设服务，并使厂校双方互相促进。制图教研组7位老师，除完成校内教学任务外，还不辞劳苦地先后到梅县地区、茂名市郊区等地的工厂，举办制图短训班25期，培训工人1005人，培养工人教师24人。下厂教师还同工人配合，进行技术改革，既提高了劳动生产率，又减轻了工人的劳动强度。反过来工厂也大力支援制图室的基本建设，许多木模、金属教具都是他们帮助制造或无偿赠予的。电工教研组的老师走出校门，深入广东15个氮肥厂，调查电器设备和用电情况，既帮助培养电工，又帮助排除故障，解决生产上的难题。在调查研究的基础上，他们调整了电工课的内容，增加了工厂实用的电工知识，使学生更加适应生产需要。

（六）加强科学试验，提升科学研究水平

1975年起，学校加强科学试验工作，组织师生结合实际，积极开展科学试验。如炼制专业为茂名市肥皂厂研制用石蜡氧化成脂肪酸，以代替动物油造肥皂，获得成功。化工专业开展了用含酚柴油制取2,6-二叔丁基对甲酚一种抗氧化添加剂，用混合C_4制取丁烯二酸，小球硅酸铝作催化剂等多项试验。特别是用茂名页岩焦油试制碳酸氢铵添加剂，取得较好效果。

广东省石化局科技处于1976年给学校下达建立中试装置的任务，并拨款8万元作为试验经费。同年5月，学校与茂名市农垦氮肥厂签订共同进行碳铵添加剂中试的协议。学校成立以孙慰祖为组长，由苏志、吴儆苏、朱湛亨、唐济美等7人组成的中试筹建领导小组，决定由校机械厂制造和安装设备。10月，厂校双方又签订《联合试制碳酸氢铵自动包装作业线的协议》。经过厂校双方的共同努力，至1976年12月底，建成中试装置并试车投产成功，产出小批量产品进行试用，取得使水稻、黄麻、橡胶等增产的良好效果。试验历时近两年，到1977年12月结束，学校写出《碳酸氢铵添加剂试制工作报告》和《碳酸氢铵添加剂——烷基硫酸钠及添加使用小结》，向省石化局报告，完成了省第一次下达的科学研究任务。

（七）克服重重困难，做好后勤保障工作

学校后勤工作在相当困难的情况下，保证了教学的需要，改善了师生的生活。"文革"初期，由于无政府主义泛滥，课室、宿舍和饭堂的门窗、桌椅、床板等被破坏和损毁严

重，仅床板就损毁 1700 副，门锁损毁 1200 把。后勤职工克服物资供应紧张的困难，想方设法进行维修和补充，保证了教学和生活的需要。在基建资金严重不足的情况下，先后对 29 栋宿舍进行维修改造，还将 8 栋平房改建为二层楼房，解决了学生宿舍和办公用房不足的问题。后勤职工还采取各项措施，尽量方便师生生活。自己建起锅炉，平时保证开水供应，冬天保证热水供应；设点代卖邮票、代煮中药；假期提前代购车票，开车接送远途教职工；办好幼儿园和小学，解决教职工的后顾之忧；在市区副食品供应紧张的情况下，不辞劳苦地到外地采购，千方百计办好食堂，改善师生生活。

1975 年还在金塘公社五联大队开办了一个农场，定期组织师生轮流下场学农，开荒种地、养猪养鸡，以增加食堂供应。仅 1975—1976 年，开荒种地 50 多亩，生产稻谷 2 万多斤，花生 4300 斤，小麦 1000 多斤，杂粮 1.1 万多斤，蔬菜 5000 多斤，肉类 6000 多斤。该农场于 1978 年移交给茂名石油工业公司工程队经营。

师生员工继承艰苦创业精神，积极参加建校劳动，仅 1975 年参加义务劳动者就达 8000 多人次，搬砖 10 多万块，扩建运动场挖土 2000 多立方米，为农场积肥挖塘泥 3000 多担，拆迁平房瓦面 1500 多平方米，植树 2500 多株。全校师生员工还在统一安排的劳动时间里，积极参加人防工程的建设。

1976 年 7 月发生了唐山大地震，根据茂名市关于预防地震工作的指示，8 月开始全校师生投入紧张的防震工作中，至 10 月解除防震警报后，才恢复正常的教学、工作和生活秩序。

在这个时期，学校克服重重困难，使办学规模有了较大发展，教职工从 1969 年的 174 人增至 1976 年的 306 人，其中教师由 60 人增至 118 人，在校学生由 310 人增至 740 多人，专业设置由 2 个增至 6 个；1970—1976 年，还举办 18 种类型的 61 期培训班，培养干部、教师、工人共 2299 人。

第三节　解放思想　建设重点

一、全面恢复　改革发展

1976 年 10 月，党中央一举粉碎了"四人帮"。全校师生员工和全国人民一道热烈庆祝，随即开展了揭批"四人帮"的群众运动。1977 年 5 月，根据上级部署，开展清查活动，使在"文革"中犯有错误的同志，从思想上与"四人帮"划清界限，分清是非，放下包袱，轻装前进。

1977 年 12 月，工宣队撤离学校。1978 年初，根据上级决定，学校撤销革命委员会，恢复校长制，原革委会正副主任，改称正副校长：校长为吴健，副校长为陈远、赖维汉、孙慰祖、钟英、苏志。同年6月，学校行政机构恢复科室建制，并任命了一批科室负责人。因孙慰祖副校长于1978年4月调往天津海洋石油勘探局工作，石油工业部于1979年3月任命田颐慧为学校副校长，主管教学工作。

1978年，吴健校长出席在北京召开的全国教育工作会议，聆听邓小平同志的重要讲话。接着，石油工业部也召开教育工作会议，并制定《加速培养石油科学技术人才的规划》。吴健返校后，即向全校师生员工传达会议精神，使大家受到巨大的鼓舞。

党的十一届三中全会后，校党委组织党员干部和师生员工认真学习全会公报和邓小平同志《解放思想，实事求是，团结一致向前看》的重要讲话，深入开展关于真理标准的讨论，使大家从"两个凡是"的思想束缚中解放出来。校党委用党的十一届三中全会精神武装头脑，与党中央保持一致，保证学校沿着社会主义的正确轨道前进。

为了清除极"左"路线造成的恶果，实事求是地解决历史遗留问题，校党委抓紧落实各项政策。1978年12月12日，召开全校落实政策大会，陈远副校长代表学校党政宣布，为在"文革"期间受打击迫害的45位干部、教师、工人、学生、家属平反昭雪、恢复名誉。1979年，党委先后宣布，为在1957年"反右"时被错划为右派分子的13位教师干部（其中2人是调入的）、错划为"中右"而受处分的1名干部、1958年被错划为"地方主义分子"的干部全部改正，并恢复名誉和原工资待遇，恢复或重新安排工作。一户受株连而被送回乡的家属也按政策回城复户。对"文革"中个别非正常死亡人员，也进行复查昭雪，做好善后处理。

政策的落实，大大调动了教职工的积极性。如刘德周老师被错划为右派，"文革"中又受冲击，平反改正后，学校安排他担任教研组长、专业主任。他毫无怨气，勇挑重担，每学期都上几门课，还主动当班主任，全心全意教书育人，1979年被评为"学铁人标兵"，光荣加入中国共产党，1980年被评为石油工业部劳动模范，出席石油工业部在大庆召开的庆功大会。陈端生老师在"文革"中被批斗80多次，帽子戴了一大堆，彻底平反后，他深为感动地说："党给了我第二次生命，我要争取为'四化'多作贡献。"他一心扑在教学上，为了提高电工课的质量，他废寝忘食，自制幻灯机，自绘400多幅幻灯片，创制了活动幻灯演示，大大提高了教学效果。

党委十分重视清除知识分子身上"左"的瘤毒，认真落实党的知识分子政策，做到政治上信任、思想上帮助、工作上依靠、生活上关心。党委把做好在教师中发展党员的工作、在知识分子中选拔干部的工作，作为一项重要任务来抓，并取得突破性进展。1979—1981年，在知识分子中吸收党员20人，提拔各级领导干部40多人。同时，学校积极为教职工解决实际问题，改善工作条件和生活条件，减少后顾之忧。1979—1982年，新建教工宿舍8栋，128户迁入新居；为44名教职工解决了夫妻两地分居问题；教职工子女的入托、入学、就业问题也解决得比较好。1979年底，自1960年代以来第一次较大范围地进行工资调整，坚持优先照顾教学第一线的原则，晋升两级的则主要照顾中年骨干教师。校党委还认真落实统一战线政策，做好归侨侨眷和民主党派相关工作。1979年，学校归侨侨眷成立侨联小组。1981年后，学校民主同盟和民主促进会组织先后恢复活动，发展成员，分别成立支部。党委积极支持他们的工作，学校统战活动逐渐形成制度。

二、多措并举　开创新局

（一）开办大学本科班及各种培训班

1977年起，国家恢复高考制度，实行统一考试、德智体全面衡量、择优录取的方针。1977年本校招生354名，学制仍为两年。1978年，经省、部批准，学校开办了一届大学本科班，设炼制、炼机两个专业，学制4年，招生84人。同年，中专招生200名，学制改为3年或2.5年，增设炼厂仪表及自动化专业。1979年，受石油工业部委托，学校与茂名石油工业公司、南海石油勘探指挥部共同举办"石油工业部出国进修人员外语培训班"。同年，中专招生317名，新开设轮机专业；还为石油工业部举办了中专数学、化学、制图等师资培训班。

（二）筹办广东海洋石油学院

1978年10月，为了加速培养海洋石油高级技术人才，石油工业部拟将学校改建为"广东海洋石油学院"，并报国务院审批。石油工业部要求学校努力做好几方面的工作：加强两级领导班子建设，加强教师队伍的建设，加强实验室的建设，搞好基本建设。其中在湛江建立海工、轮机、驾驶的教学实习基地。从1979年起，停止招收中专生；1981年完成过渡阶段；到1985年，办成一所初具规模的广东海洋石油学院，拥有一支600多名的教师和科研队伍，年招生750名，在校学生达3000人的规模。后因当时国家形势变化等原因，该项筹办工作最终未能实行。

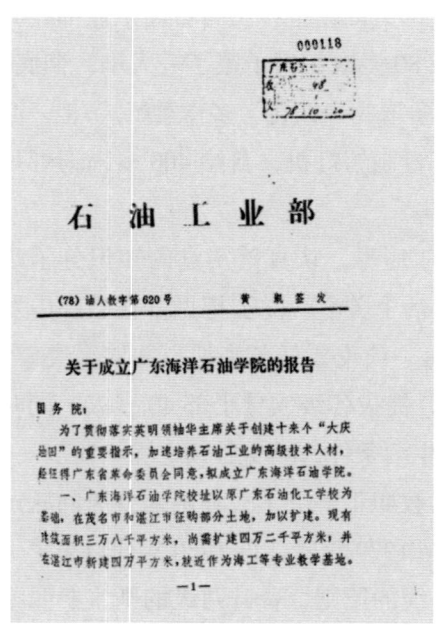
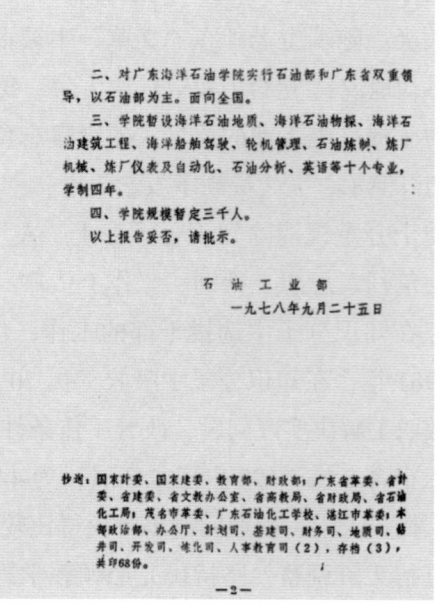

·石油工业部《关于成立广东海洋石油学院的报告》

（三）创办广东省化工学校

1979年7月，根据石油工业部和省委关于改变学校领导体制的决定，"广东石油化工学校"改为"广东石油学校"，实行部和省双重领导、以部领导为主的管理体制，面向全国招生和分配。原设化工专业于1981年前划出，并由石油工业部补偿100万元给广东省，另建化工学校。学校还抽调部分教师干部前往支援，在广州赤沙创建了"广东省化工学校"。

（四）全面提升教学质量

党的十一届三中全会后，校党委明确把工作重点转移到教学工作上来，加强对教学工作的领导，进一步消除"四人帮"破坏教育事业和教学工作的不良后果，修订教学计划、加强教学管理和学生工作，提高教学质量。1979年，学校组织力量在总结前几年经验教训的基础上，从加强基础教学出发，修订和制订了18份专业教学计划。新的教学计划除贯彻德智体全面发展、教育与生产劳动相结合的方针外，更好体现了"基础厚些、适应性强些、专业课精些"的原则，普通课和基础技术课有较大的加强。

1978年的二三月间，石油工业部在学校召开教材工作会议，参加会议的有21所中专、技校，会议总结交流了各校教材工作经验，部署了教材编写任务。学校承担的任务于1979年按时完成，其中，负责主编的《炼油工艺学》《炼厂机器安装与检修》《地球物理勘探》《油矿地质学》和参与编写的《石油炼厂机器》《炼油单元过程及设备》等，均作为部编教材正式出版发行。此外，各教研组还编写了新的教材、讲义、习题集、教学法指导书等18种。

与此同时，学校采取措施，全面加强教学管理，强调对各个教学环节的严格要求，学校对教学工作明确提出"六有三坚持"的要求，即要求各专业、教研组和任课教师要做到：有教学计划、有教学大纲、有教材、有学期授课计划、有集体备课和互相听课、有教学质量检查；坚持德、智、体全面发展、教书育人，坚持加强基础理论教学，坚持从实际出发、循序渐进的原则。为了提高课堂教学质量，1979年学校概括了"三备六要"的经验并加以推广。"三备"，即教师备课要做到备教材、备学生、备教法；"六要"，即课堂教学要做到：教材内容要熟悉、教学重点要突出、讲授层次要分明、教学要形象生动富有启发性、语言要精练、板书要清楚。各教研组贯彻这些要求，加强了教学研究活动和培养青年教师的工作；炼油工学、过程设备、机械基础等恢复了课程设计；有5个教研组开展了幻灯电化教学。这些要求使教学质量得到进一步提高。在"为教学服务"思想指导下，这几年，后勤职工坚持深入开展学大庆活动，提出"高标准、严要求，面向教学、心向师生"的口号，领导带头，深入饭堂、工地、采购、运输第一线，发动职工苦干实干，使基本建设、物资供应、生活服务等各项后勤服务工作，都有新的进步。

（五）承办教育部中专学校工作会议

1979年3月，石油工业部中专学校工作会议在学校召开。参加会议的有全国石油系统27所中专、技校的61名代表。吴健校长在会上作了题为《坚持党的教育方针，努力办好学校》的经验介绍；张正国、严肃老师分别代表政治教研组和制图教研组在会上介绍了教学经验。与会代表参观了学校的工厂和实验室，听了部分教师的课堂教学。石油工业部人教司副司长王者春在会议总结中对学校工作给予了充分肯定。他说："这

·1979年3月，石油工业部中专工作会议在学校召开

次在广东石油学校召开的中专工作会议，也是一次现场参赛会议。""我们要向广东石油学校学习的东西很多。但要着重学习的最本质的东西，是广东石油学校领导班子忠诚党的教育事业的强烈的革命事业心。"王者春还指出："广东石油学校的废油再生厂、机械厂、金相热处理实验室、仪表实验室、制图模型室等，都有一股艰苦奋斗、自力更生的精神。这种精神不仅今天要发扬，今后条件好了还要发扬，要作为传家宝，一代一代传下去。"

（六）承办广东省中专工作会议

1979年11月，广东省中专工作会议在本校举行。学校代表作了汇报发言，介绍了学校的基本情况，以及提高教学质量和加强学生政治思想教育的体会，受到与会领导和代表的欢迎和好评。

三、齐心协力　建设重点

（一）第四次党代会与领导班子建设

早在1978年，石油工业部党组便提出要把学校办成重点中专的任务，这也成为学校进一步发展的推动力。1980年，教育部正式确定学校为全国重点中专之一，并对学校的建设提出了更高的要求。1980年6月，校党委召开了第四次党员代表大会，通过民主选举，产生了由吴健、赖维汉、田颐慧、陈远、苏志组成的第四届学校党的委员会。经上级批准，吴健任党委书记，陈远任党委副书记兼纪委书记。在这次党代会的工作报告中，学校党委提出办好重点中专的任务。大会号召全体党员和全校师生员工振奋精神，同心同德，群策群力，为全面实现重点中专的八项基本要求，建成名副其实的重点中专而奋斗。校党委首先抓领导班子建设。1981年3月，制定了《加强学校领导班子建设的十条规定》，印发全校各单位，要求全体党员和师生员工监督实施。其中，坚决贯彻民主集中

制，反对"一言堂"作风；切实改进领导作风，经常深入"两堂"（即课堂和饭堂），深入师生员工，加强调查研究；发扬艰苦奋斗的优良作风，不以权谋私，不搞特殊化；坚持实事求是，抓实干讲实效，力戒空谈，不图虚名，不搞形式主义等规定，受到群众的欢迎。

1981年下半年至1983年，党委先后组织领导班子和师生员工认真学习《关于建国以来党的若干历史问题的决议》、党的十二大文件、《邓小平文选》（1975—1982年）等，对于澄清许多重大问题上的是非，提高思想，统一认识，与党中央保持一致，起了重要作用。1983年冬开始，党委组织全体党员认真学习和贯彻《中共中央关于整党的决定》，按照"统一思想、整顿作风、加强纪律，纯洁组织"的要求完成整党任务，加强领导班子和党组织的建设。

1981年5月23日，石油工业部发出通知，任命冉济川（当时为茂名石油工业公司党委副书记）兼任学校党委书记，张健任党委副书记、副校长，其他校领导不变。学校明确实行党委领导下的校长分工负责制，并开始按照"党委集体领导，教职工民主管理，校长行政指挥"的原则，搞好党政分工。1981年9月，进行机构调整，撤销政治处，成立党委办公室和学校办公室，改变"一元化"、政党一套办事机构的体制，分别建立党、政工作系统，行使各自的职能。

（二）建立教职工代表大会制度，加强教职工队伍建设

1981年11月，校党委作出决定，恢复学校工会组织，成立工会筹备委员会。1982年4月，召开学校工会会员代表大会，选举产生学校工会委员会。经上级批准，战胜福任校工会主席。与此同时，召开学校第一届教职工代表大会，通过学校《教职工代表大会暂行组织条例》，从此建立起学校教职工代表大会制度，作为全体教职工参加学校民主管理的基本形式。教职工代表大会每年举行两次，听取和审议学校年度工作报告和财务报告，讨论决定学校重大事项和与教职工切身利益有关的事项，促进了学校管理民主化的进程。

学校进一步加强教职工队伍的建设。1980年初，学校根据国家新颁发的有关确定中专教师职称的规定，向上级提出尽早在学校开展教师职称评定工作的申请。同年6月，省高教局批准学校为广东中专教师职称评定的试点单位。学校成立教师职称评审委员会，经过将近半年的努力，顺利完成学校历史上首次职称评定工作。1981年初宣布第一批报省批准的副教授3人、讲师57人、教员57人。由于在评审工作中贯彻"坚持标准，全面考核，实事求是，保证质量"的原则，激发了广大教师奋发向上、进修提高的积极性，促进了教师队伍整体素质的提高。学校先后为青年教师开办高等数学、力学、英语、教育学、BASIC语言等学习班，还为60多名教职工参加各类高校学习提供条件。1984年，学校教职工增至428人，其中党员120多人、团员60多人、获得各种技职称的有120多人。教职工队伍结构向好变化。

（三）石油工业部加大对学校的基建投资

从1980年起，石油工业部增加了对学校的基建投资，后勤职工努力克服材料供应不足等困难，加快了校舍和教学基础设施的建设。1980—1984年，先后建成轮机楼、阶梯课室楼、综合实验大楼、图书馆大楼、第二课室楼、体育馆、学校办公楼、卫生室、幼儿园、教工饭堂、学生宿舍楼、教工宿舍楼等，使校舍面积增加了2万多平方米，还有体育运动场地、校园道路和绿化美化等配套设施的建设，使校园面貌大为改观。到1984年，学校占地面积为17万多平方米，建筑面积为6万多平方米；有各类课室48个、各种实验室57个，初步建起了电化教学设施；图书馆面积增至2800平方米，藏书已超过20万册；实习工厂面积增至3600多平方米，机器设备又有所增加；运动场地2万多平方米，有400米跑道运动场和灯光球场，各种球场10多个，体育器材设施也有较大发展。作为重点中专的办学条件日臻完善。

在学校建设过程中，师生员工继续发扬自力更生、艰苦创业的优良传统。在兴建400米跑道运动场时，全校师生都利用课余时间积极参加义务劳动，用手锄车拉，削平了一个山坡地。1982年3月，有29个实验室要迁入新落成的综合实验大楼，各专业都发动师生共同苦战，许多笨重的仪器设备（有的重达几吨），都是靠人拉肩扛搬迁就位的。各实验室教师和实验员一道，日夜加班，从设计、搬运、采购、安装，到油漆工、管工、泥水工，样样都干。为了完善补充实验设备，各实验室贯彻"少花钱，多办事"的精神，自己动手，修旧利废。仪表专业1981年在石油工业部物资交流会上，仅用6000元就买回了价值12万元的旧仪表，后又以1000元从茂名石油工业公司买回价值超万元的6台旧电子电位差计，然后自己动手修复使用，建成了仪表自动化实验室。地质专业师生利用外出实习机会，采集了1万多块标本，自磨了1800多块岩石薄片，又争取到南油指挥部的支援，无偿调给旧仪器设备46台件（价值50万元），装备了两个实验室。

（四）筹建"石油工业部广州外语培训中心"

为了适应南海石油勘探开发，扩大对外交流与合作，培养大批懂外语的各类人才，1980年1月，石油工业部指示学校在广州开办"石油工业部广州外语培训班"。学校很重视落实这一任务，抽出部分教师、职工，由赖维汉副校长负责，向广东省粤剧学校借地，经紧张的基建维修，于当年3月办起了"高级英语培训班"，为石油工业部培训出国进修预备生。接着，由苏志副校长负责，经过许多周折和艰辛，在广州沙河大塘岗购得一栋楼房，建起了固定办学地点，站稳脚跟，逐步发展起来。

1981年3月，石油工业部正式发文，成立"石油工业部广州外语培训中心"，为县团级单位，由学校兼管，冉济川兼任中心党委书记，吴健兼任中心主任，苏志任专职副书记、副主任。

1982年2月，校党委提出《关于努力办好广州外语培训中心有关问题的意见》，明确指出："努力办好广州外语培训中心，做好外语培训中心的大后方，是部领导交给学校的义不容辞的重要任务。""在学校党委兼管培训中心工作期间，要把办好培训中心工作纳入党委议事日程，定期研究。"在人力物力上，"凡学校能支援的，都要大力支援"，学校先后调出20多名教师干部工人参加中心建设。1983年10月，石油工业部任命苏志为广州外语培训中心主任，吴健改任中心顾问。此时，"石油工业部广州外语培训中心"正式与学校分开，后来成为"石油大学（广州）"，现在改名为"中石油广州培训中心"。

（五）撤销附属石油小学，新建茂名石油工业公司官渡小学

1984年1月11日，根据学校与茂名石油工业公司签发的《关于广东石油学校附属石油小学移交给茂名石油工业公司的会议纪要》及茂名石油工业公司1月22日印发的《关于成立"茂名石油工业公司官渡小学"的通知》[（84）茂油字第46号文]，决定撤销学校附属小学，由石油工业公司新建"茂名石油工业公司官渡小学"，原学校附属小学的师资、教学设备及学生全部并入"茂名石油工业公司官渡小学"。学校附属石油小学教学水平高、教学质量较好，在茂名市同类学校中享有较高声誉，开办以来，为解决学校教职工子女就读问题，解除后顾之忧发挥了很好的作用。

（六）实现班子新老交替

为了顺利实现学校领导班子的新老交替，石油工业部经过全面考察，于1983年9月5日发出《关于张健等五位同志任职通知》，任命张健担任校党委书记、吴徼苏担任校长，张品能任党委副书记，田颐慧、赖维汉任副校长。10月10日，学校召开新老班子成员会议；12日，召开副科级以上党员干部会议，由茂名石油工业公司党委副书记杨志宣布石油工业部关于学校领导班子的任命，他希望新班子敬老尊贤，团结协作，搞好新老合作和交替，以新的姿态、新的思想、新的作风，开创学校工作新局面。冉济川、吴健等同志自觉从党的利益出发，表示愉快地退出班子，并认真做好交班工作。他们对新班子和到会骨干提出了殷切希望，鼓励大家同心协力把学校办好。新晋班子的同志表示坚决服从组织安排，一定要努力把工作做好。会后，新老领导还进行座谈，交流做好学校领导工作的体会。

10月14—19日，在石油工业部教育司领导的指导下，新班子进行了学习讨论。为了搞好班子自身革命化建设，提出了7条规定：坚持每周学习制度；坚持民主集中制；坚持党性原则，不谋私利，不搞特权，不做特殊党员；严以律己，做群众表率；注意调查研究，切实转变作风；要有革命志气，勇于探索，大胆工作；认真开展批评与自我批评。新班子还着重研究了如何进一步搞好党政分工问题，一致认为，党委实行集体领导和个人负责相结合的制度，学校实行党委领导下的校长分工负责制是完全正确的；党委要集中力量管好方针政策、党的建设和思想政治工作；党委要支持校长行使职权，建立起以校长为首的行政管理系统。

1983年12月，石油工业部批准了学校的机构调整方案。行政部门设学校办公室、教

务科、人事科、学生科、总务科等 7 个科室；教学系统设公共基础科和地质、机械、炼制、仪表 4 个专业科及实习工厂；党群系统设党委办公室、组织部、宣传部、纪检会、工会和团委。1984 年 1 月，在广泛征求意见和民意测验的基础上，学校重新任命了各科室负责人。同年 6 月，学校工会召开会员代表大会，选举产生了第六届工作委员会。经上级批准，由张品能兼任学校工会主席。至此，学校顺利完成新老交替的任务，进入以改革为中心的新的历史时期。

（七）积极进行改革探索

1983 年，党委组织教职工认真学习中央领导报告和人民日报社论，认真学习和贯彻石油工业部《关于改革问题的通知》，提高对改革的必要性和目的意义的认识，明确把改革作为头等大事来抓。发动群众联系实际，酝酿改革方案，并把改革精神贯穿到学校各方面工作中去，积极进行改革的探索。1984 年起，学校有步骤地推进各项改革试验。为克服"吃大锅饭"的弊端，更好地调动教职工的积极性，挖掘办学潜力，提高办学效益，学校在实施《试行月度评奖办法》（1982 年 3 月开始实行）和《教师工作量和超课时津贴试行办法》（1982 年 7 月开始实行）的基础上，于 1984 年 4 月制定《勤工俭学收入提成分配方案》，1985 年 4 月制定《学校基金管理试行办法》，均由教职工代表大会通过后付诸实施。从 1982 年起，学校还对饭堂、水电组等一些单位试行经济承包责任制。为了加强学校管理，提高教育质量和工作效率，1984—1985 年，学校先后制定《机关工作人员岗位责任考核及奖惩办法》《学校教职工奖惩条例》《教学管理条例》《教师工作规范》《班主任岗位责任及考核办法》《评选优秀班主任办法》，以及《学生管理工作条例》《学生人民助学金、奖学金评定办法》等。

学校大胆打破旧的教学模式，探索教学改革的新路子，取得了一些新的经验。在教学内容上，各专业增设了"电子计算机"和"企业管理"两门新课程；加强外语教学；各门课程在教材处理上努力反映新的科技成果；开辟第二课堂，通过科技讲座和课外科技活动，扩大学生知识领域。在教学方法上，不少老师都在积极试验，探索具有本学科特色的教学方法。如数学科的"单元七段教学法"、过程设备科的"单元三课型法"、制图科的"一看二讲三练四总结"的教学法、化学科的"变被动的实验为主动探索的实验"等，都是在改变注入式教学为启发式教学，把以教为主转变为以学为主，尽可能运用现代化教学手段，加强实践性环节，以培养有特色的中专人才进行有益的尝试。

1984 年的毕业设计答辩工作也有新改变，成立了以茂名石油工业公司高级工程师张仁俊为主任的"84 届毕业设计答辩委员会"，对炼制、炼机两个专业的毕业设计进行公开答辩。成绩优良占 87.3%，无不及格者。张仁俊认为"本届毕业生答辩水平较高，设计项目对生产有一定的参考价值"。

1984 年 9 月，为了活跃学校学术研究活动，推动教学改革，提高教育质量，学校成立"广东石油学校中等专业教育研究会"。研究会由刘德周、唐济美、张志鸿、张焕然、严肃、曾计详、张正国、罗林大、蒙树松、冼鸿会等组成,刘德周任主任,唐济美任副主任。

除办好石油炼制、石油机械两个专业外,学校根据需要相继创办了石油化工、石油地质、石油仪表专业及后来根据石油工业部指示创办的石油轮机等专业,在校学生达到1500人,使学校具有较强的办学实力,为学校升格大专打下了扎实的基础。

从1980年开始学校面向全国招生,招生地区逐步扩大到10多个省(区、市)。1980—1984年,平均每年招生320名左右。同时平均每年举办5种类型短训班,共培养各类人才1070人,还与南海石油指挥部联合举办了一届机械专业电大班。从1980年起,学校中专毕业生面向全国分配。因广东学生所占比例大,但要出省、到北方工作的多,所以分配工作的难度大。如1984年的316名毕业生来自6个省(区、市),而分配地区却有新疆、黑龙江等11个省(区、市),56%要分配到长江以北,200名广东学生有72%要出省。南方学生大多不愿意到北方去,尤其是东北、西北边疆。但由于多年来学校学生思想工作抓得比较好,如坚持在学生中进行马列主义教育、人生观教育、爱党爱国爱石油的教育,坚持开展"学雷锋、创三好""五讲四美三热爱"活动,打下了较好的思想基础,加上及早做好毕业生思想工作,采取多种形式,大张旗鼓、理直气壮地进行理想、前途和服从分配的教育,演出了自编话剧《召唤》,大力宣传毕业生中的先进典型,并争取家长的密切配合,营造了"把一生交给党安排,到祖国最需要的地方去"的浓厚气氛。同时,深入调查摸底,正确掌握分配原则,严肃分配纪律,杜绝不正之风。因此,开创了毕业分配工作的新局面,每届毕业生都百分百服从分配,且有部分毕业生自觉向学校提出申请,要求到边疆去,到最艰苦的地方去。如1984届分配到新疆、青海、玉门、大庆、长庆、辽河等油田的45名毕业生中,30多名是自愿申请去的,其余也都服从分配。学校领导为这些学生开茶话会送别、戴大红花、赠纪念品、通报嘉奖,让他们满怀豪情愉快地踏上新的征程。

(八)召开第五次党代会

1984年12月,学校党委召开第五次党员代表大会。党代会听取和审议张品能代表学校第四届党委会所作的《搞好整党和改革,开创学校工作新局面》的工作报告。报告指出:自从1980年第四次党代会以来,在石油工业部党组和茂名石油公司党委的领导下,学校党委动员、组织全体党员和师生员工,认真贯彻党的十一届三中全会以来的路线、方针、政策,继续拨乱反正,全面贯彻党的教育方针,为把学校办成名副其实的全国重点中专而不断努力。大会号召,学校各级党组织和共产党员,在思想上、政治上和行动上与党中央保持一致,勤奋学习、积极工作、大胆改革,团结和带领全体师生员工,为完成大会提出的各项任务而努力奋斗。大会选举产生了第五届党委会和纪委会。经上级批准,第五届校党委会由张品能、袁富善、吴傲苏、蔡晋森、余刚强5人组成,张品能任党委书记,袁富善任党委副书记。第五届纪委会由林元俸、蔡晋森、周那安、余兆庄、林张贵 5 人组成，林元俸为纪委副书记。

四、三十而立　风华正茂

1984 年 11 月 11 日，是建校 30 周年庆祝日。为了迎接 30 周年校庆，教职工广泛开展了经验交流和学术交流活动，共写出学术论文和经验文章 156 篇，学校评出优秀论文 58 篇并给予奖励；学校组织人员经过近半年的辛勤工作，建起了"校史馆"，于校庆日开放；宣传部与电教组共同摄制了《广东石油学校在前进》电视片；举行庆祝建校 30 周年校运会，规模空前；还举办了书法、对联、摄影、美术等竞赛和展览；同学们还开展了为学校做好事的活动。

11 月 11 日，1400 多名师生员工欢聚一堂，隆重举行建校 30 周年庆祝大会。数十名来宾、校友代表和学校老领导出席大会。校党委张健书记主持大会，吴儆苏校长作了题为《总结经验，加快改革，为培养现代化石油建设人才作出更多贡献》的报告。他回顾了学校 30 年不平常的历史，概括了学校所取得的主要成绩，总结了五条基本的办学经验：必须正确理解和全面贯彻党的教育方针；贯彻执行党的知识分子政策，建设一支忠诚于党的教育事业的又红又专的教职工队伍；坚持进行教学改革，不断提高教学质量；培养良好校风，营造人才健康成长的良好环境；执行艰苦奋斗、勤俭办学的方针，不断完善办学的物质条件。吴校长最后指出：未来的十年，是学校大转变、大发展的十年，全体师生员工要振奋精神，同心同德，加快改革步伐，创造优异成绩，使学校的第四个十年放射出更加灿烂的光辉。大会宣读了学校党政《关于表彰从事学校教育工作逾三十年的教职工的决定》，并给受表彰的 31 位教职工颁发了荣誉证书，校领导、来宾还同他们一道合影留念。下午，来宾、校友及师生参观了校史馆、计算机室及图书馆等。晚上，举行了洋溢师生情谊的校庆文艺晚会，部分年过半百的教职工也兴高采烈地参加了演出，师生深受教育。

第三章 移交石化 新的起点

1985—1998 年，是学校由石油工业部移交中国石油化工总公司（简称"中石化总公司"）管理的 14 年，是学校发展的重要时期。在此期间，学校在全国重点中专基础上，建设高质量的大专，并为升格本科学院作出不懈努力，使学校成为我国南方培养石化人才的重要基地。

第一节　签订协议　移交石化

1983 年 7 月，为了适应我国石油化工工业的发展，党中央、国务院决定成立中石化总公司，包括 39 个特大型、大型炼油、石油化工、化纤化肥企业及销售、科研、设计、施工、学校等企事业单位，职工 70 万人。中石化总公司的组建，标志着我国石油化工工业朝着高技术、高效益的现代化方向发展。总公司成立后，十分重视培养石化技术人才，先后与西安交通大学、华东理工大学、天津大学、厦门大学、深圳大学等高校联合办学，投入了大量财力，培养急需人才。与此同时，也投入巨资办好总公司直属院校。鉴于学校基本属于石油化工类型高校的情况，1985 年 4 月，经石油工业部与中石化总公司商定，学校移交给中石化总公司领导。

1985 年 4 月 26 日，石油工业部和中石化总公司双方签订了交接协议书，并于 4 月 26 日联合发出《关于将石油工业部广东石油学校移交给中国石油化工总公司的通知》，并形成《关于广东石油学校交接协议书》，有关交接具体事项如下：

（1）广东石油学校现有教职工 429 名，其中教师 164 名，占地 267 亩，校舍建筑面积 59 941 平方米，固定资产总值 776 万元（房地产 543 万元，实验仪器设备 233 万元），图书馆藏书 19 万册，除地质专业有关人员、设备另作安排外，其余全部财产、人员、物资等移交给中石化总公司管理，有关财产、资金等均以批准的 1984 年度决算为准进行交接。

（2）广东石油学校 1985 年暑期 315 名毕业生的派遣工作及 400 名全日制中专生、40 名职工中专生的招生工作，仍由石油工业部按已上报给国家的教育事业计划及已通知各有关省、自治区、直辖市的招生来源计划执行。

（3）自 1985 年起，广东石油学校原设石油及天然气地质勘探专业不再招生，待地质专业第三届 238 名在校生全部毕业并由石油工业部分配工作后，该专业停办。地质专业的 6 个实验（陈列）室的仪器设备全部无偿调拨给中原石油学校。地质专业有关教学人员愿调往石油企事业单位者，由石油工业部安排，中石化总公司负责办理；愿留茂名的由中石化总公司安排。

（4）鉴于石油工业部尚有一批炼油企业，从 1986 年起，广东石油学校每年给石油工业部无偿分配炼厂机械、石油炼制专业毕业生各 40 人，石油仪表自动化专业毕业生 20 人，共 100 人。石油工业部需按时提出年度跨省招生来源方案，由中石化总公司纳入计划，报请国家下达执行。

（5）为不影响学校建设，石油工业部 1985 年安排的广东石油学校基建资金 160 万元照原计划执行，由中石化总公司在自有资金中还给石油工业部 160 万元。广东石油学校 1985 年事业经费预算指标为 110 万元，由石油工业部函请财政部划转到中石化总公司。石油工业部 1985 年已拨的款由广东石油学校退回。

（6）职工人数和工资总额按 1984 年年末数加上 1985 年增加计划，划拨给中石化总公司。

（7）目前，广州外语培训中心所用汽油及液化气均在广东石油学校指标内由茂名石油工业公司拨付。今后，该中心每年所需 24 吨汽油和 24 吨液化气，仍由茂名石油工业公司按原办法供应。原由广东石油学校调拨给广州外语培训中心的资产，按 1984 年年底账面金额办理转账手续。

中石化总公司接管学校后，提出要加大投入，提高办学条件，提高教育质量，加强各方面的管理，向更高目标迈进。

第二节　建设大专　奋勇前行

一、提出复办本科学院

为了适应石油和石油化工事业发展的需要，广东省、茂名市、石油部、中石化总公司及茂名石油公司领导，一致希望在茂名这个石油化工基地兴办一所石油化工本科高校，设置本科、专科层次专业。在学校努力下，茂名市政府和茂名石油工业公司，联合向中石化总公司呈送《关于申请复办广东石油学院的报告》（茂市府〔1985〕50 号文）。报告内容如下。

（一）复办广东石油学院的必要性

（1）广东是祖国的南大门，实行对外开放政策以后，经济发展很快，尤其是石油化学工业发展前景广阔，但目前广东高等教育事业还不能满足经济发展的需要，高等石油院校更是空白，石油化工人才十分紧缺。中央关于教育体制改革的决定指出："要解决人才问题就必须使教育事业在经济发展的基础上有一个大发展。"复办广东石油学院是一件很紧迫的事情。

从茂名市来说，1983年改为省直辖市以后，市管四县一区，人口450多万，全市共有干部4万余人，仅茂名石油工业公司就有职工2500人左右。茂名市、县的化纤总厂、化工厂等中小型企业也不少，都迫切需要在本地区有针对性地多培养一些高专业技术人才，定期分配到生产前线充实力量。同时，也特别需要有一所高等院校作为依托，培训在职干部、职工，以满足那些无法脱离生产岗位去学习的大批优秀骨干边工作边学习的需要，提高企业、机关职工的素质。

（2）中央关于教育体制改革的决定，提出了要大力发展职业技术教育的要求，并指出，应"同时积极发展高等职业技术院校，优先对口招收中等职业技术学校毕业生以及有本专业实践经验、成绩合格的在职人员入学，逐步建立起一个从初级到高级、行业配套、结构合理，又能与普通教育相互沟通的职业技术教育体系"。这些规定是十分符合基层实际需要的，广东省茂名市已有普通中学388所3570个班，166 805人，而中职业班有29个班1415人，技工学校（指招收高中毕业生的）共有6个班250人（其中中石化总公司子弟超过10 000人）。华南地区各石油化工企业正在积极发展基础教育和中等职业技术教育，独缺一所正规高等石油化工院校，如能及早复办广东石油学院，则可在华南地区建立完整的体系，这对人才培养十分有利，对安定职工专心从事石油化工建设也很有利。

（3）茂名石油化工厂矿企业地点比较集中，生产、科研、设计、工程技术人员多，市科委、科协各种学会组织比较健全，如能及早复办广东石油学院，则可以加强相互协作，建立教学、科研、生产三结合的联合体。发挥优势、搞好科研，做好学术情况交流、技术开发工作，使教育更好地直接为经济建设服务，为厂矿生产服务。

（4）关于复办广东石油学院的问题，十余年来，广东省委、省政府及省高教局一直都十分关心，有关领导曾先后多次来茂名视察，提出具体指示，省委工作会议对此也进行过研究，省高教局也列出了一些发展规划。

（二）复办广东石油学院的可行性

1. 广东石油学校已有30年办学历史

1960—1963年为中南石油学院，招收培养过4个专业两届本科生。1978—1982年又按上级指示开办过大学班，培养了一届2个专业的四年制本科毕业生83人。自1954年建校以来共培养各类人才11 269人。30年来前后共举办过各类专业21种，教师已积累了一定的教学经验。

2. 该校师资力量在十年动乱时期基本保留

20年以上老教师较多。由于中专评定职称规定的限制，现在有副教授3人，讲师、工程师49人，教员43人，教师总共有171人。从1972年起，该校中专班全部招收高中毕业生，学制定为三年。不少学科是选用大学教材。基础课、专业课的师资基本可以解决，茂名市高级工程技术人员较多，广东省许多高等院校与学校长期挂钩联系，茂名石油工业公司的职工大学共有大专以上学历的教师52名，彼此之间可以互通有无，近年来又补充40余名具有本科学历的青年教师，可以陆续选送外出深造。目前，教师与学生人数比例是1∶5.7。

3. 办学物质条件完善

该校占地267亩，环境优美、安静。各种楼房建筑为6万多平方米，其中课室1万多平方米，实验室7400多平方米，图书馆建筑面积2800多平方米，实习工厂可同时容纳4个班实习。其他电化教学设备、体育运动场、器械设备、生活福利设施均有一定规模。且仍在继续扩建，潜力较大，如能复办学院，茂名市准备在校园外再拨土地。

（三）复办本科学院的具体建议

（1）为适应广东石油化工工业发展的要求，校名定为"广东石油化工学院"较好，根据目前的情况，也可分两步走，即先招专科班，等进一步完善条件后，再招本科班。

（2）学院领导关系继续由茂名石油工业公司代管。

（3）师资问题从发展需要来看，需不断充实。除请地方教育部门分配和从石油公司离、退休高级技术业务干部中选聘兼职教员外，还请总公司适当帮助调整，并多照顾一些去研究生部或出国深造的指标。

（4）专业设置。复办学院后，拟设置4个系10个专业（专科三年、本科四年）：

①机械及建筑工程系（石油化工机械、通用机械、工业与民用建筑）；

②化学工程系（石油加工、石油化工、环境保护与监测）；

③自动化工程系（生产过程自动化、计算机应用、工业电子）；

④管理工程系（工业企业管理）。

（5）学院规模与招生。1986年起先招专科生，当年在校生（包括原有中专生）940人，到1990年发展到2040人，1991年起在校本科生稳定在2400人左右，每年还可以举办多种类型的短训班和干修班、函授班，这样就可以大大提高办学活力。

（6）现有中专处理。中专在校生尚有1080人。1988年可全部毕业。处理办法：①按期毕业；②提前一年毕业。

二、设立大专　成功更名

（一）召开创办广东石油化工专科学校论证会

中石化总公司根据教育部《关于新建普通高等学校的暂行规定》，于1985年11月1日委托茂名市委、市政府主持召开创办广东石油化工学院或广东石油化工专科学校专家论证会，专家们一致认为创办广东石油化工学院或广东石油化工专科学校是十分必要也是完全可行的。

（二）成立广东石油化工高等专科学校

1. 中石化决定先办专科学校

中石化总公司经研究，认为先办专科学校为宜，并于1985年11月15日发出中石化总公司（85）人字111号文《关于建立广东石油化工专科学校的批复》，批复指出：经研究，同意建校，学校正式名称为广东石油化工专科学校。学制为大专三年，学校规模为在校生1200人。设3个系10个专业，即化工系设石油加工、有机化工、环境监测专业；机械系设

·1985年11月15日，中国石油化工总公司《关于建立广东石油化工专科学校的批复》

化工设备与机械、工业自动化仪表、石油储运、工业与民用建筑专业；工业管理工程系设财务管理、计划统计、物资管理专业。从1986年开始面向全国招生，专业设置要逐个履行报批手续。新建立的广东石油化工专科学校为中石化总公司的直属单位，实行广东省和中石化总公司双重领导、以中石化总公司为主的领导体制。中石化总公司与广东省对学校领导的分工按中央有关文件规定办理。

2. 明确学校管理体制与机制

1986年是我国"七五"计划的第一年，也是学校历史大转变的一年。上半年，学校积极组织力量做好创办大专、招收大专新生的各项准备工作。6月，学校召开第三届教职工代表大会第一次会议，提出学校今后十年建设的总目标，是继续办好重点中专，创办高质量的大专。

为学校更好发展，1986年7月3日，中石化总公司发文，对学校的管理体制机制作出如下规定：

（1）学校是总公司直属的副局级单位，实行中石化总公司和广东省双重领导，以中

石化总公司为主的领导体制。

（2）学校党的工作，在省委、市委统一领导下，由茂名石油工业公司党委代管。

（3）学校的发展规划、专业设置、招生计划、教学计划和毕业分配计划，由中石化总公司管理。

（4）学校领导干部由中石化总公司人事部会同茂名石油工业公司考核，由中石化总公司任免。学校中层干部任免和工作人员调配，由学校负责管理，其中副处级干部报茂名石油工业公司和中石化总公司人事部备案。

（5）学校教育事业经费计划、基本建设投资计划和劳动工资计划，由中石化总公司有关业务部门统一归口管理。

（6）为加强教学与生产联系，共同搞好教学改革、技术改革和技术开发工作，茂名石油工业公司的生产、科研和设计部门与学校应互相支援，互相提供方便条件，创造良好实践教学环境。学校要挖掘潜力，为茂名石油工业公司担负培训任务，茂名石油工业公司对学校的发展和建设要关心和支持。学校实习工厂要在完成教学任务的前提下，努力为茂名石油工业公司承担加工配件任务，并逐步加强计划性，生产定型产品。

（三）召开广东石油化工专科学校成立大会

1986年9月15日，中石化总公司发文任命了广东石油化工专科学校的领导班子：吴傲苏为校长，田颐慧、赖维汉、徐本刚为副校长；张品能为校党委书记，袁富善为校党委副书记。

9月20日上午，全校师生员工1400多人和近百名来宾欢聚一堂，隆重举行"广东石油化工专科学校成立暨开学典礼大会"，揭开了学校历史新的一页。中石化总公司人事部教育处马奎处长宣读了总公司对学校领导班子的任命。吴傲苏校长作了题为《为建设具

· 1986年，在挂上新校名牌后，学校领导班子于校门前合影。两块牌子、一套班子，一直到学校2000年升格为本科。从右至左：田颐慧、吴傲苏、张品能、赖维汉、袁富善

· 1986年，广东石油化工专科学校成立暨开学典礼大会

有特色的高质量的石油化工专科学校而努力》的报告。报告指出："今年7月总公司召开的普通院校工作会议对专科教育提出不但在数量上要有个大发展，而且在质量上要形成特色的要求，要建设具有石油化工特色的新型的专科学校。我们一定要朝这个方向努力，在形成石化专科的特色上狠下功夫。"茂名市委书记肖启贵、中石化总公司人事部副主任孔令宪、茂油公司经理柯居涯、广东省高教局党委办主任张爱民，先后在大会上讲话，对学校的发展寄予殷切期望。

（四）更名为广东石油化工高等专科学校

根据国家教委有关"全国的专科学校统一规范为高等专科学校"的规定，1992年7月9日，学校更名为"广东石油化工高等专科学校"。

三、加大投入加快发展

（一）调整学校原有专业设置

1984年11月15日，石油工业部教育司（84）油教学246号文《关于广东石油学校专业设置的通知》，决定学校专业设置作如下变化：原石油地质、石油仪表自动化、炼厂机械、石油炼制4个专业不变，撤销轮机管理专业，增设石油机电、环境监测2个专业。轮机专业自1979年开办至撤销，招收了4届学生共153名，学生毕业后主要分配到中国海洋石油集团公司的湛江、天津、蛇口等中海油基地，为我国海洋石油开发作出了贡献。

鉴于学校移交中国石油化工总公司的管理体制变化，1985年8月，根据石油工业部教育司（85）油高教便字第53号文，地质专业停办，原1984级学生提前于1986年毕业。石油地质专业自1972年开办至撤销，经历了14年办学历程，共培养了678名学生。他们的足迹遍布祖国各地，成为我国石油勘探事业的重要力量，为我国石油事业作出了贡献。

（二）调整组织架构和领导体制

1986年底到1987年初，学校按照大专规格进行机构调整，重新任命了党政各职能部门的负责人。本着精简机构和提高效率的原则，遵照中石化总公司的指示精神，学校建立二级管理机构，将原中专的17个科级单位调整为8个副处级单位和7个直属科级单位。党群系统也作了调整。调整后的广东石油化工专科学校的党政机构，同时执行广东石油学校党政机构的职能，即"一套人马，两个学校"。

1986年10月，按照《中共中央关于教育体制改革的决定》和中石化总公司关于"凡是领导班子调整了的，要逐步推行校长负责制"的指示，学校便着手为试行校长负责制进行准备工作。先后多次召开党委扩大会议，学习文件，统一认识，在此基础上，制定了《试行校长负责制实施方案》《学校党委的职责和权限》《学校教代会的职责和权限》，明确实行校长负责制是要使学校行政、党组织和工会，紧紧围绕教学这个中心任务，加强各自职责范围的工作，加强校长对教学管理、行政管理的决策权和指挥权，同时加强和改善党对学校的领导，巩固和发展教职工的民主管理，统一起来，协调动作，群策群力，共同办好学校。同时拟定了"1986—1990年校长任期目标"，明确了"七五"期间学校建设和发展的任务。

1987年4月16日，中石化总公司发文，批准学校从5月起实行校长负责制，要求学校"努力推行校长负责制的实施方案，实现校长任期目标，进一步理顺党委、行政、教代会的关系，加强思想政治工作，搞好教学改革，提高教学质量，加快学校建设"。接着，学校成立了校务委员会，作为加强民主管理和协助校长决策学校重大问题的审议机构；建立了校长办公会议、校务会议、校务委员会会议制度；修订了各部门的职责范围，进行定编定岗，制订岗位责任制，逐级落实校长任期目标，使校、系（部）和处（科）分级负责制全面推行起来。

（三）加强校园基础设施规划建设

广东石油化工专科学校成立后，中石化总公司领导先后莅临学校考察，对办学作出指示，为学校发展指明了方向。

1986年9月30日，时任副总经理盛华仁莅校视察时指示："学校地势好，面积大，有很大的潜力。当前首先要搞好规划，并且集中一些力量使基建尽快跟上。"又说："你们是中南五省唯一的一所石油化工专科学校。目前，你们既要办好中专，又要办好大专，任务是繁重的，希望你们为进一步把茂名这一所学校建成一个科研、教育全面发展的综合基地作出努力。"

1986年10月26日，时任副总经理张万欣莅校视察时强调指出："我国的国土十分宝贵，新征土地一定要合理利用。要做好学校总体规划。校内用地要保证教学需要，要留有发展余地，要做好校园绿化美化工作。"

1988年2月11日，时任总经理陈锦华和副总经理李毅中一起视察学校，参观了校园和基建规划模型后，陈锦华指示："要集中力量加快基建的步伐，只有基建上去了，学校建设发展才有可能。你们的办学条件很优越，省里、市里和茂油公司都支持你们，总公司当然也舍得在这里投资。30万吨乙烯工程在茂名上马，需要很多人才。你们不仅要办好现有专业，而且要创造条件办新专业。"总公司主管教育的人事部领导和有关部门的负责人，也先后多次来校检查和指导各项工作。

按照中石化总公司领导的指示，学校加强基建的力量，加快基建的步伐。首先成立基建处，由徐本刚副校长兼处长，配备基建各岗位的人员，建立和健全岗位责任制，实行基建单独经济核算。从1986年起加紧征地工作，在茂名市政府的大力支持下，到1988年即完成征地200多亩的任务。

1987年初，学校开始制订基本建设的总体规划，并委托广东省建筑科研设计所进行扩建设计。为了保证规划设计质量，学校组织有关领导和设计人员，到外地参观较有特色的高等院校的校园建设，请教各方面专家，听取总公司和茂名市领导的意见。基建处还在校内办了个设计展,把有关的图纸、资料、模型陈列出来,以广泛征求教职工的意见,集思广益。扩初设计经过五次反复修改才初步定稿。1987年11月6—8日,在广州外语培训中心召开广东石油化工专科学校扩建设计审查会议,对学校1988—1990年的基建规划进行审查。参加会议的有中石化总公司规划院、北京设计院等19个机关单位的领导和专家59人。经过与会专家严肃认真的审查,会议基本同意学校的扩初设计,认为该设计具有从实际出发,与市政建设规划统一,按照使用功能合理分区、规划布局实用灵活,单体建筑合理新颖,绿化与美化相结合,综合治理校园环境的特点。同年12月24日,中石化总公司发文正式批准我校扩初设计。从此,学校进入了有目标、有规划地稳步发展的历史进程。

按照扩建设计,中石化总公司增加了对学校的基建投资,仅1987—1989年便累计投资1600多万元(不含设备费),学校基本建设出现了前所未有的快马加鞭的大好形势。到1989年,便在拆除旧东楼和东平房的基地上,建成科技交流中心和会堂、三栋教工宿舍楼和两栋学生宿舍楼,建成游泳池、教工饭堂,还建成新校门及其他一些公用工程,学校的主体建筑——建筑面积达2.4万平方米的教学实验综合大楼,加上宽广的校道建设和绿化美化,使校园发生了"旧貌换新颜"的深刻变化。1985—1989年,学校占地面积翻了一番,达33万多平方米,新增建筑面积2.5万平方米;全校固定资产总值达2800万元,比1984年翻了两番。新建和改造实验室11个,新增教学仪器设备3100多台(件),重点建设了语音实验室、计算机室、有机化工实验室、工业与民用建筑实验室、环境监测实验室,建成人造卫星电视地面接收站和闭路电视系统,充实了电教设施,成立了电教室。至1989年,教学仪器设备固定资产达400多万元,比1985年翻了一番,图书馆藏书增至24万多册。

(四)加强教职工队伍建设

1986年,学校制定《师资队伍建设十年规划》,明确学校十年师资队伍建设的任务,提出了重要举措。

(1)成立公开招聘工作领导小组。学校制定招聘原则,对拟应聘者进行走访、调查、面试等,慎重认真地选聘。仅1986年便从外省调入教师18名。还争取上级支持,逐年分配一批本科生和研究生来校任教。

(2)增加智力投资,加强对现有教职工的培养。1986—1989年,学校增加智力投资达50万元以上。通过多种形式的进修提高,大大改善了教职工队伍的学历结构。1985年,教师具有本科以上学历的只占45.6%,1989年提高到78.2%,其中研究生毕业的已有12人,还派出访问学者赴德国西柏林大学学习。

(3)促进教师参加生产劳动和科学研究。仅1988年,便组织了100多名教师分别到各市、县和茂名石油工业公司的30多个单位调查研究,落实合作科研技改项目18项,到1989年完成了16项。还组织青年教师分期分批下厂实践半年到一年。学校鼓励教师积极撰写学术和教学论文，1985—1989年，教师在国家级、省级刊物上或学术交流会上发表论文140多篇，其中有2篇论文分别获得省中专优秀教育科研成果奖和省高校优秀教学成果奖。

（4）**坚持教职工政治学习制度**。学校组织教职工学习马列主义理论和党的重要文件，不断加深对中国特色社会主义理论体系的理解，提高执行党的基本路线的自觉性。坚持开展"为人师表"活动，进行职业道德教育。从1985年起，每年都结合庆祝教师节活动，大力表彰"为人师表"的先进集体和先进个人。1987年10月，制定《教书育人、服务育人工作暂行条例》，使"为人师表"活动制度化，推动教职工严于律己，做好育人工作。1985—1989年，被评为省级以上的劳动模范、优秀教师和先进工作者共有25人次。党委坚持做好在教职工中培养和发展党员的工作，到1989年教师党员增加到80人，占全校党员人数的44%。

（5）**充分调动教职工的积极性**。学校一方面按照上级部署，从1986年6月开始进行职称改革工作，制定《实行教师职务聘任制工作方案》，陆续在大、中专教师及各类技术人员中实行专业技术职务的定编定岗和职务资格的评审、聘任制；另一方面深化分配制度的改革，1986年12月，制定《内部工资暂行管理办法》；1987年，先后修订《教师超课时津贴试行办法》和《教职工奖惩条例》；1989年，又制定《关于发放知识分子津贴的规定》，修订《学校基金管理办法》。

至1989年，学校在册教职工增至560多人，其中专任教师206人。教师中，担任教授、副教授、高级讲师等高级职务的26人，比1985年增加23人；担任讲师、工程师等中级职务的71人，比1985年增加23人；担任初级职务的109人。在职工中开展了职称评定工作，已取得中级以上职称的10人，初级职称的64人。教职工队伍的整体素质大大提高，结构大为改善。

（五）提升大中专学生培养质量

建起了化工系、机械系、基础部和企业管理专业。先后开设了石油加工、有机化工、环境监测、石油化工机械、化工仪表及自动化、工业与民用建筑、涉外经济管理等专业。经中石化总公司批准并向国家教委备案，1989年创办了夜大学，开设了石油化工和化工机械两个专业，首次招收大专生118人。1986年起，中专改招初中毕业生，恢复四年学制。到1989年，在校中专生866人，设有石油炼制、炼厂机械、仪表及自动化、工业与民用建筑和机电等5个专业。

学校坚持全面贯彻党的教育方针，根据大、中专不同层次的培养目标和教育教学的不同要求，保证大、中专生的培养质量，先后制订或修订了大中专各专业的教学计划，并保证计划的稳定和执行。

（1）学校坚持把德育放在首位，大力加强和改进思想政治工作，加强校园精神文明建设，努力营造良好的育人环境。1985年12月和1986年11月，党委两次作出《关于进一步加强学生思想政治工作的决定》，提出和推行了一系列改进学生思想政治工作的措施。建立以系（科）为主的学生教育管理体制；健全党政工团齐抓共管的每月一次的学生工作例会制度；在加强马克思主义基本原理教学的同时，配备专职教师开设思想品德修养课；组织学生开展社会实践活动；加强班级教育，建立一年一度的评选、表彰、奖励优秀班主任制度；在学生中坚持开展"学雷锋，树新风，守准则，创三好"活动等。

1986年6月，党委作出关于出版校报的决定，组成校报编辑部，拨出专款，保证校报的正常出版。还先后成立群众性的业余文学、书法、美术组织和学生俱乐部，引导学生开展各种有益身心健康的文化活动。

1987年初，鉴于个别城市出现学潮的情况，学校深入系统地开展了坚持四项基本原则，批判资产阶级自由化思潮的教育。

（2）学校明确教学指导思想，积极探索大专教学模式。1986年，学校组织学习调查研究，探索大专的知识结构和能力结构，探索适合大专特点的教学内容和教学方法，办出大专的特色。在教学内容改革中，强调在抓好基本理论教学的同时，以强化实践教学作为突破口，建立起学生在校期间制图、英语、计算机教学和专业基本技能训练"四个不断线"的教学制度。在教学方法改革上，强调结合课程特点，处理好教师为主导与学生是主体的辩证关系，充分调动两个积极性的原则，提出较适合大专生特点的"引进、思议、练习、精讲、练习、总结"12字教学法。

（3）学校认真抓好体育工作，实行体育锻炼标准，学生群众性的体育活动蔚然成风。1989年，学生体育锻炼达标率达95%，有17名学生达到国家二级运动员标准、30名学生达国家三级运动员标准。从1979年以来，学校群众性的长跑活动一直未间断过，并取得了显著成绩，到1989年为止，先后七次被评为广东省群众性长跑先进单位。学校地掷球队于1989年代表中石化总公司参加全国地掷球比赛，获得好成绩，晋升为甲级队。

（六）召开大专第一届党代会

1988年1月，召开学校党员代表大会，选举产生了学校第六届党委会。5月，党委会作出党委委员分工的决定和建立健全党委工作有关制度的决定，明确党委工作会议、党务工作会议、调查研究会、民主生活会等制度。1989年初，党委提出《加强我校党的建设工作的意见》，并根据党中央的有关指示，作出《建立从严治党、民主评议党员制度》的决定。在反对动乱、维护安定团结和正常秩序的工作中，学校党组织和广大党员重新登记，全校77名党员经过党支部的评议表决、党委的审批，全部合格，准予重新登记，没有党员在政治上掉队。

（七）庆祝建校35周年

1989年是学校建校35周年。为了总结办学经验，进行传统教育，学校组建了毕业生质量跟踪调查组，先后到山东、南京等7个省市10多个炼油企业调研，收集了大量毕业生的事迹和用人单位对毕业生的反映；学校组织出版了《校庆征文选》（先后出了三集）、

《政工研讨文集》《校友通讯录》《校园歌声》和《广东石化专报校庆专版》；举办了学校近十年建设成果图片展览、校庆书画作品展览，举行了学术报告会、校友事迹报告会等；11月11日，隆重举行庆祝建校35周年大会，2000多名师生员工和来自全国各地的100多位来宾、校友欢聚共庆。大会由党委副书记袁富善主持，校长兼党委书记吴儆苏作了庆祝建校35周年的总结讲话。他在讲话中着重总结了改革开放十年来学校建设所取得的成绩和进步，指出："我们在继续办好广东石油学校的基础上，建成了初具规模的以炼油化工为主的工程与管理相结合的多层次、多渠道、多形式办学的广东石油化工专科学校，进一步适应了中南地区石油化学工业建设和地方经济发展的需要。"田颐慧副校长宣读了学校关于表彰30年以上教龄的教职工的决定。当学生代表向这些长期为学校辛勤劳动的老园丁献花时，全场以雷鸣般的掌声向他们表达崇高的敬意。

（八）恢复校长负责制

1990年5月，学校根据党的十三届五中全会精神，为了更好地坚持社会主义办学方向，全面落实党的教育方针，结合学校实际，制定了《学校三年治理整顿、深化改革的目标》，经教职工代表大会讨论通过后付诸实施。1991年6月，党委召开党员大会，选举产生第七届校党委委员会和纪委委员会。从1991年起恢复党委领导下的校长负责制，先后制定《党委领导下的校长负责制暂行条例》《党委工作规则》《领导干部民主生活会制度》《关于改进领导作风的规定》和《领导干部回避制度》等制度，坚持党委会、党政工联席会、校长办公会、党务工作例会等制度，保证民主集中制的贯彻执行。还由教代会民主评议领导干部工作委员会组织对班子成员进行全面评议，帮助班子成员改进工作。

四、深化改革，提升实力

1992年7月，学校更名为广东石油化工高等专科学校。在邓小平视察南方讲话和党的十四大精神鼓舞下，学校制定了《贯彻党的十四大精神，加快我校改革和发展的八条意见》，其主要内容包括：提出基本思想与办学目标，进一步解放思想，增强改革力度，加快学校发展，争取3年内各层次各类型办学的在校学生达3000人；以人事制度改革、分配制度改革为突破口，深化校内管理体制的改革；深化教育教学改革是学校改革的核心内容；加强科研、科技开发，发展校办产业；大力加强教职工队伍，尤其是教师队伍的建设；深化后勤管理改革；加强和改进思想政治工作；进一步完善党委领导下的校长负责制，加强领导班子建设。为抓住机遇，深化改革，扩大开放，加快发展，广大师生员工在党委领导下进行艰苦的工作，取得了显著的成绩。

（一）加强学校师资队伍建设

学校领导重视教职工队伍特别是师资队伍的建设。从培养造就跨世纪的学科带头人和业务骨干的战略任务出发，特别强调抓好青年教师和青年干部的教育培养。坚持开展建设有中国特色的社会主义理论和党的基本路线教育，提高他们的理论水平和思想素质。

通过开办师德教育学习班,选拔 30 多名青年教师干部,担任教研室和系(部)处室的领导职务,先后选送培养博士生 2 人、硕士生 21 人,参加助教进修班或研究生课程学习及出国访问学者共 54 人,参加各类短期培训 44 人,下厂锻炼或到县区乡挂职锻炼的 14 人,使青年教师在实践中增长才干。

1991 年,学校成立专业技术职务任职资格评审委员会和各专业学科评审小组,使职务资格评审和聘任工作转入经常化正规化。1991—1993 年,晋升高级、中级职务的教师共 93 人。同时,继续积极引进各类人才,仅 1992、1993 两年便调入副教授以上职务的教师 12 名、讲师 7 名、硕士研究生 10 多名。1994 年初,教职工总数增至 652 名,其中专任教师增加到 254 名,专任教师中有教授 10 名、副教授 44 名、讲师 133 名。

(二)加强学生思想政治教育

1990 年 4 月,学校党委制发《关于坚持社会主义办学方向,加强思想政治教育工作的意见》,采取措施,全面加强德育工作,发挥"两课"(马列主义理论课和思想品德教育课)在学生思想政治教育中的主渠道作用。对学生进行反和平演变教育,开展建设有中国特色的社会主义和党的基本路线教育,科学的世界观、人生观、道德观和增强法治观念的教育,引导学生自觉地把自己培养成为社会主义建设者和接班人。

(三)成立"关心下一代工作委员会"

1991 年,学校根据中石化总公司关心下一代工作会议精神,成立"关心下一代工作委员会",原党委书记张健任主任。关工委发挥老同志政治优势、经验优势和亲情优势,参与青年学生的思想政治教育和党建工作。

(四)加强学生日常教育管理

1991 年以来,学校把军训列入新生入学教育计划,把社会实践和公益劳动纳入教学计划,并认真组织实施,不断提高教育效果。先后在云浮、化州、电白、茂南等地建立了多处校外社会实践基地。编制了社会实践专题电视教育片《云浮行》。

1991 年 1 月 25 日,学校与海军南海舰队某部签订"双拥共建公约",结为军民双拥共建单位。每年都分期分批组织师生到基地或军营开展社会调查实践活动,部队每年也派出教官来校进行学生军训,共建活动取得良好效果。

为了强化班级教育与管理,学校先后制定和实施《班级工作量化管理》《学生综合测评条例》等教育管理条例,新编《学生手册》,还实施《优秀班主任工资奖励暂行办法》,促进班级建设和各项教育活动的开展。

1994 年 1 月,中石化总公司决定以学校为毕业分配制度改革的试点,举行"供需见面,双向选择"会,有来自全国石化系统的 58 家企业前来参会。由于学校重视抓好毕业生的思想教育和就业指导工作,300 多名大中专毕业生,主动向用人单位"推销"自己,接受用人单位的考察,并自觉调整自己的就业志愿,不少毕业生自觉要求到最需要、最艰苦的地方去。全校毕业生基本上都与用人单位签订了就业协议书，使首次供需见面会取得圆满成功，积累了宝贵经验。

（五）提高学校教育教学质量

学校进一步制定并实施校、系（部）、教研室三级《教学管理条例》，并实行大专和中专教学分别管理的体制。1992年，编印《教学指导书》，教师人手一册，促进教学管理的规范化制度化。1992年学校成立教学质量考评小组，深入教学第一线，检查教师治学执教情况，考评教师教学质量。制定《教学质量考评实施细则》和《教学质量优胜评奖办法》，设立"教学质量优胜奖"，进行教学质量评优工作，促进了课堂教学质量的提高。此外，学校还修订学籍管理规定，严格把好考试质量关，对违反考场纪律者进行严肃处理，严格执行补考和升留级制度，考试成绩统计分析和学籍管理也实现电脑化，有力地促进学风的进一步好转。

从1990年开始，学校把开展课程评估，加强课程建设，作为深化教学改革，提高教学质量的中心工作来抓。1993年，在广东省高教局课程建设现场参赛会议的推动下，学校课程建设进入新的阶段，学校制定《课程评估体系》和《课程建设规划》。经过几年努力，课程建设取得可喜成绩，《材料力学》被中石化总公司评为优秀课程；《化工原理》经中石化总公司专家组评估，得分为98.1分；《高等数学》《中国革命史》和《英语》等课程经中石化总公司评估，也取得优秀或良好成绩。

1993年，学校按照广东省重点中专办学水平评估的要求，就学校规模、校园建设、实验室建设、校风建设、教学管理、教师队伍建设等方面，全面开展自评工作。中专办学水平评估，较好地解决了"一个学校，两块牌子"的教育管理机制下，如何协调和理顺大、中专关系问题，大大促进中专教学管理水平的提高，学校各方面工作迈上一个新台阶。

学校进一步加强了实践性教学环节，除继续加强实验、实习外，还制定了《毕业设计（论文）工作条例》，推广实习任务与生产任务相结合，教学、科研、毕业设计相结合的实践教学模式。机械系从1989年起和云浮硫铁矿自来水厂挂钩，建立实习基地，组织每届机械专业学生自己动手实干3个星期，把教学实习任务与承担机泵安装检修的生产任务结合起来，既促进了工厂生产，又提高了实习教学质量。每年毕业设计，各专业都尽量从生产中找题目，并组成厂校结合的毕业设计答辩委员会，严格进行公开答辩。

为了充实和提高校内实践基地，学校增加对实验室的投入。1993年投入140多万元，重点用于现代化实验室的建设，已建成有近100台386微机的计算机实验室、2个语言实验室，建起了英语调频发射台。

（六）加强体育教育及课外实践

1991年8月，学校和茂名市共同成功承办了广东省第三届大学生运动会。学校承担开幕式、田径比赛、篮球比赛和 600 多名运动员住宿的组织工作任务。省高教局副局长、运动会组委会秘书长周鹤鸣评价:"广东石油化工专科学校为承办本届大学生运动会作出了重大贡献,创造了四个第一流,即思想认识、竞赛场地、接待服务、领导班子及工作人员的实干精神都是第一流的。"学校派出男女运动员 22 名,参加了田径乙组(大专)的各项比赛,共夺得金牌 24 块、银牌 4 块、铜牌 8 块,荣获团体总分乙组第一名和体育道德风尚奖。学校被授予"广东省高等学校体育工作先进单位"称号。1991 年举行的全省大专 1990 级学生体育基本理论统考中,成绩名列榜首。1992 年,在全国高校体育课程评估中,学校体育课被国家教委授予"优秀课程"的称号。

(七)加强科学研究和科技创新

为了办好高质量的大专,学校于 1988 年便提出"科研起步",促进教学、生产、科研三结合的目标,学校组建科研处、高教研究室、科技开发公司;增加科研经费;相继成立油品研究、压力容器研究、环境科学研究、计算机开发应用研究、有机化工研究等 5 个研究室。1991 年复办《教学研究》,1993 年改为《高等教育研究》,创办《广东石油化工专科学校学报》。作为发表研究成果的园地,配备专职编辑,并由副校长黎松强教授兼任主编。1992 年,先后制定《科研管理工作条例》和《关于横向科技合同管理的规定》;召开科研工作现场参赛会,推广石化系开展科研工作的经验,校领导在会上传达了国家教委关于加强高等学校科技工作的十条意见,提出必须高度重视科研在高等教育中的地位和作用,动员各方面的力量大力支持和开展科研工作,实现学、产、研三结合。

1992 年 7 月,成立学校教学与学术委员会,负责审议教学与科研重大改革方案,评审校级优秀教学与科研成果。经过几年的努力,开创了学校科研和科技开发的新局面。1990—1993 年,在校外刊物上公开发表的学术论文(含教育教学、社会科学、自然科学和技术研究)200 多篇。1993 年,肖开梓等的论文《开拓生产实习新路,培养高质量应用型人才》获省高校优秀教学成果二等奖,还有 2 篇论文获省高校优秀高教研究成果三等奖。

1993 年,经学校教学与学术委员会审查评议,首次评出校级优秀教学成果 6 项,教育研究成果 17 项。环境专业教研室的"教学、科研、科技服务三结合,培养应用型人才"和马列主义教研室的"中国革命史课程建设与改革",分别获得 1994 年中国石化总公司优秀教学成果一等奖和二等奖。1992 年到 1994 年初,校内立项科研课题 29 项,横向科研课题 12 项,科技开发合同 43 万多元;获国家专利 1 项;通过市级鉴定科研成果 4 项,通过省级鉴定科研成果 1 项;获市科技进步一等奖 2 项,获省高教系统科技进步三等奖 2 项,获中石化总公司优秀软件奖 1 项。石化系的"电暖器导热油的研制"、机械系的"CTL 材料力学试题(图形)库通用软件"、教务处的"XJCJ 学生学籍管理及成绩统计分析通用软件"被收入《全国科技成果大全》。

油品研究室开发的电暖器导热油获得国家专利,并被投入生产,获得良好的经济效益和社会效益。与企业各种形式的科技合作不断丰富，学、产、研相结合在不断发展。如环境专业教研室以"一个车间污染源的监测和治理"为研究课题，进行教学、科研、技术服务三位一体教学模式的探索；计算机教研室的《高州橡胶厂硫化车间微机控制和管理》的科技开发项目，带动课程建设和教师培养；机械专业利用引进的新加坡 ATS 公司软件，带动计算机辅助设计（CAD）的应用研究和课程建设等。

图书馆工作也有新发展，到 1993 年底，图书馆藏书达 26 万册，订有中外文报刊 900 多种。1992 年开始引进深圳大学图书馆计算机管理系统。到 1993 年底，学校初步建立起馆藏图书数据库，实现了流通、分编、馆藏检索等环节的计算机管理。还实行全开架借阅管理，开架中文报刊 779 种，开架图书 18 万多册。

1991 年，成立学校综合档案室，管理人事档案、保卫档案外的各类档案。经过几年的努力，建立了整套科学管理制度，添置了必要的设备，提高了档案的管理水平和效益。1994 年，档案室被评为广东省一级机关档案综合管理单位；1995 年，被评为国家二级机关档案综合管理单位。

（八）深化内部管理体制改革

1992 年上半年开展定编定员的修订工作，制定岗位规范和聘任制实施办法，完成从结构工资向岗位技能工资的转换；第一次制定和试行了《校内津贴实施办法》，修订《创收基金管理办法》，1994 年 5 月经教代会讨论，进行修订；1994 年初，以校办产业和后勤部门为试点，试行全员聘任制，同时建立学校人才交流站，实行固定编制和流动编制统筹，事业编制与企业编制分类管理。从 1986 年以来，在中石化总公司的关怀下，通过工资改革、调整和效益工资的运用，教职工人均年收入实现较大增长。

1992 年 9 月，与茂名市同步实施公有住房改革，同时铺开出售旧房、提租补贴、集资建房的工作；实施水电、液化石油气暗补改明补、限量供应和电话安装使用等改革方案；总务处按"小机关、大服务、多实体"的模式，精简为 3 个科室，建立 6 个服务经济实体，陆续实行承包经营；还采取新的措施改进和加强学生宿舍、学生食堂、教工食堂和招待所的管理。

1992 年，为了加快校办产业的发展，学校成立校办产业办公室。至 1994 年初，校办产业已拥有化工机械厂（原实习工厂）、工程地质勘察队、综合服务公司（包括调合油厂、综合服务部、土木维修队等）、文达公司（校工会主办，有家具厂和门市部）、石板材厂等 5 个经济实体，除正式职工 70 多人外，还安排了几十名家属工和临时工。化工机械厂于 1991 年 1 月通过上级组织的整顿验收，获得国家教委颁发的"全国高校校办工厂整顿验收合格企业"和"全国高校工厂整顿首批验收先进单位"证书。从 1993 年 4 月起，校办产业各承包单位开始负责自身的工资、奖金、补贴、劳保、福利等的发放，实行独立核算、自主经营、自负盈亏。据不完全统计，校办产业的总产值，1991 年为 398.1 万元，1993 年为 985.5 万元；上交学校总金额 1991 年为 62.6 万元，1993 年为 125.7 万元，1993

年比 1991 增长一倍多。

（九）扩大对外交流与合作

1992—1993 年中，有 16 人出访新加坡、泰国、哈萨克斯坦、美国，考察高等教育情况，吸收和借鉴先进办学经验，并与新加坡国际管理培养中心有限公司签订"合作举办国际经济贸易管理人才培训班的协议"。1993 年 5 月，学校正式成立新加坡安捷伦科技公司（ATS）授权的高级电脑培训中心。在国内加强与兄弟院校的学术交流，省内、中南地区和全国性的学术研讨会多次在我校召开。学校还与华东化工学院、华南理工大学、广东工学院等开展横向联合，举办本科班，拓宽办学门路。

（十）提升工会工作水平

1993 年，校工会荣获"全国模范职工之家"称号。在广大工会干部和会员的努力下，1993 年 4 月，被广东省总工会授予"广东省模范职工之家"称号。接着又被全国总工会授予"全国模范职工之家"称号，并在 1993 年 10 月的中国工会第十二次代表大会上受到表彰。茂名市总工会负责人在向全校教职工传达这一喜讯时指出，在全国一千多所高校中，只有几所获此殊荣，我校是其中之一。工会建家工作具有民主管理制度化、队伍建设专业化、工会自身建设规范化、维护工作法律化四个特点，学校工会符合模范职工之家条件。

（十一）提高总体办学实力

1991—1993 年，中石化总公司给学校基建投资累计 1563 万元，新建校舍 2.4 万多平方米。教学实验综合大楼基本竣工；还新建了招待所楼和 5 栋教工宿舍楼，改造了 4 栋学生宿舍楼。到 1993 年底，校舍建筑面积达 10.8 万多平方米，比 1986 年增加近 5 万平方米。

至 1994 年 3 月，在校学生达到 2896 人，其中：本科生 173 人，专科生 1229 人，中专生 983 人，夜大生 511 人。先后开设了石油化工、有机化工、精细化工、环境工程、环境监测、化工机械、工业与民用建筑、给排水工程、生产过程自动化、工业电气自动化、市场营销、物资管理、财务会计、企业管理、涉外经济管理等 15 个专业。

1990 年 10 月，成立自动化系；1992 年 5 月，成立管理系。至此，学校已建立四系、一部（基础部）、三室（马列主义教研室、思想品德教研室、体育教研室）。无论在办学规模还是在专业设置等方面，都提前实现学校十年建设规划的目标。学校已初步形成以工为主、工管结合，以全日制教育为主、全日制教育与成人教育结合，多层次、多形式、多功能的办学体系。

第三节　勠力同心　申办本科

一、举办建立广东石油化工学院论证会

1993年，中石化总公司根据拟在东北、华北、华南各大区域部署一所本科高校的设想以及学校的办学实力和条件，认为我校应该升格为本科学院。

（一）第一次论证会

1993年3月，在中石化总公司人事教育部主持下，召开了创建广东石油化工学院的论证会。论证会由华南理工大学党委书记刘正义教授任组长，成员包括华南理工大学叶振华教授，中山大学李卓美教授，抚顺石油化工研究所廖士纲教授，石油大学沈复教授，抚顺石油学院张振华教授，江苏石化学院钱三鸿副教授、楼绍乙副教授，北京石化学院张福元副教授，广东工业大学郭仁义副教授，省石化厅马驹副厅长，茂名石油化工公司冯耀宗、李普庆、房广信、何德先总工程师等专家和省高教厅李修宏厅长，茂名市委书记肖贤成、市长黄春藻以及中石化总公司人教部高工宋世平，高教厅规划办主任何玉芝，茂名石油化工公司研究所所长施巩秋，还有学校领导和有关同志，共28人。

与会专家对学校进行了全面考察，经充分分析讨论后形成了《关于建立广东石油化工学院的论证报告》。论证报告内容如下。

1. 建立广东石油化工学院的必要性

（1）建立广东石油化工学院是发展石化工业，优化石化高校布局的迫切需要。石油化工工业是国民经济的支柱产业之一，是重要的能源和原材料工业部门，发展石化工业，对于发展我国社会主义的生产力，增强综合国力，提高人民生活水平具有重要意义。为了适应石油化工行业发展的需要，必须调整培养人才的层次和合理布局总公司所属高等院校，石化总公司决定集中力量，办好东北、华北、华东、华南4所本科院校，在广东石油化工高等专科学校的基础上建立广东石油化工学院，不仅能满足广东地区对本科层次石化人才的需要，而且可以为华南、中南乃至全国石化企事业单位培养高层次的人才，也使石化高等院校的布局更趋合理。

（2）建立广东石油化工学院是适应广东省和华南地区经济和高等教育发展的迫切需要。广东省作为改革开放的前沿阵地和综合试验区，十多年来，经济和各项社会事业发展迅速，特别是经济发展的速度处在全国的前列。广东省的经济和各项事业将会出现更快更大的发展。以石油及石油化工工业为例：珠江口和北部湾的海洋石油工业已进入开采阶段，前景十分广阔；广东、福建以及中南各省已有大型、特大型石化企业多个，根

据广东省经济和社会发展规划，广东省到"八五"期末，年炼油加工能力将达到 1500 万吨，年尿素产量达到 60 万吨；"九五"期末，年炼油加工能力将达到 3200 万吨，年尿素产量达到 160 万吨，年乙烯生产能力达到 98 万吨，其中茂名 30 万吨；2010 年，预计炼油加工能力达到 3700 万吨，尿素产量达到 210 万吨，乙烯生产能力达到 195 万吨。惠州、汕头、深圳、珠海、湛江和毗邻的海南、广西两省区也将建设成为石油化工工业的重要基地。

广东石油化工高等专科学校所在的茂名市是我国重要的石油化工基地，茂名石油化工公司是特大型石化企业，原油加工能力和技术水平居国内前列，实现利税居广东省企业首位，茂名至广州的铁路早已通车，水东港 3 万吨油码头已经启用，25 万吨原油单点系泊工程正在施工，茂名机场正在筹建，与粤西地区、珠江三角洲以及港澳的经贸联系、技术交流更加广泛、密切，茂名市已经成为 1 区 4 县拥有 530 多万人口的新兴海港城市，毗邻的湛江市和阳江市也在快速发展，然而，整个粤西地区的高等教育却远远不能满足经济发展的需要，至今还没有一所工科本科院校。因此，创建广东石油化工学院一直受到广东省、粤西地区和茂名市各级领导和社会各界人士的重视和支持，是社会各界的迫切愿望。广东省人民政府已以粤府函（1993）154 号文致函国家教委，明确表示支持在广东石油化工高等专科学校的基础上建立广东石油化工学院。

2. 建立广东石油化工学院的可行性

广东石油化工高等专科学校办学历史较长，1963 年是华南石油学院时，招收过 4 个专业两届本科学生。1978—1982 年，根据广东省高教局的部署，招收培养过 2 个专业的本科班毕业生。1980 年前后曾筹建海洋石油学院，1985 年学校由石油工业部转归中国石油化工总公司领导，建立广东石油化工高等专科学校，实行中国石化总公司和广东省双重领导，以石化总公司为主的领导体制，建校 38 年来共培养了本科、专科、中专各类专业人才 13 000 多名。经石化战线多年用人的实践证明，毕业生的质量是好的，许多已成为石化企业的生产、管理骨干。经过 38 年来的建设发展，该校已具备本科院校办学的基本条件。

（1）校园基础设施

现有校园面积 32 万平方米，按每生 63 平方米计算，可容纳 5075 人，校舍总建筑面积已达 130 094 平方米，按每生 40 平方米计算，可容纳 5000 多名学生，现有学生宿舍 15 327 平方米，按每生 6.5 平方米的标准，可容纳 2358 人，即将动工的 4000 平方米学生宿舍建成后，即可满足 3000 人使用。

（2）教学设施设备

已建成化工原理、有机化工、化工机械、环境工程、材料力学、计算机、语音室等 22 个实验室，实验室设备资产总值 1100 万元，按现有专业本科教学计划要求的实验可全部开出，正在兴建的实验大楼是按本科院校的要求设计施工的，建筑面积为 13 000 平方米，校内实习工厂有职工53人，有专职的实习指导教师，1992年产值达213万元，车、钳、铆、焊等工种齐全，可同时满足12名学生校内金工实习的需要，有茂名石化公司、广州石化总厂、巴陵石化公司、云浮硫铁矿企业集团公司等校外固定的实习基地，与学校签订了接受学生实习的协议书，为学生实习提供了保证，学校已建立压力容器、有机化工、油品分析、环境工程、工业自动化及计算机应用等6个研究室，成立科技开发公司，与茂名石化公司和茂名市地方企业开展了多方面的科研与科技开发合作，1992年科研和科技开发课题20多项，课题合同金额50多万元，图书馆藏书30万册，有中外报刊800种，今年动工的新图书馆投入使用后，两座图书馆大楼的面积可达8632平方米，按人均1.89平方米，可容纳4567人，学校办有《学报》和《教学研究》杂志，定期出版，此外，还有设备齐全的电化教学中心，标准的田径运动场、游泳池、室内体育馆等完善的体育设施。

（3）专业设置及师资力量

学校现有4个系23个教学室，设置9个专业，有教职工522人，其中教师239人，教师中教授9人，副教授41名，讲师104名，高级职务教师占教师总数的21%，中级职务教师占43.5%，另外，聘请客座教授10名，各学科都配有学术带头人，各门课程都由讲师以上的专职教师主讲。

（4）领导班子概况

现有学校党政领导5人，具备国务院发布的《普通高等学校设置暂行条例》所要求的政治素质和管理能力，熟悉高校教育规律，5人均具有大学本科学历，其中1人为教授，3人为副教授，1人为副研究员，他们年富力强，年龄均为50多岁。

3. 学校发展目标及实现措施

（1）发展目标

①领导体制：中国石油化工总公司和广东省双重领导，以中国石化总公司为主。

②学制：本科4年，专科3年，1995年开始实现以本科为主。

③规模：1995年在校生计划2000人，2000年在校生2500人，最大规模达到在校生4000人。

④经费来源：中国石化总公司投资为主，广东省投资、学生缴费和社会集资为辅。

⑤招生与就业面向地区：石化总公司计划面向全国招生与就业；根据地方经济建设需要招收部分代培生及自费生。

（2）专业设置

石油化工系设4个专业：石油加工、有机化工、精细化工、高分子材料；

化纺工程系设3个专业：化学纤维、纺织工程、染整工程；

环境工程系设4个专业：环境工程、环境监测、给水排水工程、化工分析；

机械工程系设3个专业：化工设备与机械、机械制造工艺与设备、工业与民用建筑；

计算机与自动化系设3个专业：生产过程自动化、工业电气自动化、计算机及应用；

经济管理系设3个专业：财务会计、市场营销、涉外经济。

以上共6个系20个专业，计划从1994年开始从现有专业逐步招收本科生，以后每年增设1至2个专业。

（3）实现措施

要实现学校发展目标，还须进一步加强师资队伍建设，充实完善实验设备，加速图书馆建设。关键是要切实保障较大地增加投入，1995年以后，石化总公司为改善该校办学条件，已投入基建费4000万元（不包括征地费用），并决定从1993年开始，每年增加投资10 000万元，用于基建，充实教学设备和图书资料，这一计划必须切实保证实施。

加强师资队伍建设方面，按2000年在校生1500人计算，教师编制为395名，现有239名，尚缺155名。石化总公司计划每年接受分配硕士研究生以上学历的应届毕业生20～25名到校，充实师资队伍。要抓紧对中青年教师的培养提高，每年选派一定数量中青年教师到国内外大学进修深造。要利用广东省沿海地区经济和地缘优势，采用优惠政策，筑巢引凤，每年从内地高校引进教授、副教授10～20名，尤其要重视引进高水平学术带头人。要聘请省内外高校著名学者、专家为客座教授，也要充分利用靠近茂名石油化工公司的有利条件，继续聘请高级技术专家为客座教授。预计到1996年达到编制要求，其中具有副教授以上职务的教师将达到100名左右，占教师总数的25%。

充实完善实验设备方面，目前，部分实验设备已经陈旧，需要更新，新开设专业需新建实验室，急需投资，预计到2000年要投资4000万元。

加速图书馆建设方面，现有图书馆面积330平方米，藏书30万册，但专业书籍和科技文献尚不够丰富，必须增加投入，要抓紧今年开工的5200平方米新图书馆建设，使其早日投入使用。

（二）第二次论证会

1993年3月25日，中国石油化工总公司邀请广东省高教局、广东省石化厅、茂名市、中山大学、华南理工大学、华东化工学院、石油大学（北京）、广东工学院、抚顺石油学院、江苏石油化工学院、北京石油化工学院、茂名石油化工公司、抚顺石油化工研究院等单位有关领导、专家教授及总公司有关部门负责人在茂名市再次召开建立广东石油化工学院论证会，中国石化总公司人事教育部张文平副主任主持了会议，推选产生由刘正义教授任组长、沈复教授任副组长，15位专家教授组成的专家组。

论证会上听取了张文平关于我国石化事业发展对人才需求和石化高等院校发展合理布局需要的情况介绍。广东省高教局规划办公室主任何玉芝代表局长许学强讲话，宣读广东省人民政府《关于"广东石油化工高等专科学校升格为广东石油化工学院"致国家教委的函》；广东石油化工高等专科学校党委书记、校长吴儆苏介绍了本校基本情况；广东省人大常委会委员、教科文卫委员会副主任、全国高等学校设置评委会委员李修宏，

·1993年3月，中国石化总公司人事教育部张文平副主任在茂名石油化工公司外宾招待所主持建立广东石油化工学院论证会，会后领导专家合影

茂名石油化工公司第一副经理何德先、茂名市市长黄春藻、中共茂名市委书记肖贤成先后讲话。

论证会专家组还考察参观了广东石油化工高等专科学校校园、校舍、实验室、图书馆、电教中心、实习工厂等地，充分讨论分析在广东石油化工高等专科学校基础上建立广东石油化工学院的必要性、可行性。专家组成员一致认为：根据中国石化事业发展对人才需求现状与预测和中石化总公司所属高等院校合理布局的需要，同时，充分考虑到广东省20年内赶上亚洲"四小龙"，基本实现现代化的发展目标对人才和高等教育发展提出的新要求，为抓住时机加快发展，有必要在广东建立一所本科层次的石油化工学院；根据广东石油化工高等专科学校现有的办学条件和教学、教育、科研、管理水平，毕业生质量以及培养过3届本科学生的办学历史、发展规划，在该校基础上建立广东石油化工学院是可行的。为此，提出了《关于建立广东石油化工学院的论证报告》。

专家组一致希望，学校应进一步加强师资队伍建设，充实完善实验设备，加强图书馆建设，切实保障增加投入，早日实现建立广东石油化工学院的目标。

二、省委省政府支持

学校申办建立广东石油化工学院，得到广东省委、省政府的大力支持。第一次论证会后，按程序，广东省人民政府及时于1993年3月24日去函国家教委。广东省人民政府《关于广东石油化工高等专科学校升格为广东石油化工学院的函》指出："据省高教局报告，中国石油化工总公司向你委请示，拟将广东石油化工高等专科学校升格为广东石油化工学院，省人民政府对此表示支持。""广东石油化工专科学校设立已有三十多年，至今办学已有一定经验，在师资、教学设备和校舍等方面均有一定的基础，升格为本科学院的条件已基本具备。目前广东院校尚未设置石油化工加工专业，该专科学校升格为本科学院，对培养较高层次的石化人才，更好地适应广东经济发展的需要，会起到促进作用。我们将努力协助把学校办好，为此，建议国家教委给予审批。"

三、愿望未能实现

国家教委收到有关成立广东石油化工学院的申报材料之后，计划司综合处咸立亭和计划一处韩进两位领导在中石化总公司教育处宋世平陪同下到校进行了非正式升本考察。后因各种原因，中石化总公司业务部门未能按要求积极向国家教委继续申报，致使建立"广东石油化工学院"的愿望未能实现。

四、领导班子调整

1994年6月5日，中石化总公司盛华仁总经理第四次考察学校，向全体教职工表示亲切问候，勉励大家为继续办好学校，培养更多更好的人才作出新的贡献。

1994年6月27日，中石化总公司人事教育部张文平副主任莅校，传达了总公司党组《关于袁富善、吴儆苏同志任免职务的通知》和《徐念农同志任职的通知》，任命袁富善为校党委书记，徐念农为校党委副书记，免去吴儆苏校党委书记职务。吴儆苏继续担任校长，黎松强、董健生、徐本刚继续担任副校长。张文平希望学校进一步搞好党委领导下的校长负责制，认真贯彻全国教育工作会议精神，落实总公司党组对高校提出的"稳定规模，调整结构，深化改革，提高质量"的方针，把学校办得更好。

五、坚定目标永不言弃

虽然1993年学校申办建立"广东石油化工学院"的愿望未能实现，但是广大教职工并没有灰心气馁，继续努力，坚定地朝着升格本科的目标而奋斗。1994—1997年间，学校主要抓了几个方面工作，且取得了显著成绩。

（一）持续深化教学改革

1995年3月1日，召开广东石油化工高等专科学校第三届教职工代表大会第四次会议，听取和审议了吴儆苏校长所作的《学校工作报告》，讨论和修改了学校《关于贯彻中国石化总公司直属院校办学方针的实施意见》和《关于进一步加强和改进学校德育工作的意见》。大会后，全面实施这两个意见，坚持以教学为中心，切实加强教学管理，深化教学改革。进一步完善课堂教学质量考评体系，制定实施《教师教学质量奖罚细则》，组织部分离退休教师和教务管理干部跟班听课评议。在全校范围内开展优秀教案评奖活动，促进教学质量的提高。9月，学校教务处被评为广东省高校系统优秀教务处。大专学生英语四、六级考试通过率在全省同类学校中名列第二位。

1995年5月1日，学校根据国务院和广东省有关文件精神，实行5天工作制。为了适应5天工作制的运作和1995年招生专业的调整以及逐步向学分制管理过渡，学校及时对1995级教学计划作了修订，并全面开展第二批校级课程建设评估工作。

1995年5月7日，学校成立石油加工专业教学改革试点领导小组。8月28日，根据国家教委高教司（1995）144号文，学校及石油化工工艺专业分别被国家教委确定为普通工程专科学校第三批专业教学改革试点学校及专业。10月，根据市场的需求和学校的实际，在原工民建专业的基础上，组建了建筑工程系。该系下设工民建专业和给排水专业。11月，为了适应高校教改新形势，学校制发《双专业、主辅修制管理规定》。12月7日，为进一步推动英语课程建设，制发《关于加强英语教学的若干规定》。

在经费紧张的状况下，学校投入150万元购置教学仪器设备，加强实验室建设，并取得了明显的效果。1995年6月，物理、化学、化工原理、物化、仪表、机械技术基础、电子电工、计算机、分析化学等9个实验室，顺利通过了广东省高教厅实验评估专家组的评估。12月4日，金工实习课程通过了国家教委派出的有关专家组的评估验收。

学校根据新的情况，及时修订《科学技术管理工作暂行条例》，建立教师教学、科研、人文社科等科技业务档案的建档工作和科研激励机制，促进教学与科研、生产相结合。取得了一些科研新成果，有1项科研成果获茂名市科技进步三等奖，有2项科研项目通过了广东省科技厅的技术鉴定。

为激励学生勤奋学习，学校制发了《奖学金及单项奖条例的补充规定》《学生贷学金暂行条例》《学生勤工助学活动管理规定》，使学风、班风和校风有了较明显的好转，石化系环大92-1班被评为广东省高校先进班集体。

根据教育形势的发展和教学工作的需要，学校制订了《1996—1998年师资队伍建设计划》，重点提高教师队伍的学历层次和教学科研水平。按照对学科带头人实行"流动式"培养的原则，评选出学校跨世纪学科带头人培养对象11名，并制订了具体的培养措施，保证各项培养工作按要求落实到位，使学校学科带头人的培养工作有了新的起色。

在此期间，1995年3月，学校党委向中国石化总公司党组呈报关于召开广东石油化工高等专科学校党员代表大会，进行党委会和纪委会换届的报告。中国石化总公司批复缓期进行，随后于5月至7月，对中层领导干部进行换届聘任工作，使学校中层领导干部朝着"革命化、知识化、专业化、年轻化"的目标前进了一步。

（二）深入推进学校管理改革

1995年，学校推行多项管理改革。主要有：一是人事分配制度改革，实行工资总额包干制、全员聘任和全员合同制。二是根据国家对公费医疗制度改革和住房公积金管理改革的精神，6月20日，学校制定和开始实施《贯彻执行茂名市住房公积金管理办法》。从9月1日起，实施《广东石油化工高等专科学校公费医疗改革办法》，在一定程度上缓解了医疗费紧张的状况。三是财务工作改革，对人头费、水电费、办公费、差旅费、交通费、电话费、印刷费等实行"分项核定、总额包干"，把经费使用的责、权、利落实到基层，提高教职工的勤俭节约意识，实现了全校节约经费80万元的目标。四是后勤服务改革，按照"小机关、大服务、多实体"的思路，精简后勤机关科室，发展经济实体，把服务职能为主的车队、招待所、水电维修等部门合并成立综合服务公司。

此外，学校加强了财务管理和审计监督，完善固定资产管理制度，建立固定资产总分类账，对固定资产采购报账实行随增随报制度。坚持"分片包干、分项核定、调节使用、超支不补、节余保留"的财务管理办法，有效控制各项开支，实现公用经费比上年度压缩10%的目标。中国石化总公司审计组肯定了学校这一财务管理办法。

1995年，学校选派11名运动员参加广东省第四届大学生运动会，获金牌2枚、银牌4枚、铜牌2枚，团体总分位居全省第8名。10月，学校老年男子地掷球队参加全国第五届地掷球比赛，夺得亚军。学校被评为"创建国家卫生城市活动"先进单位。

（三）庆祝建校40周年

1994年11月11日是学校建校40周年纪念日，学校举行了盛况空前而又形式多样的庆祝活动，有3000多名师生和1000多名嘉宾、校友参加。校友多的地方和企业纷纷成立校友会，派出代表回校参加庆祝活动。中国石化总公司人事教育部副主任孙育芬、石油工业部原副部长黄凯、茂名石化公司副经理林丽华（校友）参加了庆祝大会。

广大校友、社会人士和教职工踊跃捐款，支持学校成立"教育基金会"。庆祝大会由党委书记袁富善主持，吴儆苏校长作了《继往开来，再创新篇》的报告，总结了建校40年，特别是近十年所取得的主要成绩和经验体会。他说，经过近十年的努力，我们建成了以石油化工服务为主，兼为地方经济建设和文教事业发展服务的，以工程应用学科为主，工程与管理相结合，以全日制普通高等教育为主，普通教育与成人教育相结合的，综合性多层次的高等工科学校。

六、制订实施"九五"事业发展计划

1996年，学校在中国石化总公司提出的"稳定规模、调整结构、提高质量、深化改革"十六字方针指引下，以一般高等工业学校本科教学工作评价方案A级标准为指标体系参考，联系本校实际找差距、练内功，加强基础建设，深化教学改革，提高质量求生存，办出特色求发展，创造条件迎接机遇，扎扎实实地做好学校各方面工作。

1996年3月18日，学校制订了《广东石油化工高等专科学校"九五"事业发展计划》，明确提出：在"九五"期间，要提高办学层次，扩大办学规模，调整充实专业设置，加强师资队伍建设，加强实验室建设，搞好课程建设；要争取从1996年起招收本科生，实现全日制普通本科、专科、成人教育并存的办学模式。要从1996年起，在过去与其他高校联办本科专业的基础上，继续调整联办本科专业；到2000年，要建成一个以本科为主、专业设置合理、具有石化特色的本科院校。学校在深化教育改革、提高办学水平与办学效益方面采取了一系列新的举措。

（一）全面贯彻教学指导思想

为了全面贯彻"厚基础、宽专业、高质量、复合型、重德育"的教学指导思想，学校修订大专 96 级教学计划，引入多媒体教学，改革教学内容和方法，优化课程结构。认真落实《中国普通高等学校德育大纲》，召开学校德育工作会议，进一步明确精神文明建设的任务和措施。为使第二课堂活动更加正常化、规范化，开办了电器维修、心理知识等 9 个技能学习班，举办 23 场质量高效果好的专场讲座，积极为学生的成长创造条件。

（二）加快师资队伍建设的步伐

学校制定《广东石油化工高等专科学校 1996—1998 年师资队伍建设规划》以及《广东石油化工高等专科学校新一代学科带头人培养措施》。选拔推荐了 5 名青年教师骨干作为广东省"千百十人才工程"培养对象，并得到广东省高教局的批准。校长吴儆苏、副校长黎松强等先后到西安交通大学、西北纺织工学院、四川联合大学访问，就师资队伍建设、专业建设方面进行交流探讨，并就培训师资问题取得共识。

（三）注重抓好课程建设

1996 年，学校"机械零件"和"废水处理工程"两门课程被中国石化总公司评为优秀课程，12 月，广东省重点课程评估专家组对学校《有机化工工艺学》进行了评估，并对已定为省重点课程的化工原理和石油加工工艺学进行了抽查。专家对学校的课程建设工作给予了充分肯定。学校重视教辅设施建设，在经费比较紧张的情况下，仍挤出 40 万元用于筹建教学科研信息网络中心。同时启动石油化工、电工电子校内实习基地建设，其中石油化工校内实习基地正式投料试车成功。

（四）加强教学质量考评工作

学校拨出 5 万元专款，用于奖励教学质量优胜者。进一步推行学分制，在管理系推行学分制试点的基础上，制定比较完善的学分制管理办法和实施细则；进一步推进"五个一"工程建设，在各方的共同努力下取得了显著成效。石化系在认真抓好国家教委教学改革试点专业建设的基础上，"废水处理工程"通过了中国石化总公司优秀课程评估；自动化教研室基本完成了自动控制原理、控制系统 CAD 两个实验室的建设；组团参加粤西高校夏令营英语竞赛活动，获得团体总分第一名。大学英语二级统考过级率上升到44%；机械设计教研室的"机械零件"课程被中国石化总公司评为优秀课程。

（五）重视教学科研工作

1997 年，学校表彰和奖励了 10 项优秀教学成果，提高了教师的教学积极性。学校与茂名石化公司合作的科研项目"'洗涤—结晶—吸附—精脱硫'联合氨精制工艺"获茂名市科技进步二等奖。学校参编的教材《炼油工艺学》《炼油单元过程及设备》《石油化工测量及仪表》《化工仪表及自动化》分别获得中国石化总公司科技进步三等奖。在庆祝建校43周年的大会上，学校对1994年11月以来获得省部级以上教学生产科研成果单项奖励的12个单位和获得劳动模范、优秀教师（教育工作者）荣誉称号的28名教职工以及获得省级三好学生和优秀学生干部荣誉称号的学生进行表彰，颁发证书和奖金。

同时，学校召开第二次科研工作会议，对五年来取得的科研成绩给予充分的肯定，对当年度在教研和科研工作中取得显著成绩的20名教师授予"优秀科技工作者"称号，对五年来的科研工作进行总结，提出了今后一段时间科研工作任务。11月25日，石化系研制的航空油料添加剂T1602获得中国石化总公司生产管理部门批准，可以正式生产。1项成果获省高校教学成果二等奖，1项成果获省优秀教学成果黄华奖三等奖。1997年，学校横向科研课题共11项，纵向科研合同共3个，科研经费共达110多万元。12月，由石化系精细化工教研室课题组承担的"二甘醇二苯甲酸酯合成技术"科研项目通过茂名市科委鉴定。本年度获得科研课题15项，合同金额37.7万元。

（六）改革毕业生分配制度

1996年开始，国家取消了大中专毕业生统一分配的政策，实行推荐就业、双向选择的方式。为了适应这一变革，学校花大气力做好毕业生推荐就业工作，主动上门推荐毕业生和邀请企业来校挑选毕业生。加上学校的社会声誉和毕业生的自身素质较高，使学校毕业生一次就业率达93.2%，在全省名列前茅。

（七）注重改善学生就餐条件

1996年10月1日，新建的学生食堂正式启用。新食堂造型美观，面积达4800平方米，总投资560万元。从此，实现了食堂餐厅化、燃料油气化、厨具不锈钢化、收款电脑化的目标，食堂的管理迈上了新台阶，学生就餐环境大为改善。

（八）提高师生政治思想素质

通过组织师生看录像、听专题报告等形式，分层次组织学习《中国普通高等学校德育大纲》以及广东省高教厅制发的《关于高等中专学校社会主义精神文明建设规划和实施办法》。在教师中认真落实《高等学校教师职业道德规范》，举办师德培训班。在学生中广泛开展"树立文明观念，建文明校园，做文明学生"的活动。下半年，通过多种形式组织师生员工认真学习党的十五大精神，武装思想，指导行动，提高教育教学质量。1997年6月，召开学校教学工作会议。吴傲苏校长在会上作了题为《加强建设，深化改革，为开创教学工作新局面而努力奋斗》的报告，总结交流近年来教学改革的基本经验，制发《关于深化教学改革，提高教育质量的意见》等6个具体操作文件。下半年围绕"厚基础，宽专业，复合型，重德育"的培养模式进行了专题讨论，就学校发展目标和定位、人才培养目标和途径等问题取得了共识。

(九)举办庆祝香港回归系列主题活动

1997年7月1日,是中国恢复对香港行使主权的大喜日子。此前一段时间,学校开展了一系列欢庆香港回归祖国活动,开展"雪百年耻辱,圆世纪梦想""迎回归,心连心,爱中华"等为主题的知识竞赛、书法展、体育竞赛活动。6月27日,学校还在篮球场举行"迎回归,爱祖国"大型游园活动,举行专场文艺晚会、卡拉OK和舞会以及28项游园活动,对师生是一次深刻的爱国主义教育。

1997年1月,经广东省普通高校函授夜大学教育评估专家组的评估,学校夜大学被评为优良。9月5日,学校被国家教委审定为具有举办夜大学资格的普通高等学校。

1997年11月10日,学校教育基金纪念碑落成。学校党政领导、部分教职工代表以及校友代表参加纪念碑落成揭幕仪式。根据学校教育基金会章程的有关规定,并经基金会常务理事会研究决定,利用学校教育基金会的收益,对1984年11月以来获得省部级以上荣誉称号的师生员工以及获得省部级以上教学科研成果单项奖的12个单位进行表彰,并颁发证书及奖金。

第四章 调整体制 省市共建

20世纪90年代，国家处于经济体制改革攻坚时期，行业高校必须随国企改革而划转，学校于1998年1月由中石化总公司划转给广东省人民政府管理，实行省市共建的体制。这是学校历史上又一次重大变革，标志着学校建设发展进入了适应社会主义市场经济体制和地区经济及社会发展需要的新的历史阶段。

第一节 体制划转 移交省属

一、学校办学管理体制的探索

面对新形势，学校党委及时提出"解放思想天地宽，实事求是创未来"的口号，并用此来统一领导班子和教职工的思想。学校召开教代会，统一思想出谋献策。学校领导多次到北京、广州向石油部、中石化总公司和广东省有关领导汇报学校办学情况，反映学校的办学要求，希望得到指导和支持。

1993年学校错失申办"广东石油化工学院"的良机之后，也曾向省高教厅提出与广东工业大学合并等多个方案，但都行不通。

1995年，中石化总公司召开教育工作会议，会议指出，总公司的教育改革"要在总公司统一规划下，有计划、有步骤、积极而稳妥地进行，有条件的学校通过与系统内外学校联办，提高办学层次，培养高级科技人才，适应建立现代企业制度和社会主义市场经济体制的要求，为振兴石化，建立支柱产业服务"。在总公司教育会议精神指导下，学校经过一段时间的调查研究，到1995年下半年，大体上形成两条思路：一是根据中石化总公司石油化工发展形势和广东省经济发展需要，总公司与广东省联合办学，继续为建立广东石油化工学院而努力；二是在国家教委和总公司领导下，与华南理工大学联合办学，建立华南理工大学石油化工学院。

1995年12月，中石化总公司第十三次经理（厂长）会议听取了学校提出的设想。总公司有关领导表示，可以抓紧就此设想进行探讨。此后，学校与华南理工大学就合并办学的可能性进行研究。时任华南理工大学党委书记、学校1993年升本论证组组长刘正义教授，对学校办学条件比较了解，他设想华南理工大学的化工本科在茂名办学，有利于学校的产、学、研三结合，有利于与茂石化这样的特大型石化企业合作。中石化总公司人事教育部张文平、贾永田、周志明等也多次与华南理工大学领导探讨，但未获得国家教委批复。

1995年底，在全国合并办学热潮推动下，中石化总公司所属的上海石油化工高等专科学校与华东理工大学联合办学，改名为华东理工大学石油化工学院。这一办学模式见报后，再次引起华南理工大学领导对联合办学的兴趣和重视。1996年1月，华南理工大学刘焕彬校长亲自率领6人的考察组来茂名进行实地考察。经调查研究后，他们也认为，联合办学条件很好，很有特色，要努力争取上级支持，这对华南理工大学、广东石化高等专科学校、茂名石化公司和粤西地方经济发展都极为有利。并由双方起草小组草拟了联合办学初步设想讨论稿。此后，华南理工大学虽多次请示国家教委，但仍未获得国家教委批复。

在这期间，广东省对在广东的部属高校体制改革十分关注。在1996年初的省高校教育工作会议上，卢钟鹤副省长明确说，今年要按照一个省、一个市、一个部高校体制改革的试点精神，解决在广东的部属高校管理体制改革问题。7月8日，吴傲苏、袁富善就学校办学问题专门向省高教厅许学强厅长作了汇报，许厅长明确说："如果中石化总公司把学校移交广东管理的话，省里乐意接收；这个学校办学条件很好，广东将与其他省属学校一样，一视同仁，建设发展这个学校。欢迎总公司有关领导来广东商谈。"至此，学校办学只有两条路：一是维持现状，按照总公司"稳定规模，调整结构，提高质量，深化改革"的办学方针，办好专科，继续为中石化总公司培养高质量人才，创造条件，等待时机争取升格本科；二是按"三个一"的精神，与省联合办学，拓宽办学服务方向，提高质量，抓准时机共同向国家教委申报，争取升格本科。

二、中石化决定走体制划转之路

1996年12月12—14日，中石化总公司在北京京西宾馆召开第十四次经理（厂长）会议，期间，李毅中总经理在教育小组会上说："石化教育要适应石化发展，过好市场关，要摆进市场经济这个大局里考虑。中专、大专不调整特别是大专不调整就没有出路。兰州油校和化校合并，可以资源共享，优势互补，是有利学校发展的。抚顺和辽阳看来也可以解决。现在难就难在广东（即广东石油化工高等专科学校），还不知如何解决才好。"

4月25日，中石化总公司人教部张文平副主任也来校，在第三会议室召开中层干部和教师代表座谈会，听取办学体制改革的意见，分析高等教育改革形势，共商办学大计。

1997年8月中旬，中石化总公司在京西宾馆举行一年一度的经理书记座谈会，听各校汇报近期工作。会上，李毅中总经理说："学校不改革就会萎缩。现在总公司的学校招生已从每年12000人压至8000人。学校规模要控制，你们茂名（专科）保持现状肯定不成，对一个学校来说，一年招一百几十个学生算什么学校？现在高校改革的力度很大，比过来比过去，看来学校划转广东，利大于弊，拓宽了专业，办学就灵活了。把学校交给广东是最明智的选择，可能也是唯一的选择。不要把700多个职工耽搁了，要有个时间表，希望今年能办成。这个意见，请学校班子好好探讨，拿出一个办法来。"随后，学校召开领导班子会议传达会议精神和领导讲话，统一思想。8月29日至9月5日，学校召开第三届第五次全体会议，会议主题是：动员广大教职工认清形势，转变观念，统一思想，振奋精神，积极稳妥地做好学校管理体制划转工作，努力开创学校工作新局面。广大教职工精神振奋，认真贯彻落实教代会精神，切实做好本职工作，迎接"体制划转"。

三、举办体制划转签字仪式

1997年12月22—26日在北京京西宾馆召开中石化总公司第十五次经理（厂长）会议，吴儆苏和袁富善参加了会议。25日下午，总公司主管教育的阎三忠副总经理约见吴儆苏和袁富善，进一步探讨学校体制划转问题，最后阎副总经理说："你们回广东后，就划转的一些具体问题与省里沟通一下，争取早日解决。"

1997年12月28日，中石化总公司与广东省协商，决定将学校划转广东省管理，并定于在广州举行划转签字仪式。1998年1月3日，学校领导吴儆苏、袁富善、黎松强、董健生、徐本刚、赖维汉和有关人员到广州，先期到达广州的阎三忠副总经理一行和茂名石油化工公司的孙绍德副经理在广州石化宾馆约见。阎三忠谈了中石化总公司和高等教育改革形势，从国家大局出发，学校划转广东是大势所趋，已水到渠成。阎副总经理肯定学校这个时期所取得的成绩，为石化培养人才的贡献，肯定学校领导班子的工作，希望划归省后，仍为总公司培养人才。并用"退一步海阔天空"这句话来勉励学校领导。孙绍德肯定了几十年来茂名石油化工公司和学校的合作，表示学校划转地方后，茂名石油化工公司将一如既往给予支持。

1998年1月4日下午，中石化总公司与广东省政府"关于广东石油化工高等专科学校体制划转签字仪式"在广东省政府迎宾厅举行，中石化总公司与广东省人民政府在《关于广东石油化工高等专科学校交接工作备忘录》上签字，并合影留念。

为了加快高等教育办学体制改革，促进高等教育更加适应我国社会主义经济建设的需要，经中石化总公司与广东省人民政府协商，一致同意将广东石油化工高等专科学校的行政隶属关系由中石化总公司划转广东省，从1998年1月1日起广东石油化工高等专科学校正式归属广东省管理，双方议定交接工作备忘录事项如下：

（一）人事工作

（1）学校各级各类人员的行政关系由中石化总公司划转广东省，其人事劳动工作全部交广东省管理，人员具体管理权限按广东省省属院校的管理办法执行。学校现有在职教职工685人，离退休人员123人，按规定程序，成建制地划转广东省管理。

（2）中石化总公司核定广东石化高专事业编制数790人，按规定程序，通过中央编委由中石化总公司划转广东省。

（3）广东石化高专的职工人数和工资总额计划，按中石化总公司1997年年底的实际数额，通过国家计委、劳动部划转广东省。

（二）教育经费

（4）1998年1月1日起，广东石化高专教育事业费，以财政部1997年划拨的经费数（即500万元）再增加200万元（即700万元）为基数，通过财政部划转广东省。

（5）为了完善广东石化高专教学设施，石化总公司投资1000万元作为基建费，从文件生效年度开始，分三年实施。

石化总公司补助广东石化高专2500万元，作为对学校办学的支持，从文件生效年度开始，四年内按递减原则拨款。

（三）业务管理

（6）广东石化高专1997年度以前（含1997年）入学的毕业生就业工作，由石化总公司和广东省共同负责；从1998年度起，广东石化高专的招生及相应毕业生就业工作由广东省管理，广东石化高专的服务面向以广东省为主，招生和就业按原来范围，兼顾中南地区有关省市，转变管理体制后，中石化总公司按核定规模的招生指标数划转广东省。

（四）其他事项

（7）广东石化高专划归广东省管理后，其财产属国有资产，全部由中石化总公司划归广东省，广东省按国家有关规定行使管理权。

（8）广东石化高专转广东省管理后，原依托茂名石化公司的学生实习、科技合作、在职职工培训等工作，中石化总公司继续给予支持。广东石化高专根据需要，在人才培养等方面继续为中石化总公司提供有偿服务。

第二节　体制调整　省市共建

一、省市共建签字仪式

1997年下半年，在中石化总公司与省高教厅商谈划转协议的同时，广东省高教厅与茂名市政府也在抓紧就省市共建的办学体制、经费补助等问题进行商谈，达成协议。

1998年1月4日下午，在中石化总公司与广东省人民政府体制划转签字仪式结束后，紧接着举行学校的省、市共建签字仪式。省高教厅参加前面签字仪式的同志全部出席，茂名市参加的人员有：市长张惠忠、市人大常委会主任林华景、副市长麦慕贞，茂名石化公司副经理孙绍德以及学校的领导。会议由张泰岭副厅长主持，许学强厅长、张惠忠市长分别代表省高教厅和茂名市政府讲话，并在"省市共建广东石油化工高等专科学校协议书"上签字，会后合影留念。

广东省高教厅与茂名市共同建设广东石油化工高等专科学校协议书明确指出：为了加快高等教育体制改革，促使广东石油化工高等专科学校更加适应地方经济和社会发展的需要，广东省高等教育厅和茂名市政府经过磋商，就共同建设广东石油化工高等专科学校达成如下协议：

（1）省和茂名市政府共同建设广东石油化工高等专科学校，使之尽快发展成有相当规模的、综合性的，与地方经济和社会发展紧密联系的高等学校。

（2）学校共建后实行省市共管，以省为主的管理体制。

（3）省高教厅负责在学校现有办学条件的基础上，逐步充实办学条件，扩大办学规模，提高办学质量效益。

（4）茂名市政府可根据当地经济和社会发展需要，提出增设的专业及增加的招生数，毕业生就业计划，通过学校向省高教厅申报，省高教厅在全省统筹中优先给予安排。

（5）茂名市政府每年补助给广东石油化工高等专科学校办学经费600万元，并对学校办学过程中在当地遇到的困难进行协调解决。

二、体制划转，省市共建宣布大会

1998年2月24日，学校体制划转暨省市共建宣布大会在学校科技会堂举行。中石化总公司、省委高校工委、省高教厅、茂名市五套班子、茂名石化公司、广州石化总厂、茂名市各县（区）的领导和来宾60多人出席大会，全体教职工和学生代表1300多人参加了大会。大会开得隆重、热烈和深情。

中石化总公司人教部副主任张文平代表总公司讲话，他指出：根据国家关于高等教育管理体制改革部署精神和中石化总公司及广东省的人才要求，决定将广东石化高等专科学校、广东石油学校管理体制由中石化总公司直接管理转变为广东省管理，成为广东省属学校。为此，中石化总公司人教部与广东省高教厅进行了长时间的磋商，就学校的发展、建设和管理体制改革中的若干重大问题进行了认真、负责的讨论，在关键问题上取得共识，并征求学校意见后，1998年1月4日，中石化总公司阎三忠副总经理和广东省卢钟鹤副省长共同签署了关于广东石化高等专科学校管理体制改变的报告并报国家教委。在国家教委领导口头答复后，中石化总公司和广东省人民政府共同下发了《关于变更广东石油化工高等专科学校、广东石油学校行政隶属关系的通知》，实现隶属关系的转变。张文平代表中石化总公司讲了四点意见：

一是广东石化高等专科学校、广东石油学校成立40多年来，为石油工业、石化工业作出了很大贡献，特别是在人才培养方面，仅学校归中石化总公司以来，已经培养出6400多人，他们进入石化行业之后，有相当数量的人员走上了重要的领导岗位，包括厅局级、厂处级，还有相当多的人员在企业担任不同专业的高级技术职务，在领导岗位、管理部门和专业技术岗位上发挥了重要作用，有力地推动石油、石化工业的建设和发展。

二是学校隶属关系的转变是符合国家高等教育管理体制改革的方向的，《中国教育改革和发展纲要》中指出：随着中央业务部门职能的转变和政企分开，中央业务部门所属学校要面向社会，其办学体制和管理体制根据不同情况，采取继续由中央部门办、中央部门和地方政府联合办、交地方政府办、企业集团参与管理等不同办法，争取到2000年或稍长一点时间，基本形成以省级政府为主办学的条块结合的新的管理体制框架。总公司和广东省正是遵循国家关于高校管理体制改革试点的部署和双方的人才需求进行的学校的管理体制改革。

三是中石化总公司、广东省政府对广东石化高等专科学校管理体制改革的决定，采取慎重和负责的态度。总公司决定学校管理体制改革后，在广东省高教厅协商交接具体事宜时，在教育事业费、基建费、经费补贴以及如何保持原有办学特色、优势，如何加强学校与企业的联系等方面都做得比较细致，考虑得比较周到。总公司领导一直非常关心学校的发展，也同样非常关心学校的改革。总公司为了使学校改革能平稳过渡，在当前石化工业面临极其严峻的困难情况下，仍然承担了很大的责任。从刚才宣读的备忘录当中，大家也能看得出来。广东省和茂名市对学校管理体制改革，在学校发展上也有具体可行的考虑，在财政上都作出了令人振奋的承诺，而且以协议的形式作出保证。这一切都为学校顺利实施体制改革提供很好的保障。

四是广东石油化工高等专科学校管理体制改革，给学校发展带来新的机遇，将是广东石油化工专科学校发展史上一个新的里程碑。学校管理体制改革后，学科专业的设置将要调整和拓宽，逐步由理工型向综合型发展。不但学校专业拓宽，而且招生数量也会迅速扩大，办学层次、教育规格也都会有新的提高。希望广东石油化工高等专科学校在广东省领导下，在茂名市的支持下，各级领导干部和广大教职工团结一致，努力工作，抓住机遇，使办学水平、教育质量再上一个新的台阶。总公司将继续关心、支持学校的改革和发展，祝广东石油化工高等专科学校、广东石油学校深化改革，朝粤西地区一所崭新的、综合性的大学目标继续前进！

广东省高教厅厅长许学强作了讲话，他热情赞誉学校光荣的过去，肯定学校现在取得的成绩，指出："我们学校在长期办学的过程当中，积累了丰富的办学和管理经验，是我们广东省办学经验丰富、管理治校严谨的一所高等专科学校。""石化专（广东石油化工高等专科学校）不仅在石油化工，而且在机械工程，在自动化，在建筑工程等方面都有相当的基础，我们有一批高水平的师资队伍，有很好的实验室仪器设备。我们的金工实验实习条件仅次于华南理工大学，在广东省除了华南理工大学以外，找不到第二个能比得上我们石化专这样好的一个实验实习条件。广东省、茂名市都非常希望有这样一所好学校。体制划转、省市共建绝对没有被动的不得已的意思，而是一个主动地适应社会经济发展的一个重要的战略决策。"他强调："我赞成学校提的口号，'解放思想天地宽，实事求是创未来',我们一定要解放思想,开拓进取,扩大我们办学的路子,学校石化这个特色不能丢,还要根据茂名市乃至广东省社会经济发展的需要,创办新的专业,挖掘潜力,为广东省培养急需的各类专门人才。"

茂名市市长张惠忠在讲话中强调学校体制划转的重要意义,指出学校要调整好发展思路,制订新的发展规划,振奋精神,共同奋斗,再创辉煌。茂名石化公司经理何德先在讲话中充分肯定几十年来学校与茂名石化公司在发展与合作中建立的密切关系,为石化企业发展作出的贡献,表示今后将一如既往地给予大力支持。

三、抓住机遇,谱写新篇

(一)调整领导班子

学校划转广东省后,省委组织部和省委高校工委把学校领导班子的调整换届工作摆上了议事日程。1998年4月15—16日,省委高校工委副书记、省高教厅副厅长答朝心带领考察组来学校考察校级领导干部人选。8月20日,答朝心副厅长在学校中层干部大会上,代表中共广东省委组织部宣布学校领导班子调整结果:由袁富善任校党委书记,齐凯琴任副校长、代校长,徐念农任党委副书记、副校长,何树华任党委副书记、纪委书记,徐本刚任副校长,谢小鹏任副校长。因年龄关系,原校长吴傲苏和原副校长董健生副教授退休;原副校长黎松强退出领导班子,继续从事教学工作;原校工会主席赖维汉离休。答朝心副厅长在宣布班子调整结果后作了讲话,高度评价了吴傲苏校长以及其他几位退出领导岗位的老同志的贡献。

学校新一届领导班子成立后,校党委针对班子成员新手多的实际,及时进行为期三天的集中学习。明确要把领导班子建成"民主、团结、廉洁、创新、实干"的领导集体;要按照"办好大专,以工为主,兼顾师范和文理,多种形式办学,争取学校升格本科"的基本思路开展各项工作。9月4日,制定《关于进一步加强广东石油化工高等专科学校党委和行政领导班子自身建设的规定》。

(二)加强思想政治工作

1998年12月22—27日,学校召开大专第四届教职工代表大会,听取和讨论了代校长齐凯琴所作的工作报告,选举产生了本届教代会民主评议干部工作委员会、生活福利监督委员会、提案工作委员会。

1999年1月3日,召开学校大专第四届第一次教职工代表大会。会议的主题是:围绕学校面临的新形势,动员和团结广大教职工认清形势,出谋献策,为学校深化改革,开创新局面而奋斗。

2月7日,学校召开办学研讨会。中石化总公司人教部原副主任张文平、中国石化销售公司王力军,巴陵石化公司、茂名石化公司等10家企业的组织人事部门的负责同志应邀出席会议。校党委书记袁富善就学校划转广东省管理后的发展情况向与会者作了通报。

大家就学校今后如何与石化集团企业继续保持联系，加强合作等问题进行研讨，提出了许多很好的建议。

1999年4月下旬，以美国为首的北约集团使用导弹袭击我国驻南斯拉夫使馆，引起了全国人民乃至全世界人民的强烈愤慨。5月9日，经茂名市公安局批准，学校2500多名学生举行游行示威活动，强烈抗议北约集团的罪恶行径，维护祖国的主权尊严。晚上，师生代表聚集一起，愤怒声讨北约罪行。

5—6月，学校举办第四届文化艺术节。5月4日，3000多名师生员工在主楼前广场举行开幕式，中共茂名团市委副书记、市内兄弟学校领导和嘉宾等出席，艺术节结合纪念五四运动80周年，以"歌颂伟大祖国、迎接新世纪的太阳"为主题，歌颂党、歌颂祖国50年来特别是改革开放20年来我国社会主义建设的伟大成就，歌颂教育改革的巨大成就。艺术节设有科技之光、文化长廊、艺术星空三大部分。包括各种讲座、竞赛、手工艺品展览、文化广场和文艺演出等共26个项目。

7月22日，中共中央制发（1999）13号文，宣布"法轮功"组织为非法的反动组织，予以取缔。当天下午，暑期留校党员于晚上收听收看中央重大新闻。23日上午召开全校党员大会，校党委书记袁富善宣读了中共中央13号文件以及江泽民总书记的两次重要讲话，具体部署了近期贯彻中央13号文件的举措。会后，各党支部立即召开党员大会，谈认识，表态度，坚决拥护中央的英明决策，积极参与反对"法轮功"的斗争，建立健全与"法轮功"组织作斗争的机构，落实人员，明确职责，采取多种形式，深入持久地与"法轮功"作斗争，有效地提高了师生员工的政治思想觉悟。

12月30日晚，学校在主楼前广场举行"欢庆澳门回归，喜迎新千年"联欢晚会，师生员工3000多人参加。晚会气氛隆重而热烈，师生受到一次深刻的爱国主义教育。

此外，学校认真落实《关于实施〈中国普通高等学校德育大纲〉的意见》，坚持把德育放在首位，以"三观"（世界观、人生观、价值观）教育为着力点，切实加强学生的思想道德教育。一是加强和改进"两课"教育；二是抓好社会实践基地、公益劳动基地等的建设，成立心理健康辅导中心，属正科级建制，挂靠社会科学部领导。该中心成立后开展了卓有成效的工作，在加强学生思想教育工作方面发挥了不可替代的积极作用。

（三）改革取得阶段性成果

1999年3月2日，在科技会堂召开教学系统改革动员大会，200多名教学骨干参加了会议，副校长谢小鹏作教学改革动员报告，代校长齐凯琴作重要讲话，党委书记袁富善作了总结发言。

1. 提升教学质量

这期间，学校抓紧落实教育部《关于深化教学改革，提高教学质量的意见》。编印了《现代教育思想学习材料》，组织教师干部从学校体制划转的实际出发，结合如何办出特色，更好地为地方经济和社会发展服务进行学习讨论。通过学习，大家提高了认识，积极主动地进行教学内容和教学方法的改革,参照广东省重点课程评估体系,重新修订学校课程评估体系,继续进行校级优秀课程评估工作。3月3日,省级重点课程评估专家组通过了学校"有机化工工艺"课程为第四批省级重点课程的评估,并拨来4万元课程建设费。根据国家教委和广东省高教厅有关要求,学校建立了CAD/CAI实验室。

为进一步提高教学质量,学校全面实施听课制度,加强教学评议和对课堂教学的监督;组织青年教师参加课堂教学竞赛和教学质量优胜奖的评比,加强教学交流;组织成立巡课小组,加强对教学过程的动态管理;严格考试制度和学籍管理,加强对毕业设计(论文)和答辩的管理;举办网络知识培训班,提高教职工网络业务水平。相继召开实验室建设与实验教学改革研讨会、师资队伍建设研讨会、课堂教学及专业建设改革研讨会、推进全面素质教育研讨会,开展"综合素质训练营""人文素质训练班"等活动。各系部根据学生骤增、上大课多的情况,开展了公开教学观摩课和教学经验交流等活动,促进课程建设和教学质量的提高。学校首次组队参加全国大学生数学建模竞赛,有一个队获得广东赛区大专组一等奖、全国大专组二等奖,另外两个队均获广东赛区三等奖。

2. 推动产学研相结合

通过抓好《科学研究管理工作条例》等3个科研工作文件的落实,促进教师以不同的方式同企业合作,走产学研相结合的路子,使学校科研工作再上台阶。学校承担的茂名石化公司1997年重点攻关课题"炼油污水氨氮降解研究"通过广东省科学技术委员会鉴定,并获茂名市科技进步二等奖;"氧气一步氧化合成硫化促进剂TMD"项目通过茂名市科委技术鉴定;"炼油污水A/O法综合处理水质全达标投入工业运行""茂名石化污水处理改扩建一期工程1万立方米好氧池硝化菌培养与驯化""气浮絮凝技术投入炼油污水处理运行"等通过茂名石化公司专家验收。

1998年,学校与茂名石化公司、广州石化总厂、阳春白土厂等企业签订科技开发项目25项,合同金额280万元;争取省高教厅自然科学基金资助自选课题5项,合同金额4万元;茂名1998年科技三项计划项目2项,合同金额8万元。

学校加强与茂名市科委和市经委的合作沟通,承接了18项科研项目,合同额达292万元,创历史新高;向省科委和省高教厅申报自然科学基金项目、科技攻关项目、人文社会科学项目共10项。1999年获省级科研成果三等奖1项,获市级科技成果二等奖1项,获市科技进步三等奖1项。

3. 改善办学条件

学校重视改善实验实习条件和校园环境,筹建机械实验中心、化工实验中心、电子实验中心、计算机与网络中心;举办科研成果展览;重新审定完善222项规章制度,编印成4个分册,为依法依规治校提供了依据;投入70多万元进一步搞好校园绿化、美化改造工程,使校园面貌大为改观,学校获得茂名市"园林绿化年"首批园林式单位称号。

这期间,学校加大财务管理和审计力度。在学校经费紧张的情况下,坚持精打细算,开源节流，把有限的经费管好用好。根据省市有关文件精神，制定《关于公费配置住宅电话、移动电话、传呼机的处理和管理规定》，对全校公费配置的住宅电话、移动电话、无线传呼机等通信工具，进行清查处理。分别对化工机械厂、学校招待所、汽车队、科技开发公司的财务收支情况和校办企业的经济效益情况等进行审计，对校内零星工程进行结算审计，对图书馆基建工程进行事前审计，对学校的科技经费进行审计调查，对查出的问题进行纠正。

4. 开设函授专科教育

1999年9月，广东省教育厅批准学校开设函授专科教育。10月28—29日，由学校承办的1999年广东省教育统计汇总工作会议在茂名召开，全省普通高校、成人高校、科研单位及各地级市教育局的112名代表参加会议。

5. 持续做好体育及工会工作

1999年7月11日—8月7日，学校组队参加广东省第五届大学生运动会，获得丙组游泳团体总分第4名、田径团体总分第5名、男子篮球第8名，奖牌24枚（金牌4枚）的好成绩。

9月，中国教育工会全国委员会在北京开会，表彰全国百所民主管理先进学校，学校被授予"民主管理先进单位"的光荣称号。10月，学校工会被全国总工会批准保持"全国模范职工之家"称号。

6. 加强对外交流与合作

1998年6月26—30日，美国富地实业公司董事长兼总裁、美国德明大学校长、美籍华人陈树恒博士到学校考察。陈树恒先生是国民党元老陈济棠的长子，他的生母莫秀英是高州分界储良村人。他有意在茂名办一所德明大学，并欣然为学校题词："为建立德明大学而努力。"袁富善书记、吴徽苏校长、徐本刚副校长参加了接待。

（四）迎接中专办学水平评估

1999年4月26—28日，省中专办学水平评估专家小组对学校中专办学水平进行评估。通过全校广大教职工的共同努力，学校中专办学评估取得了好成绩。评估专家一致认为：学校建校45年来，坚持社会主义办学方向，坚持为石化行业培养中等人才的办学宗旨，认真贯彻党和国家的教育方针，发扬艰苦奋斗精神，不断改善办学条件，努力促进学校的发展，有良好办学基础和条件。中专办学机制灵活，特色鲜明，深化教改，重视学生全面素质的培养，办学水平较高，在全省的中专学校中起到了较好的示范作用，本次办学水平评估学校自评95.4分，专家组复评90.95分，达A级水平。

（五）庆祝建校45周年

1999年11月11日，学校1500多名师生员工欢聚在科技会堂，隆重举行庆祝建校

45周年大会。应邀参加大会的有省委高校工委副书记唐善新,茂名市和茂名石化公司的有关领导以及中国石化总公司人教部原副主任张文平。大会由党委书记袁富善主持,代校长齐凯琴作题为"抓住机遇,迎接挑战,开创新局面"的讲话。庆祝大会后,领导和来宾应邀参加学校田径运动会开幕式,观看大型团体操表演。晚上,学校成人教育处在茂名石化职工文化中心举行庆祝学校建校45周年暨开办成人教育10周年大型文艺晚会。

学校从1954年工农速成中学开始,到2000年与茂名教育学院、茂名石化公司职工大学合并到升格为茂名学院,共办学46年。46年来,在石油工业部、中国石化总公司和广东省的领导下,在茂名市和茂名石化公司的大力支持下,在兄弟院校、石油和石化企业以及社会各界的帮助下,经过全校师生员工的艰苦奋斗,走过了极不平坦的道路,取得令人瞩目的成绩,特别是改革开放以来,加快了建设和发展步伐,学校面貌发生了深刻变化,办学条件不断充实完善,内部管理体制改革不断深化,为提高办学层次,组建本科茂名学院奠定了坚实的基础。

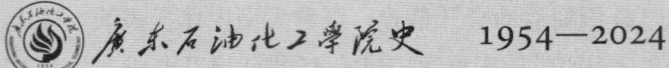

广东石油化工学院史　1954—2024

第二篇

茂名教育学院
1970—2000

广东省茂名教育学院是广东石油化工学院的前身之一。它从1970年创办到2000年与广东石油化工高等专科学校合并成立茂名学院，共办学30年。它的发展分为三个时期：茂名市师范学校（1970—1980）、茂名市教师进修学校（1980—1984）、广东省茂名教育学院（1984—2000）。这三个时期校名虽不同，但它们一脉相承。其宗旨始终是坚持为茂名市的基础教育服务，为茂名地区培养培训合格的初中、小学教师，培训中小学校领导和教育行政干部，并进行教育科学研究。它的成立与发展，为发展茂名地区的基础教育作出了重大贡献。

第一章　地方亟需创办学校

茂名地处广东西南部，矿藏资源丰富，特别是油母页岩储量达51亿吨，居全国之首。为了发展我国的石油工业，1956年，中央决定在茂名成立石油公司。1957年8月，茂名油页岩干馏试验炉破土动工，1958年，圆型页岩干馏试验成功。1958年，抚顺矿务局和中央建筑工程部第四工程局等单位的干部、技术人员、工人及家属等5万多人迁入茂名市区。全国其他省市也派人支援茂名的石油工业建设。1959年3月22日，国务院批准成立茂名市，为广东省辖市（当时的茂名市只包括现在的市区和茂南区）。1960年，市区人口达75790人，郊区农村人口十几万人。1964年，人口普查，茂名市区、郊区人口达249648人。

随着人口的激增，适龄教育人口也不断增加，基础教育任务面临前所未有的形势，尤其解决外来人口子女的入学问题，已成为迫切任务。而茂名市区所在地当时是一片荒山野岭，新建的茂名市的基础教育十分落后，中小学教师非常紧缺。

1959年创办茂名市第一中学时，为了解决小学教师紧缺的问题，茂名市政府在1959、1960年委托市一中附设一年制的师范班，每年招收语文、数学各一个班，培养小学教师。但是，1963年起停办。

"文革"期间，大量教师外流，加上师范院校停止招生，小学教师没有新来源，公办教师很少，只能大量使用民办教师。据1970年茂名市统计，小学的公办教师只有5991人，民办教师14004人。由于教师没有进行培训，大部分小学教师没有达到中等师范生毕业水平，教学教育质量急剧下降。

为解决小学教师紧缺问题和提升教师水平，"掀起教育革命新高潮"，茂名市决定从1970年2月起创办茂名市师范学校，校址设在原"五七"干校茂坡总场（即现在茂名市森林公园内），梁维纪任学校党支部副书记、副校长。1971年7月茂名市师范学校迁回市区林业学校地址（即现在广东石油化工学院光华校区）。办学经费由主管部门作预算，报市财政部门审批后拨款解决。

第一节　成立之初　培训教师

1970年茂名市师范学校成立时，学员是由各大队、公社逐级推荐入学的"高中生"，没有统一教材和学制规定，当时学校的主要任务是培训郊区农村小学未进入师范学校学习的民办教师。每期招收100名学生，分两个班，一个语文班，一个数学班。学习时间为半年（即一个学期）。招生办法是由市教育部门分配给各公社招生名额，按照自愿报名、群众推荐、领导批准、学校复审的原则，由各大队、公社教育组推荐，报市有关领导批准，再报市师范学校复审后入学。学员在学习期间每人每月粮食定32斤，食油0.5斤。凡在生产队记工分的学员，在学习期间每人每月自带基本口粮15斤，粮食不足部分由国家补足到32斤。学员经过培训，成绩合格，享受中等师范学历待遇，成为合格的小学民办教师。学员结业后，按照"哪里来哪里去"的原则，回原单位任民办小学教师。

1970—1974年，民办教师培训班共办了10期。1973年，师范学校招收一期65名体育教师培训班，培训2个月，培训对象是适合担任体育课的在职公办、民办教师。师范学校对教师的培训，为提高茂名市农村小学的教育教学质量起了一定的作用。

第二节　稳步发展　培养教师

从1975年开始，茂名市师范学校按上级下达的国家计划，招收全日制普通师范生，招生对象和条件是"具有两年以上实践经验，相当于初中毕业以上的实际文化程度，年龄一般是二十至二十五岁的未婚民办教师，表现好的年龄可放宽到三十岁，婚否不限"。通过招生选送和招生考试的办法入学。这类学生入学前是民办教师或社会青年，被录取后，就把户口和粮食关系迁到学校，享受人民助学金待遇，师范生每月20元（其中1元作为医疗使用），学制2年，学完规定的课程，成绩合格，即授予中等师范学历。学生毕业后由茂名市教育局统一分配到市内小学当公办教师。

1975—1980年，茂名市师范学校共招收4届4个班的普通师范生，共培养158名中师毕业生。后来英语中师班因学员两年达不到普通中师生的毕业水平，又延长半年的学习时间，即学制两年半。

由于这些师范学生大部分是通过招考进来的，文化基础较好（如1980年招收应届初中毕业生的普通师范班，该班30人，入学考试成绩超过了当年茂名市第一中学录取分数线），生源质量较高，加之学制完善，人才培养质量较以前大大提高。学生毕业后，全部分配到小学任教。他们到社会工作后，成长也较快，绝大多数已成为各学校的主干力量，有的已成为厅局级领导干部、作家等。

学校除了招收全日制普通师范生外，根据当时茂名市中小学校教师紧缺的情况，还开办了一些专业培训班，学制一年，结业后享受中师生毕业待遇，分配到中小学当公办教师。当年开办的专业培训班有：1976年招收的中师物理班、1980年招收的政史培训班。这些专业培训班的学员中，大部分入学前在农村中小学执教相关课程，文化水平都较高。学校为培训班精选了课程，并采用了著名大学的教材，安排优秀老师任教。如对物理班开设"高等数学"和"普通物理"课程，"高等数学"采用的教材是四川大学编写的，由朱武平老师授课；"普通物理"采用的教材是南京工学院编写的，由陈寿秀老师授课。为确保教学质量，使学员文化素质得到较大提升，他们结业工作后成长也较快，大多数成为各学校教学主力军。如物理班结业分配到茂名市农村各中学任初中物理教师，在结业的24人中有1人当了处长，3人当了中学校长，6人当了教导主任，还有1人被广东省教育厅推荐到澳门一技校当校长。

第三节　艰苦奋斗　勤工俭学

"文革"期间，学校贯彻毛泽东主席提出的"学生不但要学习文化，还要学工学农等知识，培养学生自力更生、艰苦奋斗的革命精神"等"五七"指示精神，组织开展勤工俭学等教育活动。开展勤工俭学，不仅使学生学到了工农知识，还可通过劳动生产收入补充学校办学经费的不足。为此，学校办起了养猪场、校办工厂等。当时，茂名市师范学校仪器厂为解决中学物理仪器设备紧缺的问题，根据教学需要，组织物理教师设计，组织学生参加生产劳动，制造了教学用的"演示三用电表"，合计生产167台，每台76元，由湛江地区教育局分配到湛江地区13个县市的中学使用。当时，这种"演示三用电表"在广东省内只有茂名市师范学校仪器厂能生产，其他师范学校都无法生产。茂名市师范学校校办工厂不仅自己能设计制造，而且产品质量佳。校办工厂设计制造的"演示三用电表"被送到省教育厅展览。茂名市师范学校办学十年，为茂名市培养了几百名合格的中小学教师和各种人才。

第二章 落实政策 撤销改办

1980年5月,根据广东省、湛江地区教育部门关于调整县(市)办师范学校布局的要求,经中共茂名市委同意,撤销茂名市师范学校,改办茂名市教师进修学校,梁维纪同志任茂名市教师进修学校党支部副书记、副校长(主管全面工作)(茂组干〔1980〕42号文),校址在原茂名市师范学校。

1980年9月26日,

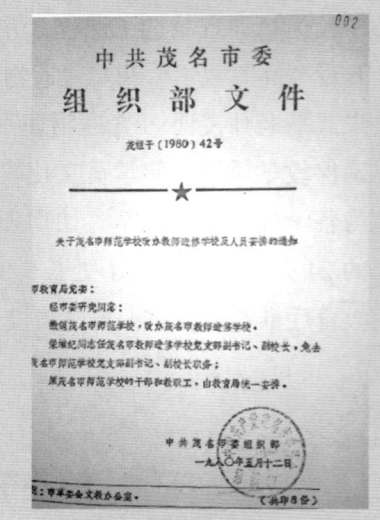

·茂教委字(1980)06号文——梁维纪等同志任免的通知。

·茂组干(1980)42号文——关于茂名市师范学校改办教师进修学校及人员安排的通知。

中共茂名市教育局委员会发布文件:根据市委组织部〔1980〕77号文通知,市委同意:梁维纪同志任市进修学校党支部书记、校长;陈怡森同志任市进修学校副校长,免去其市教师进修学校教导主任职务;邓淼地同志任市进修学校副校长,免去其市六中教导副主任职务;罗永玑同志任市进修学校教导主任;李赐德同志任市教师进修学校副主任(茂教委字〔1980〕06号文)。茂名市教师进修学校领导班子得以健全。

根据当时上级教育部门的指示,茂名市教师进修学校的主要任务是:在市教育局直接领导下,根据上级有关培训提高师资水平的要求和我市教师队伍的实际,认真办好师范大专班、中师函授班、在职教师培训班、小学行政干部培训班、新教材学习班以及编写教学资料班等,不断提高全市在职教师政治与业务水平。此外,还要临时负责部分高考复习指导任务。

根据茂名市教育局1980年8月的统计数据,茂名市小学教师未达中师毕业水平的占84%,许多民办教师名义为高中毕业,实际未达到高中文化水平。因此,教师培训任务十分艰巨。

第一节　丰富形式　培训教师

为完成茂名市中小学师资培训任务，学校先后举办了中师函授班、自学考试班、短训班、干部培训班等学习班。

从1981年开始，学校举办中师函授班，开设语文、数学、教育学和心理学四门课，招生对象是具有初中毕业以上文化水平，未达到中师毕业程度的在职小学教师，学制两年。总学时不少于1440学时，其中面授和自学各一半。课程安排采用单科独进的办法，学完一门课，再学另一门课。语文、数学两门主课实行严格的考试，每学期学完一册，考试一次，作为学期成绩。而教育学和心理学两门课则发教材让学员自学，适当举办专题讲座和指导学员自学。学员毕业后，享受中师毕业生待遇，民办教师转为公办教师，成为合格的小学教师。1981年中师函授招收400人，分8个班。每个公社设一个班，每班40～60人，面授辅导在公社上课。1981—1985年，通过举办中师函授班，共培养了857人。函授教学这种形式，鼓励未达标的小学教师参加学习，既不影响学校的教学工作，又能提高教师的文化水平，成为合格的小学教师，这是一种好的办学形式。

举办自学考试班。自学考试班主要是提高和鼓励未参加函授学习的在职教师积极参加自学考试。每年开考二科，课程单科及格发给单科结业证明，学完规定的4门课程，课程全部考试及格，发给中师进修毕业证书，成为合格的小学教师。

举办各种短训班，学制半年。1980年招收小学、初中英语老师28人，1981—1983年，学校先后举办三期脱产短训班，共培训52名小学英语教师、24名初中化学教师、24名初中物理教师。

举办干部培训班。干部培训班主要是培训小学校长及教导主任，提高他们的政治素质和管理水平。1980年茂名市有小学校长和教导主任共303人。从1980年下学期开始，用一年半时间分10批进行轮训。每年办两期，每期30人，学习时间一个月。培训内容主要是学习《小学工作条例》并结合实际学习研究小学教育工作问题，通过学习进一步提高小学领导执行党的教育方针的自觉性和领导水平。

举办升大复习班。经茂名市教育局批准，1980年9月至1981年7月，学校开办高考复习班，招收高考落榜的历届高中毕业生和社会青年。升大复习班，取得较好成绩。很多同学经过复习班学习，考上了自己理想的大中专院校。

此外，学校还举办大专函授班。1982—1985年，办了政治、中文、数学、物理、化学5科共6个班，培养了328人。1980—1983年，办了普师班，培养了28人。1983年，办了业余面授英语教师进修班，共90人，也办了一年制政、史、地初中师资培训班，培养了38人。

第二节　创造条件　提升质量

茂名市教师进修学校经过几年的努力，领导班子得到健全，教工队伍得到加强。1983年6月茂名市对学校领导班子作了调整，罗永玑任党支部书记，梁维纪任校长，陈怡森、邓淼地任副校长。学校教职工增加到33人，其中领导干部4人、专任教师18人（大学本科毕业10人，专科毕业3人，中师和高中毕业5人）、职员7人、工勤人员4人。教工队伍结构合理，各学科的专职教师基本齐全，为培训质量的提高准备了师资条件。

学校为提高培训质量，积极提高教学设备等办学条件，改进教学管理办法。配备和完善教学设备设施，优化教学条件。建立70平方米的图书馆，购置图书3324册，供学员借读和查阅资料。建立仪器室3间（共70平方米），配置电教设备239件、物理仪器404件、地理仪器4件、生化仪器1783件，达到中等师范学校的实验要求。

成立资料服务中心，积极向各小学推荐有关教师教学和业务进修的参考资料，为学员的自学创造有利条件。

成立指导市区小学教育的总支部和郊区公社教育组的小组，组建中心小学教研组，开展对教材教学方法的研究，聘请高中教师进行专题辅导讲座，举办演示实验课，推广先进的教学经验。

建立激励机制，每期评选先进班级和优秀学员，并给予一定的表扬和奖励，鼓励学员提高学习的积极性。

茂名市教师进修学校，办学5年，已具有一定的办学规模，并探索出一套适应教师进修、自学的办学经验，培训和培养了不少合格的小学教师，为茂名市提高师资水平作出了应有的贡献。

第三章 适应需求 升办学院

1983年茂名市成为地级市，人口500多万。20世纪80年代初，茂名地区的基础教育很薄弱，据不完全统计，1983年，全市小学毕业生的升学率为51.63%，初中毕业生的升学率仅为31.69%。学校不足，中小学升学率低，与国家有关教育的精神要求相差甚远。

茂名基础教育落后，师资严重不足，教师达标率较低。据统计，1983年，全市初中教师7490人，其中，大专以上学历的教师仅占13.69%，中专以上学历的教师占31.16%，高中以上学历的教师占48.1%。究其原因，茂名地区没有一所高等院校为基础教育培养师资。

为此，1983年12月，茂名市人民政府向广东省人民政府提出办茂名教育学院的申请，省政府经过充分论证，于1984年7月15日以粤办函〔1984〕620号文件正式批复："省人民政府同意你市建立'广东省茂名教育学院'。主要任务是培训在职初中、小学教师和教育行政干部，开展教育科学研究。该院具有与师范专科学校同等的地位和待遇。教育学院的规模暂定为脱产培训三百人。办学经费和基本建设投资，主要由市财政和市普教经费解决，省酌情给予补助。领导体制由省、市双重领导。茂名市教育局主管、归口省教育厅统一管理。"

1984年9月29日，茂名市人民政府以茂府办〔1984〕93号文件发文成立"广东省茂名教育学院"筹建领导小组，由邓刚（副市长）任组长，罗志浩（市政府副秘书长）、刘寿华（市教育局局长）任副组长，吴兆奇（市委办公室主任）、赵松林（市财政办主任）、周长安（市计委副主任）、陈政绍（市委宣传部副部长）、麦慕贞（市建委副主任）等同志为领导小组成员。领导小组下设办公室，由梁维纪、王永级、郑绍礼、杨观镇等同志负责办公室工作。由此，正式开始了广东省茂名教育学院的筹建工作。

第一节　明确方向　确定规模

一、艰辛筹办教育学院

广东省茂名教育学院是在极为艰苦的条件下创办和发展起来的。1984年筹建之初，省仅拨款20万元，市拨款10万元，共30万元作为创办经费。

1984年10月12日，根据筹备会议精神，广东省茂名教育学院发展规模为学生300人，计划招收脱产两年制师专生每年200人。学院机构设一室（办公室）、三部（中学部、小学部和函授部）、一处（总务处）。教职工编制为120人，教职工与学生的比例为1∶3.5。为此，市委、市政府决定以原茂名市教师进修学校为基础进行扩建，从园林处的苗圃园划10亩地给教育学院。1986年，市政府又从园林处苗圃园再划出22.5亩（15 000平方米）土地归茂名教育学院。加上茂名市教师进修学校9亩多地，共35亩。校舍仅有进修学校1栋三层楼的教学楼（面积1518平方米）、1栋四层的教工宿舍（面积830平方米）和4栋小平房，总建筑面积不足3000平方米，教学设备和办公用品加起来价值不足2万元。在这种资金严重不足，既缺乏校舍、教学设备，又缺乏师资的情况下，如何创办教育学院？当时领导小组从四个方面开展工作：一是拆除原进修学校的一些猪圈、杂屋，加上园林处移交过来的地皮，建一栋简易平房作为学院临时办公室；二是在进修学校原有教师的基础上，从各县（区）调进教学经验丰富的中学校长和中学教师，从高校引进一些讲师级以上的教师和接收一些优秀的本科毕业生充实教师队伍；三是健全组织机构，1984年12月，市委任命鉴江流域水利管理局党委副书记冯寿天为学院党委副书记；1985年2月14日，市政府任命叶绍为茂名教育学院院长（后未到职）。

1985年5月，市编委批准学院设立党委办公室、学院办公室、教务科、大专函授部4个管理单位和政史地科、中文科、数学科和中师培训进修科4个教学单位。1985年6月，市政府任命杨观镇、梁维纪为副院长。1985年4—7月，学院举办第一期初中校长短训班，招收学员37人，在临时搭起的平房里上课。

1985年底，省、市拨给学院基建费70万元（其中省20万元、市50万元）。学院着手筹建教学大楼和教工宿舍，1986年3月教学大楼完工，学生从市十二中搬回学院内上课。同年，两栋教工宿舍共24套住房建成，办学条件有所改善。

二、招收全日制大专生

茂名没有师范专科院校，初中教师达标率低。经省教育厅批准，学院于1985年秋季正式招收在职全日制师范大专生197人，开设政史、中文、中文秘书、数学4个专业，学制2年，同时招收三年制的大专函授生1700多人。当时没有课室，只能租借市十二中课室上课，全日制学生197人挤在原教师进修学校教学楼的4个课室住宿。尽管条件艰苦，但是全院教师和学生克服学习和生活的重重困难，发扬艰苦创业的精神，努力工作和学习，顺利完成了各项教学和学习任务。

三、完善学院领导班子

1985年10月，经市委批准，学院召开党员大会，选举产生中共广东省茂名教育学院委员会，冯寿天当选为党委副书记，杨观镇、梁维纪为党委委员。

1986年2月，经市编委批准，学院增设总务科和英语科、物理科、生化科，办学规模不断扩大。

·广东茂名教育学院1989级大专函授中文班毕业留影

1986年4月，市委、市政府任命市委宣传部副部长陈政绍为学院党委书记、院长。

1986年7月，根据工作需要，原党委办的人事、学生工作分开，分别成立人事科、学生科，同时成立教育科学研究室。同年12月，经民主选举和上级批准，成立学院教育工会和团委。至此，学院领导班子、行政管理机构和教学机构比较完善。

四、加强教师队伍建设

在建立和健全组织机构的同时，学院不断充实师资力量。学院成立之初，只有原茂名进修学校的10位教师。为了解决师资问题，市教育局从各县（区）完全中学中抽调骨干教师来校任教，其中有14位完全中学校长和4位中学教导主任；同时从全国各高校调进了具有大学讲师以上职称的教师10多名，从重点大学挑选部分优秀应届毕业生来当助教，组成一支老中青结合的教师队伍。1985年有教师36人，1987年增至107人，1988年达127人。在教职工队伍结构上，学院始终坚持教师要占教职工总数65%左右。1987年，成人高校第一次评职称，学院有5名教师评为副教授，33名教师评为讲师。1988年，副教授增至14人、讲师增至42人，副教授和讲师占教师队伍比例达50%以上。为了保证英语专业的教学质量，1988年8月，学院聘请新西兰籍教师玛格丽特·凯瑟琳·克莉格来学院任教。此后，学院又连续聘请了4位美国籍教师。到1993年2月，学院的教师队伍素质不断提高，成为一支能胜任成人教育和师专生教育的教学队伍。

五、加强中师进修部建设

为了发展茂名地区的教育事业，1984年9月，中共茂名市委决定：在茂名市教师进修学校的基础上，扩建广东省茂名教育学院，茂名市教师进修学校的原有职能，由学院中师进修部承担。1985年6月，原进修学校校长梁维纪被任命为广东省茂名教育学院副院长，郑绍礼任中师进修部主任。1986年4月又任命陈炎芬为中师进修部副主任。

中师进修部的主要任务是为茂南区的小学培养和培训合格的教师，培训小学校长和教导主任。当时是过渡时期，中师进修部对内是教育学院一个分部，对外仍以茂名市教师进修学校的名义招收脱产和函授的中师生。省教育厅及市教育局按招生的人数标准，每年拨给中师进修部一定的补助经费。1985年，中师进修部招收脱产中师生132人，学制两年；招收函授中师生611人，学制三年；此后又招收两届中师脱产生、一届中师函授生。中师生毕业后，被分配到茂南区各学校任教。1992年起不再招收中师学生，中师进修部撤销。当年中师进修部有14位教师（其中1位高级讲师，8位讲师）及工勤人员被分别安排到学院其他部门工作。

茂名教育学院中师进修部在近8年的办学时间里，通过脱产和函授等办学形式，为茂名市培养和培训了1448名合格的小学教师，使一大批民办教师转为公办教师，为提高茂名市教育质量发挥了一定的作用。

六、改善办学条件

1986年，省、市增拨基建费194万元（其中省40万元、市154万元），学院立即筹建学生宿舍、学生饭堂及礼堂（一楼为饭堂、二楼为礼堂）、理科楼及迎宾路29号教工宿舍楼。

广东省茂名教育学院建立时，根据省的规划要求，只招在职教师，规模300人，在茂名市教师进修学校基础上发展。后来，省批准学院接收普通师专生和师范大专生，办学规模迅速扩大，1988年在校生达1000多人，原来的35亩地已远远不够使用。学院只好征用学院西北角隔坑村的一块低洼地。这次征地克服了重重困难，投入33万元，征地14.5亩，使校园总面积超过50亩。

1990年，学院拆除学生饭堂西边的两排教工住的泥砖房，建成4个篮球场，其中建设一个灯光球场及排球场，扩大学生的活动场地，大大改善了学院的办学条件。

七、通过国家教委验收

1986年6月，国家教委复查组对学院进行验收。为了准备国家教委的验收，市委、市政府及市教育局的主要领导十分重视，创造条件加快广东省茂名教育学院的发展。

1986年6月13日，国家教委验收组一行7人抵达茂名，开展验收工作。验收组以广东教育学院教务处副处长彭新然为组长，以欧阳禄（湖南教育学院副院长、副教授）、王珊章（佛山教育学院党委副书记）、魏应祺（佛山市教委副主任）、冯卓襟（广东省教育培训中心教研员）、黄绍明（珠海教育学院副院长）、林应智（珠海市教育局科长）为组员。

6月14日上午，在茂名石化公司外召开验收会，参加汇报会的有市委副书记肖贤成、副市长邓刚、市委宣传部部长许光辉、市委办公室主任吴兆奇、市政府副秘书长罗志浩、市教育局副局长钟荣光及广东茂名教育学院领导班子共18人。

市政府副秘书长罗志浩代表市政府汇报茂名地区的教育现状及创办广东省茂名教育学院的必要性和迫切性，同时提出一个设想：把茂名师专与茂名教育学院一起办，两个牌子，一套人马。党委书记、院长陈政绍代表学院汇报近两年的办学情况：学院已开设3个学科4个专业，在校全日制学生197名；全院教职工有109名，其中教师72名；学生宿舍已动工兴建，学校已初具规模。验收组听完汇报后，分成3个组分别召开教师、学生代表座谈会，并找市财政局、人事局了解情况。经过3天的复查，6月16日，验收组向市委、市政府反馈验收意见。彭新然组长肯定了市委、市政府对教育学院建设的重视和学院两年来的办学成绩，也向市委、市政府提出一些要求，如教师不足、校园不大、仪器设备差，需要大力加强投入等。市委肖贤成副书记对验收组的意见十分重视，表示茂名市委、市政府有能力、有信心把茂名教育学院办好。

这次复查获得通过后，省教育厅向国家教委备案，使学院成为一所广东省人民政府批准合格的地市教育学院。

八、扩大办学规模

1987年，省、市对学院基建投资99.8万元（其中省39.8万元、市60万元），顺利建成学生宿舍和迎宾路29号大院教工宿舍，教职工住宿难问题有所缓解。接着，学院开始筹建科学大楼（即2号楼），同时继续充实各种教学设备，改善办学条件，为扩大办学规模打下扎实基础。1986年秋开始，学院招收两年制的普通师专生200名，教师进修师专生229名，全日制在校学生622名。

1987年3月27日，广东省副省长王屏山、高教局局长李修宏、省政府文教处处长何锦发等一行7人来学院视察工作。茂名市陪同王副省长视察工作的有主管文教工作的副市长黄庆道、市政府副秘书长罗志浩和教育局局长刘寿华等。当晚，王副省长听取了罗志浩副秘书长关于茂名地区教育情况的汇报和希望创办茂名师专的意见，陈政绍院长汇报了学院成立两年来办学的情况。

28日，王屏山副省长等一行参观完征用地后回到学院，参观了新建的教学楼、刚建好的学生宿舍和两栋教工宿舍，并看了一户教工的住房。他在视察中多次赞扬说："两年多的时间建成这样的规模很不容易呀。"随后，他和李修宏局长应邀来到教学楼和学生宿舍之间的空地上，种了一棵南洋杉树作为留念，并为学院题词"加强师德教育，培养新型教师"。王屏山副省长所题的这十个字为学院的办学宗旨指明了方向。

在视察过程中,茂名市有关领导和王屏山副省长、李修宏局长就创办"茂名师专"的问题交换意见。王屏山副省长和李修宏局长同意茂名教育学院从1987年起招收师范大专生,每年200人,学制3年,这200名师范生的学费、奖学金及其他一些开支,由省高教局列入计划下拨。从此,茂名教育学院又承担起师范大专生的教学任务。

学院于1985年招收在职师专生,1986年招收普通师专生(学制两年),1987年招收师范大专生(学制3年),三年迈上三个台阶。学院办学规模不断扩大,全日制在校学生从1985年的197人增至1987年的904人;1988年,学院三类学生共招692人,全日制在校学生达1150人;1989年招生547名,全日制在校学生达1100人;1990年招生472名,全日制在校学生达1099人。这一时期是学院快速发展的时期。1987年,学院与广东教育学院联合办学,开设化工班,招生40多人,为茂名腈纶厂培养人才。

1988年,省、市对学院基建投资65万元(其中省22万元、市43万元),1989年,省、市投资基建81万元(其中省30万元、市51万元)。学院连续兴建实验楼和函授楼,同时还建设灯光球场,并自筹资金约100万元建设十几个实验室和购买图书。1990年,学院图书馆藏书6.3万册,报刊600多种,订购中国人民大学剪报等资料100多种,为教师的备课及学生的学习提供了很好的学习资料。

九、加强师德教育

为了加强师德教育,把学生的思想政治教育放在首位,学院挑选一些有政治工作经验的干部和教师,担任专职的政治辅导员、班主任,在各教学科建立党支部,形成一支以党支部为战斗堡垒、以共产党员为骨干的政工队伍。

学院经常对学生进行爱国主义和人生观、形势观教育,正面引导学生认清国内外形势。学院团委组织青年学生学习党的基本知识,参加团校培训的青年学生有3000多人次。许多学生纷纷向党组织递交入党申请书,每年都有一批学生经过考察,被批准加入中国共产党,为党组织输送新鲜血液。1987年1月26日,《南方日报》头版以"加强党的基本知识教育结硕果,茂名教育学院学生奋发上进"为题,报道学院学生积极向上的情况;《人民日报》1987年1月29日转载。自1987年起,"马列主义研读社"及业余团校一直开展活动,参加活动的人数越来越多,掀起学习马列著作和党的基本知识热潮。1990年2月2日,《南方日报》以"茂名教育学院进行党的宗旨教育,学生争读马列蔚然成风"为题,第二次报道学院学生学习马列主义理论的情况;1990年2月8日,《人民日报》加以转载。1989年11月,学院成立德育教研室,开设德育课程,对全院学生进行"三个主义"(爱国主义、集体主义、社会主义)和"三观"(世界观、人生观、价值观)教育,提高学生的思想政治水平。学院是全省教育学院系统中较早成立德育教研室的学校。

加强学生的专业思想教育,引导学生忠于党的教育事业。从1987年开始,学院对新生都要进行一周的专业思想教育,对毕业生都要进行"甘为人师"的职业教育。

严格要求学生,塑造良好素质。为培养未来合格的人民教师,必须把"为人师表"

作为学生平时行为修养的主要内容，以生活起居、言谈举止、集体活动等方面作为管理学生工作的重点，时刻要求学生用"为人师表"四个字鞭策自己，规范自己的行为。从1989年起，学院根据《普通高等学校学生行为准则》，结合学院的实际，先后制定《广东省茂名教育学院学生学籍管理办法》《广东省茂名教育学院课堂规则》《广东省茂名教育学院实验室规则》《广东省茂名教育学院学生考试规则》等28个学生管理规则、办法，并收编印成《广东省茂名教育学院学生手册》，每年新生入学发给学生，人手一册，使学生的日常生活、学习纪律有章可循，使学校的教学、生活秩序井井有条。《学生手册》历经多次修改、补充，日益完善，对保证学校在管理中做到依章治校，对培养学生的"为人师表"行为，发挥了重要的作用。

为了培养合格的初中教师，学院历来把提高学生的教学实践能力作为一个主攻方向，重视学生的教育教学实习和社会实践。每年寒暑假，学院都布置学生做社会调查的任务，新学期开学后，对社会调查报告进行评奖。同时，针对中学的教学特点，要求学生学好"三字一话"（即毛笔字、钢笔字、粉笔字和普通话）的基本功，学会做班主任工作。学院广泛开展第二课堂活动，每年都举办"三字一话"的比赛和演讲、书画、文学创作等活动，引导学生提升综合素质。

素质教育出成果。1988年，学院首届二年制普通师专生中有10人报考华南师大专升本，当年华南师大面向全省只招60名插班三年级的本科生，学院有6名学生考上。1988年学院中文专业学员参加全省《古代汉语》统考，成绩名列全省第二。茂名市教育局经常组织四县一区的中学教师进行普通话比赛，每次获得前十名的参赛者大部分是学院的学生。在文体活动方面，1989年，学院9名师生参加市第六届体育运动会，足球、游泳、武术、乒乓球等项目获得亚军和季军。在粤西片区高校每两年举办一次的"三好杯"篮球赛中，1989年，学院女子篮球队获得第二名；1991年，学院男子篮球队获得第二名，并荣获"道德风尚奖"。1990年，学院有1名教师被市语委会评为"语言文字先进工作者"；1991年，市语委会授予学院"推普先进工作单位"；1993年，广东省语委会、省高教局、省教育厅对学院推普工作验收合格，并给予较高评价。

第二节　攻坚克难　开辟新路

一、停招师专，面临困境

1991—1992年，根据上级指示精神，地市级教育学院停止招收普通师专生，转向培训中学校长和在职中学教师，学院出现了创办以来的低谷时期。由于在校学生锐减，教师工作量严重不足，1991年学院的在校生减至800多名，1992年再减至400多名。有的专业招一年停一年，生化科则连续两年没有招生，相当一部分教师到其他学校兼职，少数教师要求调离学院。因为学生减少，学院的正常经费也随之减少，省教育厅基本停止给学院拨款，学院的经费来源仅靠极为有限的市财政拨款，但这仅够支付教职工的工资。学院的正常办公费和水电费没有着落，教学仪器、图书资料和科研经费就更加困难。学院面临着创办以来最严峻的考验。

二、攻坚克难，走出困境

1990年以后，学院按照上级精神，积极进行初中校长岗位培训和在职教师继续教育的一系列准备工作。然而，由于中学教师紧缺，校长岗位培训和教师继续教育等工作未能全面铺开，到1992年也只办了2期初中校长岗位培训班和1期初中教师继续教育班，共培训学员122名。学院出现了"僧多粥少"，教师工作量明显不足，部分课室、教学设备和学生宿舍闲置的萧条景况。面对这样的现实，学院要继续生存、发展，就必须另辟蹊径，"找米下锅"。1991年以后，一些教学科请示学院同意并经上级有关部门批准，办起了高等教育自学考试辅导中心和中级电工班。

1992年春，邓小平同志"南方谈话"的精神像春风般吹遍了祖国大地。学院领导班子组织全院师生认真学习邓小平同志"南方谈话"和党的十四大精神，反复领会衡量改革的三条标准和坚持以经济建设为中心不动摇等论述。领导班子认为，教育要跟上形势，适应深化改革的需要，就要大胆改革，打破一切由国家包办的传统办学体制，逐步走向自我发展的办学方向。高校采取多形式多层次办学，多出人才，快出人才，就是教育为经济建设服务，有利于发展社会主义生产力，有利于提高教职工收入，改善教职工的生活，这是高校教育改革深入发展的必然。尤其是在教育学院招生不足，岗位培训和继续教育又未能全面铺开的情况下，学院应面对现实，大胆改革，突破师范属性，广开办学门路。

认识提高后，学院发出《关于深化改革，拓宽办学路子的意见》，要求各教学科在保证完成计划内教学任务的前提下，根据自己的专业特点，创办有自己特色的各种类型的计划外教学班、培训班，为茂名市经济建设和社会发展培养更多人才。意见发出后，各教学科纷纷行动起来，积极挖掘办学潜力，拓宽办学路子。原来已经办起了计划外教学班的教学科消除了余悸，扩大了规模；一些未办计划外教学班的教学科则积极行动起来，筹办或开办了各种计划外教学班、短训班。

1992年5月，学院与市人事局联合举办了市直行政机关干部岗位培训班；9月，数学科办起了电脑班、会计上岗证书班（1993年又办起了大专会计专业证书班）；不久，地理科和物理科根据我市高中教师达标率低、师范本科毕业生供不应求的实际情况，与华南师范大学地理系、物理系筹划联合办学。随后，英语科办起了英语本科自学考试辅导班；政史科办起了大专税务、工商等专业证书班；中文科办起了大专中文秘书班。学院呈现出一派竞相办学、争作贡献的繁荣景象。

由于采取多形式多层次办学，1992年，学院在校就学人员增加到1700多名，其中脱产进修师专生473名、中学校长岗位培训班学员43名、中学数学教师继续教育班学员30名。高等教育自学考试辅导中心开设中文、会计、商学、工业管理等8个专业，学员长期保持在400～500名；中级电工班、电脑班，均开设日、夜班，学员长期保持在150～200名；行政机关干部岗位培训班学员约300名。多形式多层次办学，使学院取得良好的办学效果和效益。

首先，增加了社会效益，提高了学院的知名度。学院创办8年来，培养出5052名师专毕业生。茂名地区的每一所中学都有学院的毕业生，在教育战线产生了不可低估的影响和效益。1991—1992年，学院的计划外教学班、培训班，辅导高等教育自学考试学员2000多人次，培训行政机关干部1188名，培训出中级电工800多名、电脑学员60多名。这些学员遍及茂名市、县的各级行政机关、企事业单位，为茂名及其他地区社会经济发展起到了积极作用，产生了良好的社会效益，得到社会和各界的好评。特别是高等教育自学考试辅导中心的学员，每次参加全国统考的及格率在茂名地区都名列前茅，因此，辅导中心每期的学员，都是茂名地区各种助学单位中人数最多的，自学考试辅导中心被评为当年茂名市先进助学单位。物理科办的中级电工班，1993年被茂名市劳动局定为电工考核中心，不仅招收了茂名市四县一区的学员，而且招收了湛江、阳江、江门、深圳、中山和广西、湖南、海南等省区的学员，学员结业后颇受深圳、珠海等地厂家的欢迎。

其次，锻炼了学校教师，提高了学院的办学能力。学院创办的头几年招收的都是师专生，教师只熟悉师专教学，并不熟悉在职培训、就业培训等方面的教学；学院的教学管理也习惯了常规性的师专教学，而不习惯于短期培训。办起各种计划外教学班后，教学对象既有年纪较轻、基础较好的大专生，又有年纪较大、阅历广阔、经历丰富，但基础参差不齐的各级干部和中学校长，还有个人素质不高、求学目的各异的社会青年；既有常规专业的教学，又有跨学科跨专业的综合性、应用性、操作性学科的教学。不少教师既要教授师专生，又要教授干部和社会青年，既要上比较熟悉的专业课，又要上不是很熟悉的新课，这就要求教师要有很强的适应能力、有很宽的知识面，善于运用各种不同的教学方法，对不同对象进行教学，同时也要求学院领导和管理部门既要善于常规性的教学管理，又要学会各种在职培训、就业培训的教学管理。

再次，增加了教职工收入。1991年后，由于招生数量的锐减，省、市财政拨款大为压缩，1991年省没给学院拨款，市财政拨款96万元；1992年省拨款6万元，市拨款106万元。这两年，每月平均财政拨款分别为8万元和9万多元，而学院每月支出工资7万多元，水电费1万多元，办公、差旅费1万多元，入不敷出。办起这些班后，学院每年不但可从中提取近10万元补充不足的经费，还可将这些办班的部分收入用于增加教职工福利和教师超工作量的奖励。而且，在这些计外班任课的教师，还可得到一定的报酬。有些办有计外班的学科还抽出一部分经费作为教职工的考勤奖励，使劳动纪律得到加强，稳定了教师队伍。

在当时的现实条件下，这些计外班的办学，使学院顺利渡过了难关，对学院的发展发挥良好的促进作用，同时也为社会作出了多方面的贡献。

三、转变观念，再扩规模

1993年，通过深入学习、深刻领会社会主义市场经济理论，学院领导班子认为，必须彻底转变办学观念，变"国家包办"意识为"自我生存，自我发展"意识，变计划意识为竞争意识，变"等米下锅"为"找米下锅"。既然学院有能力在1991—1992年低谷时期"找米下锅"，走出困境，今后更应该在完成国家下达任务的基础上，发挥自己的地缘、人缘优势，及时掌握社会用人信息，发挥中间辐射作用，和名牌大学、重点大学、本科院校联合办学，扩大专业范围，拓宽办学路子，培养符合社会需要的多层次人才，使学院既保持师范院校的特点，又博采其他院校之长；既为茂名市教育发展培养更多合格的中学教师，又为社会经济的发展培养各类人才。此后，这一思想成为学院办学的一贯思路，即使学院被允许恢复招收普通师专生，也始终坚持开办各种计划外培训班，尽量发挥出普通教育和社会助学的双重职能。

1993年秋，学院根据上级精神，恢复招收普通师专和师范大专学生，使在校学生规模达到868人。这一年，学院还与广东教育学院外语系联合开办广播英语培训班和高师自学考试英语本科班，共招收学生110名。1994年，学院招生610名，其中普通师专生460名，进修师专生150名，并与广东教育学院联合举办全日制中文本科班和英语本科班各一个班，招生90名，在校学生规模达到1400多人。为了适应社会需要，1994年，物理科增设家用电器专业，招生40多名。从此，学院的发展又迈上了一个新的台阶。

四、调研学习，培训校长

根据国家教委《关于加强中小学校长培训工作的意见》精神，结合省、市教育行政部门部署，从1991年10月至1999年，学院共举办11期"初中校长岗位培训班"和2期"初中校长岗位培训提高班"，共培训初中校长411人，基本把茂名地区所有的中学校长培训一遍，做到人人持证上岗。同时，还培训了镇教办主任150人。在初中校长岗位培训的基础上，还办了2期初中校长提高班，培训校长80人。

办好初中校长培训，是茂名教育学院的根本任务之一。在学院创立初期（即1985年3—7月）就办过一期中学校长的短训班，对中学校

·茂名教育学院首期初中校长提高培训班留影

长的特点有了一定的了解。但那次校长班水平较低，现在的校长班要求高，规范性强，以国家教委的文件要求为准则。为了办好初中校长班，学院从1990年初就做了准备，选派最好的教师教授校长班的课程，委派他们到兄弟院校学习办班经验，选派3名教师到广东教育学院跟班听课学习，学习回来后，根据学院的实际情况，制订教学计划。

校长岗位培训班，采用脱产3个月的学习方式，按国家教委的规定，开设的课程有中学管理、马克思主义教育思想、教育法规、德育专题、心理学专题及教育管理考查等10多门课程。从1991年10月至1992年1月，学院举办了首期初中校长岗位培训班，参加的学员共49人。由于学院做了充分准备，针对校长班的特点，因材施教，参加第一期学习的学员感到学习收获很大。第一期校长班的成功举办，增强了学院办好中学校长岗位培训班的信心。

学院每年举办校长培训班，逐步摸索出一整套办班的方法。

（一）分析特点，抓好思想转变

初中校长岗位培训班的学员，不同于普通师专生，具有自己的特点：一是文化素质较高，大部分都是大专毕业或本科毕业；二是社会经历丰富，有一定的管理经验，有的当了20多年的中学校长；三是年龄跨度大，最大的学员50多岁，最小的学员才20多岁，可以说是"父子班"；四是文化程度参差不齐，有本科、大专、中师及高中毕业生，而且有教文科或教理科的，专业不同，这样组合起来的学习班，既有它的特性，又有它的共性。其共性就是大家都是中学校长，是同一层次的干部，都有较强的求知欲。提高中学校长的政治素质和管理水平，是中学校长岗位培训班的主要任务，也是学院每期培训班突出的重点。

由于学员来自不同的文化层次和具有不同的经历，学员对参加校长培训的态度也各异，思想问题较多。办好培训班，首先必须解决思想认识的问题。一方面，学院反复向学员讲明中学校长培训班的重要性和必要性；另一方面，在学员入学后的第一天就要求学员在思想观念上要做到三个转变：从学校的领导者放下架子转变为学员；从工作岗位转变为脱产学习，从过家庭生活转变为过集体生活。在每期学习班开学时，市委领导及教育部门领导的讲话反复强调学员要排除干扰，保证学习好。由于学院抓好思想教育这个环节，加强学习纪律教育，充分发挥培训班临时党支部和班委会的作用，培养了良好的班风和学风。学员们的"三个转变"做得好，学员的学习积极性、自觉性大大提高，出现了许多动人的学习事迹。学员们虽然年纪比较大，但学习认真，很少缺课，特别是为了写好结业论文，很多人常常废寝忘食。在生活上由于学院条件比较差，学员与师专生一起休息，一起排队打饭，没有半点校长的架子。可见，抓好思想教育，严肃学习纪律，是办好校长岗位培训班的思想保证。

（二）强化教学管理，把好"五道关"

对校长培训班的管理，学院的指导思想是："管而有法，放而有度，严而有格，活而有序。"具体把好"五道关"。

一是健全各种规章制度，把好管理关。为了加强对校长班的管理，学院分派一名副院长直接统管，下设办公室，配备专职干部3人及正副班主任。同时制定了《学员考勤登记表》《学员学籍管理方法》《结业论文表》《考核登记表》等，培养学员的优良学风，保证良好的教学秩序。有位学员说："学院这样严谨的管理办法，就值得我们学习。"

二是因材施教，把好教学关。办好培训班，教学是关键，教学质量是生命。为了办好校长岗位培训班，学院用了一年半的准备时间，到上海、北京、东北、广州等地学习办学经验。学院吸取各地办班的经验教训，制定一套适合学院实际情况的管理、教学措施。一是配备教学水平高、教学经验丰富的教师担任校长班的主课，其中教授1人，副教授4人，讲师4人，另配3位助教跟班辅导学习；二是除了按照国家教委规定的开足10门课外，还随着形势的变化，针对社会上的热点、难点问题开设一些专题讲座，拓宽校长们的知识面；三是采取走出去请进来的办法，邀请优秀中学校长、教育专家来校讲课，传授教学经验，现身说法，使校长们看得见、学得来；四是经常进行问卷调查，如"我最急需的管理知识是什么""校长目前最棘手的问题是什么"等，找出"热点"问题作为教学的重点，加强学的针对性和实用性，使学员既学得活又有兴趣。

三是严格要求，把好考察关。组织学员参观考察是教学内容之一，有助于开阔学员的视野，增长知识，学习先进办学经验，取长补短。为此，每期组织学员考察，学院都事先做好充分准备，选择最先进的地区和学校，制订详细的考察提纲。考察回来后，每人写一篇考察报告。在此基础上，要求学员回原学校修改原来的教学管理整改方案，把学到的先进经验应用到本单位的教学、管理工作上去。如电白的七径中学、化州的播扬中学等的校长回校后，对本校的管理措施实行整改，校纪、校貌焕然一新。学院到各县（区）教育部门对培训过的中学校长跟踪调查，县（区）、市教育局领导都说："中学校长培训过的与未培训的大不一样。培训过的校长理论水平明显提高，开拓进取精神更强了，办学的方法门路也多了，的确有意想不到的收获。"茂名石油工业公司普教处，多次要求学院办校长培训班时分配一些名额给他们。

四是公正廉明，把好考评关。考评是培训工作的重要环节，是检验教师的教学情况和学员学习情况的重要标志。首先学院建立一个以教育局为领导，学院领导、培训办公室及部分学员组成的考评小组，对任课教师和学员进行公正、认真、严肃的考评，这样可以督促教师做好教学工作，鞭策学员自觉搞好学习。其次，对学员成绩评定注意参考几个数据，即考试（查）成绩、平时作业、出勤率、课堂讨论发言及其表现，将这些作为一个整体来考评，从而促进教师的教学积极性和学员学习的主动性，保证了培训工作的质量。

五是严格要求，规范发证关。学院按照国家教委的有关规定，学员在学习期间，缺课率达70％或考试不及格就不能结业，严格把好发证书关。有1名学员因缺课多未能取得结业证书。

由于把好以上"五关"，学院的校长岗位培训工作得到健康发展。学员学习紧张而有序，既有压力又有动力，克服了成人教育松散的状况，绝大部分学员学习自觉性很高，上课几乎没有迟到或早退的现象。学员的表现很突出，都圆满地完成学习任务，满载而归。

（三）优化教学方法，提高教学质量

初中校长培训班的学员，大都是大专以上学历，又有多年的教育教学实践经验，如果按常规的教学方法，就不能满足学员的要求。根据学员的特点和要求，学院建立了一整套新的教学方法。

授课中坚持"新、精、深"三字原则。所谓"新"，就是把新时期对校长的新要求，如开拓精神、竞争意识、市场经济与商品经济观念以及法治观念等都补充上来，使校长得到知识更新。要求教师在讲课时，结合新的内容，如讲"党的基本路线"课时，把学习中央最新会议精神与学习《邓小平文选》第三卷结合起来；讲授"教育政策法规"时，增加国内外教育动态及教改动态的讲座，使学员加深对这些问题的认识；讲授"中学管理学"时，为校长们讲授教育测量、教育统计、教育评价知识，让他们掌握科学的教育测量手段和教育实验方法。"精"，就是对讲课内容要突出重点，少而精。因为这些学员已有一定的理论基础和较强的理解能力，只要突出重点，他们就会融会贯通，长篇大论系统地讲，反而使学员感到厌烦。"深"，就是讲课要有一定的深度，讲出新水平，使学员听后感到有收获。"新、精、深"三字原则，在教学实践中要有机地结合起来。实践证明，这种教学方法是成功的。有位电白的学员说："入学前，我认为参加培训无用，现在觉得学习三个月胜过读三年书。"

（四）突出实践性，坚持理论联系实际

加强教学的实践环节，培养校长的实际管理能力，是学校教育的目的。学院打破常规的教学模式，针对成人教育的特点，把自学、讨论以及有针对性的辅导作为主要教学方式。这种启发式的教育方法可以避免盲目的授课形式——学生懂的就长篇大论地讲、学生不懂的就不讲，能充分发挥学员学习的主动性和兴趣性。如上"中学管理学"后，就组织学员进行"校长应如何深入教学第一线指导教学"的专题讨论；同时，注重事例教学。每一学科在教学时，注意结合理论原理，运用案例，要求学员围绕管理中遇到的问题，自写案例，再上升到理论上来分析，要求学员在理论学习和教育考查后，写一篇结合本单位实际的教改方案。通过论证，在本单位实施。这种边学边用边改的学习方法，达到学用结合的目的。学员通过学习，从感性认识提高到理性认识，工作起来心里踏实

得多。很多经过培训的校长回到原工作岗位后，决策的胆子大、办法多，学校面貌发生了很大变化。市县教育行政部门的领导，对学院校长培训班的工作都给予充分的肯定。1995年，在全省中小学教师校长岗位培训班经验交流会上，学院交流的经验，受到省有关部门领导和与会者一致好评，并发表在《广东教育管理》杂志1995年第四期，收入《广东中小学校长岗位培训文集》（第二集）。

从1997年开始，茂名市初中校长已轮训一遍，经省里同意，学院开办"中学校长提高班"，当时开办提高班是作为试验阶段的，只有广东教育学院和茂名教育学院举办。后来国家教委有了具体文件，各地才逐步开展培训，学院按国家教委文件精神，继续办好中学校长提高班。

在办好初中校长培训班的同时，学院还认真抓好"师训"工作，并积极开展"自考"助学。于1992年下半年举办了一期中学数学教师脱产继续教育班，培训在职中学数学教师40人。1993年，学院根据上级精神，与各县教育局、教师进修学校合作，举办见习教师培训班，培训中学见习教师894名。

为了加速推进教师学历达标工作，提高教师学历，1993年，学院根据上级精神，积极开展小学教育大专班自学考试和高师专科自学考试的助学工作，与市"自考办"和各县教师进修学校合作，对参加自学考试的学员进行面授辅导，开设中文、政治、数学、英语和小教大专

· 广东省茂名教育学院数学系九五届数学专业（1）班毕业生合影留念

文科、小教大专理科等6个专业，招收辅导学员1700多名。经过辅导，学员考试的及格率普遍在80%以上。此外，还和广东教育学院合作，举办高师本科自学考试辅导班，开设中文、政治、数学三个专业，招收学员460名。

上述各种"干训""师训"、自考助学辅导班开设以后，学院便把它作为一项常规工作常抓不懈，直到2000年"合并"前。

五、提升水平，做好管理工作

学院在办学中深深体会到：要在市场经济条件下办好教育，管理工作必须有新的招数，才能适应新的变化和新的情况。

1993年下半年，省教育厅在湛江教育学院召开全省教育学院管理工作现场参赛会议，

这给学院加强管理提供了新的启示。会后，学院组织有关部门负责人、各教学科主任、政治辅导员、班主任和学生代表等40多人，到湛江教育学院参观学习。1993年底，学院决定在学生中开展"文明宿舍""文明课室"创建活动，并先后制定了"文明宿舍""文明课室"评比办法，组织专门的检查组，经常对宿舍、课室进行检查评比，给获得"文明宿舍""文明课室"称号的宿舍、班级颁发流动红旗。

在"文明宿舍""文明课室"创建活动中，学院把学生何时应该在宿舍，何时应该在课室，在宿舍该干什么不该干什么，在课室该干什么不该干什么都作为"文明宿舍""文明课室"的评比内容。这样，对学生的管理，就深入各个方面、各种场合、各个环节，既有较长时间的从德、智、体各方面的综合考查，又有一时一事针对性很强的约束，既有课堂上的规章，又有课外的制度，学院的教学、生活秩序井井有条。因此，自开展"双文明"创建活动以后，学生的宿舍内务、学习风气、生活作风、道德行为等方面都发生了深刻的变化。1994年初，学院被茂南区人民政府评为"文明大院"。

1994年3月18日，国家教委师范司副司长孟吉平率该司综合处处长包同曾、中师处副处长唐京伟及干部胡巍，在茂名市副市长麦慕贞，广东省教育厅师范处副处长朱国华，茂名市教育局局长龚衍超、副局长刘九权等领导陪同下视察了学院。孟副司长先是听取了学院党委书记、院长陈政绍的汇报，然后兴致勃勃地视察了学院的教室、师生宿舍和校容校貌等。孟吉平院长边看边问，连连称赞学院的办学与管理都很不错。他说："茂名教育学院的工作做得不错，办学十年取得不少成绩，很不简单。教育学院目前任务较多较杂，有干训、师训、师资培养，还要面向社会，但茂名教育学院做得都很不错。""教育学院招收进修生和师专生这两种不同类型的学生，要管理好是不容易的。如何才能搞好管理工作，这是值得探讨的，看来茂名教育学院的管理工作做得不错。"特别是对学生宿舍的赞赏，认为"大学生宿舍能搞成这样的确不错了"，"男生宿舍是比较难搞的，你们搞到这个水平，在大学生宿舍是少有的"。并且欣然为学院题词："为培养培训初中师资做出更大贡献。"孟副司长的这次视察，对于刚走出困境不久的茂名教育学院是个极大的鞭策，对全院师生员工也是个极大的鼓舞。

六、落实政策，做好统战工作

学院历来重视、关心、爱护知识分子，认真落实党的知识分子政策。首先，是从政治上关心、爱护知识分子。学院党委非常重视培养、发展知识分子入党的工作。学院自1984年创办以来，据不完全统计，先后发展了教工党员23人，其中教师17人（高级职称2人，中级职称9人，初级职称6人），占发展总数的73.9%。到2000年3月，学院有3名教师被评为全国优秀教师或优秀教育工作者，6名教师被评为省优秀教师，4名教师被评为省"南粤教坛新秀"，一批教师被评为市级先进分子。

其次，积极培养和大胆起用知识分子。学院创办以来，先后安排了30名教师到北京师大、华东师大、厦门大学、中山大学及华南师大等名校参加硕士研究生培训班和助教进修班学习，安排了 27 人参加学历教育；积极推荐教师和专业技术人员申报各种职称，获得高级职称 45 人，中级职称 56 人，初级职称 43 人；4 名教师被定为市级拔尖人才。在全院副科级以上干部 33 名中，中专以上学历 33 人，占总数的 100%，其中有中级职称 5 人，占总数的 15%，高级职称 25 人，占总数的 75.6%。

再次，关心知识分子生活，解决他们的后顾之忧。学院自创办以来，一直把解决教师住房问题摆在重要的议事日程上。初期，学院的住宅用房有限，从外地调进的教师日增，学院不惜重金，在附近租较好的楼房给教师住，保证了初调进来的教师有良好的生活环境和工作条件。后来学院又千方百计筹建教职工住宅楼，到 1993 年，学院教职工的住宅基本解决，副教授的住房一般达到 100 平方米以上，讲师达到 75～85 平方米，助教达到 50～70 平方米，从根本上改善了教师的学习、工作和生活条件。学院还想方设法解决知识分子两地分居问题，学院创办以来，共安排 28 名知识分子家属的工作，解决两地分居教职工 53 户。

学院党委十分重视在知识分子中宣传党的统战政策，做好统战工作，并由一名党委委员、副院长专门分工负责统战工作，积极支持各民主党派在学院的发展工作。截至 2000 年 3 月，学院有 8 名教师加入民进，有 3 名教师加入民革，其中，4 名教师担任民主党派党支部负责人。学院先后安排过 3 名民主党派和无党派人士担任中层干部。每年七一，学院党委都召开民主党派和无党派人士座谈会，认真听取他们对学院工作的意见。积极统战，加强团结，成为学院各项工作顺利进行的一个有力保障。

七、深化改革，提高教育质量

（一）因材施教，保证整体教育质量

1991 年学院停招普通师专生后，在校学生主要是民师进修生。1992 年下半年，在校学生 473 名，其中 400 名是民师进修生，占在校学生的 84.5%。这些学生年龄较大，基础较差，家庭负担重，常因家务等事情请假缺课，既难管理，学习积极性也差。一些教师出于对这些学生的同情，放松了对这些学生的管理，考试时复习范围过窄，命题的覆盖面和难度不够，评卷把关不严，教学质量有所下降。

为了保证教学质量，学院采取有力措施，根据进修生的特点组织教学。首先是加强教学管理。学生上课，由过去班内考勤改为科内统一考勤，请假须办理书面请假手续，逐级批准方能离校。其次是根据进修生特点调整教学计划，加强基础理论教学。如历史专业的一些进修生，高中时读的是理科，对世界史知之不多，政史科就相对加重世界历史的教学。再次是实行严格考试制度。除了继续执行原有的考试制度外，又增加了一些新的制度，如任课教师对所任教的科目命题两份，并附参考答案，由教务科根据教师的命题和题库存题配制试卷。通过这些措施，切实保证进修生的教学质量，使他们毕业后同样受到社会欢迎。

（二）加强管理，完善人才培养计划

学院的教学工作不断在改革中发展，在发展的同时大胆改革。1995年3月，学院召开教学管理总结会议，1996年9月又召开教学改革工作会议，会议的中心议题是如何进一步深化教学改革。经过讨论建立了一套跟本院实际相符合的教学管理制度，使学院教学管理走向系列化、规范化。如在继续坚持教、考分离制度（实行文理科学生交叉编位、文理科教师交叉监考，题库命题，集中评卷，教务科抽查评卷情况）和以"五严"（考试要求严格，考场纪律严明，评定标准严密，补考实施严肃，作弊处理严厉）为中心内容的考试管理制度基础上，又着手对一些主干科目进行考试命题标准化工作，建立"题库"，使学院考试制度更加科学化。

为了培养业务上过硬的中学教师，学院对学生加强基础理论教育和基本技能培养。如对政史学生加强马列原著的研读，对中文学生加强写作训练，在学生中组织文学社，经常刊出文艺刊物，截至1995年6月，中文科学生在市级以上刊物发表文章300多篇。生化科学生自己制作标本168个；地理科学生自己动手制作教具、仪器700多台。为了适应学生毕业后当教师的需要，学院注重从"一专多能"上培养学生，坚持开设音乐、美术等选修课；长期在学生中开展"三字一话"（钢笔字、粉笔字、毛笔字和普通话）训练，每年组织一至两次"三字一话"比赛。1991年市语委对学院师生进行普通话口试、笔试抽考，52名学生、40名教师被抽中应试，全部取得合格以上成绩，学院因此被评为推普工作先进单位。1993年省语委、省高教局、省教育厅对全省师范院校进行推普工作检查验收，我院顺利通过验收，检查组认为我院推普工作领导重视，措施得力，效果显著，是粤西地区师范院校中推普工作搞得较好的一所院校，对我院推普工作的评价是四个平衡：即男生和女生平衡，笔试和口试平衡，中文学生和非中文学生平衡，教师和学生平衡。由于学院长期按中学教师的高标准培养学生，因此，培养出来的学生95%能在教育战线留得住，用得上。据学院1994年对68所中学652名毕业生的抽样调查，有120人获得各类奖励，占被调查人数的18.4%，其中获国家级奖励1人、省级奖励3人、地市级奖励9人、县级奖励80人、镇级奖励5人、校级奖励21人。担任学校中层以上领导职务的有54人，占被调查人数的8.3%，其中担任校长4人，副校长11人，教导主任19人，团委书记20人。

由于学院毕业生"为人师表，献身教育"的专业思想较牢固，毕业后绝大多数都能做到服从分配，热爱教学工作，因此，中学校长们普遍反映："茂教毕业生，对农村怀有一种纯朴的感情，愿意为振兴家乡的教育事业作出贡献。""愿意扎根农村，又具有一定知识，这正是茂教毕业生的长处。"

1996年8月，学院基层教学单位撤"科"建"系"，学院教学结构更趋合理。高科技发展迅猛，是现代社会的一大特点，为了向社会输送更有用的人才，学院花大力气购进100多台电脑，为全院师生开设了计算机课程，并于1997年正式成立计算机科学系。由于计算机系设备完善，师资力量较强，很快被定为茂名地区国家计算机等级考试的定点单位。

1997年，根据国家教委颁布的新教学指导计划，在大量调查研究的基础上，针对茂名市基础教育的实际情况，以"素质教育"的要求为指导思想，学院组织力量全面修订教学计划，使之更加符合社会需要，与本地中小学教育真正接轨。

（三）横向交流，广泛吸取经验

重视与兄弟院校的交流。学院每年都派人到外地一些院校去参观、学习或进行学术交流，也派了部分青年骨干教师到其他大学进修硕士研究生学位或进修研究生课程。在派出的同时，还注意"请进来"，学院多次请外校如中国人民大学、中山大学、华南师范大学、湛江师范学院、广东教育学院等有关专家学者来校传经送宝。中国人民大学叶维钧教授来学院为师生作国际形势报告，开阔了师生的眼界，受到热烈欢迎。中国人民大学杜康传教授被学院聘为客座教授。

主办广东省第十次教育学院院长协作会。1995年6月13—15日，广东省第十次教育学院院长协作会在茂名市召开，会议由茂名教育学院主办。广州、韶关、汕头、嘉应、惠州、珠海、肇庆、佛山、江门、湛江等地12所教育学院的院长、党委书记、办公室主任、教务科长共30人参加了会议。省教育厅中小学教师系列自学考试办公室副主任、副处级调研员梁钧成同志全程参加了会议，并在会上传达国家教委、省教育厅关于进一步办好教育学院的精神，介绍国家教委、省教育厅"九五"期间教育学院发展的初步设想。中共茂名市委常委、市委宣传部部长宋寿金会见了与会代表，茂名市副市长麦慕贞，茂名市教育局局长龚衍超、副局长刘九权等出席开幕式，麦慕贞、龚衍超分别在开幕式上向与会代表介绍了茂名市的经济和教育发展情况。

这次会议是一次探讨式的院长协作会。会议主题是：在社会主义市场经济条件下，教育学院如何为基础教育服务，求生存，图发展。会议共收到各教育学院的材料13份。与会学院都介绍了自己的办学经验，并围绕主题探讨了如何深化改革，转换机制，求生存，图发展等一系列问题。这次会议主题突出，生动活泼，取得了圆满成功。

召开第七届全国地市教育学院协作会年会。1997年6月10—12日，全国地市教育学院协作会第七届年会在茂名教育学院召开。来自上海、江苏、浙江、安徽、河南、陕西、

·1997年6月，全国地市教育学院协作会第七届年会在茂名教育学院举行

内蒙古、黑龙江、山东、辽宁、四川、湖北、湖南、江西、广东、广西等16个省（自治区、直辖市）的42所地市教育学院院长、党委书记、教授共80多人出席了会议。作为第一次在广东召开的全国地市教育学院协作会年会，广东省教育厅、茂名市人民政府都给予了足够的重视。副市长麦慕贞出席会议，代表市委、市政府作了讲话，学院作了题为《办好办活教育学院，为基础教育和当地经济服务》的发言。学院的办学经验受到大会的好评，参加会议的院长们对学院的管理工作和办学方式给予了充分肯定，后来学院的办学经验发表在《职工教育》杂志和《全国教育学院信息报》上。这次会议提高了茂名市和学院的知名度。

（四）结合特点，加强素质教育

为适应师范教育的特点，学院努力创造条件，为学生提供多方面的锻炼机会。1989年学院学生就成立了北极光文学社，后来又陆续成立马列主义研读社、书画沙龙、演讲协会、吉他协会、武术协会、文工团等。多年来，这些学生社团得到学院有关部门的正确指导以及经费上的支持，坚持正常活动，取得良好的社会效果。比如马列研读社，定期组织社员学习马列原著、邓小平理论等，结合国内外重大时事组织讨论，增强了学生们的政治敏锐性和是非观念。北极光文学社在学院的支持下，组织各种形式的文学讲座、文学交流，编辑出版社刊、社报从不间断，使广大社员的文学鉴赏和创作水平不断提高，创作出大批优秀作品，并且编辑出版了作品集《学痕》（1997）、《向上的阳光》（1998），还牵头编印了全市校园文学作品选《灿烂的星空》（1998）。有几位社员在国家正式出版社出版了个人文学作品专集（1996年李院新出版《青春的岸边》，1997年黎贵出版《拾一枚金叶》，1999年黎怀骏出版《踏雪无痕》）。

学院文体活动也十分丰富，每年都举行全校性的篮球赛、足球赛和排球赛以及各种形式的文艺晚会。1997年在全国地市教育学院协作年会召开期间，学院学生奉献的一台文艺晚会受到来自全国的领导和学者高度评价，充分显示了茂名教育学院学生的文艺素质。1998年秋季，学院举办第六届学生运动会，取得良好的成绩。

在组织丰富多彩的校内文化活动的同时，学院学生时刻不忘社会，也组织了多种社会活动。每个学期开学，学院团委都收到同学们在假期进行社会调查所写的调查报告数百篇，广大团员每年都参加各项义务劳动、植树造林和爱国卫生活动。学院青年志愿者长期开展"社区援助"活动，为社会福利院的孤儿进行义务家教；政史、物理、地理系的青年团员常年坚持"一助一"扶贫活动。仅1998年，学院学生就为灾区人民捐款5500多元，为希望工程和扶贫工作累计捐款30 000多元，为患病同学捐助4238元；一年内涌现出好人好事800多人次。通过这些有针对性的社会活动，同学们既了解了社会，又增强了社会责任感，思想素质不断提高。

为了全面提高学生职业素质，从1989年起学院就推行学生普通话考试制度，并开设了普通话课，以后又陆续开设了计算机、写作、英语、书法、美术、音乐等课程，1998

年又新开"教师口语"课。所有这些课程都经过严格考核，不合格者不予毕业，从而保障了毕业生质量。

（五）完善制度，加强学生管理

学生管理是教学质量的保证。长期以来，学院在学生管理上花了很大的精力，逐步完善了各种学生管理制度，保证了教学质量。学院建立了学生上课考勤制度，严格执行高校学生学籍管理规定，对缺课多的学生按规定进行处理。各系还根据各自专业的特点，制定自习考勤制度。为了综合衡量学生的德、智、体表现，学院建立综合测评制度，以《广东省茂名教育学院学生手册》《茂名教育学院管理文件汇编》为内容，每学年进行一次，由教师、学生干部和学生自己，对学生思想、学习等表现进行综合性的评估。由于学院各项规章制度比较健全，使全院教职工、学生的行为做到有章可循，学院逐步走上了以"法"治校、治教的轨道。

（六）重视科研，提高教育教学质量

加强教学研究，促进科研工作开展，全面提高教育教学质量。学院结合学生特点和学院的实际情况，以系为单位加强教学研究，突出示范性，优化教学过程，根据各系所开设的各课程的特点，加强课程的科学性、理论性和实践性教学，培养学生的实际操作能力。并且从课例、课程、教师、科研等方面入手，实施"四个优工程"（即优秀课例、优秀课程、优秀教师、优秀科研）的评选活动。重视开展科研工作，走以教促研、以研优教、教与研相结合的道路。1999年，学院进一步健全教研机制，鼓励广大教师积极投身教育教学改革，大胆探索教改新路子。对科研成绩突出的教师，学院给予精神上的鼓励与物质上的奖励，以调动教师的积极性。各系教师积极投身教育教学科研活动，中文系举办了"教师论文与写作研讨会"，还将教师优秀科研论文结集出版。1999年11月，学院举办起科研成果展，展出教师部分优秀科研成果，营造浓厚的科研气氛，有力地推进了科研工作。

以教促研，以研优教，走"教"与"研"相结合的道路。多年来，学院不断健全教育教学科研机制，鼓励广大教师积极投身教育教学改革，大胆探索教改新路子，坚持以学生为主体，以教师为主导，以培养学生全面素质为主线的教学思想，全面提高教育教学质量。首先，学院领导定课题、定项目，牵头启动一系列教育教学科学研究课题。广大教师也积极进行教改研究。对在科研上有突出贡献的教师，学院给予精神上的鼓励和物质上的奖励，调动了教师的科研积极性，使个人研究与集体研究同步前进，协调发展。例如，1995年确定《广东省中学教师价值观的比较研究》《关于教学质量保证系统建设的思考和实践》《关于中小学综合素质的实践研究》《科学革命时代中学教师智能结构的调查与思考》4个课题，1996年又确定《社会主义现代化与师范院校的思想政治教育》《建立科技教学体系，加强师专生科技教育》《师范生心理素质培养研究》3个研究课题。为

使各科研项目顺利进行，学院每年都拨出一定经费作为科研专款，从而保证科研取得丰硕成果。学院坚持以教促研，以研优教，走"教"与"研"相结合的道路，切实地促进了教育教学质量的全面提高。

据不完全统计，截至1998年底，学院教师在国际刊物发表论文16篇，在国家级出版社和有关权威刊物出版、发表论著67篇（部），在省市级出版社和有关权威刊物出版、发表论著389篇（部），并有数以百计的论著获得国家、省、市级奖励，不少论著被收入有关文集。由于学院狠抓教育教学质量的提高，培养了一批又一批政治上合格、业务上过硬的毕业生，得到社会上的好评。

八、深化改革，不断完善办学条件

（一）参与"房改"，解决教职工住房问题

住房问题曾经是长期困扰学院的老大难问题。学院创办时，从茂名教师进修学校移交过来的仅有一栋四层16套宿舍共830平方米的教工住宅楼和三排泥砖平房，部分教师只能到附近农村租住农民的住房。1985—1991年，学院克服种种困难，先后建起了69套教工宿舍，加上从市园林处移交过来的16套，1991年底学院有教工宿舍101套。当时，应由学院解决住房的教职工有149户，因此还有48户在附近租住农民的住房或挤住在学生宿舍，大大影响了这些教职工的学习、工作和生活。同时，学院每年的房租开支很大，不利于学院的发展。

1991年，茂名市颁布"房改"政策，给予参加第一次"房改"的住房户较多优惠政策。学院党委多次开会研究，决心经济再困难也要解决教职工的住房困难问题，让教职工享受市第一次"房改"的优惠政策。当时在省、市政府没有拨一分钱的条件下，学院党委会议决定，采用"学院出一点，个人拿一点，工程队先带资兴建"的办法，集资建造教工住宅楼。学院向建行贷款40万元，个人集资70多万元，工程队带资先建。从1991年开始兴建第20、21、22栋宿舍楼。至1993年5月，共建成教工宿舍48套，不但使135户符合房改条件的教职工全部参加了第一次房改，而且还剩余14套。考虑到单身教工将来也要成家立业，便把这14套分给单身教工一人一套，让他们也提前享受到第一次房改政策的优惠。一位副教授说："学院为我们做了一件大好事，我能住上100多平方米的房子，学院不给我发福利，我都没有意见。"1994年3月，国家教委师范司副司长孟吉平来校视察，他到一位副教授家看到他有四房二厅100多平方米的住房和摆设时说："教师能住这样的宿舍已基本达到国外中等发达国家的水平。"

（二）管理改革，强化后勤保障工作

1995年，学院提出"茂教是我家，人人都来美化她"，以此为口号建设"文明校园"。1996年，学院建设"安全文明小区"，通过市有关部门验收，成为茂名市首批达标单位；同年，学院图书馆综合楼（迎春楼）建成并投入使用，极大改善了办学条件。

后勤工作的最大难题是管理问题，尤其是学生食宿方面的管理。1996—1997年，后勤部门在这方面进行改革，收到明显效果。学生使用水电比较混乱的问题，在饭堂进餐的秩序问题，由于措施得力、管理方法得当，逐步得到解决：饭堂的饭菜卫生可口，价格稳定，进餐秩序井然，效率很高；学生私自使用电器的现象也基本杜绝。管理水平的提高，不仅使师生的生活和工作环境得到改善，也节约了不少资金。

在"少花钱、多办事、办实事"的原则指导下，学院总务、财务等部门坚持依法办事，十多年来没有出现大的漏洞，而且不断改进，管理水平有了长足进步，成为学院教学工作的坚强后盾。1997年，学院后勤部门集中力量，办好一系列实事：实现饭堂管理电脑化；建立一座标准的"无机化学实验室"；改造管道煤气；新建一栋面积1786平方米的教工住宅楼；建成一个多功能会议室等。再一次使办学条件得到更大的改善。

九、调整班子，增创学院新优势

1998年9月，学院院长兼党委书记陈政绍教授由于年龄的原因卸任，中共茂名市委对学院领导班子进行了重大调整，任命杨观镇副教授为院长兼党委副书记，杨崇生副教授为党委书记；11月任命叶秀峰副教授为副院长；1999年3月提拔黎虎强、陈振纲二位同志为副院长。至此，新的领导班子配备完整。调整后的领导班子更加年轻化，为学院改革和发展注入了新的活力。

学院新班子成立后，积极探索增创高等师范教育新优势。1999年初，学院召开了教育教学工作研究会。会议总结经验，分析形势，确定了学院新的工作思路："高举邓小平理论伟大旗帜，进一步端正办学思想，更新教育观念，深化改革，加强管理，激活机制，增创高等师范教育新优势。"

1999年6月，第三次全国教育工作会议在北京召开，党中央、国务院作出《关于深化教育改革全面推进素质教育的决定》。两相对照，学院确定的新的工作思路与中央精神完全一致。学院及时传达贯彻第三次全国教育工作会议精神，组织师生员工结合实际，认真学习《关于深化教育改革全面推进素质教育的决定》、教育部《面向21世纪教育振兴行动计划》、江泽民《关于教育问题的谈话》等文件，先后召开教育教学研究会和素质教育研讨会，制定贯彻《关于深化教育改革全面推进素质教育的决定》的具体措施，全面实施以提高学生综合素质尤其是创新素质为主，包括科技素质、人文素质在内的素质教育。进一步明确高等师范院校实施素质教育是基础教育发展的要求，是为基础教育培养高素质师资队伍的主要途径，也是使高等师范教育更好地与基础教育接轨的要求。从而进一步推进学院的素质教育，为提高学生综合素质奠定基础。

十、久久为功，教育结出丰硕成果

1984—2000年，茂名教育学院为茂名地区培养培训了一万多名大学生，大部分毕业生安心基础教育工作，他们不但能胜任初中教学，而且已成为中学骨干。截至2014年茂名地区有 300 多所中学，每所中学都有学院的校友。

  2009 年 7 月，根据高州市教育局的统计：在高州任教的校友大约有 2000 人，其中任中学校长有 16 名，副校长 20 多名，中心小学校长 9 名，有 100 多名校友已被评上中学高级教师。校友黄炬光被评为全国模范教师，有 10 名校友被评为省优秀教师和先进教育工作者。据信宜市校友会统计：任中学校长有 11 人，中心小学校长有 6 人。信宜中学校长钟国胜，2008 年荣获"第六届全国中小学外语教师园丁奖"，被茂名市政府评为首批"名教师"。信宜三中陈丽校友获"全国数学联赛优秀辅导员"称号，有十几位校友被评为"广东省南粤教书育人优秀教师"。还有电白县德育学校校长刘海，被中共广东省委宣传部评为"践行雷锋精神典型"。2013 年省教育厅发文，号召在全省教育系统深入开展向刘海学习的活动，指出"刘海同志是近期我省涌现的又一位优秀教师典型"。中共茂名市委下发《关于开展向刘海同志学习活动的决定》，要求全市掀起向刘海学习的热潮。

  广东省茂名教育学院办学 30 年，是艰苦创业的 30 年，是开拓创新的 30 年，更是取得丰硕成果的 30 年，在茂名地区的教育事业中发挥了重要的骨干作用，为茂名地方基础教育服务作出了巨大的贡献，也为组建本科茂名学院打下了扎实的基础。

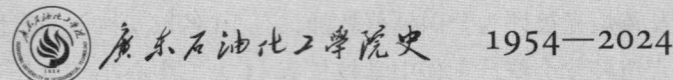 广东石油化工学院史　1954—2024

第三篇

茂名学院
2000—2010

茂名学院是广东石油化工学院的前身之一。它于2000年由广东石油化工高等专科学校和茂名教育学院合并成立，2010年更名为广东石油化工学院，共办学10年。它的发展分为两个历史时期：合并升本（2000—2004）和快速发展（2004—2010）。十年来，它坚定朝着"建设以工为主，石油化工特色鲜明、优势突出，在省内外具有一定影响和地位的教学型本科大学"的发展目标不断前进。

第一章 合并升本 夯实道路

2000年3月，经教育部批准，具有46年办学历史的广东石油化工高等专科学校和30年办学历史的茂名教育学院、茂名石化公司职工大学进行合并，组建茂名学院，实行省市共建、以省为主的管理体制。组建茂名学院，是广东省为了实施"科技兴粤"、建设经济强省和教育强省的发展战略，优化全省高等教育的布局、层次和结构，适应茂名市作为沿海开放城市和重化工业基地建设与发展的迫切需要而作出的重要决策，也是茂名市实施"科技兴市"跨世纪发展战略，加快经济社会发展和基础教育发展的重大决策。

在广东省和茂名市领导下，在社会各界的大力支持下，在全体师生员工的共同努力下，学校于2001年完成实质性合并，实现"四个融合"（学科融合、教职工队伍融合、办学资源融合、校园精神融合）和"五个统一"（统一领导、统一机构、统一政策、统一财务、统一规划），实现由专科教育向本科教育的转变；2004年4月获得学士学位授予权，2006年通过了本科教学工作水平评估，初步实现建设合格本科大学的目标；2005年12月召开首届党代会，成立学校党委；2006年9月学校领导班子调整充实后，积极带领全体师生员工全面推进新时期建设发展工程，学校进入快速发展时期。

第一节 两校合并 组建学院

一、筹备组建茂名学院

（一）组建茂名学院的背景

茂名市是一个新兴工业城市，是我国最大的石油化工生产基地之一。1983年实行市管县以来，经济迅速发展。为了实施茂名市跨世纪发展战略，改变作为有600多万人口、基础教育发达，但没有一所本科大学的现状，早在1992年，市委、市政府就向省政府呈报了《关于承办茂名大学的请示》（茂府〔1992〕58号），并于1992年10月31日成立茂名大学筹备工作领导小组。省政府办公厅于1992年12月3日批复，同意筹办茂名大学，暂定办学规模为在校生2000人，按国家有关规定进行筹办，待条件具备，并经考核验收后，再批准正式成立，办学所需的基建投资、办学经费，由茂名市筹措解决。后来，筹备茂名大学的工作未能如期进行。为发展石化工业，优化石化高校的布局，1993年，中石化总公司人教部曾设想在广东石油化工高等专科学校的基础上建立广东石油化工学院，并报送国家高校设置评审会审批。但种种原因致使广东石油化工高等专科学校升格本科中途搁浅。

1996年，广东石油化工高等专科学校为贯彻中国石化总公司提出的"稳定规模、调整结构、提高质量、深化改革"十六字方针，3月制定《广东石油化工高等专科学校"九五"事业发展计划》，提出"在'九五'期间，要提高办学层次……到2000年，要建成一个以本科为主、专业设置合理、具有石化特色的本科院校"的事业发展计划，重启学校升格本科议题。

广东石油化工高等专科学校实行"省市共建"体制后，茂名市重新启动筹建本科大学的工作，1998年11月16日，以茂府〔1998〕73号文《关于恳请批准我市联合组建茂名大学计划书的请示》向省政府呈报，请求组建茂名大学。设想组建的茂名大学办学体制：建立二级学院，由茂名大学石油化工学院（即广东石化高等专科学校）、茂名大学师范学院（即茂名教育学院）、茂名大学农学院（即高州农校）及德明学院联合组成。茂名大学属省、市共管的本科层次多科型大学，德明学院由茂名市政府与美籍华人陈树恒先生合资办学。茂名大学石油化工学院办学规模为全日制在校学生5000人，师范学院办学规模为全日制在校学生3000人，农学院办学规模为全日制学生2000人，德明学院办学规模为全日制在校学生3000人，具体是"茂名大学石油化工学院"保持省属高校，实行省市共建的体制，维持原有投资渠道；师范学院挂"茂名大学师范学院"和"茂名教育学院"两块牌子，教育学院现投资渠道不变；"茂名大学农学院"由省、市共管，按现投资渠道不变；"茂名大学德明学院"为合资办学，按国家有关规定管理。

建设步骤：第一步（2000年前），先将广东石油化工高等专科学校、茂名教育学院联合组成茂名大学，本部设在广东石油化工高等专科学校。广东石油化工高等专科学校更名为茂名大学石油化工学院；茂名教育学院更名为茂名大学师范学院，设在茂名教育学院。茂名大学前期保持专科层次，1999年开始申办本科，争取2000年升格本科。第二步（2000—2002年），将高州农业技术学校更名为茂名大学农学院，先办专科，以后根据实际情况升格本科。

茂名市政府呈省政府的请示经省政府转省高教厅后，省高教厅认为茂名市应先办学院，然后再过渡到大学，并要求补充更为具体的方案。据此，茂名市政府于1999年1月15日又重新拟定了《关于广东石油化工高等专科学校与茂名教育学院合并办学方案》（茂府函〔1999〕2号）。方案计划的实施拟分两步：第一步为过渡期，时间从确定合并到升格本科，校名改为"茂名学院"，过渡期各校仍保留各自的名称，管理体制维持现状，校本部设在广东石油化工高等专科学校，对财务管理、人事管理、招生就业管理、公文运作、学科专业设置、教学资源共享、基本建设投资等都作了明确的规定。第二步为实质性合并，从升格本科开始，校名为"茂名大学"，实行省市共建、以省为主的管理体制，实行统一管理，学校在校学生6000人，其中工科管理类4000人、师范类2000人、成人教育学生2000人，工学院、管理学院设在校本部，师范学院、农学院设在新征校区，成人教育学院设在河东校区。

（二）签订三校合并协议

随着高校管理体制改革的深化，合并重组、资源共享成为大势所趋。时任省高教厅领导认为，在茂名，石化是优势，茂名石化公司职工大学有很好的教育资源，应重整合并一起办学，增强升本办学的实力。这个意见拓宽了大家的思路，于是三校合并升本科的方案引起广泛关注和兴趣。

随后，茂名市委、市政府主管领导就建立茂名学院问题与省高教厅、茂名石化公司等有关领导交换意见，并与三校领导反复研究具体实施方案。市委也于1999年3月30日召开市委常委会，讨论筹办茂名学院事宜，并以茂常纪〔1999〕7号文印发会议纪要。在此次常委会会议上，市委副书记、市人大常委会主任林华景向省高教厅汇报了创办茂名学院的筹备工作情况，传达省高教厅主要负责同志对创办茂名学院的意见，袁富善汇报了广东石油化工高等专科学校、茂名教育学院、茂名石化公司职工大学合并组建茂名学院办学方案。

会议讨论并原则同意该方案。会议强调，创办茂名学院，不仅是优化茂名市教育资源配置，合理布局全省本科院校的需要，而且是科技兴市的重要举措，是造福子孙后代的大好事，要采取有效措施，加紧进行。会议认为，要将三校合并组建茂名学院的工作纳入茂名市国民经济和社会发展规划及城市发展规划。会议决定在广东石油化工高等专科学校附近再征地500亩，无偿划给学校作为发展用地，使校园面积达到1000亩以上。会议要求市计委、建委、科委、财政局、城建局、教育局等有关部门要为茂名学院的组建提供优惠政策和便利条件，确保此项工作的顺利完成并促进学校事业的不断发展。

会议决定成立以市委书记王兆林为组长，市长邓维龙，市委副书记、市人大常委会主任林华景，茂名石化公司经理何德先，副市长林日娣，茂名石化公司副经理徐元辉为副组长，包括市政府有关职能部门和三校领导参加的筹备小组，领导小组成员共22人，其中有广东石油化工高等专科学校的党委书记袁富善、代校长齐凯琴，茂名教育学院院长杨观镇、党委书记杨崇生，茂名石化公司职工大学党委书记邢为群。领导小组下设办公室，林日娣兼任办公室主任，莫自贵、袁富善、杨观镇、邢为群、招培辉兼任办公室副主任。办公地点设在广东石油化工高等专科学校，负责处理合并升本的日常工作。

1999年5月27—28日，省高教厅在茂名市迎宾馆召开广东石油化工高等专科学校、茂名教育学院、茂名石化公司职工大学三校合并组建本科层次的茂名学院专家论证会。参加论证会的有省高教厅厅长许学强、茂名市市长邓维龙、市人大常委会主任林华景、副市长林日娣，省专家组成员李修宏教授、张泰岭教授、张荣芳教授、胡日章教授、梁念慈教授、李运生教授、黄慧民教授，省高教厅和省计委有关部门负责人，茂名石化公司副经理徐元辉，以及茂名市委组织部、市府办、市计委、市建委、市国土局、市城建局、市财政局、市教育局和三校的主要负责人60多人。

27日下午，专家组成员深入三校考察办学条件。

28日上午，在茂名市迎宾馆7号楼会议室，首先举行了由省高教厅、茂名市人民政府、茂名石化公司参与的"关于共建茂名学院的协议"签字仪式。许学强、邓维龙、徐元辉分别代表省高教厅、茂名市人民政府、茂名石化公司在协议书上签字。根据协议，省高教厅、茂名市人民政府、茂名石化公司经磋商，拟共同将现有的广东石油化工高等专科学校、茂名教育学院、茂名石化公司职工大学三校进行实质性合并，组建茂名学院，并达成如下协议：

（1）省、市、茂名石化公司共同建设茂名学院，使之尽快发展成与地方经济社会发展紧密联系的综合性本科院校。

（2）学校实行省、市共管，以省为主的管理体制。

（3）为使学校能于2005年以前达到8000人规模，省、市、茂名石化公司共同投入1.75亿元加速学校的建设，其中：省高教厅负责投入4000万元，完成15 000平方米的图书馆和10 000平方米的学生宿舍等达标项目的建设；茂名市人民政府负责投入1.1亿元，用于征地、基本建设及配套设施；茂名石化公司负责投入2500万元，主要用于充实职业技术教育的办学条件，并规定上述投入均于4年内完成。

（三）三校合并组建茂名学院专家论证会

签字仪式结束后，正式召开专家论证会。专家组组长、原广东省高教局局长、第二届全国高校设置评议委员会委员李修宏教授主持论证会。"合并组建筹备办"副主任、广东石油化工高等专科学校党委书记袁富善宣读了《关于广东石油化工高等专科学校、茂名教育学院、茂名石化职工大学合并组建茂名学院的报告》，详细介绍了组建本科层次的茂名学院的必要性和可行性以及总体规划。专家们对报告进行质询，并对组建进程中的许多实际问题和今后的发展提出了中肯的意见和宝贵的建议。经过认真的讨论，专家组形成了一致的意见：

（1）茂名市是一个有600万人口的新兴工业城市，工农业迅速发展，1998年国内生产总值达到319亿元。该市在实现普九目标后，拟于2008年基本普及高中阶段教育。从该市的经济和教育发展来看，急需培养大量工科生和师范本科生，因此，组建本科层次的茂名学院是必要的。茂名学院的设立，也可带动周边的阳江发展，有利于全省高校合理布局和优化结构。

（2）广东石油化工高等专科学校、茂名教育学院、茂名石化公司职工大学三校合并组建茂名学院是可行的，三校共占地42万平方米，另新征地32万平方米，校舍面积22万平方米，教学设备总额3090万元，图书资料47.2万册，专任教师498人，其中高级职称114人，占教师总数23%，基本达到本科院校设置的条件。省、市、石化公司还为学校的合并组建签订了共建协议，并投入1.75亿元，使学校于2004年达到在校生8000人的规模。专家认为三校合并组建茂名学院符合国家高等教育改革的精神，有利于提高办学水平和办学效益，因此一致同意组建本科层次的茂名学院。

（3）茂名学院成立后应做好校园发展规划和学科建设发展规划，将工作重点放在提高教学质量和科研水平上。按本科要求，继续抓好师资队伍建设，充实教学科研设备，提高管理水平，尽快把学校办成有特色的、有较高水平的本科大学。

（四）校名拟定事宜

论证会结束后，筹建工作更加紧锣密鼓地进行，重点是选校名事宜。1999年6月9日，林华景和袁富善研究如何根据论证会上专家提出的意见组织修改论证报告，林华景提出校名选用"广东科技学院"。6月11日，省高教厅规划处领导和广东油石化工高等专科学校党委副书记何树华等去教育部拜访规划司、学生司、综合处等10多位领导，汇报工作。6月14日，林华景、宋寿金、林日娣三位领导召开筹备办公室会议，就论证报告的修改初稿，主要是校名、校区等问题进行讨论，一致同意校名改为"广东科技学院"，并明确今后要做好几项工作：一是落实市划拨的30万元筹办经费；二是做好客座教授充实师资队伍工作；三是三校要根据专家的意见进行整改。6月18日，林日娣和袁富善专程去湛江海洋大学，向省高教厅张泰岭副厅长汇报论证报告的修改情况，并争取省高教厅能把校名定为"广东科技学院"。6月20日，林日娣和袁富善等专程去省高教厅规划处汇报工作，重点是争取确定校名问题。7月1日，市委召开常委会会议，讨论通过以市政府名义给省高教厅《关于要求把本科"茂名学院"更名为"广东科技学院"的函》。

8月9日，广东省高校设置评审机构讨论广东省5所申报升本院校问题，认为学校取名"广东科技学院"这个名太大，建议还是叫"茂名学院"或别的名称，由市里提出意见。8月13日，林华景、练有月、袁富善、齐凯琴等去广州，约见省高教局原局长李修宏，听取其对学校下一步工作的意见和建议。李局长认为要力争校名叫"广东石油化工学院"，这样较为符合当前实际。同时，袁富善、齐凯琴还拜访了教育部出差广州的高校设置司设置处戴处长一行。

8月16日，林华景主持召开筹备办公室会议，沟通情况。经研究认为：校名问题，还是倾向于叫"广东科技学院"，主要还得省里研究决定，也可叫广东石油化工学院、广东化工学院、茂名学院等，把这意见报省高教厅规划处。

（五）做好迎接教育部考察准备工作

此外，会议要求三校做好迎接教育部专家组来校考察工作，其中：广东石油化工高等专科学校要重点做好校容校貌的整理改造及各参观点的准备，茂名教育学院要重点做好筹集资金武装一两个实验室，茂名石化公司职工大学要进一步搞好校容校貌等，三校都要认真做好聘请客座教授工作，充实师资队伍，同时要做好师范校区建设规划设计和宣传画册等工作。9月7日，市政府致函省政府，文称："关于新组建的本科茂名学院校名，我市还是要求改名为广东科学技术学院。如果未获批准而取名为广东茂名学院，我市亦服从省政府的决定"。9月19日，广东省决定校名为"广东茂名学院"，并于9月14日以粤府函〔1999〕360号文上报教育部。

在筹备办公室的具体指导下，三校在基本建设、校容校貌、调整充实实验室、教学科研成果展示、印制宣传资料、外聘教授等各方面认真做好准备工作，迎接专家组考察。市委、市政府领导林华景、林日娣等与筹备办的同志经常深入三校检查指导升本准备工作，与上下联系沟通情况，同时组织起草制定《茂名市人民政府关于引进教学人才，加强高校教师队伍建设的暂行办法》，为专家组到校考察做好充分准备。

（六）教育部专家组到校考察

1999年11月7日，教育部专家组莅临茂名市，考察由广东石油化工高等专科学校、茂名教育学院、茂名石化公司职工大学合并组建茂名学院的筹备工作。上午，在广东石油化工高等专科学校学术交流中心会议室召开三校合并组建茂名学院筹备工作汇报会。专家组组长夏自强，组员符宗胤、郑昌荣和省高教厅副厅长张泰岭，中共茂名市委、市政府领导王兆林、邓维龙、林华景、林日娣，茂名石化公司副经理徐元辉，茂名市、省高教厅有关部门负责人以及三校的主要领导参加会议。"合并组建筹备办"副主任、广东石油化工高等专科学校党委书记袁富善全面汇报了筹备工作情况。专家们针对师资队伍、学科建设、投入保证、校园规划、实质合并、产学研结合、为地方服务等问题进行询问，听取回答，提出指导意见。会议结束后，专家们考察了三校的办学条件。下午，专家组召集三校的部分中层干部和骨干教师分别座谈，广泛听取意见。在全面考察的基础上，专家们对三校合并组建茂名学院的筹备工作给予了充分肯定，认为在茂名市组建一所本科院校是十分必要的，也具备了基本条件，时机成熟，表示支持，对通过教育部的审批表示满怀希望，同时也对有关问题提出质询和改进建议。

专家考察结束后，12月27日，省高教厅通知全省五所申报本科的高校所在市政府的主管领导和各高校的党委书记、校长及有关同志开会，茂名市副市长林日娣，广东石油化工高等专科学校领导袁富善、齐凯琴、何树华等参加会议。会议内容主要是高教厅许学强厅长等领导通报全省升本情况，对申报学校提出要求，就上报材料的内容、格式和上报时间等提出具体规定。筹备办按省高教厅规划处的要求和专家意见，继续做好申报材料的修改工作。

2000年1月6日，袁富善、黄婉嫦、沈豪祥前往省高教厅，和规划处领导一起修改申报材料。2000年2月20日，全国高校设置评议会在广州召开，对全国申办本科的51所高校进行评议，广东电视台、广播电台、南方日报等作了报道，见报的广东省五所高校，茂名学院排第一。3月22日，中华人民共和国教育部发出教发〔2000〕33号文件，同意广东石油化工高等专科学校、广东省茂名教育学院、茂名石油工业公司职工大学合并组建茂名学院，同时撤销原三所学校建制。文件明确：茂名学院系本科层次的普通高等学校，以实施本科教育为主，同时举办专科层次高等职业教育。学校由广东省领导和管理，学校发展所需经费由广东省统筹解决。学校实行省市（茂名市）共建、以省为主的办学体制。

二、组建茂名学院

广东石油化工高等专科学校、茂名教育学院、茂名石油工业公司职工大学合并升本被批准后，省市抓紧开展三校合并组建茂名学院工作。1999年5月11日，茂名市组建茂名学院筹备工作领导小组在市委宣传部会议室召开筹备工作会议。筹备工作领导小组副组长林日娣主持会议。茂名市教育局局长刘九权、副局长招培辉，广东石油化工高等专科学校、茂名教育学院、茂名石化公司职工大学党委书记、校长参加会议，主要研究三校合并组建茂名学院的有关事宜。

会议强调：为了理顺关系，积极、协调、平稳地做好三校合并组建工作，各校凡涉及以茂名学院名义处理的重大问题，如学生规模、新开专业、学校基建规划、申报经费等，都要经过筹备办，各校不能擅自使用茂名学院名义；筹备办要认真做好筹办和协调工作，重大问题要向市领导小组和省教育厅请示；各校领导要认真把本校的事情办好，要做好政治思想工作，稳定队伍；要抓好日常的教学工作，全面推进素质教育，提高教育质量；要管好人、财、物，要按规定办事，不能乱发钱物和突击提干。同时争取市政府尽快出台《关于引进高校教学人才暂行办法》，以利于加强教师队伍建设。

6月25日，时任中共茂名市委书记王兆林、市长邓维龙、副市长林日娣来校就学校筹备合并工作进行调研。

7月6日，筹备领导小组在茂名市迎宾馆7号楼会议室召开第一次会议，时任省教育厅副厅长张泰岭宣读了省委组织部《关于成立茂名学院筹备领导小组的通知》：张泰岭为组长，郑永辉、王乐夫为副组长，袁富善、齐凯琴、杨观镇、邢为群为小组成员。筹备领导小组的主要任务是负责三校合并过渡成为茂名学院的组织领导工作。会议研究了茂名学院的筹备工作，决定由郑永辉、王乐夫负责筹备领导小组的日常工作；成立筹备领导小组办公室，由何树华任主任，陈振纲、钟大文任副主任。

7月7日上午，由广东石油化工高等专科学校和茂名教育学院、茂名石化公司职工大学合并组建本科茂名学院筹备领导小组成立大会在学校科教会堂召开。茂名学院筹备领导小组成员、省教育厅有关负责人、三校的领导及其二级单位负责人参加了会议。张泰岭代表省委组织部宣读了省委组织部《关于成立茂名学院筹备领导小组的通知》，并强调当前要做好如下五项工作：一是积极主动快速平稳地做好三校实质性合并工作。二是协调好筹备领导小组与各校的关系。三是切实做好扩大招生和新学期教学安排。四是利用并校时机，全力推进校内管理体制改革，重点是校内人事制度改革和后勤社会化改革。

五是做好学科专业调整和重组，优化资源配置，提高整体办学水平和质量。筹备领导小组副组长郑永辉、王乐夫分别讲话，表示要为茂名学院的建设与发展而努力工作。

7月17日，省人民政府发出粤府函〔2000〕388号文件，提出三点意见：一、茂名学院实行省市共建、以省为主的办学体制，学校按本科层次管理。校级领导干部由省主管，其任免报批程序和管理办法按省委组织部的有关规定执行。二、维持原经费来源渠道不变，即茂名市每年拨给原广东石油化工高等专科学校的600万元及原茂名教育学院的经费（以近3年拨款平均数为基数）不变，其余部分由省财政负责。省财政适当增加本科教学设备设施投入。在省的统筹下，茂名市人民政府及省教育厅为申办本科院校所作的经费投入、土地划拨、人才引进等承诺必须保证兑现。三、茂名学院要认真做好实质性合并工作。茂名市要由一位分管教育的领导牵头，在省委教育工委和省教育厅直接指导下组织实施。学院在近期要抓紧制定出本科专业及规模的发展规划并及时报批。

7月28日，茂名学院筹备领导小组召开第二次会议。张泰岭主持会议，领导小组全体成员到会。会议提出五点意见：一、茂名学院今年招生4155人，招生任务重，要做到四个统一：统一组织录取，统一收费标准，统一新生入学报到时间，统一按招生专业安排校区，学生按校区入学报到。三个校区名称分别为茂名学院官渡校区（原广东石油化工高等专科学校）、茂名学院光华校区（原茂名教育学院）、茂名学院双山校区（原茂名石化公司职工大学）。二、加快推进实质性合并工作。广东石油化工高等专科学校与茂名教育学院首先按实质合并的要求做好有关具体工作。三、做好学院挂牌的准备工作。四、做好三校实质性合并工作，新学期开学后由省教育厅牵头，组织有关人员与中国石化集团公司商谈落实茂名石化公司职工大学办学体制问题。五、继续做好后勤社会化改革，有关方案待新班子成立后统一部署。

9月14日，省委办公室下发粤办发〔2000〕23号文，对新建茂名学院的建制和干部管理作了批示：学院定为正厅级建制；学院领导班子配备党委书记1名、副书记2名（含兼职）、纪委书记1名、院长1名、副院长2名，党员院长原则上兼任党委副书记；党委正副书记、纪委书记、正副院长由省委管理，由学院所在地市委协助管理；学院党的工作实行属地管理，并接受省委教育工委的指导。

三、实质性合并"两校"

2000年7月7日，经教育部批准，茂名学院英语、数学与应用数学、机械设计制造及其自动化、电子信息工程、环境工程、化学工程与工艺6个专业设置为本科专业，并于2000年秋季开始招生（教高司〔2000〕38号、粤教规〔2000〕18号）。三校认真贯彻落实7月28日茂名学院筹备工作领导小组第二次会议精神，按"四个统一"做好招生工作，以茂名学院名义招生3120名。9月8日上午，茂名学院挂牌仪式在官渡校区（主校区）大门举行。9月23日，在官渡校区科教会堂举行茂名学院首届新生开学典礼，同年11月16—18日，在官渡校区田径运动场举行茂名学院成立后首届田径运动会，三校以校区形式组队参会，标志着三校实质性合并的开始。2001年1月18日，省委组织部下发粤组干〔2001〕80号文，同意成立茂名学院临时党委。郑永辉任临时党委书记，王乐夫、何树华任临时党委副书记，齐凯琴、杨观镇为临时党委委员，谢小鹏任纪委书记、临时党委委员。同时，省委组织部下发粤组干〔2001〕81号文，同意成立茂名学院行政领导班子。王乐夫任院长，齐凯琴、杨观镇任副院长。2月16日，省委组织部和省委教育工委来校宣布上述任免决定。

茂名学院领导班子成立后，广东石油化工高等专科学校、茂名教育学院实质性合并工作有序展开。

2月19日，学校党委召开会议，对领导班子成员的工作进行分工。随即进行中层机构设置和中层负责人安排、"两校"人员整合和全面实施统一管理工作。

2月23日，学校举行茂名学院成立庆祝大会和校牌揭幕仪式。时任广东省政协副主席、中共茂名市委书记、市人大常委会主任王兆林，市长邓维龙，广东省教育厅副厅长张泰岭，省、市、县（区）有关领导和部分兄弟院校领导出席大会。王兆林、张泰岭共同为"茂名学院"校牌揭幕。

3月2日，学院党委制发《茂名学院基层党组织设置方案及临时负责人产生办法》《茂名学院中层机构设置方案》和《茂名学院中层机构临时负责人产生办法》，并在3月份对学院机构进行设置和对中层临时负责人进行选配。

在机构设置和干部配备方面，按照"精简、高效、效能"的原则，教学教辅系统设置了师范学院、成人教育学院、石油化工系、机械工程系、自动化系、建筑工程系、管理系、社科部、体育部、图书馆、电化教育中心、计算机教育与网络中心。党政机关系统设置了纪委办公室、监察处、审计处（合署），党委办公室、学院办公室（合署），党委宣传部，党委组织部，党委学生工作部、学生处（合署），武装部、保卫处（合署），人事处，财务处，教务处，科研处，设备处，总务处，产业处。群众团体系统设置了工会、团委。并按照干部队伍革命化、年轻化、知识化、专业化的要求，经过动员、自荐、民意调查、组织考察、党委集体研究，配备了中层机构的临时负责人56名。

在党的组织建设方面，设立了师范学院党总支，成人教育学院党总支，石油化工系党总支，机械工程系党总支，自动化系党总支，建筑工程系党总支，管理系党总支、教务党总支（含教务处、科研处、资产设备处、图书馆、计算机教育与网络中心、电教中心、社科部、体育部），机关党总支［含学院（党委）办公室、组织部、宣传部、纪委办公室、监察处、审计处、学生工作部（处）、人事处、财务处、保卫处、总务处、工会、团委］，后勤服务中心党总支，产业党总支，离退休党总支等12个党总支，同时任命了各党总支的临时负责人。

3月28日，学校对部分教学机构进行了优化调整。

（1）撤销原广东石油化工高等专科学校基础部，其下属的数学教研室、英语教研室、物理教研室以及社科部下属的语文教研室分别与师范学院数学系、英语系、物理系、中文系合并；其下属的化学教研室、物理化学教研室并入石化系，组建基础化学教研室；其下属的化学实验室、物化实验室并入石化系；物理实验室、英语语音室并入师范学院。

（2）原茂名教育学院德育教研室并入社科部，艺术课教师归社科部管理。

（3）师范学院下设4个系，6个直属教研室，即：中文系、数学系、英语系、物理系及政史教研室、生化教研室、地理教研室、计算机教研室、教育科学教研室、小学教育教研室。

3月起至年底，学校相继建立和调整有关的管理、学术机构，这些机构分别是调整清理"小钱柜"工作领导小组、计划生育工作领导小组、关心下一代工作委员会、保密工作委员会、社会治安综合治理委员会、体育运动委员会、校务公开领导小组、基建维修采购招标领导小组、计划外收费管理工作小组、教学督导组、基础英语和计算机以及高等数学教学工作组、第一届学术委员会、第一届学术委员会专业技术资格评审委员会及教学指导委员会、第一届学术委员会学科建设委员会和科学技术发展委员会、后勤社会化改革工作领导小组、语言文字工作委员会。将原"广东石油化工高等专科学校科技开发公司"更名为"茂名学院科技开发公司"，归属科研处管理。对管理系的专业学科名称及其两教研室名称进行了更改，原"管理系"更名为"经济管理系"，原"经济管理教研室""财务会计教研室"分别更名为"市场营销教研室""会计教研室"。

与此同时，学校迅速实施全面统一的管理工作。3月21日，正式启用"中国共产党茂名学院委员会"和"茂名学院"公章，原"广东石油化工高等专科学校"和"茂名教育学院"印章同时废止，全部回收原冠有"广东石油化工高等专科学校"和"茂名教育学院"名称的管理部门、教学机构、学术团体、群众组织等的印章。4月20日，制发了《茂名学院教学、教辅、行政各单位岗位定编方案》，对学校教学、教辅、党政管理人员进行定员定岗定编，对原广东石油化工高等专科学校和原茂名教育学院的所有人员按照同类对口合并的原则进行了合并办公，全院900多名教职工都较为妥善地安排了岗位。

7—9月，进行原广东石油化工高等专科学校与原茂名教育学院的财务并账工作，对原两校的资产也进行全面的清查登记。同时根据国务院及广东省人事厅的规定对职工工资进行调整，统一教职工工资发放标准。根据《教育部办公厅全国档案事业发展"十五"计划》对合并院校档案管理的要求，6—10月，对原茂名教育学院的档案材料进行全面的清理和收集归档。

为了更进一步做好两校实质性合并工作和启动学校教学教育科研管理等各方面的工作，学校领导班子展开了全面深入的调查研究工作。4—5月，校领导分别深入各二级单位、部门进行调研，了解摸清家底，学校筹备于5—6月分别召开教学科研工作、人事工作、党建及思想政治工作、机关工作等四大工作会议，对关系学校全局工作的重大规章制度进行审议讨论，为启动编制"十五"发展规划和全面建章立制工作做好准备。

10月，学校对党政机构作了个别调整，同时启动处级、科级干部竞争上岗工作。在机构调整方面，把学院党委办公室与院长办公室分别设立；成立后勤服务中心（后更名为"后勤集团"），下设行政部、财务部、饮食服务中心、商业服务中心、物业管理中心、维修服务中心、学生宿舍管理中心、汽车队、艺术幼儿园。将校内学生食堂（路东楼食堂除外）、教职工住宅区、学生宿舍区、校舍维修及改造、校园绿化和清洁卫生、校园供水供电供气、校内商店、车队、幼儿园、招待所、广州联络处、后勤物资采购（教学、科研仪器设备除外）、教学科研设施（教室、科教会堂、体育馆、田径场、游泳场）、围墙商业铺位等列入后勤服务中心管理；原"产业处"更名为"产业集团"；成立化学工程研究所，隶属石油化工系。

10月10日和11月30日，校党委分别制发《中层干部公开选拔竞争上岗实施办法》和《机关、二级学院（系、部）科级干部选拔聘任实施办法》，经过大会动员、自愿报名、公开述职、民主测评、组织考核、党委集体讨论，正式任命全校中层干部和科级干部。

12月份，学校调整教学机构：成立化工与环境工程学院、计算机与电子信息学院、机电工程学院；保留师范学院、成人教育学院、经济管理系、建筑工程系、社科部、体育部，并对二级系（教研室）、实验室作了调整重组。同时，分别召开茂名学院第一届教职工代表大会、茂名学院第一届女教职工代表大会和茂名学院第一次团员代表大会，选举产生茂名学院第一届工作委员会、第一届女教职工工作委员会和共青团茂名学院第一届委员会。

四、茂名石化公司职工大学未合并

茂名石化公司职工大学不合并的原因："三校"合并成立茂名学院，是经省、市和茂名石化公司协商同意，教育部批准的。但在实行合并过程中，茂名石化公司同意茂名石化公司职工大学参照广东石化专科学校体制划转的模式，把茂名石化公司职工大学整体建制、资产划给茂名学院，教职工的"人头费"由省负责。当时省教育厅认为，既然实质性合并了，"人头费"也要像广东石油化工高等专科学校那样长期有效。而茂名石化公司考虑，为了支持三校合并，服从国家大局，已经把110亩地和学校资产都划出去了，还要长期负担职工大学的"人头费"，不合情理，难以接受。

由于茂名石化公司职工大学办学体制待改革，2004年4月26日，学校院长办公会议决定双山校区2004年停止招生。2004年6月25日，茂名市政府、茂名石化公司、茂名学院三方在茂名石化官渡邨会议室召开茂名石化公司职工大学改制协调会，研究茂名石化公司职工大学改制问题。经会议研究决定不再坚持合并，茂名石化公司职工大学改办为茂名石化公司职工培训中心。

根据茂名市政府《关于茂名石化公司职工大学改制问题》的会议纪要，学校于2004年7月1日召开党政联席会议，同意接收双山校区531名2003级学生回校本部就读和管理。同时接收一些经考核符合学校引进人才条件的职工大学教师来校任教。

至此，原广东石油化工高等专科学校和茂名教育学院实质性合并工作基本完成。茂名石化公司职工大学因教职工的"人头费"等问题未能得到妥善解决，最终未合并。

五、茂名学院高州师范分院办学体制

茂名学院成立后，茂名市与学校协商，要求学校将高州师范学校作为茂名学院下属师专。学校于2001年4月20日召开党政联席会议研究，原则同意茂名市的意见，建议名称为茂名学院（高州）师专，其管理体制为省市共建，以市为主，体制相对独立，并上交一定的管理费。2001年12月，广东省政府以粤府函〔2001〕682号文，批准高州师范学校并入学校作为茂名学院的二级学院，并于当年秋季由茂名学院负责统一招生，该校仍由茂名市教育局主管。2002年12月24日，根据茂教字〔2002〕279号文，高州师范学校更名为"茂名学院高州师范分院"。

此外，2003年3月11日，经茂名市人民政府研究同意，广东省茂名市建设中等专业学校为茂名学院二级职业技术学院（茂府函〔2003〕16号）。学校于2004年7月1日经党政联席会议研究，同意对市建专办学收取一定的管理费。

2004年11月24日，广东省教育厅转发省政府（粤府函〔2004〕309号文）《关于省属中等职业教育布局调整问题的批复的通知》，批复学校原"广东石油学校"建制正式撤销（粤教职〔2004〕88、96号）。

六、开展"三讲"教育活动

在茂名学院筹备工作期间，全省高校开展"三讲"（讲学习、讲政治、讲正气）教育，茂名学院的"三讲"教育于2000年10月全面展开，于2001年9月底结束。主要对象是学校领导班子及其领导成员以及副处以上的党员领导干部。

在历时近一年的教育中，学校严格按照中发〔1998〕17号、中办发〔2000〕8号、粤"三讲"领〔2000〕3号文件的指导思想、基本要求和方法步骤进行，严格按照省高校"三讲"办的具体部署，坚持高标准、严要求，精心组织，严格把关，不走过场，在面临"三校"合并和教学任务繁重的情况下，与三个校区党委紧密配合，精心安排好"三讲"教育与当时的工作任务，使"三讲"教育紧张而有序地展开，做到了"两不误、两促进"，取得较显著的效果。

2000年12月25日，驻校"三讲"教育巡视组对学院"三讲"教育给予了高度的评价，认为取得的显著成效有：一是受到一次深刻的马克思主义理论教育，坚定"四信"，增强贯彻执行党的路线、方针、政策和中央重大决策的自觉性；二是坚持开门搞"三讲"，广泛听取群众意见，增强领导干部接受群众监督的自觉性；三是找准存在的问题，分析问题产生的原因，总结经验教训，进一步明确今后努力方向；四是经受了一次严格的党内政治生活的锻炼，深化对突出问题的认识，洗涤思想尘埃，升华精神境界，消除某些误解，增强团结；五是制订整改方案，建立健全相关制度，狠抓措施落实，巩固和发展"三讲"教育成果。

第二节　制定规划　迎评促建

一、制定实施学校"十五"发展规划

学校在 2001 年 3 月推进"两校"实质性合并的同时，领导班子开始组织制定茂名学院"十五"发展规划。4 月 11 日，省教育厅下达"十五"期间普通高等学校办学规模的通知，要求茂名学院至 2005 年全日制在校生规模为 10 000 人，其中本科生 7000 人，专科生 3000 人（粤教规〔2001〕33 号）。学校按省教育厅下达学校"十五"期间的办学规模的规划，落实"十五"规划的制定工作。10 月 25 日，《茂名学院"十五"（2001—2005）发展规划》定稿印发，其主要内容是：

（1）指导思想：坚持方向，以德为重；提高质量，育人为本；服务社会，面向地方；教学为中心，科研促发展；夯实基础，建合格本科大学。

（2）发展定位：建设一所以工科为主，师范教育、管理和其他学科协调发展的多科性省属本科普通高校，以本科教育为主，兼顾专科、高职及成人教育。

（3）学科建设：突出以石化为龙头的强工学特色，积极发展以信息技术、新材料和生物技术为代表的高新科技类学科，提升普通师范教育的层次和规模，发展社会需求量大的经管类学科和人文社科类学科。建成工学、理学、师范教育、经济学、管理学、文学、法学等 7 个学科门类、30 个本科专业。

（4）办学规模：到 2005 年，全日制在校本（专）科生达到 10 000 人以上；设置 20 个以上的本科专业，专业面主要覆盖工科、师范教育和管理学科，并发展理、文、农等学科专业。工科和管理类专业服务面向广东，兼顾中南地区，师范教育类专业主要服务茂名市，兼顾阳江市。

（5）师资队伍：建设一支职称、学历和年龄结构合理的思想政治觉悟高，教学科研水平高，业务工作能力强，具有创新精神、团队精神和奉献精神的高素质教师队伍。

（6）基础建设：建设一座建筑面积为 2 万平方米的现代化多功能图书馆；建设一座建筑面积为 2.5 万平方米的拥有各类多媒体教学设施的新教学大楼；建设一批高起点的基础教学实验室；建设一个高水平的计算机教育与网络教育中心；建设一批高标准的学生公寓、食堂、文体设施和教工宿舍。

经过全体师生员工的共同努力，"十五"规划得到比较好的实施，学校各项事业获得了较快发展，为学校加快"十一五"发展创造了有利条件。

二、接受学士学位评审

为有效开展学士学位评审工作，确保顺利获得学士学位授予权，学校自2000年合并升本开始就把迎接学士学位评审工作放在重要位置。

在迎评期间，学校把重点放在加强和完善教学条件上，到学校接受学士学位授予权评审前，已建有多媒体课室38间（3740座），语音室12间（830座），多媒体课室座位数和语音室座位数每百生52.4座，超过教育部规定的指标；教学实验用计算机1336台，每百生计算机台数达15.2台，超过教育部规定的指标；图书馆馆藏图书已达70万册，并拥有100台机座的电子阅览室；网络中心的出口带宽增加到1310兆，是广东省教育和科研计算机网地区汇接中心之一。重点建设了化工原理、机械基础、电工电子、现代通信、基础化学、基础物理、计算机基础、金工实习中心、信息与网络中心等9个校级基础和技术基础实验教学中心；并按教学大纲对第一批受评6个本科专业的专业实验室进行了重点建设；同时规范了实验室管理，全校实验室都张贴了"学生实验守则""实验室工作人员守则""实验室安全制度"等规章制度。

2004年4月12—13日，省学位委员会组织31位专家对学校申请新增为学士学位授予单位进行了评审。专家组由中山大学、华南理工大学、暨南大学、华南师范大学、广东工业大学、广州大学、深圳大学和茂名学院的教授及专家组成，评审专家委员会主任由省学位委员会副主任、省教育厅副厅长罗远芳教授担任，副主任由华南理工大学曾志新教授担任。

4月12日上午，召开"茂名学院新增为学士学位授予单位评审会"开幕式。省学位委员会副主任、省教育厅罗远芳副厅长，省学位委员会办公室主任、省教育厅科研处郑士览处长，省教育厅高教处胡振敏处长和评审专家，茂名市委副书记宋寿金，市委常委、宣传部部长许木咏，茂名市政府副秘书长朱其祥，茂名学院领导及师生代表出席了会议。会议由郑士览主持。学校王乐夫院长致欢迎词，并作了题为《抓住机遇，迎接挑战，夯实基础，再上台阶，为实现学校宏伟的发展目标而努力奋斗——茂名学院申请新增为学士学位授予单位》的工作汇报。罗远芳强调本次评审要按照相关的评审指标体系严肃认真地进行。宋寿金也作了讲话。开幕式结束后，王乐夫向专家组汇报了学校办学整体情况；专家组考察了图书馆、网络中心、语音室、基础教学实验中心、食堂、学生公寓及运动场等教学设施及公共服务体系。

4月12日下午至13日上午，专家组听取学校6个申报学士学位授予权的专业负责人关于专业的整体情况汇报，考察各专业教学设施、专业实验室，审阅各专业的教学文件及有关材料，召开教师和学生座谈会。4月13日下午，专家组首先就各受评专业进行分组评审和投票表决，随后召开评审意见反馈会。专家委员会副主任曾志新教授宣读了专家评审意见：茂名学院及其6个申请专业具备学士学位授予条件，同意茂名学院及其6个专业学士学位授予权的申请。

会上，各专业的专家小组组长也分别指出所评专业存在的问题，同时为茂名学院2006年迎接教育部本科教学工作水平评估提出意见。罗远芳要求学校根据专家们提出的中肯意见认真总结，反思不足，努力改善办学条件，为迎接2006年教育部本科教学工作水平评估做准备。茂名市委常委、宣传部部长许木咏表示，市委、市政府将对茂名学院的建设发展加大支持力度。王乐夫院长表示，将根据专家提出的宝贵意见，以本次评审为契机，不断改革创新，改善办学条件，进一步夯实本科办学基础。

5月21日，省学位委员会下发《关于批准茂名学院为学士学位授予单位的通知》，批准学校为学士学位授予单位，同时批准学校2000年首批招生的英语、数学与应用数学、化学工程与工艺、机械设计制造及其自动化、电子信息工程、环境工程等全部6个专业为学士学位授予专业。

三、通过本科教学工作水平评估

（一）高校本科教学工作水平评估背景

普通高等学校本科教学工作水平评估，是以《中华人民共和国高等教育法》为依据，贯彻"以评促改，以评促建，以评促管，评建结合，重在建设"的原则。通过水平评估进一步加强国家对高等学校教学工作的宏观管理与指导，促使各级教育主管部门重视和支持高等学校的教学工作，促进学校自觉地贯彻执行国家的教育方针，按照教育规律进一步明确办学指导思想、改善办学条件、加强教学基本建设、强化教学管理、深化教学改革，并提出全面提高教学质量和办学效益的重要举措。

1994年初，国家教委开始有计划、有组织地实施对普通高等学校的本科教学工作水平评估。从发展过程来看，高等学校本科教学工作水平评估相继经历了三种形式：合格评估、优秀评估和随机性水平评估。

2002年，教育部将合格评估、优秀评估和随机性水平评估三种方案合并为一个方案，即《普通高等学校本科教学工作水平评估方案》。普通高等学校本科教学工作水平评估的结论分为优秀、良好、合格和不合格4种。

2003年，教育部在《2003—2007年教育振兴行动计划》中明确提出实行"五年一轮"的普通高等学校教学工作水平评估制度。同年，教育部针对高职高专院校制定了人才培养工作水平评估方案，开始对26所高职高专院校进行试点评估。

2004年8月，教育部高等教育教学评估中心正式成立。建立五年一轮的评估制度及成立评估中心，标志着中国高等教育的教学评估工作开始走向规范化、科学化、制度化和专业化。

正是在这样的背景下，学校作为新晋升本科院校，在2002年启动了本科教学评建工作，提出要通过几年的建设工作，在2006年通过教育部本科教学工作水平评估。

（二）全力做好本科教学工作水平评估工作

2002年初，学校启动申请学士学位授予权评审准备工作的同时，启动了本科教学评建工作。2004年4月，学校以获得学士学位授予权为契机，全面启动本科教学工作水平评估工作。学校坚决贯彻"以评促建，以评促改，以评促管，评建结合，重在建设"的方针，深化教育教学改革，加强教学基本建设，提高办学条件，规范教学管理，完善教学质量保障体系，努力提高本科教学质量与水平。

2005年5月31日，学校成立本科教学工作水平评估工作领导小组，院长王乐夫任组长，副院长张清华、党委副书记何树华任副组长，学校其他领导成员齐凯琴、杨观镇、王恒胤、何浏为成员，学院办公室主任陈振纲任秘书。

2006年3月24日，省委组织部来校宣布，王乐夫不再担任茂名学院党委书记、党委委员职务和院长职务（调任广东职业技术师范学院院长），学校党委工作暂由何树华负责，行政工作暂由张清华负责。在评建的关键时期，学校领导班子不畏困难，团结一致，以求实献身的精神，以对学校高度负责的态度，带领全体师生员工继续全力推进评估工作。随后，学校领导班子在考察调研和全面分析的基础上，确定了"硬件保合格，软件争优良"方针，邀请省内外专家启动校内自评，理清家底、思路，理清了努力方向，也统一了思想；此外，校外专家齐国光、谢劲如全程指导学校迎评工作；这些都为顺利通过评估打下坚实基础。

2006年下半年，学校评建工作进入攻坚阶段。7月，省委组织部任命关志强为茂名学院党委委员、党委书记；8月，任命宋垚臻为茂名学院党委委员、副书记、院长。为加强评估工作，9月6日，学校对评估领导小组成员作了调整和补充。新任党委书记关志强、新任院长宋垚臻任组长，其他校领导张清华、何树华、王恒胤、何浏、杨观镇为副组长，机关各处室和各二级院（系）主要领导为成员，评估工作办公室由张清华任主任，汪富泉、邹纲明、胡生泳、陈辉任副主任，成员有刘贵全、孙德胜、张健刚、林军、姚大斌、姜雪红、温云峰、温红卫。评估领导小组调整后，进一步理清了评估工作思路，加大评估工作的力度。

2006年11月21日，学校在田径运动场召开迎接教育部本科教学工作水平评估万名师生员工誓师大会，要求全校每一位师生员工以"校兴我荣，校衰我耻"的责任感、"只争朝夕，时不我待"的紧迫感和"事关兴衰，不进则退"的危机感，积极投身学校的"迎评促建"工作，人人参与评估，时时关心评估，事事服从评估，共同营造积极、和谐的迎评氛围。

誓师大会后，学校各单位各部门干部、教师以更高热情投入评估查漏补缺工作，他们以办公室为家，以办公长椅为床，夜以继日、废寝忘食地工作；学生也以饱满的热情，营造良好的学风。师生全力以赴，为迎评工作做最后的冲刺。

12月3—8日，教育部本科教学工作水平评估专家组一行11人进校，对学校本科教学工作水平进行实地考察评估。审核评估过程中，学校为每位专家配备了联络员。当时学校条件紧张，无法租用更多的交通工具，负责联络工作的干部、教师发扬"艰苦奋斗、求实献身"的学校精神，主动提供私车接送专家，自费购置新西服和新皮鞋，尽自己的努力克服学校困难和条件短缺，以最佳的精神状态投入评估联络工作中。评估过程中，有一专家夜里犯病，几个联络员在凌晨为专家跑药店帮他买专用药。学校热情贴心的优质服务和严谨细致的工作作风给专家留下良好印象。

专家组经几天考察评估，于8日上午宣读了对学校本科教学工作水平评估的考察意见和建议。意见认为：茂名学院及时抓住高等学校发展机遇，坚持"育人为本，质量立校，人才强校，特色兴校"的办学理念，使学校得到快速发展，成为一所以工科为主、多学科协调发展的多科型本科大学。学校领导班子团结敬业、求真务实、勇于开拓，带领全校师生员工解放思想，艰苦创业，实现了由专科教育向本科教育的转变。学校在学科专业建设、师资队伍建设、教学条件建设、校园文化建设及人才培养等方面取得了很大成绩，办学规模不断扩大，办学条件不断改善，办学水平明显提升，办学效益稳步提高。全校师生员工积极向上，不断进取，把迎评促建工作作为一项重要工作来抓，认真贯彻落实"以评促建，以评促改，以评促管，评建结合，重在建设"的方针，思想重视，目标明确，组织到位，保障有力，评建工作取得显著成效。

50多年来，茂名学院培养了一大批扎根基层、甘于奉献、志存高远、务实创新的应用型人才，为国家建设和社会发展作出了重要贡献，在办学实践过程中形成了"艰苦奋斗、求实献身"的学校精神和培养"扎根基层，实干创新"的人才。

对于问题与建议，意见提出：一是学校应进一步加强师资队伍建设，提高整体教学水平；二是学校应进一步加大教学投入，促进学校全面协调可持续发展；三是学校应不断深化教育教学改革，在人才培养模式、课程体系、教学内容与方法等方面进一步改进；四是建议广东省政府和茂名市政府进一步加大对学校的投入力度。

专家组评审过后，学校立即展开整改工作。2006年12月19日下午，校长办公会议研究了本科教学工作水平评估整改工作，接受评建办提出的整改意见。会议决定，为切实推进整改工作和增强整改成效，学校在2007年拟成立征地工作小组、学科专业建设规划小组、实验室建设工作小组、依法治校工作小组等各专项工作小组。会议还要求将整改工作与省市的经济和高等教育发展以及学校的"十一五"规划结合起来考虑，以整改推动学校的全面发展。12月20日下午，学校召开中层干部会议，部署评建整改工作。张清华副院长总结了教育部专家组对学校本科教学工作水平考察评估的情况，提出学校本科教学工作水平评估整改工作的指导思想及目标、基本原则、基本要求和具体时间安排，宋垚臻院长也对评建整改工作作出了指示。

2007年5月23日，教育部公布2006年133所接受本科教学工作水平评估的普通高等学校评估结论，其中学校评估结论为合格（教高评函〔2007〕1号）。

四、庆祝建校 50 周年

2004 年，是学校建校 50 周年。为宣传学校的办学历史和品牌，总结 50 年的办学经验，探索学校的发展方向，提高新组建的茂名学院的影响力，同时也为加强校友之间、学校与校友之间的联系，学校决定举行建校 50 周年庆典活动。

根据省教育厅《转发教育部办公厅关于校史和校庆问题的通知》（粤教高〔2002〕88 号）精神，学校于 2002 年组织各有关部门的领导和部分离退休教职工，本着实事求是、尊重历史、尊重科学的态度，对茂名学院办学历史和校庆年份进行科学的论证，确定沿用原广东石油化工高等专科学校（包括广东石油学校）的办学历史和校庆年份为茂名学院的办学历史和校庆年份，即办学历史从 1954 年开始，每年 11 月 11 日为校庆日，2004 年 11 月 11 日为 50 周年校庆日，并报省教育厅审核确认。

11 月 11 日上午 10 时，学校在官渡校区田径运动场隆重召开茂名学院建校 50 周年庆祝大会。省教育厅助理巡视员文传道，中国石油化工集团公司人教部副主任王凤英，中国石油化工集团公司人教部原副主任张文平，茂名市政协主席李瑞，茂名石化公司总经理房广信，茂名市委常委、宣传部部长许木咏，广东省委委员、华南理工大学党委书记刘树道等省、市、高校领导出席了庆祝大会。广东各兄弟院校领导、全国知名企业单位领导、海内外校友和学校师生员工近 12 000 人参加了庆祝大会。

第二章 踏上新程 快速发展

在广东省和茂名市的领导下，在社会各界的大力支持下，茂名学院于2005年召开第一次党代会，大会明确了学校踏入新征程后的指导思想和奋斗目标。此后，全校师生员工同心同德，艰苦奋斗，学校多次在全校范围内开展教育思想和办学理念讨论活动，尤其在2006年迎接本科教学工作水平评估的学习讨论中，学校进一步开展教育思想大讨论，形成并确定学校的办学指导思想，找准并确定了学校的办学定位和办学思路。

2007年，学校提出建设"以工为主，石油化工特色鲜明、优势突出，在省内外具有一定影响和地位的教学型本科大学"的发展目标，并制定学校"十五""十一五"事业发展规划和领导班子任期目标（2006—2010）等发展纲领性文件，制定与领导班子任期目标相配套的十大专项规划和八项改革方案，出台《关于继续解放思想，推进学校科学发展的决定》，进一步明确学校办学指导思想、发展定位和办学思路，推动学校各项事业科学发展、快速发展，取得丰硕成果。

第一节 开党代会 明确方向

一、召开第一次党代会

2005年12月26—28日，中国共产党茂名学院第一次代表大会在图书馆学术报告一厅召开，7个代表团共174名代表出席了会议。

学校临时党委书记王乐夫代表学校临时党委向大会作了题为《以党的教育方针为指导，加强党的执政能力建设，为实现学校宏伟的发展目标而努力奋斗》的报告。王乐夫在报告中提出学校今后一段时间发展的指导思想和奋斗目标是：以马克思列宁主义、毛泽东思想、邓小平理论和"三个代表"重要思想为指导，忠诚于党的教育事业，坚持社会主义办学方向，不断加强和改进党对学校工作的领导，以造就德智体美全面发展的中国特色社会主义事业的建设者和接班人为学校工作的首要任务。以师资队伍建设为本，以学科专业建设为龙头，以教学为中心，以科研促发展，以培养理论基础知识扎实，具有实践能力和创新精神的应用型人才为目标，将教书育人、管理育人、服务育人与文化育人和实践育人相结合，把茂名学院建设成为特色鲜明、在省内外有一定影响的高质量教学型本科大学。

学校临时党委副书记、纪委书记何浏代表学校纪委作了题为《坚持惩防并举，加强党风廉政建设，为学校的教育事业持续健康发展提供保证》的报告。

在3天会议期间，代表们讨论了党委工作报告和纪委工作报告。28日下午的全体代表会议由学校临时党委副书记王恒胤主持，会上通过了"两委"的工作报告，选举产生了中共茂名学院第一届委员会和中共茂名学院纪律检查委员会。中共茂名学院第一届委员会成员为：王乐夫、王恒胤、邓成东、李润、李德豪、何浏、何树华、张清华、黄玉新。中共茂名学院纪律检查委员会成员为：刘金锋、邱影、何浏、张静、张华展、陈振纲、胡生泳。

会议闭幕后，随即分别召开中共茂名学院第一届委员会第一次会议和中共茂名学院纪律检查委员会委员会议，选举产生中共茂名学院第一届委员会书记、副书记和中共茂名学院纪律检查委员会书记、副书记。中共茂名学院第一届委员会书记为王乐夫，副书记为王恒胤、何浏、何树华，中共茂名学院纪律检查委员会书记为何浏，副书记为张静。

中国共产党茂名学院第一次代表大会的召开，选举产生了中共茂名学院第一届委员会和中共茂名学院纪律检查委员会，同时以党代会的形式确定了学校的办学指导思想和奋斗目标，为制定学校"十一五"事业发展规划和远景规划，把茂名学院办成一个特色鲜明、在省内外有一定影响的高质量教学型本科大学奠定了基础。

二、加强学校党建工作

学校建立健全了学校党委—二级党总支（直属党支部）—党支部三级组织体系。在基层党组织设置方面，做到调整及时，组合优化，覆盖全面。学校根据学生以及各单位（部门）的不同特点，本着有利于开展教学、科研、管理和服务工作，有利于党员的教育、培养和管理的原则，合理设置党支部。在符合条件的教研室（系、所）、机关处（室）设置教职工党支部；在符合条件的专业、年级、系或学生班级设置学生党支部。

学校重视早启蒙、早选苗、早培养这项基础性工作，把工作的着力点放在对大学生入党前的培养教育上，在工作中注重抓好新生的早期教育、入党积极分子的党性教育。本着"成熟一个，发展一个"的原则，坚持标准，保证质量，有领导、有计划地在大学生中发展党员，同时注重在青年教师和"双高"骨干教师中发展党员。此外，学校深入开展固本强基工程，机电学院学生第一党支部被评为广东省高校固本强基示范党支部。据统计，学校党员比例由2001年的6.60%增长到2009年的17.12%，其中，副高以上职称党员由50.00%增长到61.30%，本科生党员由0.37%增长到14.77%，党员的先进性得到了进一步发挥，党组织的保障作用明显增强。

学校党委高度重视干部队伍建设，特别是2002年中共中央颁布实施《党政领导干部选拔任用工作条例》（简称《条例》）以来，高度重视条例的贯彻落实。在干部选拔任用工作中，坚持以邓小平理论和"三个代表"重要思想为指导，以科学发展观为统领，坚持标准，严格程序，始终坚持正确的用人导向，以干部"四化"方针和德才兼备为原则，努力建立科学规范的干部选拔任用和管理考核监督制度，推进干部工作的科学化、民主化、制度化，加强各级领导班子和干部队伍建设。到2009年9月，学校有处级干部108名，其中领导职务干部97名；科级干部127名，其中领导职务干部92名。加强廉政制度建设与创新，教育、制度、监督并重的惩防体系基本建立。

第二节　加强规划　科学发展

一、制定学校"十一五"规划

2004年6月8日，学校"十一五"发展规划编制工作小组成立，王乐夫任组长，何树华、齐凯琴、杨观镇任副组长，成员由学校党委办、学院办、教务处、科研处、人事处、学生处、总务处、设备处、图书馆、后勤集团等的领导组成。2006年5月10日，学校正式颁发了《茂名学院"十一五"（2006—2010）规划和2020年远景规划》（茂名学院〔2006〕50号）。规划主要内容：

（1）发展定位：建设以工科为主，理工结合，师范教育、经、管、文、法等多学科协调发展的教学型普通高校。积极开展科学研究和科技开发工作，不断提高学术水平和教育质量。构筑并完善以本科教育为主，兼顾各类成人继续教育的多层次教育体系。培养"宽口径、厚基础、高素质、强能力"的应用型人才。立足广东、依托茂名、辐射全国，为国家和地方的社会主义现代化建设服务。

（2）办学特色：强化工科群体优势，突出石油化工特色，坚持产学研相结合，重视学科互补协调，注重实践技能培养。

（3）办学规模：到2010年全日制普通在校学生达20 000人以上，其中本科生达到15 000人以上，高州师范分院和广州校区专科生达5000人以上，各类成人教育在读生达到10 000人以上。

（4）学科专业建设："十一五"期间计划使本科专业总数达到35～40个，并力争拿到1个以上省级重点学科，1～2门工科类专业成为省级名牌专业。

（5）师资队伍建设：专任教师占60%，教辅人员占20%，党政管理人员占20%。

（6）科学研究方面："十一五"期间科研经费争取达到2000万元以上。

（7）基础设施建设方面："十一五"期间学校力争完成新校区的征地工作，并按规划进行建设。图书馆藏书达到150万册。

（8）到 2020 年，学校办学规模和办学水平将达到：全日制普通在校生超过 25 000 人，其中校本部本科在校生超过 20 000 人，本科专业数增至 50 个，并力争成为硕士学位授予单位，设 6 个以上硕士点。

二、明确办学指导思想、办学定位和办学思路

（一）办学指导思想

2006 年 9 月 6 日，院长办公会议讨论了学校办学指导思想，并提交党委会议讨论决定。9 月 12 日，学校党委会议讨论学校办学指导思想文稿，初步达成共识，在本科教学工作水平评估期间又发动师生员工进一步学习讨论，形成并确定学校的办学指导思想是：以邓小平理论和"三个代表"重要思想为指导，全面落实科学发展观，全面贯彻党的教育方针；坚持"育人为本、质量立校、人才强校、特色兴校"的办学理念；以社会需求为导向，以学科建设为龙头，以人才培养为中心，统筹学校规模、质量、结构、效益协调发展，不断提高办学水平和教育质量；紧紧抓住广东建设亚洲主要石化基地的战略机遇，建设以工为主，石油化工特色鲜明、优势突出，在省内外具有一定影响和地位的教学型本科大学。

（二）办学定位、办学思路

学校升本以后，多次在全校范围内开展教育思想和办学理念讨论活动，尤其在 2006 年迎接本科教学工作水平评估的学习讨论中，学校进一步开展教育思想大讨论，找准并确定了学校的办学定位和办学思路。

1. 办学定位

办学类型定位：教学型大学。办学层次定位：以本科教育为主体。人才培养目标定位：培养人格健全、基础扎实、实践能力强、具有创新精神的应用型高级专门人才。学科定位：以工为主、多学科协调发展。服务面向定位：依托茂名，立足广东，辐射全国，面向基层，服务区域经济建设和社会发展。

根据广东省高等学校的发展情况，学校建设的整体水平、生源和就业等情况，学校定位于教学型大学；学校以本科教育为主体，同时根据地方教育事业的需要，兼顾专科教育和成人教育；学校注重人才全面发展，注重培养学生健全的人格和求实献身的精神，使学生成为"有理想、有道德、有文化、有纪律"的"四有"新人；注重学生基础，强化实践能力，走应用型人才培养的道路；学校根据广东省经济建设和社会发展以及本校的历史传统和现有基础，在学科专业的建设方面，以工学为主，理学、管理学、教育学、文学、法学、历史学等多学科协调发展；石油化工是广东省三大支柱产业之一，茂名市是中国南方最大的石化生产基地，是广东省第三人口大市，又是农业大市、基础教育强市，因此，学校依托茂名，立足广东，培养的学生主要服务于广东省，并且辐射到全国

各地;毕业生主要面向基层,在企事业单位从事相应的工作。

2. 办学思路

以观念更新为先导,坚持"育人为本、质量立校、人才强校、特色兴校"的办学理念,并贯穿于整个办学过程之中;以科学发展为主题,统筹学校规模、质量、结构、效益的协调发展,注重内涵发展,突出石油化工学科优势,走特色发展之路;以素质教育为主线,加强学科专业建设、师资队伍建设和校园文化建设,进一步巩固人才培养中心地位,不断提高办学水平和教育质量,培养与经济建设和社会发展相适应的应用型高级专门人才;以深化改革为动力,推进学校体制创新和机制创新,为实现人才培养目标和学校发展目标提供制度保证。

学校的办学思路概括为"4332思路",即坚持四大办学理念:育人为本、质量立校、人才强校、特色兴校;实施三大发展战略:内涵发展、特色发展、协调发展;加强三大基本建设:学科专业建设、师资队伍建设、校园文化建设;推进两大改革创新:体制创新、机制创新。办学思路突出了发展与质量两大主题,阐明实现学校发展目标的导向、战略、措施和动力,为落实人才培养目标定位指明努力方向,对提高人才培养质量具有引领作用。

三、全面实施新时期建设发展工程

2006年7月,学院党委书记、院长王乐夫调任广东技术师范学院院长,省委组织部任命关志强为茂名学院党委委员、书记;8月,任命宋垚臻为茂名学院党委委员、副书记、院长。至此,茂名学院新一届领导班子基本健全。

2007年4月26日下午,学校党委会议讨论通过学校新一届领导班子任期目标(茂名学院党〔2007〕17号),并于4月29日印发。主要内容有:

(1)2010年学校发展的总体目标:建设以工为主,石油化工特色鲜明、优势突出,在省内外具有一定影响和地位的教学型本科大学。

(2)2010年学校发展的具体目标:

①办学规模:到2010年,全日制普通在校本、专科学生达到15 000人;积极发展成人继续教育,各类继续教育在读学生达到10 000人以上。

②人才培养:学校将把3～5个专业列为人才培养模式创新实验区,探索人才培养模式的综合改革。选择条件较好的企业,共同建设4～6个大学生实践基地。根据专业和课程特点,确定20个左右创新实验计划,支持优秀学生进行创新性试验。

③学科专业建设:计划每年新增2～4个本科专业,到2010年,使本科专业总数增加到40～45个。

④师资队伍建设:到2010年,学校专任教师总数达到833人(含新机制、外聘、返聘教师等),生师比控制在18:1以下。

⑤科学研究：到 2010 年力争有 2～3 个项目获得省部级奖励，5～8 个项目获得市级奖励；成立 3～5 个研究机构，提升学校科学研究品牌。

⑥教学基础设施建设：到 2010 年，力争建成省级实验教学示范中心 1～2 个。教学科研仪器设备总值达到 8000 万元以上；馆藏图书达到 120 万册，电子图书达到 65 万种。

⑦校园文化建设：争取到 2010 年，把学校建设成特色鲜明、在茂名地区起到示范和辐射作用、在省内具有一定影响力的大学生素质教育基地。

⑧校园基本建设：完成校园扩建立项、征地、总体建设规划工作。按 15 000 名全日制普通在校生发展规模落实建设资金，立项建设相应的教学实验楼、图书馆、学生宿舍、饭堂、文体及生活配套设施共 80 000～120 000 平方米。

为顺利完成任期目标，学校全面实施新时期建设发展工程，制定了十项保障措施，并将目标细化为学校事业发展十项重点专项规划和八项校内改革方案，对主要工作任务作了具体分工。之后，十大发展规划和八项改革方案陆续出台。十大发展规划分别为《教学质量工程建设规划》《专业课程建设规划》《素质教育工作规划》《学科建设与科研工作规划》《师资队伍建设规划》《校园基本建设规划》《校园文化建设规划》《依法治校工作规划》《党的建设工作规划》和《关于构建社会主义和谐校园的实施意见》，八项改革方案分别为《教育教学改革实施方案》《科研管理制度改革方案》《人事与分配制度改革方案》《招生与就业工作改革方案》《实验教学资源管理体制与实验教学改革方案》《校、院（系、部）二级管理制度改革方案》《校办企业管理体制改革方案》和《后勤社会化改革方案》。

至此，学校搭建了新时期建设发展工程的基本架构。2007 年 9 月 10 日，关志强书记在庆祝 2007 年教师节暨新学期工作会议上的讲话《同心同德　群策群力　全面实施学校新时期建设发展工程》宣告了学校新时期建设发展工程全面转入实施阶段。2008 年 1 月 14 日，由学校党委策划，党委办公室、学院办公室组编的《茂名学院新时期建设发展工程》一书印发至各二级单位和中层干部，成为指导学校"十一五"时期改革和发展的纲领性文件。

第三节　学习研讨　解放思想

一、开展解放思想学习讨论活动

2008 年 1—9 月，学校按照省委部署组织开展解放思想学习讨论活动，查摆了妨碍科学发展的六大问题，取得了八大认识成果，提出了破解发展难题的十大发展举措。

（1）六大发展问题：一是教育资源结构和配置不尽合理，办学实力不强，办学效益不高；二是学科建设和科研工作水平与学校学科特色定位的符合度不高；三是人才培养质量和效果与人才培养目标要求相比仍有较大差距；四是学校内部管理的体制机制还不能完全适应学校发展的需要；五是校园文化"软实力"不强，优化人文环境和发展环境任重道远；六是教职工日益关注和期盼改善的民生问题尚未得到很好的解决。

（2）八大认识成果：一是必须从片面依赖外延谋求发展的粗放观念中解放出来，在争取政府有关部门解决外延问题的同时，转换发展方式，重在内涵发展上下功夫；二是必须从唯"快"才是发展的思维偏见中解放出来，牢固树立质量意识，统筹规模、质量、结构、效益协调发展，实现"好"与"快"的统一；三是必须从计划经济行业办学的传统观念中解放出来，克服"等靠要"思想，抢抓机遇，自主发展，提高办学的社会适应能力；四是必须从"同步发展"的思维定式中解放出来，坚持以工为主，突出石油化工特色，以学科建设的非均衡发展带动多学科的协调发展；五是必须从教学科研"两张皮"的片面认识中解放出来，坚持教学中心地位，以学科建设引领教学，以科学研究促进教学，统筹教学科研协调发展；六是必须从单纯传授知识的陈旧观念中解放出来，更加注重学生知识、能力、素质的全面发展，探索多位一体的育人新模式，提高人才培养质量；七是必须从因循守旧的思维惯性中解放出来，深化学校体制机制改革，强化民主法治和文化建设，培育学校发展的持久竞争力；八是必须从"重物轻人"的思维局限中解放出来，以人为本，改善民生，努力让全体师生员工共享学校科学发展的成果。

（3）十大发展举措：一是坚持"三个为主"的工作方针，增强学校办学综合实力；二是强化学科建设和科研工作，突出石油化工特色，提升学校核心竞争力；三是深化教育教学改革，扎实推进质量工程，提高人才培养质量；四是以"大工程观"教育理念指导工科人才培养实践，培育学校工程教育特色；五是构建全方位多渠道素质教育大平台，大力提升大学生综合素质；六是深化学校内部管理体制改革，建立健全现代大学制度；七是加强四大文化建设，着力提升学校文化软实力；八是以人为本，关注民生，让教职工共享学校科学发展成果；九是营造宽松宽厚包容的人才成长环境，建设一支高素质高水平的干部和人才队伍；十是以改革创新精神全面推进党的建设，为学校科学发展提供坚强保证。

二、深入开展学习实践科学发展观活动

2009年3—9月，按照中央及省委的统一部署，在省委指导检查组的指导下，学校认真组织开展深入学习实践科学发展观活动。学习实践活动以全体共产党员为主要对象，以学校领导班子、中层领导班子和党员领导干部为重点；非中共党员中层干部也参加学习实践活动。

学校领导班子在贯彻落实科学发展观上形成了基本共识。一是科学发展是第一要务，要进一步增强推进学校科学发展的紧迫感、责任感和使命感；二是解放思想是重要法宝，要进一步以思想的大解放引领学校新一轮的大发展；三是质量和特色是生命线，要进一

步坚持并实施协调发展、内涵发展、特色发展战略；四是以人为本是科学发展观的核心，要进一步把促进师生员工的全面发展作为根本任务。

本次学习实践活动进一步完善了学校的"协调发展、内涵发展、特色发展"战略，明确学校"三个统筹，三个为主，三个培育"的发展思路。协调发展，抓"三个统筹"，即统筹人才培养、学科建设、民主法治、校园文化、和谐校园、党的建设全面进步，统筹规模、质量、结构、效益协调发展，统筹发展、改革、稳定的关系。内涵发展，抓"三个为主"，即坚持扩大规模与提高质量相统一，以提高质量为主；坚持综合发展与强化特色相统一，以强化特色为主；坚持继承传统与创新管理相统一，以创新管理为主。特色发展，抓"三个培育"，即培育石油化工学科特色，培育基于"大工程观"教育理念的人才培养特色，培育以"茂名学院精神"为核心的校园文化特色。

第四节　学科建设　稳步发展

学校升本以来，一直坚持"以学科建设为龙头"，紧密结合地方经济社会发展需要，通过采取加大经费投入，开展重点学科立项资助建设，加大高水平人才引进与培养、实验室建设、专业研究所建设等措施，实施关键学术岗位制度和不断调整分配制度，调动学术骨干参与学科建设的积极性，有力地促进了学科建设，取得一定的成效。形成"以工为主，理工结合，经、管、文、法、历史、师范教育多学科协调发展"的学科专业发展格局；形成石油化工、计算机科学与技术、机械、人文学科等4大学科群；形成以石化为特色以及服务于石油化工产业的学科群和紧密结合石油化工发展前沿的多个研究方向，在化学工程与技术、控制科学与工程、环境科学与工程、机械工程等学科领域取得较丰硕的研究成果，许多研究成果在石油化工企业得到很好的推广应用。2007年，学校跨入发展的新时期，提出"建设以工为主，石油化工特色鲜明、优势突出，在省内外具有一定影响和地位的教学型本科大学"的发展目标，提出由外延发展转向内涵发展，增强办学实力，提高办学水平与办学层次的工作思路。全校上下进一步统一思想，学科建设工作的责任感和紧迫感得到进一步增强。

一、重视产学研合作

茂名市是全国重点石油化工生产基地，学校作为以石油化工为特色的本科院校，多年来坚持以国有特大型企业茂名石化公司为依托，充分利用地缘优势，积极与企业进行横向科技开发，走产学研一体化的道路，发挥学校在地方创新体系中的动力和辐射作用。2007年6月，化工与环境工程学院钟华文副教授主持的广东天乙有限公司（中山）"广东天乙集团碱渣处理工程"项目合同金额为 80 万元，是学校首次获得的珠三角地区大型技术服务科研项目。

2008 年 1 月，化学学院与高州龙利果业有限公司签订了共建果蔬深加工工程中心协议书。高州市龙利果业有限公司为该工程中心投入建设资金 22 万元，周如金博士为工程中心负责人。这是学校首次与地方企业联合建立产学研工作平台。该中心的建立，为相关专业教师提供了良好的试验条件和研究环境，起到推进科技成果产业化、为地方经济发展服务的作用，同时为学生提供了实习和实践基地。

2009 年，学校开展深入学习实践科学发展观活动。校党委决定，将与茂名石化公司开展全方位深层次的产学研合作，作为学校实践科学发展观、大力加强教学和科研条件建设、促进学校内涵发展的重要举措之一，这一举措得到茂名石化公司领导的大力支持。

6 月 1 日下午，学校与中国石化集团茂名石化公司产学研合作协议签约仪式在茂名市迎宾馆举行。茂名市委副书记、市长邓海光，市委常委、常务副市长郭元强，省科技厅副厅长龚国平，省教育厅科研处处长杨军，中国石化股份茂名分公司总经理王强、副总经理卞凤鸣，中国石化集团茂名石化公司副总经理陆伟群，学校党委书记关志强、院长张清华等全体校领导，以及校企双方相关单位（部门）负责人出席了签约仪式。签约仪式由茂名市政府副秘书长黄国琪主持，张清华、杨军、龚国平、郭元强等领导分别作了讲话。根据协议，双方将合作建立"茂名学院—中国石化集团茂名石油化工公司产学研基地"，并以此为平台，建设包括科技研发、人才培训及成果转化为合作内容的"四个中心"和"三个基地"共 7 个项目。这些项目分别是：石油化工污染控制与清洁生产研发中心、石油化工过程与装备状态检测与故障诊断研发中心、乙烯下游产品研发中心、石油化工人才培养及继续教育培训中心、石油化工协作检测基地、石油化工技术成果转化基地、大学生实习与创新实践基地。

为加快学校内涵发展和增强办学核心竞争力，学校积极学习借鉴兄弟院校的经验和做法。2009 年 6 月 17 日，学校与广东工业大学签署帮扶共建合作协议，签约仪式在学校图书馆学术报告一厅举行。广东工业大学张湘伟校长、张焜副校长及学校全体校领导、中层干部、博士及副高以上职称人员、系主任、教研室主任等参加了签约仪式。签约仪式由学校党委书记关志强主持。张湘伟和张清华分别代表广东工业大学和茂名学院签署了协议。根据协议，两校将在学科帮扶共建、科研项目申报及科技攻关、联合培养研究生、教学工作、人才培养、教师培训及学术交流等 6 个方面进行合作，其中重点是广东工业大学对口帮助学校加强化学工程与技术、控制科学与工程、环境科学与工程、机械工程等学科建设。

二、加强学科建设

2000—2006 年，学校以"教学立校、科研强校"的工作思路贯穿于教学科研工作的始终。2006 年，学校迎来了本科教学工作水平评估，学校进一步明确了办学定位，工作思路也相应调整为"教学为中心，科研促发展"。

为进一步加强学科建设和科研工作，以学科建设为龙头带动学校的各项工作，2005年12月，学校在科研处设立重点学科与研究生培养科，具体负责重点学科建设和联合培养研究生的管理。2009年6月，学校成立学科建设办公室，与科研处合署办公。

为保证学校"十一五"规划的顺利实现，2007年5—11月，学校根据《茂名学院领导班子任期目标（2006—2010）》要求，组织专门力量调查研究，制定《学科建设与科研工作规划》。该规划客观分析了学校学科建设和科研工作的发展基础和形势，明确学科建设和科研工作的指导思想、目标、任务和基本措施。

为了推动学校学科建设与科研工作规划的实施，2007年12月，制定《茂名学院科研管理制度改革方案》。

学校《学科建设与科研工作规划》和《科研管理制度改革方案》的制定和实施，确立了学校以工为主，以石油化工为特色，多学科协调发展的学科发展定位，促进了科研工作的进一步开展，学校掀起了新一轮的科研热潮，广大教师在承担大量繁重的教学任务的同时，积极参加科学研究，学校的科研立项、科研经费有了新突破。

2007年12月，学校被列为广东省事业单位知识产权试点工作单位；2008年11月，程丽华副教授的"炼油企业污水回用成套技术的开发与工业示范"项目获得广东省科技计划重点项目立项，资助经费50万元，这是学校升本以来首次获得的重点项目；2008年，学校全年科研经费首次突破600万元，创历年新高；2009年2月，李德豪教授负责的"广东高校石油化工污染控制与清洁生产工程技术开发中心"获得省高校工程技术开发中心立项，资助经费100万元，这是学校首个省级工程技术开发中心。

重点学科建设，是学校升本以后加强学科建设的重要举措之一，是学校提高教育质量、提高科研水平、提高服务能力、扩大服务范围的龙头工程。从2003年起，学校根据办学优势、师资实力和科研水平等方面的积累，先后组织了两轮校级重点学科建设。

（一）首轮重点学科建设

1. 首轮校级重点学科建设启动

2003年，学校启动了首轮校级重点学科建设工程。学校于2003年5月制定了《重点学科建设管理办法》和《重点学科经费管理办法》，对重点学科的评选、建设、管理、评估、学科带头人培养及学科经费的有效合理使用作了全面的要求。2003年6月，根据学校《重点学科建设管理办法》文件精神，经学校学术委员会科技发展委员会评审，确定了7个学科为学校首轮重点建设学科，分为重点学科和重点扶持学科两个层次建设。重点学科3个：化学工艺、控制理论与控制工程、化工过程机械；重点扶持学科4个：工业催化、环境工程、生物物理学、马克思主义与思想政治教育。在经费投入方面，省教育厅下拨经费和学校配套及后续投入共149.2万元（其中：2003年省教育厅拨款60万元，学校配套40万元；2004年校拨款20万元；2005年奖励学科经费为9.2万元；2006年校拨款20万元)。此外,各学科按照学校要求2∶1自筹配套经费,本轮重点学科建设直接经费投入220万元左右。

在管理方面,学校每年都对7个学科进行年度检查。从学科建设进展、队伍建设、科学研究和人才培养等方面进行认真检查、评审,通过年度检查,总结各年度各学科建设中的成绩与不足,研究发展方向。学校根据检查评审结果,对年度检查成绩突出者给予奖励,对个别成绩较差的给予降级处理。

2. 化学工艺学科获得省级扶持学科的立项

2006年6月,省教育厅组织了省高校第八轮重点学科申报工作。学校通过对化学工艺、工业催化、环境工程等三个学科进行资源整合,集中了三个学科的优势,以"化学工艺"学科名称申报广东省普通高校省级重点扶持学科,获得省级扶持学科的立项,这标志着学校重点学科建设工作取得突破。

3. 首轮重点学科建设验收

2007年5—6月,学校组织首轮校级重点学科建设验收工作。验收工作主要根据重点学科4年来建设与管理的实施情况进行建设周期总评估。通过检查验收,全面总结了首轮重点学科在发展方向、优势与特色、学科梯队建设、科学研究、人才培养、条件建设和学术交流等方面取得的成绩与存在的不足,为新一轮的重点学科的建设积累经验,同时也为学校的学科建设方向提供引导和示范。

(二)第二轮重点学科建设

1. 第二轮重点学科遴选

2007年7—9月,学校组织第二轮校级重点学科建设遴选。根据学校《重点学科建设管理办法》文件精神,经各学科所在二级院(系、部)论证和申请、学校学术委员会评审、院长办公会议审批,确定3个层次12个学科为本轮重点建设学科。其中校级重点学科是控制理论与控制工程、环境工程、化工过程机械;校级重点扶持学科是食品科学、工业催化、化学工程、机械设计及理论;校级扶持学科是思想政治教育、马克思主义中国化研究、文艺学、企业管理、生物物理学。

在建设周期内(2008—2010年),学校每年安排重点学科建设经费100万元,其中省级扶持学科15万元(1个),校级重点学科36万元(3个,每个12万元),校级重点扶持学科32万元(4个,每个8万元),校级扶持学科17万元(5个,其中文科类每个3万元,理工科类每个5万元)。

2. 首批关键学术岗位人员受聘上岗

为了加强学科建设,创建有利于优秀人才聚集、培育和发挥作用的制度环境,造就一批在省内外有一定影响力的学科带头人,2007年11月,学校制定《关键学术岗位人员聘任暂行办法》。该办法对关键学术岗位人员提出严格的上岗条件和遴选程序,"关键学术岗位设一级岗位、二级岗位、三级岗位、四级岗位、五级岗位、六级岗位，各级岗位享受相应的岗位津贴。对各关键学术岗位带头人所带团队进行工作量补贴，补贴学术团队中骨干成员"，体现"以岗定酬、岗变酬变""业绩与目标任务相结合"的原则。

2007年11月，学校组织关键学术岗位人员（学科带头人）遴选工作，并于12月20日举行关键学术岗位受聘人员签约仪式。首届关键学术岗位受聘人员分别是：李德豪教授为学校三级岗位即广东省扶持学科——化学工艺学科带头人和学校四级岗位即学校重点学科——环境工程学科带头人，张清华教授为学校四级岗位即学校重点学科——控制理论与控制工程学科带头人，李多民教授为学校四级岗位即学校重点学科——化工过程机械学科带头人，周如金副教授为学校五级岗位即学校重点扶持学科——食品科学学科带头人，陈小平研究员为学校五级岗位即学校重点扶持学科——工业催化学科带头人，梁朝林教授为学校五级岗位即学校重点扶持学科——化学工程学科带头人，蔡业彬教授为学校五级岗位即学校重点扶持学科——机械设计及理论学科带头人，文亚青副教授为学校六级岗位即学校扶持学科——企业管理学学科带头人，向卫国副教授为学校六级岗位即学校扶持学科——文艺学学科带头人，张忠江教授为学校六级岗位即学校扶持学科——马克思主义中国化研究学科带头人，唐少莲副教授为学校六级岗位即学校扶持学科——思想政治教育学科带头人，熊建平教授为学校六级岗位即学校扶持学科——生物物理学学科带头人。

（三）重点学科建设成效

经过几年的建设，校级重点学科已形成相对稳定的研究方向，特色开始凸显，培养了一支年龄、学历、职称和知识结构较为合理的学术队伍，具备较强的科研能力。从科研成果统计情况分析，校级重点学科在各个学科中所占的比例很大，如学校申报成功的国家基金、广东省自然科学基金以及广东省科技计划项目，重要的政府科研奖励、鉴定验收成果全部为校级重点学科获得，同时重点学科的科研工作总量在各学院（系、部）中占的比例多数高达80%以上。特别是控制理论与控制工程、化学工程、环境工程、工业催化、化工过程机械等5个学科，几年来一直呈现稳定上升的势头，学科建设成绩突出。

1. 控制理论与控制工程学科

该学科依托国家特大型炼油和乙烯生产基地——茂名石化公司，在人才培养、学科建设及科研等方面都取得了长足发展，截至2009年，为社会培养了2000多名具有石油化工仪表、自动化特色的高质量毕业生。学科紧紧围绕广东省尤其是茂名石油化工和茂名工业生产应用的关键技术需求，深入开展了石油化工生产过程和生产装备的监测与故障诊断、节能电力传动与网络控制、化工生产过程系统建模与优化控制、智能电子商务、网络优化管理调度等方向的攻关研究。学科现已形成鲜明的石油化工特色和独特的地域及市场服务优势，在目前广东省大力发展沿海石油重化工产业的背景下，学科建设方向更加明确，特色更加凸显，团队建设、科研及研究条件等内涵建设扎实稳步地开展。

该学科共有在编教师30人，其中教授5人，副教授15人，讲师7人；具有博士学位5人，硕士学位23人；年龄35岁以下10人，36～45岁16人，46～55岁4人，56岁以上1人。

2003—2009年，该学科共获得广东省自然科学基金项目5项，广东省科技计划、高校自然科学项目7项，市科技计划和横向科研项目13项。发表论文共163篇，其中在学术刊物发表147篇、学术会议发表16篇，SCI、EI、ISTP收录37篇；获广东省科学技术奖三等奖1项，茂名市科学技术奖一等奖1项、二等奖2项，获广东省教学成果奖二等奖1项；申请专利3项，拥有软件著作版权4项；出版学术专著3部。该学科利用优质资源积极与重点大学联合培养研究生，2002年与华南理工大学联合培养控制理论与控制工程专业硕士25名。2005年正式开始启动联合招收及培养硕士研究生工作。与国内多所高校达成联合招收研究生的协议，有5名教师分别被河北工业大学、太原理工大学、江苏科技大学、南京信息工程大学、华南热带农业大学等高校聘为硕士研究生导师，其中1人被聘为博士生副导师。

经过多年的建设，与该学科相关的自动化、计算机等专业实验室已具备了较强的科研实验条件。几年来，学校投入专项经费用于学科实验室建设，先后建成具有国内先进水平的旋转机械复合故障诊断实验研究平台和节能传动与网络控制实验系统。该学科一方面不断统筹经费，加强学科研究平台建设，合理有效整合现有资源，进一步改善学科内部科研条件和环境；另一方面积极开拓与茂名石化公司等大型企业工程研究中心的联系合作，共享企业的先进设备资源。目前该学科已具有较完备的可用于研究生教学的仪器设备，科研平台建设得到进一步加强，为各研究方向的科研工作提供了有力支撑。

学科带头人张清华教授，博士，茂名学院院长，中国自动化学会故障诊断专业委员会委员、广东省自动化学会常务理事、广东省青年科学家协会理事，曾获全国劳动模范和全国优秀教师称号，为广东省"千百十工程"省级培养对象，受聘为河北工业大学博士生副导师、太原理工大学和江苏科技大学等院校硕士生导师。多年来致力于石油化工生产过程和生产装备的监测与故障诊断、智能控制与仿真等方面的应用研究，科研方向凸显石化方面的研究特色，截至2010年，主持广东省自然科学基金项目2项、广东省科技计划项目2项和茂名石化公司等横向技术攻关项目10多项，研究成果"电力拖动智能控制仿真系统"处于国内领先水平；获广东省科学技术三等奖1项、茂名市科学技术奖2项；发表学术论文40多篇，其中7篇被EI、ISTP收录；出版专著和教材各1部。

2. 化学工程学科

该学科起源于1956年的原广州石油学校的石油炼制专业。经过50多年的建设，已成为广东省乃至中南地区唯一的以石油化工为特色的学科。下设石油加工工艺与技术、石油加工过程中的节能减排技术、乙烯下游精细化学品的绿色合成技术和石油化学品的开发等4个学科方向，有化学工程与工艺、油气储运工程、高分子材料、应用化学、生物化工等5个支撑专业。其中化学工程与工艺专业、应用化学专业被评为校级名牌专业。为社会培养了1000多名高质量的本科生。该学科有8名教师分别被太原理工大学、江苏科技大学、南京信息工程大学等高校聘为硕士研究生导师。

该学科拥有一支年龄、学历、职称结构合理的高素质学术队伍，现有在编教师31人，其中教授及相当职称9人，副教授及相当职称18人；兼职硕士生导师8人，具有博士学位4人，广东省高等学校"千百十工程"校级培养对象5人。

该学科已建有1个化学与化工基础省级实验教学示范中心、2个中央与地方共建优势学科实验室、6个专业实验室，仪器设备资产近2000万元；具有较完备的可用于研究生教学的仪器设备。此外，该学科还与茂名石化公司技术开发中心、广东省华粤集团公司技术研发中心共建生产实习、科研实践基地。该学科承担了多项广东省自然科学基金、科技计划等研究项目，取得一批科研成果，并在石化企业中推广应用。承担课题106项，经费568万元。发表学术论文200多篇，其中SCI、EI、ISTP收录25篇；获市级科学技术奖8项、广东省教学成果奖二等奖3项；申请专利20项，授权19项；出版专著和教材9部。

该学科一直坚持服务石油化工行业。多年来，深入研究石油及其产品加工工程与工艺方面的技术问题，在节能降耗、油品质量升级、石油精细化学品绿色合成方面取得了一系列创新性成果。其中，高硫原油加工、白土密相输送技术及工业应用属国内首创，已在茂名石化公司等多个企业推广应用，并分别获得了茂名市科学技术奖二等奖；石化企业能量平衡测试（有效能分析）等技术的应用为企业节能降耗取得良好的经济效益；汽油贮存安定性技术、航空煤油元素硫快速检测技术解决了企业生产难题。

学科带头人梁朝林教授，博士，时任化工与环境工程学院院长，广东省化工学会常务理事，广东省石油学会常务理事，茂名市化工学会理事长，受聘为中国石油大学（北京）等院校硕士研究生导师。截至2010年，主持或参加省、部级科研项目10项，主持研究的"航空煤油抗磨添加剂"项目通过国家航空油料鉴定委员会（部级）鉴定，主持研究的"白土密相输送工业应用"项目通过省级鉴定，并应用于茂名石化白土精制生产装置中，解决了企业的白土密相输送难题；获茂名市科学技术进步奖二等奖2项；发表学术论文30多篇，其中EI收录2篇；主编广东省"九五"重点规划教材《化工原理》，出版《高硫原油加工》等专著和教材5部；获授权发明和实用新型专利5项，其中1项发明专利已成功实施技术转让。

3. 环境工程学科

该学科经过20多年的建设与发展，已形成具有鲜明石油化工特色的学科。有学术骨干24人，其中教授及相当专业技术职务7人，副教授及相当专业技术职务10人；兼职硕士生导师7人，具有博士学位4人，在读博士5人；广东省"千百十工程"校级培养对象5人。该学科承担及参与了国土资源部、科技部、广东省自然科学基金、广东省科技计划、广东省教育厅自然科学基金、茂名市科技计划和企事业单位资助的科研项目。2003—2009年，承担科研项目37项；发表学术论文163篇，其中14篇被SCI、EI收录，科研成果及获奖项目12项；申请专利17项；出版专著1部。

该学科实验室总面积2000平方米，设备资产总值700多万元。构建了水污染控制工程实验室、环境生物技术实验室、环境监测实验室、校内环境工程实习基地以及学校分析测试中心等教学科研平台。该学科有4个学科方向：水污染控制与资源化利用技术方向、废弃物处理及资源化技术方向、环境生态技术方向、资源环境一体化与区域可持续发展方向。其中水污染控制与资源化利用技术学科方向与中国地质大学、南京信息工程大学等院校联合培养硕士研究生4届。

该学科带头人李德豪教授，博士，时任茂名学院副院长，广东省"千百十工程"校级培养对象，广东省扶持学科化学工艺学科带头人，广东省高等学校石油化工污染控制与清洁生产工程技术开发中心主任，受聘为太原理工大学、江苏科技大学等院校的硕士研究生导师。主要致力于石油化工废水处理新技术及资源化、高效厌氧处理技术、新型一体化污水处理集成技术等研究。截至2010年，主持及参与广东省自然科学基金、广东省科技计划及中石化茂名分公司科技攻关等科研项目30多项；申请专利26项（其中第一设计人或发明人的专利21项），授权专利25项；发表学术论文50多篇。

4. 工业催化学科

该学科以化工学院所属的化工研究所为主要平台，学科团队成员由化学工艺、环境工程、高分子材料、应用化学等多专业的教师组成，其中具有催化专业学历（博士、硕士）的7人，包括联合培养的硕博士研究生，构成具备特定专业方向的稳定的科研团队。有人员9人，其中教授1人、研究员1人、副教授5人、高工1人、讲师1人，具有博士学位4人、硕士学位4人。

该学科有实验室面积约为200平方米，包括反应测试室（80平方米）、催化剂制备实验室、分析表征仪器室，具有原子吸收仪1套、红外光谱仪1套、硫氮分析仪1套、气相色谱仪4套、高压气固相微型反应装置2套、高压间歇反应器3套，满足常规催化研究工作需要。该学科研究工作主要涉及多相催化剂以及多相催化技术，先后开展了工业窑炉尾气硫氮污染控制技术、机动车尾气净化、柴油催化氧化脱硫、乙烯下游精细化学品的合成、绿色化学品1,3-丙二醇及其下游化学品的合成技术、新型固体酸固体碱催化剂研究、新型催化技术等研究工作。承担了国家级、省级和市级科研项目31项，科研经费总额达204万元，发表了科研论文70篇，其中核心（含统计源）刊物52篇，被SCI、EI收录8篇，申请专利10项，获授权3项。

该学科带头人陈小平研究员，博士，时任科研处处长，乙烯下游精细化学品的绿色合成技术方向学术带头人，受聘为太原理工大学、江苏科技大学等院校硕士生导师。主要从事多相催化技术、乙烯下游精细化学品的合成及工业窑炉尾气污染物的控制技术研究。主持广东省科技计划项目2项，广东省知识产权局科研项目1项，茂名市科技计划1项；参与国家重点基础研究发展规划项目多项；发表学术论文50多篇；申请发明专利11项。

5. 化工过程机械学科

该学科已有50多年的办学历史，主要研究领域包含石油化工机械工程及其自动化、石油化工机械设计及理论、石油化工新型材料研制。石油化工机械设计制造及其自动化和石油化工机械设计及理论分别是校级重点学科和重点扶持学科。学科在发展过程中，注重同控制科学与工程、化学工程与技术等学科的交叉、融合，形成了石油化工装备检测技术及其自动化系统、石油化工装备故障诊断与状态监测、石油化工新型工程材料开发及应用和机械自动化系统设计及应用等4个学科方向。研究方向汇集了化学工程、动力工程、信息工程、材料工程等多个学科的相关知识，在保证以机械工程为建设主体的同时为控制科学与工程、化学工程与技术学科的发展提供了有力的支撑。学科目前覆盖了机械设计制造及其自动化、过程装备与控制工程、材料成型及控制工程和工业设计等4个本科专业。

该学科有科研学术骨干27人，其中教授5人，副教授14人；具有博士学位4人，在读博士3人，硕士学位26人；广东省"千百十工程"省级培养对象2人，校级培养对象2人；太原理工大学、武汉理工大学、江苏科技大学等高校兼职硕士生导师5人。已在化工过程机械专业的石油化工装备状态监测与故障诊断方向和石油化工装备制造及其自动化方向联合培养硕士研究生3届。

该学科承担广东省自然科学基金项目"超临界CO_2进入聚合物熔体时的气泡形成与界面形态分析"、广东省科技计划项目"一步造粒中药干燥塔的研制与应用"、中石化技术攻关项目"加氢裂化高压空冷器腐蚀防护技术攻关"等研究项目60多项，经费400多万元；发表学术论文150多篇；获市级以上科学技术成果奖12项，获得省级教学成果奖2项；获授权发明和实用新型专利10多项；出版专著和教材4部。

实验室总面积3500平方米，设备资产总值1000多万元。拥有机械设计实验室、材料分析检测实验室、精密测量实验室、数控技术实验室、特种加工实验室、机电传动与控制实验室、容器结构强度分析检测实验室、CAD/CAM模拟室和多功能力学与材料实验室等20多个实验室，拥有国内先进的压力容器应力测试仪器和400～10 000千克的超高压泵4台以及先进的动平衡机设备。另外，还拥有机械基础与工程实训中心、先进制造技术研究所、职业技能鉴定所等辅助研究单位，可用于学科的科学研究。

该学科带头人李多民教授，博士，时任茂名学院院长助理、机电工程学院院长，广东省"千百十工程"省级培养对象，受聘为太原理工大学、江苏科技大学等院校硕士研究生导师，主要从事石油化工设备结构与强度、转机状态监测与故障诊断、流体机械密封技术等方向的研究工作。主持和参加各级科研项目20余项，经费200多万元；获广东省科学技术奖三等奖1项，茂名市科学技术奖二等奖2项；发表学术论文20多篇，其中被EI收录2篇；获授权实用新型专利4项、发明专利2项；主编高等教材2部。

三、学科建设硕果累累

（一）学科专业建设得到加强

由2000年的3个学科门类发展到2009年开办有工学、理学、管理学、经济学、教育学、文学、法学、历史学等8个学科门类，41个本科专业中，拥有1个省级扶持学科、1个国家级名牌建设专业、1门省级精品课程、2门省级优秀课程。教育教学改革不断深化，质量工程建设扎实推进，实施大学生素质拓展学分计划，培育基于"大工程观"教育理念的人才培养特色。2009年，学校与中国石化集团茂名石油化工公司签署产学研合作协议，与广东工业大学签署帮扶共建协议。

（二）联合培养工作开局良好

2005年底前，熊建平、张清华、陈小平、李德豪、周如金、陈英、庞重军、李多民、蔡业彬、陈政石、彭志平、秦勇、邹纲明、巩育军、刘宝生、张业、钟华文、宣征南、曾亚森、庞标琛20名教师分别获得太原理工大学、南京信息工程大学、武汉理工大学、海南大学（原华南热带农业大学）和广州体育学院等高校的兼职硕士导师资格。2006年6月，李德豪和陈少华获聘为中国地质大学（武汉）硕士研究生指导教师。2007年9月，张清华获聘为河北工业大学副博导，这是学校第一名受聘为外校博士生导师的教师。2008年9月5日，江苏科技大学公布了该校2008年度硕士研究生指导教师遴选结果（江苏科技大学〔2008〕100号），其中，学校参加申报的11名教师全部通过该校学位评定委员会评审，获得该校硕士研究生第一指导教师资格。这11名教师分别是张清华、陈小平、李德豪、周如金、陈英、庞重军、李多民、蔡业彬、陈政石、彭志平、秦勇。截至2009年，有21名教师分别被9所高校聘为硕士研究生导师。

2005年底正式启动茂名学院与其他高校联合培养硕士研究生工作。至2009年3月，与学校联合办学的有太原理工大学、南京信息工程大学、武汉理工大学、中国地质大学、海南大学（原华南热带农业大学）、江苏科技大学、广州体育学院、广东药学院和广东海洋大学等9所高校，招生学科有化学工艺、工业催化、环境工程、应用化学、化工过程机械、控制理论与控制工程、计算机应用与技术、水产品加工及贮藏工程、生物物理等学科。

自2005年底开始招收研究生到2009年，学校分别与太原理工大学、南京信息工程大学、中国地质大学、江苏科技大学、西北师范大学、桂林工学院、华南农业大学联合招收化学工艺、工业催化、环境科学、应用化学、化工过程机械、控制理论与控制工程、计算机应用与技术、人文地理等专业研究生4届，先后有48名硕士研究生到校开展论文研究工作。

（三）科研工作成绩喜人

在科研项目方面，2000年至2009年9月，全校共承担国家自然科学基金项目2项、国家社会科学基金项目1项、广东省重大科技专项3项、省部产学研结合项目4项、广东省自然科学基金项目18项、广东省科技计划项目44项及其他研究项目共302项，科研经费2900多万元；通过省级鉴定的科研项目20多项；获省科学技术奖三等奖2项；获授权发明专利6项、实用新型专利51项。至2008年12月，公开发表学术论文3418篇，其中核心期刊发表论文1192篇，被SCI、EI、ISTP收录69篇；出版教材和专著47部。

2002年，熊建平教授的"电磁场处理瓜菜种子的分子育种研究"获得省自然科学基金项目立项，资助经费6万元，是学校升本以来获得的第一项省自然科学基金项目。2004年6月4日，经国家社会科学基金项目学科评审组评审，全国哲学社会科学规划领导小组审批，社会科学部张忠江教授申报的2004年国家社科基金项目"20世纪60年代试办托拉斯研究"获准立项，资助金额6万元。这标志着学校在人文社科国家级科研项目申报上实现了重大突破。2008年11月程丽华副教授的"炼油企业污水回用成套技术的开发与工业示范"项目获得广东省科技计划重点项目立项，资助经费50万元。这是学校升本以来首次获得的重点项目。

2009年，学校科研工作取得重大突破，获得1项国家自然科学基金项目、获得2项广东省科技计划重大科技专项、3项省部产学研结合项目。国家自然科学基金项目是：熊建平教授的"常压下强电场电离辐射诱导植物种子变异的机理研究"，资助经费38万元。重大科技专项分别是：李德豪教授的"石油化工企业污水零排放技术开发"，资助经费16万元；周如金教授的"农牧渔业工业规模化COD减排的店面污染源共治关键技术与示范工程"，资助经费20万元。省部产学研结合项目分别是：张清华教授的"自适应免疫网络入侵检测技术"，资助经费30万元；周如金教授的"荔枝果汁生产关键技术及产业化"，资助经费15万元；陈小平研究员的"新复合型聚丙烯抗氧化技术开发"，资助经费6万元。

在科研平台建设方面，2001年，学校先后组建了4个研究所，分别是化学工程研究所、电子与信息研究所、先进制造技术研究所、建筑设计研究所。2009年2月，广东高校石油化工污染控制与清洁生产工程技术开发中心正式获批准立项建设，立项经费100万元，李德豪任中心主任。2009年6月，学校成立了3个人文社科类研究机构：冼夫人文化研究中心、南方诗歌研究所、粤西经济发展研究所。7月，学校成立了7个理工科类研究机构：人工智能与控制研究所、环境科学与工程研究所、食品科学研究所、石油加工研究所、工业催化研究所、化工过程机械研究所、现代设计与先进制造研究所。12月，广东省普通高校石油化工过程装备故障诊断与信息化控制工程技术开发中心正式立项建设，立项经费70万元，张清华任主任。

第五节　学生为本　质量为重

一、扩大招生规模，提升就业质量

2003年前，学院主要在广东、广西、云南、贵州、四川、重庆、湖南、湖北、江苏、浙江、安徽、江西、福建、海南14个省（自治区、直辖市）招生。2004年增加了河南，2006年增加了山东，2008年增加了甘肃和内蒙古，2009年又增加了新疆、山西和陕西，招生生源布局在21个省（自治区、直辖市）。办学规模逐步扩大，普通全日制在校生由2000年合并时的7652人增长到2009年10月的18 087人（含高州师范分院2879人）；成人教育在校生由2000年合并时的1571人增长到2009年10月的5993人。为充分挖掘办学潜力，助力地方发展，经广东省人民政府批准，学校于2001年将高州师范学校并入学校作为二级学院，于2002年秋开始招生。茂名学院高州师范分院开设有中文系、数学与计算机系、英语系、体育系、艺术系5个系，在校学生2879人。2002年9月，经省教育厅批准，学校设置茂名学院广州石油培训中心教学点，至2006年共招收专科生400人。

学校重视抓好毕业生就业服务工作，建立"学校统筹，院系主体，各方联动，全员参与"新型就业工作体系，大大促进就业率和就业质量的提高。学校每年毕业生总体就业率均在98%以上，得到省教育厅、教育部的肯定。学校荣获"2009年全国毕业生就业工作典型经验高校"（全国首批，广东省唯一一所学校获此殊荣）、"全国普通高校毕业生就业工作先进集体"、"全国普通高等学校毕业生预征工作先进集体"、"2009年全国志愿服务工作先进集体"、"2009年全国优秀志愿者组织"等全国性称号。学校毕业生思想作风素质好、基础理论扎实、实践操作技能过硬，大部分成为所在单位的技术和管理骨干，普遍受到好评。

二、规范教学工作，提升教学质量

学校依据党和国家的教育方针、政策和学校实际，按照教学计划管理、教学运行管理、教学质量管理等模块，制定《教学工作制度》等一系列规章制度，覆盖教学工作的各个方面，使各个教学环节和各项教学工作有规可依，有章可循，从制度上保证对教学质量全过程管理，全方位监控。

成立学校教学督导组，实施全过程教学管理与全方位质量监控，加强学校"教风学风"建设，切实提高学校教育教学质量。学校对理论教学、实践教学、课程考核等各个主要教学环节和教学建设、教学管理等制订明确的质量标准，并汇编成册，使学校的教学质量评价工作有据可依。学校和各二级院（系）、教研室（实验室）结合具体的教学任务和教学过程，对质量标准的执行情况经常进行检查和总结，确保质量标准的实现。

学校从2001年开始，每年举办一届本科课堂教学观摩竞赛，通过教学观摩竞赛，教师们互相学习和交流，提升了自身的教学水平。教育教学工作取得丰硕成果。

2008年学校全面启动质量工程建设项目的评审和立项工作，按照优势突出、特色鲜明、新兴交叉、社会急需的原则，择优重点建设一批名牌（特色）专业，以此带动学校面上专业建设，通过先立项建设后验收确认5个校级特色（名牌）专业，其中应用化学、化学工程与工艺、电气工程及其自动化3个专业为首批校级待认证的专业。

2006年，学校《法律基础》课程被省教育厅评为广东省高校第一批思想政治理论课优质建设课程。2009年，学校"化学工程与工艺"专业荣获教育部第四批高等学校特色专业建设点，这是学校首个专业被批准为国家级特色专业建设点。从2007年开始，学校以省级教学名师的标准，每两年进行一次校级教学名师的评选，2007年和2009年分别评出熊建平、卢诚、于广东和周如金、孙立民、李继凯、王键为校级教学名师。学生参加全国大学生CCTV杯英语演讲比赛、全国大学生数学建模竞赛、全国大学生电子设计竞赛、全国机器人足球锦标赛等竞赛活动，其中获省级以上奖励216项，居省内同类院校的前列。1名学生获得"世界记忆大师"称号，为全国首个在校生获此称号，学生考研成绩不断提高，2004年考取7人，2005年考取28人，2006年考取77人，2007年考取55人，2008年考取48人，2009年考取59人，2010年考取89人。在上线的学生中，不少被武汉大学、中山大学、华南理工大学、大连理工大学、华东理工大学等省内外名校录取。

第六节　引培结合　增强师资

学校重视学科带头人和学术团队建设工作，积极采取措施促进优秀人才脱颖而出。升本以来，先后选拔、培养广东省高等学校"千百十工程"培养对象三批共27人次。2004年第三批校级培养对象：李德豪、吴世逵、李多民、蔡业彬、俞惠敏、李继凯、黄柏刚；2006年第四批省级培养对象：张清华、李多民，校级培养对象：陈英、黄军左、张冬梅、周如金、李春海、曾亚森、王倩、刘美、陈晓龙、彭志平、秦勇、唐少莲、李幼斌；2008年第五批省级培养对象：蔡业彬，校级培养对象：谢文玉、庞重军、彭绍洪、孙国玺。

2007年，学校制发《关键学术岗位人员聘任暂行办法》，李德豪、张清华、李多民、周如金、陈小平、梁朝林、蔡业彬、文亚青、向卫国、张忠江、唐少莲、熊建平12人被聘为学校关键学术岗位带头人。2008年，学校制发《关键教学岗位人员聘任暂行办法》，王键、陈政石、李润、吴世逵、陈英、孙国玺、于广东、卢诚、汪富泉、李继凯、程丽华、毛元晶、徐岩13人被聘为学校关键教学岗位首席教授。从2007年开始，学校每两年进行一次校级教学名师的评选，2007年和2009年分别评出熊建平、卢诚、于广东和周如金、孙立民、李继凯、王键为校级教学名师。2004年，张清华教授被教育部授予"全国优秀教师"称号。2009年，卢诚教授被教育部授予"全国优秀教师"和"全国高校优秀思想政治理论课教师"称号，吴文衔获"2009年全国志愿服务工作先进个人"称号。

师资队伍建设水平不断提高。截至2009年10月，学校有广东省高等学校"千百十工程"省级培养对象3人（张清华、李多民、蔡业彬），校级培养对象16人（陈英、黄军左、张冬梅、周如金、李春海、王倩、彭志平、刘美、陈晓龙、秦勇、唐少莲、李幼斌、谢文玉、庞重军、彭绍洪、孙国玺）。全校有教授（含其他正高职称）51人，占8%；副教授（含其他副高职称）177人，占27.61%；有博士学位42人，占6.55%；硕士学位344人，占53.67%。

第七节 齐抓共管 繁荣文化

校园文化建设和思想政治工作成绩显著。多年来，学校坚持党委领导，多方面齐心协力、齐抓共管，文化育人、实践育人、教书育人、管理育人、服务育人、环境育人日趋活跃，教育效果显著。

据不完全统计，2000—2009年3月，学校集体和师生员工获得全国、省、市级各类先进集体奖励和先进个人奖励共574项（人、次），其中，国家级24项（人、次），省级354项（人、次），市级196项（人、次）；获各类竞赛项目奖励共542项（人、次），其中，国家级61项（人、次），省级412项（人、次），市级69项（人、次）；1名学生获得世界记忆大师称号。2009年，学校被中国社会工作协会授予"2009年全国志愿服务工作先进集体"称号，学校青年志愿者协会被授予"2009年全国优秀志愿者组织"称号，学校团委、青年志愿者协会组织开展的"共享阳光快乐成长"关爱留守少年儿童志愿服务项目被评为"2009年全国优秀志愿服务品牌项目"。

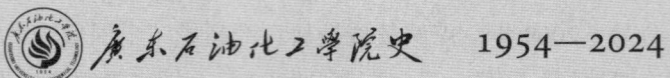

广东石油化工学院史　1954—2024

第四篇

广东石油化工学院 2010—2024

2010年5月，经教育部批准，茂名学院更名为"广东石油化工学院"，同时撤销茂名学院的建制；更名后学校维持原有管理体制不变。学校的成功更名，开启了建设国内知名石化品牌大学的新篇章。这一历史时期，学校的发展可以分为以下几个阶段：更名转型阶段（2010—2014）、夯实基础阶段（2014—2017）、高质量发展阶段（2017—2023）、申博改大新征程（2023以后）。

第一章　成功更名　开启新篇

学校合并升本以来，校园建设规划、学科专业建设规划和事业发展规划的制定和实施有了明显的进展，各方面都上了一个新的台阶。但是，石油化工办学特色和优势未能充分显现，社会外界对学校的办学体制和学校类型经常产生误解，造成高层次人才难引进、难稳定，优质生源报考率不高、就业受到区域限制，科研和科技服务工作受到影响。社会各界，尤其是知名石化企业如茂名石化公司、广州石化公司、湛江东兴石化公司、洛阳石化公司、齐鲁石化公司等企业的领导均认为"茂名学院"这个校名显示不出学校的办学特色和办学传统，缺乏社会影响力。他们建议学校应通过更名保留和发扬石油化工办学特色，承接学校声望，更好地为石油化工及其相关产业培养技术人才和提供科技服务。全校师生和广大校友也迫切希望学校更名，认为更名为"广东石油化工学院"能进一步提升学校的知名度和社会认可度，增强教职工和校友的认同感、荣誉感和凝聚力，有利于充分调动教职工和校友的办学积极性，更好地激发办学潜能。

第一节　冠名广东　举校欢庆

一、更名的背景

2008年12月，国务院批复同意实施《珠江三角洲地区改革发展规划纲要（2008—2020年）》。广东改革发展进入新的历史时期。根据《珠江三角洲地区改革发展规划纲要（2008—2020年）》和《广东省石化产业调整和振兴规划》，广东省将依托条件较好的现有企业，在沿海地区集中布局建设5个石化基地：茂湛沿海重化产业带、惠州大亚湾石化区、广州石化基地、崖门口沿岸重化产业带、汕潮揭沿海化工基地。广东将集约发展石油化工产业，力争在广东形成世界先进水平的特大型石油化工产业基地，这对石化人才、智力和科技的需求日趋迫切。在区域发展的新形势下，学校作为华南地区唯一的以石油化工为办学特色和优势的本科院校可以发挥更大作用。这为学校更名提供了良好的环境。

总的来说，学校更名为广东石油化工学院，能够更好地衔接学校悠久的办学历史，凸显石油化工办学特色，发挥石油化工办学优势，增强学校办学竞争力，更好地发挥为广东乃至华南地区石化产业服务的功能；有利于学校更好地调整优化学科专业结构，为广东石化产业振兴和发展培养更多高素质人才，提供更多智力和技术支持，为广东构建现代产业体系特别是建设世界级石化产业基地作出更大贡献；有利于社会了解学校的办学特色和办学体制，有利于吸引并稳定高层次学科带头人和学术骨干，提升师资队伍整体素质，从而更好地提高学科专业建设水平和办学水平，促进毕业生在石油石化行业就业和创业。

二、更名的过程

2004年，学校开展庆祝建校50周年活动，举办了"中石化系统高校办学研讨会"，来自全国各地的中石化系统院校的领导和专家对如何加快此类院校的发展进行研讨，同时，根据学校的办学实际对学校更名为"广东石油化工学院"作了初步论证。

2005年，学校领导班子经深入讨论，进一步统一了学校更名的意见，拟定"广东科技学院""广东理工学院""广东石油化工学院"等校名。4月，时任学院副院长张清华利用到北京接受"全国劳模"颁奖机会，拜会时任教育部高教司副司长葛道凯，汇报学校更名的必要性、迫切性，为避免与其他兄弟院校校名出现交叉等纠纷，葛道凯副司长提议更名为"广东石油化工学院"。

2008年1月，时任学校党委书记关志强、院长宋垚臻向时任副省长宋海汇报学校的建设发展情况及更名的想法。2008年寒假期间，学校组织相关人员对学校的更名论证报告进行认真细致的修改。2008年2月底和3月初分别向广东省教育厅和茂名市政府递交学校更名论证报告。

2008年4月，学校召开二届三次教代会，党委就学校更名事宜在会上广泛征求教职工的意见，代表们投票选择了"广东石油化工学院"这一校名。

2008年1—4月，学校主要领导多次与广东省教育厅领导和茂名市领导沟通、汇报学校更名事宜，得到广东省教育厅领导的认可和茂名市委、市政府的大力支持。

2008年5月，学校关志强书记、宋垚臻院长与广东省教育厅规划处处长张路和郑荣周调研员进行磋商。学校领导根据张处长的建议，向广东省教育厅罗伟其厅长、魏中林副厅长等领导进行多次的沟通和汇报。

2008年6月，茂名市专门召开市政府常务会议，同意茂名学院更名为"广东石油化工学院"，并批复了函件。

2008年9月，学校举办由全国石油、石化院校领导和专家参加的办学特色战略研讨会，对石化院校的发展定位、办学特色和更改校名等问题作了研讨。与会领导、专家一致认为：茂名学院更名为"广东石油化工学院"有利于传承学校的办学历史，突出石化办学特色，发挥石化专业优势，为广东及中南地区培养石化人才；有利于促进学校人才队伍建设，进一步做好招生工作和毕业生就业工作，应尽快推进更名事宜。

2008年10月8日，在葛道凯副司长的帮助下，关志强书记、宋垚臻院长与张清华副院长专程到北京拜会教育部规划司宋德民副司长,并汇报学校更名事宜。宋德民副司长要求补充教代会投票表决通过等流程。10月9日,学校领导拜会了中国石化集团总公司人事教育部的老领导张文平、黄凤英等,并在他们的引领下,到中国石化总公司人事部拜会周世良主任等,汇报了学校近年的建设发展情况及今后的发展思路,同时也汇报了学校更名的想法。周主任表示,中国石化总公司将密切关注学校今后的建设发展,同时全力支持学校的更名工作。回校后,宋垚臻院长及时向广东省教育厅规划处张路处长作了汇报。学校根据教育部规划司宋副司长的指示,组织人员重新修改学校的更名论证报告。

2009年1月,学校领导十分重视学校更名工作,张清华院长专程向时任广东省教育厅厅长罗伟其再次汇报学校更名工作,并主持修改学校更名论证报告。

2009年3月初,张清华院长拜会广东省教育厅规划处处长汤贞敏,详细汇报学校的更名工作情况,并就学校的更名论证报告征求汤贞敏处长的意见,请汤贞敏处长代向魏中林副厅长汇报相关事宜。

2009年4月初,省教育厅规划处要求将报告修改完善后再次递交给广东省教育厅,供厅领导研究。2009年5月7日,学校召开党委会研究讨论了更名论证报告。2009年5月11日,关志强书记再次向广东省教育厅罗伟其厅长专门汇报学校更名事宜。此后,广东省教育厅规划处汤贞敏处长对更名论证报告也提出了修改建议。根据罗伟其厅长和汤贞敏处长的意见再次修改学校的更名论证报告。

2009年5月27日,学校正式向省教育厅呈送更名请示和更名论证报告。当年年底,在葛道凯副司长先期联系下,关志强、张清华、李东拜会了时任教育部规划司副司长宋德民和高校设置处处长韩钧,汇报学校更名相关事宜进展。

2010年2月3日,广东省人民政府和省教育厅分别向教育部递交《关于申请将茂名学院更名为广东石油化工学院的函》(粤府函〔2010〕13号)和《关于茂名学院更名为广东石油化工学院的论证报告》(粤教规〔2010〕10号)。在申请更名期间,中石化有关领导、一些知名校友及钟伟雄等热心的社会贤达也为学校出谋献策和助力。

2010年5月6日,教育部就广东省人民政府《关于申请将茂名学院更名为广东石油化工学院的函》作了批复,同意茂名学院更名为"广东石油化工学院",同时撤销茂名学院的建制;更名后学校维持原有管理体制不变。

三、举行揭牌庆典仪式暨发展论坛

学校更名成功,全校沸腾。学校决定借此机会,于2010年9月28日举行广东石油化工学院揭牌庆典仪式暨发展论坛,共商学校发展大计。

(一)召开董事会成立大会

28日上午8时,广东石油化工学院董事会成立大会在图书馆报告一厅举行。广东省教育厅、茂名市、中石化有关部门领导，董事会董事单位代表，学校领导和师生代表参加了会议。

大会由党委书记关志强主持。张清华院长就成立学校董事会作了说明，关志强对董事会章程起草作了说明，与会代表讨论通过学校董事会章程和第一届董事会组成人员名单。大会向与会董事会成员颁发聘书，李德豪副院长代表学校与中国石化股份有限公司广州分公司、中国石化集团湛江东兴石油化工有限公司、中国石油独山子石化公司、广东省茂名石化工业区、茂名瑞派石化工程有限公司、广东新大禹环境工程有限公司、广东哈工大首创科技发展有限公司等7个董事单位签订产学研合作协议。

（二）举办揭牌庆典仪式

上午9时，广东石油化工学院揭牌庆典仪式在科技会堂隆重举行。茂名市委、茂名市政府、广东省人民政府有关部门和茂名市有关领导，中石化、中石油、中海油等企事业单位的领导，省内外兄弟院校领导、海外合作院校代表，长期关心学校建设和发展的社会各界朋友，各地校友代表、师生代表共1500多人参加了庆典活动。

仪式由党委书记关志强主持。院长张清华作了题为"弘扬传统、抢抓机遇、锐意创新，努力建设国内知名的石化品牌大学"的致辞，校友代表吴惜伟，时任澳门科技大学行政委员邝应华，时任中国石油化工集团茂名石油和化工公司总经理、中石化股份有限公司茂名分公司总经理余夕志，时任茂名市委副书记、市长邓海光分别在会上作了发言。仪式上，与会领导共同为广东石油化工学院揭牌。

上午10时30分，广东石油化工学院校名石刻落成仪式在官渡校区第一教学楼正门前广场隆重举行。与会领导共同为云浮校友会捐赠的"广东石油化工学院"校名石刻揭幕。

上午11时，广东石油化工学院新校区奠基仪式隆重举行。奠基仪式由关志强书记主持，张清华院长作了热情洋溢的致辞，介绍新校区的建设规划。在声势雄壮的锣鼓声中，与会领导和嘉宾为新校区奠基培土。

（三）举办发展高端论坛

下午3时，广东石油化工学院发展高端论坛在图书馆208室举行。关志强书记作引导性发言。中石化原人教部副主任张文平、中国石油大学（北京）党委副书记吴小林、东北石油大学工会主席张斌等与会专家学者纷纷发言，为学校的发展献计献策。张清华院长主持会议并作总结讲话。

下午3时，广东石油化工学院发展论坛在图书馆学术报告一厅举行，由李德豪副院长主持。广东石油化工学院发展论坛由茂名石化公司副总经理韩建宇、西安石油大学副校长曾平、辽宁石油化工大学党委副书记宋焕斌、北京石油化工学院副院长韩占生4位专家以"特色办学与多学科协调发展"为主题作报告。校友、嘉宾和校内师生共230多人听取了报告。

第二节 统筹规划 转型发展

一、制定学校"十二五"发展规划

2010年7月15日，学校制定"十二五"规划，编制工作方案，成立学校"十二五"规划编制工作领导小组和起草小组。领导小组由关志强、张清华任组长，王恒胤、何浏、李德豪、李润、李多民任副组长，成员由党委办、学院办、发规处、教务处、科研处、学生处、总务处、财务处、资产处、组织部、宣传部、图书馆、工会以及各院（系、部）等部门（单位）的主要负责人组成；起草小组由李润副院长任组长，成员由党委办、学院办、发规处、教务处、科研处、人事处、学生处、总务处、财务处、资产处、组织部、宣传部、工会、团委、图书馆、学报、教信中心等部门的主要负责人组成。

结合前期的调查研究和论证，规划编制工作组制定《广东石油化工学院"十二五"规划体系》，该规划体系在功能上分为总体规划、专项规划和二级学院（系、部）规划三大类，形成以总体规划为顶层，以专项规划和二级学院（系、部）规划为支撑的规划体系。其中，总体规划大类：《广东石油化工学院教育事业"十二五"规划》；专项规划大类：《广东石油化工学院"十二五"人才（含成人教育）培养与教育教学规划》《广东石油化工学院"十二五"学科建设与科研科技规划》《广东石油化工学院"十二五"师资队伍建设规划》《广东石油化工学院"十二五"校园基本建设规划》《广东石油化工学院"十二五"校园文化建设规划》。

2011年12月31日，学校正式发文《广东石油化工学院"十二五"教育事业发展规划》（广石化院党〔2011〕67号）。主要内容有如下几部分。

（一）办学定位

（1）办学类型定位：教学型本科院校。

（2）办学规模定位："十二五"期末，普通全日制在校生20 000人左右；成人教育在校生10 000人左右。

（3）办学层次定位：以本科教育为主，"十二五"期间力争成为硕士学位授予权立项建设单位。

（4）人才培养目标定位：培养人格健全、基础扎实、实践能力强、具有创新精神的应用型高级专门人才。

（5）学科定位：以工为主，石油化工特色鲜明，多学科协调发展。

（6）服务面向定位：立足广东，面向全国，为地方经济与社会发展服务，为石油化工行业服务。

(二)发展思路

(1)发展战略:协调发展,内涵发展,特色发展。

(2)发展思路:以"三个统筹"推动协调发展,以"三个为主"推动内涵发展,以"三个培育"推动特色发展。

"三个统筹":统筹人才培养、学科建设、民主法治、校园文化、和谐校园、党的建设全面发展,统筹规模、质量、结构、效益协调发展,统筹发展、改革、稳定的关系。"三个为主":坚持扩大规模与提高质量相统一,以提高质量为主;坚持综合发展与强化特色相统一,以强化特色为主;坚持继承传统与创新管理相统一,以创新管理为主。"三个培育":培育石油化工学科特色,培育"三位一体"的人才培养特色,培育以"广东石油化工学院精神"为核心的校园文化特色。

(三)发展目标

(1)总体发展目标:建设以工为主,石油化工特色鲜明、优势突出,多学科协调发展,在省内外具有较大影响力的本科院校。

(2)具体发展目标:

教育教学发展目标。国家级特色专业建设点增加到2个,省级特色专业建设点增加到5个;侧重优势专业群的建设。广东省高等学校实验教学示范中心建设项目由3个增加到5个,其他平台(基地)建设有新突破。国家级教学成果奖(项)实现零的突破。获得省级教学成果奖3~6项。毕业生就业率稳定在98%以上。顺利通过新一轮教学评估及广东省普通本科高校每年一次的教学业绩考核。

师资队伍建设目标。教师总数达到923人(不含外聘教师)。专任教师中教授和博士分别达到100名和120名。广东省高校"千百十工程"校级培养对象50名、省级培养对象7名,争取国家级培养对象有突破。新增广东省委宣传部"千百十工程"培养对象5名。力争立项建设1个省级教学团队。新增校级教学名师5~8名,力争在省级教学名师方面有新突破。建成青年教师工程实践能力训练基地。

学科建设目标。获得省级重点建设学科2~3个;硕士学位授权立项建设一级学科点2个,一级学科支撑点2个。同其他高校联合培养专业学位硕士研究生,力争全部课程由学校教师讲授,学位论文由学校教师与相关企业共同指导完成。扩大联合培养研究生规模,每年在校硕士研究生80~100名、在校博士研究生5~10名。力争成为专业学位研究生培养试点单位,力争成为硕士学位授予权规划建设单位。

科学研究与服务社会目标。建成广东省重点实验室或工程技术研究开发中心1~2个、广东省高等学校重点实验室(科研型)1~2个、广东省高校工程技术开发中心3~4个,依托企业建设校企联合工程中心或研发中心4~5个。获国家级项目12~15项,省部级项目100项以上,各类科研总经费达1.3亿元以上,年均2600万元。获省部级以上科技奖3~5项,省级哲学社会科学奖1~3项,市厅级科技奖10~15项,市厅级哲学社会科学奖50～60项。年均发表学术论文1000篇以上，其中核心期刊发表学术论文500篇以上，60篇以上论文被SCI、EI、ISTP、新华文摘、中国人民大学报刊复印资料收录；年均获授权专利20项；年均出版学术专著和教材16部以上。

对外合作与交流目标。与已签订合作协议的国（境）外大学进行实质性合作，新增2～3所国外化工类合作办学高校。聘请长期外籍专家（教师）平均每年5人次；邀请外籍专家来校短期讲学、做学术报告、访问等每年10人次左右。力争举办（承办）有一定影响的国际学术会议，实现零的突破；教师参加国（境）外学术会议、学术交流、访学、培训等平均每年30～50人次。争取在接收国（境）外留学生（进修生）方面实现零的突破。争取广东省与中国石化总公司签署共建广东石油化工学院合作框架协议，为学校发展提供新的重要平台。

校园基本条件建设目标。完成学校扩建征地工程，校园面积新增32万平方米；校舍（建筑）面积新增26.7万平方米；主要建筑物有教学楼、实验楼、图书馆、综合体育馆、学生宿舍、学生食堂及教师公寓等。图书馆藏书由110.88万册增加至165万册，电子图书由50万种增加至100万种，网络数据库由16种增加至25种并保持数据库的连续性；自建特色数据库2个。宽带接入由4100M增加至8000M。教学科研仪器设备总值由0.91亿元增加至1.4亿元。

校园文化建设目标。通过实施"大学文化引领工程"，明确体现学校的办学思想与办学理念，凝练广东石油化工学院精神，培养优良的校风，以形成学校的精神文化；修订、完善各项规章制度，强化制度的指导功能，使校园制度沉淀和内化为具有约束力并能被普遍认同的道德规范和制度文化；加强校园人文环境和自然环境建设，形成学校的环境文化；通过师生的言行规范和开展的各种娱乐性、学术性活动，倡导师生自勉自律的行为文化。通过以高品位的校园文化建设形成学校的精神内核，体现学校发展的核心竞争力，使校园文化成为教育、激励全校师生和促进素质教育开展的有效载体，使育人环境得到全面优化。

体制机制目标。制定学校章程，强化依法治校。积极探索建立与建设中国特色社会主义所需的人才培养、科学研究、社会服务、文化传承四大功能相适应的、以大学章程为代表的相关管理体制和运行机制。积极向上级反映，争取理顺、落实"省市共建、以省为主"的管理体制。坚持完善党委领导下的校长负责制，健全完善议事规则与决策程序。探索与社会合作办学的模式，争取社会力量的支持。创新二级院（系）目标管理制度。完善人事管理制度。发挥学术委员会作用。加强教代会、学代会建设。

党建与思想政治工作目标。践行中国特色社会主义理论体系更加主动，贯彻落实科学发展观的自觉性和坚定性明显增强，思想政治理论课教育效果切实提高。"围绕中心抓党建、抓好党建促发展"理念得到更好坚持，抓基层、打基础工作常抓不懈。35岁以下青年教师党员比例达到50%，副高及以上职称教师党员比例达到60%。党员、领导干部管理育人和服务育人理念进一步强化；各级领导班子更加团结和谐，党群、干群关系更加密切。党内民主政治建设有力推进。干部选拔任用、教育培训、管理监督制度和机制更加完善。领导干部廉洁从政各项规定得到贯彻落实，领导干部拒腐防变能力明显增强。

二、召开广东石油化工学院第一次党代会

经上级批准，学校决定召开广东石油化工学院第一次党代会。

2011年9月23日，学校党委发出《关于筹备召开中国共产党广东石油化工学院第一次代表大会的工作方案》，成立学校党代会筹备工作领导小组，由关志强任组长，张清华、王恒胤、何浏任副组长，李德豪、李润、李多民、邓成东、黄玉新为成员。领导小组下设办公室，办公室设在学校党委组织部，王恒胤兼任办公室主任，邓成东任常务副主任，李东、冼列革、邱影任副主任。办公室下设人事安排工作小组、代表选举工作小组、文件起草工作小组、会务准备工作小组、宣传工作小组。

2011年11月15日，学校党委发出《关于做好中国共产党广东石油化工学院第一次代表大会代表选举工作的通知》，2011年12月2日，发出《关于做好酝酿推荐广东石油化工学院第一届党委委员和纪委委员候选人工作的通知》，对做好酝酿推荐中共广东石油化工学院第一届委员会委员和中共广东石油化工学院纪律检查委员会委员候选人初步人选工作和党代表选举工作提出了具体要求，并召开党务工作会议进行部署。

2011年12月19日，完成了代表选举工作，选出正式代表216名；12月26日，确定了党委委员候选人预备人选21名，纪委委员候选人预备人选11名；12月30日，向中共茂名市委、省委教育工委和省委组织部呈报《第一届党委委员和纪委委员候选人预备人选的请示》。中共广东省委组织部于2012年4月17日批复同意学校新一届党委会、常委会和新一届纪委会组成人员候选人预备人选的请示。

2012年5月21日上午，学校党委副书记、党代会筹备工作领导小组副组长、党代会筹备工作领导小组办公室主任王恒胤在图书馆208室主持召开学校党代会筹备工作冲刺动员预演会，党代会筹备工作领导小组办公室全体成员、各代表团秘书参加了会议。

5月22日下午，广东石油化工学院第一次党代会预备会议在学校图书馆报告一厅举行，会议由学校党委书记关志强主持，全校9个代表团的198名党代表出席了会议。以举手表决的方式，通过了代表资格审查情况的报告，报告对代表的产生、代表的构成和代表的资格审查结果进行了说明。通过了党员校领导、有关部门党员负责同志和学生代表等38人为大会主席团成员，通过了王恒胤为大会秘书长。还通过了学校党代会的议程。大会的议程为：听取和审查学校党委工作报告；审查纪委工作报告（书面）；选举中国共产党广东石油化工学院第一届委员会委员；选举中国共产党广东石油化工学院纪律检查委员会委员。

5月22日下午，广东石油化工学院第一次党员代表大会主席团在学校图书馆学术报告二厅举行第一次会议，主席团的36位成员出席了会议，会议以举手表决的方式先后通过了大会副秘书长名单、大会执行主席分组名单。会议还通过了大会日程。

5月22日晚，庆祝广东石油化工学院第一次党代会召开的"明天更美好"主题文艺晚会在学校科技礼堂隆重举行。

5月23—25日，学校隆重召开中国共产党广东石油化工学院第一次代表大会。本次党代会代表共215名，划分为9个组。非代表的历届中共党员校级领导干部、非代表的中共党员中层干部、非代表的中共党员教授、侨联主席，学校各民主党派组织负责人、非中共党员中层干部、市级以上人大代表、政协委员、非中共党员教授列席会议。中共广东省委教育工作委员会、15所高校党委和2家公司党委发来贺信，祝贺广东石油化工学院第一次党代会胜利召开。

5月23日上午，中国共产党广东石油化工学院第一次代表大会在图书馆学术报告一厅隆重开幕。大会由校党委副书记、院长张清华主持。时任茂名市委副书记刘毅代表中共茂名市委作了讲话。校党委书记关志强代表学校党委作了题为《推动科学发展，促进校园和谐，为建设特色鲜明的应用型大学而努力奋斗》的工作报告。报告对2006年以来的工作进行总结，明确未来五年学校改革发展的奋斗目标和主要任务。会议书面印发了学校纪委工作报告，报告总结了学校纪委工作的情况，并提出今后五年纪委工作的主要任务。

5月25日上午，中国共产党广东石油化工学院第一次代表大会在图书馆学术报告一厅胜利闭幕。会议由执行主席、学校党委副书记王恒胤主持。会上通过了大会选举办法，公布了总监票人、监票人、计票人名单及"两委"委员候选人名单，大会采用差额选举办法，以无记名投票方式，选举产生中国共产党广东石油化工学院第一届委员会委员和中国共产党广东石油化工学院纪律检查委员会委员。

中国共产党广东石油化工学院第一届委员会委员：王恒胤、文亚青、刘金锋、关志强、孙立民、李东、李润、李德豪、何浏、张庆、张清华、周如金、胡生泳、宣征南（女）、姚大斌、彭志平、黎齐英。

中国共产党广东石油化工学院纪律检查委员会委员：卢诚、吕国善、刘军、邱影、何浏、何明光、陈健（女）、陈龙彪、黎虎强。

大会通过了《中国共产党广东石油化工学院第一次代表大会关于党委工作报告的决议》和《中国共产党广东石油化工学院第一次代表大会关于纪委工作报告的决议》。

5月25日下午，中国共产党广东石油化工学院第一届委员会第一次全体会议在办公楼五楼会议室举行。关志强受中国共产党广东石油化工学院第一次代表大会主席团委托主持会议。党委委员17人出席会议。全会以无记名投票方式，选举关志强、张清华、王恒胤、何浏、李德豪、李润、周如金为广东石油化工学院第一届党委常务委员会委员；选举关志强为党委书记，张清华、王恒胤、何浏为党委副书记。全会以举手表决的方式，批准《关于中共广东石油化工学院纪律检查委员会第一次全体会议选举结果的报告》，何浏为纪委书记，邱影为纪委副书记。

5月31日，学校党委正式发文《关于印发学校党委工作报告和学校纪委工作报告的通知》(广石化院党〔2012〕20号),学校党委工作报告和学校纪委工作报告正式向全校师生公布,党代会报告成为学校今后五年学校改革发展的行动纲领。党代会报告主要内容如下。

广东石油化工学院第一次党代会提出今后五年学校改革发展的奋斗目标是:建设以工为主,石油化工特色鲜明、优势突出,多学科协调发展,在省内外具有较大影响的本科院校。

实现学校的奋斗目标,要加快两大转变,实施三大战略,坚持四个定位。

(1)加快两大转变。一是加快人才培养模式转变。完善知识、能力、素质三位一体的培养目标,完善理论教学、实践教学、素质拓展三位一体的培养体系,完善教学方法、培养机制、质量保障三位一体的培养过程,加快从以知识传授为主的学科型人才培养模式向构建以素质能力培养为核心的应用型人才培养新模式的转变,着力提高人才培养质量。二是加快学科发展方式转变。更加重视理论研究,以理论研究带动应用研究;更加重视产业需求,以产业需求引领学科方向;更加重视成果转化,以成果转化提高服务能力;加快从粗放式的学科增长方式向内涵式的学科发展方式转变,着力提高学科建设水平。

(2)实施三大战略。一是实施协调发展战略。统筹人才培养、学科建设、民主法治、校园文化、和谐校园、党的建设全面发展,统筹规模、质量、结构、效益协调发展,统筹改革、发展、稳定的关系。以"三个统筹"推动协调发展。二是实施内涵发展战略。坚持稳定规模与提高质量相统一,以提高质量为主;坚持综合发展与强化特色相统一,以强化特色为主;坚持继承传统与创新管理相统一,以创新管理为主。以"三个为主"推动内涵发展。三是实施特色发展战略。培育石油化工学科特色;培育"三位一体"应用型人才培养特色;培育以"广东石油化工学院精神"为核心的校园文化特色。以"三个培育"推动特色发展。

(3)坚持四个定位。一是坚持地方性的服务面向定位。准确把握学校科技人才优势与地方经济社会发展的结合点,强化校地、校企(行业)合作,以服务求支持,以贡献求发展。立足广东,面向全国,为地方经济与社会发展服务,为石油化工行业服务。二是坚持应用型的人才培养目标。注重知识传授与自主学习能力培养的有机统一,更加强调自主学习能力培养;注重理论性知识与应用性知识的有机统一,更加强调应用性知识;注重理论教学与实践教学的有机统一,更加强调实践教学。培养人格健全、基础扎实、实践能力强、具有创新精神的应用型高级专门人才。三是坚持开放式的合作办学模式。实施开放办学战略,建立社会积极参与、国际广泛合作的开放办学模式。面向地方办学,实现校地互动共赢发展;面向行业办学,强化石油化工行业特色;面向境外办学,提高学校办学国际化水平。四是坚持特色化的个性发展方向。从学科体系构建、学科方向凝练、研究内容深化三个层面培育和凝练石油化工学科特色,完善"以工为主,石油化工特色鲜明,多学科协调发展"的学科体系;从应用型人才培养目标、应用型人才培养体系、应用型人才培养过程三个层面培育和凝练"三位一体"应用型人才培养特色,完善

"文化育人、实践育人、合作育人"的大教育体系；从精神文化、制度文化、物质文化三个层面培育和凝练校园文化特色，完善以"广东石油化工学院精神"为特质的校园文化体系。

实现学校的奋斗目标，要重点完成九大战略任务，全面提高党的建设科学化水平。

（1）重点完成九大战略任务。一是全面实施"应用型，开放式"的人才培养战略，加快推进以"创新人才培养模式，完善质量保障机制"为重点的人才培养体系建设。二是全面实施"错位竞争，差异化发展"的学科发展战略，加快推进以"优化学科结构布局，强化学科内涵特色"为重点的学科体系建设。三是全面实施"服务地方，服务行业"的"双服务"战略，加快推进以"提高科技创新能力，加速科技成果转化"为重点的服务社会能力建设。四是全面实施"社会化，国际化"的开放战略，加快推进以"健全联合办学机制，深度拓展合作空间"为重点的开放办学模式建设。五是全面实施"百名教授，百名博士"的"双百"战略，加快推进以"优化人才队伍结构，培育学科创新团队"为重点的人才队伍建设。六是全面实施"盘活存量，拓展增量"的校园建设战略，加快推进以"拓展办学发展空间，提升服务支撑能力"为重点的办学条件建设。七是全面实施"科学管理，民主法治"的办学治校战略，加快推进以"优势化学校治理模式，完善内部管理机制"为重点的现代大学制度建设。八是全面实施"立德树人，文化荣校"的校园文化发展战略，加快推进以"凝炼学校精神文化，加强校风学风建设"为重点的校园文化建设。九是全面实施"以人为本，共建共享"的民生发展战略，加快推进以"民主法治公平正义，和睦相处诚信友爱"为重点的和谐校园建设。

（2）全面提高党的建设科学化水平。一是以深化党的创新理论学习为着力点，进一步加强理论武装和思想建设。二是以提高办学治校能力为着力点，进一步加强领导班子建设和干部队伍建设。三是以党建创新和增强先进性为着力点，进一步加强基层党组织建设和党员队伍建设。四是以增进党内和谐和增强凝聚力为着力点，进一步加强党内民主建设和统一战线建设。五是以扎实推进惩防体系建设为着力点，进一步加强作风建设和反腐倡廉建设。

三、深入开展党的群众路线教育实践活动

2013年7月—2014年3月，按照中央和省委的统一部署，学校党委扎实推进学校党的群众路线教育实践活动。本次教育实践活动以学校全体党员为主要对象，以学校领导班子、中层领导和党员干部为重点，非中共党员干部也参加学习实践活动。按照上级的总体要求，学校成立了深入开展党的群众路线教育实践活动领导机构，由学校党委书记凌靖波任组长，院长张清华、党委副书记王恒胤、党委副书记、纪委书记何浏任副组长，成员由党委委员、纪委副书记和党委宣传部负责人组成。领导小组下设办公室和督导组，督导组分别由邓成东、邱影、邹刚明、于广东、谭耀桂、唐汉任组长。以郑木明为组长的广东省委第23督导组全程进行具体指导和督导。

7月9日，按照广东省委的统一部署，学校召开了教育实践活动动员大会，教育实践活动正式启动。10—17日，各二级党委（党总支）又全面完成了再动员。教育实践活动启动以来，学校严格落实中央、省委关于学习教育的时间、内容、人员、效果的要求，采取集中学习与自主学习相结合的形式，抓好学习教育活动。7月10—16日，学校领导班子和学校中层干部集中学习7天；8月29—31日，学校领导班子和学校中层干部再集中学习3天。通过"讲学、考学、践学"等形式，采取灵活多样的方式，听取专题报告5场，组织开展集体学习讨论6次，举办各类学习会12次。

9月26日，印发《广东石油化工学院在党的群众路线教育实践活动中开好学校领导干部专题民主生活会实施方案》。10月17日，学校领导班子召开党的群众路线教育实践活动专题民主生活会。专题民主生活会上，党委书记凌靖波通报了专题民主生活会的有关准备工作情况，代表学校领导班子重点围绕18个问题作了对照检查发言，学校领导班子成员进行个人对照检查发言，并利用好批评与自我批评的武器，紧扣主题开展了诚恳而深入的自我批评与相互批评。

11月14日，在群众提、自己找、领导点的基础上，结合校情和领导班子实际，学校制定了详细的整改方案，印发《广东石油化工学院领导干部党的群众路线教育实践活动专题民主生活会整改方案》，主要内容如下。

1. 开展"十个专项整治"，推动立行立改

①开展楼堂馆所，出国出境，节庆、论坛、展会活动，"小金库"，公务卡、贺年卡专项整治；②开展公车、办公用房、公务接待、文山会海专项整治；③开展教学设备、课室、运动场所专项整治；④开展校园交通、卫生、环境专项整治；⑤开展学生宿舍生活设施、就餐环境专项整治；⑥开展教工住房、子女入学专项整治；⑦开展教风学风专项整治；⑧开展机关能效专项整治；⑨开展各类评比表彰、科学发展观指标体系、科研经费使用专项整治；⑩开展党建专项整治。

2. 抓紧建章立制，推进依法治校

（1）新建或修订以下四大类制度：①建立合理配置办学资源制度；②建立预防惩治学术腐败制度；③建立高等学校去行政化的有关制度；④建立干部作风状况考核评价制度。

（2）强化领导带头作用，形成贯彻群众路线的六大类长效机制：①建立完善学习教育长效机制；②建立完善改进作风长效机制；③建立完善服务师生长效机制；④建立完善领导带头示范长效机制；⑤建立完善激发活力的长效机制；⑥建立完善反腐倡廉长效机制。

3. 实施四大工程，推动学校长远发展

①实施校园扩建工程，大力改善办学条件；②实施人才引培工程，提高办学实力；③实施"申硕"基础工程，提升办学层次；④实施管理创新工程，提高办学活力。

在历时半年多的集中学习实践中，学校按照整风精神落实"照镜子、正衣冠、洗洗澡、治治病"的总要求，紧紧聚焦克服"四风"问题，认真开展学习教育，广泛听取意

见建议，坚持边学边查边改，始终坚持以师生满意为目标，教育实践活动取得良好效果。

2014年3月6日，学校召开党的群众路线教育实践活动总结大会。广东省委第23组督导组组长郑木明、副组长黄晓波及其他成员出席会议。学校领导凌靖波、张清华、王恒胤、何浏、李德豪、李润、周如金，学校副处级以上干部，县（区）级以上党代表、人大代表、政协委员，其他党员干部，群众代表200多人参加会议。

凌靖波书记代表学校党委作了教育实践活动总结报告。报告全面总结了学校开展教育实践活动的主要做法、主要成效和启示以及今后的努力方向。学校党的群众路线教育实践活动正式启动以来，紧紧围绕"为民、务实、清廉"主题，按照"照镜子、正衣冠、洗洗澡、治治病"的总要求，聚焦"四风"问题，精心组织、周密部署，坚持标准、统筹推进，突出领导带头示范引领，注重上下联动整体推进，坚持动真碰硬标本兼治，通过着力抓好顶层设计、着力抓好学习教育、着力抓好听取意见查摆问题、着力抓好谈心交心、着力抓好材料撰写及剖析检查、着力抓好批评与自我批评、着力抓好整改落实建章立制等措施，扎扎实实做好每一环节工作，教育实践活动取得明显成效。

一是思想政治建设得到明显加强。广大党员领导干部对"四风"问题严重性和危害性深化了认识，党员的宗旨意识和群众观点牢固树立。

二是"四风"突出问题得到有效治理。文山会海大大减少，发文数比过去一年同期减少24.3%，会议比过去一年同期减少9.6%，三公经费下降5%，"十个专项整治"效果显著。

三是作风建设的长效机制得以初步建立。活动期间建立健全规章制度26项，为民务实清廉的要求更加具体化、规范化，初步建立起了作风建设的长效机制。

四是学校发展的重点难点问题逐步破解。促成广东省人民政府与中国三大石油公司共建学校，征地工作取得实质性突破，人才引培工作成效显著，人才培养迈出国际性步伐，学科平台建设有效拓展，学校管理创新有切实举措，中层干部队伍建设得到有效加强，校园扩建工程、人才引培工程、申硕基础工程、管理创新工程等"四大工程"成效显著。

通过开展教育实践活动，学校获得了如下启示：一是必须落实中央和省委精神，切实提高思想认识；二是必须坚持领导干部带头、师生群众参与；三是必须坚持问题导向，从师生感受最直接、反映最强烈的"四风"问题抓起；四是必须狠抓整改落实，始终坚持以师生满意为标准；五是必须统筹兼顾，努力做到教育实践活动和学校中心工作重点工作面上工作"两手抓、两不误、两促进"；六是必须按照"于法周严、于事简便"的原则，建立健全作风建设的长效机制。

对于今后的工作，凌靖波强调，要继续抓好整改方案的落实，要继续健全作风建设长效机制，要继续加强领导干部队伍建设，要继续统筹推动学校科学发展，更加自觉地贯彻党的群众路线，全面深化教育领域综合改革，建设国内知名石化品牌大学，为办好人民满意的教育作出新贡献。

与会代表对学校领导班子及成员开展教育实践活动情况进行了民主测评投票。

郑木明代表省委第23督导组讲话。他指出，广东石油化工学院的教育实践活动有三大特点：一是学校党委对教育实践活动高度重视，周密部署，稳步有序推进各项活动落到实处；二是切实改进作风，着力解决教职工切身利益问题；三是推进教育实践活动与学校内涵提升有机结合。对学校今后如何继续抓好教育实践活动，郑木明提出了三点意见：一是进一步抓好专项整治，让干部群众看到实实在在的改变；二是进一步落实整改措施到位的要求，继续抓好整改落实；三是进一步加强制度建设，形成推进学校大发展的长效机制。

第三节　签订协议　四方共建

一、四方共建提出的背景

广东省实施高等教育"创新强校工程"，是全省教育"创强争先建高地"战略部署的重要组成部分，是省委、省政府结合高等教育发展新形势，为加快提升高等教育发展水平作出的一项重大部署。为深化学校办学体制机制改革，推进实施"创新强校工程"，增强校地、校企在人才培养、科学研究、社会服务、文化传承等方面的协同创新能力，促进学校与石油化工行业企业、地方政府以及国际创新力量的深度融合与互补共赢，加快国内知名石化品牌大学建设步伐，使学校能更好地服务于国家石油石化工业发展和广东省打造世界级石油化工产业带的战略需求，同时促进学校进一步提升人才培养水平和综合实力，学校一直积极寻求广东省人民政府与国内知名石油集团公司共建学校。

2009年6月1日下午，学校与中国石化集团茂名石油化工公司产学研合作协议签约仪式在茂名市迎宾馆举行。中共茂名市委副书记、茂名市市长邓海光，市委常委、常务副市长郭元强，广东省科技厅副厅长龚国平，广东省教育厅科研处处长杨军，中石化股份茂名分公司总经理王强，中石化股份茂名分公司副总经理卞凤鸣，中石化集团茂名石化公司副总经理陆伟群，学校党委书记关志强，院长张清华，学校党委副书记何树华、王恒胤、何浏，副院长李德豪、李润等领导以及学校和茂名石化公司的相关单位（部门）负责人出席了签约仪式。签约仪式由茂名市政府副秘书长黄国琪主持。张清华向各位领导和来宾介绍了学校与茂名石化公司长期以来校企合作的情况。广东省教育厅科研处处长杨军、省科技厅副厅长龚国平、市委常委、常务副市长郭元强分别代表省教育厅、广东省科技厅和市委、市政府作了讲话。张清华和王强分别代表学校和茂名石化公司签订了产学研合作协议。根据协议，双方将合作建立"茂名学院——中国石化集团茂名石油化工公司产学研基地"，并以此为平台，建设包括科技研发、人才培训及成果转化等合作内容在内的"四个中心"和"三个基地"共7个项目。这些项目分别是：石油化工污染控制与清洁生产研发中心、石油化工过程与装备状态检测与故障诊断研发中心、乙烯下游产品研发中心、石油化工人才培养及继续教育培训中心、石油化工协作检测基地、石油化工技术成果转化基地、大学生实习与创新实践基地。

《广东石油化工学院"十二五"教育事业发展规划》及广东石油化工学院第一次党代会报告均提出，要积极谋划，争取广东省与中石化集团公司合作共建学校，为学校发展提供新的重要平台。

2013年2月，就促成广东省和中石化集团公司对学校共建事宜，学校请示了分管教育的广东省副省长陈云贤，并于2月5日获得批示，表示支持推动广东省人民政府与央企共建学校事宜。

二、签订协议的前期工作

2013年4月1日上午，学校院长张清华带队到北京中国石油化工集团公司总部拜会了人事部相关领导，汇报并探讨省企共建学校的事宜。中石化人事部处长冯少伟充分肯定了学校近年来的发展成就，对省企共建学校及学校今后的发展提出了建议和意见，同时表示大力支持和促成中石化与广东省人民政府共建学校。4月2日，张清华一行拜访中石油领导、国务院参事郑虎及中国石油天然气集团公司人事部副总经理金华。他们对学校取得的成绩给予高度评价和充分肯定，表示将大力支持学校"省企共建"。此外，在中海油天津油田服务基地张达凯校友牵线搭桥下，中国海洋石油总公司人事部亦对省企共建事宜表示大力支持。

张清华此行在省企共建事宜上得到了三大石油石化央企的肯定和支持，返校之后，指示党委办、学院办着手起草省企共建协议并向广东省教育厅规划处请示具体做法。

2013年4月19日，受张清华院长委托，周如金副院长一行到北京与三大石油石化央企就省企共建事宜进行进一步磋商。在中国海洋石油总公司拜会了人力资源部总经理唐代治，唐代治表示，中海油也在大力发展石油化工下游产业，校企之间合作的空间会越来越大，中海油将会对学校发展予以更大的支持。

在与广东省人民政府、三大石油石化央企就共建事宜进行沟通协商并得到肯定答复之后，2013年5月14日、21日，学校先后向广东省教育厅、茂名市人民政府提交《广东石油化工学院关于请求推进省企共建工作的请示》，同时提交《广东省人民政府、中国石油化工集团公司、中国石油天然气集团公司、中国海洋石油总公司关于共建广东石油化工学院的协议（征求意见稿）》。

2013年5月27日，茂名市人民政府向广东省教育厅发去《茂名市人民政府关于支持省企共建广东石油化工学院的函》。在向广东省教育厅提交书面请示的同时，凌靖波书记、张清华院长分别向广东省教育厅厅长罗伟其汇报了学校推进省企共建的相关情况，罗伟其厅长表示支持，要求省教育厅办公室、规划处对推进省企共建学校事宜给予支持。

2013年7月，广东省教育厅向广东省人民政府提交《关于推动省企共建广东石油化工学院的请示》。8月5日，该请示得到了时任朱小丹、副省长陈云贤的批示，同时省政府要求省教育厅尽快就协议文稿征求中国石油化工集团公司、中国石油天然气集团公司、中国海洋石油总公司三家央企的意见，修改完善并报省政府审定。学校党委办、学院办就省企共建协议多次与三大石油石化央企进行商讨。

2013年9月12—14日，凌靖波书记率队到北京与中国石油化工集团公司、中国石油天然气集团公司、中国海洋石油总公司进一步磋商。中国石油化工集团公司人事部培训开发处处长冯少伟、中国石油天然气集团公司政策研究室处长周敬成、中国海洋石油总公司人力资源部总经理唐代治分别与学校进行协商。洽谈中，校企就共建事宜深入交换了意见，对初步拟定的共建协议文本条款以及签约细节达成共识，三大石油石化央企均同意在共建协议文本完善后择日签署。

凌靖波此行与三大石油石化央企就共建事宜达成共识，学校就签署共建协议事宜与广东省人民政府进行了进一步汇报，经省教育厅向省发展改革委、省财政厅等相关部门征求意见，最后形成完整的共建协议。随后，省教育厅向中国石油化工集团公司、中国石油天然气集团公司、中国海洋石油总公司发去《广东省教育厅关于征求共建广东石油化工学院意见的函》，三大石油公司分别于2013年10月11日、10月14日、11月14日回函，对协议提出个别修改意见，并表示同意采取会签的方式签署共建协议。

三、签订协议四方共建

广东省政府对三大石油石化央企就协议的修改意见进行斟酌并予以采纳。2013年12月9日，省教育厅向省人民政府递交了《广东省教育厅关于请签署〈广东省人民政府、中国石油化工集团公司、中国石油天然气集团公司、中国海洋石油总公司关于共建广东石油化工学院的协议〉的请示》。2013年12月，陈云贤副省长代表广东省人民政府签署了共建协议。是月，党委办学院办主任李东、综合科科长李添代表学校就签署共建学校事宜拜访了三大石油石化央企，在校友的多方支持下，三大石油石化央企领导于12月28日前分别签署了共建协议。

按照协议，广东省将支持学校根据国家石油石化建设与发展需要，强化办学特色，在人才培养、学科专业建设、实验室建设、科学研究、产学研结合、高层次师资引进与培养等方面对学校予以扶持，大力支持学校新校区建设，使学校成为培养石油石化产业高层次人才的基地。三大石油公司支持广东石油化工学院积极参与公司科技攻关以及国家和广东省重大科研项目的申报，支持学校建立科技研发基地和在职高层次人才培训基地；支持学校的建设发展，在石油石化主干学科及专业建设、重点实验室和工程技术中心建设、科研平台和在职培训基地建设、产学研合作及人才培养等方面给予支持；支持学校毕业生就业工作，鼓励优秀毕业生献身石油石化事业。同时，协议要求学校要充分发挥自身优势，努力建成优秀人才培养、职工继续教育、应用基础研究和高层次学术交流的重要基地，努力为我国石油石化产业和地方经济社会发展尤其是广东沿海打造世界级石油化工产业带等提供人才支持。

协议的签订，为学校带来重大发展机遇，为学校建设国内知名的石化品牌高校注入强劲动力，促进学校进一步转型发展。

第四节　抓住机遇　创新强校

一、实施创新强校工程的机遇

2011年，胡锦涛同志在清华大学100周年大会上发表讲话，明确提出要积极推动协同创新。2012年，《教育部关于全面提高高等教育质量的若干意见》和《教育部　财政部关于实施高等学校创新能力提升计划的意见》（简称"2011计划"）相继出台。广东省也相应作出一系列重大战略部署，2012—2013年，广东省人民政府办公厅转发省教育厅《关于以协同创新为引领　全面提高我省高等教育质量若干意见》《广东省人民政府关于推进我省教育"创强争先建高地"的意见》《关于加强高校"四重"建设实施意见的通知》，广东省上述文件提出要推进广东省教育"创强争先建高地"，高校要实施"创新强校工程"，推进"四重建设"（重点学科、重点人才、重点平台、重点科研项目），加快高水平大学发展步伐。

2013年2月，广东省委教育工委、省教育厅召开全省教育"创强争先建高地"动员部署会，会上提出要推进广东省教育"创强争先建高地"，高校要实施"创新强校工程"，包括"高校创新能力提升计划"（广东2011计划），围绕"重点学科、重点人才、重点平台、重点科研项目"的"四重"建设，加快高水平大学发展步伐。同年7月，召开广东省高等学校创新强校工作会议，部署实施"创新强校工程"和广东省"2011计划"，决定加强高校"四重"建设，进一步落实和扩大高校办学自主权，全面提升高等教育发展水平。

2014年1月，召开全省高等教育"创新强校工程"工作推进会；在此基础上，2014年2月，广东省教育厅和省财政厅联合出台《广东省高等教育"创新强校工程"实施方案（试行）》，建设内容主要包括体制机制改革与协同创新、高水平大学及特色高校建设、高水平教师队伍建设、教学质量与教学改革、自主创新能力提升、国际交流与合作六个方面。建设的重点是深化协同创新体制机制改革，以此引领高校现代大学制度建设、人才培养模式创新与改革、"四重"建设、高校错位发展。2014年5月，张清华院长代表广东石化装备安全技术协同创新发展中心参加省教育厅组织的协同创新中心立项答辩。学校顺利通过答辩，广东石化装备安全技术协同创新发展中心建设成功立项。

"创新强校工程"的提出，是广东省结合经济社会的发展情况和高等教育发展的实际情况，不断深入贯彻落实国家"2011计划"的表现。实施"创新强校工程"，对于学校这类以工为主，石油化工特色鲜明的高校，可以说是一个极好的发展机遇。

二、全面实施创新强校工程

1. 召开实施创新强校工程动员会

2014年3月5日下午，2014年学校工作会议在图书馆学术报告一厅召开。学校领导凌靖波、张清华、王恒胤、何浏、李德豪、李润、周如金出席会议。全校副科级以上干部，二级学院（系、部）下设各级系、教研室、实验室（中心）主任，教授、博士参加了会议。

学校院长张清华作了题为《落实共建协议，启动创新强校，快马扬鞭建设国内知名石化品牌大学》的讲话。张清华在讲话中重点解读了广东省高等教育"创新强校工程"的指导思想、总体目标、建设内容、实施方式、组织管理。面对广东省实施"创新强校工程"的新机遇、新挑战，张清华提出三点希望：一是总结经验，改进不足。摒弃大而全、面面俱到、撒胡椒面的做法，学会在夹缝中求生存、求发展。二是认真学习，紧跟形势。认真学习教育部、省政府、省教育厅的文件精神，了解国家、省、行业的动态，了解学校战略，避免盲人摸象现象。三是统一思想，服从大局，坚定信心，实现目标。坚持走"特色发展、错位发展"之路，注重"扶需、扶特、扶优"原则，做到有所为有所不为，坚持以学科为龙头，以科研促教学，以重点领域的有效突破带动学校办学水平的全面提升，从而实现学校建设国内知名石化品牌大学的中长期规划目标。

学校党委书记凌靖波作了题为《深化改革，狠抓落实，为建设国内知名石化品牌大学夯实基础》的讲话。凌靖波分析了学校建设发展中存在的问题和当年的形势，提出要认真贯彻落实省委全面深化改革的决策部署，抢抓广东省实施"创新强校工程"的机遇，以改革为主线，以协同创新为引领，全面落实广东省与中石化、中石油、中海油共建学校协议，深入推进协同创新体制机制改革与实践，推动学校办学实力和水平全面提升，为建设国内知名石化品牌大学夯实基础，以优异成绩迎接建校60周年。

2. 组织学习相关文件及相关讲话精神

2014年3月6日，学校办公室发出通知，要求各院（系、部）、机关各处室组织全体教职工认真学习讨论《广东省高等教育"创新强校工程"实施方案（试行）》以及广东省教育厅领导在全省高等教育"创新强校工程"工作推进会上的讲话精神，深刻领会"创新强校工程"的内涵，积极推动学校"创新强校工程"建设。

3. 成立学校"创新强校工程"领导小组

为加强对学校创新强校工作的领导、统筹和协调，推进学校"创新强校工程"的有效实施，2014年3月14日，学校成立"创新强校工程"领导小组及专项工作组，凌靖波、张清华任领导小组组长，王恒胤、何浏、李德豪、李润、周如金任副组长。领导小组下设办公室，办公室设在发展规划处，负责日常工作，办公室主任由李德豪、李润兼任。"创新强校工程"6个专项工作组分别是体制机制改革与协同创新工作组、特色高校建设工作组、高水平教师队伍建设工作组、教学质量与教学改革工作组、自主创新能力提升工作组、国际交流与合作工作组。这6个小组分别由协同创新办公室、发展规划处、人事处、教务处、科研处、国际交流与合作处（港澳台事务办公室）牵头组织开展相关工作。

4. 召开"四重"建设发展规划审议会

2014年3月21日，学校在图书馆208会议室举行二级院（系、部）"四重"建设发展规划审议会，学校学术委员会全体委员，党委办学院办、发展规划处、财务处、实验室与设备管理处和各院（系、部）负责人等近40人参加会议。会议由学校学术委员会主任、院长张清华主持。

会上，各院（系、部）按省里文件精神和学校的"四重"建设发展规划，结合自身发展的实际，对本院（系、部）的"四重"建设面临的形势、指导思想、建设原则、建设目标、重点任务、实施步骤、保障措施等方面进行汇报。学术委员们认真听取了汇报，有针对性地提出了建设性的意见。经委员们认真审议，通过了各单位的"四重"建设发展规划。

学校党委书记凌靖波在评审会上作了讲话。他指出，总体上看，各单位的规划基本能够贯彻落实省和学校的部署，但也存在不平衡的现象，规划书质量参差不齐，还需要再提高认识，认识到"四重"建设关系到学校未来5年的发展，要认真修改、完善。对于如何修改"四重"建设发展规划，他提出四个"紧扣"：一是要紧扣广东特别是茂名地区的社会经济发展情况来制定规划；二是要紧扣省里的意见和规划要求；三是要紧扣协同创新机制，打破各院（系、部）之间的壁垒，各院（系、部）之间要加强协同；四是要紧扣各院（系、部）的实际，切忌不着边际地设定建设目标。他建议各院（系、部）动员全体教职工认真学习领悟文件精神，统一思想，全体教职工一起行动起来，共同参与到"四重"建设发展规划中来。

学校副院长李德豪指出，"四重"建设是学校"创新强校工程"的重要组成部分，是提升学校内涵发展的重要内容。他强调，各院（系、部）要根据学校总的目标和发展规划，结合自身实际，进一步修改和完善本单位的"四重"建设发展规划。一是要深入领会"四重"建设的内涵，加强研讨，充分吸收本单位教职工尤其是骨干教师对"四重"建设的意见和建议；二是要根据学校的总体规划，结合本单位自身实际，合理设定本单位的建设目标和建设内容；三是相关职能部门要加强对"四重"建设发展规划的指导，按照学校的规划目标，为各单位制定的目标、任务提供指导。

张清华对"四重"建设发展规划的评审工作作了总结讲话。他强调，本次"四重"建设发展规划审议会目的是对13个二级教学单位的"四重"建设发展规划工作作出一个整体评价，学校要对做得好的、有希望达到目标的单位给予大力支持。希望发展规划处统筹协调，会同科研处、学科办、人事处等相关处室，进一步合理谋划"四重"建设发展规划，有效推进学校的"四重"建设工作，切实提升学校内涵发展。

5. 校报开辟"创新强校工程进行时"专栏

为顺利推进创新强校工程营造良好的舆论氛围，校报编辑部自2014年4月15日开始，开设"创新强校工程进行时"专栏，刊发学校部分领导、单位（部门）及教师的文章，畅谈关于学校创新强校工程方面的工作进展情况、预期目标、工作设想和工作建议等。

6. 审议通过"创新强校工程规划"

2014年4月29日，学校院长办公会、党委常委会先后审议通过了《广东石油化工学院"创新强校工程"2014—2016年建设规划》，要求发展规划处根据会议意见修改完善后报送广东省教育厅。

第五节　更名五载　成效显著

一、办学规模不断扩大

学校招生由面向21个省（区、市）扩大到27个省（区、市），首次在东北三省、河北、上海、天津等省市招录本科生。招生生源逐年好转，外省招生均高出最低控制线，有的省如海南、河南、安徽等高出最低控制线30分以上；2012年广东本科院校理科第一志愿出档数超过招生计划数。学校学生规模不断壮大，普通全日制在校生由2010年的17 200人增长到2014年6月的20 400多人。成人学历教育在校生由2010年的9 000人增长到2014年4月的20 000多人。

二、学科专业建设取得新成效

以4个申硕一级学科规划为重点，加强申硕学科建设。由2010年的8大学科门类41个本科专业发展到现在的工学、理学、管理学、经济学、教育学、文学、法学、历史学、艺术学9大学科门类43个本科专业；拥有3个省级重点学科——控制理论与控制工程、化学工艺、环境工程，1个国家级特色专业建设点——化学工程与工艺专业；学校被列为教育部卓越工程师教育培养计划试点高校（广东仅5所），有2个卓越工程师教育培养计划国家级试点专业——化学工程与工艺、电气工程及其自动化，有5个省级特色专业建设点——化学工程与工艺、电气工程及其自动化、机械设计制造及其自动化、环境工程、过程装备与控制工程，有3个省级专业综合改革试点项目——电气工程及其自动化、化学工程与工艺、过程装备与控制工程。截至2013年8月，有53门校级精品课程、精品建设课程、重点建设课程，有6门省级精品课程，有1门省级精品视频公开课，有2个省级人才培养模式创新实验区——化学工程领域石油化工应用型人才培养模式创新实验区、"校企互通、工学结合"的卓越电气工程师后备人才培养模式创新实验区。

三、科研成果获得新突破

科研项目立项层次不断提高，项目经费总量有了质的飞跃，由2009年的963万元提高到2012年的3000万元；由2009年承担1项国家自然科学基金到2014年获得国家自然科学基金项目5项，2010年首次获得广东省哲学社会科学"十一五"规划地方历史文化特色项目、广东省中国科学院深化战略合作研究等项目立项，首次获得广东省科技奖三等奖；由2008年承担28项省部级以上科研项目、32项市级和地方企业项目到2013年获得省部级及市厅级项目近100项，获得横向项目近200项，其中，首次获得教育部人文社科项目2项。学校整合校内院系之间、学科之间的资源，以协同创新为引领，积极深入推进产学研合作，不断增强服务地方社会经济主动性，服务水平不断提高；研究生培养规模不断扩大，整体的科研水平得到了较快发展。

四、师资队伍不断壮大

首次成功引进日本大阪大学博士后、加拿大西安大略大学博士后、美国普渡大学博士后等国际名校高端人才3名，引进博导1名。中国科学院陈新滋院士，中国工程院刘尚合院士、薛群基院士，中石化集团公司及其所属公司和华南理工大学、常州大学、北京石油化工学院等高校的专家学者50多人担任学校客座教授；"长江学者""珠江学者"及"国家杰出青年自然科学基金"获得者等8人担任学校重点学科顾问。教授、副教授由2010年1月的228人增长到2014年6月的329人。学校有教职工约1100人，其中具有博士、硕士学位的教师共547人。有广东省高等学校"千百十工程"省级培养对象6人，"千百十工程"校级培养对象42人，茂名市市管优秀专家3人，享受国务院政府特殊津贴4人；有一批教师获全国劳动模范、全国先进工作者、全国优秀科技工作者、全国巾帼建功标兵、全国优秀教师、南粤优秀教师、省市优秀教育工作者、劳动模范等各类荣誉称号。1人入选广东省"扬帆计划"培养高层次人才，2人入选广东省"扬帆计划"引进紧缺拔尖人才。

五、办学条件不断完善

校舍面积40.28万平方米，其中1000元以上的教学科研仪器设备总值1.36亿元。教学用计算机2552台，多媒体课室89间，语音室9间；建有15个实验教学中心和24个实验室；图书馆藏书124万册，电子图书75万种，网络数据库24个。拥有3个国家级工程实践教育中心，1个省重点实验室，3个省高校工程技术开发中心，1个省工程技术研究中心，1个省级地方历史文化研究基地，1个省非物质文化遗产研究基地，6个省级实验教学示范中心建设项目，2个省级大学生实践教学基地——茂名石油化工公司工程实践教育中心、茂名绿园食品有限公司理科实践教育基地等一批省级高层次教学、科研平台。校园网出口带宽升级到7.2G独享，广东教科网地区汇接中心CERNET出口带宽升级到200M，带宽规模在全省高校校园网中仍保持领先地位。

六、人事工作不断优化

2011年启动岗位设置和人员聘用，共聘用人员1028人（含"双肩挑"20人）。2013年11月学校机构重新调整，机构分为党政管理、教学、科研、教辅机构，党的基层组织，群团组织三类。其中党政管理机构17个、教学单位16个、直属单位5个、直属科研机构4个，设置党的基层组织19个，群团组织3个。学校整合原化工与环境工程学院和化学与生命科学学院两个学院，调整为化学工程学院和环境与生物工程学院，新筹办石油工程学院。2011年5—7月、2014年5—7月分别进行党总支换届；2013年11月—2014年1月，进行中层干部换届。

七、人才培养效果显著

实施卓越工程师教育培养计划和大学生素质拓展学分计划，共规划了素拓活动约2540项，其中，学生学术科技与专业技能类素拓活动688项，文化艺术与体育竞技类1540项，社会实践与志愿者服务类312项，这些活动有效地促进了大学生的全面发展与个性发展。

2010届毕业生3877人，总体就业率达98.87%，高于省平均水平。学校继荣获"全国普通高校毕业生就业工作先进集体""2009年度全国毕业生就业典型经验高校"称号之后，2010年9月再次获"全国普通高等学校毕业生预征工作先进集体"称号。2011届毕业生就业率达到99.5%，考上研究生89名，保持着较高的考研录取率。专升本153名，占毕业生的16.7%。2012届毕业生就业率达97.58%，考上研究生人数达129人，再创历史新高；在国际及全国各类竞赛中获奖的学生共计389人次。2013届毕业生就业率达到99.4%，考上硕士研究生人数达130人，参加省部级、国家级、国际级比赛获奖学生达700多人次。

八、对外交流合作开创新局面

学校与英国、法国、加拿大、美国、澳大利亚、新西兰、越南等国家和地区20多所高校开展交流合作，并建立了校际合作关系，包括学生赴国外交流学习、高层互访、学术交流、师资外派培训、招收留学生、国外实习等。学校每年选拔学生通过"3+1"、"2+2"、硕士直升、短期交流等模式到国外合作院校交流学习。2013年，学校成功获得招收外国留学生资格，首批全日制本科学历外国留学生由尼日利亚石油技术发展基金会选派资助，于 2014 年 7 月到校接受化学工程与工艺（石油炼制）、国际经济与贸易 2 个专业 4 年的本科教育。

九、党的建设不断加强

学校党委以改革创新精神积极推进党建工作，按照中央部署先后深入开展学习实践科学发展观、创先争优活动、党的群众路线教育实践活动等一系列重大教育活动，积极贯彻落实历次全国高校党建工作会议精神，牢牢把党的执政能力建设、党的先进性和纯洁性建设"两大建设"贯穿到学校党的建设各领域、全过程，围绕加强党的思想建设、组织建设、作风建设、反腐倡廉建设、制度建设，增强自我净化、自我完善、自我革新、自我提高能力，建设学习型、服务型、创新型的党组织，确保党组织始终成为学校事业发展的领导核心。

坚持党委领导下的校长负责制，完善规章制度，建立健全考核评价机制，不断提高领导班子和领导干部的治校理教能力。

从立德树人根本任务出发，以理想信念教育为核心，以爱国主义教育为重点，以思想道德建设为基础，以大学生全面发展为目标，进一步加强大学生思想政治教育。始终坚持把改革创新的精神贯穿至高校基层党建工作的全过程和各个方面，努力推进组织设置创新、工作机制创新、党员管理创新，积极探索基层党组织和党员发挥作用的有效途径和方法，党员发展和基层党组织建设不断改进，学生党员（本科生）比例由 2010 年的 16.09% 增长到 2013 年的 18.81%，教职工党员的比例由 2010 年的 55.89% 增长到 2013 年的 59.71%，副高以上职称党员占 23.1%，实现高年级学生"支部建在班上"的目标，形成"低年级按专业、年级或教学系设置，高年级按班级设置"的模式。基层党建创新"书记项目"成果显著，2011 年获"广东省先进基层党组织"称号，2011—2013 年连续三年荣获茂名市基层党建创新项目十大品牌项目，学校"人才服务群众路线'三大工程'"获省委教育工委 2013 年高校基层党组织建设书记项目"优秀项目"称号。

以密切党群干群关系为途径，以党的群众路线教育实践活动整改方案落实情况为抓手，开展"十个专项整治"，推动立行立改，加强作风建设，把广大师生凝聚在党的周围。

以全面推进惩治和预防腐败体系建设为重点，以廉政纪律教育月活动为抓手，创新廉政教育方式，大力加强反腐倡廉建设，结合新形势制（修）定 10 多项制度，规范预警、办案、审理、监督、监察等方面的工作程序，不断建立健全党风廉政建设的长效机制，廉政制度建设与廉政教育创新，教育、预警、监督、制度并重的惩防体系进一步发挥显著作用，高校廉政文化建设成果显著。舞蹈情景剧《门》获 2012 年全国高校廉政文化作品大赛表演艺术类三等奖，在省级辩论、漫画、征文、文艺等廉政文化评比活动中获奖项一大批。

第二章 凝心聚力 赋能发展

第一节　开党代会　凝聚师生

一、成功召开学校第二次党代会

2018年12月18日，学校党委向省委组织部、省委教育工委、茂名市委组织部提交《关于召开中国共产党广东石油化工学院第二次代表大会的请示》。

2018年12月20日，学校在图书馆学术报告一厅召开中国共产党广东石油化工学院第二次代表大会动员部署会。学校领导、全校副科级以上干部参加会议。会议由学校党委副书记、纪委书记李华主持。

会议印发了《中国共产党广东石油化工学院第二次代表大会筹备工作方案》的通知。成立学校党代会筹备工作领导小组，由张清华任组长，李华任副组长，李德豪、周如金、彭志平、张锅红为成员。领导小组下设办公室，设在党委组织部，李华兼任办公室主任，陈龙彪、李为民、丁恩明、黎齐英、张海明任副主任。领导小组办公室设立资格审查组、组织组、秘书组、宣传组、会务组五个工作小组，《方案》还明确了大会的主要任务、步骤安排、党代表和"两委"委员候选人的产生程序等。

会上，李华代表学校党委对第二次党代会工作进行部署，对《中国共产党广东石油化工学院第二次代表大会筹备工作方案》进行解读，就本次党代会代表选举和"两委"委员候选人预备人选酝酿推荐等工作进行了详细说明。学校党委书记、校长张清华作了题为《提高政治站位，以高度的时代责任感和历史使命感，扎实做好第二次党代会筹备各项工作》的动员讲话，对党代会的筹备工作提出三点具体意见：一要统一思想、提高认识，充分把握召开这次党代会的重大意义；二要明确任务、抓住关键，扎实做好党代会筹备工作，特别要切实做好"两委"工作报告的起草工作，以及党代表选举工作和"两委"委员候选人推荐工作；三要落实责任、精心组织，确保党代会取得圆满成功。

2018年12月20日—2019年1月21日，学校各选举单位按照学校党委分配的代表名额和有关要求，组织所辖党支部采取自下而上、自上而下、充分酝酿的方法进行选举。

代表产生后，由资格审查组负责对代表的产生程序和代表资格进行审查，并报学校党委讨论，最终确定中国共产党广东石油化工学院第二次代表大会代表216名。

2019年1月4日，中共茂名市委批复同意召开中国共产党广东石油化工学院第二次代表大会。

2019年1月8日，广东石油化工学院第二次党委常委会会议确定了学校第二届党委委员候选人预备人选26名，第二届党委常委候选人预备人选9名，张清华为党委书记候选人预备人选，纪红兵、李华（女）为党委副书记候选人预备人选，第二届纪委委员候选人预备人选11名，李华（女）为纪委书记候选人预备人选，丁恩明为纪委副书记候选人预备人选。

2019年6月19日，学校党委根据中共茂名市委《关于同意召开中国共产党广东石油化工学院第二次代表大会的通知》（茂委〔2019〕1号）精神和中央有关规定，向广东省委教育工委、省委组织部呈报《关于中国共产党广东石油化工学院第二届委员会和纪律检查委员会组成人员候选人预备人选的请示》。

2019年7月3日，广东省委组织部批复同意广东石油化工学院第二届党委会和纪委会候选人预备人选名单。

2019年7月15日，在庄严的国歌声中，中国共产党广东石油化工学院第二次代表大会在学校图书馆报告一厅隆重开幕，大会应到会党代表199名，实到会党代表188名，符合大会规定人数。广东省委教育工委、省内外兄弟高校、石化企业、校内各民主党派等纷纷发来贺信，热烈祝贺广东石油化工学院第二次党代会胜利召开。茂名市委书记许志晖，茂名石化公司党委书记陆建明，学校党代会正式代表、列席代表，学校各民主党派负责人，非中共党员中层干部，教授代表，市级以上人大代表出席本次会议。会议由学校党委副书记、副校长纪红兵主持。

开幕式上，许志晖代表中共茂名市委讲话。他首先对大会的胜利召开表示热烈祝贺，向出席会议的党代表、列席代表和工作人员致以亲切的问候和崇高的敬意。他对学校七年来取得的系列成绩给予充分肯定。他希望广东石油化工学院新一届党委班子能够以习近平新时代中国特色社会主义思想为指导，带领党员代表和全体师生员工，在建设高水平理工科大学的历史进程中，交出更优异的答卷，谱写更辉煌的篇章，为茂名"两本四专"高等教育事业、为广东和茂名地方经济建设、为国家的石油石化行业的发展作出新的更大的贡献。

茂名石化公司党委书记陆建明代表茂名石化党委讲话。他对大会的召开表示热烈的祝贺，充分肯定了学校65年来，特别是第一次党代会以来取得的一系列成绩。他希望未来双方进一步加强交流合作，特别是在人才共育、产学共联、党建共建等多个领域要结出新的硕果，共同为地方经济社会发展和我国石油化工的发展作出新的更大的贡献。

会上，听取审议党委工作报告和以书面形式审议纪委工作报告。学校纪委工作报告对七年来纪委工作情况进行了总结，提出今后五年纪委工作的主要任务。

学校党委书记、校长张清华代表中国共产党广东石油化工学院第一届委员会作了题为《高举习近平新时代中国特色社会主义思想伟大旗帜，不忘初心、牢记使命，奋力推进高水平理工科大学建设》的工作报告。报告全面客观地总结了广东石油化工学院第一次党代会以来的主要工作，提出新时代学校的发展目标、发展方略和发展思路，明确今后五年的主要任务，对全面加强党的建设提出明确要求。

大会的主题是高举习近平新时代中国特色社会主义思想伟大旗帜，全面贯彻落实党的十九大精神，全面贯彻落实全国高校思想政治工作会议和全国、全省教育大会精神，团结带领全校共产党员和广大师生员工，解放思想、改革创新，为建成石化特色鲜明、优势突出的高水平理工科大学而努力奋斗。大会指出，新时代学校发展方略总体分"三步走"。第一步：到2025年，办学综合实力在全国理工类院校排名60位左右。其中到2020年，成为硕士学位授予单位；到2022年，建成广东省高水平理工科大学；2025年，更名为广东石油化工大学。第二步：到2030年，办学综合实力在全国理工类院校排名50位左右，成为博士学位授予单位。第三步：到本世纪中叶，建校100周年前后，跻身国内一流理工科大学行列。大会指出，新时代学校将坚持"1234"发展思路，即坚持一个引领（坚持党建引领学校事业发展），服务两个面向（服务石油石化产业发展、服务区域经济社会发展），抓住三条主线（全面从严治党、全面深化改革、全面依法治校），用好四大举措（坚持特色，以特强校；差异发展，以异赶超；突出重点，以点带面；深化改革，以改促建）。

2019年7月16日，肩负着全校全体党员和师生员工的期望和重托，中国共产党广东石油化工学院第二次代表大会圆满完成了大会各项议程和任务，在图书馆报告一厅胜利闭幕。学校党委副书记、纪委书记李华主持选举大会，学校党委书记、校长张清华主持闭幕式并致辞。

大会首先表决通过了大会选举办法，大会宣布了总监票人、监票人名单，总计票人、计票人名单，学校第二次党委委员、纪委委员候选人名单。大会选举产生中国共产党广东石油化工学院第二届委员会委员和中国共产党广东石油化工学院纪律检查委员会委员，19人当选新一届党委委员，9人当选新一届纪委委员。大会表决通过《中国共产党广东石油化工学院第二次代表大会关于党委工作报告的决议》和《中国共产党广东石油化工学院第二次代表大会关于纪委工作报告的决议》。

学校党委书记、校长张清华致闭幕词，他代表大会主席团，向上级党组织、全体代表和全体工作人员表示衷心的感谢，对新当选的党委委员、纪委委员表示热烈祝贺。

张清华指出，这次大会是在学校"十三五"事业发展进入加速期、全面深化改革进入攻坚期、高水平理工科大学建设进入关键期召开的一次十分重要的大会。大会全面总结了过去七年学校各项工作取得的主要成绩和基本经验，满怀信心地描绘了学校未来五年乃至更长一段时间发展的宏伟蓝图，提出"三步走"发展方略和"1234"发展思路，明确了今后五年工作的指导思想、主要任务和战略举措。会议期间，各位代表以高度的责任感和使命感，以饱满的政治热情和积极的务实态度，认真审议并通过了党委工作报告和纪委工作报告，围绕学校改革发展的一系列重大问题进行认真讨论，提出了许多中肯的建设性意见，为学校的科学决策提供重要参考。会议在充分酝酿的基础上，选举产生学校新一届党委委员和纪委委员，为学校跨越式发展提供强有力的组织保证。

二、学校第二次党代会选举结果

1. 中国共产党广东石油化工学院第二届委员会委员名单（按姓氏笔画顺序，共19人）

万　勇	马　波	纪红兵	李　东	李　华（女）
李为民	张长明	张海明	张清华	张锅红
陈龙彪	陈铨禄	周如金	唐少莲	彭志平
程丽华（女）	赖新华	蔡业彬	黎齐英	

2. 中国共产党广东石油化工学院第二届纪律检查委员会委员名单（按姓氏笔画顺序，共9人）

丁恩明	文亚青	吕国善	李　华（女）	李春海
李继凯	杨　高	陈　健（女）	黄韶红（女）	

3. 中国共产党广东石油化工学院第二届委员会常务委员会委员名单（按姓氏笔画顺序，共7人）

纪红兵	李　华（女）	张清华	陈龙彪	周如金
彭志平	黎齐英			

4. 中国共产党广东石油化工学院第二届委员会书记、副书记名单

党委书记：张清华

党委副书记：纪红兵　　李　华（女）

5. 中国共产党广东石油化工学院纪律检查委员会书记、副书记名单

纪委书记：李　华（女）

纪委副书记：丁恩明

党委书记、党委副书记的当选人名单和纪委书记的当选人名单与广东省委批复的一致，党委委员、党委常委当选人和纪委委员、纪委副书记当选人均在广东省委批复的人选范围内。

第二节 队伍建设 全面加强

一、学校领导班子建设

2014年以来，学校党委深入学习贯彻党的十八大、十九大和二十大精神，深入学习贯彻习近平新时代中国特色社会主义思想和习近平总书记视察广东重要讲话重要指示精神，深刻领悟"两个确立"的决定性意义，增强"四个意识"、坚定"四个自信"、做到"两个维护"，认真贯彻落实党中央重大决策部署、落实立德树人根本任务、健全"三全育人"体制机制、严肃党内政治生活，努力锻造坚强有力的领导班子，为大力推进学校高质量发展提供坚强保证。

2014年以来，根据学校发展和领导班子成员变化，中共广东省委适时对学校领导班子进行充实调整，使学校领导班子的年龄结构更加合理，学科结构进一步优化，整体效能不断增强，为学校发展提供了坚强的领导保证。

1. 坚持和加强党的全面领导

深入学习贯彻《中国共产党普通高等学校基层组织工作条例》《关于坚持和完善普通高等学校党委领导下的校长负责制的实施意见》等文件，坚持社会主义办学方向，贯彻落实党和国家的教育方针政策，持续强化党委管党治党、办学治校主体责任，充分发挥党委"把方向、管大局、作决策、抓班子、带队伍、保落实"的领导核心作用，深刻领悟"两个确立"的决定性意义，增强"四个意识"、坚定"四个自信"，坚决做到"两个维护"。

2. 持续强化党建引领

深入学习贯彻习近平新时代中国特色社会主义思想，扎实推进"不忘初心、牢记使命"主题教育、党史学习教育、学习贯彻习近平新时代中国特色社会主义思想主题教育，胜利召开学校第二次党代会，明确了"1234"发展思路。牢牢把握意识形态领导权、话语权，筑牢意识形态安全防线，与二级党组织层层签订意识形态安全稳定工作责任书，全力维护学校政治安全、意识形态安全，层层压实责任。推动和支持纪委"三转"，加强纪检监察队伍建设，在设立党委的二级单位设立二级纪委，做到监督执纪专项检查全覆盖。配齐建强思政队伍，大力实施思政课程和课程思政，推进"三全育人"工作。坚持党管群团、党管统战，积极推进工会工作、妇女工作，持续推进共青团改革，群团的基层活力明显增强。

3. 建立分工协调高效运行机制

健全党委统一领导，党政分工合作、协调运行的工作机制。贯彻落实《广东石油化工学院党委常务委员会会议议事规则、校长办公会议议事规则》《广东石油化工学院贯彻落实"三重一大"决策制度实施办法》《广东石油化工学院"三重一大"决策事项清单》等，强化议事规则刚性执行。制定《广东石油化工学院重大事项风险评估工作实施办法》，加强对决策事项的评估和咨询，提升科学决策、民主决策、依法决策水平。落实《广东石油化工学院党政领导沟通制度》，通过班子成员经常性谈心谈话、班子碰头会、专题工作协调会、重大风险分析研判会等形式，加强班子成员沟通交流，协调工作步调，形成推动工作的合力。定期对校长办公会、党委常委会决策事项进行督办，确保决策落实。

4. 着力提升领导班子战斗力和凝聚力

坚持党委领导下的校长负责制，充分发挥党委集体领导作用，大力加强领导班子建设，严格落实民主集中制，提升领导班子战斗力和凝聚力。在广东省委组织部组织的2022年度考核中，2名班子成员考核优秀，其中1人连续4年考核优秀、另1人连续3年考核优秀，2021—2023年抓基层党建工作述职评议考核等次为"好"，在新一轮高校教育人才"组团式"帮扶工作中期考核中获评"优秀"等次。

5. 目标责任考核工作

一直以来，学校党政领导班子团结带领广大党员干部和师生员工，全面贯彻党的教育方针，坚持社会主义办学方向，扎实开展"三严三实""两学一做""不忘初心、牢记使命"教育、党史学习教育，学习贯彻习近平新时代中国特色社会主义思想，围绕立德树人根本任务，对标国家和广东省一流高校建设目标，聚焦学校"申博改大"目标任务，深化综合改革，加强内涵建设，不断推进高质量发展，学校各项事业再上新台阶，较好地完成了每年确定的目标任务。

2014年以来，学校以高水平党建引领事业高质量发展，大力实施"创新发展、协调发展、内涵发展、特色发展"四大发展战略，新建了1500多亩西城校区（2019年），理顺了办学体制（2020年），被列入省"十四五"规划和省教育发展"十四五"规划重点支持高校（2021年），成为新增硕士授予单位（2021年），破解了长期制约学校发展的瓶颈难题，实现了学校发展系列重大突破，开拓了学校建设发展的崭新局面，形成连年蓬勃发展的良好态势，实现了办学规模、办学层次、办学质量、办学效益的同步提升。

二、干部队伍建设

（一）干部选拔任用工作

学校领导班子深入贯彻党的组织路线，始终牢牢把握党管干部原则，强化对选人用人的领导和把关，突出选人用人政治标准，全面加强干部队伍建设，为学校事业改革发展提供了坚强保证。

2014年以来，学校先后3次修订完善《广东石油化工学院领导干部选拔任用与管理办法》，相继出台了《广东石油化工学院辅导员职级晋升聘任办法（修订）》《广东石油化工学院聘任制干部管理办法》《广东石油化工学院中层领导干部离任管理办法》《广东石油化工学院干部选拔任用工作规程》等配套制度，坚持以党的政治建设为统领，充分发挥党委组织领导和把关作用，严格规范选拔任用工作程序，严格执行"全程纪实、节点把关"的工作要求，在牢牢把握正确用人导向中营造风清气正、正气充盈的政治生态，干部队伍结构进一步优化，干部队伍活力进一步增强，干事创业精气神进一步提升，凝聚了上下齐心、干事创业的磅礴力量，形成锐意进取、奋发作为的生动局面。

学校党委始终牢牢把握党管干部原则，充分发挥"把方向、管大局、保落实"的领导核心和政治核心作用，把选好用好干部作为关系学校发展的关键性、根本性问题来抓。2014年以来，圆满完成了两次中层领导干部换届工作。

2017—2018年，制定出台《广东石油化工学院2017年中层干部换届工作方案》，完成中层领导干部换届工作，坚持正确用人导向，按照人岗相适、能上能下、坚持学术导向的原则，全校新选拔任用中层领导干部共59人，其中正处级干部18人，副处级干部41人。2022—2023年，制定出台《广东石油化工学院2022年中层领导干部换届工作实施方案》，经过个人报名、资格审查、谈话调研、民主、组织考察、党委讨论决定、任前公示、正式任职等程序，共提拔副处级以上干部95名。其中，新提拔正处级干部34人，新提拔副处级干部61人。

（二）干部教育培训工作

学校党委高度重视干部教育培训工作，学校党委坚持把党员干部教育培训纳入学校党建工作要点，形成了学校党委统一领导、组织部门牵头抓总、相关职能部门密切配合，基层党组织和分党校具体落实的党员干部教育培训工作机制。深入学习贯彻落实习近平新时代中国特色社会主义思想，特别是习近平总书记关于干部教育培训的重要论述精神，把坚持学习贯彻习近平新时代中国特色社会主义思想摆在干部教育培训最突出的位置，全覆盖推进各级各类干部培训，使广大干部学会运用马克思主义立场、观点、方法观察和解决问题，提高战略思维、创新思维、辩证思维、底线思维能力，在大是大非面前旗帜鲜明，在风浪考验面前无所畏惧，在各种诱惑面前立场坚定。

2014年以来，学校党委先后组织了基层党支部书记网络全员培训、学生党支部书记网络培训、院系级党组织书记网络培训、"不忘初心、牢记使命"主题教育、"双带头人"教师党支部书记培训、组织员网络培训、科级干部培训、办公室主任培训、纪检监察干部培训、党的十九大精神集中学习研讨、党的十九届六中全会精神集中学习研讨、党的二十大精神集中轮训、学习贯彻习近平新时代中国特色社会主义思想主题教育读各级各类学习培训，完成干部全员轮训。通过教育培训，广大党员干部进一步加深了对习近平新时代中国特色社会主义思想，特别是习近平总书记对广东重要讲话和重要指示批示精神的理解。

（三）干部考核工作

2014年以来，学校在2021年和2023年先后2次修订《广东石油化工学院二级单位（部门）及其领导干部年度考核实施办法》。2023年，在深入调研及形成初稿的基础上，组织了20多场专题讨论，形成1个绩效工资分配办法主文件和13个附件的初稿，制定完善了《广东石油化工学院二级单位（部门）及其领导干部年度考核实施办法》，锚定学校"十四五"规划和"申博改大"目标，以促进高质量发展为主线，加快推进高水平理工科大学建设。根据工作需要，进行分类考核，对二级学院领导班子的考核评价主要开展年度增量考评；对二级学院领导干部的考核评价主要开展党的建设实绩与管理工作效能相结合的考评；对非教学单位及其领导干部的考核评价主要开展管理工作效能考评，以能者上、优者奖、庸者下、劣者汰鲜明体现早干晚干不一样、干多干少不一样、干好干坏不一样。通过不断健全完善任职考察与平时考核、年度考核、专项考核结果互相印证的知事识人体系，让"考得怎样"真实反映"干得如何"，引导广大干部严格对照"红绿灯"走、跟着"指挥棒"跑，一心一意谋发展。

（四）干部档案规范化建设

干部人事档案是教育培养、选拔任用、管理监督干部和评鉴人才的重要参考。2015年和2022年，学校党委根据中央、广东省关于干部人事档案专项审核工作的要求和学校整体工作安排，先后2次开展以"三龄两历一身份"和家庭主要成员及其重要社会关系等重要信息为主要审核内容的干部人事档案专项审核工作。学校党委对全校科级干部和中级以上职称专业技术人员的档案开展专项审核工作，通过清理、规范档案内容，对全校科级以上和中级以上职称专业技术人员的人事档案进行了一次全面"体检"，为干部选拔任用、管理监督提供信息支撑，全面提升干部人事档案工作水平。

（五）干部出入境管理和日常监督工作

2021年，学校按照党中央、广东省委有关要求，制定《广东石油化工学院中层领导干部兼职管理办法》《广东石油化工学院领导干部因私出国（境）管理办法》，从严从实落实领导干部出国（境）、兼职审批制度。

按照省委组织部有关工作要求，不断加大领导干部个人有关事项填报抽核工作力度，每年组织处级领导干部填报《领导干部个人有关事项报告表》，按一定抽查核实比例，随机确定抽查核实对象，开展领导干部报告个人有关事项的重点查核工作，学校连续4年查核一致率达到100%。

扎实开展干部日常管理监督，结合年度考核、领导干部个人有关事项报告、经济责任审计和巡视巡察等工作，对领导干部的苗头性倾向性问题及时采取相应措施，做到防微杜渐。同时，将有关情况作为领导干部考核、任免、奖惩的重要依据。

三、开展主题教育

党的十八大以来,党中央部署了多次集中教育,开展党内集中教育活动,是解决党内存在的突出问题、加强党的自身建设的重要措施。虽然每次的主题和侧重有所不同,但对于进一步加强党的建设,强化广大党员干部的宗旨意识和为民情怀,用心用力解决群众最急最忧最盼的问题具有重要意义。在历次主题教育中,学校积极贯彻落实党中央和广东省委的决策要求,围绕不同主题,统筹部署,自上而下展开重点学习,打出一套党内教育的"组合拳",确保每次主题教育的顺利开展并取得成效。

(一)"三严三实"专题教育

2015年5月28日,学校认真贯彻党中央、广东省委和学校党委的部署要求,认真组织召开"三严三实"专题教育党课暨动员部署会,学校党委书记凌靖波结合中央和省委有关精神以及专题教育开展的相关要求,联系学校实际,讲授了一堂生动、深刻的专题党课。学校印发《广东石油化工学院在处级以上领导干部中开展"三严三实"专题教育方案》,并对专题教育方案作了详细解读。19个党委(党总支)纷纷召开动员会,专题部署"三严三实"专题教育。

2015年上半年,学校通过中心组学习第一专题、专题学习研讨、参观、知识测试等形式共组织召开研讨会40多场,收到心得体会共151篇。12月学校印发《广东石油化工学院校级领导班子及党员领导干部"三严三实"专题教育民主生活会实施方案》。12月30日,学校领导班子及党员领导干部在综合办公楼5楼会议室召开"三严三实"专题教育民主生活会。专题教育民主生活会上,党委书记凌靖波主持并通报2014年度民主生活会整改方案落实的简要情况,代表学校领导班子作对照检查发言,并作个人对照检查发言,班子成员开展批评。其他班子成员依次作个人对照检查发言,并开展批评。最后,凌靖波书记作总结发言。2016年3月24日,学校印发《2015年度学校领导班子"三严三实"专题教育民主生活会整改方案》,针对专题民主生活会中提出的存在的问题加强监督,提出具体的整改措施以及明确职责分工。

(二)"两学一做"学习教育

2016年4月—2017年5月,学校认真贯彻党中央、广东省委和学校党委的部署要求,印发《关于在全校党员中开展"学党章党规、学系列讲话,做合格党员"学习教育实施方案》,把开展"两学一做"作为一项重大政治任务积极推进,并总结出注重顶层设计、坚持领导带头、坚持以学促做、发挥党支部的主体作用、强化问题导向、发挥典型示范引领作用、注重学习成果转化、加强督查指导8条经验与参会人员共勉。

2016年4月29日,学校召开2016年党建工作会暨"两学一做"学习教育工作会,部署学校"两学一做"学习教育工作,为"两学一做"学习教育营造良好氛围。同年4—7月,各基层党组织结合本单位实际,依托专业特色,采取形式多样的党课方式扎实推进

"两学一做"学习教育深入开展。2017年5月19日,学校召开推进"两学一做"学习教育常态化制度化工作会议。同年10月26日,学校召开学习教育加温推进会,进一步推动"两学一做"学习教育工作开展。

(三)"不忘初心、牢记使命"主题教育

2019年5月—2020年1月,根据党中央、广东省委部署要求,学校围绕"成立领导机构、启动部署、推进实施、责任落实"这一主线,学校党委切实发挥主体责任,第一时间建立领导小组及办公室,明确办公室职责分工,印发"1+4"工作方案和运行表,成立6个校内指导组,适时召开工作动员部署大会、指导组业务培训会、主题教育推进会、调研成果交流会等,在国庆、校庆等重要时间节点不断掀起主题教育热潮。

2019年9月16日下午,学校召开"不忘初心、牢记使命"主题教育动员部署大会。9月19日上午,广东省委主题教育第十九巡回指导组组长李向明一行6人到学校开展"不忘初心、牢记使命"主题教育调研。自主题教育开展以来,学校相继制定、修订涉及教学管理、人才引进、教职工考核、党风廉政建设等方面的制度文件,出台广东石油化工学院《教书育人工作量计算办法(试行)》《高层次人才固定津贴发放办法》《教职工考核管理办法》《问责工作实施办法》等34项。在此推动下,学校2019年学科建设、教学科研、人才引进等工作都取得显著进步。首获2项国家自然科学基金重点项目及1项国家自然科学基金国际(地区)合作与交流项目,获国家级行业协会科技奖2项,珠江学者岗位设岗学科增至3个,6个专业入选广东首批省级一流本科专业建设名单,引进"长江学者""万人计划"等高端人才39人,拥有博士426人,占比34.5%,助推学校高质量发展。

同年12月4日,学校在综合办公楼五楼会议室召开校领导班子及领导成员"不忘初心、牢记使命"专题民主生活会。12月26日,学校印发《"不忘初心、牢记使命"专题民主生活会学校领导班子整改方案》,随后召开"不忘初心、牢记使命"主题教育对照党章党规找差距专题会议,学校党委领导班子成员对照中央提出的"18个是否",分别进行了对照检查,把查找出来的问题全部纳入主题教育检视问题和整改落实的内容。聚焦专项任务抓整治,召开3场专项整治座谈会,通过问卷、座谈、调研查摆等,把中央明确的专项整治任务牢牢抓在手。梳理出9个问题,其中解决了6个,对基层党支部不健全等组织软弱涣散问题、文山会海问题、干部担当作为问题、对师生关心的利益问题漠然处之等进行了专项整治,限期完善健全党支部;出台《关于重申规范办文办会的通知》;对屡经教育后干事创业精气神不够、不担当不作为的干部及时进行处理;建成西城校区教师休息区,优化调整官渡校区学生宿舍,协调解决离退休教职工老旧教工楼加装电梯事宜,加快推进实验室科研教学用房分配等。

2020年1月12日上午,学校在图书馆学术报告一厅召开"不忘初心、牢记使命"主题教育总结大会。广东省委主题教育第十九巡回指导组组长李向明出席会议并讲话,成

员许亚勇、周蜀新、林学玉、何晓俊、王萍到会指导。学校党委书记、校长、主题教育领导小组组长张清华作"不忘初心、牢记使命"主题教育总结报告。学校党委副书记、副校长、主题教育领导小组副组长纪红兵主持会议。学校领导、党员中层干部、教师党支部书记、专职组织员，党办、组织部、宣传部、纪委办副科级以上人员参加会议。张清华书记代表学校党委作"不忘初心、牢记使命"主题教育工作报告，从主题教育所取得的扎实成效、所形成的经验启示，以及以主题教育成果助推学校高质量发展三个方面对学校主题教育工作作了全面总结，提出建立健全"不忘初心、牢记使命"主题教育制度和持续巩固深化主题教育成果的具体举措。

（四）党史学习教育

2021年3月—2022年1月，学校党委始终把党史学习教育作为一项重大政治任务，紧跟上级党委要求，统筹部署，扎实推进，为学校党史学习教育谋篇布局。成立党史学习教育领导小组及办公室，制定《广东石油化工学院党史学习教育实施方案》等20个工作方案，组建5个督导组，组建一支由各级党组织书记、"形势与政策"课教师、专职团干组成的近250人的宣讲队伍，组织校级党委中心组（含扩大）开展专题学习党史11场次，组织教职工开展政治理论学习9场次，组织副处级以上干部参加培训3场次，举办"七一"重要讲话精神专题宣讲培训班1场次，组织副厅级以上干部讲党课17场次。

2021年3月5日上午，学校党史学习教育动员大会在图书馆报告一厅召开，深入学习贯彻习近平总书记在党史学习教育动员大会上的重要讲话精神和党中央《关于在全党开展党史学习教育的通知》精神，认真贯彻落实全省党史学习教育动员大会精神，动员部署全校党史学习教育工作。

3月10日，省委第十三巡视组巡视学校党委工作动员会召开，巡视组组长刘丹作了动员讲话并对做好巡视工作提出要求。6月16日，学校召开党史学习教育工作会议，会上，学校党委书记、校长张清华代表学校党委从三方面汇报学校党史学习教育情况和取得的阶段性成果，会后巡回指导组在综合楼一楼会议室仔细查阅学校党史学习教育各项台账。10月27日，学校召开党史学习教育推进会，对党史学习教育进行再部署、再推进。

同年2021年12月23日下午，学校组织师生代表203人（党员干部教师146人、学生57人）对学校党史学习教育情况进行了测评。测评结果为：对"本地区（部门、单位）开展党史学习教育"认为"好"的有203人，占测评总人数100%。

2022年1月14日，学校印发《广东石油化工学院领导班子及成员党史学习教育专题民主生活会》的通知。1月17日上午，学校在图书馆学术报告一厅召开党史学习教育总结会议，全面总结学校党史学习教育情况，不断巩固拓展党史学习教育成果，对推动党史学习教育常态化长效化进行部署安排，引导全校广大党员干部大力弘扬伟大建党精神、赓续精神血脉，以强烈的历史主动精神开创建设高水平理工科大学新局面。市委党史学习教育第十二指导组到会指导。

1月17日下午，学校召开学校领导班子及成员党史学习教育专题民主生活会。会上，学校党委书记、校长张清华通报了2020年民主生活会和广东省委巡视整改专题民主生活会整改措施落实情况、本次民主生活会征求意见情况，并代表学校领导班子作对照检查发言。学校领导班子成员进行了个人对照检查发言，聚焦5个重点方面，深入进行党性分析，深刻剖析问题根源，有针对性地提出整改措施，认真开展批评与自我批评。

1月18日，学校组织学校党史学习教育领导小组成员、机关处室负责人、各二级党委（党总支、直属党支部）书记参加全省教育系统党史学习教育总结视频会。视频会上，广东省教育厅党组书记朱孔军出席会议并讲话，省委教育工委副书记、省教育厅党组副书记李大胜传达中央和广东省党史学习教育总结会议精神，省委第十四巡回指导组组长吴焕泉等到会指导。会议总结了广东省教育系统党史学习教育取得的成效和宝贵经验启示。

（五）学习贯彻习近平新时代中国特色社会主义思想主题教育

2023年4—8月，按照中央统一部署，以县处级以上领导干部为重点在全党深入开展学习贯彻习近平新时代中国特色社会主义思想主题教育，根据省委工作安排，学校作为开展主题教育第一批单位，牢牢把握"学思想、强党性、重实践、建新功"的总要求，紧紧锚定"凝心铸魂筑牢根本、锤炼品格强化忠诚、实干担当促进发展、践行宗旨为民造福、廉洁奉公树立新风"的具体目标，着力在以学铸魂、以学增智、以学正风、以学促干上下功夫，高质量推进主题教育走深走实见行见效。广东省委主题教育第二十一巡回指导组参与指导，组长叶维园。

学校成立主题教育领导小组，由学校党委书记、校长张清华担任组长，李华、张锅红、周如金、李为民、万勇等其他校领导担任副组长，张锅红为常务副组长（2023年7月份调离后由周如金负责），成员为其他党委常委，组织统战部、党政办、宣传部、纪检监察室、发展规划部主要负责同志。领导小组负责统筹推进主题教育工作。领导小组下设办公室，内设综合组、宣传组、整改组、联络组4个工作组，负责日常工作。为深入扎实开展主题教育，学校印发《中共广东石油化工学院委员会关于深入开展学习贯彻习近平新时代中国特色社会主义思想主题教育的实施方案》，以主题教育"四计划、三清单"为抓手，实行清单式管理、项目化推进、销号制落实，一体推进理论学习、调查研究、推动发展、检视整改、建章立制等重点工作，全力推动主题教育高效高质开展。

2023年9月18日，学校召开学习贯彻习近平新时代中国特色社会主义思想主题教育总结会议，学校领导张清华、李华、周如金、李为民、万勇，华南理工大学帮扶队队长朱永东，党委常委，全校中层干部，组织统战部、党政办公室、纪检监察室、宣传部、发展规划部（研究生部）副科级以上干部，专职组织员，民主党派、统战团体负责人参加会议。会议由周如金主持。会议认为，学校开展主题教育4个多月，取得良好成效，体现在以下几个方面。

一是学理论提觉悟。(组织24次党委会第一议题、10次理论学习中心组、5次教职工政治理论学习);班子成员带头上讲台讲党课和思政课25场,160多名中层干部纷纷开展讲学,实现中层干部和支部书记讲党课全覆盖;订购4300余册指定学习材料,举办主题教育读书班7天,开展3次集中研讨,撰写心得570余篇,参加读书班累计1200多人次,举办党员干部培训班12期,实现领导干部集中培训全覆盖。180多个基层党组织开展"三会一课"和主题党日活动900多次,覆盖全体党员。组织"红色"访学累计30余次。

二是找问题谋举措。聚焦广东省委"1310"具体部署,围绕粤港澳大湾区建设、高水平科技自立自强等重点工作,结合学校高质量发展行动计划,制定学校《广东石油化工学院学习贯彻习近平新时代中国特色社会主义思想主题教育调查研究工作方案》,以张清华书记、校长率队到"三桶油"总部调研破题,校领导确定14项调研课题,召开32次专题调研会,走访基层、赴企业、高校等调研交流累计138次,进一步把准新情况研究新问题。结合调研情况,及时形成调研报告,并召开校、院两级班子成员调研成果交流会,校领导列出成果转化清单共74项,160多名中层干部列出成果转化清单500余项,大部分调研成果实现转化,以调研破解学校改革发展难题,助推学校高质量发展。主动聚焦广东高质量发展蓝图,形成以"构建智能安全技术体系 支撑广东绿色石化产业高质量发展"为题、展示学校主动深度融入广东绿色石化产业发展大局的调研案例,该案例在《南方日报》等媒体作了相关报道。

三是破难题促发展。以破"五唯"为导向,协同推进教育评价改革,推动"绩效分配体制机制优化"专项整治,推进历次主题教育存量问题清零,23个"揭榜挂帅"项目陆续结题,10项民生实事基本解决,12个检视整改问题已销号。聚焦省委"1310"具体部署,落实《中共广东省委 广东省人民政府关于新时代广东高质量发展的若干意见》,出台《广东石油化工学院高质量发展行动计划》,以新力度、新举措推动学校发展实现新突破、新提升,建立学校"申博改大"指标体系,闭环落实管理机制。

四是建制度保长效。学校党委坚持"当下改"与"长久立"相结合,进一步健全完善以《章程》为核心的依法治校制度体系,持续优化全面从严治党和内部治理体系,提出3年以上"暂行""试行"规章制度清理共77项。新建制度21项,修订制度35项,废除制度29项。按照"1+13"的方式完善绩效工资分配办法及完成13个配套子办法的修订完善。

第三节　建强组织　筑牢堡垒

一、基层党组织建设

1. 制度建设

学校党委认真贯彻《中国共产党普通高等学校基层组织工作条例》。2015年5—6月，学校修订《广东石油化工学院党员管理细则》《广东石油化工学院发展党员工作实施细则》《广东石油化工学院发展党员票决办法》《广东石油化工学院学生党员述责答辩测评办法》《中共广东石油化工学院委员会党校工作规定》《广东石油化工学院二级党的委员会（党的总支部）工作细则》《广东石油化工学院二级党的委员会（党的总支部）换届选举工作实施细则》《广东石油化工学院教职工党支部工作细则》《广东石油化工学院大学生党支部工作细则》。

2021年启动20多项规章制度"立改废"工作，全面修订学校9项基层党组织工作制度，不断完善优化制度机制。认真抓好《中国共产党普通高等学校基层组织工作条例》《中国共产党组织工作条例》《中国共产党党徽党旗条例》贯彻落实。通过学校党委常委会会议，党委中心组、各级党校培训班和"三会一课"的专题学习，推动各级党组织和党员师生特别是党员领导干部深入领会各个条例精神，全面掌握条例内容，严格遵守和执行条例规定。

2. 阵地建设

2020年，学校加强专职党务干部队伍和党员活动阵地建设，推动各学院形成"四轮驱动"党建工作体系。专职组织员、特邀党建组织员，党员院长任副书记100%全覆盖前轮驱动，二级学院建立分党校、学生党建工作中心100%全覆盖后轮驱动。强化学校领导班子抓党建工作的责任。制定《广东石油化工学院落实全面从严治党党委主体责任清单》《领导班子成员党建责任清单》。全面提升"头雁"工程质量。组织开展党建"双创"培育单位和18个"双带头人"教师党支部书记工作室建设中期验收工作。

健全"校—院—系"三级党员干部联系服务群众工作体系，完善学校领导分工联系制度和党员领导干部"双联双带"联系制度，学校领导班子成员以身作则，深入6个联系党支部列席组织生活会，带头联系8名高知入党积极分子并发展入党。

3. 品牌项目

2021年，创新"党建＋志愿服务"模式，深化党员志愿服务与创新党员教育管理有机结合，全校共建立党员师生志愿服务队18支。"党员志愿服务机制"建设项目也成为茂名市"全市基层党建品牌创建项目库"重点品牌创建培育项目。落实规范基层党组织设置，2021年共调整基层党支部5个，新设支部10个，确保党的组织和工作全面覆盖高校各内设机构。

二、院（系）级党组织建设

2015年5月开始，学校继续实施"书记项目"，创建"示范党支部"。2015年校党委确定立项建库26项"书记项目"、59个立项建库创建"示范党支部"。2016年，学校党委确定立项建库24项"书记项目"。2017年3月，广东省委教育工委通报表扬2016年度全省36项高校党建"书记项目"，学校党委书记凌靖波申报实施的"'党支部四树计划'——深化'立德树人'机制研究与实践"项目获通报表扬。该项目同时入选茂名市委组织部2016年重点建设项目，入选广东省委组织部重点实施"书记项目"的备案名录。

三、党员队伍建设

学校党委严格按照"控制总量、优化结构、提高质量、发挥作用"的总体要求，始终坚持把政治标准放在首位，严格履行党员发展程序，切实做好发展党员工作。

2015—2023年，共组织入党积极分子、发展对象、预备党员、党支部书记、"双带头人"教师党支部书记、基层党组织书记、红色理论学习社团骨干参加各级各类线上线下培训共82期，累计培训学员28 190人，并累计选送11名业务骨干和14名教师党支部书记参加省高校培训。

截至2016年12月底，根据中组部要求，共核查党员基本信息2234条，核查党员档案2159份，核查组织关系回执情况7000多份，对21名失联党员进行规范管理和组织处置，789名党员补交党费共638 588.60元。

2017年4月19日，学校以二级党委（党总支）为单位，对全体党支部书记进行"党支部书记党务知识测试"考试，以考促学提高党支部书记说内行话、干内行事的素质。据统计，全校党支部书记179人，参加考试172人，参考率96.09%。2017年底，学校组织党员参加"学报告学党章"考试，参考率达100%，满分率达97.61%。

2018年4月12—13日，学校党委书记凌靖波，党委副书记、纪委书记李华率领基层党组织书记43人赴中共三大会址纪念馆和华南农业大学开展"不忘初心、牢记使命"主题教育。2018年11月28日—12月2日，学校在福建龙岩学院干部培训中心举办"双带头人"教师党支部书记集中培训班。学校20多名"双带头人"教师党支部书记及高知群体、入党积极分子参加培训。

2020年，发布《关于基层党组织在疫情防控期间开展组织生活的通知》，坚持抓新冠病毒疫情防控与党的建设相结合，创新组织生活"线上过"与"硬要求"相结合，全校155个党支部召开组织生活会，"组织生活不停顿"，党员队伍"不掉线"，党旗飘扬同战"疫"。2020年，开展党员捐款支持疫情防控工作及党内激励关怀活动。全校2392名师生党员共计捐款 288 271.31 元。做好疫情防控期间党内关爱活动，做好困难党员、老党员等定期走访慰问、关怀帮扶工作。发放春节第二轮补充慰问金 42 500 元、"七一"慰问金 36 900 元。

四、评选表彰先进

2016 年 6 月 30 日，学校庆祝中国共产党成立 95 周年大会在图书馆学术报告一厅举行。学校领导凌靖波、张清华、李德豪、周如金、彭志平出席大会。会议表彰先进党委（党总支）3 个、先进党支部 20 个、优秀党员 78 名、优秀党支部书记 20 名、优秀党务工作者 6 名。12 月，学校党委对全校 2016 年"书记项目"进行了评选和表彰，授予"示范书记项目"称号 3 个、"优秀书记项目"称号 6 个、"书记项目先进个人"称号 3 人。同时，在 2016 年党支部活动创新案例和服务型党支部评选中，共评选出党支部活动创新案例 18 个，服务型党支部 3 个。

2017 年 6 月 29 日，在学校召开的庆祝建党 96 周年暨"两学一做"学习教育常态化制度化座谈会上，党委书记凌靖波为当年新增的 50 年党龄以上老党员代表颁发了"南粤七一纪念奖章"和慰问金。学校文法学院法律系教工党支部、化学工程学院石化专业学生党支部成功入选为广东省高校 157 个学习型、服务型、创新型党支部（简称"三型"党支部）之一。11 月，党委组织部发文公布学校"两学一做"支部风采展示活动评选结果，其中，授予马克思主义学院原理党支部等 15 个党支部"最佳党日"案例，授予陈海均等 15 人主讲的微党课为优秀微党课。12 月，党委组织部发文对 3 个一等奖、5 个二等奖、5 个三等奖、10 个优秀奖的基层党组织建设"书记项目"和 3 名获基层党组织建设"书记项目"促进奖先进个人予以表彰。

2018 年，学校环境与生物工程学院食品专业学生党支部、体育学院专业理论教研室党支部入选为 2018 年"广东省高校学习型、服务型、创新型党支部"。学校党委组织部李志娟同志被授予"全省教育系统党建工作先进个人"称号。学校化学工程学院、团委党支部分别获得广东省新时代高校党建示范创建和质量创优工作（简称党建"双创"工作）"标杆院系"和"样板支部"培育创建单位立项，是学校首批获得党建"双创"工作立项单位，同时，校团委党支部入选为首批全国党建工作样板支部培育创建单位。学校 3 项基层党组织书记工作案例获广东省委教育工委表彰，罗少蓉同志获广东省高校党建研究会本科分会 2018 年优秀党务工作者称号。

2019 年，化学工程学院石油化工系党支部获得教育部第二批新时代党建"双创"工作"样板支部"培育创建单位立项；环境科学与工程学院党总支获得第二批全省党建"双创"工作"标杆院系"培育创建单位立项；马克思主义学院基础教研室党支部获得第二批全省党建"双创"工作"样板支部"培育创建单位立项。2019 年，学校 4 项案例获广东省委教育工委高校基层党建工作创新案例一、二、三等奖；黄碧同志获广东省高校党建研究会本科分会 2019 年年会优秀党务工作者称号。

2020年，机电工程学院党委、材料科学与工程学院高分子材料与工程教工党支部分别获得获得第三批全省党建"双创"工作"标杆院系"、"样板支部"培育创建单位立项，力学与实验中心党支部刘宝良工作室获广东省"双带头人"教师党支部书记工作室培育立项单位，也是全校首个省级"双带头人"教师党支部书记工作室。高志英同志获广东省高校党建研究会本科分会2020年年会优秀党务工作者称号，学校获优秀组织奖。

2021年，学校隆重举办庆祝建党100周年系列活动，28个基层党组织和105个个人获评省、市、校各级"两优一先"表彰，38名党龄满50年老党员获发纪念章。其中，化学工程学院党委获评为"广东省先进基层党组织"，环境科学与工程学院党委和学校团委党支部均获评为茂名市"先进基层党组织"，林霞、卢洁蓓获评为茂名市"优秀党务工作者"，余长林、蔡宣礼、赵永国获评为茂名市"优秀共产党员"，建筑工程学院党委等25个基层党组织获评为学校"先进基层党组织"，方运良等30人获评为学校"优秀党务工作者"，丁宝东等70名师生党员获评为学校"优秀共产党员"。校团委党支部书记赖新华同志主讲的微党课"中国北斗——夜空中最亮的星"获评为中共广东省委教育工委精品党课。

2022年，学校向5名老党员颁发"光荣在党50年"纪念章。重视党建课题研究和"双创"工作，验收通过省双创"标杆院系"1个（环境科学与工程学院党委）和"样板支部"1个（马克思主义学院基础教研室党支部）、国家级"样板支部"1个（广东石油化工学院化学工程学院石油化工系党支部）；正在进行创建验收的省"标杆院系"1个、"样板支部"1个；组织申报省第四批"双创"培育单位的院系2个、支部6个。策划录制的党员教育短视频《乡村振兴·砥砺前行——广东石油化工学院毕业生党员在行动》获评为全市高校、技职院校党员教育短视频优秀作品。

2023年，学校向6名老党员颁发"光荣在党50年"纪念章。验收通过省双创"标杆院系"1个（机电工程学院党委）、"样板支部"1个（高分子材料与工程系教工党支部）、获评为第四批省党建"双创"工作"样板支部"培育创建单位2个（大学外语教学部党支部、生物工程系党支部）。

五、加强党建研究

学校党委高度重视党建研究工作，切实推进理论研究与创新工作。2015年，学校3个课题获广东省高等学校党的建设研究会党建研究课题一般课题立项。在华南农业大学召开的2015年广东省高校党建研究会本科分会年会暨研讨会中，5篇论文获评为年会优秀论文，学校获优秀组织奖（全省共9所）。2015年7月8日，省委教育工委公布学校党委组织部组建的大学生党员暑期社会实践团队的"融入创新创业团队，践行社会主义核心价值观"项目入选且获0.5万元的资金资助。

2016年，学校刘国平老师课件《立入党之志 践追党之行——浅谈大学生骨干的责任、使命与担当》获全省高校党课课件一等奖，卢诚老师制作的课件《守纪律 讲规矩 作表率——做践行"三严三实"的模范》获全省高校党课课件二等奖。学校党委组织部组建的大学生党员社会实践活动项目"融入创新创业团队，践行社会主义核心价值观"获广东省委教育工委通报表扬。3个课题获省高校党建研究会一般资助课题立项。

2017年7月，学校党委组织部组织10名优秀大学生党员（入党积极分子）到井冈山教育基地开展"走起来　学起来　做起来——探访革命老区，凝聚红色精神，落实'两学一做'学习教育"，由党委组织部副部长、党校办公室副主任黄碧同志亲自带队。该项目获得广东省委教育工委大学生党员社会实践活动立项。在组织申报学校2017年度党建研究课题工作中，确定校级党建研究课题12项，其中4个项目获省级立项。

2017年的广东省高校党建研究会本科分会年会在肇庆学院召开，学校6篇论文获评为年会优秀论文。其中左素萍的论文《高校学生党支部组织生活实效性调查研究——以广东石油化工学院为例》，陈小霞的论文《高校学生党员教育工作项目化管理的思考》，陈龙彪、张海明、崔春晓合作撰写的论文《高校服务型党组织作用发挥机制和平台探析》等获一等奖。

2018年12月7日，广东省高校党建研究会本科分会2018年年会在佛山科学技术学院召开。冯晓（环境学院）的论文《大学生党员志愿者在志愿服务中的道德成长经验研究》等五篇论文获评为年会优秀论文。

2019年，学校罗少蓉主持申报的"全面提升广东高校基层组织的组织力研究"、张玲主持申报的"加强广东高校基层党建创新研究——以广东石油化工学院为例"和黎育生主持申报的"新时代高校党建组织育人体系建设研究"3项课题获广东省教育科学"十三五"规划及改革开放40周年党建工作研究项目立项。

2019年，广东省高校党的建设研究会本科分会年会在佛山科学技术学院召开。学校《高校高知群体发展党员工作研究——以高校海归教师为视角》（梁力）等4篇论文获评为年会优秀论文。黄碧主持申报的"以提升组织力为重点加强高校基层党组织建设研究"等4项课题获广东省高等学校党的建设研究会2019年党建研究课题立项。

2020年广东省首届公办本科高校教师党支部书记素质能力大赛在佛山科学技术学院举行。学校选派参赛的文法学院法学系党支部书记卢显洋、建筑工程学院力学与实验教学中心党支部书记刘宝良分别获大赛二等奖、三等奖，刘宝良在此次比赛中还以党务知识测试单项第一名（100分）的优异成绩荣获党务知识竞赛优秀奖。12月18日，广东省高校党的建设研究会本科分会年会在惠州学院召开。《区域联动人才培养模式改革实践——以党校教育教学改革实践为例》（黄碧）等6篇论文获评为年会优秀论文。

2021年，积极引导全校党务工作者申报2021年省党建研究课题11项。马克思主义基本原理概论教研室党支部组织撰写的案例《党建引领，把思政课搬到祖国最需要的地方去》、艺术与设计学院党委组织撰写的案例《党建造星工程》分别获2021年度全省高校基层党建工作创新案例三等奖和优秀奖。另外，党委组织部课题组组织撰写的调研成果《新时代党政机关复合型干部的培养与使用问题研究》获茂名市2020年度组织工作重点调研成果三等奖，共 3 项课题获省党建研究会 2021 年党建研究课题立项。

2022 年，曾彩路主持的"校学生党支部党建工作品牌建设的实践与探索——以学生党支部党建品牌'党史小浪花'为例"、杨营主持的"新时代理工科教工党支部党建引领与立德树人深度融合机制探析"、赵芳主持的"新时代高校党史学习教育路径优化研究"、李琳主持的"高校外语党支部'一元多核'党建引领机制研究"4 项课题获省党建研究会2022 年党建研究课题立项。

第四节 思想建党 理论强党

一、宣传思想文化工作

（一）强化理论思想武装

近年来，学校不断深化理论武装，高举思想之旗，夯实理想信念。加强党对思政工作的领导，制定《思想政治工作质量提升工程实施方案》《思想政治理论课建设行动计划》《加强和改进教师思想政治工作实施方案》《教师师德失范行为处理办法》《专职思政课教师队伍建设行动方案》《强化课程思政建设一流课程实施方案》等制度，将思政课建设列为校党委常委会会议、校长办公会议的重要议程和重要内容，校领导定期到马克思主义学院进行调研，及时研究和解决思政课建设的重大问题，大力实施思政课程和课程思政，配强配优思政课专职兼职教师队伍和辅导员队伍，在人才培养、科研立项、评优表彰、职务评聘等方面支持马克思主义学院工作，实行专职思政课教师和辅导员职称单列条件、单列指标和单独评审制作，校党委书记、校长、校领导班子其他成员及二级学院书记、院长每学期带头上思政课、听思政课，以上率下推动思政课建设。创新思政育人模式，积极组织学生参加"立志·修身·博学·报国""学四史、守初心、创未来"研学实践短视频大赛、广东省高校网络媒体展示节、广油之星年度盛典、"中国梦·广油行"社会实践等系列活动，每年近 4 万人次参与脱贫攻坚、无偿献血、阳光助残、重大赛事等志愿服务活动。

2018 年以来，围绕党的十九大精神、习近平总书记关于教育的重要论述、习近平总书记在庆祝中华人民共和国成立 70 周年大会上的重要讲话精神、意识形态工作、《中华人民共和国民法典》、《习近平谈治国理政》第三卷、党史学习教育、十九届六中全会精神、全面从严治党、习近平法治思想、党的二十大精神等，开展党委理论学习中心组学习（含扩大）56 次。围绕习近平总书记系列重要讲话精神、重要指示批示精神，开展教职工政治理论学习 37 次。发放《习近平新时代中国特色社会主义思想三十讲》等各类学习资料2000多本（份），订购《习近平新时代中国特色社会主义思想学习纲要》、《新中国发展面对面》、《习近平谈治国理政》第三卷第四卷等书籍供全体党员干部学习。组织书记、校长及二级党委书记、院长上"思政第一课"351场次，组织校领导上形势与政策课18场次。引领带动全校党员干部在学懂弄通做实上持续用力、久久为功，切实补足精神之"钙"、夯实信仰之"基"、把稳思想之"舵"，纵深推动党的创新理论在广油落地生根、开花结果。

（二）严抓意识形态工作

近年来，学校不断压实意识形态工作责任制，为全校教育水平高质量发展提供安全政治环境，把意识形态工作作为党的建设与思想政治教育的重要内容，纳入重要议事日程，定期进行政治安全意识形态安全研判，主动落实意识形态工作责任，通过加强教育、提高认识、全面排查、建立台账、严格整治、消除隐患、落实责任、构建长效机制等途径，牢牢把握意识形态工作的领导权、管理权与话语权，加强对各类意识形态阵地（主要抓好学术讲座、境外原版教材选用、课堂教学、涉外项目、网络媒体、党建社团）的管理。

学校全面落实意识形态工作责任制，切实加强组织领导，成立了意识形态工作领导小组，严格落实校领导分管领域意识形态工作"一岗双责"制。每年与二级党组织层层签订意识形态安全稳定工作责任书，压实意识形态工作责任，构建了学校党委统一领导，党政同抓，宣传部牵头组织协调，各单位部门各司其职的意识形态工作格局。制定并印发《广东石油化工学院对引进和公派出国（境）研修教师实行政治把关的规定（试行）》等意识形态工作相关制度近60个。严格管理"讲座论坛、境外国外原版教材、课堂教学、境外国外教师、涉外资金、涉外交流项目、校园网络、党建社团、校友会"九项阵地，审批社科类报告会、研讨会、讲座、论坛522场次，处置舆情118宗，迎接市委年底考核5次，做到阵地管理安全可控、重点人群稳定可控。坚持每月进行政治安全意识形态安全研判，总共召开意识形态工作会议81次。逢重大节日敏感节点启动特别防护期三个等级响应机制、维稳安保"四个一"应急值守机制、维稳安保"一个指挥部五个应急小分队"工作机制，适时组织全域排查，及时化解风险隐患。不断强化对二级党组织意识形态工作专项督导检查，严格师生涉意识形态安全问题追责问责，牢牢把握意识形态的领导权和主动权。2021年接受省委巡视组意识形态专项检查组巡视，重视抓好巡视问题整改，反馈的10个问题已全部完成整改，完成率100%。

通过数字技术摸清各类阵地底数，掌握阵地动态，加强阵地巡查，同时辅以制度支撑，压实各方责任。通过微矩阵系统将校内39个官方新媒体账号纳入监管，加强内容安全巡检，发现问题及时处置；同时，利用系统对各类媒体传播力进行排名和定期公示，充分发挥重点媒体作用，鼓励有影响力的媒体积极参与学校的宣传工作，取得了良好的效果。

（三）巩固壮大主流思想舆论

1. 内外宣传工作

近年来，学校坚定奏响高质量发展最强音，持续巩固壮大主流思想舆论。始终聚焦高质量发展中心大局，坚持正确舆论导向，围绕学校中心工作，讲好广油故事、传播广油声音、展示广油形象，积极构建内宣外宣同向发力、线上线下同频共振、报网微端屏协同传播的大宣传工作格局，外树形象，内聚合力，不断提升学校知名度、美誉度、影响力。顶层设计学校新网站和新闻网的建设，编发广油要闻2476篇，规范校园动态发布，内宣新闻质量和可读性得到较大提升。精心策划学校重大主题宣传报道。加大外宣力度，提升外宣实效，在市级以上外媒报道1160篇，省级以上媒体报道674篇，其中在人民日报、新华社、"学习强国"平台等国家级媒体、全国性网站报道359篇。其中，教育部官网、中国教育报头版报道《以油为媒与城比翼飞——广东石油化工学院与茂名市良性互动多赢融合纪实》，人民日报客户端报道《广东石油化工学院工程教育跻身粤高校前列》《广东五位大学生：你们扶起老人的样子真美！》，点击阅读量分别高达14万次和13.3万次。

2015年4月，学校正式以"广东石油化工学院"为名开通官方微博，5月正式以"广东石油化工学院"为名开通学校官方微信。为加强全校新媒体管理工作，同年出台《广东石油化工学院新媒体发展管理暂行办法》，初步建立一支以学生为主的新媒体管理团队，学校官方微信、微博粉丝量逐年提升。2019年开通微信矩阵，集合学校官方微信公众平台24个。依托大学生全媒体中心这一学生新闻传媒组织打造新闻"中央厨房"，坚持内容为王，培育高质量新闻作品。建立以新媒体生产传播为核心的策、采、编、发网络和流程，推进"一次采集、多种生成、全媒传播"模式，实现网上与网下、内容与运营融合。建强学校新媒体联盟和微矩阵，组建"资源通融、内容兼融、宣传互融"的新型媒体，打造全媒体传播格局。2018—2022年，官微共发1391篇报道，单篇最高浏览量7.3万次，累计浏览总量974.4万次，粉丝量117 839；官博共发285篇报道，单篇最高浏览量216万次，累计浏览总量1078.8万次，粉丝量9301；官抖共发74篇报道，单篇最高浏览量30.4万次，累计浏览总量899万次，粉丝量11000。广油官微多次进入全省高校新媒体第一方阵，并连续两年获得"广东高校新媒体影响力前三十名"，取得历史性突破。

加强传统媒体资源整合与新兴媒体宣传推广相结合，增强同频共振。发挥党报党刊主阵地作用，做优做特传统媒体，积极探寻校报传统媒体与新媒体的错位发展之路。进一步完善校报数字化，入网"中国高校校报展示平台"，链入学校官网首页、官微，提升校报网络化、电子化水平。近五年来，学校新闻作品荣获全国高校好新闻奖二等奖2项、三等奖2项，广东教育好新闻奖、广东高校校报好新闻奖一等奖1项、二等奖8项、三等奖15项。

2022年，"学习强国"刊登《广东石油化工学院圆满承办华南大学生物理实验设计大赛决赛》。2023年，"学习强国"刊登《广东石油化工学院迎来首届硕士研究生》、《人民日报》刊登《全面深化改革　扩大高水平对外开放　在推进中国式现代化建设中走在前列——习近平总书记广东考察重要讲话引发热烈反响》。2024年开通广东石油化工学院"学习强国号",广东石油化工学院"同学汇",向师生和社会讲好广油故事。

2. 校报工作

《广东石油化工学院报》是由广东石油化工学院主管、主办的机关报,其前身是创办于1986年7月,由原广东石油化工高等专科学校党委主管、主办的机关报《广东石化专科学校报》。2000年3月,广东石油化工高等专科学校和茂名教育学院合并组建茂名学院;2001年2月23日,茂名学院正式挂牌成立,《广东石化专科学校报》随之更名为《茂名学院报》,从2001年3月8日开始出报;2010年5月,茂名学院更名为广东石油化工学院,《茂名学院报》随之更名为《广东石油化工学院报》,从2010年6月15日开始出报至今。

随着传媒技术的更新与提升,2014年,校报数字报系统启用;2015年,校报各版面重新设计,入网"中国高校校报展示平台",链入学校官网首页、官微。其中,第一版为要闻版,第二版从第289期(4月30日出版)起由"综合"版改为"深度报道"版,第三版为校园版,第四版从第305期(12月31日出版)起由"副刊"版改为"副刊"版与"生活"版交替出版;2018年校报微信版启用,实现纸质、网络、手机微信的全覆盖,提升校报的传播力和影响力。

校报办报质量不断提高,在2014年度全国高校校报好新闻奖评选中,校报第281期第3版、第269期第1版分别获版面类一等奖、二等奖,《我校校史群雕落成》获消息类三等奖,校报首次获得全国高校校报好新闻一等奖。在2014年度广东高校校报好新闻评选中,校报选送20件参评作品中有13件作品获奖,其中二等奖2项,三等奖11项,是历年来校报参加该评选获得奖项最多的一次,获奖数量在全省高校校报中排名前三。在2015年度广东高校校报好新闻评选中学校首次获得省校报好新闻一等奖。2016年,校报由半月报改为月刊,截至2024年6月,共出版94期。

(四)校园文化建设成效显著

近年来,学校全力构筑文明高地,校园文化建设成效显著。学校被评为首届"广东省文明校园"及全国"创建文明校园先进学校",顺利通过广东省首届文明校园届满复查;1个校园文化建设成果获第八届全国高校校园文化建设优秀成果奖二等奖,6个校园文化建设成果分别荣获广东省校园文化建设成果奖一、二、三等奖。挖掘凝练"听党召唤、为国奉献;艰苦创业、忠诚担当"的广油"西迁精神",编著和出版《西迁广油》《图说广油西迁》书籍,使广油"西迁精神"迅速传播并深入人心,内化为师生的自觉行动。制定《广东石油化工学院"十四五"校园文化建设发展规划》,加快学校内涵式高质量发展。组织学生开展各类主题教育实践活动,师生积极参与各类志愿服务活动近10万人次。统筹和组织师生员工进行创文巩卫专项整治志愿服务活动500余次,加大对包联单位官渡街道坡咀社区的帮扶力度,帮助社区制作更换公益宣传栏及完成社区村道路硬底化建设。制作了一批创文巩卫宣传标语，动员全校以最好状态配合市创文巩卫测评工作并获得好评。以"广油之星""文明班级"为品牌强化校风学风建设，每年约 1000 人次获得学生个性发展奖学金，收获一批网络思政建设优秀成果。统筹推进 3 个校区校道、食堂和宿舍的美观改造，修葺官渡校区校史馆，牵头完成西城校区校园道路及楼宇的标识系统设置、各类思想文化标识和板块制作以及广播系统的布点工作；完成教师行为规范、学生行为规范、校训、西迁精神、社会主义核心价值观等内容的文化上墙工作；重视学校形象宣传与品牌形象的推广，制作了学校宣传画册、宣传片。人文校园、智慧校园、平安校园的文化内涵日益显现。

二、教师思想政治工作

进入新时代以来，学校全面贯彻习近平总书记关于教育的重要论述和关于教师队伍建设的重要指示精神，落实《中共中央、国务院关于加强和改进新形势下高校思想政治工作的意见》《中共中央、国务院关于全面深化新时代教师队伍建设改革的意见》要求，根据中共教育部党组印发的《关于完善高校教师思想政治和师德师风建设工作体制机制的指导意见》精神，进一步加强党对高校教师工作的领导，落实师德师风第一标准，着力建设政治素质过硬、业务能力精湛、育人水平高超的高素质教师队伍，组织好教师开展有关师德师风一系列的专题活动，激励广大教师把报国情化为培养担当民族复兴大任时代新人的动力。

完善工作机制。成立党委教师工作部，增设师德师风建设办公室。2016 年 4 月制定《广东石油化工学院关于建立健全师德建设长效机制的实施细则》，严格贯彻执行 2017 年 7 月《广东石油化工学院师德考核暂行办法》和 2019 年 6 月制定下发的《广东石油化工学院教师师德失范行为处理办法》等各项规定，师德评价结果与教师职称评聘、年度和聘期考核、推优评先、表彰奖励、科研和人才项目申请、硕士研究生导师遴选、届满续聘等挂钩，坚决贯彻实行师德"一票否决"制。严格落实"清朗净化、警钟长鸣"行动，对师德失范行为零容忍，严格落实从业禁止制度和教职员工准入查询制度，新引进教职工全部通过全国教师管理信息系统进行准入查询，坚决将"害群之马"清除出教师队伍。坚持师德违规"零容忍"，针对出现的违反师德师风问题，进行严肃查处，3 年来处理师德师风问题 8 起。

创新方式方法。学校全方位、多角度、多频次进行师德师风教育宣传，大力宣传广油教职工爱岗敬业、教书育人、为人师表的先进事迹，营造良好的师德师风建设氛围。从 2009 年开始，每两年对师德标兵评选表彰一次，已评选出 9 届师德标兵和先进个人，共表彰 43 人，其中省级教学名师 3 人；每年开展师德主题教育月活动；定期开展师德师风专项在线研修学习等活动。

对标对表《新时代高校教师职业行为十项准则》，组织广大教师签订承诺书，定期开展走访慰问，每年开展新教师入职宣誓仪式、退休教师荣休仪式和光荣在岗 30 年表彰活动。开展师德师风建设主题征文活动；建立师德师风档案；设立师德师风监督电话和信箱，接受师生员工监督。开展"良师益友"谈心谈话和"U才计划"学业困难学生帮扶服务，对学生在学习和生活、心理等方面遇到的问题，给予引导和帮助。每年全校开展谈心谈话达3000多次，受益学生超过8000人。

第五节　四严并举　筑牢防线

在学校党委和上级纪委监委的坚强领导下，学校纪委坚持以习近平新时代中国特色社会主义思想为指导，牢牢把握以伟大自我革命引领伟大社会革命的重要要求，坚定不移贯彻落实全面从严治党战略部署，深化纪检监察体制改革，持续加强党风廉政建设，坚持"三不腐"一体推进，锲而不舍落实中央八项规定精神，深化纠治"四风"，严肃执纪问责，始终保持严的基调、严的措施、严的氛围不动摇，学校全面从严治党工作成效显著，党员干部遵规守纪的自觉性进一步提高，全校师生员工干事创业的积极性进一步激发，风清气正的校园政治生态持续巩固，为学校事业高质量发展提供了坚强的政治保障。

一、全面从严治党

（一）落实管党治党责任

健全完善"层层压责、分工明责、约谈强责、严肃问责"的责任链条，推动"两个责任"贯通联动，形成全面从严治党合力。学校纪委坚守职责定位，认真贯彻落实党中央和广东省委决策部署，围绕全面贯彻党的教育方针，落实立德树人根本任务，贯彻落实习近平总书记视察广东、视察茂名重要讲话重要指示精神，党和国家关于高质量发展、教育强国建设、科技自立自强等方面的重大决策部署，强化政治监督。2015年以来，制定具体监督举措13条，推动党中央、广东省委关于教育强国、教育强省建设的有关要求和部署在学校落地落实。推动学校建立贯彻落实《关于加强高校党的政治建设的若干措施》工作台账。对标强化全面从严治党主体责任和监督责任要求，拟订出高校党委主体责任、党委书记第一责任人责任、领导班子其他成员"一岗双责"、纪委监督责任4个清单，出台《关于落实党风廉政建设党委主体责任和纪委监督责任的实施办法》等制度，不断推动全面从严治党向纵深发展。

（二）落实巡视整改

2016年10月13日—12月27日，省委第六巡视组对学校党委开展巡视工作；2021年4月1日—5月29日，省委第十三巡视组对学校党委开展巡视工作。学校党委高度重视，坚决扛起巡视整改政治责任，逐项落实整改措施，强化监督督办，确保巡视整改工作项项有开展，件件有落实，有力推动完成2016年巡视反馈的35个问题、2021年巡视反馈的44个问题的整改，以巡视整改为契机，推动学校各项事业高质量发展。

二、严抓协同监督

（一）日常监督

紧盯重点领域、关键岗位做实日常监督。2018年组织开展公务用车、办公用房专项检查及调整，对"三公"经费使用情况、物业租赁管理情况、奖助学金政策实施情况、后勤校卫服装招标管理情况、基建工程项目监理招标情况进行检查，推动《广东石油化工学院贯彻落实"三重一大"决策制度实施办法》等规章制度印发实施。新冠病毒感染防控期间，学校纪委印发《关于严明新型冠状病毒感染的肺炎疫情防控工作纪律的通知》，深入各校区、课堂、宿舍，对疫情防控工作落实情况进行检查20余次，通过视频方式同步检查疫情期间教师线上授课情况60余次。

（二）专项监督

用好专项监督检查这一提高监督效能的重要抓手。2015—2020年，学校党委对36个二级单位（部门）全面开展监督执纪专项检查（原校内巡察）；2023年11—12月，学校纪委围绕物资采购和基建工程领域，分别对总务后勤部、现代教育技术中心、图书馆、分析测试中心、继续教育学院、生物与食品工程学院、电子信息工程学院等7个单位开展专项监督检查工作；2024年春季学期，学校纪委围绕本科教育教学审核评估迎评工作、百校联百县助力"百县千镇万村高质量发展工程"行动，对全校各二级学院、相关职能部门开展专项监督检查。

（三）制度体系建设

扎牢制度笼子，先后修订完善《广东石油化工学院货物采购廉政风险防控实施办法》《广东石油化工学院落实党风廉政建设党委主体责任和纪委监督责任的实施办法》《广东石油化工学院领导干部问责暂行办法》《广东石油化工学院党风廉政建设责任制实施办法》《广东石油化工学院领导干部廉政档案管理制度》等规章制度，加强各类廉政风险防控，强化对校内经济活动、重点岗位、关键部位权力运行监督，健全"不敢腐、不能腐、不想腐"的防控体系；建立《中共广东石油化工学院纪律检查委员会会议议事规则》《中共广东石油化工学院纪律检查委员会函询和诫勉工作实施细则》《广东石油化工学院兼职纪检监察员管理暂行办法》《广东石油化工学院谈话工作及谈话室管理制度》等，编印《广东石油化工学院纪检监察工作指引》等规章制度，让监督有章可循、有规可依。完善案件受理、初核、立案、审查调查、审理等工作规程，制定修订了广东石油化工学院《践行监督执纪"四种形态"实施办法》《问题线索管理和处置暂行办法》《案件审理工作制度》《重点领域关键环节监督工作办法》等 9 个规章制度，切实提高纪检监察工作规范化建设水平。

三、严肃正风执纪

(一) 执纪问责

坚持严的主基调，把纪律和规矩挺在前面，充分运用监督执纪"四种形态"，及时处置各类线索、处理苗头性倾向性问题，实现政治效果、纪法效果、社会效果有机统一。通过网络、电话、来信、来访四位一体模式及时受理信访举报，开展谈话函询、初步核实及立案审查工作，依规依纪依法严肃执纪问责。2022 年 10 月 19 日，茂名日报以《严管厚爱并重　力度温度并存》为题对学校纪委把思想政治工作融入监督执纪全过程的工作成效进行了专题报道。

(二) 廉润校园

廉洁文化建设是一项长期的、艰巨的、复杂的系统工程。学校纪委坚持"一盘棋"整体思维，把廉洁文化建设纳入党风廉政建设总体布局，一以贯之抓紧抓细抓好，发挥廉洁文化成风化人、润物无声的作用，不断涵养风清气正的校园政治生态。

从 2014 年开始，学校纪委连续 10 年向党员干部发送廉洁短信，累计发送短信 5 万多条，特别是在重大节日、重要节点前夕，提醒党员干部过好"廉"节，把好"廉"关，传递廉洁正能量。将廉洁教育作为师德师风建设的重要内容贯穿日常教育监督管理之中，鼓励教师弘扬广油"西迁精神"，讲好广油廉洁故事，大力营造"廉洁从教潜心育人"的浓厚氛围，引导广大教师进一步增强教书育人的光荣感、责任感和使命感。2024 年 3 月，学校廉洁文化宣传阵地"广油清风园"落成并面向全校师生开放。学校廉政文化建设成果显著，舞蹈情景剧《门》获 2012 年全国高校廉政文化作品大赛表演艺术类三等奖；2015 年 6 月，学校辩论队获广东省第二届大学生"廉洁·诚信"主题辩论赛季军；2022 年 10 月 19 日，茂名日报以《不忘初心　廉润广油》为题对学校推进廉洁文化建设的经验做法进行专题报道；2023 年 6 月，学校纪委遴选的 2 件作品入围茂名市"廉洁公益广告短视频大赛"全市 30 强并获大赛优秀奖，在全市范围进行展播。

(三) 纪检监察体制改革

推进"三转"(转职能、转方式、转作风) 深化落实。通过党委常委会会议纪要形式明确了进一步推进"三转"的工作要求，退出不属于纪委职责范围的议事协调机构 32 个，把监督检查工作转向"监督上的再监督""检查上的再检查"，在督促各职能单位(部门)强化自我监管职能的同时，把主要精力集中到监督执纪问责主业上来。学校纪委在 2017 年广东省高校纪委工作考核中获评"优秀"。

学校内部纪律检查体系建设不断完善。2019 年 11 月，广东省监委在学校设立广东省监委驻广东石油化工学院监察专员办公室，学校党委副书记、纪委书记李华同志任广东省监委驻广东石油化工学院监察专员。为推动学校全面从严治党向基层延伸，完善基层党内监督体系，推进二级纪检机构规范化、法治化、正规化建设，2023年，学校在设立党委的20个二级单位设立二级纪委。

四、严管干部队伍

（一）选优配强队伍

为配合广东省纪委监委加强省管高校纪检监察体制改革工作，学校探索派驻纪检监察员制度，创新监督方式，2019年4—5月，学校以"驻1拖X"派驻纪检监察员模式设置纪检监察员岗位5个，同时出台《广东石油化工学院派驻纪检监察员管理暂行办法》，不断构建完善"纵向到底、横向到边"的监督体系。2023年，学校党委在退出处级领导岗位的干部中选聘10名素质过硬、作风优良、经验丰富的处级干部担任党风党纪监督员。在设立党委的20个二级单位设立二级纪委，选优配强二级纪委书记，不断充实基层纪检工作力量，着力发挥基层监督"探头"和"触角"作用。

（二）开展纪检监察干部队伍教育整顿

2023年3月—2024年3月，在广东省、茂名市纪委监委和学校党委的领导下，学校纪委始终坚持高标准、严要求，扎实有力开展纪检监察干部队伍教育整顿，在锻造纪检监察铁军上下深功夫。抓牢学习教育这个根本，从严从实检视整治，坚持严格执行"第一议题"制度、集体学习制度，深化运用"五学联动"机制，常态化开展政治教育、党性教育、警示教育，学校纪检监察干部队伍政治理论水平、业务素质能力全面提升。

（三）提高纪检监察干部履职能力

深刻领会和把握新时代党风廉政建设新形势新理念新部署，持续增强学习能力、专业能力、执行能力、改革创新能力。建立全员培训制度，举办纪检监察干部业务培训班，通过理论探讨、专题调研、查信办案等多种形式，加强全体纪检监察干部、二级纪检委员业务能力的提升。实施"以干代训"制度，加强交流学习和实践锻炼，选派6名纪检监察干部分别到广东省纪委监委、省纪委监委驻省教育厅纪检监察组和茂名市妇联挂职锻炼，选派1名干部担任学校扶贫点驻村干部。

第六节　统一战线　同心同德

近 10 年来，学校党委深入贯彻落实党中央、广东省、茂名市统战工作会议精神，不断完善统战工作制度，加强民主党派、统战团体思想建设，积极推动统战工作实践创新，大力支持党外人士代表建言献策，开创新形势下学校统战工作的新局面。

一、工作机制建设

学校党委高度重视统战工作开展情况，强化党委抓统战工作的主体责任，把中央和省委要求落到实处。2016 年 10 月，制定印发了《广东石油化工学院统一战线工作实施办法》《广东石油化工学院二级党委（党总支）统一战线工作实施细则》，成立统一战线工作领导小组，党委书记、校长担任组长，其他校领导任副组长，构建学校党委统一领导、党委统战部门牵头协调、各方密切配合的统战工作机制。2018 年 5 月，制定出台了《中共广东石油化工学院委员会关于进一步加强新时代统一战线工作实施方案》，提出了加强新时代学校统战工作的 58 条具体措施。2022 年 3 月，对《广东石油化工学院统一战线工作实施办法》《广东石油化工学院二级党委（党总支）统一战线工作实施细则》等制度进行修订，进一步推动新时代统战工作创新发展。

二、政治引领作用

组织统战成员深入学习贯彻党的十九大、二十大及历次全会精神，中央、省市统战工作会议精神和习近平总书记关于统战工作的重要论述和指示精神。2016 年 10 月，学校党委召开第 16 次常委会会议，专题研究统战工作，会议传达学习《中共中央统战部、中共教育部党组关于加强新形势下高校统一战线工作的意见》。2017 年 7 月，在延安干部培训学院举办了主题为"继承革命传统　凝聚思想共识"的统一战线骨干培训班，学校 30 多名统一战线骨干成员参加培训。2018 年，组织统一战线工作人员学习贯彻十九大精神、全国教育大会精神、习近平总书记视察广东重要讲话精神等，组织学校统战骨干前往福建龙岩学院干部培训中心参加学习培训。2019—2020 年，在学校党外知识分子中持续开展"弘扬爱国奋斗精神、建功立业新时代"活动，引导广大统一战线成员毫不动摇地坚持中国共产党的领导，始终做到与中国共产党在思想上同心同德，在目标上同心同向，在行动上同心同行。2021 年 5 月，召开统战工作推进会，对《中国共产党统一战线工作条例》进行专题学习解读。2023 年 5 月，召开统一战线纪念中共中央发布"五一口号"75

周年座谈会。2023年11月，举办"凝心聚力担使命，踔厉奋发新征程"统战骨干素质能力提升培训班，引导党外知识分子增强政治共识，增强综合素养，提升履职能力。

三、基层组织建设

民主党派组织建设是开展党派工作的前提和基础。学校大力支持民主党派组织建设，民主党派规模进一步扩大。2014年，学校致公党支部主委李小乔同志荣获致公党中央授予的"优秀党员"称号。2015年6月，农工党广东石油化工学院支部成立，施继成教授当选支部主委。2016年，学校科研处处长周天当选民革茂名市第六届委员会主委，于军当选民革市委会委员；张润舒、徐茂红当选民进茂名市委会委员；施继成当选农工党茂名市委会委员；李小乔、肖潭当选致公党茂名市委会委员；黄克明当选九三学社茂名市委会委员；陈辉当选广东留学人员联谊会·广东欧美同学会第一届理事会常务理事，施继成、韦建华当选理事。2018年，民革广油支部被民革省委会评为组织工作先进支部。学校侨联主席黄敏荣获"全国归侨侨眷先进个人"荣誉称号。2020年，学校推进民革广油支部的"示范支部"创建工作；支持侨联建设"侨胞之家"等。2021年，民革广油支部被授予"示范支部"和"示范支部创建工作先进集体"称号。2022年，"致公助学"活动被致公党广东省委会评为社会服务优秀成果，截至2023年12月，该活动共资助学生294人次，累计发放助学款211 100元。2023年7月，学校民进支部被民进茂名市委会评为"社会服务工作先进单位"。8月，民进广油支部班建峰参加"智慧树杯"课程思政示范案例教学大赛，获得国家二等奖；陈辉教授指导的"腈烯何烯"团队，获得"天正设计杯"第十七届全国大学生化工设计大赛全国总决赛一等奖。12月，民革广油支部吴登平被民革广东省委会评为"团结报工作先进个人"。

四、参政议政、建言献策工作

充分发挥党外人士的优势和作用，引导统战成员融入学校和地方经济建设。2014年，学校承办政协提案3件，政协提案办理满意率100%。2014年2月，学校九三学社穆建春老师撰写的提案被评为2013年度茂名市优秀提案。2015年1月，学校民进总支撰写的提案《关于建立路灯杆定位报警系统的建议》被评为2014年度优秀提案。2016年，学校省政协委员施继成教授的提案被评为优秀提案；致公党李明瑛老师被致公党广东省委员会评为"参政议政工作先进个人"；学校致公党支部被致公党茂名市委会评为"参政议政工作先进支部"。2017年，周天教授当选市政协副主席，陈龙彪、张立斌、李小乔当选市政协委员。2023年，民盟广油总支共撰写提案6项，均予以立案，1项获评为茂名市政协优秀提案，赵俊仁被评为茂名市优秀政协委员。陈辉教授当选中国工会十八大代表，同时获批成立"广东省陈辉劳模创新工作室"。

五、理论研究工作

理论研究来源于实践，应用于实践。学校围绕党中央、广东省统战工作要求和重大决策部署，加强统战理论研究和调研工作。2014年，学校致公党党员刘辛元《民主党派共筑中国梦的知行统一观》荣获全省统战理论政策研究创新成果优秀奖。2016年，学校共有40余则信息和宣传稿件在《广东高校统战》《茂名统战》等刊物刊发，在第十六届广东高校统战理论研讨会上受表彰。2017年，学校统战部采取新措施，首次以科研立项方式组织开展统战理论研究，1篇论文被评为第十七届广东高校统战理论研讨会优秀论文，1篇文章在省委统战部"共话同心圆　喜迎十九大"主题征文活动中获二等奖。2017年、2020年、2023年，学校在全市统战理论政策研究创新成果评选中，斩获数项奖项，获奖数量位居全市第一。

第七节　学生工作　惟实励新

进入高水平理工科大学建设新征程以来，学校制定落实《新时代学生工作三年行动计划》和《学生工作"十四五"规划》，深入学习贯彻习近平新时代中国特色社会主义思想，始终坚持以立德树人为根本任务，坚持"123456"的指导思想，即以习近平新时代中国特色社会主义思想为"一个指导"，秉持为党育人、为国育才工作方针，培养具有家国情怀、铁人特质、德才兼备的新时代铁人"两个使命"，打造高效率学工、高质量学工、专业化学工"三个目标"，贯彻坚持以立德树人为根本任务、坚持以提高学生工作质量为核心、坚持稳中有进总基调、坚持守正创新原则"四个坚持"，打造红色基地、网络思政、班级文化、校史园区、社会实践"五个阵地"，实施思想政治教育行动、资助育人行动、心理健康教育行动、招生宣传行动、就业指导行动、队伍素质提升行动共"六大行动"，有力助推了学校教育事业快速发展。

一、思政教育

一直以来，学校高度重视学生思想政治教育工作，坚定不移贯彻落实立德树人根本任务，担当铸魂育人时代使命。进入新时代，学校深入学习贯彻党的十九大、二十大精神和习近平总书记关于青年学生成长成才的重要思想，把握教书育人规律，把握思想政治工作规律，把握学生成长成才规律，着力培养具有家国情怀、铁人特质、德才兼备的新时代铁人；坚持以理想信念教育为核心，以爱国主义教育为重点，以思想道德建设为基础，以大学生全面发展为目标，以课程思政、主题教育活动、"三会一课"、主题班会等为载体，不断推进学生政治教育、思想教育、道德教育、法治教育工作，努力提高学生思想政治素质。

学生思想政治教育工作成效显著，多次获省级及以上奖励，硕果累累。2017年，在"中国梦·广油行"社会实践系列活动中，获广东省一等奖1项，二等奖2项，三等奖6项，优秀奖9项，学校荣获优秀组织称号。在第二届广东高校网络媒体节活动中，荣获三等奖6项。2019年，组织学校国旗护卫队参加广东省学校国防教育成果交流展示活动，获得团体二等奖。在广东省2019年广东媒体展示节中共有14项作品获奖，其中一等奖3项。2021年，首获广东省学校国旗护卫队比赛一等奖。在"战疫防疫、有你有我"为主题的第五届广东高校网络媒体展示节中，荣获二等奖1项，三等奖1项。在"传承红色基因，争当时代新人"广东高校大学生讲南粤红色故事音视频作品大赛中，获三等奖1项。在第一届"易班优课操作培训"活动竞赛中，学校团队荣获"全国十强"称号。2022年，连续3年在省"立志·修身·博学·报国"活动中斩获一等奖，首获"爱在广东"学校民族团结进步教育活动省一等奖。在"5·25"大学生心理健康月系列活动中，获省一等奖2项、三等奖2项，获奖数量比上年翻一番，连续2次获评为省学生工作精品项目。2023年，"立志·修身·博学·报国"主题教育系列活动中，获一等奖1项，二等奖1项，三等奖1项。在"爱在广东"学校民族团结进步教育活动中，获三等奖1项。学生周静微荣登广东省见义勇为勇士榜，获广东大学生年度人物提名奖。

（一）坚持红色引领，开展"党味"鲜明的思政教育

定期组织召开主题班会，深入学习贯彻习近平新时代中国特色社会主义思想，学校党委书记、校长等领导班子成员，二级学院书记、院长每学期为大学生上"思政第一课"，强化思政课的时效性。在广东省农民协会南路办事处（高州纪念馆）、冼夫人故里、茂名露天矿博物馆等建立一批校外大学生思想政治教育实践基地，深化党史、国史、石油工业史教育。2019年以来，开展"礼赞祖国"快闪、"我为祖国升国旗"万人升旗仪式等活动15场，组织师生参加主题党日活动、缅怀先烈活动、庆祝建党100周年主题快闪活动、"易"起学党史活动，开展"一月一主题"学习教育班会课程建设，营造了浓厚的党史人人学、认真学、深入学的优良学风。各二级学院积极开展了国旗下学党史活动，为毕业生党员上党课。国旗护卫队作为展示我校爱党爱国主义教育成果的亮丽窗口，2021年首获广东省学校国旗护卫队比赛一等奖。

（二）坚持石油特色，开展"油味"浓郁的思政教育

开展广油"西迁精神""铁人精神"主题班会，学校党委书记、校长等领导班子成员带领学生在校史馆追忆广油西迁的峥嵘岁月，在王进喜雕像前讲述铁人事迹和精神内涵。组织学生到石油化工企业参观实习，强化广油人的担当与使命教育，弘扬学校"艰苦奋斗、求实献身"的广油精神。

（三）坚持守正创新，开展"鲜味"突出的思政教育

学校切实加强大学生思想政治教育，创新教育内容形式和方法途径，通过举办"中国梦·广油行"、"易"起学党史、文明班级创建、讲好南粤革命故事等系列活动，强化思想引领，筑牢思政阵地。同时将主题教育系列活动与党史学习教育结合起来，通过易班网络知识竞答等方式，引导广油学子传承红色基因，赓续红色血脉，将个人发展与祖国发展相结合，不负青春，不负韶华，积极发挥网络思政育人作用。依托学校"易班"网络思政教育平台，积极组织开展媒体展示节、"学四史、守初心、创未来"短视频大赛等活动，大力弘扬中华优秀传统文化，增强学生社会责任感、创新精神、实践能力，"我爱我的祖国"主题快闪活动等特色鲜明的活动报道荣登易班总站头条。

（四）坚持实践育人，开展"泥味"醇厚的思政教育

学校强化主题教育和实践活动的育人功能，举办"我有我未来"系列主题教育、"立志·修身·博学·报国"主题社会实践等活动，带动学生深入革命老区、教育基地、市井小巷、落后乡村中开展主题教育和实践调研，亲力调查、亲眼看见、亲耳听见、亲身感受、亲身体验、亲临其境，感受社会主义现代化建设的伟大成就，加强学生意识形态建设，树立"四个意识"，坚定"四个自信"，自觉做到"两个维护"，深刻认识"两个确立"的决定性意义，丰富我校精神文化、制度文化、环境文化、行为文化建设，营造积极健康的校园文化氛围，《"星星之火，可以燎原"——打造来自艺术的星星》《"百灵鸟"文艺志愿服务品牌》两个项目获评为广东省高校学生工作精品项目。

二、日常管理

学校始终坚持完善学生日常管理制度，健全学生工作联动机制，加强学生日常管理考核，构建全天候、全过程、全方位的管理体系，促进学生形成良好的思想品德和行为习惯，将管理与育人相结合，不断提高管理和服务水平。

（一）全天候加强学生日常管理

建立健全早操升旗机制。组织学生参加升旗仪式和做早操。加强学生体育锻炼，提高学生身体素质，培养学生形成良好的生活作息。落实上课考勤制度，杜绝学生旷课、迟到早退等现象。严抓学生晚归、夜不归宿，对晚归、夜不归宿学生及时登记通报和批评教育。印发《关于进一步加强学生晚归、晚出和夜不归宿教育管理的通知》（广油校办〔2021〕6号），成立学生晚归、晚出和夜不归宿教育管理工作专班，加强对学生的教育管理力度，增强学生安全意识和纪律观念。自通知开始实施以来，每周学生晚归、晚出和夜不归宿通报人数逐步减少，切实起到约束晚归、晚出和夜不归宿行为的作用。在新冠病毒感染暴发期间，严格落实学生"日报告""零报告"管理，学生每天通过易班进行"晨午晚检"打卡，动态掌握学生健康状态、行程变化，对健康预警学生及时上报，及时

采取应对措施。

（二）全过程强化学生日常管理

开展新生入学教育，讲好书记第一课、入学教育第一课。组织军训，召开新生见面会，举行心理健康教育讲座、校史教育讲座、安全教育讲座等。引导新生了解校史校训，适应大学校园生活，鼓励学生努力学习专业知识，提高技能本领，担当时代重任。设立最具影响力的"广油之星"学生个性发展奖学金评审，开展文明班级评审、劳动育人、励志学生宣讲报告会等实践与理论相结合的学风建设活动，充分发挥学生榜样的引领作用。每年7200多人次被评为三好学生、优秀学生干部以及获得学生综合测评奖学金；每年200多名学子获得学生个性发展奖学金。

充分发挥学生干部在日常教育管理中的主体作用，建立以服务和贡献为导向的评价激励和纪律约束机制，引导学生干部明确工作职能和责任，充分发挥桥梁纽带与模范带头作用。印发《广东石油化工学院易班学生工作站调整实施方案》，完成学校易班学生工作站的调整，进一步深化学生干部的规范化管理。支持和鼓励学生考研深造，为考研学子保驾护航。自2018年以来，已有2500多名学生考取清华大学、中国科学院大学、中山大学、华南理工大学、中国石油大学、圣彼得堡大学等国内外知名高校的研究生。

加强毕业班学生思想政治教育，引导毕业生树立正确的择业观、就业观和成才观。加强学生求职安全教育，提高安全防范意识，教育毕业生通过正规途径获取就业信息，警惕"培训贷""非法传销""乱收费"等求职陷阱。主动为毕业班学生提供优质就业服务，把脱贫家庭、零就业家庭以及有残疾的毕业生作为重点帮扶对象，加强针对性的就业服务，及时有效解决毕业生求职过程中面临的实际困难。指导学生办好离校手续，引导毕业生文明离校。

完善假期留校学生管理，落实留校学生安全教育管理举措，解决好留校学生各类生活问题，为留校学生创造节日氛围浓厚的校园环境。加强学生返校离校服务保障，在新生报到、学生开学返校、假期离校返乡等不同时间节点，安排学工队伍在校门口等场地值班值守，做好学生的管理和服务工作，确保学生顺利返校离校。

（三）全方位加强学生日常管理

根据多校区管理的实际，及时修订学生管理相关规定，建立科学规范的学生管理制度体系。修订完善《广东石油化工学院学生个性发展奖学金评审办法》《广东石油化工学院综合测评规定》等学生教育管理制度，认真贯彻落实《偶发性安全事件时间节点和风险防范处置重点》《广东石油化工学院各类突发事件处置流程》等风险防范处置要求。印发《广东石油化工学院学生矛盾纠纷排查化解工作实施办法》，成立学生矛盾纠纷排查化解工作专班，建立长效的学生矛盾纠纷排查化解工作机制，有效防范与遏制校园暴力和严重危害学校安全的学生矛盾纠纷的发生，确保学校正常的教育、教学秩序。

定期开展学工例会，分析研判学生教育管理领域情况，研究解决重大问题，协调重点任务落实，不断完善与学生日常教育管理工作相适应的保障机制、运行机制、考核评价机制、激励监督机制。坚持依法治校的原则，教育学生遵守公民道德规范，遵守学校管理制度，养成良好的道德品质和行为习惯。加强对学生基本文明行为，教室、图书馆、寝室等公共场所行为及日常行为要求，规范学生日常行为习惯，增强学生自律意识。加强和规范学生外宿管理，严格外宿审批与报备。不允许学生自行在校外租房居住，对特殊原因在校外租房的学生，履行相关备案手续，与家长、学生签订安全责任书，加强安全教育，建立校外住宿生定期巡查制度。建立学风建设长效机制，坚持严字当头，培育优良学风，努力营造有利于创新人才全面发展、茁壮成长的良好氛围。每年围绕学生课堂检查、学生公寓检查、狠抓良好教风、典型示范教育等10个方面定期开展学风大检查，协调30个二级单位组成63个小组，每月不少于2次深入课堂、宿舍开展学风检查。

三、资助育人

石油石化行业属于具有艰苦性、风险性的行业，就读学生相当部分来自欠发达地区，家庭经济困难学生人数多，贫困程度深。学校认真按照省教育厅关于学生资助的决策部署，积极实施"1234"行动，助力困难学生成长成才，取得显著成效。

（一）构建一个责任体系，建好齐抓共管的"大格局"

学校高度重视资助工作，构建起党委统一领导、党政齐抓共管、学工部门组织协调、二级学院具体负责的工作格局。学生资助工作重大事项的研讨和决策都经"学生资助工作领导小组"审定，同时接受纪委、审计严格监督，彻底杜绝违纪违规现象，逐步实现零违纪、零违规、零投诉的目标。

学校实施"暖心工程"，坚持"资助"与"育人"相结合，全面落实各项资助政策，积极探索资助育人新途径，全力落实"不让一名学生因家庭经济困难而辍学"的资助工作目标。目前已形成了"奖、贷、助、勤、减、免、补"等多元资助体系，全方位为家庭经济困难学生的成长成才服务。

（二）健全资助体制机制，用好督促考核的"指挥棒"

修改完善《广东石油化工学院全日制本专科生国家奖学金评审管理办法（修订）》等规章制度，确保资助工作有章可循、按章办事。建立督办检查机制，对二级学院的国家奖助学金评审工作和勤工助学管理进行考核和评比。建立舆论监督机制，通过校长信箱、微信公众平台、学生权益部门解答学生对资助工作提出的任何疑问或意见。定期召开学生资助工作研讨会，对学生资助绩效考核、家庭经济困难学生技能提升、新生资助等问题进行研讨，商量具体实施方案，从专项资助金中提取一定比例的资金做好新生资助工作。

（三）开展宣传教育活动，下好育德育才的"一盘棋"

开展广油学子资助政策百校行活动、中国梦广油行暑假主题社会实践活动两大宣传活动，每年学校组建60多支队伍回访高中母校、乡镇社区，进行资助政策宣传。通过张贴宣传单、发放资助政策宣传册、为新生邮寄资助政策简介和《致家庭经济困难学生的一封信》、问卷调查等形式，将国家、省、学校的各项资助政策宣传到户，让更多学生了解资助政策，让资助政策深入人心。

资助与感恩教育联动，开展"感恩资助，励志人生"教育报告会、诚信感恩教育讲座、"说诚信，践诚信"主题班会等系列教育活动，把学生资助工作与大学生感恩教育有机结合。勤工助学与自强教育联动，通过举办勤工助学专场招聘会，开展劳动育人计划，推进资助育人工作的可持续发展。国家资助与社会捐赠联动，积极引入吴飞鹏奖助学金等20多项社会专项奖助学金，总金额超100万元。综合发展与个性发展联动，设立综合奖学金和个性奖学金，促进学生综合发展和个性发展齐头并进。

学校获"全国首届励志成才优秀学生典型30强""广东省高校助学贷款工作突出贡献单位""广东省首届百佳学生资助工作典型单位"等荣誉。2018年以来，李海媚等18名负责资助工作辅导员老师获"广东省学生资助先进个人"荣誉称号。

（四）优化助学岗位设置，造好劳动圆梦的"助推器"

学校秉承"以人为本"的资助育人理念，进一步规范和完善勤工助学岗位设置及分配，在满足各勤工助学用人单位实际需求的基础上，结合学生专业特点设置具有专业技术型的勤工助学岗位，让学生能把所学专业知识更好地运用到具体实践活动中去。按照茂名市最低工资标准提高勤工助学工资，确保学生"劳有所得、工有所惠"，能够切实提升家庭经济困难学生的学习生活质量。

四、心理健康教育

学校依托建设广东省高校大学生心理健康教育与咨询区域中心（第十一片区）的机会，从长效机制上设置"班级—学院—学校—精神卫生机构"及"宿舍—宿管中心—学校—精神卫生机构"的心理教育与预防机制，强化心理健康宣传教育、心理咨询服务、心理危机干预三个基本功能，构建"四级二线三基点"的心理健康教育和咨询工作体系，通过"5·25"心理健康活动月等渠道，积极开展心理宣传和教育活动，打造专业工作团队，为学生提供心理咨询和危机干预服务，努力提高学生的心理素质。

（一）学生心理健康硬件保障

学校修订《广东石油化工学院学生心理健康教育工作实施办法》《广东石油化工学院学生心理危机干预实施细则》等制度文件，落实"两普六排"预警机制，及时掌握学生心理动态，推动形成家、校、社会教育合力，建立较完善的心理危机干预和转介机制。

在办公场所方面，学校于2019年启用西城校区心理咨询功能室，至此心理中心在官渡校区、光华校区和西城校区三个校区均有咨询场地。官渡校区办公场所包含个体咨询室、沙盘治疗室、生物反馈治疗室，兼具宣泄情绪和音乐放松等功能，办公室目前兼备个体接待室、档案室以及办公室功能。西城校区办公场所则包括预约接待处、个体咨询室、团体辅导室、生物反馈室和情绪宣泄室。

在专项经费方面，根据《广东省普通高等学校学生心理健康教育与心理咨询工作基本建设标准（试行）》（粤教思函〔2012〕1号）等文件要求，严格落实生均10元以上的标准，设立心理健康教育专项经费，用于举办心理健康教育活动及心理工作相关培训。在学校经费的支持下，进一步健全和完善学校"四级二线三基点"的心理健康教育和咨询服务体系，加大对在校生的心理健康宣传教育，对学工队伍和学生干部进行心理危机识别和干预技能的培训，开展面向在校生的心理咨询门诊值班服务，增加对专业教师的案例督导和培训力度。

（二）心理健康教育与咨询教师队伍

学校配有心理健康教育与咨询专职教师7人，生师比为1∶3991，另有兼职心理健康教育教师12人、外聘精神科主任医师1人。成立二级心理工作站19个，建成朋辈心理陪伴"阳光U站"3间，为学生提供专业且贴近生活的心理健康教育与咨询服务。

（三）学生心理健康教育开展情况

严格落实上级相关文件要求，开设36学时2学分的"大学生心理健康教育"必修课、心理教育实践课程和多门选修课，通过课堂教学的主渠道普及心理健康保健知识。积极举办"5·25"心理健康活动月系列活动、校园心理服务开放周系列活动、大学生青春健康教育专题讲座等系列心理健康教育活动，创新和开发线上教育平台和资源，通过制作系列微课、编写心理自助手册，组织线上专题文学、音乐、绘画、微电影、叙事等活动，丰富教育宣传载体，倡导健康生活方式。学校大学生心理发展指导中心获评为广东省高校心理健康教育与咨询专业委员会先进单位。

学校成立心理危机预防与干预工作专班，由分管校领导担任组长，有关部门及18个二级学院负责人担任组员，定期召开专班全体会议，研判和统筹全校心理危机预防和干预工作。每学年进行2次常规心理普查工作，建立新生心理档案及动态化更新准毕业生心理档案。学生在校期间要开展每学期3次的例行心理排查、每两周1次的例行班级心理反馈，补充完善学生心理危机识别和预警工作体系。每学年进行6次心理排查工作，联合院系对危机个体实行多方监控和干预，对重点关注学生群体进行排查、关注和跟进，加强家校沟通，并指引家长对有需要的个案进行转介治疗。

五、招生工作

招生是学校办学实力的体现。学校牢牢抓住提高本科生源质量的核心任务，打好一系列"组合拳",坚持"五个抓",构筑"五个网",保证"新高考"时代的招生工作平稳顺利进行,赢得招生规模和招生质量的"双胜利"。

(一)抓计划编制,构筑特色专业网

学校主动对接新高考改革,在招生委员会的领导下,招生办充分发挥协调推进作用。紧抓石油化工产业快速发展的机遇,聚焦粤港澳大湾区、海南自贸试验区、广西东盟自由贸易区和广东沿海石化产业带经济发展,深入分析石油化工行业和地方经济产业人才需求,紧密围绕"新工科、新文科、新师范"推进学科专业建设,调整优化专业设置,重点建设强势学科,大力扶持特色学科,精心布局新兴学科,形成石油化工办学特色的五大"油味"特色工科专业群:石油与海洋工程专业群、控制与信息技术专业群、动力与机械工程专业群、化工与材料专业群、环境与生物专业群。

(二)抓招生宣传,构筑立体宣传网

学校积极构建"线上+线下""校内+校外"立体宣传网络,完善和形成"学校领导统筹,招办总负责,各院(系)分片区'包干'负责,相关职能部门分工负责,全员参与"的协同联动机制,开展了一系列招生宣传服务活动,形成招生宣传合力,进一步扩大学校影响力,不断提升学校的生源质量。

"线下+线上"双线联动。线上,通过学校官网招生专栏、微信公众号推文、校园VR、短视频等形式及时向学生、家长和社会各界发布信息。在中国教育在线、茂名电视台等平台组织"我们在广油等你 书记/院长面对面"的专业介绍直播活动,每年直播20余场,辐射影响10万以上的考生和家长,让学生、家长能"云"上逛校园,一览大美广油。线下,学校开通招生咨询电话,招生咨询热线全天不间断接听,招生咨询服务"不断档"。积极参与招生咨询巡展,每年各学院分18个片区先后组织400多名宣传员参加省内外高招咨询会200余场,在全国建设1000多所重点高中生源基地。

"校内+校外"双向发力。精心编制招生简章、招生宣传册、招生宣传折页等各类招生宣传资料10万余册,遴选各二级学院和相关职能部门有招生经验的老师组建招生宣传队伍,进行系统培训,保障学校顺利开展招生宣传。校内组织"专业微视频拍摄大赛""录取通知书设计大赛""师兄师姐话广油""校园短视频拍摄大赛"等活动,在校内形成宣传热潮,营造"人人都是宣传员"的热烈气氛。打造"高中—大学融合发展论坛"共同体,每年近200名各地市教育局局长、招生办主任、区域知名中学校长及优秀中学毕业班班主任代表齐聚一堂,积极探索高校、高中协同育人机制。开展"教授博士双百高中行"活动,每年组织百名教授、百名博士到高中举行科普讲座、心理辅导和职业生涯规划等专题讲座。组织"广油学子高中百校行"活动,每年超200支团队参与,回访800余所中学,实现高中与大学的无缝对接,提高学校知名度以及影响力。

（三）抓考试组织，构筑考试安全网

学校高度重视招生考试安全工作，成立专升本、第二学士学位、高职扩招等招生考试工作领导小组，细化安全措施、落实防疫要求，给考生营造一个安全、稳定的考试环境，实现"零差错""零差评""零投诉"。

在2020年承担广东省人数最多、学校规模最大的本科插班生考试。在官渡校区和西城校区共设考场220个，考生人数达6563人。组建24支联络员队伍，平均一人每天电话联系50名考生，叮嘱其打卡，全覆盖地对考生进行考前健康监测，最终实现平安考试。

承担2022年茂名市唯一考点的专升本考试。设立174个考场，共有考生5179人，动用约500名监考员、约50名督考员、约250名考务及保障工作人员和180名志愿者。学校在校门口放置考场平面图，沿路设置指引牌，为考生设置休息区，设置考场服务点，为考生提供暖心服务，得到广大考生一致好评。

（四）抓招生录取，构筑阳光招生网

学校始终坚持"高站位"，成立招生录取工作领导小组，本着"公开、公平、公正和择优录取"的原则，以"时时放心不下"的责任感靠前指挥，亲自把关。建立健全风险防控机制、招生管理机制、应急预警机制。强化全过程监督，做到"四个紧盯"，紧盯计划、投档、录检、调剂、退档等环节，紧盯招生人员"十严禁""30个不得""八项基本要求"等规定执行情况，紧盯"阳光工程"落实情况，紧盯招录工作人员队伍建设和管理。把握"严要求"，坚决扛起政治责任，保持"严防堡垒从内部攻破"的政治警惕，强化廉洁自律的行动自觉。强化纪律意识，筑牢思想防线，严守录取政策，严明招生纪律，规范录取程序、确保信息安全。坚持执纪问责"零容忍"态度，明确岗位职责、强化纪律与作风监督、深入执纪问责，圆满完成各个年份的招生录取工作任务。

（五）抓新生报到，构筑迎新爱心网

学校党委高度重视新冠病毒疫情防控常态化条件下的迎新工作，事前精心组织、周密部署，多次召开迎新工作协调会，就新生报到、入学教育等相关工作进行了安排部署，为新生筑起了一道安全的"防护墙"。

做好多维度的咨询工作，开设11条新生热线、18个学院专用咨询渠道，安排专人负责解答新生的各种疑问。及时在学校官网、官微、招生网站以及其他微信、微博等新媒体上发布最新校园资讯和温馨提示，并做好新生数据保密工作，避免欺诈隐患。

做好暖心的服务工作，设立党委学生工作部服务点、车站服务点、校园卡服务点等，提供多样化、专业化的服务；开设绿色通道专区，为家庭经济困难的新生提供入学资助，提供暖心的爱心大礼包；开设广油易班服务站点，指导新生进行易班注册认证；循环播放介绍学校和各专业的视频，营造欢迎新生的浓厚氛围。

六、就业工作

随着学校连年扩招,毕业生人数年年创新高,又受新冠病毒感染暴发和全球经济下行影响,就业形势更加复杂严峻,就业工作任务更加艰巨繁重。在此背景下,学校主动担当,积极谋划,以"四个构建"深入打造"四个共同体",就业工作取得显著成绩,年均就业率超省平均水平,优质企业就业人数和考取研究生人数屡创新高,毕业生到基层建功立业热情高。毕业生受到用人单位普遍肯定,认为学校毕业生在工作中"下得去、扎得深、干得好、上得来"。

(一)构建促进就业新机制,打造就业工作联动共同体

学校创新就业工作机制,营造"人人盯就业,人人抓就业"的浓厚氛围,建立"学校主导、部门主抓、学院主责、全员参与"的就业工作机制,打造全员抓就业、促就业的工作格局。

狠抓就业"一把手"工程。学校高位推动就业工作,党委常委会会议、校长办公会议每学期专题研究,党委书记、校长亲自谋划、亲自部署、亲自抓就业。分管领导定期召开就业工作动员会、研判会、推进会,保持重视力度不减。校领导一对一联系学院,督促落实就业工作。二级学院书记、院长作为单位"一把手",与学校签订就业工作责任书,切实担起就业工作责任。

汇聚就业各方力量。学校认真落实就业机构、人员、场地、经费"四到位"要求,明确相关标准和指标。加强就业工作队伍职业化、专业化建设,积极开展业务培训交流,提升业务能力水平。定期研判发布就业通报,狠抓工作落实。全校所有部门都担起促就业任务,每年完成一定数量的就业任务。机关干部、专业教师、辅导员、班主任、论文指导老师等各方力量共同参与支持就业工作,强化辅导员、心理导师、专业导师协同,打造"专业、就业、心理"三位一体的"就业工作微网格"。

深入开展专项行动。学校出台《就业创业工作二十大行动方案》《书记校长访企拓岗专项行动工作方案》等文件,校领导、二级学院、各部门带头主动"走出去"和"引进来",深入企业一线当"红娘",化身有温度的"推销员",与用人单位面对面交流,发掘用人需求,走出了一条"广油特色拓岗路",不断拓宽毕业生就业新路子,让毕业生就业有"率"又有"质"。学校"访企拓岗"行动年均走访企业超过500家,与40多个企业签订就业见习基地协议。

(二)构建政校合作新模式,打造政校合作联合共同体

学校主动加强与各级政府部门的联系与互动,构建政校联动机制,充分发掘校地合作潜力,建立长期的合作关系,拓宽学校与各地政府多层面的沟通渠道,开启"政校合作"新模式。

开拓与广东省工信厅、人社厅、教育厅合作。积极主动联络广东省政府部门,多次

承办供需见面会，举办座谈会。在新冠病毒感染暴发期间敢于担当，主动承办广东省人才服务局举办的广东省2021年急需紧缺人才百校万企公益招聘系列活动（粤西专场），412家企业提供13 000多个就业岗位；首次承办广东省工信厅举办的2022届高校毕业生供需见面会暨专精特新企业校园招聘活动（粤西地区专场），300余家企业提供近10 000个就业岗位。2022年首次采用"直播带岗"方式参与广东省直播带岗助"六稳"毕业生就业云聘会，邀请20家企业直播带岗，为毕业生提供800余个招聘岗位，就业推荐成效显著。

深化与茂名市人社局、工信局、教育局合作。学校与茂名市、高州市、化州市、信宜市政府建立紧密联系，定期走访交流，针对茂名市经济社会形势、产业发展需求等情况，筹划线上线下招聘活动，帮扶就业困难毕业生，推进师范类教师招聘工作，举办毕业生政策宣讲会，共同为毕业生就业工作作出积极贡献。每年与茂名市人社局合作举办一次大型供需见面会，提供近20 000个就业岗位。

拓展与各地工信局、人社局、教育局合作。主动联系珠海、惠州、佛山三市人社局，深圳龙岗区、东莞东城区、佛山三水区、佛山南庄镇人社局，韶关南雄区石油化工行业协会，分散在全国各地的校友企业，邀请他们组织企业来校招聘。

（三）构建校企合作新格局，打造校企合作联盟共同体

学校以办学契合社会需求为导向，坚持与行业产业发展和社会经济发展同频共振，构建全方位校企合作机制，积极打造四圈融合的"共同体"。

深化南海石化行业圈合作。学校主动出击，发挥石油化工专业优势，以"油味"带动校友资源，激活行业资源，盘活专业资源，联动区域资源，连续多年举办毕业生校园招聘启动仪式，举办石油化工特色招聘活动，加强与"三桶油"企业的沟通联系，搭建组团式高质量"就业推荐平台"，为专业人才培养与企业需求搭建桥梁，实现毕业生毕业与就业无缝对接。2018年以来，近2000名毕业生进入"三桶油"企业，毕业生入职率在石油类高校中位居前列。

强化大湾区核心圈合作。2019年2月18日，中共中央、国务院印发《粤港澳大湾区发展规划纲要》，大湾区建设进入全面推进的快车道。学校紧抓机遇，连续多年举办"政校企合作发展研讨会"，以新兴行业为"拓展源"，每年邀请省市领导、各行各业知名企业家、专家学者、技术骨干、优秀校友近千人来校，共商政校企深度合作发展大计，粤港澳大湾区成为应届毕业生就业的首选地，每年将近80%的毕业生到大湾区就业。毕业生对大湾区建设充满信心，认为未来充满机遇。

壮大支援边疆建设圈合作。学校高度重视基层就业工作，结合广油"西迁精神"，教育和引导广大同学积极响应祖国号召，把理想化成力量，带着知识和本领到西部、到基层、到祖国最需要的地方去。广油学子远赴新疆喀什、库车、克拉玛依等地支援，涌现出"全国最美基层高校毕业生"林文婕等一批"广油西迁人"。广油学子将奋斗的激情洒满西部基层，把青春绽放在祖国最需要的地方，用无悔年华写就人民幸福的华彩篇章。

（四）构建就业育人新体系，打造毕业生成长共同体

学校高度重视就业育人的抓手作用，以生为本，全过程引导、关怀学生就业选择遇到的问题，构建全过程就业育人体系，着力打造毕业生成长共同体。

政策宣传"领航线"。学校坚持做新信息服务、做细就业辅导，强化宣传政策，连续多年开展就业政策宣讲活动，引导毕业生在就业选择中符合个人职业规划和满足国家战略需求，引导和鼓励毕业生参军入伍，到基层、到祖国最需要的岗位建功立业。

信息推送"不断线"。学校主动联系企业，利用就业信息网、就业微信公众号、企业招聘工作QQ群等信息渠道，及时向毕业生推送就业信息。就业中心微信公众号平台累计推送4300余篇企业招聘信息，阅读量超过50万人次。使用广东省高校毕业生智慧就业创业小程序，开展网上办理就业派遣、就业率上报、电子报到证查询、调整改派、就业协议书、档案去向查询等服务，使毕业生足不出户就能完成业务办理。

困难帮扶"兜底线"。学校按照"一生一策""一生一档""一生一导"要求建立帮扶台账，实行动态管理，提供岗位推荐精准帮扶，针对性开展慰问关怀、心理疏导、就业指导、岗位推荐等帮扶措施，确保有就业意愿的家庭经济困难学生100%就业。

跟踪服务"长连线"。为每一名离校未就业毕业生制定就业服务档案，按需提供职业指导、投放岗位信息，持续开展"离校不离心、服务不断线"专项服务工作，详细摸底离校未就业毕业生毕业去向并建立台账，对升学、考公、就业困难学生重点加强指导和帮扶。

生涯教育"第一线"。学校高度重视生涯教育的抓手作用，以生为本，连续组织"大学生职业规划大赛"，全面地向学校学生普及职业规划知识，激发学生对未来职业的规划热情，引导大学生正确规划自己的职业生涯，树立正确的成才观、择业观和就业观，鼓励大学生完成自己对未来职业的规划。在"第九届广东省大学生职业规划大赛"中荣获"优秀组织奖""优秀组织者奖"，就业教育成果显著。

七、队伍建设

学校学工队伍弘扬"铁人精神"和广油"西迁精神"，敢于担当、敢于斗争、敢于挑战，围绕立德树人根本任务，服务学校发展大局，在政治上正确引领、在管理上严格要求、在培养上悉心关怀、在创优上积极鼓励、在提升上大力支持、在服务上充分保障，打造了一支政治强、作风正、业务精的专业化学工队伍，全面壮大学校基层一线力量，为学生成长成才保驾护航，以高水平学工助推高水平理工科大学建设。

（一）突出政治训练，提高学工队伍政治觉悟

学校学工队伍深入学习贯彻习近平总书记系列重要讲话精神和治国理政新理念新思

想新战略，学深悟透党中央精神，胸怀"国之大者"，全面贯彻党的教育方针，落实全面从严治党要求，贯彻学校党委决策部署，把政治建设摆在首位，把党的建设贯穿队伍建设始终，深刻领会"两个确立"的决定性意义，增强"四个意识"、坚定"四个自信"、做到"两个维护"，不断增强学工队伍政治领悟力。深入推进思想建设，开展"不忘初心、牢记使命"主题教育、党的执行力建设主题教育和"学工行动100"党史学习教育，组织干部员工参加学校纪律教育和师德师风教育活动，深化分析研判和应对处置学生工作新形势与重大风险挑战的能力。

（二）突出一线历练，增强学工队伍实践能力

广油学工人积极发扬斗争精神，提高"敢于斗争、善于斗争"的意识和本领，增强整体战斗能力。在学校党委部署的各项重大任务和面临的各种风险挑战中，全面落实总体国家安全观和以人民为中心的发展思想，进一步落实校园安全主体责任，扎实推进高水平"平安校园"建设。自2020年新型冠状病毒暴发以来，广油人始终坚守防控前线，配合茂名市委、市政府做好病毒防控人民战、总体战、阻击战，最大限度保护师生生命安全和身体健康。定期召开研判会，制定防控工作方案，构建"学校—学院—班级—学生"四级防控工作机制。

（三）突出专业培训，提升学工队伍过硬本领

建立国家、省级和学校三级辅导员培训体系，将辅导员培训纳入学校师资队伍和干部队伍培训整体规划，制定辅导员全年培训方案，积极争取辅导员、班主任学习培训专项资金，着力构建分层次、多形式、重实效的培训格局。建立辅导员、班主任轮训制度，每年举办一次全校性辅导员、班主任培训，组织300多人次参加教育部网络培训、省级岗前培训和校级辅导员业务培训，邀请省内外高水平教授、学者来校作专题讲座和专题辅导，努力提升辅导员思想政治教育能力。

（四）突出标杆示范，带动学工队伍创优争先

鼓励学工队伍创优争先，组织优秀辅导员参加辅导员职业大赛、大学生职业规划大赛、国旗护卫队比赛等省级大赛，推荐辅导员参加广东高校辅导员年度人物评选，组织学工人员参评各级各类评先评优活动。培养和发掘辅导员先进典型，对优秀辅导员、优秀班主任等给予大力宣传，塑造学工队伍良好职业形象。2018年以来，累计2人获广东高校学生工作"红棉奖"，5人获广东高校辅导员年度人物提名奖、入围奖，7人在广东辅导员素质能力大赛上斩获佳绩，1人被评为"广东省高校学生工作先进个人"，1个团队被评为广东省高校学生工作优秀团队，1人被评为广东高校十佳易班指导老师，2个项目被评为广东省高校学生事务管理精品项目。

提倡学术科研创作，加强对学生工作的实践探索与理论研究。学工队伍分别从高校党的建设、思政教育、学生管理、职业能力、育人探索等多个方面进行深入的研究，形成富有创新性和指导性的优秀论文。2019年以来在广东省高校思想政治工作实践优秀案例评选和优秀学生工作论文征集活动中，累计斩获103个省级奖项。

（五）突出考核管理，提升学工队伍发展空间

不断完善辅导员工作考核办法，推动学生工作事务和辅导员管理考核办法修订，坚持定量考核与定性考核相结合、日常考核与集中考核相结合、自我考核与组织考核相结合的原则，涵盖德、能、勤、绩、廉等方面内容，重点考核二级学院学生工作实效和辅导员履行岗位职责情况、工作实绩。

落实辅导员相应待遇，积极为辅导员营造良好的政策环境、工作环境和生活环境，配合组织、人事部门完善学工干部职称晋升条例，实行单列计划、单设标准、单独评审。通过建立健全考核晋升体制机制，保证学生考核工作的公开、公平、公正，实事求是，注重实效，不断提高学生考核工作的科学性，实现辅导员"工作有动力、干事有平台、待遇有保障、发展有空间"，激发学工队伍的工作热情和动力，推进学工人员实现"质"的发展和突破。

第八节　群团工作　卓有成效

群团组织工作是党的工作的重要组成部分，做好群团工作对巩固党的执政基础、提高党的执政能力有巨大的促进作用。2014年以来，学校紧紧围绕中央、省市和学校党委的重要决策部署，认真贯彻落实党的十八大、十九大、二十大精神和习近平总书记关于群团工作的重要论述和指示精神，以务实高效的作风、扎实有效的举措，奋力提升群团工作水平，激发群团工作活力，助力高水平理工科大学建设。

一、工会工作

学校工会有24个二级工会，设有经费审查委员会、劳动争议调解委员会、女教职工委员会3个专门工作委员会，以及排球、篮球、足球、乒乓球、游泳、羽毛球、书画、合唱团、健美操、集邮、瑜伽等11个文体协会。2014年以来，学校荣获"广东省五一劳动奖状"，学校工会被评为广东省"厂务公开民主管理工作突出单位""茂名市工会工作优秀单位"等，工会女教职工委员会获评为茂名市"先进集体"。

（一）工代会与教代会

1. 组织结构

工会第四届委员会于2015年5月19日选举产生，成员包括何浏、李东等17人，何

浏任主席，李东任副主席。女教职工委员会由陈健等 7 人组成，陈健任主任，黄韶红任副主任。经费审查委员会由刘军等 5 人组成，刘军任主任。劳动争议调解委员会由刘军等 11 人组成，何浏任主任，李东任副主席。同时成立 18 个分工会和 110 个工会小组。

工会第五届委员会于 2020 年 5 月 28 日选举产生，成员包括李华、李东等 20 人，李华任主席，李东任副主席。女教职工委员会由颜军等 7 人组成，颜军任主任，王倩任副主任。经费审查委员会由杨高等 5 人组成，杨高任主任。劳动争议调解委员会由李华等 11 人组成，李华任主任，李东任副主任。同时成立了 23 个分工会和 125 个工会小组。

2. "双代会"工作

教代会是学校民主管理工作的重要平台和载体，学校工会作为学校教代会的工作机构，认真执行《学校教职工代表大会规定》，依托教代会作用优势，激发教职工主人翁意识，努力发挥教代会职能，积极推进学校民主管理，推进依法治校。

（1）学校工会坚持每年召开"双代会"，听取和审议《学校工作报告》《学校财务工作报告》《依法治校工作报告》《学校工会工作报告》《提案工作报告》等。四届一次"双代会"选举产生工会第四届委员会委员等成员，并审议通过《广东石油化工学院绩效工资分配办法（修订）》（讨论稿）。四届三次"双代会"审议《学校"十三五"发展规划（草案）》。四届五次"双代会"审议《学校"放管服"改革事项系列配套制度（管理办法）》等 9 项制度，并原则性通过。四届六次"双代会"审议《广东石油化工学院科研奖励办法》（修订稿）。五届一次"双代会"审议通过《广东石油化工学院章程修正案（草案）》，并选举新一届工会委员。五届二次"双代会"审议《广东石油化工学院专职思想政治课教师职称评审标准（试行）》等三个文件。五届四次"双代会"审议通过《广东石油化工学院教育发展"十四五"规划（稿）》。五届五次"双代会"审议通过《广东石油化工学院职称评审办法（修订）》等四个文件。五届七次"双代会"审议通过《广东石油化工学院绩效工资分配办法（修订）》及其相关附件。

（2）二级教代会制度进一步规范。二级教代会从 2009 年启动至今，二级学院坚持每年召开二级教代会，听取并审议本单位的行政工作报告、财务工作报告，商议绩效工资改革和分配办法等很多涉及教职工切实利益的人、财、物等重要事项。

（二）维护教职工权益

1. 教代会提案征集和落实

2014 年以来，共收集教代会代表提案 263 件，其中立案 80 件，并 100% 办结；作为意见和建议 183 件，均由相关职能部门认真研究办理，形成答复意见，并答复提案人。通过提案的办结和处理，有效促进了学校发展。

2. 群众来访调解工作

学校工会耐心做好教职工来访工作，通过座谈、电话、视频、走访等方式，客观听取教职工陈述，查阅相关资料，认真做好记录。2020年以来，为教职工加建电梯、解决邻里纠纷、做好空调移装等工作，共进行调解15人次，住户双方均消除误会，达成谅解，加建电梯等一系列老大难问题得以顺利解决。同时，学校工会到茂南区镇盛镇政府村建办反映协调教职工住房物业管理有关问题并得以落实解决。

（三）促进教职工发展

1. 服务于青年教师培养工作

学校重视教职工的创造活力和教育教学创新意识培养，激励青年教师不断提高教学水平。2007—2016年，学校工会联合教育信息技术中心、教务处等单位连续十年举办计算机教育技术培训班、计算机教育技术应用比赛、多媒体课件制作比赛等，有效提高了教职工应用现代教学技术手段的能力和水平。2015年以来，为助力本科教学审核评估工作，学校工会牵头组织全校教职工参加PPT大赛，与教务处和网信中心联合开展9期青年教师现代教育信息技术培训，协助教务处开展"渔欲杯"青年教师教学技能大赛和本科教学竞赛等活动。

2. 树立师德典范

学高为师，身正为范。2014年以来，学校制定了《广东石油化工学院师德考核暂行办法》《广东石油化工学院教师师德失范行为处理办法（试行）》等制度，扎实开展师德师风建设。每年坚持开展师德建设主题教育月活动，在学校官方网站、微信公众号等平台广泛宣传师德楷模先进事迹，引导广大教师学先进，塑造良好师风。

学校工会配合党委教师工作部、人事处等相关部门，每年组织开展师德建设主题教育月活动，分别举办教师节慰问活动、社会主义核心价值观讲座、师德征文比赛、演讲比赛，学习宣传全国先进模范人物事迹等。学校张清华教授获评为全国优秀教师、全国先进工作者；庞标琛、黄克明、何明光、吴世逵、张长明、王小梅等获评为南粤优秀教师；黄玉新、李润获南粤优秀教育工作者；赖维汉、姚爱英获评为"优秀教育工作者"。

3. 劳模工匠推选

每年，学校工会以创建劳模创新工作室和推荐劳动模范、先进工作者为契机，大力弘扬劳模精神、劳动精神和工匠精神，营造劳动光荣的社会风尚和精益求精的敬业风气。截至目前，学校已有省劳模和工匠人才创新工作室2间，市劳模和工匠人才创新工作室2间；全国劳模1名，省劳模4名，市劳模6名。2020年，成功申报了茂名市"张清华劳模创新工作室"和"陈辉劳模创新工作室"，彭志平创新工作室被命名为市级劳模和工匠人才创新工作室；陈辉教授被评为广东省劳动模范。周如金创新工作室被命名为2021年茂名市劳模和工匠人才创新工作室。2022年，张清华创新工作室被省总工会评定为优秀等级，并获得专项资金支持。2023年，张清华教授主持的项目荣获首届广东省职工优秀创新成果一等奖；陈辉创新工作室被命名为2023年广东省劳模和工匠人才创新工作室，陈辉教授被选为中国工会十八大代表。学校工会每年召开先进事迹报告会、劳模座谈会等，充分发挥劳模工匠示范引领和带动作用。

（五）组织文化活动与体育比赛

学校工会高度重视各类文化活动和体育比赛的组织开展，旨在丰富教职工的业余生活，提高教职工的身心健康，促进校园文化的全面发展。

1. 举办职工文体活动

学校工会举办元旦游园活动、迎新年环校跑活动、庆"三八"系列活动等传统活动项目，同时组织体育比赛，如排球、羽毛球、乒乓球等，以及大合唱、排舞、书法展、摄影、插花等文艺活动。举办教职工卡拉OK、广播体操比赛，参与校运会工作，评比体育道德风尚奖，迎校庆钓鱼等。此外，还开展瑜伽、摄影、声乐、健康知识讲座等活动，组织文体培训，如气排球、工间操、声乐班等。组织教职工参与植树、徒步节、单身联谊、女职工"两癌"筛查等。承办大国工匠公益大讲堂全国巡讲走进茂名系列活动，组织师生与全国劳模、技术能手交流活动。各级工会每年组织教职工参与新农村建设、产业调研、文化体育等各类活动。

2. 积极参加省市级赛事

按照工作安排部署，学校工会每年积极组织教职工参加省市级赛事，取得多项优异成绩。2014年学校工会组织教职工参加茂名市妇联组织的家庭朗诵比赛，获得一等奖。2015年组织教职工参加茂名市趣味运动会，获得一等奖。2018年组队参加茂名市"劳动最光荣·劳动者最美"茂名市排舞风采展演活动，获优秀组织奖。2021年组织师生合唱队参加茂名市大合唱比赛，获金奖和优秀组织奖；组队参加茂名市第十四届运动会，获得男子团体第三名，男子A组单打第二名、第三名和双打第四名、第六名，男子B组单打第七名，男子C组双打第六名的好成绩。2022年组织教职工参加"茂名市总工会成立六十周年"专题征文比赛和"我和工会记忆"图片资料征集活动，1人荣获三等奖，1人荣获优秀奖，学校工会被评为优秀组织单位。2022年与教务处联合精心组织，推荐多名优秀青年教师参加高校（本科）青年教师教学大赛，学校首获一等奖1项、二等奖4项、三等奖5项的优异成绩，获奖数量在同类高校中位居前列。2023年参加茂名市总工会县区工会工作细化分解评估及全市工会工作创新评比，荣获一等奖。

（六）工会推优评先

每年开展学校工会工作"两先两优"和女教职工评先评优活动，评选表彰工会工作先进集体、先进个人；评选学校"巾帼育人创新业"活动先进集体、先进个人和女教职工工作积极分子，健康教师家庭、优秀书香家庭；组织推荐省、市"三八红旗手"，市"三八红旗岗""巾帼文明岗"，以先进典型的事迹教育广大工会干部，增强工会组织活力。

2014—2023年女教职工评先评优获奖情况

年份	奖项	获奖者、集体	级别
2014年	广东省"百户最美家庭"	汪树清、方子严家庭 薛元英、巩育军家庭 周建敏、牛显春家庭	省级
2014年	2010—2014年度茂名市工会先进女职工	周建敏	市级
2014年	2010—2014年度茂名市工会女职工工作先进工作者	陈　健	市级
2014年	2010—2014年度茂名市优秀女职工之友	李　东	市级
2015年	广东省"百户最美家庭"	胡生泳、杨鑫莉家庭	省级
2016年	全国"五好文明家庭"	牛显春、周建敏家庭	国家级
2016年	广东省"百户最美家庭"	温云峰、周莹家庭	省级
2016年	广东省"优秀书香家庭"	向卫国家庭	省级
2017年	茂名市"巾帼文明岗"	经济管理学院	市级
2017年	茂名市"十大书香家庭"	胡素梅家庭	市级
2017年	茂名市"五一巾帼奖"	邓超群	市级
2018年	茂名市"十大书香家庭"	齐民华、贾惠芳家庭	市级
2019年	广东省"三八红旗手"	黎海燕	省级
2019年	茂名市"三八红旗岗"	马克思主义学院	市级
2019年	茂名市"三八红旗手"	朱伟玲	市级
2019年	茂名市"十大书香家庭"	孙国玺、张华威家庭	市级
2020年	茂名市"十大书香家庭"	童汉清、海金萍家庭	市级
2020年	茂名市"文明家庭"	张强、唐伟绩家庭	市级
2021年	茂名市"巾帼文明岗"	计算机基础教学中心	市级
2021年	广东省"百户最美家庭"	李旭、李丽家庭	省级
2021年	茂名市"十大书香家庭"	段林海、孟秀红家庭	市级
2021年	茂名市"十大最美家庭"	李旭、李丽家庭	市级
2021年	茂名市"三八红旗手"	周汉杰	市级
2022年	广东省"百户最美家庭"	段林海、孟秀红家庭	省级
2022年	茂名市"三八红旗集体"	科研处	市级
2022年	茂名市"三八红旗岗"	外国语学院大学外语教学部	市级

续表

年份	奖项	获奖者、集体	级别
2022年	茂名市"三八红旗手"	刘　美	市级
2022年	茂名市"十大最美家庭"	段林海、孟秀红家庭	市级
2022年	茂名市"十大最美家庭"	崔宝臣、刘淑芝家庭	市级
2023年	广东省"书香家庭"	梁根、郭小雪家庭	省级
2023年	茂名市"三八红旗集体"	教务处	市级
2023年	茂名市"三八红旗岗"	文法学院学生工作办公室	市级
2023年	茂名市"三八红旗手"	王　倩	市级
2023年	茂名市"十大书香家庭"	梁根、郭小雪家庭	市级
2023年	茂名市"十大最美家庭"	王丽、付文家庭	市级
2023年	茂名市"劳动竞赛优秀个人"	张芹秀	市级

（七）凝心暖心工程

（1）访贫问苦。在学校党委的大力支持下，每年学校工会都积极开展以爱心帮困、为教职工办好事实事、代领导慰问送温暖为主要内容的凝心暖心工程。对生病住院的教职工及时上医院慰问，对困难教职工开展爱心帮困（发放困难补助和爱心基金），春节期间学校党政工领导对优秀教师家庭、退休教职工和困难教职工家庭走访慰问，"六一"慰问教职工子弟，"5·12"护士节慰问，做好患重大疾病教职工的救助工作，开展健康咨询义诊等。2019年至今，学校为全校1386名在职在岗教职工购买"住院二次医保"，帮助教职工解决部分医疗费用，减轻负担。每年为全校近700名在职女职工购买"特殊疾病保障计划保险"。

（2）扶贫济困。十年来，为助力脱贫攻坚，学校工会共组织教职工在广东"扶贫济困日"捐款1 093 752元；组织教职工向露天矿生态公园建设捐款38 281元；组织教职工为在信宜遭受"5·20"特大暴雨灾害的困难群众捐款44 675元；组织教职工为国家级贫困县山西石楼县前山乡贫困村捐赠衣物2000余件；资助并帮扶对口扶贫点信宜市平塘镇马安村7名家庭特别困难学生和人口计生帮扶挂钩点信宜市镇隆镇贫困计生家庭；积极推动全校教职工1200多人注册i志愿服务，组织爱心捐赠和志愿服务活动。

（3）办实事解难事。学校工会致力于解决教职工的实际问题。每年夏季和冬季，工会都会开展慰问活动，包括慰问招聘会、安全检查、教育基金评估、专业认证、档案审查、返校接待点等一线工作人员。每年暑假，工会与茂名市教育局、人才办等合作，解决教职工子女入学问题，至今已帮助近500名教职工解决子女入学难题。工会还举办高考志愿填报辅导讲座，并提供一对一辅导。同时，工会积极处理劳动争议和教职工申诉，及时化解矛盾，维护学校稳定。2021—2023年，工会成功调解了教职工加建电梯、邻里纠纷、空调移装等问题。

（八）女教职工工作

学校工会女教职工委员会紧紧围绕学校的中心任务和工会重点工作，组织落实"女职工建功立业工程"和"女职工素质提升工程"，持续开展以"强素质、树形象、促发展"为主题的"巾帼育人创新业"活动。

做好人口与计划生育工作。2014—2021年，每年为全校近1300人发放年度计划生育奖金。2014年至今，每年为近400户计生家庭约1200人购买计划生育家庭意外伤害险，向学校教职工未满十四周岁的领取独生子女证的近200名子女发放独生子女保健费，慰问近40名生育的女教职工并发放慰问金。2016—2020年，支持计划生育挂钩点信宜市镇隆镇计生工作经费近10万元。

2019年至今，学校被茂名市委、市政府授予"茂名市人口与计划生育工作先进单位"4次，授予"挂钩帮扶人口与计划生育工作先进单位"2次，授予"挂钩帮扶人口与计划生育工作达标合格单位"1次，授予"人口与计划生育工作综合评估合格单位"1次。2023年，组织完成2022年度计划生育综合评估工作，自评等级优秀。

二、共青团工作

学校共青团以习近平新时代中国特色社会主义思想为指导，在学校党委和上级团组织的坚强领导下，坚持立德树人为根本，聚焦主业，改革攻坚，从严治团，以"灯塔工程"为抓手，打造"思想引领+"工作品牌，引领青年师生深刻领悟"两个确立"决定性意义，不断增强"四个意识"，坚定"四个自信"，做到"两个维护"，共青团的组织力、引领力、服务力和大局贡献度不断凸显。

（一）政治引领把方向，"大思政"工作显成效

学校共青团以习近平新时代中国特色社会主义思想为统领，坚持立德树人根本任务，深入实施"灯塔工程"，主动融入学校"三全育人"格局和"大思政"体系。

（1）坚持党建带团建，充分发挥全国样板党支部"头雁"引领作用。2018年，校团委党支部获评教育部首批全国高校党建工作样板支部培育创建单位。党支部围绕业务抓党建，充分发挥党建带团建作用，积极推动党支部示范创建。2021年，获评为全国高校党建样板支部。

（2）成立学校习近平新时代中国特色社会主义思想青年学习会。以青马工程、灯塔学习会、青年大学习、团支部文化节等形式引领广大团员青年持续加强政治理论学习。2015年至今持续组织开展"团支部文化节""活力在基层"主题团日活动，全校累计 6000 多个团支部、近 15 万名团员参与到主题团日活动中来。每年举办"青年马克思主义者培养工程"培训班，轮训学生骨干 2000 多人。以"五四"评优为引领，发挥基层组织模范作用，表彰优秀基层团组织和个人，构建全面覆盖全校团员青年的奖优体系。2021—2023 年，共有 1 人获评为全国"优秀共青团干部"；15 个集体、43 人获省市级"两红两优"表彰。

（3）深入贯彻实施"灯塔工程——广东青少年学习践行习近平新时代中国特色社会主义思想行动"。出台涉及 5 大方面内容、16 项工作任务、44 项实施内容、64 项建设措施的"灯塔工程"贯彻落实细则。每年举办灯塔学习会，表彰先进、树立典型，不断提升学校共青团思想引领力。重点打造团委微信公众号、抖音号和 B 站等青年喜闻乐见的新媒体品牌，创作一批有高度、有深度、有温度的思想引领作品。2019 年，团委青年传媒中心获评为全国百强校园媒体。2021—2023 年，共有 5 人获评为"中国大学生自强之星"，2 人获"中国电信奖学金·飞 Young 奖"，2 人获评为广东省向上向善好青年。

（二）组织引领强基础，基层建设焕发新活力

团的组织建设是共青团工作的根本出发点和落脚点。学校共青团勇于自我革命，全面深化共青团改革。

（1）全面落实共青团改革，全方位加强团的组织建设。2016 年至今学校制定出台《广东石油化工学院共青团改革方案》《广东石油化工学院"班级团支部与班委会一体化运行"实施方案》《广东石油化工学院学生会深化改革实施方案》等一系列制度方案，化学工程学院入选团中央班团一体化改革项目试点单位。2019 年承办广东高校学生骨干培训班，江门、肇庆、湛江、茂名、阳江、云浮、清远等地的 25 所高校 126 位学生骨干参加了培训。学校团学改革工作成效得到团中央、团广东省委的充分肯定，2019 年首次获评为"全国五四红旗团委"，2021—2023 年连续三年获评为"广东共青团先进单位"。

（2）规范召开团代会，充分发挥基层团组织活力。2016 年 6 月 5 日组织召开广东石油化工学院第一次团代会，会议选举产生共青团广东石油化工学院第一届委员会。2021 年 9 月 12 日组织召开广东石油化工学院第二次团代会，会上作了以"不忘初心跟党走，青春奋进新时代，为建设高水平理工科大学贡献青春力量"为主题的工作报告，选举产生共青团广东石油化工学院第二届委员会。2020 年学生会深化改革后，每年召开学生代表大会，充分调动广大青年力量参与学校民主管理。

（3）以"智慧团建"为总抓手，切实规范团务管理。学校将共青团工作作为党建工作的重要内容，落实二级团组织书记正科长实职配备。2020 年起每年开展二级学院团组织书记抓基层团建工作述职评议考核会。严格执行"三会两制一课"等基本制度，规范团内政治生活，增强团员意识。创新推优机制，完善推优入党工作"闭环"，每年推荐 1000 多名团员青年作为入党积极分子。

（三）科创引领创佳绩，崇尚博学树风标

学校共青团大力开展"挑战杯""攀登计划"等高水平竞赛，以赛促学、以赛促教、以赛促创，引领青年大学生勇于创新、积极创业，全面提高学生综合竞争力。

（1）注重顶层设计，加强资源整合和支持力度。创新构建了"组织＋体系＋平台＋师资＋实践"五位一体的创新创业教育模式。学校出台并修订《国家级、省级"互联网＋""挑战杯"竞赛奖励办法》，将教师指导"挑战杯"竞赛的成绩单列为教学科研业绩成果条件。

（2）坚持前端培育，打造"攀登计划"高质量"项目池"。学校团委积极组织开展"攀登大讲堂""创新创业宣讲会"，组织广东省科技创新战略专项资金（大学生科技创新培育）项目申报工作，2015年以来，146个学生项目获得立项，获得317.5万元资金资助，为"挑战杯""互联网＋"竞赛打造了高质量"项目池"。

（3）引领科技创新，捧得"大挑"省赛"优胜杯"。2015年以来在"大挑"赛事（挑战杯大学生课外学术科技作品竞赛）中荣获国赛二等奖3项、三等奖1项，省赛特等奖4项、一等奖11项、二等奖26项、三等奖47项，并捧得省赛"优胜杯"，学校荣获国赛专项赛"优秀组织奖"，引领广油青年科创报国。

（4）服务创业就业，捧得"小挑"省赛"优创杯"。2015年以来在"小挑"赛事（挑战杯大学生创业计划竞赛）中荣获国赛铜奖5项，省赛金奖11项、银奖22项、铜奖23项，捧得"小挑"省赛"优创杯"，学校荣获"全国优秀组织奖"，高质量服务广油学子创业就业。

（四）文化引领拓素质，校园文明展现新风

学校共青团以美育浸润行动计划为契机，整合美育资源，充分发挥美育育人、培根铸魂、启智润心的作用，持续改革创新，不断打造品牌活动，提高共青团的育人水平。

（1）重视品牌建设，大力推进"奋斗"主题文化建设。持续办好大学生科技文体艺术节，举办"奋斗杯"辩论赛、"新生才艺大赛""校园十大歌手"等品牌活动，开展丰富多彩的校园文化活动100多项，为繁荣校园文化建设奉献青春力量。2014—2023年期间，学校在广东省大学生艺术展演活动中44件作品分别荣获一等奖、二等奖、三等奖，3件作品获全国大学生艺术展演活动二、三等奖。学校荣获第七届广东省大学生艺术展演"优秀组织奖"。100余件作品在广东大学生校园文体艺术季中荣获一等奖、二等奖、三等奖及优秀奖；17名同学获省人民防空知识竞赛二、三等奖；3件作品获省校园摄影大赛一、二、三等奖。

（2）强化社团管理，打造素质教育重要载体。2020年，校党委出台《广东石油化工学院学生社团建设管理办法》，构建学校党委统一领导，党委学生工作部牵头负责，团委、组织、宣传、保卫、人事、教务等相关职能部门共同参与的学生社团工作机制。截至2024年4月，学校共有学生社团44个，涵盖学术科技类、创新创业类、文化体育类、

志愿公益类等类型，形成"周周有活动，月月有精品"的良好局面，已成为落实立德树人根本任务、推进素质教育的重要载体。每年通过"社团文化节"开展一系列主题鲜明、内容丰富、形式多样的校园文化活动。2014年以来，累计举办各类学生活动3000余场，累计参与学生超过8万人次，成果丰硕。

2019年，大学生社团联合会获评为第三届全国学生社团影响力展示活动全国学生优秀社团联合会（广东唯一），机械科技协会获评为最具影响力科技创造社团（广东唯一），创行协会获提名奖。2019年篮球协会获"全国高校百强社团"称号。

心shine残健共融跑团是全国首个"视障人士+大学生"模式的公益团体，自2016年成立以来共组织了299场日常助盲跑，服务视障人员超过1000人，累计陪跑时长65000多个小时，项目在江西吉安、海南海口、内蒙古巴彦淖尔、浙江余姚等十多个城市得到复制推广，2022年，该跑团荣获公益创业赛优秀组织奖（排名第一），被CCTV、"学习强国"等媒体宣传报道。

（五）实践引领铸品格，服务社会展担当

学校共青团着力发挥实践育人成效，着力把第二课堂打造成思政育人第一课堂，引领广大青年学子在服务社会和乡村振兴平台上作贡献、长才干。

（1）聚焦社会实践，引领广油学子在丈量祖国大地中练就过硬本领。2014年以来，学校共青团共组织超过1000支社会实践示范团队、万名学生奔赴全国各地开展实践活动，足迹遍布省内外，相关事迹被人民日报、新华网、中青网、中国共青团杂志、广东学联、南方+、茂名晚报等多家知名媒体宣传报道，各大宣传平台发布相关稿件超5000篇。学校5次荣获全国大中专学生志愿者暑期文化科技卫生"三下乡"社会实践活动优秀单位荣誉称号，8次获得广东大中专学生志愿者暑期文化科技卫生"三下乡"社会实践活动优秀单位称号。1支团队实践成果入选全国大学生暑期实践成果全国百强、1支团队被评为全国优秀实践团队、3名个人被评为全国优秀个人。18支团队获评为省级"优秀团队"，69名个人省级优秀个人，2个团队项目获评为省级"优秀品牌"。

（2）聚焦志愿服务，引领广油学子在服务中铸就品格。大力弘扬奉献、友爱、互助、进步的志愿服务精神，不断提升大学生社会参与度，组织开展党史宣讲、扶弱助残、支教助学、关爱留守儿童、无偿献血、大型赛会、创文创卫等志愿服务，学校青年志愿者协会荣获广东省志愿服务金奖。2019年，"光明路——青年体育助盲服务项目"荣获第四届中国青年志愿服务大赛全国总决赛金奖。在新冠病毒感染暴发期间，组建100余支青年突击队，2000余名学生志愿者，在校内、在家乡冲锋在防控第一线，涌现出汪硕（广东"优秀战疫志愿服务典型"）、彭世亮（广东省优秀团员）等一批抗疫先进个人，相关事迹被《人民日报》客户端、"学习强国"、广东教育等媒体专题报道。

（3）聚焦"三献"工作，两摘全国无偿献血促进奖。大力弘扬"人道、博爱、奉献"的红十字精神，探索形成极具广油特色的"145"工作法，助力学校无偿献血工作突破性发展。学校红十字会成功创建"广东省红十字标准校"，近年来，学校获2020—2021年度全国无偿献血促进奖（集体）、2019—2020年全国无偿献血工作促进奖（个人）、2021年广东省无偿献血工作促进奖（集体和个人奖），1人获评中国红十字会"会员之星"。

（4）聚焦西部（山区）计划，引领广油学子投身西部绽放青春。学校组织推荐毕业生参加大学生志愿服务西部（山区）计划项目，累计推荐329名优秀毕业生到基层、到西部、到祖国最需要的地方去奉献青春力量，2022年，学校首次获全国无偿献血促进奖（集体奖）。2023年，学校获评西部计划全国优秀高校项目办。

第九节　安全稳定　筑牢屏障

一、建设安全文明校园

学校始终把稳定安全工作放在重要位置，进一步建立健全学校安全风险防控体系，全面推进学校安全管理现代化建设，努力打造更高水平"安全文明校园（平安校园）"，为学校持续健康发展创造安全稳定的校园环境。2015年，学校被茂名市公安局茂南分局评为"治安联防工作先进集体"；2017—2018年，学校被评为"广东省安全文明校园"；2020年，学校保卫部周海军被广东省教育厅评为"广东教育平安之星"、获广东省安全厅重要贡献奖；2021年，学校被茂名市国家安全人民防线建设领导小组评为茂名市国家安全人民防线建设工作先进单位；2022—2023年连续两年，学校更高水平"安全文明校园（平安校园）"创建工作被中共广东省委教育工委、广东省教育厅、广东省公安厅联合考评为优秀；2023年，学校保卫部何宁强被茂名市委、茂名市人民政府评为"2018—2021年度平安茂名建设先进工作者"；2018—2021年期间，学校平安建设工作连续4年被茂名市有关部门评为优秀。

（一）健全机制建设，落实工作责任

学校高度重视安全稳定工作，通过加强组织领导，明确目标，细化任务，落实责任，推进安全稳定工作落实到位。2015—2024年期间，学校先后成立或调整广东石油化工学院国家安全人民防线建设领导小组、广东石油化工学院维稳工作领导小组、广东石油化工学院反恐怖工作领导小组、广东石油化工学院防范邪教工作领导小组、广东石油化工学院扫黄打非工作领导小组、广东石油化工学院禁毒工作领导小组、广东石油化工学院消防安全工作领导小组、广东石油化工学院平安建设工作领导小组、广东石油化工学院更高水平"安全文明校园（平安校园）"创建工作领导小组。2016年9月，学校制定印发《广东石油化工学院消防安全管理规定》《广东石油化工学院校卫队管理规定》，2017年7

月,学校制定印发《广东石油化工学院安全生产工作职责暂行规定》,做到安全工作规范管理、有序管理、科学管理。2015—2024年期间,学校与各单位、部门负责人每年(或每两年)签订《广东石油化工学院平安建设目标管理责任书》(原为:《广东石油化工学院社会治安综合治理目标管理责任书》)《广东石油化工学院安全稳定工作责任书》《广东石油化工学院消防安全工作责任书》《广东石油化工学院防汛防风安全工作责任书》,督促落实领导工作责任和"一岗双责"制度,把责任落实到每个单位、岗位和个人。

(二)加强安全教育,提高综合素养

学校充分发挥主渠道、主阵地作用,全面实施并大力推进安全教育"进教材、进课堂、进学生头脑"三进工程。2023年9月,学校开设"新时代高校国家安全教育"课程,纳入课程体系和学分管理;2015年,学校开设"大学生安全教育"课程,涵盖国家安全、校园安全、消防安全、心理健康、饮食安全等十多个方面与学生日常息息相关的安全知识与技能,并通过考试的方式强化学生的安全防范技能和能力;2003年,学校开设"军事理论"课程,加强学生国防安全教育;通过系列安全教育,最大限度减少安全事故的发生,保障学校安全稳定。

2015—2024年期间,学校与茂名市委政法委、茂名市公安局、茂名市国家安全局、茂名市禁毒委员会办公室、共青团茂名市委员会、茂名市消防支队等有关部门,多次联合开展全民国家安全教育日、"6·26"国际禁毒日、反邪教警示、交通、消防安全、防范电信网络诈骗等主题宣传教育活动,以及开展反恐演练和新生消防应急疏散演练。学校每年通过"4·15"国家安全日、"6·26"国际禁毒日、"11·9"消防宣传日、"12·4"法制宣传日等与法律有关的纪念日,组织学生参与安全专题宣传活动、主题班会和讲座,利用校广播站、墙报、官方微信、校园网络、宣传橱窗等宣传平台,广泛向师生宣传普及国家安全、消防安全、交通安全、防诈骗、防溺水、防欺凌以及禁毒、反邪教等方面的安全知识。

(三)完善设施设备,提高防范水平

学校将安全保卫工作经费纳入年度预算,用于人防、物防、技防等基础设施建设和日常维护、保卫队伍的专业培训、设施设备的更新维护等实际工作需要。2017—2023年,学校投入4 073 869元用于校园消防系统升级改造、维护保养以及购买消防器材、火灾自动报警系统联网、安装火灾报警探测器等;2018—2019年,学校投入4 160 617元建设西城校区监控系统(一期);2022年6月,学校投入447 720元建设校区门岗访客系统;2024年1月,学校投入1 774 222元完善官渡校区智慧安防系统;学校每年投入10万余元为学生购买校(园)方责任保险。学校通过多种有效措施,不断提高学校防控能力,及时发现、处治各类安全隐患。

2020年12月,学校与茂名市公安局签订《关于资源共享合作协议》,共建共享长期有效的视频监控数据资源，有效防范打击违法犯罪；2021年11月，学校在官渡、西城、光华校区门岗分别建设一键式报警系统，该系统与茂名市"110"指挥中心连接，遇突发事件能够快速处置，维护校园安全稳定。

（四）聚焦重点工作，维护校园稳定

1. 创建更高水平"安全文明校园（平安建设）"

（1）学校将更高水平"安全文明校园（平安校园）"创建工作纳入年度工作计划，与学校的教学中心任务同步研究，同步部署，并成立创建工作领导小组，学校党委书记、校长任组长，分管安全工作的副校长任常务副组长，统筹协调学校各项更高水平"安全文明校园（平安校园）"创建工作，及时解决创建工作中存在的突出问题。2022年4月，学校印发《关于开展更高水平"安全文明校园（平安校园）"创建工作的通知》，并制定《广东石油化工学院创建更高水平"安全文明校园（平安校园）"考评标准（2022年度）》，并召开更高水平"安全文明校园（平安校园）"创建工作会议，统一部署创建工作；2023年5月，学校印发《关于2023年更高水平"安全文明校园（平安校园）"创建工作的通知》，并制订《广东石油化工学院创建更高水平"安全文明校园（平安校园）"考评标准（2023年度）》，深入推进学校更高水平"安全文明校园（平安校园）"创建工作，健全学校安全风险防控体系。

（2）学校高度重视平安茂名建设工作，成立平安建设工作领导小组，学校党委书记、校长任组长（第一责任人），分管安全工作的副校长任常务副组长（直接责任人），统筹协调学校平安建设工作。2018—2019年度，学校综治工作（平安建设工作）连续两年度被中共茂名市委政法委评为优秀；2020—2021年度，学校平安建设工作连续两年度被中共茂名市委平安茂名建设领导小组评为优秀。2015—2024年期间，学校每两年与各单位、部门负责人签订《广东石油化工学院平安建设（综治工作）创建目标管理责任书》；学校每年印发《广东石油化工学院平安校园创建工作方案》，并制订工作考核细则。

2. 新型冠状病毒感染防控方面

2020年1月23日，为做好新型冠状病毒感染防控工作，学校成立新型冠状病毒感染防控工作领导小组。2020年2月5日，学校印发《关于防控新型冠状病毒感染期间进一步加强校园进出管控的通知》；2020年2月13日，学校对校内职工家属、租（借）住户人员居住情况进行排查，做好人员信息登记；202年5月31日起学校师生离茂审批、外来人员进校需申请审批；2022年1月18日，学校发文要求业主、租户自觉加强管理；2022年8月学校开始使用智能门禁系统，简化了师生进出校园的报备手续；茂名"1102"病毒防控静态管理期间（2022年11月5—13日），学校84名校卫队员一直坚守学校一线岗位。新型冠状病毒感染期间，学校抓紧抓实抓细病毒防控各项措施，严把校门关和维护校园安全稳定。

3. 网格化管理方面

2016年6月,学校印发《关于开展校园安全"户籍化"管理工作的通知》,运用校园安全"户籍化"管理信息系统,为每个二级单位设置一个专用账户,建立"户籍化"管理档案;2017年3月,学校正式启动进校园安全"网格化"管理系统,规范完善安全管理档案建设,实现单位安全自查、隐患自除、责任自负,有力提升校园安全环境,预防和减少安全事故的发生。

2019年3月,学校印发《关于进一步推进校园安全"网格化"管理工作的通知》,学校各学院、部门每月5日前将本单位上月安全管理信息(单位基本情况、安全重点部位情况、危险品管理情况、安全管理制度、安全事故情况、安全宣传教育情况及安全检查情况等)以及其他专项安全管理信息录入校园安全"网格化"管理系统;同时,进一步明确学校各学院、部门对本单位安全生产负全面责任,单位的党政负责人是本单位安全生产第一责任人,分管安全生产工作的副职领导是本单位安全生产直接责任人,各单位指定专(兼)职安全生产具体管理人,将各项安全工作落实到岗、落实到位、落实到人,严防各类事故发生。

二、武装建设工作

(一)强化校军共建

自1984年以来,学校秉承"共建促发展,谱写新篇章"的理念,与92057部队保持着"鱼水情"的共建关系,每年春节、八一建军节以及教师节,学校领导和部队首长都会亲自率队相互拜访交流。2021年12月,学校组织学生开展"强军召唤大学生走进军营"实践活动;2023年4月,组织领导干部到部队参加"军营开放日"活动,零距离感受军营魅力。每年9月,学校邀请部队首长来校为新生讲授国防教育专题课,安排军事教官讲授军事技能课以及组织开展应急疏散演练等活动。双方共同携手推动国防教育事业发展,不断增强师生的爱国主义情怀。2020年,学校助力92057部队侦察营荣获全国"拥政爱民模范单位"称号。

(二)狠抓军事素养提升

根据省教育厅关于开展军事训练工作的相关要求,学校每年精心组织新生开展为期14天的军事技能训练,以及军事理论、安全教育科目的课程学习及考核。"军事技能"课程包括军人队列、防卫术训练、消防应急疏散演练等技能训练内容,共112学时,2学分。2019年,学校成立军事教研室,全面统筹"军事理论"课程,由原来的大班合并上课改为小班授课,并由马克思主义学院专职教师讲课,课程共36学时,2学分。学校通过设立"军事技能"和"军事理论"课程,让学生从踏入校园的那一刻起就种下了"国无防不立,民无军不安"的信念种子,进一步在潜移默化中激励广大学生勇担强国、强军使命，既培养了一批作风优良、纪律严明、军事素质过硬、热爱国防事业的优秀人才，同时，也为学校征兵工作打下扎实的军事基础。

2023年6月，学校根据广东省教育厅相关文件要求，新增"新时代高校国家安全教育"必修课程，共16课时，1学分，由马克思主义学院教师授课。该课程的开设，意在使广大学生牢固树立国家安全底线思维，将国家安全意识转化为自觉行动，强化责任担当。

（三）推动高质量征兵

学校党委高度重视大学生征兵工作，以习近平新时代中国特色社会主义思想为指导，深入贯彻落实习近平强军思想，贯彻落实国家、省市征兵决策部署和工作要求，传承创校办学的工农血脉和红色基因，弘扬以"听党召唤、为国奉献；艰苦创业、忠诚担当"为内核的广油"西迁精神"，把征兵工作摆在突出位置，在人力、物力、财力、政策等方面予以有力保障，高标准高质量做好大学生征兵工作，为部队输送了一大批高素质军事人才，为加快推进国防现代化建设、实现强军梦作出了"广油"应有的贡献。2021年，学校受邀参加由广东省委宣传部、省教育厅、省征兵办和省军区政治工作局共同组织的"高校党委书记谈征兵"系列宣传活动，学校党委书记、校长张清华在访谈中分享了近年来学校征兵工作经验，并表示将继续坚持以习近平强军思想为指导，认真贯彻落实上级征兵工作决策部署，加强军事文化建设和学生军事素养培养，确保圆满完成年度大学生征兵工作任务。

2015年至今，学校为部队输送优秀大学生共901人。2021—2023年，入伍大学生士兵分别荣立三等功2人、荣获"四有"优秀士兵表彰82人、获得嘉奖48人，留队提干及考取军校的学生50余人，70%退役大学生获得过部队表彰或嘉奖。学校于2016—2021年先后5次被评为"广东省征兵工作先进单位"；2016—2018年先后2次被评为广东省国防教育协会国防教育先进单位；2017—2021年，共4人获评为"广东省征兵工作先进个人"。

第三章 建新校区 完善条件

2000年合并升本后,学校掀起了新一轮发展热潮,综合办学实力快速提升,办学规模不断扩大,至"十二五"末,在校生达20 000多人,但两个校区总占地面积仅516亩,校园和校舍面积严重不足,成为制约学校发展的一大瓶颈。建设新校区,成了几代广油人的共同期望和不懈追求,也是学校继续发展壮大迫切需要解决的重大难题。

为进一步改善办学条件,学校最初于2002年启动校区扩建工作,于2015年正式启动西城校区选址征地工作,几经周折,终于在2017年完成土地报批、划拨工作,学校在建设新校区的同时,加大投入完善基础设施建设、图书馆建设、网络建设等办学条件。办学条件的完善为学校高质量发展奠定坚实物质基础。

第一节 攻坚克难 完成建设

一、西城校区建设前期工作

(一)困难重重:东江校区地块久征不下

学校于2002年启动了东江校区征地工作,由茂名市国土资源局代学校实施。2003年6月,学校与所征地范围七个村队之一的大塘村签订了第一份征用土地协议书。后由于各种原因,征地工作多次启动,多次停止,进展十分缓慢。

2012年11月底,茂名市政府成立广东石油化工学院征地交地工作协调领导小组和督查组,再一次启动学校征地工作。在时任茂名市委常委、常务副市长刘小涛等亲临一线力排困难的情况下,截至2015年6月25日,完成了所征地范围所有村队的协议签订工作,共丈量土地面积803亩。除去村队自留用地之外,实际协议签订土地面积共670亩。学校累计支付征地补偿款、村民社保等各项款约12 838万元。

虽然东江校区征地工作在法理层面上已经完成,但交地工作却不容乐观,主要问题有:个别村队的青苗、果竹木及地上附着物清赔工作,征地补偿工作没有进行。所有被征地的村队自留用地没有划出,茂名市国土资源局也未向学校提供东江校区征地红线图,因此无法开展办理"建设用地批准书"和"建设用地规划许可证"等后续工作。协议签订土地面积共670亩，但因市政道路和村庄规划，被分割成三块：一块是七队村庄以西连成片且手续完备的350亩地块；另两小块分别是茂名市第十中学后侧的面积约为83亩的地块和规划中的大园路南、靠近小东江河堤的面积约为30亩的地块。另外值得一提的是，上述两小块土地（合计约113亩）当时待报批，是否划给学校尚未可知。实际上，学校所使用、连成片且手续完备的土地仅有323亩。

（二）另辟蹊径：谋划选新址扩建新校区

2002年，东江校区可征面积比后来实际所征面积大许多。按照当年学校的办学规模，征下东江校区，与学校实际需要比较接近。但是东江校区征地工作持续十多年，学校办学规模已由当时的6000多人发展到2013年2万多人，而征下的东江校区实际面积比原来预估面积要小得多，远远不能满足学校接受教育部本科教学水平审核评估的要求。根据教育部《普通高校学校基本办学条件指标》的规定，工科类院校生均占地面积要达到59平方米。按照未来五年在校生达到25 000人的规模计算，学校面积需要达到1 475 000平方米，折合约2214.71亩。然而，当时学校官渡和光华两个校区总占地面积仅516亩，加上东江校区手续完备的300多亩，办学用地还有约1400亩的巨大缺口。若"生均占地面积""生均宿舍面积""生均教学行政用房"等涉及用地面积指标达不到要求，学校将无法通过审核评估，面临限制招生或停止招生的风险。

因此，在东江校区无法继续扩征的情况下，学校迫切需要另选新址扩建新校区，以满足2018年教育部本科教学水平审核评估需要。

（三）主动作为：积极寻求省市大力支持

面对广东省建设高水平理工科大学、高校转型发展、粤东西北振兴发展战略、创新驱动发展战略和建设世界级石化基地等机遇，结合2018年教育部本科教学水平审核评估的实际需求，学校主动出击，积极作为，先后向省教育厅及茂名市政府汇报迫切需要扩大校园面积。2015年7月9日，学校向广东省教育厅报送《关于继续征地扩大校园面积的报告》（广石化院函〔2015〕81号）。报告了东江校区的征地进展情况，并提出在其他地方征地建设新校区的设想。2015年7月16日，学校向茂名市政府报送《关于继续征地扩大校园面积的请示》（广石化院函〔2015〕92号），请茂名市政府在加大东江校区征地交地力度基础之上，另外在茂名市高新区再新征土地1300亩用于建设新校区。

2015年9月25日，时任中共中央政治局委员、广东省委书记胡春华同志在茂名调研时指示，"要加大扶持力度，在推动广东石油化工学院校区建设、重点学科建设、创新研究等方面给予支持"。一方面，学校迅速反应，积极落实胡春华书记就支持学校建设发展问题所作的重要指示精神，2015年9月29日，先后召开第13次校长办公会议和第14次党委常委会会议，审议了关于在高新区扩建新校区事宜；11月2日，向广东省教育厅报送关于征地扩建高新区校区的报告；11月10日向茂名市政府报送《关于尽快研究落实高新区办学用地的请示》（广石化院〔2015〕58号）；11月25日，再次向广东省教育厅报送《关于落实胡春华书记重要指示的请示》（广石化院函〔2015〕124号），其中就新校区建设工作，请广东省教育厅协调茂名市政府加快办理东江校区土地权证等后续工作进度，尽快研究落实高新区用地规划事宜；商讨广东省发展改革委员会将新校区建设列入广东省重点建设项目，商讨广东省财政厅给予资金扶持事宜。

另一方面，茂名市委、市政府高度重视胡春华书记的重要指示，就如何快速解决学校征地建设新校区一事进行深入研究，提出了重大构想。2015年12月9日晚，茂名市委副书记、市长李红军与茂名市委常委、常务副市长吴刚强进行了沟通，提出由市政府另选址为学校征地建设新校区，并负责土地征收、办好用地手续、规划条件的设想；与茂南区委书记丁锦文、区长李相作进一步深入研究并达成共识，意向选址在西城片区。

2015年12月11日，李红军就上述事宜与学校党委书记凌靖波、校长张清华等交换意见，要求学校尽快召开会议研究在西城片区建设新校区的构想，并尽快回复意见。2015年12月13日，学校召开第17次校长办公会议和第20次党委常委会会议。经会议研究，同意茂名市关于新校区建设所提出的重大构想，要求相关部门抓紧认真研究校园规划，提出具体方案报茂名市政府研究。

2015年12月21日，时任茂名市委副书记、市长李红军率市直有关单位负责人到西城片区调研，实地察看了西城片区规划建设情况，并召开会议。会议决定利用西城片区1531亩土地建设广东石油化工学院新校区，由市全面负责建设，建好交由学校使用。项目采用工程总承包方式，统一规划，整体设计，分期建设。以2018年10月广东石油化工学院迎接教育部本科教学水平审核评估和2017年9月建成第一期项目为目标倒排工期。会议要求：尽快成立新校区工作领导小组；立即启动新校区地块城市总体规划、土地利用总体规划的调规工作；茂南区政府包干负责征地工作，按每亩25万元包干支付，争取2个月内交付土地开展规划建设；市供电局制定西城片区部分高压线迁移计划，积极争取省电网公司的支持；学校要争取在2016年4月前完成设计方案〔2015年12月28日茂名市政府工作会议纪要（243）〕。

2016年3月10日，茂名市委常委、常务副市长吴刚强，学校党委书记凌靖波等到广东省教育厅汇报新校区建设与省市共建高水平理工科大学情况。广东省教育厅副厅长魏中林接待并表示，茂名市政府通过土地盘整筹集资金建设广东石油化工学院新校区的方式是一件大好事，开创了广东高校新校区建设先河；省教育厅将大力支持广东石油化工学院新校区的建设。

2016年3月14日下午，学校在碧桂园挂牌成立西城校区建设指挥部。茂名市委常委、常务副市长吴刚强，茂名市政协副主席梁育雄，学校校长张清华、副校长周如金，茂南区常务副区长李发出席揭牌仪式。揭牌仪式结束后，指挥部举行座谈会。吴刚强指出，设立广东石油化工学院西城校区建设指挥部对加快推进西城校区的建设具有十分重要的意义。他说，西城校区建设牵涉方方面面，情况复杂、任务艰巨，希望指挥部的同志树立坚定的信心和决心把西城校区建设好，向全市人民和广大师生交上一份满意的答卷。张清华代表学校全体师生和校友对茂名市委、市政府大力支持学校西城校区的建设表示衷心感谢，表达了学校建设石化特色鲜明、优势突出的高水平应用型大学的决心。梁育雄、周如金和其他与会同志围绕西城校区规划建设以及指挥部如何创造性地开展工作发表了看法。至此，在指挥部的带领下，学校全面推进西城校区建设各项工作，开启了"边规划边征地，边拆迁边建设，边搬迁边管理"的艰苦奋斗历程。

2016年4月8日下午，茂名市政府十一届104次常务会议原则同意市府办关于吴刚强、李多民召开会议所形成的《关于通过盘整土地支持建设广东石油化工学院新校区的签报意见》。会议指出，根据广东省委书记胡春华在广东省理工科大学和理工类学科建设暨高校科研体制机制改革工作推进会提出的要求和有关指示批示精神及广东省委、省政府的决策部署，为改变茂名市高等教育落后的现状，为产业发展提供人才和科技支撑，支持广东石油化工学院建设新校区很有必要。鉴于地方财力有限和广东石油化工学院自身筹集资存在的困难，且学校已研究同意通过市政府盘整已征土地建设新校区，会议议定：通过盘整在东江校区已征土地筹集新校区建设资金，由市土地开发储备中心牵头会同茂南区政府及有关部门按程序办理；盘整土地所得资金全部用于广东石油化工学院新选址校区征地和建设，对广东石油化工学院在东江校区原已投入的征地资金一并投入新校区建设；同意在西城片区征收不少于1500亩土地用于建设新校区（茂府办会函〔2016〕74号）。

2016年4月29日，学校成立西城校区规划与建设工作小组、办公室。西城校区规划与建设工作小组由周如金任组长，刘瑞任副组长，成员由李为民、刘金锋、刘军、陈铨禄、赖建东、杨高、金仁和、张建民、李澍芃等人组成。西城校区规划与建设工作办公室由刘瑞任主任，成员由何建东、丁桂江、陈二宝、范忠烽、冯耀勇、严君洲、梁植栋、陈江峰、施永军、陈清、何英和、卢振华、何畅等人组成（广油〔2016〕31号）。

考虑到土地出让存在流拍的不确定因素，为帮助学校尽快启动西城校区的建设，11月10日晚，茂名市委副书记、市长李红军主持召开广东石油化工学院西城校区建设工作会议，会议做出重要决定。会议明确，学校出资1.7亿元所征东江校区土地不能满足2018年教育部本科教学水平审核评估的要求，经学校同意交由茂名市政府处置，征地历史遗留问题由市政府解决；市政府另行出资征地1500亩作为新校区（西城校区）建设用地，同时出资3.7亿元用于新校区建设；西城校区项目一期投资约16亿元，缺口资金约7亿元由市政府协助广东石油化工学院通过融资解决；为支持西城校区建设，茂名市拟成立茂名高等教育发展基金，根据学院在专项基金中的出资额度，市财政按一定比例适当集中补助部分资金；校区围墙先行开工建设，资金由市政府统筹解决；将2016年11月11日定为西城校区奠基日〔2016年11月17日茂名市政府工作会议纪要（250）〕。

11月29日，网上挂牌竞价时间结束，没有一家土地开发公司参与竞价，土地流拍。

虽然茂名市政府之前已做了研判，但土地最终流拍这一事实确实让茂名市政府承受着巨大的压力。12月23日上午，茂名市委副书记、市长李红军到广东石油化工学院调研并召开座谈会。会议明确，将东江校区所征土地交由市政府盘整，是市政府与学校综合考虑各种因素，充分沟通研究决定的；市政府负责在西城片区征地1500亩作为新校区用地，同时负责解决东江校区征地历史遗留问题。学校各级领导干部和师生要统一思想，充分理解建设西城校区的必要性和客观性，全力支持西城校区建设。学校要充分利用政策扶持机会和建材价格下降等机遇，通过融资等多途径筹集项目建设资金，尽快将新校区全面建设起来〔2016年12月30日茂名市政府工作会议纪要（280）〕。

2017年2月7日，茂名市政府再次将学校原征得的2块东江校区地块进行挂网拍卖。2017年3月8日下午，保利华南实业有限公司分别以64 617万元和66 315万元竞拍获得2块土地，合计13.0932亿元，溢价近一倍。

二、西城校区建设过程

（一）土地报批、划拨

西城校区的土地报批工作并没有想象中顺利，特别是林地报批和土地调规方面，足足耗时一年多。在省市相关部门的大力支持下，2017年7月14日，《茂名市茂南区土地利用总体规划（2010—2020年）修改方案（广东石油化工学院扩建工程）》获广东省国土资源厅正式批复同意。

（二）立项、概算审核及招标

2016年7月13日上午，学校先后召开第11次校长办公会议和第12次党委常委会会议，决定西城校区一期建设面积为30万平方米。2016年9月5日晚，茂名市政府十一届117次常务会议决定，原则同意西城校区项目（一期）建设规模定为30万平方米。为加快项目建设相关工作，市政府分别就项目立项、征地拆迁、土地盘整、报批、资金筹集、方案设计等工作做了分工。

2017年9月30日上午，茂名市政府十二届20次常务会议决定，原则同意茂名市投资审核中心审核的概算143 801万元作为广东石油化工学院扩建工程（西城校区一期）项目最高投资控制额，25 970万元作为广东石油化工学院化工类应用型人才培养实践基地建设工程项目最高投资控制额，933万元作为广东石油化工学院西城校区围墙工程项目最高投资控制额（茂府办会函〔2017〕237号）。

2017年11月3日，广东石油化工学院扩建工程（西城校区一期）等项目工程总承包在广州公共资源中心开标评审，共计11家投标单位递交了投标文件，最终广州建筑股份有限公司中标。11月24日，广东石油化工学院扩建工程（西城校区一期）等项目施工监理在广州公共资源中心开标，共计9家投标单位递交了投标文件，最终广州市政工程监理有限公司中标。

（三）规划设计工作

按照市政府要将西城校区建设成为一所百年不落后的学校的要求，学校在校园设计上高起点、高谋划，最终选择了国内一流的同济大学建筑设计研究院负责西城校区的规划设计工作。学校高度重视西城校区的规划设计工作，在校内广泛征求各单位教职工的意见，并派代表前往清华大学、厦门大学、华侨大学、汕头大学、广东以色列理工学院、佛山科学技术学院等十多所国内大学进行调研。

2016年4月29日，学校校长办公会议审核通过《西城校区规划与建筑方案设计任务书》。

2016年6月至2017年4月期间，同济大学建筑设计研究院根据学校的要求，共提交了10稿规划与建筑设计方案。

（四）工程建设

西城校区位于茂名西城片区大学城，规划用地面积1500多亩，总规划建筑面积为66万平方米，可容纳学生2万多人。项目一期为工程总承包方式建设的交钥匙工程，建设规模为30万平方米，可以满足10 000名学生学习生活需要，主要建设教学综合体（教学楼、创新创业楼、学生事务管理与服务中心）、11个二级学院的学院楼和实验实习场所、学生宿舍、食堂、体育场馆，以及校园公共设施等，合同约定交付使用时间为2018年12月30日。

2016年11月11日上午，西城校区举行奠基仪式。2017年5月7日，西城校区地质勘察开始作业。2017年11月11日上午，西城校区建设工程举行开工仪式。2018年3月8日，广东省教育厅厅长景李虎到新校区打下第一根桩。2018年6月11日首栋建筑（学生宿舍）才顺利封顶，2019年9月初西城校区一期工程才可以交付使用。

西城校区一期工程建成投用，解决了十多年来校园面积不足、办学条件短缺这一长期想解决而没有解决的难题，办成了这一过去一直想办而没有办成的大事，是广东石油化工学院发展的又一个重大里程碑。

第二节　迎难而上　完成搬迁

一、西城校区搬迁过程

在广东省委省政府高度重视和茂名市委、市政府的大力支持和强力推动下，在学校、建筑施工方、工程监理方等相关单位的艰苦卓绝的努力下，历经600多个日夜马不停蹄的施工建设，2019年9月初，西城校区一期工程基本可以交付使用。但是，一期工程还有一些后期工作没完成：宿舍区中不少宿舍门窗和床椅没有完全装好，卫生间下水道堵塞，自来水不通，供电不稳定，网络信号弱，庭院杂物堆积如山、脏乱无章，楼宇尘埃遍地；校主干道到西城校区的道路未硬底化，尘土飞扬；小区内未硬底化、泥泞不堪；食堂不能开火做饭；校区楼宇未能封闭，保卫安全隐患重重；一些楼宇还在部分装修施工中；校区及部分课室网线因基础工程问题没法及时施工开通；一些实验楼、学院楼未能完善搬迁条件等。

面对此况，不少师生有很多搬迁顾虑和畏难情绪。快开学了，搬迁还是不搬迁？若等到条件完善才搬，搬迁时间将会一再拖延，必然影响11月教育部对学校的本科教学水平审核评估工作；若搬迁，倒可能促使施工方加快工作进度完善条件。

学校领导就此事向省教育厅和茂名市主要领导进行请示汇报。上级同意搬迁的做法。于是，学校决定于9月6日正式搬迁，进行层层动员，号召全体师生发扬当年从广州迁校至茂名的"西迁精神"，力克困难做好搬迁，先迁人，再迁实验室，未能迁实验室的学院的学生暂回官渡校区上实验课。

在搬迁前，所有校领导亲临一线，靠前指挥，解决难题，尽快督促各方完善一些条件；党委宣传部做好弘扬广油"西迁精神"宣传和舆论引导工作；各学院和相关部门组织学习，统一师生思想认识，要求做到"有条件要上，没有条件创造条件也要上"。师生齐动手搞卫生、清杂物，总务后勤部等部门的同志天天夜以继日工作，即使身体有轻伤也坚持完成搬迁工作（如维修中心主任梁植栋被钢筋弄伤脚，简单包扎后马上挂着拐杖投入工作），力求为学生创造良好的生活条件。

搬迁时，校领导、中层干部、辅导员、班主任及其他职工、学生志愿者全部投入，帮助学生搬运行李，为学生送水和供应饭菜，解决搬迁问题。学校组织师生在宿舍楼出入处进行轮值，并请茂名市支持出动几十名特警到校巡逻，确保学生入驻安全。茂名市常务副市长吴刚强等主要领导也经常下校区视察，帮助学校解决临时接水通电等搬迁难题。功夫不负有心人，广大师生在短短两天时间内就完成了二次搬迁入驻西城校区的任务，生动地诠释了广油"西迁精神"。

二、安全保障工作

2019年7月初，结合西城校区总体建设情况，学校在搬迁前安排12名安保人员到西城校区综合教学楼、食堂等区域，维护学校财产安全；2019年9月6—8日，学校集中开展学生搬迁西城校区工作，制定《广东石油化工学院西城校区搬迁安保工作方案》，加强搬迁物资装车、随车押送等安保工作；将官渡、光华校区学生宿舍区、图书馆、学科实验楼等固定安保岗位60人以及拟新增西城校区13人（合计73人）调整到西城校区总值班室、监控室、校区巡逻、校区门岗、消防巡查等岗位工作，确保了师生人身安全和财产安全，有效保证搬迁工作的顺利进行。

2019年9月12日—2021年1月11日，学校西城校区部分楼宇、围墙及门岗仍在建设当中，存在边施工边教学的情况，治安环境较为复杂，学校临时聘请广东延泰护卫保安服务有限公司（15人）安保人员，加强西城校区门岗安全管理，保障师生员工的生命财产安全，学校保卫部领导干部实行24小时值班带班制度，进一步加强校园安全管理；2018年11月，学校投入155 600元，购置2台四轮消防治安巡逻电瓶车、2台两轮治安巡逻电动车，加强西城校区巡查力度和提高处置事件效率；2019年9月和2020年12月，学校共投入41 135元，在西城校区湖面建设防溺水警示牌45块，应急救生设施设备45套；2021年7月，学校投入15 820元，购置2个防撞铁马用于西城校区北门岗，有效保障校区门岗安全秩序，维护校园的安全稳定。

2019年9月中旬—2019年11月下旬，茂名市公安局茂南分局与学校建立安保联勤机制，并成立工作领导小组，由朱小平（茂南区副区长、分局党委书记、局长）任组长，张良（茂南公安分局党委成员、副局长）、赖建东（广东石油化工学院保卫处处长）任副组长，安保联勤工作领导小组下设办公室，办公室设在广东石油化工学院西城校区创新创业楼106房，由治安出入境管理大队副大队长王高伟兼任办公室主任，成员由治安出入境管理大队，公馆、新华、镇盛派出所，广东石油化工学院保卫处抽调人员组成，安保联勤办公室负责安保联勤的统筹协调、情况收集、督导检查等工作。茂名市公安局茂南分局增派警力、警车，在学校西城校区定时定点定路线巡逻检查，同时对学校工棚、校园周边交通、出租屋进行清理整顿，茂名市公安局对治安出入境管理大队、国保大队、刑警大队、经侦大队、网监大队、便衣大队、大数据情报中心、法制室、公共关系中队以及公馆、新华、镇盛派出所就学校西城校区作出了相应工作安排。2019年9月，茂名市公安局茂南分局公馆派出所与学校西城校区联合设立警务室，防范处置学校日常各类安全问题，确保校园安全。

第三节　完善基建　改善条件

为改善师生教学科研条件和工作生活环境，着力构建与高水平理工科大学建设发展目标相适应的校园基础设施，改善高水平理工科大学建设的办学条件，2015年以来，学校高度重视校园基础设施建设，不遗余力地改善办学条件。

一、师生生活条件的改善

2015—2019年，官渡、光华校区学生宿舍陆续投入使用智能电控系统，旨在减少学生宿舍安全隐患，增强学生节约用电和安全用电意识。

2019年9月，随着石油工程学院等8个二级学院学生搬迁至西城校区，学校正式启用西城校区学生事务一站式服务大厅、大学生心理发展指导中心、就业宣讲室、就业面试室、学生档案室、学工值班室、易班学生工作站等，为师生提供工作、办事、开展活动的场所，有力保障了西城校区的平稳运行。

2022年10月，实现官渡、光华、西城校区所有运动场所灯光亮化，丰富学生课余生活，促进身心健康，增强体质。

经学校2021年第15次党委常委会会议、2022年第14次校长办公会议，以及2022年第20次党委常委会会议决定，为改善学生住宿环境，提高服务质量，让学生更方便地使用热水，需开展热水系统入户改造，将原有的在宿舍楼梯或走廊集中供应热水的模式改为在每间宿舍卫生间内供应的模式。截至2023年5月，学校完成官渡、光华校区热水入户改造工作，结束了走廊打水洗澡的历史，实现官渡、光华、西城校区学生宿舍热水淋浴全覆盖，24小时供应。

2017年5月—2023年10月，为提高学生住宿、就餐环境和上课质量，官渡、光华、西城校区学生宿舍、饭堂和课室空调全覆盖。

2023年12月29日上午，在西城校区北华苑A区启用"一站式"学生社区。

二、教学设施设备的升级改造

2014—2023年，学校累计新建多媒体课室110间、智慧课室9间（5间在建），新建一个5000多平方米创新创业孵化基地，并对现有全部课室进行了升级改造。

2019年8月30日，西城校区的基础设施和教学设备安装仍在紧张进行中，许多教室尚未配备课桌椅，师生对能否如期开学产生了担忧。面对这一挑战，网络与教育信息技术中心和实验室与设备管理处紧密合作，充分利用周末时间，积极督促供应商加快施工进度，并亲自参与课室设备的安装和调试工作。2019年9月2日凌晨5时，实验室与设备管理处处长邓宇和网络与教育信息技术中心主任左敬龙带领团队完成了最后一批课桌椅的摆放和清洁工作，确保了教室在正式授课前达到了干净整洁的标准，保证西城校区教学活动的顺利开展。

2019年，西城校区43间常态化录播课室建成，这些课室是西城校区按计划启用的重要教学设施。这些课室全面配备了常态化录播、物联网管控、空调、激光投影、实物投影等先进设备，并建设了中控室，以实时观摩和督导课堂授课情况，满足了标准化考场的技术规范要求。

2020年11月，5000多平方米大学生创新创业孵化基地正式启用，孵化基地包括创新创业团队工作室、路演大厅、服务大厅、创客交流中心、成果展示大厅、洽谈室、培训教室等，可开展创新创业教育、项目路演、辅导打磨、讲座培训、成果展示、团队孵化、学科竞赛等活动，为学生进行创新创业实践搭建了平台，有力培养提高了学生的创新精神、创业意识和创新创业能力。

2021年学校全部公共课室共163间（官渡校区103间，西城校区60间）达到标准化考场技术要求，为教学和考试提供了更加规范和现代化的环境。

三、建设研招考试试卷保密室

2023年，学校积极响应省教育考试院号召，承担全国硕士研究生招生考试报考点工作。为做好全国硕士研究生招生考试试卷保密保管工作，按照《广东省教育考试试卷保密室管理办法》（粤密局〔2023〕7号）文件要求，为确保研究生招生考试试卷的安全，并经过选址、搬迁、规划、招标等流程，学校决定将综合办公楼202室规划建设成为研究生招生考试试卷保密室。

2023年10月9日，保密室的观察窗、窗户及防盗网等硬件设施基本完成，发展规划部（研究生部）邀请了茂名市招生办工作人员到校前来检查指导，对保密室建设提出了优化和改进意见，并协调相关部门对提出的问题进行整改。10月25日，保密室内的视频监控系统、入侵报警系统、UPS电源长途电话等软件设施安装调试完毕。

11月29日，受省里委托，市招生办、市委机要保密局、市公安局联合组成保密室验收组（下称验收组），对广东石油化工学院官渡校区国家教育考试试卷保密室进行检查验收。验收组对研究生试卷保密室现场参赛环境进行仔细检查，验收组对保密室建设工作给予充分肯定，一致认为保密室软硬件配置均符合标准，结构合理，具备了人防、制防、技防、物防（四防）功能，达到国家教育考试试卷保密室的要求。至此，学校完成研究生招生考试试卷保密室建设及验收工作，正式投入使用。

四、重点学科、教学实验、科研平台基地建设

为建设高水平理工科大学，结合学校发展规划，学校致力于重点学科建设、教学实验平台建设、科研平台和专业能力实践基地建设，以及公共服务体系建设。2015—2024年期间，学校共获得中央财政下达资金5980万元（其中，2015年800万元，2016年600万元，2017年1010万元，2018年1270万元，2020年600万元，2023年900万元，2024年800万元），用于学校省级重点学科建设、教学实验平台建设、科研平台和专业能力实践基地建设及公共服务体系建设等方面。

（一）教学科研平台建设

2015—2024年期间，学校利用省"创新强校""冲补强""粤东西北新建本科高校"等专项经费，安排了共34 397.8万元资金配套建设教学条件项目，着力从公共实验教学、专业实验教学、校园公共基础设施等方面改善学校的办学条件。

截至2024年，学校共拥有10个省级实验教学示范中心，深化实验教学改革，增强示范辐射能力，不断开拓创新。完成了教学科研实验室用房分配的核查及重新核算工作，

为学校实验室用房资源的合理利用及其规范管理提供坚实保障。

学校现有教学科研仪器设备41 218台。2015—2024年期间，学校教学科研仪器设备共新增21 397台（其中，2015年2357台，2016年618台，2017年881台，2018年1555台，2019年1558台，2020年4086台，2021年3371台，2022年2188台，2023年4434台，2024年349台）。学校现有教学科研仪器设备总值4.69亿元，2015—2024年期间，学校教学科研仪器设备资产总值共净增28 858.78万元，每年净增值均达到教学科研仪器设备总值的7.7%以上。

（二）建立大型仪器设备开放共享整体智治体系

在教学科研方面，以数字化改革为牵引，围绕"整合、共享、服务、创新"基本思路，在资源整合、信息共享、创新服务等方面协同发力，推进"大型仪器设备开放共享"信息化建设，按照"盘活存量、提升质量"的思路，健全资源集约化管理机制，强化校院实体化共享平台建设。2021年，投入69.6万元搭建大型仪器开放共享平台。2022年，如期完成大型仪器设备共享平台和仪器设备数据填（上）报管理系统等建设任务，实现了大型仪器线上预约使用，使用机时智能化采集的功能。2023年，投入58.4万元立项采购200台智能电源控制终端，同年建立了仪器设备效益评价体系，实现了大型仪器设备的精细化、智能化管理。

第四节　信息资源　强化保障

一、合理配置馆藏　提供资源保障

自成立以来，图书馆一直致力于加强资源建设，合理布局馆藏结构，根据学校的学科专业设置实际情况，建立以工科为主、石油化工为特色、文理兼顾的馆藏文献资源体系。

2015—2024年期间，学校馆藏数量逐年递增，资源种类更加丰富、结构更加合理。十年来，学校投入图书馆文献资源建设总经费4267.26万元。其中，纸质图书经费2229.25万元；电子图书经费96.85万元；报刊经费305.06万元；数据库建设经费1636.1万元。现学校图书馆馆藏纸质图书累计184.14万册，电子图书108.96万册；共订有中文纸质期刊511种，外文纸质期刊37种，中外文纸质报纸60种，电子资源33个。

在西城校区临时图书馆的资源配置上，充分考虑西城校区学院情况，精心选配图书5.3万册、期刊180种、报纸31种，提供阅览座位202个、自助借还书设备2台、畅想之星触摸屏电子书借阅机1台、检索机10台、教师专用阅览机1台。

二、优化阅读环境　提高服务质量

为提供良好的借阅环境，满足师生需求，图书馆因地制宜改善阅读环境。在学校相关职能部门的支持下，在图书馆内加装载人电梯、LED屏，安装自助复印打印系统；在自习室与多功能阅览室、工具书阅览室、流通二库等地安装空调；启用"自习室座位选座系统"与开关灯系统。在库室设置方面，先后开放流通二库新书库、完成了官渡校区电子阅览室与报刊阅览室的改造与调整，为学生提供自习、报刊阅览、电子阅览的多功能阅览空间。为满足学生的自习需求，想方设法增加自习空间，把自习室从5间增加到7间，截至2024年3月，全馆阅览座位数量达到了2124个，有效缓解了学生自习座位数量不足的难题。

2016年，图书馆的RFID智能图书管理系统建设入选学校"十三五"规划中智慧校园建设优先实施项目。图书馆领导高度重视，积极调研，并以此项目为契机，把旧版的深大管理系统成功转换成"江苏汇文图书馆自动化管理系统"。学校购置自助借还书机、RFID安全门、移动式盘点车等设备，共加工RFID标签48.6万册，层架标签1.5万个，调架图书67万册，移库图书18万册。RFID智能化管理系统建成后，大幅度减少了工作人员重复性、机械性劳动，实现读者自助借还图书，提高借还书工作效率，图书馆的管理水平和服务水平大幅提升。

三、积极广泛调研　推进新馆建设

根据学校西城校区建设方案，西城校区图书馆安排在二期工程建设。为了解决西城校区师生查找、借阅和利用馆藏资源的需要，图书馆积极思考，主动作为。2019年10月，首先在西城校区学生事务一站式服务大厅16号窗口设立图书馆临时服务点，提供"委托借还"服务，启用畅想之星阅读机，为西城校区读者利用图书资源提供方便。在学校把西城校区教学综合体东南角600平方米的学术报告厅调拨给图书馆作为西城校区临时图书馆后，加快完成临时图书馆所需物资申购、家具验收、工作人员的招聘培训工作，做好物资的搬迁、设备的安装调试运行等开馆筹备工作。

2020年11月6日，临时图书馆开馆，学校党委常委、副校长彭志平为临时图书馆揭牌。至此，西城校区临时图书馆肩负起西城校区文献信息中心的重任，为西城校区师生提供集图书阅览及借还、报刊阅览、电子资源利用、读者自习等服务为一体的多功能学习环境。

为做好新馆建设，打造智慧图书馆，图书馆广泛发动全馆职工，积极参与西城校区新图书馆设计，并成立新馆建设小组，科学编制新图书馆建设设计任务书建议稿，提交给学校基建处。

2022年7月，学校党委常委、副校长李为民率领基建处、图书馆和西城管委办相关同志前往广东省代建项目管理局、广东金融学院、广东财经大学，就学校西城校区图书馆的规划设计、建设投资和规模、建设管理模式等方面开展调研活动。

2023年10月，广东省发改委批复西城校区图书馆工程项目可行性研究报告，新馆建设工作正式启动。根据省代建局工作要求，经过新馆建设小组的充分调研讨论，完成了西城校区图书馆项目使用功能需求书、西城校区图书馆设计需求书等前期材料准备工作，积极配合总务后勤部推进新馆筹建工作。

2024年3月，新馆勘察设计招标工作完成，广东省建筑设计研究院以及广东省重工设计研究院联合中标。

四、拓展科学服务　助力学校发展

为推动学校高水平理工科大学建设，对接学校党委书记、校长张清华提出的重点学科跻身ESI全球排名前1%的战略需求，2020年9月，图书馆领导班子选优配强，组建学科分析团队，制定学科服务方案并实施，正式启动学科分析服务，旨在为学校教学科研、学科建设提供专业化、深层次的知识型服务。

2020年11月，学科分析团队的共同努力撰写了首份《广东石油化工学院ESI学科建设报告》，提交至学校领导及相关二级部门、学院领导，以供决策参考。随后，又根据各部门的具体需求，持续扩展和深化学科分析服务的内容。

2021年3月12日，学校党委常委、副校长彭志平就ESI学科分析工作进行深入调研。彭志平副校长明确指出，及时、准确的ESI学科分析数据是学校进行顶层设计的关键决策依据，希望图书馆能够多方努力、多管齐下，高效开展ESI学科分析工作，为学校的高质量发展提供坚实有力的支撑。

2023年4月23日，为进一步强化服务意识，结合学校学科建设目标，在图书馆主页推出"学科支持"服务栏目。通过学科分析服务、专利资源导航、期刊目录以及前沿报告等子栏目，全方位满足师生们学术研究的多元需求。

2023年6月，为了加强对学校学科建设的支持，图书馆增设学科服务部。该部门主要功能业务有：开展参考咨询、信息素养教育、代查收录、文献传递等传统的基础性学科服务，以及科技查新、学科分析、决策支持、教职工科研绩效评价、引进人才分析等深层次学科服务，为提供多元化、全方位的学科支持服务，共同为学校实现更高水平的发展目标贡献智慧和力量等。

2024年3月，在助推学校工程学、化学、环境学等学科进入ESI前1%后，图书馆对这些学科开展了更具针对性和时效性的学科服务，并提供每两个月一期的ESI潜力学科分析报告，持续跟踪与监测ESI潜在学科的发展动态。同时，重点开展学院贡献度分析和来源期刊分析，为学校潜力学科的进一步发展提供有力支撑。

2024年3月，2024年图书馆工作委员会会议召开，学校党委常委、副校长万勇对图书馆2023年的工作给予了充分肯定，指示图书馆要提升学科服务水平，打造图书馆工作新亮点。

五、强化安全意识　筑牢安全防线

为防范遏制各类安全事故发生，筑牢安全防线，营造温馨阅读环境，图书馆严格对所有馆内场所服务空间、图书馆微信公众号、图书馆网站、馆藏文献资源等方面进行风险隐患排查，加强对文献资源采购、捐赠图书及读者活动等的审核把关。

2020年3月，由于官渡校区图书馆大楼多处出现墙体脱落、玻璃裂缝、窗框变形等情况，存在严重的安全隐患，为了减轻楼体承重，图书馆急需对五楼、六楼两个库室的部分图书进行移库调整。接到消息后，学校党委常委、副校长彭志平率设备处等部门负责人紧急到图书馆，就图书馆大楼安全及图书移库工作等进行现场参赛调研。彭志平副校长指示，要在确保安全的前提下快速高效做好馆藏图书移库工作。图书馆快速响应，成立移库工作领导小组，制定移库工作方案，开展"努力争先进，实干创佳绩"劳动评比活动。图书馆领导带头，党员在前，全体员工顾全大局、奋力争先，放弃周六日休息时间，打包搬迁图书15 830包共565 829册，总重量达277多吨，及时消除了图书馆大楼因超负荷承重而产生的安全隐患，彰显了图书馆全体员工的责任与担当。

2023年2月，学校党委副书记张锅红到图书馆检查安全工作。张锅红副书记强调，要始终坚持人民至上、生命至上，以"时时放心不下"的责任意识，不折不扣抓好安全工作措施落实，守好安全红线底线，坚决遏制重特大事故，全力维护师生生命财产安全。

2023年5月，藏书管理专家委员会会议召开，学校党委副书记张锅红对图书馆藏书清查工作所取得的成绩表示肯定。同时他指出，意识形态工作是党的一项极端重要的工作，藏书管理专家委员会全体委员要切实提高政治站位，始终坚持正确的政治方向，加大馆藏图书，特别是新购图书的检查力度，坚决防止问题读物进入校园，积极营造健康向上的校园文化氛围。

第五节　网络建设　快速发展

一、学校网络建设发展历史背景

2002年1月，广东省教育和科研计算机网茂名地区汇接中心挂牌成立（以下简称"汇接中心"），汇接中心负责广东省教育和科研计算机网茂名地区主干和省干线路的日常运行、管理、网络安全工作，保证广东省教育和科研计算机网在本地区的安全、正常、不间断运行，为茂名地区的教育提供技术服务和智力支持。学校网络中心和汇接中心的成立，标志着学校网络初步建成，学校网络建设实现从无到有的历史性改变。

2003—2014年，这十年是学校网络建设稳定发展阶段，在这一阶段，学校网络规模实现从小到大（网络用户从 20 户到 7000 户）的改变，网速实现从慢到快的提升（用户带宽从 64 kbit/s 到 2 Mbit/s，校园网出口带宽从 64 kbit/s 到 5200 Mbit/s），校园网覆盖率达到 100%。

二、新时期学校网络建设发展概况

学校的校园信息化经过十多年的建设，基本实现了基础网络的全面覆盖，建成了部分信息化应用系统，但由于技术人才缺乏、投入经费不足等，致使信息化建设步伐相对缓慢，存在标准不统一、信息孤岛现象突出、应用层次有待提升等问题，校园信息化只是由网络校园刚刚迈入数字校园，距离智慧校园的目标还有较大的差距。2015—2024 年期间，学校网络中心以习近平新时代中国特色社会主义思想为指导，认真贯彻落实教育部和省教育厅高校网络建设相关文件、会议部署，按照学校"十三五""十四五"规划要求，全面推进学校网络和智慧化校园建设，学校网络建设进入快速发展阶段。

2020 年 1 月，学校获得广东省教育厅通报表扬，表彰网络安全保障工作成效显著（粤教信息函〔2020〕1 号）。2022 年 1 月，学校被广东省教育厅通报表扬为 2021 年 IPv6 规模部署工作积极推进单位（粤教事务函〔2022〕3 号）。

在网络基础条件建设方面，2015 年官渡校区建工楼、金工实习中心、离退休办光纤改造升级，标志着全校建筑实现光缆互联，为后续网络升级改造打好基础。

在机房升级改造方面，2014 年 5 月官渡校区核心机房改造搬迁，面积由 60 平方米增至 120 平方米，规范布线、线路标签清晰，为信息化建设做好准备。2019 年 10 月，官渡校区核心机房双市路供电改造完成，减少停电对核心机房和学校业务系统的影响。2020 年 11 月，官渡校区 UPS 机房及核心机房改造完成，更新 UPS 主机及电池、5 台精密空调、一套气体消防系统、视频监控。改造后，官渡校区核心机房物理条件达到网络安全保护二级标准。

在网络硬件设施完善方面，学校投入建设了西城校区 B 级数据中心机房、大型数据库、态势感知系统、网站群、云数据中心一期、堡垒机、网管平台、超融合平台项目、办公系统、网络入侵防御系统、教育网络出口防火墙、上网行为审计设备、数据库安全审计系统、虚拟化防火墙、漏洞扫描系统等一系列项目，投入将近 2000 万元，可以有效增强网络安全、数据安全，保障信息系统稳定运行。

三、承办高层次学术会议

2018 年 11 月 30 日，学校成功举办中国教育和科研计算机网华南地区 2018 年粤西第二次学术会议，推进互联网协议第六版（IPv6）规模部署行动计划研讨交流。会议由学校副校长彭志平教授主持并发表致辞，彭志平代表学校对全体与会代表的到来表示诚挚欢迎，对长期帮助和支持学校信息化工作的领导、专家和学者表示衷心感谢，同时简要介绍了学校校园网建设的现状和发展规划，预祝会议取得圆满成功。

会议围绕中央办公厅、国务院办公厅《推进互联网协议第六版（IPv6）规模部署行动计划》和教育部办公厅贯彻落实相关文件精神，针对高校在推进下一代互联网IPv6的过程中所遇到的技术困难等实际工作需求，邀请中山大学、华南理工大学、华南师范大学等高校和相关行业专家作了精彩专题报告。

与会代表结合本单位的实际情况，就如何在教育系统中贯彻落实本次行动计划进行了热烈且深入的讨论。会议结合丰富的实践案例和政策方向，紧扣实际工作需要，为高校IPv6信息化建设提供了多样化的解决方法以及前瞻性的工作思路，丰富了网络管理人员对于下一代互联网工作的认识，为网络管理人员关于如何推进和部署IPv6提供相关指导，为实现IPv6信息化建设全覆盖这一目标奠定良好的基础。

四、推进智慧校园建设

2018年11月，广东石油化工学院与中国移动通信集团广东有限公司茂名分公司、中国电信股份有限公司茂名分公司以及中国联合网络通信有限公司茂名市分公司在图书馆学术报告厅共同举行校企合作共建智慧校园签约仪式。各方秉持"平等互利、优势互补、公平竞争、统一标准、统一建设、统一管理"的原则，就智慧校园建设达成共识，总投资1500万元，共同推动广东石油化工学院智慧校园的建设，协议的签订为学校推进智慧校园建设奠定良好基础。

（一）召开项目建设启动会

2020年4月，学校召开智慧校园基础数据信息服务平台项目建设启动会，会议由副校长彭志平主持，党办校办、学生处、教务处、科研处、发规与学科处、人事处、财务处、国资办、设备处、质评中心、网信中心、图书馆等部门主要负责人，人事管理系统项目负责人及项目承建商代表参加了会议。

彭志平介绍了学校智慧校园信息化建设情况，强调基础数据信息服务平台是学校系列信息系统重要的基础性平台，也是全局性平台。通过项目建设，一是要打造全新的数据共享中心，消除信息孤岛；二是要制定学校数据标准，统一数据规范；三是要建立统一身份认证，为跨部门业务提供顺畅的使用体验；四是要建设网上办事大厅，为师生提供一站式服务，提高办事效率；五是要建成统一信息门户，提供便捷数据查询服务，为学校决策提供支撑依据；六是要提升人事业务方面的管理效率和服务水平。

基础数据信息服务平台和人事管理系统项目负责人分别介绍了项目的基本情况。承建商对项目实施方案和进度做了详细的汇报。与会代表就关心的数据共享和网上办事流程等问题进行了现场参赛交流。

彭志平要求各部门要提高认识、高度重视、通力协作，通过项目建设推进教育治理能力现代化；各部门要安排专人负责本部门信息系统与数据共享中心对接；党办校办要做好项目督办和协调工作；承建商要安排优秀团队，按照规划稳步推进，顺利完成项目建设。

（二）完成项目建设和验收

自 2020 年 4 月 20 日该项目启动会开始，学校网信中心和供应商对全校 21 个信息系统进行调研，涉及 12 个单位，包括党办院办、人事处、科研处、财务处、质评中心、发规处、图书馆、教务处、网信中心（一卡通）、国资办、设备处、学生处等，并完成基础平台部署工作。部署完成后紧接着对教务处、科研处、财务处、图书馆、人事处等部门开展系统集成和数据初始化及设施配置工作。

经过 8 个月的努力，项目系统于 2020 年 12 月 30 日试运行，为期 11 个月。2021 年 11 月，广东石油化工学院智慧校园基础数据信息服务平台及一期应用系统建设（重招）项目完成预验收。

（三）承办 2023 大湾区教育数字化高质量发展研讨会

2023 年 11 月 25 日，2023 大湾区教育数字化高质量发展研讨会在学校召开。会议由广东省高新技术企业协会、广东省云计算应用协会主办，广东石油化工学院、广东省云计算应用协会教育数字化专委会承办，会议由广东石油化工学院现代教育技术中心负责人主持。学校党委常委、副校长万勇出席会议。广东省各高校和 IT 行业共 120 余名专家学者参加会议，共同研究探讨教育数字化时代的网络数字安全新技术和新应用，为教育数字化转型、教育云、教育大数据、智慧校园建设高质量发展聚智聚力。

万勇在会上致辞时指出，教育数字化转型涉及教育理念、教育机制体制和教育治理等方面，是评价教育改革是否成功的关键。广东省教育厅事务中心主任唐连章从教育数字化转型的定位、广东教育数字化建设目标、推进数字化转型建设主要内容以及推进数字化转型路线图四个方面，构建八个一体化的数字化支撑与服务体系，对广东省教育数字化推进路线图进行了详尽的解析。

研讨会分别以主论坛、分论坛的形式召开。会上，18 名专家学者分别作了"教育系统数据安全合规工作思路与建议""教育系统数据安全合规工作思路与建议"和"信息安全与软件测试产业的发展现状与未来"等主题学术报告。

2023 大湾区教育数字化高质量发展研讨会是一次汇聚众多教育领域专业人士共同探讨未来的契机。这次研讨会为大湾区与粤西地区教育领域的数字化转型带来了新的动力，各方共同努力，必将推动教育数字化朝着更加安全、高效、创新的方向迈进。

（四）项目运行情况及意义

2023 大湾区教育数字化高质量发展研讨会为学校智慧校园进一步建设完善带来新的动力和方式方法。截至 2024 年初，学校完成了主要业务系统与数据共享中心的数据集成、数据交互，完成统一身份认证的信息系统 27 个，对接数据交换和共享中心的信息系统 23 个，申请使用 API 接口的信息系统 7 个。

学校智慧校园建设以"智慧型人才培养、智慧型科学研究、智慧型社会服务、智慧型文化传承创新、智慧型管理决策、智慧型生活服务"为内容，以"无处不在的网络学习、融合创新的网络科研、透明高效的校务治理、丰富多彩的校园文化、方便周到的校园生活"为特征，促进学校教育内容、教学手段和方法现代化发展，创新人才培养、科研组织和社会服务模式，推动文化传承创新，为学校建设石化特色鲜明、优势突出的高水平理工科大学提供强大支撑。

第四章 列入省属 治理升级

第一节 体制调整 列入省属

一、从省市共建到列入省属

2000年3月22日，中华人民共和国教育部发出教发〔2000〕33号文件，同意广东石油化工高等专科学校、广东省茂名教育学院、茂名石油工业公司职工大学合并组建茂名学院，同时撤销原三所学校建制。文件明确，茂名学院系本科层次的普通高等学校，以实施本科教育为主，同时举办专科层次高等职业教育。学校由广东省领导和管理，学校发展所需经费由广东省统筹解决。学校实行省市（茂名市）共建、以省为主的办学体制。

按照省政府决策和部署，解决学校"双重主体"历史遗留问题。2020年11月19日，十三届省政府第120次常务会议审议通过《调整广东石油化工学院等5所省市共建高校办学体制工作方案》，学校办学体制调整工作正式启动。办学体制调整，是落实省委"1+1+9"工作部署，构建"一核一带一区"区域发展格局，化解高校办学体制"双重主体"历史遗留问题，提升服务地方经济社会发展能力的有力举措。

2021年1月29日，广东石油化工学院调整办学体制签约仪式在广州举行，省委教育工委书记、省教育厅党组书记、厅长景李虎，省教育厅党组成员、副厅长、一级巡视员朱超华出席仪式。学校党委书记、校长张清华，学校党委副书记张锅红，学校人事部门主要负责人参加了仪式。省委教育工委委员、省教育厅党组成员、副厅长、一级巡视员朱超华代表省教育厅与学校签订了办学体制调整协议，标志着学校正式成为省属本科高校。

2023年8月15日，省人社厅在《关于广东石油化工学院等5所学校办学体制调整涉及人员移交事宜的复函》（粤人社调函〔2023〕830号）中明确了学校办学体制调整涉及的人员按现状移交至调整后的相应学校管理，名单由省教育厅与学校共同确定。至此，学校办学体制划转工作基本完成，由省管理，省教育厅作为主管部门。

二、划转办学体制的意义

划转为省直属高校后，学校被纳入省级教育主管部门的直接管理之下，有利于加强资源整合，实现教育资源的优化配置，省级政府可以更加全面、系统地考虑高校的发展需求，统筹安排资金、项目等资源，提升高校的办学水平和综合实力。

成为省直属高校，意味着学校的办学层次和地位得到了提升。这有助于增强学校的社会声誉和影响力，提升学校的品牌形象，为学校的招生、人才引进、科研合作等方面带来积极的影响。省直属高校在推动区域经济社会发展方面具有重要作用。学校可以更加紧密地与省级政府、企业等合作，共同开展科学研究、人才培养、社会服务等工作，推动产业升级和创新发展，为地方经济社会发展提供有力支持。办学体制划转更是推动教育体制改革与创新的重要举措之一。

通过办学体制划转，可以打破原有的束缚，引入新的管理理念、机制和模式，推动高校在办学模式、管理体制、人才培养等方面的创新，提升高校的整体办学水平和竞争力。

第二节　治理水平　全面提升

一、人事制度改革

（一）绩效工资改革

2012年，根据省属其他事业单位绩效工资改革相关会议精神，人事处经多方调研并结合学校实际，提出了绩效工资分配试行方案。为此，学校专门成立了绩效工资改革讨论小组，组长由分管人事的校领导担任，成员由人事处、财务处、科研处、各二级学院等部门负责人组成。初步制定了以提高人才培养质量和教学科研水平为导向，以体现岗位绩效为核心的岗位绩效工资制度，进一步规范与完善校内收入分配体系，调动教职工积极性，提高队伍活力，建立长效激励机制，增强学校可持续发展能力，实现"建设以工为主，石油化工特色鲜明，优势突出，多学科协调发展，在省内外具有较大影响的本科院校"的发展目标。在注重绩效、兼顾公平，总量控制、稳步推进，分类考核、强化激励的基本原则上，强化岗位职责，体现多劳多得、优绩优酬，重点向教学科研一线岗位倾斜，向关键岗位、高层次人才及作出突出成绩和贡献的工作人员倾斜，同时兼顾公平，合理控制收入差距。最后，经学校教职工代表大会常设委员会扩大会议讨论通过、学校研究同意、报上级部门批准，《广东石油化工学院绩效工资分配方案（试行）》开始实施。

2014年，为了与学校原有分配制度有机结合，实现平稳过渡，学校对《广东石油化工学院绩效工资分配方案（试行）》（广石化院〔2012〕96号）进行了修订。本次修订旨在推进校院二级管理，深化人事分配制度改革，建立科学、规范的绩效考核分配机制，充分调动广大教师工作的积极性、主动性和创造性，稳定和吸引人才，建立高水平的师资队伍和管理队伍，提高教育教学质量、科研水平和办学效益，增强学校可持续发展能力，促进学校科学健康发展。

2019年，为了继续推进校院二级管理，深化人事分配制度改革，建立科学、规范的绩效考核分配机制，充分调动广大教师工作的积极性、主动性和创造性，稳定和吸引人才，建立高水平的师资队伍和管理队伍，提高教育教学质量、科研水平和办学效益，增强学校可持续发展能力，助力建设高水平理工科大学和提升学校办学层次，学校对《广东石油化工学院绩效工资分配方案（试行）》（广石化院〔2015〕31号）进行了修订。本次修订坚持"固基本、保稳定、调结构、严考核、优激励""目标管理，绩效考核""师德为先、教学为要、科研为基、发展为本""总量控制、分级管理、分层分配""平稳渐进地推进改革"等五大原则，优化调整了学校原有的分配制度。

此外，本次修订还进一步规范了二级单位（部门）绩效工资分配体制机制，具体要求如下：①建立二级单位（部门）绩效工资分配工作机构；②各二级单位（部门）在制定本单位（部门）《绩效工资分配实施细则》时，必须体现《广东石油化工学院绩效工资分配方案》中的指导思想和基本原则；③绩效工资的分配必须与《广东石油化工学院教职工考核管理方案》规定的基本职责和任务挂钩，必须体现工作表现，完成的工作数量、质量及贡献；④二级单位（部门）制定的《绩效工资分配实施细则》应明确指出绩效工资分配过程中有关争议、申诉、投诉的处理程序及方式；⑤二级单位（部门）制定的《绩效工资分配实施细则》经学校审核小组初审后，提交本单位教职工大会（或教代会）进行投票表决，获得应到会教职工（或教代会代表）三分之二以上人员同意通过，报学校绩效工资改革领导小组批准后实施；⑥二级单位（部门）制定的《绩效工资分配实施细则》一旦颁布，必须严格执行。

2020年7月，人事处向学校提出对《广东石油化工学院绩效工资分配方案（修订）》（广油〔2019〕65号）部分内容进行修订的请示修改内容如下。一是根据《关于统筹规范省属事业单位绩效工资等事项的通知》（粤人社发〔2019〕169号）"将岗位津贴、节日补贴归并为基础性绩效工资"的规定，修改广油〔2019〕65号文中有关规定。二是根据《新时代高等学校思想政治理论课教师队伍建设规定》（教育部令第46号）等文件要求，增加"专职思政课教师当年年度考核合格及以上，发放专项岗位津贴，从业绩绩效工资调节基金中支付"的条款。三是根据学校实际情况，在管理教辅岗位业绩绩效工资计分标准中增加非校领导的党委常委的业绩绩效工资计分标准，标准为20分。四是根据《关于省直机关单位停止发放通讯费补贴的通知》（粤纪发〔2007〕12号）的相关规定，将原固话补贴和通讯费补贴归并为工作性津贴，纳入绩效工资的"其他绩效工资"中，由人事处统一发放。

2023年，结合实际发展需要和上级相关通知文件要求，学校对《广东石油化工学院绩效工资分配方案（试行）》（广油〔2021〕53号）进行了修订。12月20日，学校五届七次"双代会"顺利通过《广东石油化工学院绩效工资分配方案（修订）》及其相关附件，这标志着绩效分配体制机制优化工作的圆满完成。本次修订总体上坚持"总量控制、优调结构""巩固基本、确保稳定""教学为基、质量为要""促进管理、保障发展"等四大原则，进一步优化绩效工资分配制度，发挥二级单位自主性。同时，加强宏观调控，为学校事业发展提供保障。此外，新的绩效工资分配办法顺利通过，标志着绩效工资改革迈出了非常关键的一步，这将更加有力地支撑并服务于学校"申博改大"和高质量发展的目标，推进学校高水平理工科大学建设再上新台阶。

值得一提的是，学校党委高度重视绩效改革工作，将"绩效分配体制机制优化"列为专项整改首要事项大力推进。从2023年4月开始，依次由党委副书记张锅红，党委常委、副校长周如金作为牵头分管校领导，李为民、万勇作为负责校领导。他们亲自上手、谋划布置，在推进绩效改革，聚焦"为什么改、改什么、怎么改"上，花了很多心血，做了大量工作。组织统战部、人力资源部、教务部、科学技术部、发展规划部（研究生部）、质评中心、双创学院等具体负责部门，以精益求精的务实作风反复征求对修订稿的意见并进行修改完善。为完成绩效改革，党委常委会、校长办公会多次开展专题研究部署推进；党委书记、校长张清华先后率队到东莞理工学院、广东技术师范大学等校外单位开展深调研，并主持召开校内专场调研座谈会。先以张锅红副书记为组长，后以周如金副校长为组长，李华、李为民、万勇为副组长，人力资源部、组织统战部、教务部、科研部等部门主要负责人为组员的工作专班做了大量的工作，牺牲假期、加班加点，召开15次专项工作研讨推进会，其中暑假期间，周如金副校长牵头召开6次专题会议。形成初稿后，学校召开全校动员会，分别组织二级学院党政领导班子成员、各部门正职人员、分管教学和科研的副院长、分管学生工作的副书记召开专场讨论会7场，并邀请校外专家进行专题论证，采取"两上两下"方式在全校范围内开展了历时两个月的大讨论，共征求意见457条，根据反馈意见修改48处，解释说明111处。经反复论证、凝聚共识、修改完善，最终形成教代会审议稿并获得全票通过。

绩效改革的成功，是学校改革发展中一项非常重要的成果，是全体教职员工同心同德、厉行改革的智慧结晶。学校领导高度重视绩效改革，党委书记、校长张清华亲自谋划、亲自部署、亲自协调，为高质量完成绩效改革工作奠定重要基础。他在专题调研会等场合多次提到："要把绩效改革作为深化新时代教育评价改革的重要抓手和突破口，以破'五唯'为导向，树立以人民为中心的发展思想，以保障和发展广大教职工利益为出发点来推进改革，破立并举，协同推进教育评价改革，充分激发办学活力，汇聚推动高质量发展强大动能。"党委副书记、纪委书记李华也多次强调："绩效改革作为历次主题教育、巡视整改的存量问题，到了非改不可的地步，无路可退，学校党委下定决心，必须坚定地推进完成。"

（二）岗位设置、聘用情况

1. 岗位设置

2014年12月18日，学校颁发《广东石油化工学院第二轮岗位设置和人员聘用工作实施方案》（广石化院〔2014〕8号），正式开展第二轮岗位聘用工作，设置管理岗位、专业技术岗位和工勤技能岗位等三类岗位类别。其中，校管理岗位分为8个等级，学校现任的厅级正职、厅级副职、处级正职、处级副职、科级正职、科级副职、科员、办事员依次分别对应管理岗位三至十级职员。管理岗位包括党政管理部门及群团组织各岗位（其中财务、审计、基建、国有资产管理仅包括八级及以上职员岗位）、党的基层组织正副书记岗位、教学单位办公室负责人岗位、直属机构办公室科员岗位、确定了行政级别的辅导员岗位等，其中按专业技术职务享受工资待遇的党委（党总支）书记、辅导员被纳入专业技术岗位。专业技术岗位分为四个层次十三个等级。

2. 岗位聘用

学校共设岗1217个，实际聘用992人。其中，管理岗位核准岗位数220个，实际聘用178人；专业技术岗位核准岗位数917个，实际聘用749人；工勤技能岗位核准岗位数80个，实际聘用65人。

通过岗位聘用，高校可以根据自身的学科特点、发展方向和实际需求，有针对性地引进和选拔优秀人才，确保每个岗位上的教师或研究人员都具备相应的专业素质和能力，提高教学和科研的质量。通过明确岗位职责和聘期目标，岗位聘用制度可以激发教师的工作积极性和创新精神。岗位聘用制度的实施有助于推动高校管理体制的改革和创新。通过完善聘用制度、优化管理流程、加强绩效考核等措施，可以提高学校的管理水平和效率，促进学校的健康发展。岗位聘用制度有助于实现人才的合理流动和更新。在聘期结束后，学校可以根据实际需要决定是否续聘或调整岗位，从而确保教师队伍的活力和创新力。同时，这也有助于吸引更多的优秀人才加入高校，为学校的发展注入新的活力。

3. 职称评审

自2017年以来，为深入贯彻高等教育领域"放管服"改革精神，加快转变政府职能，落实高校职称评审自主权，国家和广东省出台了一系列关于教育改革和职称评审的文件，如《关于广东省深化高等教育领域简政放权放管结合优化服务改革的实施意见》（粤教人〔2017〕5号）、《关于深化新时代学校思想政治理论课改革创新的若干意见》（中办发〔2019〕47号）、《新时代高等学校思想政治理论课教师队伍建设规定》（中华人民共和国教育部令第46号）等。这些文件对高校教师职称评审提出新的要求，对进一步优化学校各类人才结构，加速构建一支高水平的专业技术人才队伍，助推学校高质量发展无疑具有重要意义。

学校以"放管服"改革为契机，大力推进人才分类评价和管理改革工作，实施教师分类评价和管理。实施"放管服"改革后，学校及时出台新的职称评审文件，进一步深化教师分类评价和管理工作，将教师分为教学型、教学科研并重型和研究型几个类别，在任职资格条件中对不同类型的教师，明确提出了不同的教学和科研业绩要求，极大地调动了广大教师的工作积极性，对教师，尤其是中青年教师的教学、科研能力提升起到了较大的促进作用。李继凯教授是职称评审权被下放到学校后，首批被评为教学型教授的教师。他曾获学校"十大师德标兵""教学名师""南粤优秀教师"等称号，他精湛的教学艺术、优秀的教学技术、严谨的治学态度和敬业精神，赢得了全校师生的高度评价。

《人力资源社会保障部 教育部关于深化高等学校教师职称制度改革的指导意见》（人社部发〔2020〕100号）中明确把高校教师职称评审权直接下放至高校，由高校自主制定教师职称评审办法、操作方案等评审文件，自主组织评审、按岗聘用，同时加强监管，优化服务，建立重点人才绿色通道，激发人才活力。

2020年9月，人事处在调研多所高校做法的基础上，会同教务处、科研处等部门，根据各代表团的意见和建议，对学校职称评定文件进行了修改，并在此基础上，先后10多次征求了各二级学院领导和教代会代表的意见，多次对文件进行修改完善。2021年6月，在全校范围内再次征求教职工意见，并在此基础上形成《广东石油化工学院教师教学、科研、实验等系列高、中、初级职称评审标准》征求意见稿等3个职称评审文件提交教代会审议。10月，正式颁布了《广东石油化工学院教学、科研、实验等系列高、中、初级职称评审标准（试行）》《广东石油化工学院专职思想政治教师职称评审标准（试行）》《广东石油化工学院专职辅导员职称评审标准（试行）》等3个文件。

学校于2022年1月启动职称评审标准和职称评审办法修订工作，经多次研讨、意见征集和修改，于2022年5月提交教代会审议通过。随后，根据会议精神和意见进行了进一步的修改完善，于2022年6月提交省厅备案。经过4轮修改后，分管校领导带队到省厅就该文件和省厅师资处进行面对面交流。经多次修改完善，《广东石油化工学院职称评审办法（修订）》及各系列职称评审制度文件于10月26日在广东省教育厅网站上进行公示，随后学校正式发布职称评审文件（广油〔2022〕73号）。该文件结合学校特点和办学类型，按照不同岗位、不同层次、不同学科教师的特点和职责，建立了分类分层、各有侧重的职称评价体系。其中，实验教师作为一个单独的系列，思想政治教师、辅导员按照文件单列，有针对性地评价不同类别、不同层次教师的实绩和贡献，避免"一把尺子量到底"。按照国家改革要求和"干什么、评什么"的原则，该文件严格规范科研职称系列评聘范围。加强"双师型"教师队伍建设，申报晋升高级职称需要工程实践经历，对取得重大基础研究和前沿技术突破、解决重大工程技术难题和在经济社会发展中作出重大贡献的教师，以及引进的高层次人才和急需紧缺人才等，建立破格申报的职称评价绿色通道，在严把质量和程序的前提下制定评价标准，畅通人才发展通道。

职称评审制度改革进一步完善了职称评价标准条件，强化师德和教育教学要求，坚持将师德表现作为首要条件，将履行教育教学职责作为基本要求，提高教学业绩和教学研究在评审中的比重。这些变化与举措将进一步突出质量导向，注重凭能力、实绩和贡献来评价教师，破除"五唯"论和"SCI至上"论。按照上级相关文件要求，不再将出国（出境）学习经历、人才称号等作为限制性条件，简化论文论著、科研项目等业绩成果的数量和规模，探索将项目报告、技术报告、学术会议报告、教学成果、著作、论文、标准规范、创作作品等多种形式作为代表性成果，突出评价代表性成果的质量、原创价值，以及对社会发展的实际贡献与支撑人才培养的情况，结合学校实际建立高水平期刊目录和高水平学术会议目录。

学校积极响应国家和广东省出台的关于教育改革和职称评审的文件，采取了一系列措施来优化职称评审制度，按新的规定设置专业技术岗位、确定岗位结构比例，结合岗位空缺情况开展教师职称评审。通过评审的教师将被聘用到相应岗位，获得薪酬及相关待遇，实现教师职称评审与岗位聘用有效衔接，以构建高水平的专业技术人才队伍，助推学校高质量发展。

二、财务工作

（一）还清升本初期贷款

学校建设发展和办学水平提升离不开办学经费的基础保障及支撑。自2000年合并升本以来，随着办学体制的调整，学校的财务工作水平与办学实力相互促进，得到迅速提升。

2000年，学校与茂名教育学院合并升格本科办学层次，在办学体制上实行省市共建模式，办学经费主要以省财政补助为主，茂名市财政每年支持901万元。在开启本科办学初期，学校在职职工944人，全日制在校学生7551人，成人教育在校生1100人。2001年，学校年度预算总收入8599万元。升本初期，学校发展急需投入大量资金，在学校办学规模还无法一下子扩大的情况下，只能通过银行融资的方式筹措资金。2003年，学校分别向农业银行茂名市分行、建设银行茂名市分行、中国银行茂名市分行、中国工商银行茂名市分行等贷款共计8400万元。在省相关政策的扶持下，以上贷款已于2015年全部还清。

（二）持续提升学校财务保障能力

1. 用好相关政策，提高财政收入

学校抢抓机遇，及时用好相关政策，不断提升学校财务保障能力。2016年，学校根据《广东省发展改革委、广东省教育厅、广东省财政厅关于调整公办普通高等学校学费的通知》（粤发改价格〔2016〕367号）确定的新标准，从2016年级新生开始，学校文科类学生的学费4590元/（生·学年），理工、外语、体育类学生学费5190元/（生·学年），艺术类学生的学费10 000元/（生·学年）。学校于2021年获批为硕士学位授予单位，从2022级新生开始，学校学费按具有硕士学位授予权本科院校的标准收取，文科类学生的学费上调至5050元/（生·学年），理工、外语、体育类学生学费5710元/（生·学年），艺术类学生的学费保持10 000元/（生·学年）。

在学费提标的同时，省政府于2019年10月决定，普通高等教育公办本科高校的生均财政拨款由原来10 000元/（生·学年）上调到12 000元/（生·学年）。生均财政拨款提标后，学校年生均经费拨款总数由2012年的1.50亿元增长到2022年的4.24亿元，增幅达182%。

2. 推进学校财会工作改革，提升管理水平

2019年1月1日，学校根据财政部《关于贯彻实施政府会计准则制度的通知》（财会〔2018〕21号）等相关上级文件要求，开始进行新一轮会计制度转换。单位财务会计核算实行权责发生制，单位预算会计核算实行收付实现制，并不断完善财务会计核算、资产管理和内部控制管理。

在预算管理方面，自2017年以来，学校先后印发了《广东石油化工学院预算管理办法》和《广东石油化工学院预算绩效管理办法（试行）》，不断规范学校的预算编制、审核、执行与监督流程，特别是预算与绩效管理相结合，在同类高校中率先迈出新步伐。

在资金管理方面，自2017年以来，学校出台一系列规范性文件，提升财务工作的规范性和加强内部控制，其中包括《广东石油化工学院票据管理规定（修订）》《广东石油化工学院财务印章管理规定（修订）》等6个文件。这一系列文件涵盖了从票据、印章到资金支付结算等多个方面的内容，全面提升了学校财务管理的规范化水平。

在财务管理方面，自2022年以来，学校财务部相继发布了《广东石油化工学院应收及预付款管理规定（修订）》《广东石油化工学院财务报销规定（修订）》《广东石油化工学院部门经费管理规定（修订）》《广东石油化工学院差旅费管理办法（修订）》以及《广东石油化工学院财务管理办法（修订）》等一系列修订版规定，这标志着学校财务管理工作的一次全面梳理和系统优化。优化财务报销流程，减少不必要的行政环节，提高工作效率，确保经费使用的透明度和合规性。强化对各个部门的经费管理、预算控制和监督，促使资源分配更为合理高效。

从2019年开始，学校工会账、广油教育发展基金会账、学校党费账全部由学校财务部门代管。

三、审计工作

在学校党委的领导下，学校内部审计机构从无到有、从有到优，始终紧跟学校发展的步伐，围绕学校各个发展阶段及学校党委中心工作，在促进学校政策执行落实、加强内部控制、规范财务管理、提高资金使用效益、预防重大风险等方面发挥了积极作用，

助力学校教育事业高质量发展。2013年11月22日，学校党委制发《广东石油化工学院机构设置方案》（广石化院党〔2013〕36号），在审计处下设财务审计科、基建审计科。历经多年发展，学校内部审计业务从1994年的合署办公转变为独立开展业务，从最初的合规性财务审计逐步发展到以财务审计为基础的综合管理审计，把内部控制审计和风险管理审计纳入审计的范围，使审计业务得到不断拓展和深化，为学校进一步规范管理、提高资金使用效益发挥了积极作用。

（一）新时代学校内部审计工作发展

2018年5月23日，中央审计委员会第一次会议召开。中央审计委员会的成立，是推进国家治理体系和治理能力现代化的一场深刻变革，是推进审计管理体制改革的伟大创举，也是中国审计改革和发展的里程碑。2019年2月20日，广东省委审计委员会召开第一次会议。学校于2020年1月12日，成立党委审计委员会，在党委审计委员会的领导下，学校内部审计工作进入新阶段。新阶段的内部审计工作坚持聚焦经济监督主责主业，紧紧抓住推动学校高质量发展的任务，围绕学校党委重大政策在二级部门的落实情况开展内部审计工作。

2018年至2024年4月，学校内部审计共开展了46项审计调查，包括对领导干部的经济责任审计33人，预算执行与决算审计5项，党费使用管理情况专项审计5项，科研经费专项审计1项，工程项目跟踪审计审核1项，学生资助资金专项审计调查1项，共发现问题413个，提出审计整改意见413条。以上工作的开展，发挥了内部审计在加强内部控制、规范财务管理、提高资金使用效益、预防重大风险等方面的积极作用，充分发挥审计监督服务职能，推动学校教育事业高质量发展，助力提升高水平理工科大学治理水平。

（二）持续推动审计整改

审计整改是审计工作的"最后一公里"，决定着审计监督的最终效能。"查"不是目的，"改"才是关键。学校党委高度重视审计整改工作，党委审计委员会第一次会议强调，审计整改"下半篇文章"与审计揭示问题"上半篇文章"同样重要。按学校党委审计委员会要求，审计部在审计查找问题环节敢于动真碰硬，在审计整改环节也毫不含糊，个别部门屡审屡犯、屡改屡犯的毛病得到整治，个别部门虚假整改、纸面整改问题得到纠治，一些体制机制性问题和历史遗留问题，也通过建章立制得到解决，推动审计整改取得显著成效。自2018年以来，各部门整改修订制度47份，规范业务流程22个，调整资金7项，追回资金30万元。

审计部通过推动审计整改，促进了学校党委作出的重大决策部署在二级部门的贯彻落实，打通堵点、解决难点，确保政令畅通；促进了各二级部门加强源头治理，建章立制，推动标本兼治；促进了学校资金提质增效，将有限的资金用在"刀刃"上、紧要处；

促进了民生项目落实落地，增强师生的幸福感、获得感；促进了国有资产管理效能提升，特别是贵重仪器设备使用率的提升，切实提高国有资产使用效率。

四、国有资产运营与管理

（一）组织机构

为进一步加强和规范学校国有资产的管理工作，科学配置、合理使用国有资产，提高国有资产使用效益，确保学校国有资产的保值和增值，学校于2014年1月成立广东石油化工学院国有资产管理办公室，该国有资产管理办公室挂靠财务处，下设国有资产管理科。为加快推进学校内部管理改革，优化学校资源配置，2023年5月，学校调整机构设置，将原国有资产管理办公室下设的国有资产管理科调整至资产设备管理部。

2016年5月，成立广东石油化工学院国有资产管理工作领导小组，下设办公室。国有资产管理工作领导小组办公室为国有资产管理工作领导小组的日常办事机构，设在国有资产管理办公室，国有资产管理办公室主任由办公室主任兼任。办公室组成人员由资产职能部门和资产归口部门相关人员组成。根据学校机构设置调整和人事变动情况，学校于2023年9月对国有资产管理工作领导小组及其下设办公室组成人员进行调整。领导小组办公室设在资产设备管理部，办公室主任由资产设备管理部部长兼任。

为规范管理学校经营性资产，顺利开展校企合作、校政合作、协同创新等工作，促进科技成果转化和技术推广，促进学校科技产业建设，确保国有资产保值增值，保护学校合法权益，学校于2018年1月成立茂名广油资产经营有限公司（以下简称资产公司）。2021年12月，学校与资产公司签订《广东石油化工学院与茂名广油资产经营公司资产委托经营协议》，将学校27处场所委托给资产公司经营管理。

为规范学校对资产公司的监督管理，统一领导学校经营性资产的管理工作，依法对学校经营性资产的管理过程实施监督，代表学校行使股东的权利，促进学校产学研合作和科研成果转化工作，切实推进高水平理工科大学建设，学校于2019年5月成立广东石油化工学院经营性资产管理委员会（以下简称经资委）。经资委下设办公室，办公室设在学校国有资产管理办公室，负责经资委的日常工作，办公室主任由学校国有资产管理办公室主任兼任。根据学校机构设置调整和人事变动情况，学校于2023年6月对经资委成员进行调整，将委员会办公室设在资产设备管理部，办公室主任由资产设备管理部部长兼任。

（二）信息化建设

学校固定资产管理系统B/S 5.1版于2014年10月10日立项，经过一年的建设，在2015年10月得以试运行，并于2015年12月31日正式启用。通过"固定资产管理系统"进行在线增加、处置、调拨、清查、统计、分析、制作账表、上报资产数据等操作，实现对固定资产信息的实时动态管理，同时减少传统管理模式差错率高、对账困难等老大难问题，有效提高管理工作效率，实现国有资产管理信息的完整和公开透明，资产管理工作迈上一个新台阶。

为适应学校发展的需要，进一步实现国有资产数字化、信息化和精细化管理，学校根据现有资产管理信息系统存在的问题和不足，于 2020 年立项并采购了北京普诺迪信息系统技术研发有限责任公司的资产综合管理系统 V2.36.3，并完成数据初始化工作，于 2021 年正式启用新系统。2023 年，搭建资产综合管理系统 PC 端和手机微信小程序端，实现国有资产数字化、信息化和精细化管理。

（三）制度建设

为了规范和加强学校国有资产管理，维护国有资产的安全和完整，防止国有资产流失，优化资源配置，提高国有资产使用效率，学校于 2015 年 1 月制定《广东石油化工学院国有资产管理暂行办法》（广石化院〔2015〕5 号）、国有资产报增流程、国有资产处置流程和条形码使用流程。

为贯彻落实省教育厅等 5 个部门关于深化"放管服"改革的实施意见，进一步加强学校固定资产处置管理，结合学校实际情况，2017 年 11 月，制定《广东石油化工学院国有资产处置管理办法》，为学校处置资产提供了明确的规程和程序。

随着国家对国有资产管理的进一步加强，2024 年 3 月，先后制定《广东石油化工学院国有资产管理办法（修订）》《广东石油化工学院固定资产管理实施细则（试行）》《广东石油化工学院固定资产损坏丢失赔偿实施细则（试行）》《广东石油化工学院校办企业国有资产监督管理细则》等文件。学校国有资产管理相关制度的不断完善，使学校国有资产的使用效率和经济效益得到进一步提升。

（四）实物管理

自 2016 年 1 月 1 日起，学校固定资产实行条形码管理。固定资产条形码标签作为资产实物的辅助工具，为学校开展资产清查提供了重要依据。随着 2021 年资产综合管理系统的上线使用，固定资产二维码标签取代条形码标签。

2016 年 5 月，按照广东省教育厅的统一部署，开展全校国有资产清查工作。经清查，截至 2015 年 12 月 31 日，学校资产总额 124 377.96 万元。通过资产清查，学校清晰完整地了解和掌握了学校财务状况和各单位资产状况，充分了解了资产管理的现状和存在的问题，并针对存在的问题提出整改措施，进一步夯实了国有资产管理工作基础，有利于完善资产管理方式和管理制度，促进资产的合理、科学配置。

2020 年 12 月，根据省教育厅的工作要求，制订学校资产清查工作方案，按照准备和计划、清查盘点、检查汇总、清查录入、调整和总结等五个步骤，对学校资产的存量状况进行了清查，形成《广东石油化工学院 2020 年资产清查报告》，并聘请茂名市德成会计师事务所对清查结果进行专项审计。

2022年6月初至7月底，协同基建处开展土地房产核查、资料梳理等工作。截至2022年4月30日（核查基准日），学校共有土地11宗，面积1 252 640.16 ㎡，账面原值17 317.40万元，估值40 329.00万元；学校共有房产102处，面积312 019.37 ㎡，账面原值5 292.63万元，净值34 434.63万元，估值123 054.03万元。

2023年，以2023年8月31日为基准日开展国有资产清查工作，历时5个月完成。通过此次资产清查，全面摸清了家底，强化了教职工的国有资产管理意识，为今后学校更加规范地开展国有资产管理打下良好基础。

（五）账务管理

学校资产主要由流动资产、无形资产、固定资产、在建工程、长期投资、公共基础设施、受托代理资产等构成。通过广东省财政厅行政事业资产管理信息系统，对资产信息实施动态管理。学校在国有资产管理方面积极作为，持续改革创新，取得显著工作成效，于2021年获省级表扬，于2022年和2023年连续两年被评为省级优秀单位。

2015—2023年，新增资产711 907件，总金额87 492.45万元；共处置资产19 522件，总原值7 573.97万元。

2018年11月，为落实2016年省属高校财务工作检查的整改要求，将已出售的610套房改房（原值3 641.51万元）从学校固定资产中剔除，使学校资产更真实。

2019年，将征地款17 317.39万元转为无形资产（土地使用权）。截至2019年12月31日，无形资产账面数17 636.08万元，其中土地使用权账面数为17 317.39万元，占无形资产总额的98.19%。

按照上级有关要求，2019年，将学校已使用未转固的在建工程"教学楼二期B、C栋""学生宿舍四区A、B、C栋""学生宿舍二区C栋""粤西明珠5套房"和"官渡校区西干道改造房"转为固定资产，固定资产增加3 139万元（以前估价为5 200万元），进一步解决了在建工程比例较大、计入固定资产比例较低等问题。

2019年，国资办根据政府会计制度的要求，结合学校资产实际和资产结构，将资产取得日期作为计提固定资产折旧的起始日期，对2018年及以前的固定资产进行了补提折旧，并对以前年度计提的折旧进行了调整，使学校的资产情况更加科学合理。

截至2023年12月31日，学校资产总额118 487.64万元。其中，流动资产净值34 309.96万元，占比28.96%；无形资产净值17 317.39万元，占比14.62%；固定资产净值60 587.42万元，占比51.13%；在建工程净值5 540.86万元，占比4.68%；长期投资60万元，占比0.05%；公共基础设施净值663.54万元，占比0.56%；受托代理资产8.47万元，占比0.01%。

（六）仪器与设备管理

自2014年以来，学校相继制定并出台《广东石油化工学院教学科研行政仪器设备管理办法》等多个文件，用于规范仪器设备管理。

2015—2024年，学校教学科研仪器设备固定资产增长2.9倍，办学条件得到了改善。截至2024年4月，学校单价1000元以上的教学科研仪器设备有41 218台，总价值4.69亿元。2019年，正式启用采购管理系统，通过其中的"设备维修管理"系统，实现对仪器设备维修的信息化管理，仪器设备维修工作迈上新台阶。为了缩短维修响应时间、提高维修效率、强化维修经费管理、堵住廉政风险点，从2017年9月开始，每年通过限价总包的方式，招标计算机设备维保和办公设备维保中标（成交）供应商各1名。从2018年开始，每年通过限价总包的方式，招标空调设备维保中标（成交）供应商1名。经过多年的运行监测，维保服务效果良好，极大地提高了设备的维修效率并节省了维修经费。

2020—2023年，调拨盘活仪器设备11 378件，总值9332万元。对部分闲置的电脑、打印机、文件柜、办公桌等办公家具设备，以及气瓶、荧光紫外分析仪、移液枪、水浴锅、凝胶成像系统等教学科研仪器设备进行重新调配，提高了学校资产的使用效率。

2016年，共处置固定资产2400多万元，回收了全校各行政教学单位拟报废设备共100多万元。

2017年上半年，回收并报废处置固定资产2400多万元，下半年回收了全校各行政教学单位拟报废设备共2500多万元。

2018年，共回收并报废处置固定资产400多万元，为环境工程专业等4个专业的认证工作提供了场地保证。

2019—2023年，共回收了固定资产1500多万元，2024年处置了其中的800万元，为电信学院的专业认证提供了场地保证，以及为各个学院和部门解决了报废设备堆积问题。

五、依法治校工作

学校深入学习贯彻习近平法治思想，把法治工作摆在突出位置，深入落实依法治国、依法治省决策部署和高校法治工作要求，坚持把法治融入并贯穿学校工作全过程各方面，以法治思维和法治方式引领、推动学校改革与发展，不断提升学校治理体系和治理能力的现代化水平。学校于2017年获"广东省依法治校示范校"称号，于2020年获评为全国青少年学法用法网上知识竞赛"十强院校"（广东唯一），于2023年顺利完成广东省教育厅组织的高校法治测评工作。

（一）健全法治领导机制

成立依法治校工作领导小组。学校于2007年成立依法治校工作领导小组，在2023年5月对领导小组进行了调整，由学校党委书记、校长张清华担任组长，其他校领导及华工帮扶队队长担任副组长，机关处室主要负责人及法律顾问为成员。领导小组负责全面领导、统筹、指导和推进依法治校各项工作。领导小组办公室设在党政办，办公室主任由党政办主任兼任。学校各二级单位党政负责人全面负责本单位法治工作。依法治校工作领导小组组长每年主持召开学校法治专项工作会议，深入学习贯彻习近平法治思想，听取法治工作情况报告，对制度建设、内部治理、法治教育等法治建设重点工作亲自进行部署和协调推进。

开展法治专题学习。学校党委常委会会议、校长办公会议每学期均对法治工作进行专项研究，2020—2023年，累计开展了14次法治工作专项研究。党委理论学习中心组每年安排法治专题学习活动，学习习近平法治思想、《中华人民共和国宪法》《中华人民共和国民法典》《中华人民共和国教育法》以及学校管理相关制度，重点学习习近平总书记在党的二十大关于全面依法治国的重要讲话精神和《论坚持全面依法治国》《全面推进中国特色社会主义法治体系建设》《法治中国建设规划（2020—2025年）》等重要文献。

健全法治工作队伍。依法治校办公室设有专职法务岗，常年聘请法律顾问2名。2021年6月，出台《法律顾问工作管理规定》。2023年2月，出台《法治工作联络员制度》，建立法治工作联络员队伍，明确各二级单位1名人员担任法治工作联络员，落实《关于进一步加强学校法治工作的实施意见》相关工作。

（二）强化法治工作规划

做好法治工作整体规划。2021年5月，印发《"法治建设年"工作实施方案》；同年6月，印发《关于进一步加强学校法治工作的实施意见》，提出加强法治工作的总体要求，明确党政负责人作为推进法治工作第一责任人的职责，确定构建以学校章程为核心的制度体系，完善学校法人治理结构等方面的目标和要求，把依法治理作为学校治理的基本理念和基本方法。2022年9月，学校根据法治工作测评要求，制定《法治工作测评工作方案》。同年10月，印发《开展法治宣传教育的第八个五年规划（2021—2025年）》。此外，学校年度工作要点均将法治工作作为重要内容，并在此基础上制定了年度依法治校工作要点。

建立法治工作报告机制。学校领导班子和主要负责人在年度工作总结中对年度学法情况、依法决策、依法履职等情况进行述职。学校二级学院领导班子及主要负责人在年度工作总结中报告了法治工作等有关情况。将法治工作情况作为学校年度工作的专项内容，每年向教代会报告推进依法治校工作、依法决策、依法履职等情况，并向省教育厅及时报送开展法治建设年活动、宪法宣传周系列活动、"美好生活·民法典相伴"主题教育等活动情况。

加强领导干部法治考评。学校将法治观念和法治素养等有关要求纳入干部考核内容。2019年10月，在《党风廉政建设责任制实施办法》中明确将依法决策、依法履职、廉洁从政作为主要考核内容。2022年11月，在《关于开展中层领导班子及领导干部任期届满考核的通知》中将法治学习、依法决策、依法履职作为考核的主要内容；同年11月，在《领导干部选拔任用与管理办法（修订）》中将依法依规办事作为领导干部选拔任用的原则之一，同时将贯彻民主集中制和依法依规办事作为选拔任用必备条件之一，将履行岗位职责、制定和执行政策、秉公用权等作为考察的主要内容。在《2022年中层领导干部换届工作实施方案》中，将贯彻民主集中制和依法依规办事作为换届领导干部任用的指导思想。

强化二级部门法治考核。学校将法治工作考核的结果作为对各部门综合考核的重要内容，将法治工作列为二级单位考核指标，明确考核目标及考核内容，切实规范二级学院法治建设，强化部门考核，形成一体化的法治工作机制。

（三）推进规章制度建设

加强章程学习宣传。根据办学体制调整、新校区建成投用等实际情况和改革发展需要，学校在2019年12月启动学校章程修订工作。新的章程于2022年7月5日经省教育厅核准通过后公布。修订后的章程进一步突出加强党的领导、贯彻党的教育方针、加强党的建设，体现学校改革发展的最新成果与成功经验，不断强化和彰显章程在学校治理体系和治理能力现代化中的核心地位。

在学校官网首页"学校简介"栏目的显著位置下设"学校章程"专栏，公布《广东石油化工学院章程（2022年修订版）》。将章程学习作为每年教职工入职培训、新生入学教育的重要内容，教职工人手一册《章程》单行本，《章程》文本被编入《学生手册》。2022年9月，印发《关于学习宣传贯彻〈广东石油化工学院章程（2022年修订版）〉》的通知，明确了宣传学习方式和具体负责部门。将《章程》单行本和电子版发至各二级单位，推送给全校师生，并将《章程》全文、修订过程、特色解读，通过《一图读懂——图解〈广东石油化工学院章程（2022年修订版）〉》等图文并茂的形式推送给全体师生，强化学习效果。通过横幅、宣传栏、海报等多种形式开展学习宣传《章程》活动。2023年4月，印发《广东石油化工学院章程解释程序规定》，明确了章程的解释主体、内容及解释流程。

完善制度体系。2017年3月，印发《广东石油化工学院规范性文件管理办法》，在办学管理的各个领域，如行政管理、教学科研、学生管理、党群工作管理等领域，制定管理制度共400余份，并经过合法程序正式印发，确保学校各项工作都有章可循、有据可依。学校在规章制度网站发布现行有效的文件并及时更新，不定期对制度进行分册汇编增补，定期对规范性文件进行清理并及时对规范性文件进行废改立释，每年印发《关于开展规章制度清理工作的通知》《关于规章制度清理情况的通报》《关于清理三年以上"暂行""试行"规章制度的通知》等专项制度清理文件。2020—2023年，共废除制度103项，修订制度185项，新出台制度99项。

做好信息公开。学校印有《信息公开实施细则》《党务公开实施细则（修订）》，从基本原则、公开内容、公开途径、公开申请、信息保密、监督等方面对信息公开工作进行了全面规范，并于2022年12月对党务公开细则进行了修订。党政办公室负责信息公开工作，具体由依法治校办公室负责。建立校、院两级信息公开工作队伍和信息公开工作平台，坚持"以公开为常态、不公开为例外"原则，依托信息公开网、信息公开栏、OA系统、官网官微以及茂名市政务公开平台等渠道，每年编制学校信息公开工作年度报告报省教育厅、茂名市政府备案。

（四）完善内部治理体系

落实科学决策机制。坚持党委领导下的校长负责制，坚持民主集中制，坚持"三重一大"集体决策制度，确保依法决策、民主决策。《章程》第二十四条明确规定："学校通过全委会会议、常委会会议、校长办公会议的形式对相关事项进行决策。"2020年1月，学校修订《党委常务委员会会议议事规则》《校长办公会议议事规则》，进一步明晰校院两级议事决策内容、程序和要求，做到重大改革、重要决策于法有据、有章可循，持续推进决策科学化、民主化、法治化。

明确校院治理体系。2021年5月，学校出台《二级学院党政联席会议议事规则》《二级党的（党的总支部）委员会工作细则（修订）》等制度。2022年7月，省委编制机构委员会下发《广东石油化工学院机构职能编制规定》，对学校内设二级机构的数量、职责等作出了明确规定。2023年5月，学校制定《机构设置方案》《科级机构设置方案》。梳理了二级单位权责清单，一体推进机构、职能、人员的优化配置，破除部门职责交叉、职责不清问题，建立分工明确、协同配合、上下联动、同向同行的运行机制。

健全民主参与机制。学校不断健全重大决策听取师生意见、鼓励支持师生参与决策的机制，学校《章程》、党委常委会会议和校长办公会议等都对师生参与重大决策作出了明确规定，工会常务副主席作为教职工利益代表，固定列席校长办公会议。每年召开"双代会"，讨论、审议学校行政工作报告、财务报告以及涉及教职工切身利益的重大事项，如2023年修订绩效工资分配改革办法，党委书记、校长主持召开多场面向教师、行政人员、教辅人员等不同群体的专题座谈会，广泛听取意见和建议。修订学生手册、学生综合测评、奖贷助等事关学生切身利益的制度时，邀请学生参与专题座谈会，听取学生的意见和建议。学校膳食管理委员会等相关议事协调机构均有学生代表参与。此外，学校还通过校领导接待日、陪餐等活动听取意见。

健全社会参与机制。学校先后成立董事会（理事会）、学科顾问团、校友会、基金会等机构，为申硕、研究生培养、对外合作、高水平理工科大学建设等工作提供了有力支撑。2010年，成立董事会，2019年将其更名为理事会并召开换届大会，修订《广东石油化工学院理事会章程》，选举产生第二届理事会成员。学校自2009年起，聘请由各学科领域的国内知名专家组成的学科顾问团，作为申硕、研究生培养、高水平学科建设的决策咨询机构。2023年9月11日，第四批学科顾问团来校参加了研究生教育发展大会暨首届硕士研究生开学典礼和推进"申博改大"暨高质量发展研讨会。学校也注册成立了校友会、教育发展基金会，其中，教育发展基金会于2022年被广东省社会组织评估委员会评定为4A等级。

（五）完善风险防控体系

健全合同管理制度。2022年6月，学校修订《合同管理办法》，建立"统一领导，归口管理，分级负责"的合同管理机制，明确合同审批流程。校长全面领导合同管理工作，分管校领导、合同管理有关部门履行相应的合同管理职责。合同实行归口管理，党政办公室为合同综合管理部门。

推进信息化建设。建立两大合同管理信息化平台，一是在OA系统设有"合同"模块，二是建立招标采购系统。采购类的合同通过招标采购系统进行管理，其他合同通过OA系统进行管理。

梳理法律风险清单。2022年9月，学校印发《广东石油化工学院合同管理一本通》《关于做好〈广东石油化工学院法律风险清单及处置办法〉编制工作的通知》，通过收集政府公开数据（行政许可事项、全省高校年度信访等数据），结合学校管理规模和合同纠纷处置情况，梳理了财务和采购管理、合同管理、资产管理、教学科研、组织人事、国际交流合作管理、学生管理等重点领域的风险和处置办法，编制《法律风险清单及处置办法（含涉外风险）》。

加强校名校徽保护。学校采取多项举措强化校名、校徽、校歌保护，于2023年成功申请注册中英文校名商标14枚，校徽图文组合商标2枚。在原有6枚商标的基础上，学校校名校徽注册商标总量增至22枚。同时，公布著作权商标目录、版权范围、使用注意事项，进一步强化学校校名校徽使用的规范性。

（六）做好师生权益保护

加强学生权益保护。2023年3月，设有学生资助管理中心，为学生提供援助及服务。每年购买校方责任保险，同时根据实际情况购买学生实习意外保险、学生团队意外保险等，不断健全安全事故风险分担机制。2023年12月，修订《学生申诉处理办法》，明确学生申诉处理委员会职责，遵循合法、公正的原则处理学生申诉。

推进教师权益保护。学校制定《教职工申诉处理办法》，成立教师申诉处理委员会，畅通申诉渠道，回应解决各项诉求，依法保障教职工合法权益。建立权利义务明确的教师及其他教职员工聘用制度；建立涉及教师职务职称评聘、评奖评优、学术不端等方面的标准及制度。

完善争议解决机制。健全安全管理及突发事件应急处理机制。定期开展专项整治工作，发现问题及时排查和整改，形成科学高效的安全事故、突发事件应急处理等管理机制，保障师生的安全和学校秩序的稳定。

畅通师生反映渠道。畅通师生各类申诉、维权渠道，尊重并维护广大师生的合法权益。学校通过校领导接待日、校长信箱、工会提案、学代会提案等方式接收师生反映的诉求和提出的建议。学校学生会和各二级院系学生会设立权益部，听取广大学生的意见和建议，成为学校管理部门和学生之间沟通的桥梁。

（七）加大法治宣传力度

加强普法统筹规划。2022年10月，印发《开展法治宣传教育的第八个五年规划（2021—2025年）》《学习法治宣讲教育工作制度》等文件，构建全方位普法工作格局，营造浓厚的普法氛围。根据上级有关工作要求，按照年度重点抓好法律法规学习宣传工作。

建立普法教育体系。2022年6月，组织领导干部、二级单位法治联络员、法治师资队伍等参加"贯彻落实'八五'普法规划精神，提升学校法治工作质量和水平"专题网络培训，进一步提升干部教师的法治素养。中国教育干部网络学院报道了学校"八五"普法学习成效。2023年6月，印发《领导干部应知应会法律法规清单》，通过党委理论学习中心组、教职工政治理论学习、纪律教育学习月等多种形式，开展习近平法治思想及法律法规学习。每年组织副科级以上干部参加学法考试，参考率100%。举办"学宪法讲宪法"比赛，开展"12·4"国家宪法日、"宪法卫士"行动计划等活动，深入开展宪法宣传教育。

提升普法工作成效。2020年，在共青团中央维护青少年权益部、司法部普法与依法治理局等单位主办的第十六届全国青少年学法用法网上知识竞赛中，学校获"全国十强院校"荣誉称号，成为广东唯一获此殊荣的高校。2023年，艺术学院学生周静微入选广东省委政法委员会、广东省见义勇为评定委员会和广东省见义勇为基金会联合评定的2023年第一批"广东省见义勇为勇士榜"，是全省唯一上榜的本科院校学生。

创新法治教育形式。在守好课堂主阵地的同时，学校将大学生志愿服务工作作为加强和改进实践育人的重要载体，自2020年始，组建大学生暑期实践团队，积极开展法治宣传走进中小学、走进社区活动，足迹遍布从广东茂名市到西藏的地区。"微尘实践队"用"普法+非遗"的模式打造活动品牌；夏乡星火宣讲团围绕"宣传宪法与法'童'行"的主题，将普法宣传与乡村振兴相结合开展普法活动；"悦读西藏"实践队深入西藏，北京第二外国语学院拉萨附属中学和拉萨市第八中学开展了为期六天的宪法知识宣传社会实践活动。

第五章 成功申硕 再谱新篇

自 2010 年以来，学校党委和行政班子带领全校师生员工抢抓高等教育发展机遇，弘扬艰苦奋斗、求实献身的学校精神，科学调整学校发展战略，锚定目标久久为功，推进学校跻身广东省高水平理工科大学建设单位，成为广东省硕士学位授予立项建设单位。学校于 2021 年正式成为硕士学位授予单位，实现了学校办学层次的提升，开启了学校办学新纪元。

第一节 主动作为 跻身高建

2015 年 4 月，广东省率先在全国启动高水平大学、高水平理工科大学（以下简称"双高"）建设，以"双高"建设对接"双一流"大学建设，以服务广东经济社会发展和创新驱动发展战略为重点，以超常规的投入力度和改革举措掀起了广东高校新一轮发展热潮，形成了生机勃勃的高等教育大发展"广东现象"。为顺应广东高等教育大发展的形势需要，更好服务创新驱动发展战略，学校主动抢抓新机遇，积极谋求新发展，全力开展高水平理工科大学创建工作，于 2017 年 11 月成功跻身高水平理工科大学建设行列。

一、广东省高水平理工科大学建设背景

自 2015 年以来，为进一步提升中国高等教育综合实力和国际竞争力，有力支撑实现"两个一百年"奋斗目标和实现中华民族伟大复兴的中国梦，党中央、国务院作出了建设世界一流大学和一流学科的重大战略部署。

习近平总书记在 2014 年全国两会期间参加广东代表团审议时提出："广东是经济大省，不仅地区生产总值要支撑全国，结构调整也要支撑全国，必须在推动经济结构战略性调整上走在前列，当好创新驱动发展的排头兵。"在经济新常态的背景下，广东面临发达国家先进生产力和发展中国家低要素成本的"双重挤压"，未来广东想要在挑战中赢得主动，实现新一轮引领型发展，核心是切换动力，关键是走创新驱动发展之路。这既是党中央对广东发展的殷切期望，也是新阶段广东发展的必然选择，更是提高广东核心竞争力的关键所在。集中力量建设一批高水平大学和高水平理工科大学，对于广东大力实施创新

驱动发展战略，实现中央对广东提出的"双支撑"（在地区生产总值上支撑全国，在结构调整上支撑全国）任务和"双中高"（新常态下的经济发展目标要着眼于保持中高速增长和迈向中高端水平）目标具有重大而又深远的意义。

2015年4月，广东省委、省政府印发《关于建设高水平大学的意见》（粤发〔2015〕3号），正式启动高水平大学建设工作。2015年4月23日，全省高水平大学建设工作会议在广州召开，时任省委书记胡春华在会上强调：要切实把思想和行动统一到中央关于建设世界一流大学的决策部署和习近平总书记参加广东代表团审议时的重要讲话精神上来，从广东高校建设和经济社会发展的实际需要出发，把省委、省政府关于建设高水平大学的部署要求抓好抓实，力争用5～10年时间，建成若干所具有较高水平和影响力的大学，培育一批在全国乃至全世界占有一席之地的特色重点学科，带动全省高等教育整体水平实现新的跨越，为广东省新一轮改革发展提供强有力的人才保证、智力支持和科技支撑。时任省长朱小丹代表省委、省政府对做好高水平大学建设工作作出部署。

2015年6月，广东省委、省政府批准中山大学、华南理工大学、暨南大学、华南农业大学、南方医科大学、华南师范大学、广东工业大学7所高校作为高水平大学整体建设高校，批准广州中医药大学、广东外语外贸大学、广东海洋大学、汕头大学、广州大学、广州医科大学、深圳大学7所高校的18个学科作为高水平大学重点学科建设项目。

2016年1月，广东省委、省政府召开广东省理工科大学和理工类学科建设暨高校科研机制体制改革工作推进会。时任广东省委书记胡春华、省长朱小丹出席会议并讲话。会议强调，要把高水平理工科大学和理工类学科建设作为创新驱动发展的重要举措抓紧抓实，为广东创新发展提供强有力的人才、智力和科技支撑。

2016年3月，广东省委、省政府印发《关于加强理工科大学和理工类学科建设服务创新发展的意见》（粤发〔2016〕1号，以下简称《意见》）。《意见》结合当前广东省建设创新驱动发展先行省及被批准成为国家全面创新改革试验区的新形势，提出15条具体措施，着力解决高校理工科教育规模偏小、结构不优、水平不高、支撑服务能力不强等问题，涵盖建设高水平理工科大学、高水平大学中的理工类学科、其他各类高校中的理工类学科。《意见》提出，到2020年，广东省要建成若干所高水平理工科大学，并建立开放机制，对高水平理工科大学建设计划实行动态管理。华南理工大学、广东工业大学、南方科技大学、佛山科学技术学院、东莞理工学院共5所高等学校入选首批建设的高水平理工科大学。

二、积极谋划高水平理工科大学建设工作

为强化学校的理工科优势特色，提升服务创新发展能力，将学校建设成为石化特色鲜明、优势突出的高水平理工科大学，更好地支撑广东省创新驱动发展战略，更好地服务广东打造世界级石化产业基地，更好地支撑粤西成为广东重要的石化产业基地，学校坚持"两条腿走路"，通过争取省市支持和加强自身建设双向发力，汇聚合力，全面谋划

高水平理工科大学建设工作。

（一）主动出击，积极争取省市大力支持

2015年9月25日，时任中央政治局委员、省委书记胡春华到茂名调研，并就支持学校建设发展问题作了重要指示。胡春华在指示中要求"对广东石油化工学院发展予以重视，省教育厅、财政厅等部门要在校区建设、重点学科建设、创新研究等方面给予支持"。

2016年6月15日，广东省全省高水平大学和高水平理工科大学建设工作推进会在广州召开。根据省委、省政府部署，全省区域内有本科高校的地市要结合本地高校发展实际，至少选取一所本科高校与省教育厅签署共建协议。经过协调，广东10个地市政府决定与当地1~2所本科高校开展省市共建，共建12所本科高校。其中，湛江支持共建广东医科大学和岭南师范学院；中山支持共建电子科技大学中山学院和广东药科大学中山校区；深圳、茂名、韶关、梅州、惠州、肇庆、江门、潮州8个地市分别支持共建当地的香港中文大学（深圳）、广东石油化工学院、韶关学院、嘉应学院、惠州学院、肇庆学院、五邑大学和韩山师范学院。

2016年7月11日，时任中央政治局委员、广东省委书记胡春华莅临广东石油化工学院考察，时任广东省委常委、常务副省长徐少华，时任广东省委常委、省委秘书长邹铭，时任茂名市委书记许光、市长李红军，时任学校党委书记凌靖波、校长张清华等陪同考察。胡春华听取了凌靖波对学校发展及新校区建设情况的汇报，以及张清华对学校科技创新工作的汇报，重点考察了广东石化装备安全技术协同创新发展中心、广东省石化装备故障诊断重点实验室、广东省劣质油加工与油品精细化利用工程技术研究中心和广东省石油化工资源清洁利用工程技术研究中心。在考察过程中，胡春华还询问了学校硕士点申报与建设、招生就业、国家级科研立项等情况，历时65分钟。胡春华对学校的建设发展给予肯定，认为学校主要专业方向跟茂名经济社会发展是高度一致的，在科技创新方面取得了不少成果，科研能力很强。他对学校发展提出了要求，认为学校理工科比例上去后，仍然要保持一定比例的文科专业，以利于培养学生的综合素质；一定要把学生培养好，为茂名乃至全国的石化产业提供大量石化专业人才；一定要努力朝教学科研型大学的方向发展，努力争取设立硕士点；要抓住建设新校区的机遇，继续把学校办好。

2016年12月20日，省市共建本科高校工作部署会暨共建协议签署仪式在广州举行，广东省教育厅与9个地市11所本科高校签署共建协议。"十三五"期间，广东省、茂名市两级政府投入近百亿元，采用超常规的思路和方法，支持共建高校实现大发展。

2017年3月，广东省教育厅公布2017年省市共建本科高校建设补助资金安排方案，投入8亿元支持11所省市共建本科高校的建设。其中，对广东石油化工学院的扶持资金于当年一次性拨付，共计2.5亿元。

2017年2月22日，时任广东省教育厅党组副书记、副厅长邢锋到广东石油化工学院调研申硕和省市共建情况。邢锋认为，广东石油化工学院办学特色鲜明，办学成绩显著，

为石油化工行业和地方经济社会发展作出了重要贡献。广东省石化装备故障诊断重点实验室为地方和企业服务的做法很有特色，经验值得推广。邢锋表示，广东省教育厅高度重视、大力支持广东石油化工学院的建设发展；希望学校进一步完善2017—2020年省市共建规划，邀请全国乃至国际知名专家为规划方案出谋划策；要加强与茂名市的沟通，在省市共建规划当中充分体现区域经济社会发展的需求，更好地为地方经济社会发展服务；要加强与地方支柱产业和龙头企业的对接，合作办学院，聘请客座教授与兼职教授，联合申报重大课题等；学校的科学研究要与企业的研发形成一定区分度，源于实践、高于实践、指导实践。关于学校的体制机制改革，邢锋指出：要在保证社会主义办学方向的前提下，突出教授们的地位，充分发挥教授们的作用，通过体制机制改革，引进人才、留住人才，更好地发挥人才的作用；要深入学习广东省委最新出台的人才政策，进一步加大人才引进力度；要想方设法通过多种方式聘请国际上有相当学术地位的著名专家，为学校的发展搭建总体架构，帮助学校实现更好发展。时任广东省教育厅科研处处长欧阳谦在会上也对广东石油化工学院的申硕工作、省市共建工作、重点学科建设和科研工作提出宝贵建议。

继2015年3月之后，2015年6月3日，时任茂名市委书记、市人大常委会主任许光再次到学校调研科技创新工作。许光对广东石油化工学院近年来建设发展所取得的成绩给予充分肯定，对学校的未来发展提出四点指导意见。一是理顺机制，校市进一步加强交流，共同努力将广东石油化工学院做大做强。二是加强申硕学科建设，努力提升办学层次，积极主动邀请权威评估专家进行评估，确保申硕学科顺利获得硕士学位授予权。三是进一步强化石化办学特色，积极申报国家级和广东省的重大科研平台，打造体现石化特色的高端创新实验室，同时加强已有实验室的科技成果展示，实现可参观化、可介绍化，能够在短时间内迅速吸引参观者的眼球，充分展示实验室的特色与核心竞争力。四是加强产学研对接，为茂名石化产业的科技创新提供强有力的支撑。许光强调，没有突破性创新的科研只是"加工业"，要学习苹果、微软这些大企业，增强科技原创能力，善于推销科研成果，学习外国科研工作经验，形成良好的科技管理运行机制，增强科研成果转化的组织能力和资金募集能力，有效嫁接教授与市场，实现科研成果的产业化；新校区建设要强化组织领导和执行力，进一步增强组织领导体系，制定新校区建设倒逼时间表，做到"一分布置，九分落实"，把问题找出来一一解决，实行一周一通报，确保西城校区一期工程按时完成。

2016年12月22日，受时任茂名市委书记许光委托，时任市长李红军到学校调研科研、申硕和新校区建设情况。李红军对广东石油化工学院科技创新、学科建设取得的成绩及申硕准备工作给予充分肯定。他表示，广东石油化工学院发展取得了好成绩，办学实力很强，胡春华书记亲临考察调研并给予充分肯定；广东石油化工学院是茂名高等教育"一本五专"的龙头，石化特色鲜明，是茂名高等教育的名片。学校的发展与茂名地方经济社会发展息息相关，茂名市委、市政府高度重视，大力支持学校的建设发展，特别是在高层次人才引进、高水平科研成果培育与申报、申硕、西城校区建设等方面给予政策支持；希望学校尽快与市科技部门对接，制定工作实施方案，强化与市科技部门、本地企业的合作，联合申报高层次科研项目和高层次科技创新成果奖，争取明年在高层次科技创新成果奖上取得更大突破；希望学校在申硕方面吃透政策，对标谋策，补好短板，整合资源，集中力量，突出优势，力争申硕成功，提升办学层次，更好地为茂名地方经济社会发展服务；希望学校紧紧抓住新一轮扩建的机遇，全校统一思想，强化担当精神，加快规划设计，以一流的设计、一流的建设、一流的管理建设好新校区，为创建石化特色鲜明、优势突出的高水平应用型大学打下坚实的基础。

（二）对标要求，全面提升综合办学实力

2016年3月15日，学校印发《广东石油化工学院高水平应用型理工大学建设教育理念研讨工作方案（讨论稿）》（以下简称《工作方案》）。《工作方案》以深入研讨教育理念、深化人才培养模式改革、助力创新创业教育、推动转型发展为主要目标，以深入实施国家及广东省"关于深化高等教育改革"的系列意见（办法）为契机，以2016级人才培养方案修订为抓手，对广东石油化工学院"高水平应用型理工大学建设"教育理念进行研讨。

2016年3月16日，广东省教育厅印发《关于贯彻落实〈中共广东省委 广东省人民政府关于加强理工科大学和理工类学科建设服务创新发展的意见〉的通知》（粤教高函〔2016〕43号，以下简称《通知》）。《通知》要求各高校要结合本校改革发展的实际，围绕服务创新发展的核心要求，科学制定本校贯彻落实《意见》的实施方案，提出加强理工科大学和理工类学科建设的具体措施、时间安排和预期成效。同时，《通知》提出要明确任务分工，落实责任主体，加强督促检查，确保实施方案真正落实。

2016年4月，学校出台《广东石油化工学院加强理工科大学建设服务创新发展实施方案》（以下简称《实施方案》）。《实施方案》从建设意义、建设基础、建设目标、建设内容、建设重点、任务分工与责任主体及保障措施等七个方面对广东石油化工学院加强理工科大学建设服务创新发展做了详细安排。《实施方案》的出台对《广东石油化工学院高水平理工科大学建设总体规划》的制定与广东石油化工学院高水平理工科大学的创建提供了新思路、奠定了新基础。

2017年1月12日，广东省教育厅印发《关于编制省市共建总体规划及改革方案的通知》（粤教科函〔2017〕13号，以下简称《共建通知》）。《共建通知》要求各共建高校要严格按照省市共建本科高校工作部署会议有关精神和要求，结合本地区和本校的实际情况，科学制定省市共建总体规划与体制机制改革方案。

2017年3月25日下午，学校邀请时任中国石油大学（北京）党委书记山红红教授担任专家组组长，对《广东石油化工学院省市共建总体规划（2017—2020年）》（以下简称《总体规划》）和《广东石油化工学院省市共建体制机制改革方案（2017—2020年）》（以

下简称《改革方案》）进行论证。专家组认为，《总体规划》目标明确、思路清晰、内容具体、措施得力、特色鲜明，具有较强的前瞻性和可操作性，能有效指引学校建设石油化工特色鲜明、优势突出的高水平应用型大学；《改革方案》目标设计紧密对接共建协议，框架整体结构合理、思路清晰、内容充实、特色鲜明，能科学指引学校推进省市共建高校建设，破除制约学校发展的体制机制障碍。学校从制定出台《广东石油化工学院加强理工科大学建设服务创新发展实施方案》，到被纳入省市共建本科高校并制定出台《广东石油化工学院省市共建总体规划（2017—2020年）》《广东石油化工学院省市共建体制机制改革方案（2017—2020年）》，到制定出台《广东石油化工学院高水平理工科大学建设总体规划（2017—2022年）》及被增列为广东省高水平理工科大学建设行列，再到正式踏上创建高水平理工科大学的新征程，任重道远，道阻且长。

三、成功跻身高水平理工科大学建设行列

2017年9月10日，茂名市委、市政府和学校联合向省主要领导报告学校建设情况，希望将广东石油化工学院列入广东省高水平理工科大学建设行列。2017年10月19日，学校向省教育厅呈交《广东石油化工学院高水平理工科大学建设总体规划（2017—2022年）》（以下简称《高水平大学规划》）。《高水平大学规划》从建设意义、现实基础、指导思想、建设任务、保障措施等方面对广东石油化工学院在未来五年内创建高水平理工科大学进行了总体规划。

2017年11月14日，广东省教育厅印发《关于征求两所增列高水平理工科大学共建协议意见的函》（粤教高函〔2017〕181号，以下简称《征求意见函》）。《征求意见函》明确指出，根据高水平理工科大学建设工作安排，现拟增列五邑大学、广东石油化工学院为广东省高水平理工科大学建设高校，并签订省市共建高水平理工科大学协议。

2017年11月16日，学校向广东省教育厅呈送《广东石油化工学院关于征求增列高水平理工科大学共建协议意见的复函》（以下简称《复函》）。《复函》立足于广东石油化工学院人才培养、师资队伍建设、专业设置、体制机制改革等方面向教育厅进行了反馈，更加明确了广东石油化工学院创建高水平理工科大学面临的机遇与挑战。

2017年11月24日，是学校发展历史上值得铭记的一天。广东省政府与茂名市政府签署协议，投入30.5亿元支持学校建设高水平理工科大学。学校将围绕华南沿海石化产业、南海能源资源开发，重点发展石油与天然气工程、环境科学与工程等5大优势学科专业群，建设石化特色鲜明、优势突出的高水平理工科大学。时任广东省教育厅厅长景李虎与时任学校校长张清华、茂名市人民政府常务副市长吴刚强在广东省佛山市共同签署了《广东省教育厅 茂名市人民政府支持广东石油化工学院创建高水平理工科大学协议》（以下简称《共建协议》）。《共建协议》明确指出，广东石油化工学院将于2018—2022年获得茂名市政府投入资金28亿元，其中18亿元用于西城校区建设，广东省财政安排专项补助经费2.5亿元，共计30.5亿元的专项资金。《共建协议》还指出，广东石油化工

院将围绕华南沿海石化产业、南海能源资源开发，尤其是围绕茂名做强做优石油化工产业、加快发展战略性新兴产业等任务，重点建设石油与天然气工程、化学工程与技术、控制科学与工程、动力工程及工程热物理、环境科学与工程五大优势学科专业群，建设成为石化特色鲜明、优势突出的高水平理工科大学。预计到2020年，广东石油化工学院石油化工领域相关学科专业水平实力明显增强，在全国大学综合排名提升100位左右，并成为硕士学位授予单位；到2025年，争取办学综合实力位列全国理工类院校60位左右。至此，广东高等教育形成了"777"建设矩阵，即7所高水平大学建设高校、7所高水平大学重点学科建设项目高校和7所高水平理工科大学建设高校，为服务广东创新驱动发展战略注入新力量。

历史的长河浩荡奔涌，唯改革者进；时代的车轮滚滚向前，唯创新者强。入选高水平理工科大学建设行列，是对学校60多年砥砺办学的高度肯定，是对历代广油人自强不息、锐意进取的最大激励。回望高水平理工科大学的整个申报过程，"听党召唤、为国奉献；艰苦创业、忠诚担当"的广油"西迁精神"再一次成为学校的制胜法宝。全校上下众志成城、齐心协力，无论是校领导，还是每一个具体参与人员，都以高度的责任感和使命感，主动作为、敢于拼搏、攻坚克难，加班加点不计较，任劳任怨不言苦，最终顺利使学校成为全省7所高水平理工科大学建设高校之一。

第二节　调整战略　开创新局

一、学校发展战略调整

实施转型发展战略既是学校党委提出的战略思维，更是突破学校发展瓶颈的实质性举措。自2000年学校升本科以后，校园建设规划、学科专业建设规划和事业发展规划的制定和实施有了明显的进展，各方面都迈上了新的台阶。但是，石油化工的办学特色和优势未能充分显现。为顺应广东高等教育大发展的形势需要，学校在明晰和加强办学改革的顶层设计和前瞻谋划的基础上，主动应对区域高等教育资源优化重组的变革趋势，深刻把握学校功能定位，持续强化办学改革的顶层设计。

1. 实施"协调发展、内涵发展、特色发展"三大战略

2010年5月，学校更名为"广东石油化工学院"。《广东石油化工学院"十二五"发展规划》提出实施"协调发展、内涵发展、特色发展"三大战略，确立"建设以工为主，石油化工特色鲜明、优势突出，多学科协调发展，在省内外具有较大影响的本科院校"的总体发展目标，各项工作取得可喜成绩和宝贵经验。2012年5月，广东石油化工

学院第一次党代会进一步明确提出，今后五年学校改革发展的奋斗目标是：建设以工为主，石油化工特色鲜明、优势突出，多学科协调发展，在省内外具有较大影响的本科院校。2013年12月，广东省人民政府与中国石油天然气集团公司、中国石油化工集团公司、中国海洋石油总公司签署共建广东石油化工学院协议，学校石油化工办学特色更加凸显。"十二五"期间，控制理论与控制工程、化学工艺和环境工程3个学科被批准为第九轮广东省特色重点学科。

2. 实施"创新发展、内涵发展、特色发展"三大战略

2016年9月22日，学校正式发布《广东石油化工学院"十三五"发展规划》，确定了学校的总体目标是在"十三五"期间进入广东省高水平应用型大学行列，努力创建石化特色鲜明、优势突出的高水平应用型大学，到2025年，跻身广东省高水平应用型大学前列，2030年跻身国内高水平应用型大学前列。学校"十三五"规划提出未来五年学校的"1234"工作思路，即推进深化"一大改革"（教育综合改革），坚持"两个导向"（石油化工行业导向、区域经济社会导向），实施"三大战略"（创新发展战略、内涵发展战略、特色发展战略），推动"四大建设"（学科建设、人才队伍建设、教育质量建设、基础条件建设），不断提高人才培养质量、提升科研水平、增强服务社会和文化传承创新能力，努力建设石化特色鲜明、优势突出的高水平应用型大学。学校的发展战略由原来的"协调发展、内涵发展、特色发展"三大战略调整为"创新发展、内涵发展、特色发展"，有力推动了学校的创新发展。2019年7月，学校召开广东石油化工学院第二次党代会，提出新时代学校建设的奋斗目标是建成石化特色鲜明、优势突出的高水平理工科大学，在此基础上，向更高的目标——国内一流理工科大学迈进。学校明确新时代建设的发展方略是到2020年成为硕士学位授予单位，2022年完成高水平理工科大学建设任务。学校在创新发展方面取得重大突破，包括：实现省级优势重点学科和珠江学者设岗学科的设立，承担国家自然科学基金重点项目和广东省重点领域研发计划，荣获中国石油和化工自动化行业科学技术奖科技进步奖一等奖、广东省科技进步奖二等奖等。

3. 实施"创新发展、协调发展、内涵发展、特色发展"四大战略

2021年12月31日，学校正式发布《广东石油化工学院教育发展"十四五"规划》，明确了学校未来五年的发展目标：到2025年，学校石油化工领域相关学科专业水平实力明显增强，力争达到更名大学的基本办学条件和主要内涵指标，基本具备新增专业博士学位授予单位申报条件，确保"十五五"中后期成功更名大学，成为新增专业博士学位授予单位，建成石化特色鲜明、优势突出的高水平理工科大学。学校的发展战略由原来的"创新发展、内涵发展、特色发展"三大战略调整为"创新发展、协调发展、内涵发展、特色发展"，有力推动了学校的高质量发展。学校在高质量发展方面取得重大突破，包括：跻身ESI全球前1%学科、软科世界一流学科，获得中国国际大学生创新大赛全国总决赛金奖、西浦全国大学教学创新大赛特等奖，获批国家一流本科专业建设点（本科

课程），承担"十四五"国家重点研发计划"智能机器人"重点专项和国家自然科学基金联合基金重点支持项目，荣获广东省科技进步将一等奖等。

二、迈入高质量发展新阶段

高质量发展既是高等教育适应经济社会高质量发展的客观要求，也是高等教育自身发展阶段的自然趋向。学校紧抓高等教育和石油化工产业快速发展机遇，紧跟时代步伐，聚焦高质量发展，以发展战略调整引领学校发展新阶段，高水平理工科大学建设稳步推进，"十四五"事业高质量发展迈出坚实步伐。

（一）人才培养取得新成效

1. 专业课程建设不断加强

学校聚焦国家战略和区域经济社会需求，以培养高素质应用型创新型人才为目标，加强专业内涵建设，注重专业协调发展，增设布局服务战略性产业的新兴专业。学校由2014年的43个本科专业发展到2023年的60个本科专业，于2023年停办、撤销14个全日制专科专业。学校在2016年、2020年、2023年均开展人才培养方案大修订工作，充分听取企业、行业、校友、兄弟高校等多方意见。修订后的人才培养方案经二级学院组织专业全体教师充分调研讨论、专家论证、二级学院教学指导委员会论证、学校层面专家论证及学校教学指导委员会论证后通过，旨在构建符合学校办学定位和目标的高水平专业人才培养体系，科学确定专业发展定位、人才培养目标，推动学科专业与产业需求精准对接，实现人才链、教育链、产业链、创新链融合发展。

2014年，学校高起点谋划、高要求准备、高标准部署，正式启动工程教育认证工作，开启专业认证的新篇章。为了广大师生更好地认识、了解工程教育认证，学校在2014—2015年期间，召开了针对学院教师、机关部门工作人员、教务员、学生等的专场培训会议，多次组织教师到兄弟高校、企业等进行调研和学习。2015年，化学工程与工艺专业申请中国工程教育认证获受理，学校党委高度重视，统筹安排，举全校之力，扎实推进专业认证工作。时任学校副校长周如金与时任教务处处长宣征南组织专家多次对自评报告进行全方位修改完善；学校优化配置人力、物力、财力资源，加强标准实验室改造、设备设施采购、师资队伍建设等工作，全力支持化工专业认证专家进校考察。时任化学工程学院执行院长吴世逵带队到吉林化工学院、湘潭大学等高校进行专业认证调研和学习。邀请华南理工大学、湘潭大学专家团队对学校化工专业认证入校考察进行模拟演练。

2017年6月2日，化学工程与工艺专业顺利通过中国工程教育专业认证，有效期3年，是学校首个通过认证的专业，在全校范围内起到了很好的示范引领作用，带动全校其他专业积极开展专业认证。截至2024年4月，学校陆续有环境工程、生物工程、机械设计制造及其自动化等10个专业通过国际工程教育专业认证，位居全省同类高校前列。

2019年，学校全面启动一流本科专业、一流本科课程建设工作，先后推荐申报国家级、省级一流本科专业建设点，国家级、省级一流本科课程。2020年，学校获批化学工程与工艺等6个省级一流本科专业建设点。2021年，化学工程与工艺、环境工程专业获批国家级一流本科专业建设点。截至2022年底，学校化学工程与工艺、环境工程、电子信息工程获批国家级一流本科专业建设点，机械设计制造及其自动化、高分子材料与工程等14个专业获批省级一流本科专业。获批的国家级、省级一流本科专业建设点，教学成果丰硕，培养特色鲜明，建设成效明显，将在学校本科专业改革创新、师资队伍建设、教学资源搭建等方面发挥示范辐射作用。

2019年，学校推荐"石油炼制工程"申报国家级一流本科课程。学校非常重视申报工作，组织专家团队研究申报指南。"石油炼制工程"课程负责人周如金和课程团队成员反复打磨申报材料，3次拍摄说课视频。2020年，"石油炼制工程"获批第一批国家级一流本科课程，取得了学校深化课程教学改革建设新突破。学校以此为契机，全面推进一流本科课程建设和课程教学改革，以项目建设为抓手，开展"校级—省级—国家级"进阶式培育体系，推进课程改革创新，提高课程建设质量。学校多次召开一流本科课程申报培训会议，推送线上公益培训，加深教师们对一流课程的认识。组织专家对申报国家级、省级一流课程的材料进行全程精心指导、打磨，内容涵盖申报书的形式审查、撰写，支撑材料的准备和内容规范，说课和随堂实录的拍摄。2023年，学校经广东省教育厅推荐，申报国家级一流课程4门，最终获批3门，获批率远高于同类高校。同年，学校获批省级一流本科课程12门。

截至2024年4月，学校获批了"石油炼制工程""化工原理""石油化工工艺学""化工仪表及自动化"等4门国家级一流本科课程，"大学英语读写（一）""高分子物理（含课程实验）"等27门省级一流本科课程，"高分子化学（含课程实验）"等75门校级一流本科课程。学校聚焦高素质应用型人才培养目标，遵循"高阶性、创新性、挑战度"金课标准，强化"知识传授、能力培养、价值塑造"有机融合，提高课程教学效果和人才培养质量。

2. 质量工程建设有效开展

学校每年均开展教学质量与教学改革工程项目申报立项和验收工作。2014—2024年，学校共立项建设省级质量工程项目107项，校级质量工程项目317项，省级及以上教育教学改革项目159项，校级教育教学改革项目691项。自2020年始，学校开展课程思政建设工作，将课程思政建设要求纳入本科专业人才培养方案修订指导性意见中，要求在课程教学大纲中列举出一门课程所涉及的每个知识点对应的课程思政元素，全面推进课程思政改革。为鼓励、引导教师们进行课程思政改革，学校组织课程思政专题培训，设立课程思政教育教学改革专项项目，开展课程思政教学优秀案例评选。2023年，"石油化工工艺学""声乐""高分子化学"和"固体废物处理与处置"等4门省级课程思政示范课程上线新华网"课程思政——全国高校课程思政教学资源服务"平台。截至2024年4

月，共有省级课程思政建设改革示范项目 15 项（其中示范团队 2 个，示范课程 6 项，示范课堂 7 项），校级课程思政示范项目 147 项（其中示范团队 1 个，示范专业 12 项，示范课程 103 项，示范课堂 31 项）；获广东省、中国化工教育协会等课程思政优秀案例共 22 个，校级优秀课程思政教学案例 130 个。

3. 深化教育教学改革创新

2016 年，周如金创新提出"教必蕴育，育必铸灵"教育教学综合改革思想，构建旨在培养、提高应用能力和实践能力的产教融合"强筋骨"课程教育体系和旨在培养、锤炼思想素质、人文情怀、实践意识和创新精神的多维渗透"铸灵气"素拓教育体系的双体系渗透融合人才培养模式。2018 年，双体系人才培养模式获得广东省教学成果奖一等奖。同年，双体系人才培养模式在学校化学工程与工艺等 14 个专业进行推广试点。专业教师通过教学过程质量监控、企业调研、毕业生回访以及专家论证等多种形式，对培养方案进行修订，开始实施双体系人才培养。2020 年，双体系人才培养模式经过 2 年试验成熟落地，在油气储运工程、石油工程、化学工程与工艺、高分子材料与工程、工业设计、测控技术与仪器、电子信息科学与技术、数学与应用数学及法学等 9 个专业继续开展试点工作。

2020 年 3 月，周如金通过对教情与学情进行分析，针对目标聚焦不够、学生中心理念体现不够、围绕目标的教学设计不够、核心能力素质培养措施不足、教改难做等痛点问题，在理念、概念、模式上进行创新，创新性提出目标问题导向理念，掀开了教学改革热潮。学校设立目标问题导向式教学改革专项，支持鼓励教师开展目标问题导向式改革，先后组织目标问题导向式专题研讨会、交流会、分享会近百场，让目标问题导向式课程教学模式深入人心、形成共识。2022 年，目标问题导向式教学成果获广东省教育教学成果奖 2 项。目标问题导向式模式已经引起教师同行关注并产生积极影响，周如金、刘美、王丽、谢颖等先后应邀在国家级、省级各类会议上作主题报告 50 多场，10 多所兄弟院校来校交流学习该模式的创新实践经验并进行推广应用。"学习强国"《南方日报》《中国教育报》等国家、省级主流媒体报道该模式育人成果 100 多次。

2023 年 9 月 28 日，学校积极响应国家的工作部署和要求，创新开展"AI+X"专业建设与人才培养改革探索，深化教育教学和人才培养模式改革实践，不断提升人才培养质量。2024 年，制定《微专业建设实施方案》，拟新开设人工智能微专业，培养学生成为具有本专业学位 +AI 微专业的复合型高质量人才。围绕科教兴国战略、人才强国战略、创新驱动发展战略，学校大力推进"AI+"教育教学改革，不断完善以"新融合""新模式""新资源""新教学""新引擎""新素养""新基建""新范式"等八大行动计划为核心的人工智能教育教学新生态，打造泛在化、智能化、个性化的创新型、复合型、应用型人才培养体系，为粤港澳大湾区加快形成新质生产力提供有力支撑。一是促进学科专业"新融合"。推进人工智能与石油化工、计算机、机械等相关学科的交叉融合，高质量建设人工智能与信息技术、石油化工、环境能源等8个专业集群，主动布局一批人工智能、集成电路等11个新工科专业。二是实施人才培养"新模式"。全面推进人工智能+STEAM（科学、技术、工程、艺术、数学）跨学科人才培养，重构2023级本科人才培养方案，探索实施"学位+能力拓展"育人模式，在10个学院试点开展"AI+专业"建设与人才培养改革方案，开设"小而精"的人工智能微专业。三是建立课程教材"新资源"。紧扣人工智能与信息科技等课程的内在联系，建设"1+Y+N"三层次"人工智能通识课程体系"，以1门必修的人工智能通识核心课（2018年开设"大学计算机与人工智能基础"）+Y门人工智能素养课+N门各学科专业与人工智能深度融合的前沿拓展课为基础，从知识、能力、价值观与伦理三个维度开展教育教学。编写"人工智能技术及应用"等64部教材。四是推动课堂改革"新教学"。利用人工智能和虚拟仿真技术实现"现实教师"和"虚拟教师"教学，开展目标问题导向式课程教学改革，推进校本课程资源建设，开设368门MOOC课程，引进优质在线课程782门次，选课人数达72 243人次。加强特色资源建设，传承广油"西迁精神"，建立课程思政案例库（优秀案例130个）、"虚拟仿真思政课体验教学中心"和课程思政教学中心专题网站（gdupt.edu.cn）。五是打造创新创业"新引擎"。强化专创融合，开展以人工智能前沿技术赋能创新创业教育，构建"组织+体系+平台+师资+项目"五位一体的双创教育模式，完善创新创业学分积累与转换制度，建立AI+创新实践基地，设立AI+创新创业项目，开展AI+科技竞赛活动，开设创新创业类系列公选课程。六是提升教师队伍"新素养"。推动"人工智能+教师培训"体系建设，设立教师教学发展科，完善教师教学发展培训制度，开展"AI+"教学创新改革暨教师教学创新大赛，2021年3月至2024年3月，累计培训教师4500余人次，教师获省级及以上创新大赛特等奖及教学竞赛奖项69项。七是搭建智慧环境"新基建"。构建起线上线下打通、课内课外一体、实体虚拟结合的泛在式智能型教学环境，建设14间新型智慧教室，59间分组研讨式多媒体课室，23间智能实验室，引进智慧教学平台和工具开展课堂教学改革。八是推进教育研究"新范式"。开展"人工智能+教育教学"研究与实践，推动知识生产模式转型，立项"AI+专业"建设与人才培养改革项目19项。开展"AI+石油化工""AI+人文社科""政产学研用"优秀教研教改论文和优秀案例评选。

2014—2022年，学校以第一完成单位共获广东省教育教学成果奖12项，其中一等奖4项，二等奖8项；获行业协会教学成果奖2项。学校积极实施美育浸润行动计划，开设美育课程，并于2023年获批省级美育名师工作室。

4. 教育教学能力继续增强

2016—2024年，学校陆续举办"渔欲杯"说课比赛、本科课程教学竞赛、教师教学创新大赛等各类教学比赛，组织教师参加省教师教学创新大赛、青年教师教学大赛、美育教师教学比赛、课程思政教学比赛、混合式教学设计创新大赛等，对标竞赛要求提升教学水平。通过各类教学竞赛，教师们互相学习和交流，提升了自身的教学能力和水平。

教育教学工作取得了丰硕的成果，获广东省教育厅、中国化工教育协会、广东省高等教育学会等单位颁发的教学竞赛奖项80余项。学校分别于2014、2018、2021年评选出肖潭、谢文玉、文亚青、唐少莲、陈海波、万勇、王倩等7位校级教学名师；孙立民、李继凯获2015年"南粤优秀教师"称号，唐少莲、谢文玉、陈辉获2018年"南粤优秀教师"称号，黎海燕、王丽获2021年"南粤优秀教师"称号；黎齐英、刘美分别于2018年、2021年获"南粤优秀教育工作者"称号；周如金、吴世逵于2019年获"全国石油和化工教育教学名师"称号，史博于2021年获"全国石油和化工教育青年教学名师"称号；刘美、代静分别于2021年、2023年获"全国石油和化工教育优秀教学管理人员"称号。省级教学名师获得新突破，吴世逵于2019年获"广东省教学名师"称号，万勇、李继凯于2021年获"广东省教学名师"称号；陈辉于2019年获"全国优秀教师"称号。

5. 双创教育工作成效显著

学校高度重视大学生创新创业教育工作，于2016年底成立创新创业学院，充分整合校内外各种资源，面向全校学生开展创新创业教育，组织全校学生开展创新创业实践。学校通过思创、专创、学创、赛创融合，构建了"组织＋体系＋平台＋师资＋项目"五位一体的双创教育模式，提高创新创业教育水平，培养学生的创新精神、创业意识和创新创业能力，形成了学校领导亲自抓，创新创业学院、教务部、学生工作部和校团委等部门牵头，二级学院主体实施，全校师生共同参与的双创教育良好局面。学校创新创业氛围日益浓厚，创新创业教育硕果累累。

学校大学科技园于2022年获批省级大学科技园，大学生创新创业教育实践基地于2023年入选第二批广东省创新创业教育实践基地。在2018—2023年六届中国国际"互联网＋"大学生创新创业大赛中，学校共获国赛1金9铜，省赛4金25银46铜、21个优秀奖、6个优秀组织奖、3个学校集体奖，成绩名列全省高校前列。学校在中国国际大学生创新大赛（2023）中首获国赛金奖，实现从该项赛事举办九年以来国赛金奖"零"的突破，成为2023年广东省8所获该赛事高教主赛道国赛金奖院校之一。2018年、2020年和2022年获"挑战杯"创业计划竞赛国赛4铜（2020年国赛奖牌数位列全省高校第四），省赛金、银、铜奖44项，捧得省赛"优创杯"和全国优秀组织高校奖；2019年、2021年和2023年获"挑战杯"大学生课外学术科技作品竞赛国赛二等奖3项、三等奖1项，省赛特、一、二、三等奖56项，捧得省赛"优胜杯"和国赛（专项赛）优秀组织奖，成绩名列全省高校前列。学校参加各类学科专业竞赛的成绩稳步提升，近三年（2021—2023年）共获省部级以上奖励2700多人次，其中连续11年获全国大学生化工设计竞赛总决赛一等奖（广东省唯一）。

（二）学科建设实现新攀升

学校始终坚持学科建设龙头地位不动摇，高站位部署、全方位谋划、立体式推进学科高质量发展，以新力度、新举措、新思路赋能高质量特色优势学科攀升行动计划，不断塑造学科发展新动能、新优势，持续推动学科建设提质量、上水平、见突破。

1. 保持定力，持之以恒强化顶层设计

加强学科建设顶层设计。从2003年启动第一轮学科建设到2009年规划4个申硕一级学科，截至2024年4月，已完成5轮学科建设。通过不断优化学科专业布局，以团队为支撑、以任务为驱动、以需求为导向，凝练方向，突出特色，构建了"省级—校级—院级"三级学科体系，打造了特色鲜明、差异化竞争优势突出的高峰培育学科，带动优势、特色学科同向同行，形成多层次发展的学科建设新格局。

2. 苦练内功，持续推进学科攀升突破

一是省级优势重点学科、特色重点学科。化学工程与技术：2016年，获批省级优势重点学科；2018年，入选广东省"冲补强"提升计划重点建设学科；2021年，广东省"冲补强"提升计划重点建设学科第一轮验收获优秀等级；2023年，在广东省教育厅组织的学科验收中获得优秀等级。控制科学与工程：2016年，获批省级优势重点学科；2018年，入选广东省"冲补强"提升计划重点建设学科；2021年，广东省"冲补强"提升计划重点建设学科第一轮验收获优秀等级；2023年，在广东省教育厅组织的学科验收中获得通过。环境科学与工程：2016年，获批省级优势重点学科；2018年，入选广东省"冲补强"提升计划重点建设学科；2021年，广东省"冲补强"提升计划重点建设学科第一轮验收获良好等级；2023年，在广东省教育厅组织的学科验收中获得通过。食品科学与工程：2017年，获批省级特色重点学科；2023年，在广东省教育厅组织的学科验收中获得通过。动力工程及工程热物理：2021年，入选广东省"冲补强"提升计划（2021—2025年）重点建设学科。

二是珠江学者设岗学科。2018年，环境工程获批省"珠江学者"设岗学科；2019年，"工业催化"学科、"检测技术与自动化装置"学科获批"珠江学者"设岗学科。

三是软科世界一流学科。2021年5月26日，高等教育评价专业机构软科正式发布"2021软科世界一流学科排名"，学校"通信工程"学科入选2021年软科世界一流学科，上榜学科数量并列广东省入选高校第6名。这是学校优势学科群建设的成果，也是高水平理工科大学建设成效的集中体现。2022年7月19日，高等教育评价专业机构软科正式发布"2022软科世界一流学科排名"，学校共有2个学科入选，上榜学科数量位居内地高校第203位，学科总体排名较往年大幅攀升。其中，"通信工程"学科位居世界排名201～300，内地排名49～72，稳中有升。"计算机科学与工程"学科首次入选"软科世界一流学科排名"榜单，位居世界排名301～400，内地排名70～90。这是学校继2021年首次跻身世界一流学科排名后的又一重大突破。2023年10月27日，高等教育评价专业机构软科正式发布"2023软科世界一流学科排名"，广东石油化工学院共有3个学科入选，较上年新增2个学科，上榜学科数量位列全国高校第220～240位、广东高校第17位。其中，"计算机科学与工程"学科连续两年上榜，位居世界排名401～500位，中国排名 96～117 位。"化学工程""环境科学与工程"2 个学科首次入选"软科世界一流学科排名"榜单。"化学工程"学科位居世界排名 301～400 位，中国排名 135～167 位；"环境科学与工程"学科位居世界排名 401～500 位，中国排名 108～131 位。这是学校继 2021 年首次跻身世界一流学科排名后的又一重大突破，上榜学科数量再创学校历史新高。

四是 ESI 全球前 1% 学科。工程科学是学校第 1 个 ESI 全球前 1% 学科。2021 年 9 月 9 日，科睿唯安公布了 ESI 从 2011 年 1 月 1 日到 2021 年 6 月 30 日的统计数据，中国大陆共有 5 所高校的学科新晋全球 ESI 前 1%。学校工程科学学科历史性新晋全球 ESI 前 1%，学科建设取得重大突破。化学是第 2 个 ESI 全球前 1% 学科。2023 年 11 月 9 日，根据科睿唯安公布的 2023 年 11 月 ESI 最新统计数据，学校化学学科新晋 ESI 全球排名前 1%，为全国化学学科新晋 9 所高校之一。当期广东省仅 4 所高校、4 个学科新晋前 1%。这是学校继 2021 年 9 月工程科学学科实现 ESI 全球前 1% 学科零的突破后的又一重大突破。至此，学校进入 ESI 全球前 1% 学科数达 2 个，学校 ESI 国际排名上升至 4169 位，较 2021 年 9 月跃升 977 位。环境/生态学是第 3 个 ESI 全球前 1% 学科。2024 年 1 月 11 日，根据科睿唯安最新公布的 ESI 数据，学校环境/生态学学科新晋 ESI 全球排名前 1%，为全国环境/生态学学科新晋 3 所高校之一。这是学校继工程科学、化学学科进入 ESI 全球前 1% 后的又一新突破。至此，学校 ESI 全球前 1% 学科数上升至 3 个，学校 ESI 全球排名较 2023 年 11 月提升 26 位，位居第 4143 位；全国排名位居第 346 位，广东省内排名位居第 22 位。

（三）科技创新取得新突破

1. 高水平科研项目不断突破

2019 年，张清华教授主持的项目"大型石化装置异常工况智能诊断、预测与维护"和纪红兵教授主持的项目"仿生催化轻烃选择性氧化的自由基调控基础与工业过程强化"首次获批国家自然科学基金重点项目，分别获得直接经费资助 301 万元和 300 万元。这是学校首次获得国家自然科学基金重点项目，实现了在该类项目立项数量和资助经费的重大突破，两项指标位居全国第 80 位，广东省第 7 位。2019 年，纪红兵教授主持的项目"乙烯行业废油资源化综合利用若干科学问题"获批国家自然科学基金—国际（地区）合作与交流项目立项（经费 170 万元）。2019 年，施继成教授主持的项目"三联芳膦钯碳氮偶联催化剂的研发及产业化"获批广东省重点领域研发计划立项（经费 1000 万元），这是学校作为依托单位首次获得广东省重点领域研发计划重点专项，实现了在该类项目上的重大突破。2021 年，王素华教授获批国家自然科学基金联合基金重点支持项目"针对小分子污染物的在线分析方法及其应用研究"（260 万元）。2023 年，文成林教授作为项目负责人首次获批"十四五"国家重点研发计划"智能机器人"重点专项（4300 万元）。

2. 科研创新平台建设能力显著增强

自 2010 年以来，学校先后获批广东省重点实验室 3 个，分别是：2011 年由张清华教授主持的"广东省石化装备故障诊断重点实验室"项目（立项编号：2011A060901023，立项经费：100 万元），这是学校首次获批广东省重点实验室，自该重点实验室立项以来，张清华教授作为项目负责人共获批建设及运行经费 900 万元；2018 年由李德豪教授主持的"广东省石油化工污染过程与控制重点实验室"项目（立项经费：200 万元），这是学校获批的第二个广东省重点实验室；2024 年由谷宇院士主持的"省市共建石化装备智能安全广东省重点实验室（2024 年度）"。另外，学校还获批省级大学科技园 1 个，省级科研平台 26 个，广东省教育厅创新团队 13 个，广东省教育厅科研平台 12 个，茂名市科学技术局科研平台 52 个，茂名市人大常委会科研平台 1 个，广东石油化工学院校级科研机构 16 个。

同时，学校围绕石化装备安全的"卡脖子"问题，联合沈鼓集团、茂化建等企业成立全国首个石化装备安全智能化共同体，联手为石化类企业提供新的设备安全解决方案。自主开发"广油－沈鼓云"平台，对全国 1200 多套工业机组进行实时在线的准确监测和故障诊断分析，加快石化产业集群数字化、智能化和绿色化高质量发展。聚焦粤港澳大湾区绿色石化产业布局，联合相关地方政府、科研院所、行业协会、内地和港澳高等院校和头部企业组建广东石油化工学院粤港澳大湾区绿色石化产业技术研究院。以下是学校部分科研创新平台简介：

省级大学科技园

广东石油化工学院大学科技园创办于 2020 年，于 2022 年 12 月被广东省科技厅和教育厅认定为省级大学科技园，与茂名绿色化工研究院、茂名高新区、茂名高新发展集团深度融合发展。大学科技园采取"一园四区一基地"模式，拥有高新园区、西城园区、官渡园区、广州园区和中试基地。场地面积 1.7 万 m^2，众创空间 5000 m^2，中试基地 200 亩。园区在孵企业 47 家，与茂名石化产业紧密结合的有 22 家，6 家在孵企业已入库成为科技型中小企业，有效知识产权企业 13 家。入驻高层次人才创新团队 13 家，大学生创新团队 18 家。2023 年，大学科技园联合茂名高校科研院所专家以及企业技术骨干组成调研组深入茂名市及高新区内 100 多家企业开展实地调研，高质量编制碳一至碳九、特种油等 30 余张产业链图谱，为茂名市绿色石化产业链强链、延链、补链高质量发展提供智囊支撑。

石化装备智能安全广东省重点实验室

石化装备智能安全广东省重点实验室是 2024 年经广东省科技厅审批建设的省市共建省重点实验室。实验室面向绿色石化高质量发展国家重大需求，依托广东石油化工学院的控制科学与工程、动力工程及工程热物理等优势学科，联合中国石化集团公司旗下的茂名石油化工公司共同建设，紧紧围绕石化装备故障时频域融合智能诊断、石化装备长周期健康管理、石化智能传感与智慧园区网络信息安全、石化生产安全控制与优化等关键共性问题，开展科技创新、团队建设和人才培养，加快成果转化，提升产业核心竞争力，促进产业转型升级。

自2020年以来，实验室研究团队主持承担了国家自然科学基金项目、省级科研项目、市厅级及石化企业科技攻关委托项目336项，其中国家级29项（包括国家重点研发计划项目1项、国家自然科学基金重点项目1项），省部级107项，科研经费总额1.19亿元；发表SCI等高质量论文178篇，授权发明专利185项，获省部级科技奖励18项，为学校工程科学学科进入ESI全球前1%作出了主要贡献。石化装备智能监测与故障诊断、智能防腐、运维决策等相关技术的研究成果具有明显的创新性，整体技术水平处于国际先进。其中，旋转机械时频域融合智能故障诊断技术、石化大机组智能监测与故障诊断技术处于国际领先水平，获广东省科技进步奖一等奖、中国石油和化工自动化行业科技进步一等奖。

广东高校石油化工污染控制重点实验室

广东高校石油化工污染控制重点实验室于2018年由广东省教育厅批准，依托于广东省优势重点学科、珠江学者设岗学科和"冲补强"提升计划重点建设学科——环境科学与工程学科建设的省级科技创新平台。实验室紧密围绕石油化工产业及区域经济社会发展生态环境保护需求，在水污染控制与回用、固体废物资源化与环境材料、土壤污染控制与修复、环境污染分析与控制等领域开展科技创新、成果转化和人才培养，提升广东省石油化工行业环保科技创新能力，为华南沿海绿色石化产业及区域经济社会的可持续发展提供科技和人才支撑。2019—2023年，实验室成员承担国家自然科学基金、广东省自然科学基金、广东省科技计划及企业科技攻关等项目200余项，其中国家级20项、省部级52项，科研经费近亿元。发表学术论文269篇，其中SCI论文217篇。申请发明专利118件，授权发明专利60件。获得省部级和国家行业协会科技奖8项。

粤港澳大湾区绿色石化产业技术研究院

为深入贯彻落实习近平总书记视察广东重要讲话、重要指示精神，贯彻落实《粤港澳大湾区发展规划纲要》《广东省人民政府关于培育发展战略性支柱产业集群和战略性新兴产业集群的意见》《"十四五"原材料工业发展规划》《关于"十四五"推动石化化工行业高质量发展的指导意见》和广东省委"1310"具体部署，助力绿色石化产业高质量发展，我校联合粤港澳大湾区的相关高校、地方政府、石化企业、科研院所和行业协会，共建高水平石化产业协同创新平台"粤港澳大湾区绿色石化产业技术研究院"。研究院下设绿色石油化工智能化研究中心、石化大数据与装备控制研究中心、烯基聚合物新材料研究中心、高端精细化学品研究中心、绿色石化污染控制与资源化研究中心、绿色石化双碳经济技术研究中心6个研发中心。研究院旨在推动粤港澳大湾区绿色石化全产业人才链、教育链、产业链、创新链深度融合，构建广东省绿色石化产业技术科技创新、成果转化、生态共建的协同创新平台和示范基地，加快石化产业集群数字化、智能化和绿色化高质量发展，助力我省打造国内领先、世界一流的绿色石化产业集群。

3. 科技成果获奖成绩斐然

自 2010 年以来，学校以第一完成单位荣获广东省部级（含）以上科学技术奖励 47 项。其中，以第一完成单位获得广东省部级（含）以上科学技术奖励一等奖 9 项，主要包括：张清华教授主持的"石化装备智能故障诊断与运维关键技术及应用""旋转机械时频域融合智能故障诊断关键技术及应用"分别首次荣获中国石油和化工自动化行业科学技术奖科技进步奖一等奖和广东省科学技术奖一等奖；李德豪教授主持的"石油化工重度点源污水治理关键技术及应用"首次荣获中国产学研合作创新与促进奖产学研合作创新成果奖一等奖；余长林教授主持的"非常规结构光催化剂制备及其在环境净化中的应用"荣获中国商业联合会科学技术奖全国商业科技进步奖一等奖。其他科技成果获奖详见附录。

（四）师资力量实现新跃升

学校全面贯彻落实党中央决策部署和省委要求，围绕绿色石化产业发展和区域社会经济发展要求，聚焦高水平理工科大学建设和"申博改大"目标，全面深化人才体制机制改革，聚天下英才而用之，形成"广纳群贤、人尽其才"的良好态势。

1. 师资队伍结构不断优化，保障培养更加到位

一是坚持党对人才工作的全面领导。学校坚持党管人才原则，全面深化人才体制机制改革，2018 年 5 月，出台了《广东石油化工学院人才队伍建设行动方案》，成立人才工作领导小组，加强党对学校人才工作的集中统一领导，着力管好宏观、管好政策、管好协调、管好服务，深入实施新时代人才强校战略，全方位培养、引进、用好人才，形成集聚人才、团结人才、引领人才、成就人才的良好氛围。

二是提高博士占比和质量。创新博士层次人才引进模式，将博士设定为 A、B、C、D 四类岗位，采用"一院一策，一事一议"，分学科、分层次进行考核引进，根据业绩成果兑现不同的人才待遇。

三是强化校内教师培养。实施"海外委培博士计划""在职读博关爱计划"，支持教师攻读博士学位，给予一年的脱产期，脱产期间正常发放工资及岗位绩效，另外每月发放生活补贴，报销学费和差旅费等。

四是提高博士待遇。实施"双博士引进待遇提升计划"，发放博士津贴，每名博士给予每月 3000 元补贴。2024 年 4 月，全校博士总计 581 人，自 2014 年以来引进各类博士人才 273 名，自主培养毕业博士 105 名。截至 2024 年 4 月，专任教师 1304 人，其中博士人数达 513 人，专任教师中具有正高级职称 166 人，具有副高级职称 351 人，副高以上职称的专任教师比例达到 40%；另有 159 名青年骨干教师正在或即将在国（境）内外高校攻读博士学位。

五是加强教师培养培训。实施"教师素质提升计划""人才共建共培计划""双师双

能型人才共培计划"等人才计划，实施高中青年教师境内外访问学者项目，每年遴选一批中青年教师到境内外高水平大学或科研机构访学进修。支持教师参加各层次各类公派出国留学，鼓励各高校依托国家留学基金管理委员会"地方合作项目"，每年选派教师赴国外高水平大学或科研机构研修，拓宽国际视野，提升教学、科研和管理水平。学校自主培养了享受国务院特殊津贴专家2人，外籍院士1人，"百千万人才工程"专家1人，珠江学者特聘教授2人；广东省本科高校教学名师3人。49人入选广东省"扬帆计划"人才项目，其中3名教授首次入选"科技创新领军人才"。入选2022年度全球前2%顶尖科学家榜单8人，入选2022年全球学者学术影响力排名榜3人，中国高被引学者3人。

2. 师资队伍水平不断提升，激励服务体系日益健全

一是大力引进高层次人才。学校先后发布《学科带头人招聘计划》《产业领军及精英人才特聘计划》等高层次人才招聘计划，聘任中国科学院宋振骐院士为学校"双聘院士"。首次建立院士工作站，与中国工程院朱利中院士合作共建院士工作站，与中国工程院陈勇院士合作共建科技专家工作站。2018年，获批广东省首批博士工作站；2023年1月，获批"华南理工大学·广东石油化工学院广东省博士后创新实践基地"，为吸引、集聚博士人才提供了重要支撑。采取"年薪制""柔性引进""团队引进"等方式，积极发挥院士工作站、珠江学者岗位、博士工作站和博士后创新实践基地等平台的作用，有计划分层次地做好高层次人才引进工作。自2018年以来，先后从北京、武汉、长沙、南京、杭州等省会城市，引进"双聘院士"1人，全职引进高端人才36人，其中"万人计划"2人、"863计划"首席专家1人、教育部新世纪优秀人才3人、中科院"百人计划"2人、享受国务院政府特殊津贴专家4人、省级学者3人；柔性引进院士、"长江学者""国家杰青""国家优青"、教育部新世纪优秀人才等30人。

二是积极引进海外人才。学校高度重视海外人才引进工作，各二级单位、部门积极动员曾在海外学习或工作的教职工利用海外留学生联谊会、欧美同学会等渠道，大力宣传学校的人才引进政策，以才引才，以才聚才。统筹各类有效资源和优惠政策，采取年薪制、提供科研启动经费、发放生活交通补贴，组织申报茂名市人才补贴、安家费、购房补贴等福利和国家、省级人才项目。先后从美国、加拿大、日本、韩国、马来西亚、德国、新加坡、巴基斯坦、尼日利亚、乌克兰等国家，台湾、香港、澳门等地区全职引进博士60多名，其中全职引进教师32人（台湾地区博士17人，乌克兰哲学自然科学团队4人，新加坡1人，马来西亚1人，巴基斯坦2人，尼日利亚2人，肯尼亚2人，南非1人，印度2人）。

三是建立健全人才激励机制。实施科研扶持计划、学院学者计划，设立青年博士科研专项基金、人才伯乐奖，建立人才队伍目标管理及督查考核机制，实施责任追究制、人才队伍建设成效一票否决制，有针对性地对不同发展阶段的教师进行选拔培养，有效帮助教师不断挖掘科研潜力，为学校高层次人才的高质量发展提供可靠的制度保障。

四是切实做好人才服务工作。学校高度重视、关心关爱各类人才，建立校领导联系高层次人才工作制度，设立高层次人才科研助理岗位，解决人才入户、社保、子女入学、配偶就业等问题。积极搭建干事创业平台，将高层次人才及时选拔到关键工作岗位，激发工作积极性和创造性。

通过上述引育并举的措施，人才队伍建设成效显著。高层次人才项目不断取得新突破；高水平学科不断取得新突破；高层次平台不断取得新突破；高级别项目和成果不断取得新突破；高质量人才培养不断取得新突破，为高水平理工科大学建设提供了强有力的人才支撑。

（五）社会服务迈出新步伐

1. 产学研合作成效稳步提升

自 2010 年以来，学校共签订横向科研项目 1986 项，合同经费超 3 亿元（3.0932 亿元）。其中，合同经费 100 万元（含）以上的横向科研项目 46 项，总经费达 7138 万元。与中国石油大学（北京）、中国海洋大学、中山大学、华南理工大学等高等院校签订的横向科研项目 89 项，合同经费 600 余万元。与广东省安全生产监督管理局、广东省质量技术监督局、广东省高等学校思想政治教育研究会、茂名市人民政府及下辖市区人民政府、政府职能部门等单位签订横向科研项目 551 项，合同经费 5268 万元。与中国石化茂名分公司、中国石化湛江东兴石油化工有限公司、广东烟草茂名市有限责任公司、东莞市红树林环保科技有限公司等企业单位签订横向科研项目 1347 项，合同经费超过 2.5 亿元。

2. 科技成果转化赋能产业

学校始终注重加速科技成果转移转化和产业化，赋能绿色石化产业和区域经济社会高质量发展。"旋转机械时频域融合智能故障诊断关键技术及应用"成功应用于石化、高铁、船舶、航天等行业，2021 年 3 月—2024 年 3 月为应用企业合计新增销售额 185.2 亿元，新增利润 31.1 亿元。"油气管道泄漏检测关键技术与应用"在各大城市燃气公司等企业推广应用，产生直接经济效益 2250 万元，总经济效益达 16.28 亿元。"石化高盐高浓度污水处理关键技术及应用"在全国 50 多家特大型和大型石化企业推广应用。2021 年 3 月—2024 年 3 月，项目完成单位累计节支创效 4.24 亿元，主要应用单位累计新增销售额 10.28 亿元，新增利润 6.09 亿元。与北京泓泰天诚科技有限公司、广东鲁众华新材料有限公司、广东大为汽车产业股份公司等企业单位实现科技成果转化 36 项，转化金额 68.486 万元。自 2010 年以来，学校以第一完成单位获授权知识产权 3805 项，其中授权国内发明专利 2620 项，授权国际发明专利 59 项，计算机软件著作权登记 1126 项。

（六）对外合作实现新发展

2009—2023 年底，学校先后与美国、英国、法国、德国、爱尔兰、匈牙利、波兰、乌克兰、斯洛文尼亚、加拿大、新西兰、澳大利亚、尼日利亚、马来西亚、菲律宾、巴基斯坦、越南等17个国家的30余所大学和机构，以及中国香港特别行政区、中国澳门特别行政区、中国台湾地区的14所高校和企业集团签订或续签合作协议79份，并以高层互访为引领，优化对外开放总体布局，全面推进对外科研交流与合作、师生赴国（境）外交流学习、博士生联合培养、海外高层次人才引进、留学生招收培养等工作。

（1）国际交流合作全面推进。2010年5月，李德豪率团访问越南石油集团和越南河内矿业地质大学，与越南石油集团、越南河内工业大学进行深入交流，这是学校首次派团出国访问交流。1个月后，越南河内矿业地质大学回访学校，双方在科研合作、学生培养、师资培训、资源共享等合作方面进行交流并签署校际合作协议，标志着学校对外交流合作进入新的发展阶段。2010年11月，张清华率团访问英国北安普敦大学和知山大学，推动校际合作交流顺利开展，对外交流布局扩大。2011年4月，英国北安普敦大学国际交流中心主任张喆（Thomas Zhang）、知山大学副校长骆伟达（David Laws）先后率团来校回访，校际合作关系更加深化。2016年10月29日至11月5日，凌靖波率团访问澳大利亚、爱尔兰，与当地高校和企业深入交流，探讨开展校企合作、校际交流与合作、海外高端人才（团队）招聘与引进等相关事宜，国际合作继续拓展。2010—2023年底，校领导李德豪、张清华、凌靖波、李润、彭志平、周如金、李华、张锅红分批次赴越南、英国、美国、加拿大、波兰、匈牙利、德国、泰国、马来西亚、斯洛文尼亚、乌克兰等国家高校访问，推动国际交流，拓展合作渠道，深化合作内容。学校2010—2023年先后派出因公出访团组38批133人次，接待海外来访团组85批391人次，交流院校和机构覆盖亚洲、欧洲、美洲、澳洲、非洲，合作范围不断拓展。同时，学校积极推动学生赴国外交流活动，2010—2023年，通过赴美带薪实践项目、国际汉语志愿者项目、寒暑期学习交流项目等共选派106名学生出国交流学习。在科学研究领域，学校分别与英国林肯大学共建"国际工业安全大数据研究院"并联合培养博士4人，与乌克兰斯科沃罗达大学共建"中乌'一带一路'研究院"，与斯洛文尼亚卢布尔雅那大学共建"先进材料智能制造研究院"，合作交流不断深入。

（2）建设国际化师资队伍。2011—2023年底，学校组织教师赴国外参加国际会议共53批59人次，赴英国知山大学、加拿大约克大学等高校进行师资海外培训共9批128人次，主办或承办国际会议17次，国内外参会嘉宾969人次。聘用来自乌克兰、南非、尼日利亚、肯尼亚、巴基斯坦、新加坡、马来西亚、英国等8个国家的长短期外籍教师182人次，截至2024年初，有外籍专家教师13人。其中，乌克兰籍专家奥列格·巴扎洛克（Oleg Bazaluk）与巴基斯坦籍专家法拉克（Shahzad Farrukh）入选2022年全球2%顶尖科学家"年度影响力"榜单，新加坡籍专家张冬青入选"2023全球学者学术影响力排名"环境科学与工程学科终身学术影响力榜。

（3）拓展留学生招生培养。2013年，学校成功获得招收外国留学生资格，积极开展留学生招生和培养工作，相继开展国际学生学历教育和非学历教育。2014年，由尼日利亚石油技术发展基金会选派资助的68名尼日利亚留学生于当年7月到校接受化学工程与工艺（石油炼制方向，52人）、国际经济与贸易（16人）2个专业四年的本科教育，于2018年6月顺利毕业。2018年7月2日上午，广东石油化工学院2018届国际学生毕业典礼暨学位授予仪式在学校科技会堂隆重举行，校长张清华为首届国际学生颁授学位。随后，2021年春季学期，依据学校与乌克兰斯科沃罗达大学签订的合作协议，22名乌方选派的留学生正式开始线上汉语语言教育。2021年12月30日上午，在完成春季学期和秋季学期的课程后，22名乌克兰籍非学历教育国际学生线上结业仪式在图书馆208举行，党委副书记张锅红为首届非学历教育国际学生颁发结业证书。

（4）深化与我国台、港、澳高校的交流与合作。通过高层互访，提升学校与台湾高校的合作交流。2011年5月23日，张清华参加第六届海峡两岸（粤台）高等教育论坛，并与台湾大仁科技大学董事长黄国庆就两校合作办学事宜进行深入讨论，当月26日黄国庆应邀来校访问并签订合作协议书。2012年12月15—22日，张清华率团赴台访问大仁科技大学、高雄大学、屏东科技大学、铭传大学，继续推动与各高校的师生交流和科研合作。2015年11月5—11日，凌靖波率团赴台访问宜兰大学、台湾科技大学、高雄大学、大仁科技大学、屏东大学、屏东科技大学，签订多项合作协议。2012—2019年，校领导李多民、李德豪、周如金、张锅红亦分别率团访问台湾高校或参加论坛，积极推动学校与台湾伙伴高校在学生交流、科研合作、人才引进等方面的合作交流。

与此同时，学校积极融入粤港澳大湾区建设，不断加强与港澳高校的联系。2011—2024年3月，校领导张清华、周如金、万勇分批次率团访问港澳高校或出席论坛，积极推动与港澳高校在学生、师资、科研等方面的合作，校际联系不断加强。2011年6月15—17日，张清华率团访问香港浸会大学、澳门科技大学，达成多方面合作意向。香港浸会大学校长陈新滋院士，澳门科技大学校长许敖敖教授，分别于2011年6月26日和2012年1月11日，应邀来校访问，并被聘为客座教授。2017年12月4—7日，张清华率队访问香港城市大学、香港浸会大学、香港茂名同乡会、澳门城市大学、澳门科技大学。2023年7月4日，张清华率团赴香港中文大学参加2023粤港澳高校联盟年会暨校长论坛，以"聚天下英才而用之"为主题作主旨发言，并与港澳高校领导进行交流，就开展人才培养和科研合作，建设粤港澳大湾区绿色石化产业技术研究院等进行了深入探讨，达成合作意向。2024年3月，张清华率队赴澳门科技大学、澳门大学调研交流，进一步深化合作关系。此外，学校成功于2020年加入粤港澳高校联盟，于2021年加入粤港澳高校工科联盟，于2023年加入粤港澳高校农产品质量安全与营养健康联盟等大湾区高等教育科研交流平台，并积极参加相关会议论坛。近年来，学校与澳门科技大学（2021年11月）、香港科技大学（广州）（2023年8月）、香港都会大学（2023年8月）、香港中文大学化学系（2023年12月）通过新签或续签合作协议不断拓展、巩固合作关系，积极推动共建广油粤港澳大湾区绿色石化产业技术研究院。

此外，学校与台、港、澳高校在学生交流和人才引进方面的合作也不断走深走实。自2011年起，学校积极通过举办夏令营等交流活动接待台湾学生1批30人、澳门学生1

批 27 人来校参访交流，并通过赴台研修项目、澳门高校研究生保荐项目、寒暑假短期交流项目，选派 303 名学生赴台、港、澳合作高校交流学习。2017—2023 年底，学校共有 62 名学生被香港理工大学、澳门科技大学等港澳高校录取，获得研究生攻读资格。此外，学校积极引进台湾高层次人才，自 2019 年起聘请台籍博士共计 125 人次。截至 2024 年 5 月，在校台籍博士 18 人。

（七）通过教育教学审核评估

1. 迎接本科教学工作评估

2013 年 12 月，教育部发布《关于开展普通高等学校本科教学工作审核评估的通知》《普通高等学校本科教学工作审核评估方案》，决定从 2014 年起开展普通高等学校本科教学工作审核评估。审核评估是在我国高等教育新形势下，总结已有评估经验，借鉴国外先进评估思想的基础上，提出的新型评估模式，其核心是对学校人才培养目标与培养效果的实现状况进行评价，旨在推进人才培养多样化，强调尊重学校办学自主权，体现学校在人才培养质量中的主体地位。

2015 年 1 月，广东省教育厅印发《广东省教育厅关于做好本科教学工作审核评估准备工作的通知》，要求各校将审核评估工作作为学校落实本科教学工作中心地位、全面提高教育教学质量的中心工作之一，列入学校下一阶段的总体工作日程，精心组织力量，明确具体负责机构及责任人，依据《广东省普通高等学校本科教学工作审核评估方案》研制学校评估工作方案，制订时间表，与学校推进"创新强校"工程建设有机融合、与学校日常工作紧密结合，切实进入审核评估准备工作状态。同年 3 月，学校向省教育厅提交了审核评估工作联系人信息表、拟参评时间表、学校参评条件自查表等相关材料。

2016 年 7 月 8 日，学校出台《广东石油化工学院本科教学工作审核评估评建工作方案》，成立审核评估评建工作领导小组，学校党委书记凌靖波、校长张清华任组长，学校党委常委、分管教学副校长周如金任常务副组长，学校党委常委、副书记王恒胤，学校党委副书记、纪委书记李华，学校党委常委、副校长李德豪、彭志平任副组长，相关职能部门负责人为成员，统一领导、部署和协调全校的审核评估工作。

2017 年 3 月 14 日，学校在科技会堂召开 2017 年教学工作暨 2018 年本科教学工作审核评估动员大会。学校校长张清华与二级教学单位负责人签订本科教学审核评估责任书。张清华就审核评估动员工作提出三点意见：一是统一思想，充分认识审核评估的意义；二是深刻领会，准确把握审核评估工作的精神内涵；三是凝心聚力，扎实推进学校审核评估工作。副校长周如金强调，2017 年是全力做好迎评工作的关键一年，希望各单位（部门）按照学校的评建方案高效开展迎评工作。学校党委书记凌靖波要求各教学单位强化责任落实，对照责任清单，认真履行职责，全力做好工作。教师要负起教学的责任，把主要精力放在教学上，负起提高教育质量的重任。机关教辅各部门要负起服务教学的责任，实现职能转变，从管理型转向服务型，为一线教学单位提供支持。全体教职工都要落实育人责任，把思想政治工作贯穿教育教学全过程，各人守好一段渠、种好责任田。各二级党组织要把常态化、制度化开展的"两学一做"学习教育与本科教学工作审核评估迎评促建工作紧密结合起来，充分发挥好党组织的战斗堡垒作用、领导干部的表率作用和党员的模范带头作用，教育组织广大党员干部落实立德树人的职责。二级学院代表李继凯、孙立民在动员会上发言，表达了全校教师全力以赴迎接审核评估的决心。

2018年1月18日，学校在科技会堂举行本科教学审核评估阶段总结大会。学校党委常委、副校长周如金对学校审核评估工作进行阶段性总结并部署下一阶段工作。学校党委常委、副书记王恒胤通报了2016年、2017年专业评估的结果。学校校长张清华要求各单位深刻认识审核评估的重大意义，对标高水平理工科大学建设的水平和要求，将硬件做强，将软件做硬，发扬"艰苦奋斗、求实献身"的学校精神，全力做好迎评工作。学校党委书记凌靖波指出，这次本科教学审核评估工作，是整体提升办学水平的重要契机和重要抓手，更是建设高水平理工科大学第一个要打的硬仗，全体教职工必须做到全力以赴、责无旁贷。

2019年1月17日，广东省教育厅发布《关于2019年开展佛山科学技术学院等7所高校本科教学工作审核评估的通知》，决定于2019年11月17—21日对学校开展审核评估工作，要求学校继续加强建设，做好评估准备工作。

2019年10月25日，学校在科技会堂召开本科教学审核评估迎评动员大会。学校党委书记、校长张清华对评估工作进行再动员、再部署，号召广大师生，举全校之力，集全校之智，用最好的状态、最好的环境、最好的氛围、最扎实的工作，高质量完成本科教学工作审核评估。副校长周如金回顾了学校为迎评所做的主要工作，对评估决战阶段的主要工作做具体部署，要求全校上下关心评估、投身评估、支持评估，确保高质量推进和圆满完成审核评估冲刺阶段的各项任务。

2019年11月17—21日，由中山大学原校长黄达人教授（组长）、北京石油化工学院校长蒋毅坚教授、广东工业大学副校长章云教授、韶关学院副校长赵三银教授、哈尔滨工业大学环境学院党委书记齐晶瑶教授、湖南大学化学化工学院党委书记王玉枝教授、云南大学教学评估办公室主任董立昆教授、华南理工大学分析测试中心主任向兴华研究员、广东海洋大学继续教育学院院长安立龙教授、中国石油大学（华东）石油工程学院张卫东教授组成的教育部本科教学工作审核评估专家组入校考察。专家组依照教育部本科教学工作审核评估的相关要求和标准，在审阅学校审核评估自评报告和审核评估状态数据分析报告及听取工作汇报的基础上，采用深度访谈、听课看课、考察走访、查阅资料等多种形式，对学校本科教学工作进行了多角度、全方位、深层次的检查指导和"把脉问诊"，肯定了学校的办学特色和育人成效。

11月21日下午，黄达人代表专家组宣读了对学校本科教学工作审核评估的总体评价：广东石油化工学院的办学定位和人才培养目标很好地适应了国家和区域经济社会发展的需求，教师队伍和教学资源能够保障人才培养的需要；建立了较为健全的教学质量保障体系，并能较好运行；学校的培养过程支撑了培养目标的达成；学生对学校教育教学的满意度较高，社会用人单位对毕业生的评价好。专家组以问题为导向，提出改进建议：一是进一步加强顶层设计，做实做新应用型人才培养；二是进一步优化师资队伍结构，加强教师发展与服务；三是进一步加大教学基础设施投入，拓展课程资源；四是进一步加强教学改革力度，深化人才培养模式改革；五是进一步加强学生指导与帮扶体系，搭建交流学习平台；六是大力加强质量保障体系的建设，努力提高质量保障体系运行的有效性。党委书记、校长张清华代表全校师生员工对专家组的辛勤工作和悉心指导表示了衷心感谢。他表示，专家组本着高度负责的态度、严谨求实的作风、深钻细研的精神、高超的专业水准，对学校本科教学工作进行了多角度、全方位、深层次的检查指导和"把脉问诊"，肯定了学校在65年办学历程中所形成的鲜明石化办学特色，肯定了学校教书育人所取得的明显成效，这是对全体师生的极大鼓舞和鞭策，也进一步坚定了学校的办学信心。同时，专家组精准到位地指出了学校本科教学工作中存在的问题与不足，并提出了很多有针对性、操作性的宝贵建议及意见，必将对学校打造高水平本科教育，加速高水平理工科大学建设，申请硕士学位授予单位起到极大的助推作用。张清华要求，学校要把整改工作作为当前和今后一段时期的重点工作全力推进，认真总结并消化吸收各位专家的意见建议，马上制定整改方案，抓好整改落实。重点做好以下三个方面的工作：一是进一步提高政治站位，准确把握建设高水平本科教育的形势要求；二是进一步抓好整改，全力打造高水平本科教育；三是进一步深化改革，全力推进高水平理工科大学建设。

2019年12月26日，广东省教育厅发布《广东石油化工学院本科教学工作审核评估报告》，要求学校及时总结分析，制定整改方案，向全校各部门各单位布置整改任务。

2020年3月，学校组成了以学校党委书记、校长张清华和副校长纪红兵为组长，其他校领导为副组长，各主要部门领导为成员的广东石油化工学院本科教学工作审核评估整改领导小组，和以教学副院长为组长的整改工作小组，形成了《广东石油化工学院本科教学工作审核评估整改方案》并提交广东省教育厅，全面开启为期一年的整改工作。主要部门牵头分工负责，二级学院全面配合，列出问题清单，定人定时进行重点整改。学校分阶段对整改任务的落实情况和完成进度进行检查。

2021年3月，学校根据《广东石油化工学院本科教学工作审核评估整改方案》，对发展与定位、师资队伍、教学资源、培养过程、学生发展、教学质量保障、西城校区建设等7个方面的整改情况进行总结，形成《广东石油化工学院本科教学工作审核评估整改报告》并提交广东省教育厅。

2. 新一轮本科教育教学审核评估

2021年1月21日，教育部印发了《普通高等学校本科教育教学审核评估实施方案（2021—2025年）》（以下简称《方案》），启动新一轮审核评估工作。新一轮审核评估在继承上轮审核评估"自己尺子量自己""五个度"等高教领域普遍认可的有效做法的基础上，强调通过评估促进高校合理定位和特色发展。新一轮审核评估制定了坚持立德树人、推进改革、分类指导、问题导向和方法创新的五大基本工作原则，具有立德树人导向更加鲜明、坚决破除"五唯"顽疾、积极探索分类评价、大幅减轻评估负担、突出评估结果使用等突出特点。

学校党委高度重视新一轮本科教育教学审核评估工作，于2021年12月明确将其列入《广东石油化工学院教育发展"十四五"规划》。

2022年，学校根据省教育厅发布的《广东省教育厅关于做好本科教育教学审核评估准备工作的通知》要求，从章程、办学定位、人才培养目标、师资队伍与育人平台、学生发展、教学成效等方面充分陈述申请新一轮审核评估的理由，并于3月20日将新一轮审核评估准备工作材料报送省教育厅。11月，完成教育部审核评估专家、项管和秘书推荐工作。

2023年2月17日，广东省教育厅印发《广东省普通高等学校本科教育教学审核评估实施方案（2021—2025年）》，公布了《广东省普通高等学校本科教育教学审核评估指标体系》《广东省"十四五"期间普通高等学校本科教育教学审核评估总体计划》，确定学校参评类型为第二种，参评时间为2024年上半年。

2023年4月，学校召开本科教育教学审核评估工作布置会，学校党委常委、副校长李为民从立德树人指导思想、人才培养中心地位等方面阐述了新一轮本科教育教学审核评估的特点和变化，要求相关部门对标对表审核评估指标体系，以评促强，不断夯实学校本科教育教学基础。学校党委常委、副校长万勇介绍了新一轮本科教育教学审核评估要求，解读了学校审核评估工作方案，指出要明确分工、厘清责任、加强调研、营造氛围，做好审核评估各项准备。学校党委常委、副校长周如金在会上指出，做好新一轮本科教育教学审核评估迎评工作，一是认真研读本科教育教学审核评估相关文件，特别是评估指标体系，精准把握指标体系内涵要求与精髓要义；二是围绕"说、做、证、评、改"五个方面，说好学校本科教育教学特色，做好审核评估自评报告，证好学校本科教育教学成效，评好"五个度"达成情况，改好问题清单并加强整改，以此扎实推进审核评估评建工作。

5月，学校出台本科教育教学审核评估工作方案，成立以党委书记、校长张清华为组长，学校党委常委、分管教学副校长万勇为常务副组长，学校党委常委、副书记张锅红，学校党委常委、副校长周如金、李为民，以及华南理工大学帮扶队队长朱永东为副组长，部门负责人及学院院长、党委（党总支）书记、学校督导组组长为成员的审核评估工作领导小组，全面领导、组织和协调全校审核评估工作。领导小组下设工作办公室，挂靠教学质量监督与评估中心，具体落实领导小组的工作部署。实行牵头校领导指导下的组长负责制，协调落实各项工作任务。成立材料和宣传两个专项工作组。材料工作组下设办学方向与本科地位、培养过程、教学资源与利用、师资队伍、学生发展、质量保障、教学成效等7个项目小组。各学院成立学院审核评估工作组，按相应的职责分工推进学院自评自建工作。

2023年6月—2024年1月,学校坚持以学生为中心、以产出为导向、持续改进,对标对表开展自评自建,认真总结办学特色优势,分析存在问题,探索改进优化方案,将评建工作融入日常本科教育教学。校领导率队赴省内外高校考察调研,邀请校外专家开展专题辅导,组织审核评估学习会、培训会等。校领导率队深入二级学院开展本科教育教学档案专项检查,听取学院自评自建工作汇报,重点对教学管理制度、本科人才培养方案、课程相关资料等进行检查;开展试卷评估、论文抽检等专项评估工作;开展校内专项评估,通过调阅资料、座谈访谈等方式"把脉问诊",形成问题清单、明确责任、限时整改;委托第三方教育质量评价机构开展在校生学习体验、教师教学体验、应届毕业生就业与培养质量、毕业生毕业五年后培养目标达成情况调查,全方位精准把握学校本科教育教学情况。学校主页及时发布评估工作动态,官微分期宣传审核评估知识、评估问答,下发审核评估工作指南、精要导读、应知应会手册,营造"人人关心评估、全员参与评估"的良好氛围。

2024年2月28日上午,学校在科技会堂召开高质量发展会议暨2024年春季学期工作会议。学校党委常委、副校长万勇对新一轮本科教育教学审核评估工作进行动员和部署。党委书记、校长张清华要求全面做好本科教育教学审核评估工作,要精准把握新一轮本科教育教学审核评估内涵要求,强化责任担当,高质量推进迎接本科教育教学审核评估的各项工作。为了进一步夯实本科教育教学审核评估工作基础,3月11—15日开展本科教育教学审核评估线上自查评估,4月22—26日开展本科教育教学审核评估线上模拟评估,参照教育部专家组评估程序及内容,检查学校本科教育教学相关工作,重点检查迎评准备工作情况、教学档案准备情况,找差距、促整改,以良好的状态迎接教育部本科教育教学审核评估。

2024年5月8日上午,学校在官渡校区科技会堂召开本科教育教学审核评估迎评冲刺动员大会,要求进一步统一思想、统一意志、统一行动,推动全校上下知重负重、鼓足干劲、连续作战,全力以赴做好本科教育教学审核评估工作。要对照"高、实、细、快、严"五字要求,以高标准、高质量推进审核评估各项任务;要突出抓好安全稳定、示范引领作用、党纪学习教育等各项工作,为高质量完成审核评估提供强有力保障。冲刺会后,学校开展"上好一堂课"备课大行动,进一步加强教风、学风;开展"二级学院审核评估专家汇报会",进一步凝练特色优势;开展"审核评估倒计时日大宣传",进一步营造迎评促建氛围;开展"审核评估大培训",进一步提升教师教学和工作组迎评能力。全校师生全力以赴,为迎评工作进行最后的冲刺。

2024年5月20日,为期三周的线上评估启动,来自省内外的18位专家通过审阅材料、线上听看课、访谈座谈等形式对学校本科教育教学工作进行线上全面考察。6月11—14日,专家考察组一行8人对学校本科教育教学工作进行入校实地考察。为服务好专家线上线下的审核评估工作,学校为每位专家以"1+2"的形式配备联络员和联络员秘书,联络组成员团结一致、精诚合作,联络员充分发扬"艰苦奋斗、求实献身"的学校精神，以"功成不必在我，功成必定有我"的工作态度和责任担当，以最高质量、最高标准、最快速度，用心、用情、用力圆满完成工作任务，得到专家组的充分肯定和高度评价。

第三节　久久为功　圆申硕梦

回溯学校申硕"十年磨一剑"的奋斗历程，先后经历了三次跌倒和坎坷。2008年，学校初次尝试失利；2011年，以全省第3名的成绩进入教育部答辩但最终未能如愿；2017年，因未能入选广东省硕士学位立项建设单位无缘申报。然而，全校上下希望不灭、信念不倒、志气不泄，最终于2021年圆梦。

一、联合培养

2005年底，学校启动联合培养研究生工作，并在科研处设置了重点学科与研究生培养科。2005年11月，学校与南京信息工程大学联合培养的2名环境工程专业硕士研究生来校报到，为学校首批联合培养全日制研究生。同月，学校19名教师获聘太原理工大学硕士研究生兼职指导教师，涉及化学工艺、工业催化、生物化工、化工过程机械、控制理论与控制工程、计算机应用技术等6个专业，太原理工大学的首批14名学生于2006年3月来校报到。

学校联合培养硕士研究生的规模逐步扩大。学校先后与清华大学、英国林肯大学、华南理工大学、太原理工大学和辽宁石油化工大学等高校联合培养博士、硕士研究生362名，其中联合培养博士生27名。导师队伍不断扩大，受聘于合作学校的博士生副导师或硕士生导师118人。学生在校期间除了完成相关的实验和论文工作外，还参加导师的科研工作，在导师承担的高级别纵向课题研究工作中成为了主力军，是这些课题圆满完成的重要保障。研究生培养质量逐年提高，学生在校期间共发表学术论文500多篇。历届联合培养博士生、硕士研究生均圆满通过答辩。与清华大学联合培养的司小胜博士获得国家自然科学基金项目优秀青年基金项目资助和全军优秀博士论文奖；与湖南大学联合培养的博士生、硕士生在国际知名期刊发表学术论文4篇。学校实行从学位论文开题、中期检查到论文答辩等各环节的全过程管理，建立以导师制为主体、主管职能部门监督相结合的质量保证体制，逐步形成一套涵盖了研究生导师遴选、研究生管理、课程管理与考核、学位授予与管理和奖助贷体系等各环节、全过程的管理规章制度，确保了研究生教育工作的顺利开展。联合培养研究生工作，为学校申硕乃至独立培养硕士研究生起到重要的推动作用，为学校探索以提升职业能力为导向的专业学位研究生培养模式积累了经验。

二、首次尝试

2008年1月和10月，国务院学位委员会先后颁布《博士、硕士学位授权审核办法改革方案》和《关于做好新增博士、硕士学位授予单位工作的指导意见》，对新增博士、硕士学位授予单位的审核工作实行改革，采取立项建设、规划先行的管理模式。10月，国务院下发《关于做好2008—2015年新增博士、硕士学位授予单位立项建设规划工作的通知》，根据通知精神，广东省教育厅组织开展了新增博士（硕士）学位授予立项建设单位申报工作。学校组织了申报，提交《茂名学院新增硕士学位授予单位建设规划（2008—2020）》（以下简称《规划》）。虽然本次申报立项建设单位没成功，但这是学校升本以后第一次以书面形式提出申硕目标和建设规划。在《规划》中，学校明确提出，力争在2013年成为硕士学位授予单位。同时，《规划》也明确提出将化学工程与技术、控制科学与工程两个学科作为授权学科，环境科学与工程、机械工程两个学科作为支撑学科。此后，学校的重点学科建设工作和申硕学科建设工作一直坚持重点打造以上4个学科，每年对4个学科的建设规划进行动态修订。从立项建设单位申报工作中得到的启示是，成为立项建设单位是获批硕士学位授予单位的首要环节。弄清楚了这一点后，学校领导在很多重要会议的讲话、学校学科建设的近期目标设定上都明确提出，力争成为广东省硕士学位授予立项建设单位。

三、全面启动

2009年1月16日，在学校第二轮校级重点建设学科年度检查评审会上，校长张清华在总结讲话中提出了"学校正式吹响学科建设、科研工作和硕士点建设的冲锋号"；4月2日，张清华主持召开学校申硕规划研讨会，会议提出实施与名校之间一对一帮扶、聘请学科顾问等加强学科建设的有效举措；6月17日，学校与广东工业大学签署帮扶共建合作协议。广东工业大学从学科帮扶共建、科研项目申报及科技攻关、联合培养研究生、教学工作、人才培养、教师培训及学术交流等6大方面对学校进行全方位帮扶，其中帮扶重点是广东工业大学对口帮助学校加强对化学工程与技术、控制科学与工程、环境科学与工程、机械工程等学科的建设。

2010年，学校签约聘请首批学科顾问，包括清华大学、天津大学、中山大学、华南理工大学等高校具有"长江学者""国家杰青""珠江学者"等称号的知名专家学者。协议对受聘学科顾问的岗位任务目标作了明确要求：指导所在学科凝练学科方向、制定学科中长期发展规划和科研平台建设方案；指导所在学科组成员申报国家级科研项目，指导所在学科组成员撰写并发表国内外权威刊物学术论文；指导所在学科的教学质量工程建设工作，指导学校的教学名师培养工作；参与学校建设高水平师资队伍工作，积极向学校引荐优秀人才；协助学校开展国内外多种形式的学术交流活动，开展学术讲座。此后的工作实践也充分证明借助外力是学校申硕成功的一个重要举措。

2009年6月，学校成立了学科建设办公室，与科研处合署办公。2014年，学科建设办公室被独立设置为学校二级职能部门；2018年，学科建设办公室与发展规划处合并为发展规划与学科建设处。

四、进京"赶考"

2011年3月，学校遴选第三轮校级重点建设学科，再次明确将化学工程与技术、控制科学与工程两个一级学科确定为申硕学科，将环境科学与工程、动力工程及工程热物理两个一级学科确定为支撑学科，申硕学科和支撑学科同时作为第一系列校级重点学科开展建设。从第三轮校级重点学科建设开始，学校的重点学科建设工作直接瞄准申硕目标，各项建设举措始终围绕申硕目标发力，取得了一系列里程碑的建设成效。

2011年4月8日，学校隆重召开学科建设工作会议，校长张清华在会上作了题为"树立三种意识，明确一个目标，深入推进学科建设"的讲话，明确提出：要树立学科建设的主导意识、全局意识和特色意识。张清华在讲话里还要求，不仅要把学科建设这个"龙头"舞好，而且要舞活。学科建设龙头地位理念进一步根植于广大教师心中，学科建设龙头地位得到进一步牢固树立。同时，学校进一步明晰了学科发展思路和定位，提出抢抓国家和广东省实施教育改革与发展中长期规划纲要及国家和广东省石化振兴规划纲要的重要机遇，进一步打造特色鲜明、优势突出、多学科相互支撑、协调发展的学科体系。

2011年8月，国务院学位委员会下发《关于开展"服务国家特殊需求人才培养项目"——学士学位授予单位开展培养硕士专业学位研究生试点工作的通知》（学位〔2011〕54号）。试点工作面向仅具有学士学位授予权，且没有列入国家批准的新增硕士学位授予单位立项建设规划的普通高等学校。这对于2008年申报立项建设单位失利的学校来说，是一个极佳的机会。学校快速反应，整合资源申报工程类别的化学工程领域。在全校上下的共同努力下，该申报点在省内脱颖而出，成功进入教育部答辩。尽管最后未能如愿，但是这次宝贵的经历给学校留下了极其宝贵的经验。

经验一：艰辛努力，初见成效。从2008年申请立项建设单位排名第六，到一跃进入省此类院校前三，说明学校学科建设工作的方向正确，取得的成果丰硕。

经验二：特色显现，氛围初成。学校科学规划，加大投入，形成在省内具有一定优势地位、特色明显的学科群。教职员工认可并积极参与学科建设与科研工作的氛围已经形成。

经验三：学校精神，再次彰显。50多个日日夜夜，参与相关工作和材料准备的部门院系以及教职员工群策群力、同心同德，大家不计报酬、埋头苦干、日以继夜、废寝忘食，"艰苦奋斗、求实献身"的学校精神再次得到彰显。

经验四：产教融合，校友助力。三大石化央企鼎力支持，茂名石化、湛江东兴石化、广州石化等公司全程参与，成为坚强后盾；广大校友穿针引线、献计献策、有求必应。

五、苦练内功

学校党政班子信心始终坚定、决心始终不变，带领全校师生员工以"不破楼兰终不还"的决心，十年卧薪尝胆，发奋图强，排除万难，契阔同舟，朝着申硕这个宏大目标坚毅前行，再次向提升办学层次发起冲锋。

2016年7月，时任中共中央政治局委员、广东省委书记胡春华莅校考察，对学校建设发展成效特别是科技创新成果给予充分肯定，并对学校的发展提出期望。同年，学校编写了《广东石油化工学院"十三五"学科建设发展规划》，提出围绕重点建设的申硕一级学科，加强研究生联合培养工作，力争在"十三五"期间成为硕士学位授予单位或专业学位硕士培养单位。

2017年3月，国务院学位委员会印发《博士硕士学位授权审核办法》（学位〔2017〕9号，简称《办法》），《办法》第八条指出，新增学位授权审核每3年开展一次。全国新增学位授权审核工作进入常态化。随后，启动新一轮全国性博士硕士学位授权审核工作。6月，广东省学位办公布硕士学位授权立项建设单位，学校未能入选。因此，2017年，学校因不符合条件不能参加新增硕士学位授予单位申报。

2017年11月，学校入选广东省高水平理工科大学建设单位（7所之一）。广东省教育厅与茂名市政府支持广东石油化工学院创建高水平理工科大学。计划到2020年，广东石油化工学院石油化工领域相关学科专业水平实力明显增强，并成为硕士学位授予单位。

2018年1月20日，学校举行第五轮校级重点学科暨科研平台关键学术岗位申报评审会。校长张清华对今后的学科建设提出三点意见。一是要对标高水平理工科大学、对标硕士点、对标"广东石油化工大学"开展学科建设。学校未来的工作分两步走，第一步，要在"十三五"期间申请到硕士点；第二步，在"十四五"期间谋划升格大学，这也是广东省教育工委和省教育厅赋予的任务。二是要以前所未有的力度引进人才。2018年要加大力度引进人才，为高水平理工科大学建设和硕士点建设提供人才保障。希望通过引进人才，依托学科和科研平台，在国家级重大项目上有所突破，在国家级、教育部和各部委的重点实验室平台上有所突破，在国家级科技奖励方面有所突破。三是要坚持差异化发展战略。对标省内高校，要打好石油化工牌；对标全国20多所石油化工类院校，要打好沿海重劣质油加工、石化装备安全智能体系构建、石化污染控制这些差异牌。同时，坚持做大做强石油化工学科群不动摇，坚持做精做实具有"油味"的人文社科学科不动摇，坚持有所为有所不为不动摇。最后，张清华希望全体师生员工发扬"艰苦奋斗、求实献身"的校园精神，撸起袖子加油干；希望学科顾问在学校未来冲击高水平理工科大学、冲击硕士点、建设"广东石油化工大学"的征程上继续提供大力支持。

2018年12月29日，广东省学位委员会印发《广东省学位委员会关于调整广东省博士硕士学位授予立项建设单位的通知》（粤学位函〔2018〕19号），对广东省博士硕士学位授予立项建设单位进行动态调整，学校被增列为硕士学位授权立项建设单位。这是广东省教育厅对学校办学水平的肯定，更是学校实现办学层次提升的又一次重大历史机遇。

2019年，学校与华南理工大学签订帮扶协议。2020年，华南理工大学聘任学校18名教师为兼职硕士生导师，招收2020级联培硕士生6名，招收2021级联培硕士生13名。2019年11月，广东省教育厅组织"冲补强"提升计划专家组进校考察。专家一致认为，学校已经全面达到硕士学位授予单位的所有条件。

值得一提的是，自2018年起，学校瞄准2020申硕目标，常态化推进申硕工作。2019年1月，学校成立广东石油化工学院申硕工作领导小组。从2019年1月到2020年1月，学校先后召开6次申硕工作推进会，邀请了学科顾问来校参加第4次（2019年7月）和第6次（2020年1月）推进会。学科顾问对学校的申硕工作进行深层次"把脉问诊"，靶向发力助推申硕工作。

党委书记、校长张清华在第1次推进会上强调：希望大家树立起"全校一盘棋，一切行动听指挥"的观念，要相信学校领导班子有智慧、有能力做好申硕工作。希望全校上下务必统一思想认识，众志成城，全力以赴为申硕做最充分的准备。学校在第2次推进会上达成以下共识：一是全校一盘棋，统筹调度，各单位和学科要服从学校整体利益；二是确定申报学术型硕士授权点一级学科为化学工程与技术、控制科学与工程，专业型硕士学位授权点类别为资源与环境、能源动力。张清华就如何补短板的问题提出，申硕《学位授权审核申请基本条件（2020）》中所有"或"都按"且"执行，相关成果量按两倍的要求进行赶超。

六、圆梦2021

2020年9月28日，国务院学位委员会下发《关于开展2020年博士硕士学位授权审核工作的通知》（学位〔2020〕22号）。10月21日，广东省学位委员会下发《关于开展2020年博士硕士学位授权审核工作的通知》（粤学位函〔2020〕5号）。9月28日—11月5日，党委书记、校长张清华亲自组建工作专班，解读文件，按照国务院学位委员会下发的文件要求重新撰写授权单位和学位点材料。副校长彭志平担任申硕材料撰写工作总指挥，夜以继日地完善申硕的申报材料。授权单位和电子信息、材料与化工、资源与环境3个学位点的材料集中修改近百稿，张清华亲自参加统稿达30多次。11月5日，学校完成校内申报、遴选及结果公示工作，在教育部指定的申报系统中提交相关申报材料，并将纸质版和电子版报送省学位办。11月11日，广东省学位委员会组织核查材料并确定申报资格，同时通知各申报高校严格按照要求填写有关材料，并于14日第二次上报最终稿。11—12月，广东省学位委员会组织专家进行评议，分为网络评审和现场参赛评审两个环节。根据相关反馈信息，学校和3个学位点材料在两个环节的评审中都取得了好成绩。12月9日，广东省学位委员会正式公示广东省2020年拟新增博士硕士学位点推荐名单、新增博士硕士学位授予点推荐名单，广东石油化工学院和电子信息、材料与化工、资源与环境3个学位点均在公示名单之列。

2021年7月26日，国务院学位委员会办公室公示2020年学位授权审核结果，广东石油化工学院和电子信息、材料与化工、资源与环境3个学位点在《2020年新增硕士学位授予单位审核结果》中公示。2021年10月26日，国务院学位委员会下发《国务院学位委员会关于下达2020年审核增列的博士、硕士学位授予单位及其学位授权点名单的通知》，广东石油化工学院新增为硕士学位授予单位，电子信息、材料与化工、资源与环境等3个学位点获批硕士专业学位授权点。这标志着学校自升本21年来，特别是自2009年启动申硕战略以来，在社会各界、广大校友的大力支持下，全校师生上下一心、众志成城、艰苦奋斗、求实创新、百折不挠、精益求精，在"十四五"开局之年实现了办学层次的提升，实现了几代广油人的夙愿，实现了具有里程碑意义的重大历史性突破。

第四节　硕士培养　强校之路

2021年，学校获批为硕士学位授予单位，正式开启研究生教育新征程。研究生教育是学校进入新的历史发展阶段的"强校之路"，同时，也是学校进一步推动高质量发展的实践路径。

一、强化研究生教育顶层设计

学校党委深入学习贯彻习近平总书记对研究生教育工作的重要指示精神，落实《教育部　国家发展改革委　财政部关于加快新时代研究生教育改革发展的意见》，结合学校实际出台《广东石油化工学院新时代研究生教育高质量起好步实施意见》（广油党〔2023〕40号）。该意见明确"123+8"工作思路，即紧扣一条主线：立德树人、服务需求、提高质量、追求卓越；突出两个面向：面向石油石化产业发展、面向区域经济社会发展；厚植三个坚持：坚持为党育人、为国育才，坚持高质量发展，坚持特色驱动；实施8大行动：党的建设引领行动、制度体系健全行动、生源质量提升行动、思政教育领航行动、育人体系构建行动、导师队伍建设行动、质量保障完善行动、就业质量提高行动，搭建了新时代学校研究生教育顶层设计的"四梁八柱"，是推动研究生教育高质量开好局、起好步的纲领性文件。

为了稳步推进研究生教育工作，学校于2022年1月14日成立研究生招生工作领导小组；2022年6月15日，成立研究生处（2022年10月16日改为研究生部）；2023年6月9日，成立研究生教育指导委员会，由张清华担任研究生教指委主任；2023年11月8日，成立研究生教育督导组，通过健全管理机构，加强对研究生的教育管理。

二、构建研究生教育管理制度体系

为构建科学完备的研究生教育管理制度体系，提升硕士研究生教育科学化、规范化水平，2021年12月至2023年5月，学校在充分借鉴兄弟高校的先进经验和有效做法的基础上，制（修）订规章制度34项，涵盖研究生招生、研究生管理、教育培养、学籍学位管理及导师管理等5大板块，为学校高质量开展研究生教育提供坚实的制度保障。

研究生招生工作制度主要涵盖研究生招生全过程路径，包括招生工作领导小组、考试自命题工作、复试、调剂及录取工作等方面。研究生管理制度主要涉及研究生学籍管理、奖助管理、评优评先、违纪处理、思政教育、兼职就业和学生组织等内容。培养工作制度主要包括研究生培养、课程管理、经费管理、项目资助、创新培育、教育质量建设、专业实践和社会实践等方面。学位管理制度贯穿研究生完成学位论文全过程，包括开题考核、中期考核、预答辩和答辩、论文撰写规范、学术规范、抽查评审、学位授予、发表学术成果等方面。导师管理制度主要涵盖导师遴选与招生、学术道德与职责、导师培训、教学事故处理、工作量计算和机构管理等方面。此外，学校引入学位与研究生教育信息管理系统，提升研究生教育管理信息化水平。

三、完成首届硕士研究生招生

2023年是学校招收硕士研究生的第一年，学校党委高度重视首届研究生的招生宣传工作。党委书记、校长张清华对研究生招生宣传工作提出四点明确要求，一是精准分析形势，聚焦生源质量，整合各方资源，挖掘潜在生源；二是把握策略方法，校内校外同步，线上线下结合，严格落实疫情防控要求；三是吃透形势政策，突出优势特色，阐释发展前景，提升宣传效果；四是压实主体责任，做好统筹规划，形成宣传合力，力求做实做细。

2022年7—9月，学校坚持高点站位、高位谋划、高标部署、高效推动，聚焦"四个一"，高质量做好首届研究生招生宣传工作。聚焦一个主题网站：中国研究生招生信息网，以固定图片格式为标识在网站进行为期两个月的宣传，同时在该网站的研招资讯栏目以及研招访谈栏目进行专题宣传；聚焦一本出版物：《全国硕士研究生报考指南（2023年广东高校版）》，以一个版面的内容全面展示学校的办学定位、办学优势和办学特色；聚焦一本宣传册：《广东石油化工学院首届研究生招生宣传册——读研在广油，一起向未来》，分12个板块全面展示学校的优势特色和招生关键信息；聚焦一部宣传片："广东石油化工学院首届研究生招生宣传片——启航"，分四个部分全景、生动展示了广油欢迎广大考生相约广油的美好期望。学校党委书记、校长张清华在宣传片中欢迎广大考生，并寄语道："国势之强由于人，人材之成出于学。"广油始终心怀"国之大者"，把握高等教育发展大势，加强党对学校工作的全面领导，落实立德树人根本任务，构建完善协同育人共同体，着力培养德智体美劳全面发展的时代新人，服务粤港澳大湾区世界级绿色石化产业和区域经济社会发展需求，加快建成石化特色鲜明、优势突出的高水平理工科大学。电子信息、材料与化工、资源与环境 3 个硕士专业学位点，依托省级优势学科建设，聚焦绿色石化产业所需，助学生敢于有梦、勇于追梦、善于圆梦。

2023 年 3—4 月，2023 年硕士研究生招生工作在学校领导的高度重视下、在相关部门和招生学院的协同配合和精心组织下稳步推进。一是领导重视，强化顶层设计。校长办公会专题听取研究生复试工作汇报，提出工作要求。党委书记、校长张清华亲自部署指导硕士研究生招生复试录取工作，强调 2023 年是学校第一年自主招收和培养硕士研究生，要坚持高标准、严要求，做细做实招生录取每一项工作、每一个环节；要充分认识复试是硕士研究生招生考试的重要组成部分和录取的必要环节，事关考生切身利益和教育公平；要站在为国选才的高度，切实提高政治站位，强化主体责任落实，坚持高标准、严要求，严格遵守政策规定，严明纪律要求，做好保密工作，强化监督管理，确保招生复试和录取工作安全、平稳、有序地圆满完成。党委副书记、纪委书记李华，党委副书记张锅红深入相关招生学院笔试、面试现场，督导、指导招生复试工作，详细了解招生复试工作的组织流程和工作安排。副校长周如金、李为民、万勇以不同方式从严格落实责任、严格复试管理、严格调剂政策、严格录取政策、严格工作纪律、强化舆情应对、优化服务水平等方面对研究生复试工作进行指导。二是多方协调，力求周密部署。在学校领导的指导下，研究生部精心规划复试前、复试中、复试后的各项组织工作，对复试录取过程的事项进行周密安排部署，形成了制度先行、专题培训、实战演练和平稳有序实施的工作链。三是精心组织，确保科学高效。各招生学院认真落实上级政策，全面落实主体责任，确保复试工作科学有效、公平公正、安全有序。

在学校领导的高度重视和坚强领导下，在职能部门和招生学院的通力协作下，学校通过强化顶层设计，高质量做好复试录取工作，规范招生流程，扎实做好招生过程管理，圆满完成 2023 年硕士研究生招生计划，共招收硕士研究生 73 人，其中全日制硕士研究生 68 人、非全日制硕士研究生 5 人。首届硕士研究生录取工作的顺利完成标志着学校正式开启研究生教育新征程。在首届硕士研究生录取通知书礼包里，有一份特殊的礼物，是张清华以广油"西迁精神"对学校首届硕士研究生的深情寄语。张清华在寄语中对学校 2023 级硕士研究生新生同学们表示热烈的祝贺和欢迎。他以校长和师长的名义寄语大家：始终不忘听党召唤初心、始终牢记为国奉献使命、始终弘扬艰苦创业精神、始终践行忠诚担当责任。

广东石油化工学院 2023 年硕士研究生录取数据统计表

类别代码及名称	招生学院（录取人数）	领域代码及名称	全日制录取人数		非全日制录取人数	
			一志愿	调剂	一志愿	调剂
085400 电子信息	电信学院（8人）	085401 新一代电子信息技术（含量子技术等）	2	5	—	—
		085410 人工智能	0	1	—	—
	计算机学院（8+3人）	085404 计算机技术	7	0	1	2
		085410 人工智能	0	1	—	—
	自动化学院（8人）	085406 控制工程	2	4	—	—
		085410 人工智能	1	1	—	—
	机电学院（3人）	085406 控制工程	1	2	—	—
	理学院（3人）	085408 光电信息工程	0	3	—	—
	合计：全日制30人、非全日制3人		13	17	1	2
085600 材料与化工	材料学院（4人）	085601 材料工程	1	3	—	—
	化工学院（9+2人）	085602 化学工程	1	8	2	—
	化学学院（4人）	085602 化学工程	0	4	—	—
	合计：全日制17人、非全日制2人		2	15	2	—
085700 资源与环境	环境学院（15人）	085701 环境工程	1	14	—	—
	石油学院（6人）	085703 地质工程	0	3	—	—
		085706 石油与天然气工程	0	3	—	—
	合计：全日制21人、非全日制0人		1	20	—	—

四、编制研究生人才培养方案

2023年5月30日，学校召开首届硕士研究生人才培养方案编制暨联合培养基地建设工作推进会。7月26日，学校召开2023级硕士专业学位研究生人才培养方案修订专家论证会。专家组由来自华南理工大学、广东工业大学、中石化茂名分公司的5位专家组成。通过听取汇报、审阅方案资料、现场质询等形式，论证专家组依次对3个学位点的人才培养方案进行了全方位、深层次、多角度的"把脉会诊"。专家组对学校3个学位点的人才培养方案给予了肯定，并提供了许多宝贵的指导性意见和建议。

8月29日，学校召开研究生教育指导委员会第一次会议，会议专题审议首届研究生人才培养方案。学校党委书记、校长、研究生教育指导委员会主任张清华提出三点意见：

一是紧跟发展形势，突出广油特色。准确把握人工智能发展大势，紧扣学校提出的"AI+石油化工"高质量融合发展战略，将"AI+"融入人才培养全过程，打造具有时代特点、广油特色的研究生教育培养体系。二是坚持目标导向，精准靶向发力。对标对表"申博改大"总目标，做好研究生教育的顶层设计，进一步强化人才培养方案的规范性、系统性与实践性，以研究生教育高质量发展助力学校高质量发展。三是广泛吸收意见，绘好"施工蓝图"。人才培养方案是研究生培养的纲领性文件，是保障研究生培养质量的"施工蓝图"，研究生部要根据会议意见进一步做好研究生培养方案完善的统筹协调工作。各学位点再梳理前期听取的研究生导师、任课教师、企业单位的意见与建议，尽最大努力完善培养方案。

9月13日，经过多方调研学习、广泛征求意见、组织专家论证、学校研究生教育指导委员会审议、多轮修改完善等程序，《广东石油化工学院2023级硕士专业学位研究生人才培养方案》正式印发，为推动学校研究生教育内涵式发展、提高人才自主培养质量、形成思想共识、树立标准规范、打造科学体系。

五、隆重举办研究生开学典礼

2023年9月，学校迎来首届自主培养的硕士研究生，学校党委书记、校长张清华要求利用首届硕士研究生入学的契机，高水平策划、高质量举办好学校开启研究生教育发展大会暨2023级硕士研究生开学典礼，提升学校研究生教育的社会影响力。

9月5日，学校开启研究生教育发展大会暨2023级研究生开学典礼、迎新工作协调会。张清华提出三点要求：一是提高站位强认识，要高标准高质量做好研究生教育发展大会和开学典礼各项筹备工作；二是总结历史重传承，要回顾好、总结好十年申硕历程的精神和智慧，奋力走好"申博改大"新的赶考之路；三是凝心聚力创未来，要提振信心、凝聚共识，围绕学校"申博改大"新目标，继续集聚长期以来关心支持学校建设发展的各界人士之力，共同谱写学校高质量发展新篇章。

9月11日，广东石油化工学院研究生教育发展大会暨2023级硕士研究生开学典礼在科技会堂隆重举行。茂名市委书记、市人大常委会主任庄悦群，茂名市委常委、组织部部长黄毅，学科顾问（朱利中院士等12人）、企业及研究生联培单位代表，学校领导张清华、李华、李为民、周如金、万勇，华南理工大学帮扶队队长朱永东出席会议。学校副科级以上干部、研究生导师、2023级全体硕士研究生、本科生代表共800余人参加会议。

大会第一阶段，与会人员共同观看了以"十年一剑新跨越，奋斗广油续辉煌"为主题的视频短片"广东石油化工学院获批硕士学位授予单位回顾和展望"。视频从"锚定目标 规划申硕一级学科""苦练内功 深耕十年圆梦2021""未来可期 申博改大催人奋进"三个部分，全面回顾了学校为实现硕士授予单位目标十年卧薪尝胆终圆梦的奋斗历程，展望了学校立足新的历史方位再出发的宏伟蓝图。张清华向学科顾问颁发纪念章，研究生新生代表向学科顾问集体献花，代表全校师生对长期关心、支持和帮助学校建设发展的学科顾问致以深深的感谢与崇高的敬意。在研究生联合培养基地授牌环节，张清华分别向中石化茂名分公司、中国石化中科（广东）炼化有限公司、中石化广州分公司、广东众和化塑股份公司、广东新华粤石化集团股份公司、茂名石化实华股份有限公司等6家企业颁授了研究生联合培养基地牌匾，向合作单位对基地建设的支持表示衷心感谢。会上，张清华为学校首批硕士研究生校内导师代表颁发聘书，标志着学校正式迈上研究生教育新台阶。

大会第二阶段，包含校长致辞、学科顾问发言、导师代表发言、研究生代表发言等环节。张清华代表学校致辞，分享了三点感受：一是十年卧薪尝胆，在实现新跨越的奋斗征途中汲取前进的磅礴力量；二是聚焦"申博改大"，在续写新辉煌的高水平理工科大学建设进程中交出高质量奋进答卷；三是赓续精神血脉，在追求新坐标的青春赛道上实现"强国有我"的人生价值。学校开启研究生教育启动仪式将大会推向了最高潮。在与会人员的共同见证下，庄悦群书记、朱利中院士、张清华书记（校长）、周东华教授、杨文德总经理、曾松总经理共同推动启动杆，"广东石油化工学院正式开启研究生教育新征程"几个金黄的大字即时显现眼前，闪耀着希望的光芒，预示着前进中的广油人正步履激昂、蓄力前行，奋力在"申博改大"新的赶考路上实现新飞跃、续写新篇章、创造新辉煌。整场会议内容丰富，规格高端，组织有序，达到了凝心聚力忆征途、提振士气再出发的预期效果，在师生员工、广大校友以及社会层面产生了积极正面的影响。

六、加强硕士生导师队伍建设

2022年7月10日，学校组织完成2022年第一批硕士研究生导师任职资格遴选，共遴选导师146名；2023年3月22日，学校组织完成2022年第二批硕士研究生导师任职资格遴选，共遴选导师22名；2024年1月4日，学校组织完成2023年硕士研究生导师任职资格遴选，共遴选导师16名。以上三批共遴选具有硕士研究生导师任职资格的导师183名（其中陶磊明一人获两个学位点聘任），导师任职资格名单见下表。

学校硕士研究生导师任职资格情况统计表

二级学院	导师名单	人数
电信学院	孙国玺、梁　根、崔得龙、郭继坤、刘晋胜、李新超、左敬龙	7
计算机学院	左利云、吴松松、张　磊、荆晓远、彭志平、甄先通、吴宪君、王　曦、李启锐、何杰光、徐　辉、徐　兵、项顺伯、孟亚辉、李　欣	15
自动化学院	张清华、文成林、胡绍林、谷　宇、任红卫、刘　美、朱冠华、陈金鹏、肖劲森、刘经洪、李　进、苏乃权	12
机电学院	王新刚、莫才颂、蔡业彬、盘茂森、邓　宇、乔东凯、陈银清、黄崇林、何照荣、陈英俊	10

续表

二级学院	导师名单	人数
能动学院	门金龙、王继刚、吕运容、李石栋、王大成、李志海、段志宏、郭福平、于倩男	9
理学院	陈星源、贺言、朱伟玲、胡素梅、徐志堃、陶磊明	6
材料学院	史博、付文、刘宝良、李艳松、肖潭、班建峰、徐井水、曹更玉、覃文、黎相明、何富安、吴铛、任清刚、刘宝生、杨营、黄军左、廖军秋、马骁、薛志成、任合刚、李广环、李光照	22
化工学院	周如金、余长林、张志华、陈辉、王丽、王慧、毕洪梅、李磊、范钦臻、林存辉、段林海、陶磊明、崔宝臣、程丽华、李春海、张尤华、曾兴业、李凝、邓益强、杨冲、肖业鹏、吴世邃、陈小平、易均辉、单书峰、李方、张立波	27
化学学院	马浩、王刚、李泽胜、李桂银、余成华、张淑华、陈亚举、施继成、郭祥峰、蒋达洪、谭华、刘卫兵、王寒露、林双燕、周鹏、胡炜杰、黄敏、岳超超、童汉清、苏占华	20
环境学院	王素华、于晓龙、邓辅财、朱锡芬、孙巍、孙明泰、孙建腾、李德豪、杜诚、杨春平、吴少华、张玲、张强、张冬青、张冬梅、陈汉林、陈梅芹、欧阳乐军、岳茂峰、钟永鸣、徐波、彭绍洪、谢文玉、窦容妮、魏龙福、李长刚、袁超、黄新敏、马超、王春、韦明肯、牛显春、尹爱国、朱越平、肖瑜、李化强、樊启哲、王丽、孙容容、吴菲菲	40
石油学院	王超、刘哲、孙同文、纪红、文江波、刘全稳、鲍祥生、胡罡、陈国民、陈陵康、胡明、黄玉欣、刘大伟、刘存革、罗天雨、吴其林	16
合计		183

备注：研究生导师任职资格是教师从事研究生培养和指导工作的基本条件，是获得研究生招生资格的前提条件。研究生导师任职资格不设期限。

2023年7月17日，学校组织完成2023年硕士研究生导师招生资格遴选，共遴选具有招生资格的导师74名，名单见下表。

2023年硕士研究生导师招生资格情况统计表

二级学院	导师名单	人数
电信学院	刘晋胜、孙国玺、李新超、张清华、郭继坤、崔得龙、梁根	7
计算机学院	左利云、李启锐、吴松松、何杰光、张磊、荆晓远、彭志平、甄先通	8
自动化学院	张清华、文成林、胡绍林、朱冠华、任红卫、刘经洪、刘美、苏乃权	8
机电学院	王新刚、李石栋、蔡业彬	3
理学院	陈星源、胡素梅、贺言	3
材料学院	付文、何富安、班建峰、黎相明	4

续表

二级学院	导师名单	人数
化工学院	周如金、王 慧、李 磊、吴世逵、余长林、张志华、段林海、陶磊明、崔宝臣、程丽华	10
化学学院	刘卫兵、李桂银、陈亚举、林双燕、胡炜杰	5
环境学院	于晓龙、王 春、王素华、韦明肯、邓辅财、朱锡芬、孙明泰、孙建腾、李德豪、杨春平、吴少华、袁 超、徐 波、彭绍洪、谢文玉	15
石油学院	王 超、刘 哲、文江波、胡 罡、刘大伟、孙同文、刘存革、黄玉欣、纪 红、鲍祥生、罗天雨	11
合计		73

备注：学校实行招生资格年度审核制度，具备硕士研究生导师任职资格教师根据学校每年招生资格实施细则申请当年招生资格。

2023年7月8日，为多维度提升研究生导师的指导能力，学校举办新时代研究生教育高质量发展论坛暨研究生导师专题培训会。学校党委书记、校长张清华出席会议并讲话，就推动学校新时代研究生教育高质量起好步、强化导师队伍建设和能力提升提出四点意见：一是要客观总结成绩，切实增强推动学校新时代研究生教育高质量发展的信心；二是要坚持问题导向，精准分析学校新时代研究生教育高质量发展面临的问题；三是要提高政治站位，深刻认识推动学校新时代研究生教育高质量发展的重大意义；四是要深化改革创新，奋发笃行结出学校新时代研究生教育高质量发展的丰硕成果。培训会邀请教育部教指委委员、全国应用型高校研究生教育发展联盟理事长钱国英，全国学位与研究生教育评估委员会委员、华南理工大学研究生院原常务副院长李忠，全国工程硕士教育指导委员会质量监督组委员、广东工业大学研究生院原副院长、学位办主任丁毅强作专题报告和培训。

七、建设研究生联合培养基地

为深入贯彻落实教育部《关于加强专业学位研究生案例教学和联合培养基地建设的意见》等文件精神，学校制定《广东石油化工学院研究生联合培养基地建设及管理办法》，并积极推进研究生联合培养基地建设工作。在学校领导的高度重视和统筹协调下，截至2024年3月，共建立包括中国石油化工股份有限公司茂名分公司、中科（广东）炼化有限公司等研究生联合培养基地17个，其中校级基地8个、院级基地9个。研究生联合培养基地列表如下。

研究生联合培养基地

序号	建立单位	企业名称	基地名称
校级 8 个			
1	研究生部	广东省研究生联合培养基地（佛山）	—
2	研究生部 / 材料科学与工程学院	茂名石化实华股份有限公司	广东石油化工学院·茂名石化实华股份有限公司研究生联合培养基地
3	研究生部	中科（广东）炼化有限公司	广东石油化工学院·中科（广东）炼化有限公司研究生联合培养基地
4	研究生部	中国石油化工股份有限公司茂名分公司	广东石油化工学院·中国石油化工股份有限公司茂名分公司研究生联合培养基地
5	研究生部 / 化学工程学院	广东众和化塑股份公司	广东石油化工学院·广东众和化塑股份公司研究生联合培养基地
6	研究生部	广东新华粤石化集团股份公司	广东石油化工学院·广东新华粤石化集团股份公司研究生联合培养基地
7	自动化学院	广东佛山联创工程研究生院	广东石油化工学院·广东佛山联创工程研究生院研究生联合培养基地
8	计算机学院	中国移动通信集团广东有限公司茂名分公司	广东石油化工学院·中国移动通信集团广东有限公司茂名分公司研究生联合培养基地
院级 9 个			
1	电信学院	广东保伦电子股份有限公司	广东石油化工学院电子信息工程学院研究生联合培养基地
2	环境科学与工程学院	佛山市铁人环保科技有限公司	广东石油化工学院环境科学与工程学院研究生联合培养基地
3	环境科学与工程学院	广东环科技术咨询有限公司	广东石油化工学院环境科学与工程学院研究生联合培养基地
4	环境科学与工程学院	广东众惠环境检测有限公司	广东石油化工学院环境科学与工程学院研究生联合培养基地
5	石油工程学院	珠海恒基达鑫国际化工仓储股份有限公司	广东石油化工学院石油工程学院研究生联合培养基地
6	化学工程学院	湛江海关技术中心	广东石油化工学院化学工程学院研究生联合培养基地
7	化学工程学院	茂名市凯跃特种油剂有限公司	广东石油化工学院化学工程学院研究生联合培养基地

续表

序号	建立单位	企业名称	基地名称
8	化学工程学院	铨盛聚碳科技股份有限公司	广东石油化工学院化学工程学院研究生联合培养基地
9	化学工程学院	深圳市粤环科检测技术有限公司	广东石油化工学院化学工程学院研究生联合培养基地

2023年11月10日，广东石油化工学院庆祝建校69周年校庆系列活动之"广油－众和研究生联合培养基地、创新创业孵化基地"揭牌仪式在广东众和化塑股份公司举办。学校党委常委、副校长周如金，广东众和化塑股份公司党委书记、董事长黎广贞，监事会主席、纪委书记吕朝林，发展规划部（研究生部）、创新创业学院、学生工作部以及团委相关负责人，材料与化工学位点培养学院领导、2023级研究生及众和公司有关部门负责人出席揭牌仪式。周如金在致辞中希望本次揭牌的两个基地能发挥产教融合主阵地、专硕培养主战场及创新创业主引擎的作用，打造高质量人才培养高地，为学校"申博改大"和高质量发展注入强劲动力。在与会人员的共同见证下，周如金和黎广贞共同为"广油－众和研究生联合培养基地""广油－众和创新创业孵化基地"揭牌。周如金为广东众和化塑股份公司4位专家颁发了校外研究生导师聘书。

八、打造研究生四大育人模块

为全面提升研究生综合素养，学校聚焦德智体美劳全面发展人才培养总目标，凸显"AI+人才培养"，编制完成3个学位点的人才培养方案，着力打造"崇德 博学 求实 创新"研究生四大育人模块。一是成立学校首个研究生党支部、成立研究生部团总支，组织研究生赴高州市根子镇柏桥村开展乡村振兴思政课社会实践活动，引导研究生做崇德广油学子；二是举办"AI+石油化工——我学我思我行"研究生学术论坛，引导研究生做博学广油学子；三是举办2024年研究生元旦联欢会暨"我与广油共成长"茶话会、"趣享运动 喜笑'研'开"——首届研究生趣味运动会、"走进露天矿 感受好心湖"研学活动等，引导研究生做求实广油学子；四是对标教育部白名单赛事，梳理与现有学位点相关的赛事，提前谋划，推进研究生进课题组、进实验室，引导研究生做创新广油学子。

2023年11月10日，广东石油化工学院"AI+石油化工——我学我思我行"研究生迎69周年校庆学术论坛在图书馆学术报告一厅举办。学校党委常委、副校长周如金，发展规划部（研究生部）、人力部、科学部负责人，各研究生培养学院领导，论坛特邀点评专家，发展规划专家，硕士研究生导师，2023级研究生和在校联培研究生等200多人参加论坛。周如金在开幕式上致辞，希望全体研究生要学得精、思得深、行得新，坚守学术之根、创新之本、报国之志，为推进"AI+石油化工"交出广油研究生新答卷，为学校"申博改大"总目标贡献高质量成果。论坛上，来自电子信息、材料与化工及资源与环境

3个学位点的13位同学围绕"AI+石油化工——我学我思我行"进行学术研究分享。

11月21日，在学校党委书记、校长张清华的高度重视和亲切关怀下，在学校组织统战部、机关党委的具体指导下，广东石油化工学院首个研究生党支部成立大会成功举行。2023级11名研究生党员、发展规划部（研究生部）党支部全体党员参加成立大会。大会选举了研究生党支部委员会委员。发展规划部（研究生部）党支部书记带领全体与会党员重温入党誓词，党员师生围绕如何加强党性修养、提高政治素质、发挥研究生党员的先锋模范作用等方面进行了深入的交流座谈。

12月1日，广东石油化工学院研究生部团总支成立大会暨第一次团员大会在茂名露天矿博物馆顺利召开。校团委负责人、发展规划部（研究生部）全体老师以及2023级研究生参加会议。研究生团总支的成立，在广油发展历程上具有重要意义，研究生不仅是学校建设发展的参与者，更是见证者。发展规划部（研究生部）负责人对团总支工作提出三点要求：一是明确"两个属性"，既要为青年做好代言，也要为党当好助手；二是坚持"两个始终"，既要始终坚持团的基本工作，也要始终适应新的形势变化，谋划好共青团工作；三是聚力"两个变量"，既要注重团干部的自我提升，也要注重团组织的作风建设。校团委负责人致辞，强调青年团员在中国式现代化进程中体现使命担当要紧抓三个关键点：一是坚定不移听党话、跟党走，努力成长为堪当民族复兴重任的时代新人；二是弘扬广油"西迁精神"，面对困难勇于斗争、不畏艰险、敢为人先；三是肩负历史使命，坚定前进信心，彰显研究生团员风采。会后，全体师生参观了露天矿博物馆。作为见证了油页岩与茂名崛起的标志性建筑，大会在这里召开凸显出研究生团总支对地方文化和传统历史的尊重，也进一步号召广大研究生青年团员传承好、发扬好"艰苦奋斗、求实献身"的学校精神。

九、承办省研究生教育学会年会

2024年1月12—13日，由学校承办的广东省学位与研究生教育学会2023年年会在茂名国际大酒店和西城校区教学综合楼举行。来自教育部学位与研究生教育发展中心、中国学位与研究生教育学会、广东省教育厅及省内40多家研究生培养高校、科研院所、医院的200多名代表参加了本次大会。在开幕式上，学校党委书记、校长张清华，茂名市政府副秘书长李恒和，学会理事长单位南方医科大学副校长刘叔文，广东省教育厅科研处（研究生教育处、省学位委员会办公室）处长（主任）吴宝榆分别致辞。学校党委副书记李为民会见与会专家和各参加单位代表，党委常委、副校长万勇出席开幕式并主持年会主旨报告，华南理工大学帮扶队队长朱永东参加会议并主持闭幕式。

教育部学位与研究生教育发展中心论文质量监测处处长李恒金、中国学位与研究生教育学会副会长王战军分别围绕"学位论文质量监测""加快建设研究生教育强国、强省、强校若干问题探讨"主题作大会主旨报告。吴宝榆作新一轮新增博士硕士学位授权审核工作政策解读。全国教学成果奖获得者，中山大学高国全、李轶擎，华南农业大学孟成民，华南师范大学王瑞明先后分享了谋划、积累和申报国家教学成果奖的经验和做法。来自中山大学、华南理工大学、暨南大学、广州中医药大学、广州医科大学、南方医科大学、汕头大学的研究生院院长分别围绕学位点建设和发展、《关于深入推进学术学位与专业学位研究生教育分类发展的意见》的思考、教育强国背景下"双一流"建设的思考等话题在院长论坛上分享经验、畅谈思考。全体与会人员还参加了研究生招生、培养（学术学位、专业学位）、学位、研究生工作（研工）等议题的分组讨论，共同探讨学位与研究生教育高质量发展之策。年会总结了学会2023年度工作，颁发了2023年优秀教学成果奖。

会议加强了学校与省内各高校之间研究生教育与管理经验的学习和交流，对不断总结经验、探索规律、推动改革、促进学校新时代研究生教育高质量起好步以及推动广东省学位与研究生教育事业的可持续发展、更好地服务国家和地方的发展战略目标起到了积极的促进作用。

十、成为研究生考试考点助力研考

2022年12月24—25日，2023年全国硕士研究生招生考试如期举行。全国报考人数为474万，本次共有报考暨南大学、华南师范大学、广州大学、广东工业大学、广东石油化工学院等5个招生单位的1534名考生在广油考点参加考试。学校首次承担研究生考点组考工作，设置常规考场52个、隔离考场3个、应急考场1个，选聘考务人员及监考教师近300名。学校认真按照教育部"全国一盘棋""统筹兼顾""分类指导""安全平稳"的总体原则，立足防疫新政策，加强疫情防控，制订考点疫情防控工作方案，协调市卫健部门为全体考生和考务人员安排免费的单管核酸检测采样；根据核酸检测结果，按照"一类一策"的原则，分类安排考生参加考试，防止考生交叉感染。

学校第一时间成立硕士研究生招生考试工作领导小组，以负责本次考试的组织领导、分析研判、统筹协调和应急处置。学校先后多次召开研考工作布置会和协调会，校领导高度重视，分别主持或参与会议。研究生处牵头，教务、保卫、后勤、网信、学生处、团委、宣传等各相关部门相互协作，克服重重困难，实现如期考试、应考尽考、平安研考的工作目标，也为学校后续继续作为研究生考试的初试考点积累了丰富的组考经验。

本次研考正处于疫情政策重大调整、形势极为严峻的时期，为保障研考工作顺利进行，学校还组织了一支党员突击队，负责隔离考场和应急考场这两个特殊考场的考务工作。各二级党委（党总支、直属党支部）闻令而动、踊跃报名，在短时间内就集结了逾70人的党员志愿者队伍，这里面不乏书记、院长、教授，全体考务人员迎难而上、冲锋在前、前赴后继，共克时艰，圆满完成了疫情形势下的考务组织工作。

第六章 传承精神 申博改大

第一节 精神凝练 构建谱系

广东石油化工学院自1954年创校以来,始终与国家的能源战略和石化工业的发展紧密相连,承担着为国家培养高素质技术与管理人才的重要使命。在70年的办学历程中,学校逐渐发展出以"艰苦奋斗、求实献身"学校精神为核心,由广油"西迁精神"、评估精神、申硕精神共同构成的学校精神谱系。学校精神谱系的形成与传承,不仅见证了学校发展的每一步足迹,更是学校文化的核心和灵魂。从"艰苦奋斗、求实献身"到广油"西迁精神",再到评估精神、申硕精神的形成,每一层精神的积累与沉淀,都深刻体现了学校与国家行业背景的紧密结合,展现了一种自强不息、勇于创新的办学特色和精神风貌。

一、核心精神:"艰苦奋斗、求实献身"

广东石油化工学院自1954年立校伊始,便与国家石化工业的兴衰荣辱紧密相连。作为中石化总公司十大院校之一,学校肩负着培养石化行业高素质技术与管理人才的重要使命。在这一使命的推动下,学校不仅见证了中国石化工业从起步到飞跃的全过程,更在其办学历程中凝练出了"艰苦奋斗、求实献身"的独特学校精神。

(一)石油精神与学校精神血脉相连

石油精神萌芽于延长油田和玉门油田,形成于大庆油田大会战时期,发展于改革开放时期,升华于中国特色社会主义新时代。石油精神激励着一代又一代石油人砥砺奋进,为石油化工企业高质量发展提供源源不断的精神力量。中国是世界上最早发现和利用石油资源的国家之一,但直到1907年才钻成我国近代第一口石油井"延一井",第一代石油人在埋头苦干中孕育了石油精神的火种。1957年,中华人民共和国第一个石油工业基地——玉门油田建成。作为中国石油工业的"摇篮",玉门油田积淀形成了以艰苦奋斗为核心、"三大四出"为特征、无私奉献为精髓、自强不息为实质的玉门精神。

大庆石油会战时期，面对国内外困境，老一辈石油人一举摘掉贫油国的帽子，并逐渐形成了"爱国、创业、求实、奉献"的大庆精神和铁人精神。20 世纪六七十年代，为解决我国"粮棉争地"难题，老一辈石化人承担起国家经济发展的使命，逐渐凝练出以"求真务实、精细严谨、家国情怀"为主要内涵的石化优良传统。"有条件要上，没有条件创造条件也要上"的艰苦奋斗精神是铁人精神的重要内涵。

铁人王进喜，以其在 1960 年代初大庆油田开发过程中表现出的非凡勇气和坚定信念，成为大庆精神和中国石油工业精神的象征。他的故事激励了无数石化工作者，也为广东石油化工学院学校精神的形成提供了鲜明的人格典范。

以大庆精神、铁人精神为典型代表、以"苦干实干""三老四严"为核心的石油精神，是历代党和国家领导人亲自培育、持续哺育，广大石油人接力实践和传承而形成的精神文化积淀，饱含着石油人忠诚于党、产业报国的赤子情怀，传承着石油人不畏艰险、战天斗地的红色基因，体现着石油人实事求是、求真务实的思想作风，代表着石油人爱岗敬业、甘于奉献的崇高品格，蕴含着中华民族最深层次的精神追求，积淀着中国共产党和中国工人阶级的先进文化，已经成为中华民族精神、中国共产党伟大精神的一面旗帜，被载入共和国辉煌史册。

2016 年 6 月，习近平总书记在考察大庆时强调，要大力弘扬大庆精神、铁人精神，这进一步提升了这些精神在新时代的地位和影响。2019 年 9 月 26 日，习近平总书记在致大庆油田发现 60 周年的贺信中明确指出，大庆精神、铁人精神已成为中华民族伟大精神的重要组成部分，再次强调了这种精神在新时代的重要价值，这对广东石油化工学院学校精神的形成和传承具有深远的意义。

原广东石油化工高等专科学校在近 50 年的办学历程中，受石油精神的长期熏陶，结合自身的办学实际，经过长达近半个世纪的办学积累、沉淀和发展，不仅形成了以工科为主、石油化工为特色的学科专业特色，同时也培育了极具石化行业特色的校风——严谨求实、献身石化的"求实献身"精神。这一精神指引着学校和历代学人不断前进。

（二）总结凝练出学校精神

20 世纪初期，学校采取了一系列举措来加强校园文化建设，旨在提升学校的内在精神与文化建设，增强学校的"软实力"。2006 年，学校党委发布了《茂名学院 2006—2010 年校园文化建设规划》，标志着学校对精神文化建设的重视又迈出了坚实的一步。此举不仅凝聚了师生员工的智慧和力量，更点燃了对茂名学院精神的深入探讨和广泛认同。

2008 年 4 月，一场意义非凡的讨论活动在校内蔓延开来。党委宣传部发起了"我看'茂名学院精神'"的征文活动，师生员工和校友们纷纷拿起笔来，以文字的形式表达对"茂名学院精神"的理解与见解。校报也为这一讨论热潮提供了平台，连载了众多师生的优秀文章，让讨论的火花更加灿烂。

紧接着在 5 月，学校在图书馆学术报告一厅举行了"茂名学院精神"大讨论报告会，邀请了两位原校领导分享他们对"茂名学院精神"的独到见解。袁富善教授和陈政绍教授的精彩报告，不仅阐述了学校精神的深层内涵，更让在场的人员对如何传承和弘扬这一精神有了更深的认识。

2010 年 6 月 30 日，张清华校长在毕业典礼上给毕业生赠送了两句平凡而又闪光的话。第一句是艰苦奋斗。他说，"寒门生贵子，白屋出公卿"，同学们出身于广东石油化工学院，没有名牌大学的显赫身份，要得到单位、社会的认可，就必定要付出比别人更多的辛劳，只要同学们甘于用多于他人的汗水和心血去打拼，就一定能取得成功。第二句是求实献身。他说，在当前浮躁和功利思想蔓延的环境下，需要一种"不唯利、不唯上、只唯实"的默默坚守，需要一种对工作、对事业的无私奉献。希望同学们在平凡的岗位上实实在在做人，踏踏实实做事，只要对工作和事业有一种献身精神，就一定能在浮躁功利的尘嚣中赢得社会的尊重。他说的这两句话是学校精神的灵魂所在，这种繁衍于铁人王进喜的精神，在学校 56 年的风云变幻中，无论顺境、逆境，从未消失，培育了莘莘学子。

经过长时间的探讨和沉淀，2014 年 9 月 26 日，学校教代会常设委员会讨论通过，把"艰苦奋斗、求实献身"的表述确定为校园精神。2015 年 5 月，学校四届一次"双代会"通过的《广东石油化工学院章程》第九章"学校标识"第七十六条中，将其表述为"弘扬'艰苦奋斗、求实献身'的学校精神"，学校精神正式写入学校《章程》。学校精神的确立不仅是对过往办学成绩的肯定，也是对未来学校发展的有力指引。

（三）学校精神的丰富内涵

"艰苦奋斗、求实献身"这句简洁而深刻的学校精神，体现了学校几十年来坚守的教育理念和发展道路。它既是对师生日常行为的要求，也是对整个学校文化的高度概括。在未来的日子里，这一精神激励着每一位师生，为学校发展注入不竭的动力与活力。

在广东石油化工学院漫长的办学历程中，"艰苦奋斗、求实献身"精神已成为学校的灵魂和旗帜，深刻影响并塑造了学校的文化和发展方向。这一精神不仅是对师生行为的高标准要求，更是学校文化的核心，是学校与国家石油工业部及中国石化总公司紧密结合的历史见证。

"艰苦奋斗"精神体现了一种自力更生、自强不息的精神，一种坚韧不拔、励志图强的态度，以及一种奋发创新、永远向前的动力。它还意味着扎根基层、服务社会、甘于奉献的品质，是学校自立校以来精神的骨骼和灵魂，也是指导学校未来发展的核心动力。在广东石油化工学院的长期办学实践中，这一精神成为师生共同认同的价值取向和行为准则，成为学校精神文化建设的核心。

紧随"艰苦奋斗"之后的"求实献身"精神强调的是立足于实际，追求科学真理的态度，要求师生深入理论，勇于实践，不断探索和创新，解决实际问题。这种精神鼓励学校师生在学习、教学、科研等各个领域坚持实事求是，提升实际能力。同时，"献身"

代表了无私奉献的精神品格，鼓舞着每位师生为实现个人理想和社会目标而奉献自己的智慧和力量。

二、广油"西迁精神"

（一）决定深入挖掘广油"西迁精神"

2019年5月16日，为了进一步挖掘和弘扬广油"西迁精神"，在学校西城校区正式启用之际，学校在全党深入开展"不忘初心、牢记使命"主题教育的背景下，启动了广油"西迁精神"的挖掘与凝练工作，旨在激发广大师生坚守初心，继续奉献，成为新时代的广油"西迁精神"传承者，并为学校的改革发展开创新局面。

学校党委书记、校长张清华亲自部署了这项重大任务，并于2020年5月16日在官渡校区图书馆208举行"西迁精神"挖掘凝练工作启动仪式。在启动仪式上，张清华与其他学校领导、党委宣传部全体人员以及采访团队共同见证了这一历史性时刻。时任党委宣传部副部长刘国平主持了仪式，时任学校党委常委、党委宣传部部长黎齐英详细阐述了对广油"西迁精神"的挖掘和具体部署。

在启动仪式上，张清华书记、校长详细阐述了这一精神的三个层面：首先是对国家需要的忠诚，即便是面对重大的生活和工作环境变化，广油人依然坚定不移地支持国家的决策，愿意为国家的发展作出自己的贡献；其次是在困难面前不退缩，无论是自然环境的严酷，还是物质条件的匮乏，广油人都以积极的态度面对挑战，用智慧和勇气克服困难；最后是对教育事业的执着追求，即便在条件有限的情况下，师生仍然致力于教学和科研工作，力求在各自的岗位上实现最大价值。

2019年9月初，西城校区一期工程基本交付使用，但存在多项不利条件。学生宿舍设施未完善，卫生、供水、供电等问题丛生，校区环境混乱，施工未完成，网线、实验室等设施不全，学校面临搬迁抉择。考虑到条件难以完善、影响教学审核等因素，最终决定于9月6日搬迁。全校动员，倡导广油"西迁精神"，师生齐心协力，解决困难，确保顺利搬迁。领导亲临一线，部门协作，媒体宣传引导，教育思想一致，"有条件上，没条件创造条件也要上"成共识。搬迁期间，各方共同努力，校领导带头，市领导支持，特警保障，顺利完成搬迁任务。

在广油"西迁精神"的鼓舞下，学校日渐发展成为一个有着雄厚师资力量、先进教育理念，以及丰硕科研成果的高等学府，被誉为华南地区石化人才的培养摇篮。学校的发展历程，和广油"西迁精神"一样，成为一段传奇。许多西迁时期的老师和学生的事迹和经历，如今在学校的历史长廊中得以展示，成为激励后人的宝贵财富。

"西迁"的亲历者和见证者，包括林元俸、温质文、周子平等，都在仪式上分享了他们克服重重困难的动人故事和对祖国的深厚情感。前任学校党委书记袁富善教授提供了宝贵的建议，时任校友办主任黄克明从校友工作的角度分享了见解，学生代表邵张露则表达了对年轻一代如何继承和发扬"西迁精神"的愿望和思考。

授旗仪式和捐赠图书环节体现了精神传承的重要意义。张清华在总结讲话中强调,"西迁精神"的传承和弘扬,是对过去的尊重和对未来的启迪。他号召全校师生在学校发展的关键时期提高政治站位,发扬奋斗精神,面对挑战,积极作出贡献,并将广油"西迁精神"与学校的发展任务紧密结合,为建设高水平的理工科大学贡献力量。

为此,学校党委要求将这一任务提上日程,由党委宣传部牵头,联合离退休处、网信中心、校友办等部门成立工作组,进行深入的研究与精心的部署。工作组不仅深入档案室研读历史资料,广泛采访了"西迁"的亲历者和见证者,还联系了新一代的传承者。党委宣传部迅速而又不懈努力地对广油"西迁精神"的精髓进行了深度挖掘和精心凝练,为历史的新篇章揭开序幕,继续传承那些珍贵的故事和其精神内核。

(二)实地采访西迁故事

1965年,一个历史性的决定在广州宣告——一所学校要从这座繁华都市沿着西迁的征途,移师至粤西的小城茂名。这是一段跨越千里、充满艰辛与挑战的旅程,更是一次对全体师生和家属信念和毅力的极端考验。

在那个动荡的年代,响应党和国家的号召,学校师生们没有任何迟疑,毅然决然地背上行囊,踏上西迁之路。他们的目标只有一个:为了国家的教育事业,为了祖国的石油石化产业建设,无私奉献青春和力量。

为了进一步弘扬广油"西迁精神",确保这段宝贵历史得到准确的记录和传承,为后人提供丰富的办学经验,学校在2020年5月15日决定向社会公开征集反映西迁过程的广油"西迁精神"历史史料。这些珍贵的史料将被编纂进图书或展示于校史馆中,留存学校发展的印记。

在这个过程中,由学校党委宣传部牵头的工作组不遗余力,除了深挖档案资料,更分成若干个采访队,利用假期时间长途跋涉,远赴广州、新疆等地,实地采访西迁当事人及其家属,以及那些被广油"西迁精神"所感召的新一代传人。他们的故事,不只是历史的回声,更是现实的力量。追寻那些年迈的西迁亲历者,这些老教授、老同志们的口述历史,既是对过去的追忆,也是对未来的启示。他们的故事,充满了坚持和牺牲,铭刻了广油"西迁精神"的深厚底蕴。

虽然这些老领导、老教授、老同志们已是耄耋之年,但他们仍旧精神矍铄,认为自己的一生无憾,没有辜负党和人民的重托。通过这些亲历者的口述,学校不仅抢救了珍贵的"西迁"历史,更传承了宝贵的广油"西迁精神",坚定了继续奋斗的初心。

在西迁过程中,学校第一任领导冉济川书记的领导作用不可或缺。他不仅提出了"迁人、迁物、迁思想"的指导思想,还亲自参与了西迁的全过程。他的两位女儿,冉庆梅和冉庆红,分享了父亲的故事,展示了一个领导的情怀与担当。冉济川书记作为当时学校的领头人,不仅提出了"迁人、迁物、迁思想"的口号,而且亲历了整个西迁过程,从动员到实施，无不亲力亲为。他不仅在茂名和广州之间奔波，更是深入学生和教师中间，了解他们的想法和需求，用实际行动温暖人心。冉济川书记的遗孀冯昭女士，尽管身体欠佳，却依旧为采访队提笔传情，她的寄语不仅是对广油"西迁精神"的一次缅怀，更是对新一代广油人的殷切期望。而冉家女儿们的无私捐赠，那本《我们的父亲》纪念册，更是将冉书记的人生履迹和广油"西迁精神"的丰碑永久地留给了后世。

学校的老领导、教师和学生都是这段历史的见证者和参与者。吴儆苏老校长，当年作为年轻的石油专业教师，提前赴茂名进行勘查调研，为的是找到与教学相结合的实践课题，为学生们的半工半读生活打下基础。他的热血之言，彰显了当时青年一代的理想和对石油事业的无限忠诚。

圆满完成这次艰难的西迁，不仅需要领导的智慧，更需要每一个人的坚持和努力。陆慧娴老师和苏志副校长的记忆，让大家看到了那个时代广大教师学生的顽强精神和对党的绝对服从。他们跨越重重困难，长途跋涉，只为在茂名这片土地上播下知识的种子，传递教育的火炬。

广油"西迁精神"挖掘凝练工作组的专题采访意义非凡，不仅是对此精神的再认识，更是一次精神财富的再发现。学校的西迁历史，不仅是一段艰苦奋斗的旅程，也是广油人学习如何坚持和发扬传统，发扬以大局为重、无私奉献精神的生动教材。

通过对西迁老一辈的访谈，学校不仅保存了珍贵的历史记忆，更重燃了传承广油"西迁精神"的火焰。这股力量也吸引了众多媒体的关注。在学校宣传部的协调下，多家知名媒体进校进行了深入采访，将广油人的坚韧和奉献展现于众。

南方日报和中国教育报的特别报道，不仅让广油的故事飞入寻常百姓家，也让广油"西迁精神"成为新时代广油人重要的精神支柱。这些报道是对历史的尊重，更是对未来的期待——抓住学校爬坡过坎、跨越发展的黄金机遇期，广油人必将继承老一辈"听党召唤、为国奉献；艰苦创业、忠诚担当"的广油"西迁精神"；艰苦奋斗、开拓创新，不辱使命、不负重托，以更加昂扬的斗志和饱满的精神状态，努力把学校各项事业推向新的高度，为全面建成石化特色鲜明、优势突出的高水平理工科大学而努力奋斗。

（三）广油"西迁精神"的内涵和时代价值

广东石油化工学院是一所有着厚重红色基因的石油化工特色高校，在70年办学实践中，矢志坚守石油报国的初心和使命，铸就从广州西迁至粤西茂名办学的伟大丰碑，培育形成"听党召唤、为国奉献；艰苦创业、忠诚担当"的广油"西迁精神"。

1. 广油"西迁精神"的内涵

（1）听党召唤。

1965年，广州石油学院（现广东石油化工学院）积极响应国家的号召，毅然从广州迁往茂名，支持南方石油工业的发展。这一历史壮举，不仅彰显了广油人坚定的政治信仰和对国家战略需求的无条件响应，更体现了广油师生在党的领导下，听党召唤、坚定信念的高度政治觉悟和责任感。在迁校过程中，广油师生始终坚持听党的话、跟党走，展现了高度的政治觉悟和坚定的信仰。广油"西迁精神"中的"听党召唤"精神，体现了学校与党和国家、民族和人民同呼吸、共命运的信仰之基。

（2）为国奉献。

面对从繁华都市迁往资源匮乏地区的巨大挑战，广油师生展现了无私奉献的崇高精神。他们舍小家为大家，放弃个人的舒适和利益，为国家石油工业的发展和地方经济建设作出了巨大牺牲。这种无私奉献不仅体现在艰苦的生活条件和物质匮乏上，更体现在他们对国家发展和民族复兴深刻的责任感和使命感上。广油师生以实际行动诠释了为国奉献的精神，把个人的理想和信念与国家的发展和民族的复兴紧密结合，体现了与党同心同德的高尚情操和为国为民的责任担当。

（3）艰苦创业。

在茂名这片偏远而资源匮乏的土地上，广油人以实际行动克服重重困难，白手起家，艰苦创业。在没有足够教学楼和设备的情况下，广油师生依旧保持高标准和高质量的教学和科研工作，展示了超乎寻常的坚韧和创造力。广油人自力更生，在校领导带头下，师生携手建设新校园，齐心协力实现中国的"石油梦"。这种艰苦奋斗的精神，不仅是广油发展的成功之钥，更是实现"申博改大"宏伟目标的重要支撑。

（4）忠诚担当。

在迁校和重建过程中，广油师生表现出高度的忠诚和担当精神、对教育事业的执着追求和高度责任感。无论面对何种艰苦条件，广油人都始终坚定不移地支持国家决策，愿意为国家的发展贡献力量。广油"西迁精神"中的忠诚担当精神，体现了广油师生忠诚于党和国家的石油工业和教育事业，勇于担当，坚决响应国家建设南方油城的号召。这种精神对建设中国特色社会主义至关重要。

2. 广油"西迁精神"的时代价值

（1）"听党召唤"是新时代广油人的信仰之基。

"听党召唤"就是坚决服从党的决定和配合祖国石油工业发展的需要。面对党的号召和上级的决定，面对迁还是留的选择，广油西迁师生坚持将党和人民的利益放在第一位，义无反顾地投身于石油发展事业。"党的决定就是我们的行动""党让我们去哪里，我们就去哪里""自己的事再大也是小事，国家的事再小也是大事"。广油"西迁精神"中的"听党召唤"所彰显的学校与党和国家、民族和人民同呼吸、共命运的信仰之基，无疑对新时代大学生听从党的召唤，抓住新时代新机遇，到祖国最需要的地方去奋斗、去建功立业具有强大的感召力和深刻的现实指导意义。

（2）"为国奉献"是新时代广油人的爱国之情。

"为国奉献"集中体现了新时代广油人的爱国之情：一是为理想信念而奋斗爱国；二是为责任使命而奋斗爱国。广油领导干部、党员教师坚定为国无私奉献的理想信念，率先垂范带动师生"把自己当作祖国的一块砖，哪里需要就往哪里搬""把自己当作祖国的一颗螺丝钉，哪里需要哪里拧""哪里有事业，哪里就是家"。学校教职工舍小家为大家的奉献精神，体现了广油西迁师生与党同心同德的高尚情操和为国为民的责任使命，这种崇高的理想信念无疑在中国特色社会主义新时代中能为实现"两个一百年"奋斗目标和实现中华民族伟大复兴提供引领力、凝聚力、感召力，以及给奋斗爱国以持久的、不懈的动力。

（3）"艰苦创业"是新时代广油人的成功之要。

"艰苦创业"有两层含义：一是艰苦奋斗，广大师生和教师家属在西迁实践中践行自己动手、不怕苦、不叫累的原则，坚持苦干，发扬"一厘钱"精神去艰苦创业；二是共同奋斗，广油师生以澎湃的奉献激情和昂扬的报国之志齐心协力建设新校园，配合建筑队，开启了一场伟大的教育拓荒，在西迁实践中共同奋斗、勠力同心，为实现中国的"石油梦"而艰苦创业，成就了如今的广东石油化工学院。未来，学校要实现"申博改大"目标，还是要靠艰苦创业，这是广油发展的成功之要。

（4）"忠诚担当"是新时代广油人的精神之魂。

"忠诚担当"高度总结了新时代广油人的精神之魂：一是忠诚干事，广油西迁师生忠诚于党，忠诚于党的石油工业和教育事业，坚决响应国家建设南方油城和教育到生产一线的号召，忠诚履职、认真对待每项工作，低调务实不张扬，埋头苦干不松劲，苦干实干拼搏干。这种忠诚干事、不懈奋斗的精神对于应对世界政治经济百年未有之大变局的严峻挑战，建设好中国特色社会主义而言，仍是时代的需要。二是勇于担当，广油西迁师生牢记奋斗爱国的初心使命，下厂劳动的教师普遍与学生同吃、同住、同劳动、同学习、同活动，实行半工半读，既促进了思想改造，也利用生产劳动的有利条件进行了一些调查研究、现场教学和教学改革，教学成效显著。正是这种以担当诠释忠诚的精神极大地推动了广油高水平理工大学建设。

三、凝练评估精神、申硕精神

（一）凝练评估精神

1. 评估精神提出的背景

2006年4月13日下午，学校第二次教职工代表大会暨工会会员代表大会闭幕。大会号召，全体教职工要发扬艰苦奋斗、求真务实的精神，团结一致、克服困难、奋发进取、努力拼搏、群策群力，为顺利通过本科教学水平评估，把学校建设成为特色鲜明、在省内外有一定影响的高质量的教学型本科大学而奋斗！此后，学校领导多次在不同场合提及评估精神。2005年6月2日，学校召开迎接本科教学工作水平评估动员大会，院长王乐夫号召全体师生员工发扬学校优良传统，不畏困难、艰苦奋斗、勇往直前，以认真的态度、科学的精神去做好迎接评估的各项准备。2006年6月30日下午，学校部署院（系）

第二轮自评及机关教辅单位自评工作。主持行政工作的副院长张清华要求全体师生员工全身心投入评估，要真正做到正视困难、树立信心、责任到位、万众一心，努力营造和谐的评建环境。

2006年9月14日下午，学校召开"迎评"再动员暨责任书签订大会。宋垚臻院长作了题为"振奋精神，再接再厉，夺取迎评工作的最后胜利"的动员讲话。宋院长在讲话中指出，在"迎评促建"工作中，广大师生员工以高度的主人翁精神，积极投身学校"迎评促建"的各项准备工作之中，积极为教学添砖瓦，为评建作贡献，再一次以饱满的热情、高度的责任感、无私的奉献精神、过硬的工作成绩，为学校的评建工作作出了积极贡献。"迎评促建"这一光荣而神圣的历史使命落到了我们这一代茂名学院人身上，我们责无旁贷。希望每一位师生员工进一步把思想和行动统一到"迎评促建"攻坚战上来，振奋精神，团结一致，再接再厉，全力以赴，人人参与评估，时时关心评估，事事服从评估，共同营造积极和谐的"迎评"校园氛围；希望全校每个单位、部门，以学校发展为重，顾全评建工作大局，认真履行各项职责，充分发挥各自的主动性和创造性，同时又积极配合，不推诿、不扯皮，从各个方面扎扎实实做好"迎评促建"工作。

2006年11月21日，学校在田径运动场召开迎接教育部本科教学工作水平评估万名师生员工誓师大会，关志强书记代表学校党委和行政号召全校师生员工团结一致，努力工作，为评估作贡献，为学校添光彩！关书记要求全校每一位师生员工进一步统一思想，提高认识。要以对学校发展前途和个人前途高度负责的态度，要以"校兴我荣，校衰我耻"的责任感、"只争朝夕，时不我待"的紧迫感和"事关兴衰，不进则退"的危机感，积极投身学校的"迎评促建"工作，人人参与评估，时时关心评估，事事服从评估。

2006年12月2日，教育部评估专家组一行11人先后分别抵达白云机场、湛江机场，宋垚臻院长、何树华副书记、张清华副院长分别前往机场迎接。学校整个服务工作紧张有序，热情周到，令专家十分满意。在整个服务工作中，学校领导分别担任了各个工作组组长，亲临第一线指挥，部署周密，安排周全，落实到位，统筹协调；全体工作人员不辞辛劳，热情周到，日夜奋战在临时岗位上。2007年9月27日，学校隆重召开2007年教学工作会议暨本科教学评建工作总结表彰大会。宋垚臻院长号召全体师生员工，不断发扬评建期间总结凝练出的万众一心、艰苦奋斗、求实献身精神，为开创学校新时期建设发展局面而努力奋斗！

2. 展开评估精神讨论

自2021年12月10日起，学校开展了关于教学质量监督和评估工作的深入研讨，标志着对教学质量的高度重视和追求卓越的决心。在经过两轮座谈会后，相关部门负责人、教师和各界亲历者共同探讨并反思了评估工作的精神实质，表达了对评估精神的理解。

时任党委宣传部部长黎齐英在会前强调，评估工作的核心应当体现学校精神，延续广油"西迁精神"的精神血脉。与会人员从不同角度深入剖析评估工作的内涵，汇聚了

"万众一心、目标明确""听党召唤、艰苦奋斗；无私奉献、团结一心；敢于拼搏、敢于担当"等表述语，勾勒出了评估工作的精神风貌。

随后，党委宣传部与专家共同商议评估精神的表述语。经过反复比较、组合、提炼，更深层次地凝炼出了"奋楫笃行、协心勠力、赤诚奉献、求精臻善"的表述语。这一精神准则明确了在评估过程中，全体师生应秉持的态度和行动准则，要求全校上下共同努力，确保教学工作的质量和效率，实现教学的持续优化和提升。

（二）凝练申硕精神

1. 申硕精神提出的背景

自申硕工作启动以来，学校领导多次在各种会议中提及申硕精神。2009 年 2 月 27 日，学校召开学科建设工作会议，张清华院长要求各级领导尤其是院（系）和相关职能部门的领导一定要克服"等一等，看一看"的思想，加强责任感和紧迫感，立即行动起来，将力争学校在 2013 年以前成为硕士学位授权建设单位并通过验收作为下一步工作的重要目标，集中精力抓好学科建设，多分析、多谋划，多行动，不仅要把学科建设这个"龙头""舞好"，而且要"舞活"。2010 年 11 月 12 日，院长张清华在图书馆 208 主持召开学术委员会工作会议，并在会上提出要高标准严要求精心描绘学校申硕规划蓝图。他指出，申硕工作早着手、早准备是很有必要的，将对学校申硕工作的有序进行起到推动作用。2016 年 12 月 31 日，学校党委书记凌靖波、校长张清华在 2017 年新年献词中提出，要继续抓好学校转型发展，做好充足的申硕准备工作，全力推进西城校区建设，进一步提升教育教学质量。希望大家秉承学校"艰苦奋斗、求实献身"的精神，团结一心、众志成城、勇于创新、奋发有为，为建设石化特色鲜明、优势突出的高水平应用型大学而努力奋斗。2019 年 7 月 16 日，学校召开中国共产党广东石油化工学院第二届委员会第一次全体会议，学校党委书记、校长张清华强调，新一届党委要担当使命、艰苦奋斗、开拓创新，做好本科教学审核评估、申硕、西城校区建设、高水平理工科大学建设等重大重要工作，以实实在在的工作成效在学校发展的历史上留下鲜明的烙印。

2. 申硕精神的讨论

2021 年 11 月 24 日，学校申硕精神的总结凝练工作进入了新的阶段，这一天，党委宣传部在图书馆 208 会议室举行了具有里程碑意义的申硕精神提炼座谈会。会议由时任学校党委副书记张锅红主持，党委宣传部、发展规划与学科建设处、人事处等相关部门负责人，以及退休校领导等，共同深入探讨申硕精神的核心内涵。张锅红在会议上提出明确要求，强调申硕工作精神的总结应精炼而富有内涵，易于传颂与继承。会上，各位与会者积极发言，从不同角度细致探讨，最终形成了一系列具有指导意义的表述，例如"拼搏奋进、勇攀高峰"及"凝心聚力、勇毅前进"。

经过层层深入的讨论，申硕工作精神在各方的共同努力下被进一步挖掘与细化，不仅囊括了追求卓越的工作目标，还涵盖了在面临挑战时的坚持与勇气，以及团队协作的协同精神和创新能力。2021年12月31日，学校党委书记、校长张清华在2022年新年贺词中提到，要在"申硕精神"中汲取拼搏奋斗力量，不气馁、不懈怠、锲而不舍、精益求精、追求卓越。

2022年1月初和3月初，学校召开两次座谈会，通过相关学科带头人、文法学院教师代表等不断的交流与讨论，将申硕精神提炼为"勇毅刚卓、攻坚克难、深耕厚植、蹈厉攀峰"。

（三）评估精神和申硕精神的确定

自2021年以来，宣传部前后召集不同层面的专家、代表召开专题座谈会、研讨会近10次，并数次提交学校领导班子会议研究讨论。尤其自2023年以来，宣传部通过采访2006年评估工作亲历者、收集整理校报等史料、在史料中提取高频词汇等方法，结合领导班子、专家学者、师生代表的意见，总结出学校《评估精神、申硕精神表述及释义（审议稿）》。审议稿于2024年10月8日提交学校第五届教职工代表大会执行委员会审议，一致通过。

2024年10月10日，学校召开党委常委会会议，审议了学校《评估精神和申硕精神表述及其释义（审议稿）》。至此，"万众一心、不畏困难；艰苦奋斗、求实献身"的评估精神和"艰苦奋斗、永不言弃；精益求精、广结良缘"的申硕精神正式确立下来。

"万众一心、不畏困难；艰苦奋斗、求实献身"的评估精神，集中体现了为通过2006年教育部本科教学水平审核评估，全校师生上下一心、迎难而上、甘于奉献、夜以继日的历史，这一精神在2019年和2024年的评估中得到了持续的传承和进一步的发扬，也将继续引领广油人肩负石化事业使命，瞄准"申博改大"总目标，努力为国家社会经济高质量发展，为建成石化产业强国奉献广油力量。

"艰苦奋斗、永不言弃；精益求精、广结良缘"的申硕精神，集中体现了学校在申硕过程中所展现出的迎难而上、锲而不舍、追求卓越的精神风貌及坚持"走出去"、广泛开展合作、广泛争取校友和其他社会力量支持帮助的工作理念。站在全新的历史方位上，广油人应继续弘扬这一精神，深耕教育教学与科学研究，为实现"申博改大"新目标接续奋斗，为服务国家、地方经济建设和民族伟大复兴贡献广油力量。

穿越70载时光洪流，广东石油化工学院精神谱系的形成与传承，不仅构筑了学校独有的文化基因，更为学校的发展提供了持久而强大的内在动力。"艰苦奋斗、求实献身"的学校精神作为核心，与广油"西迁精神"、评估精神和申硕精神相互交织，共同铸就了广油独特的办学特色和深厚的学校文化。这一系列精神不仅体现了学校与国家石化工业发展的紧密联系，更指明了学校在新时代中国特色社会主义教育事业中的发展方向与使命。站在新的历史起点上，广东石油化工学院将继续传承和弘扬这一系列精神谱系，深耕教育教学与科学研究，为实现中华民族的伟大复兴贡献力量，共同开创学校高质量发展的新征程。

第二节 精神传承 弘扬践行

习近平总书记指出:"一个没有精神力量的民族难以自立自强,一项没有文化支撑的事业难以持续长久。"大学精神是一所大学的灵魂所在,每一所伟大的学校都有其独特的精神文化基因。在中国共产党的坚强领导下,一代又一代广油人在不同历史时期与中华人民共和国石化事业休戚与共的生动实践中,坚守初心,艰苦奋斗、忘我奉献、开拓进取、团结拼搏,接续培育了为国奉献的家国情怀。这些在各个历史时期淬炼锻造的学校精神跨越时空、历久弥新,既一脉相承又与时俱进,是广油人智慧、情感、意志、理想、信念、人格的升华,彰显了学校为党育人、为国育才的价值取向和精神追求,蕴含着艰苦奋斗、求实献身的信念内核,构筑起具有丰富历史内涵和鲜明时代特征的广油形象识别系统。

一、学校形象识别系统

习近平总书记多次强调,要坚定文化自信,推动中华优秀传统文化创造性转化、创新性发展,继承革命文化,发展社会主义先进文化,不断铸就中华文化新辉煌,建设社会主义文化强国。自2014年以来,广油认真贯彻落实党中央重大决策部署,以习近平新时代中国特色社会主义思想为指导,以学校"十三五""十四五"规划为行动指南,着力推动学校精神文明建设,成效显著。截至2024年初,学校基本建立齐了科学、规范、系统,具有学校特色的广油形象识别系统,并在日常工作中进一步规范学校文化标识使用管理。

(一)办学理念

自1956年改办石油工业部广州石油学校起,学校便与石油结缘。多年来,学校坚持"因油而生、为油奉献"的办学理念,着力培养人格健全、基础扎实、实践能力强、具有创新精神的应用型高级专门人才,大力实施"创新发展、协调发展、内涵发展、特色发展"四大战略,不断提高办学水平和教育质量。

(二)校训

校训是一种历史,传承着源远流长的广油记忆;校训是一种文化,延续着继往开来的广油精神;校训是一种灵魂,引领着学校师生奋发向上。广油历经沧桑,校名屡经更迭,校址也一再搬迁,但学校艰苦奋斗、求实献身的校园精神在一代又一代广油人身上传承延续,并不断发扬光大,历久弥新。学校八字校训则是对这种校园精神与时俱进的凝练和归纳,是校风、教风、学风建设的基石。

"崇德、博学、求实、创新"八字校训，不仅言简意赅，朗朗上口，易于传记，而且端庄大气，寓意深刻，富有哲理。"崇德"即推崇高尚的品格，意指广大师生须注重思想道德修养，以传承和弘扬中华优秀传统文化为己任，以培育和践行社会主义核心价值观、建设现代文明为要务，追求更高的思想道德目标，体现了教育之本在于坚持社会主义办学方向，根本任务为"立德树人"。"博学"语出《礼记·中庸》"博学之，审问之，慎思之，明辨之，笃行之"，表示学校要努力将学生培养成为具有扎实的基础理论和娴熟的专业技能的高素质、复合型、德智体美劳全面发展的创新型人才。"求实"意为求真务实，坚持从实际出发，探求对客观事物的正确认知，代表了学校恪守学术准则、追求科学真理的价值取向。"创新"意为与时俱进，勇攀高峰。学校希望师生根据时代变化和实践发展，不断深化认识，不断总结经验，不断实现理论创新和实践创新良性互动。

（三）校徽

学校校徽为圆形，标准用色为绿色。校徽由校名英文缩写字母"G、U、P"演变而成，中心图形为凤凰浴火展翅飞翔，外廓由正圆环及"广东石油化工学院"标准字样毛体草书、对应英文校名、学校成立年份"1954"围合而成。

（四）校歌

1. 创作历程

校歌是反映学校精神风貌的重要标志。学校领导对校歌创作高度重视，于2014年要求宣传部面向广大师生和校友征集校歌。经百般努力，形成了校歌（草案），并通过工会团委组织师生开展了校歌（草案）合唱比赛。然而，由于各种原因，学校最终未确定校歌。2022年初，宣传部门牵头，再次重启校歌修改、确定与制作等工作。经宣传部与作者沟通研讨，听取多方意见，多次对校歌进行修改和优化，最终形成了校歌（讨论稿）。

2022年10月中下旬，经请示校领导同意，宣传部会同离退休管理处、人事处、校团委和校友办，分别组织离退休老同志代表、教职工代表、学生代表和校友代表召开了征求校歌意见的座谈会。与会代表对校歌充满期待，纷纷畅所欲言、各抒己见，对校歌（讨论稿）给予了充分的肯定，并提出了一些建设性的意见和建议。之后，通过与作者商议，又对校歌进行了一定的优化。

11月1日，宣传部将召开座谈会征集意见的情况向学校领导进行了专题汇报。领导指示，将校歌（讨论稿）和意见征求情况提请学校教代会执行委员会审议。11月2日，学校第五届教代会执行委员会召开会议，审议宣传部提交的广东石油化工学院校歌（讨论稿）。经举手表决，参会18人全票通过。当日，学校第20次党委常委会和第16次校长办公会议结合第五届教代会执行委员会2022年第1次会议审议意见，同意宣传部提交的校歌（讨论稿）。

2. 歌词释义

校歌由学校文法学院副院长向卫国副教授作词、艺术与设计学院副院长孟庆民教授作曲。歌词符合社会主义核心价值观要求，充分体现了办学历史、学校精神、学校校训等特质文化，具有政治性、思想性、时代性与学校个性等特征和励志成才的正确导向。歌曲采用D大调写成，以进行曲风格为主，抒情曲与进行曲相结合，旋律优美，简洁流畅，激昂向上，旋律与歌词的整体风格相得益彰。

第一段，歌唱广油人铭记学校历史与广油"西迁精神"。中华人民共和国成立后，南方石油化工建设急需人才。接到迁校指令，全校师生"听党召唤、为国奉献；艰苦创业、忠诚担当"，满怀激情仰望高天流云，心系祖国南海之滨，毅然告别繁华的千年商都广州，激昂西迁到偏远落后的小城茂名，扎根南海之滨，艰苦奋斗开创伟业。

第二段，歌唱广油以立德树人、为党育人、为国育才为使命。以"蓝田种玉"的典故比喻培养优秀人才。"地为心"之"地"既是大地也是地球，泛指人类、世界；之"心"是"心田""心志"，寓意学校教师辛勤耕耘，培养有胸怀"国之大者"、构建"人类命运共同体"责任的人才。学生明大德、立大志，勤奋读书，践行校训，发奋成才。

第三段，歌唱广油人才培养的丰硕成果，广油学子个个学有所成，在祖国的大江南北作奉献，书写各自的青春之歌。"谁家子"出自唐代诗人张若虚《春江花月夜》的"谁家今夜扁舟子"，即游子，今指泛舟学海的学子之意。"雏凤"出自唐朝诗人李商隐《韩冬郎既席为诗相送因成二绝》的"雏凤清于老凤声"，刚展翅学飞的凤鸟，意指刚毕业踏入社会的学生。"雏凤"形象也是校徽的构成元素之一。

第四段，歌唱广油人艰苦奋斗、为国奉献的优秀品格。从石油化工、师范类等专业毕业的学子（以大漠钻井和山村教师为代表性符号）无怨无悔地奋斗在祖国的大江南北、大漠山村，他们弘扬广油"艰苦奋斗、求实献身"的学校精神，立志为实现中华民族伟大复兴中国梦而奋斗终身。

3. 校歌歌谱

(五)校树校花

为响应部分领导、师生的提议,2024年5月,学校党委决定确定校树校花,进一步完善学校形象识别系统。宣传部积极推动相关工作,多次召集不同层面的专家、代表召开专题座谈会、研讨会,并数次提交学校领导班子会议研究讨论。经收集整理校报等史料,结合领导班子、专家学者、师生代表的意见,形成《校树校花及释义(审议稿)》。审议稿于2024年10月8日、2024年10月10日先后提交至学校第五届教职工代表大会执行委员会和学校党委常委会会议审议,一致通过。至此,学校校树校花正式确立。

1. 校树:木棉树(红木棉)

木棉树,又称红木棉、英雄树,其树干笔直挺拔,枝条遒劲粗壮,如英雄般铁骨铮铮,象征着勇敢、坚毅、不屈与忠诚,与广油"艰苦奋斗、求实献身"的学校精神,以及广油"西迁精神"中听党召唤的忠诚品格、申硕过程中体现的永不言弃的精神高度契合,共同构成了广油独特的精神风貌。

学校从广州西迁而来,木棉是广州市花,校园里种植了几十棵木棉树。2007年9月,袁富善书记与艺术系张力老师为学校合作一首《求实献身之歌》,其中写道:"在羊城石牌的湖山间,我们是怒放的红棉朵朵;在南海之滨的大地上,我们是成长的大树棵棵。"学校师生对木棉树有着非同一般的感情,将木棉树作为校树得到大家一致认可。

2. 校花:凤凰花

凤凰木是豆科凤凰木属落叶乔木,每到毕业季,凤凰花开,花团锦簇,宛如一片红火的海洋,传递出诸事吉祥的美好寓意。凤凰花"火热绽放、坚韧顽强"的特点与学校精神文化高度契合,也寓意着学校事业前景一片美好。

在学校校园文化中,凤凰的意向比较集中:校徽中的凤凰图案、校歌中的"来是谁家子,去作雏凤鸣"、西城校区主题园中的起凤园、70周年校庆宣传片主题"凤鸣南天"……采用凤凰花作为校花,与学校现有的校园文化高度契合。

二、加强校园文化环境建设

新形势对宣传思想文化工作特别是高校校园文化建设提出了更高要求。2015年,中共中央办公厅、国务院办公厅印发的《关于进一步加强和改进新形势下高校宣传思想工作的意见》指出:要推动文化传承创新,培育和弘扬大学精神,把高校建设成为精神文明示范区和辐射源。学校领导班子高度重视校园文化建设,改善校园文化环境,在"十三五""十四五"校园文化规划当中明确提出:以习近平新时代中国特色社会主义思想为指导,坚定贯彻落实上级文件要求,坚持社会主义先进文化发展方向,以社会主义核心价值观为引领,以满足师生校友高层次文化需求为出发点和落脚点,遵循文化发展规律,努力建设格调高雅、充满活力、富有特色的校园文化,持续优化立德树人育人环境。

"十四五"校园文化建设规划更是明确提出了未来学校文化环境建设的目标:以凸显

广油特质精神为主线，以"五湖四岭，人文广油"为主题，以追求"绿色化工"为理念，以处处景景均育人为落脚点，规划和建好西城校区的自然景观和人文景观，形成特色鲜明、布局合理、环境优美、品位高雅、功能齐全的西城景观文化。对其他校区实施校园景化、美化、花化、亮化、绿化、净化工程，进一步优化校园环境，打造若干个主题文化景园，形成自然美、人文美、艺术美相协调的环境文化。

自2010年以来，学校进一步加强校园文化景观规划与建设力度，丰富环境育人的内涵并提升其功能效果。制作和建设雕塑园门坊、小路、小围栏等，建设校史雕塑园；制作一批校园景观小品及宣传栏，完善校园各公共场所的社会主义核心价值观及公益的教育宣传品；完成西城校区道路、楼宇的标识系统设置，修葺官渡校区校史馆，启用校园一卡通。统筹推进校道、食堂和宿舍的美观改造，加强校园文化常规建设，更换3个校区的公共垃圾桶和网球场LED灯等；完成教工宿舍区道路车位改造和美化工程项目，完善路东楼和光华校区学生宿舍改造；对3个校区进行环境绿化、美化、亮化，营造了标识规范、内涵丰富、环境优美的人文环境。人文校园、智慧校园、平安校园的文化内涵日益显现，师生普遍赞誉。

2014年，学校宣传部牵头负责设计并制作了"缘结石油""西迁创业""升本·更名""甲子新篇"及"铁人王进喜"5个主题雕塑，以艺术形式展现"艰苦奋斗、求实献身"的校园精神。这一"露天校史馆"成为校园一道亮丽的风景线，为全国高校首创。

2019年，校史馆改造竣工，恰逢建校65周年校庆日启用，意义深远。学校发展史本身就是一部广油人听党召唤、始终与祖国石油石化事业同呼吸、共命运的艰苦创业史和光荣奋斗史。而校史馆就是这部艰苦创业史和光荣奋斗史的物化凝练，是广油办学理念、学校精神和校园文化的生动展现。

2023年11月，在即将迎来建校70周年的历史交汇点上，学校决定汇聚各方力量，在西城校区启动厚德园、创新园、起凤园、求实园4个主题园区建设，并把这一项目列为学校2024年重大工程。园区整体施工、基础设施、绿化等由总务后勤部负责推进，园区主体雕塑和文化景观小品设计则由宣传部负责推进。

在中标公司开始设计前期，为做好方向指导，学校原党委副书记何浏、原副校长李润担任该项工作顾问，宣传部安排专人负责跟进，收集整理了关于学校发展历程、近十年来取得的重大发展和突破、学校精神的相关图文材料。随后，多次主动与设计公司联系沟通，以使对方更了解学校建设发展的历程及精神文化特质。在设计公司提交方案之后，宣传部多次组织相关部门负责同志讨论研究，在春节前聘请专家进行了专业评审并提出具体详细意见。据统计，定稿前，宣传部与设计公司通过线上线下、会议等形式进行了100余次沟通，设计稿前后共修改了20余稿。

设计稿完成后，宣传部多次组织不同层面的师生代表开会，征集意见，力求再博采众长，完善设计方案。何浏、李润多次参会指导，针对设计方案和理念提出数十条不同的意见和建议。2024年4月15日下午，学校党委书记张清华召集两位顾问、学校领导班子、党委宣传部、总务后勤部负责人和相关工作人员召开研讨会。会议统一了思想，初步确定了3个主题园区的主雕塑设计和设计理念。

创新园主雕塑为甲骨文"土"字的变形，被命名为"创新沃土"，寓意着广东石油化工学院这片沃土的变迁，汇聚了所有广油人的智慧与汗水。70年来，学校秉持着"因油而生、为油奉献"的办学理念，无论是在困境中铸就辉煌，还是在探索中积淀力量，抑或是在转折中开创新局，都饱含了一代又一代广油人在这片沃土上不断创新突破、艰苦奋斗的闪光足迹。进入变革与机遇交织的新时代，这座雕塑传递了学校对创新的坚定信念和对未来发展方向的清晰追求。它展示了学校成就，展现了学校在发展新质生产力和"AI+石油化工"专业建设方面的贡献与责任。未来，学校将继续秉持开放创新的精神，致力于培养具备国际竞争力的高素质人才，助力石油石化行业发展，为社会进步和国家繁荣贡献力量，为广东石油化工学院的未来发展灌注源源不竭的创新动力。

厚德园主雕塑形似一颗心脏，被命名为"厚德之心"。这一雕塑展示了广东石油化工学院坚守自1954年创立以来的"崇德、博学、求实、创新"校训精神。这颗厚德之心内涵丰富，包括：坚守"为党育人、为国育才"，致力于培养德智体美劳全面发展的社会栋梁的忠心；破解学校更名、校区扩建、办学体制调整等历史难题，迎难而上、永不言弃的恒心；攻克企业"卡脖子"难题，为广东绿色石化产业集群高质量发展助力，为石化事业发展提供智力支持的慧心；传承弘扬"艰苦奋斗、求实献身"的学校精神和茂名"好心"精神，勇担社会责任，乐于奉献的爱心；百善孝为先，传承中国孝道文化，尊师重道，敬爱父母的孝心。这座主题雕塑不仅象征着学校在石油化工领域的辉煌历程，更是学校多年来坚定不移落实立德树人根本任务和主动担当铸魂育人时代使命的见证，激励着广油师生坚守信念，追求卓越。

起凤园主雕塑是一只腾飞的凤凰，被命名为"凤鸣展翼"。它不仅喻意着学校在过去的困境和磨难中涅槃重生，更表明学校站在建校70周年的新起点上，奋力展翅飞翔，冲向更高的层次和更广阔的天地。这一雕塑凸显了学校推进高质量发展的决心和信心，体现了学校在新时代持续探索创新、积极迎接挑战的精神风貌，象征着学校在科技创新、人才培养、社会服务等领域展翅高飞，为国家和社会发展注入强劲动力。同时，它代表了学校对未来发展的信心和期许，激励全校师生攀登科技高峰，为中国石油化工行业的进步作出更大贡献；期许学校成为高水平理工科大学、获得博士授予单位资格、成功更名的美好期冀，同时怀抱着对新能源、新材料、人工智能等战略性新兴学科专业蓬勃发展的热切期盼。

三、弘扬践行学校精神

（一）培根铸魂，立德树人

建校70年来，学校自强不息、踔厉奋发、笃行不息，为社会培养了20万名毕业生，广油学子的足迹遍布全国各地的石油化工行业企业和各级政府机关、科研院所、教育行业，为石油石化行业以及地方经济社会发展作出了重要贡献，是石油石化行业人才培养的重要基地。他们当中有的生长于城市，却甘愿为了祖国石化事业的发展远赴边疆；有的女生看似娇小柔弱，却有着巾帼不让须眉的理想抱负，刚毕业便毅然决然奔赴西藏，踏上为人民服务的征途；也有的多年一直坚守在基层平凡的岗位上，却有着"位卑未敢忘忧国"的胸怀，默默奉献却甘之如饴。

自2015年以来，学校动员超3000人报名，推荐近100名优秀毕业生入选"西部计划"志愿者加入援疆援藏队伍，超过200名毕业生加入山区计划。学校荣获"2022年西部计划绩效考核优秀等次招募高校项目办"称号，这一荣誉表明了上级部门对学校志愿服务西部（山区）计划相关工作的肯定，是众多远赴西部的广油学子共同的荣誉勋章。此外，学校大力推动毕业生服务"一带一路"、粤港澳大湾区等国家发展战略，面向重点区域就业，为国家经济建设与产业结构转型提供人才支持。自2020年以来，超过九成毕业生在"一带一路"沿线地区就业，过半数毕业生赴粤港澳大湾区就业。

2024年3月，新学期开学之初，广油的退伍学生刘传冉因为按部队标准在宿舍搞卫生"红"到了新华社媒体，被称为"中国好舍长"；与死神赛跑，打羽毛球"顺手"救人一命的广油学子罗鼎刷爆了茂名人的朋友圈……学校涌现出为国"出征"夺得亚洲轮滑锦标赛季军的吴嘉淇，"中国大学生自强之星"葛晓云、李宇航，"广东向上向善好青年"苏立敏，"广东省见义勇为勇士"周静微，助人为乐的吴绮雯、李珍、谢伟斌、赵裕琦等好人好事，获《人民日报》客户端、《南方日报》等媒体报道。此外，更有广油学子在各大赛场上奋力拼搏，夺得中国国际大学生创新大赛国赛金奖、中国石油工程设计大赛一等奖、全国油气地质大赛一等奖等殊荣。

无论是远赴西部的志愿者，还是见义勇为、挺身而出的勇士，抑或是为国"出征"的"战士"，甚至是默默付出、无私奉献的"中国好舍友"等，他们虽然扮演着不同的角色，承担着不同的工作，但都有着一样的艰苦奋斗、无私奉献的精神，他们都以精彩实践生动地诠释了"听党召唤、为国奉献；艰苦创业、忠诚担当"的广油"西迁精神"。

（二）无私奉献，为人师表

炎热的暑假，一位老师拄着拐杖，步履蹒跚地一次次走进会议室、教室、路演大厅指导学生，不愿错过任何一次项目修改的机会。团队成员们也很努力，精益求精打磨项目，通宵达旦地修改项目计划书和PPT，最终拿下两个"挑战杯"全国铜奖。

木棉树下，学生们围坐在一位白发苍苍的老人身旁，津津有味地听老人绘声绘色地讲述党史故事。学校不少老师退休后仍心系学生教育工作，开设马克思主义专题讲座，并利用"青马工程"基地在周末组织学生唱红歌，看经典电影。

军训期间，有一位新生的母亲病重，急需住院治疗，这使原本经济困难的家庭雪上加霜，该生便提出退学以打工挣钱给母亲看病。班主任、辅导员老师多次谈话开导该生，并集思广益，经过多方努力后，找到好心人资助该生四年学费。该同学得以安心就读，发奋学习。大学四年里，这位同学多次被评为校级优秀学生干部、校级三好学生。在班主任的帮助下，他大学期间都在企业做兼职，一毕业就顺利应聘为企业的一名业务主管。

……

这一幕幕只是广油 1000 多名教职工工作日常的缩影。多年来，学校全体教师传承并弘扬"艰苦奋斗、求实献身"的学校精神和"听党召唤、为国奉献；艰苦创业、忠诚担当"的广油"西迁精神"，辛勤耕耘，默默奉献。一批教师荣获"全国劳动模范""全国优秀教师""全国优秀科技工作者""石油和化工教育教学名师""省劳动模范""教学名师""南粤优秀教师""南粤优秀教育工作者"等称号。

（三）勇攀高峰，争创一流

自 2015 年以来，学校以党建引领事业发展，加强党对学校事业的全面领导，坚持"创新发展、协调发展、内涵发展、特色发展"四大发展战略，坚持差异化发展路径，实施"1234"发展思路，加快推进建设石化特色鲜明、优势突出的高水平理工科大学，在学科建设、专业建设、科技创新等方面形成一系列标志性成果。学校综合办学实力明显提升，呈现蓬勃发展的良好态势。

截至 2024 年 6 月，学校建有 1 个院士工作站、2 个省重点实验室、1 个省级协同创新发展中心、12 个省工程技术研究中心、2 个省产业技术服务平台、2 个省高校重点实验室（广东高校石油化工污染控制重点实验室、劣质油加工重点实验室）、6 个省高校工程技术开发中心、1 个省级大学科技园、1 个省级国际暨港澳台合作创新平台，以及 2 个省级历史文化研究基地。与英国林肯大学共建国际工业安全大数据研究院，与企业共建"广油-美联新材料研究院""广油-丰能高新技术研究院""广油-华丰研究院"等 3 个新型研发机构。

承担国家自然科学基金重点项目 2 项、国家自然科学基金委员会（NSFC）国际（地区）合作与交流项目 1 项、联合基金重点支持项目 1 项，以及国家自然科学基金面上项目、青年项目和国家社科基金高校思政课研究专项、教育部人文社科项目、省重点领域研发计划重点专项等项目 1000 余项。获广东省科技进步奖一等奖、中国石油和化工自动化行业科技进步奖一等奖和技术发明奖一等奖，以及吴文俊人工智能科学技术奖三等奖等奖励 90 多项；获专利授权 1200 多件。

这些沉甸甸的成果背后，是全体广油人赓续学校精神并以此为动力，秉持着"路漫漫其修远兮，吾将上下而求索"的信念，对科研工作和教育事业永葆热忱，精耕细作、言传身教、孜孜不倦、勤恳敬业、无私奉献的奋斗历程。学校向前迈出的每一小步，都凝结着广油人的汗水和付出，映照着全体广油人把学校传统的优势学科做强，把国家战略急需的学科做精，把新兴交叉融合的学科做实，不断提升科研能力的闪光足迹。

（四）主动担当，服务社会

自 2015 年以来，学校更是以大平台、大项目、大团队为引擎，加快大学科技园建设，完善创新体系，改革科研体制机制和科技成果转化工作体制机制。着力建设高水平的科研创新团队，攻克制约绿色石化产业发展的"卡脖子"关键核心技术，助力广东建设绿色石化产业集群，助力茂名打造世界级绿色化工和氢能产业基地，为茂名打造化橘红、沉香、桂圆等特色南药产业链提供重要支撑。发挥教育部高校思想政治工作创新发展中心（华南理工大学）·广东石油化工学院协作中心智库作用，聚焦乡村振兴、"百千万工程""双百行动"、荔枝文化、柏桥讲堂提升行动等领域，为政府、行业等提供高水平资政建言服务。

1. 精准扶贫、脱贫攻坚工作

2016年，自学校对口帮扶信宜市平塘镇马安村以来，学校认真学习贯彻习近平总书记关于精准扶贫、脱贫攻坚重要讲话、重要指示精神，按照"六个精准"帮扶政策要求，围绕"两不愁三保障"目标，扎实推进定点帮扶工作，先后委派叶宇军、梁欢担任马安村扶贫队长兼第一书记。2019年，马安村全面落实"八有"指标，100%实现脱贫，退出相对贫困村序列。2020年，在各级政府坚强领导、大力支持和帮扶单位认真组织实施下，克服了新型冠状病毒感染带来的挑战与困难，按时高质量完成精准脱贫任务。

学校高度重视扶贫工作，强化责任落实。2019—2020年，学校党委书记、校长张清华，副书记、副校长纪红兵到村指导工作2次，分管扶贫工作的党委副书记李华、副校长李为民到村指导工作4次，党委组织部部长、扶贫办主任陈龙彪到村指导工作6次，结对帮扶单位（干部）走访贫困户64次。张清华书记、校长多次召开脱贫攻坚专题工作会议、作出专门指示批示。自2019年以来，帮扶单位通过自筹和资源整合，共筹集1780万元（财政资金1500万元，自筹资金280万元）用于马安村扶贫建设。其中，2019—2020年自筹99万元，整合财政资金300余万元。2016—2018年，叶宇军先后荣获"广东省脱贫攻坚突出贡献个人""茂名市优秀第一书记"称号。2019—2021年，学校扶贫工作队荣获"茂名市优秀扶贫工作队"称号，梁欢先后荣获"茂名市优秀第一书记""广东省脱贫攻坚突出贡献个人"称号。2020年12月，叶宇军撰写的教育扶贫案例《发挥高校优势，"扶贫"与"扶志（智）"相结合，实现脱贫致富》入选全国教育扶贫典型案例。

学校作为牵头帮扶单位积极深入研究精准扶贫和乡村振兴有效衔接的创新思路和做法，由学校主要领导亲自挂帅，打造扶贫—高附加值农副产品—科研—创新创业—勤工助学产业链，形成具有广油特色的产业扶贫模式新思路，帮助马安村全面实施乡村振兴战略。2013—2020年，学校派出10余位学校工作骨干，挂职驻村扶贫第一书记，深入一线做好扶贫工作。杨高挂职高州市曹江镇荷垌村第一书记，陈亚喜挂职信宜市怀乡镇坡头村第一书记，吴英柱挂职茂名市电白区黄岭镇官屋村第一书记，李英、徐观田先后挂职茂名市公馆镇大山岭村第一书记，孙健挂职茂名市茂南区红旗街道高山社区第一书记，冯晓挂职茂名市电白区南海街道晏镜社区第一书记，范忠烽挂职信宜市镇隆镇林垌村第一书记，崔春晓挂职信宜市金垌镇良耿村第一书记，杨东华挂职高州市曹江镇堂阁村第一书记。

2. 乡村振兴工作

2021年8月，驻镇帮扶工作队正式进驻沙琅镇，学校作为成员单位参与结对帮扶，委派陈远参与驻镇帮扶工作。学校充分发挥人才智力优势，紧紧围绕巩固脱贫攻坚和乡村振兴两大中心工作，以不发生规模性返贫和"两不愁三保障"为根本出发点，以切实提高村集体收入为核心，以创建项目和发展产业为驱动引擎，实现了集体经济从"帮扶输血"到"自身造血"的华丽蝶变。2021年12月，学校党委常委、副校长李为民带队到沙琅镇开展调研和慰问活动，向30户困难群众捐赠30套御寒棉被，同时将"6·30"扶贫济困资金19万余元用于71户建档立卡户，为他们解决即时之需。

坚持高位引领，凝聚帮扶合力。2021年，学校成立乡村振兴驻镇帮扶工作领导小组，明确工作职责和帮扶责任，多次召开党委会专题研讨沙琅镇帮扶工作。主管领导和分管领导多次到现场进行调研交流，与组团单位共同推进驻镇帮扶工作。2022年，学校捐赠办公电脑10台，用于镇村改善办公环境。同时，捐赠扶贫济困资金20余万元，用于65户脱贫户解决实际困难。2022年6月，受学校党委书记、校长张清华委托，党委副书记、纪委书记李华到沙琅镇莲垌村慰问帮扶干部和困难党员，听取了陈远的工作报告，并对10名困难党员给予300元/人的慰问金。2023年，学校出资30万元帮扶资金，先后用于莲垌村"莲藕种植观光基地"和多功能馆室的建设。

3. 百千万工程

学校深入贯彻落实习近平总书记视察广东重要讲话和重要指示精神，落实省委"1310"具体部署，制订帮扶计划及实施方案，推进"双百行动"走深走实。自2023年广东省"双百行动"动员部署后，学校作为全省第一批签订共建协议的高校，与茂名化州、湛江徐闻携手共建，以固根基、扬优势、补短板、强弱项为要领，强化县镇村发展的人才、智力、科技支撑，推动学校师生在更广阔的空间施展才华，把论文写在大地上，实现广油与县域的双向奔赴、合作共赢。

"双百行动"是广油的一个新课题，也是一道必答题。学校党委第一时间制定了"双百行动"实施方案，成立了以党委书记、校长为组长的工作领导小组，多次召开党委常委会会议、校长办公会议进行专题研究、部署和落实，确保"双百行动"开好局、起好步。各职能部门、各级党组织"关键少数"充分发挥引领带头作用，将"双百行动"作为重大政治任务，扛起主体责任，精心组织实施，有力推动"双百行动"高质量开展。选派学校团委书记冯耀勇（正处级）为化州工作队队长，生物与食品工程学院副院长张玲（副处级、博士、教授）为徐闻工作队副队长。2023年11月，冯耀勇挂任化州市委办副主任、市"百千万工程"指挥部办公室副主任。

建立健全考核机制，学校将"双百行动"的落实情况纳入各级书记抓党建述职评议考核，压实责任。打造"一院一镇一项目"品牌，按照"县域所需，广油所能"原则，制订"双百行动"短期和中期帮扶计划，做到化州市23个镇（街）、徐闻县15个镇（街）

镇镇有对接，镇镇有品牌。其中，"光宝智援"团队和"渔稻家乡"团队入选为大学生"百千万工程"突击队省级 100 个优秀示范项目，"乡约北界"等 14 个实践团队入围省级重点团队。

学校积极响应茂名市、化州市、茂南区的号召，组织学校具有高职称、高学历的教师加入专家智库。截至 2024 年 4 月，学校教师加入茂名市专家智库 9 人，化州市专家智库 44 人，茂南区专家智库 19 人。此外，学校还发挥茂名市市直第四代表团党代表作用，为化州的社会经济发展建言献策。

2024 年 3 月，广东省"百千万工程"县域创新基地在化州揭牌，为学校搭建高效互通互联的合作平台打下坚实基础。同月，徐闻县召开"百千万工程"2023 年总结表彰暨 2024 年工作部署大会，学校荣获 2023 年"徐闻县乡村振兴科创合作示范高校"称号。随着"双百行动"热潮在全省全校的不断深入延展，学校将"双百行动"中激发出来的工作热情和进取精神转化为攻坚克难、干事创业的强大动力，还将进一步以实际举措推动"双百行动"各项任务，不断为化州市、徐闻县的高质量发展注入新动能，在"双百行动"中展现"广油力量"。这股"广油力量"正是新生代广油人赓续前人"听党召唤、为国奉献；艰苦创业、忠诚担当"的广油"西迁精神"的精彩实践。

四、校庆

（一）建校 60 周年

1. 建校 60 周年庆祝大会

2014 年 11 月 9 日上午，题为"六十年栉风沐雨书伟业，一甲子弦歌不辍谱华章"的建校 60 周年庆祝大会在学校科技会堂举行。广东省教育厅、省台办、省社科联，茂名市委、市政府领导，广东省委组织部原领导，海军 92057 部队、茂名军分区领导，国内、国外高校领导，中石化、中石油、中海油公司代表，长期支持学校事业发展的企事业单位负责人，社会贤达，产学研合作单位负责人，学校领导、校友、师生代表共 1500 多人参加了大会并观看了文艺演出。庆祝大会由学校党委书记凌靖波主持。

在庆祝大会上，学校校长张清华作了题为"弦歌一甲子，共建谱新篇"的讲话。他代表学校向长期以来一直关心、支持和帮助学校发展的各级领导、兄弟院校、石化企业和社会各界朋友表示感谢，向在各个历史时期为学校无私奉献的老领导、老教师和老员工以及为母校增光添彩的全体海内外校友致以崇高敬意和真诚祝福。他深情地回顾了学校 60 年来的办学历程。他指出，学校的一次次迈进、一次次跨越都昭示了不屈不挠的广油人建设高水平石油化工大学的梦想和决心，正是一代代广油人秉承"艰苦奋斗、求实献身"的精神，共同谱写了学校艰苦创业、追逐石油强国梦想的壮丽诗篇。他认为，学校 60 年来为社会输送的 12 万名毕业生为社会各行各业，尤其是石油化工产业以及广东基础教育的发展作出了巨大的贡献，他们是传承母校求实献身奉献精神的传道人。在讲话中，他还对学校目前的办学规模、师资力量、专业设置等方面的基本情况以及在教学科研、协同育人、合作办学等方面取得的突破性进展进行了简要的介绍。最后，他对学校的美好未来进行了展望，号召大家为将学校建设成为国内知名石化品牌大学而共同努力奋斗。

中海油惠州炼化有限责任公司副总经理、校友代表陈忠保致辞。他向为母校发展披荆斩棘、呕心沥血的历任校长和老师表示感谢和祝贺。他说，60年来，12万名学子从母校走向远方，从母校开始人生之梦的航程，学子们学有所成，在各式各样的岗位上开拓进取、勤奋努力、成就卓越，展现了母校自强不息的风采，为母校赢得了崇高的声誉。这一切成就和贡献，追根溯源，无不凝聚着母校的教诲和培养。这一切，都要感谢老师，感谢母校。他祝愿母校继往开来，不断发展，为祖国各条战线多输送人才，为石油化工事业的发展作出更多更大的贡献。

国内高校代表、西安石油大学校长屈展教授致辞。他代表西安石油大学和国内兄弟高校向学校全体师生及海内外校友表示祝贺。他认为，作为华南地区唯一一所石油化工特色高校，学校秉承"艰苦奋斗、求实献身"的优良传统，发挥石油石化办学特色优势，发挥驻地南方油城的区域优势，实现了特色学科的突起，为石油石化行业和地方经济社会发展培养了一大批优秀的专门人才。他祝愿学校在新的起点实现新的跨越，在新的征程中乘风破浪、再谱新篇。

国外高校代表、英国林肯大学工学院院长与计算机学院院长戴维·科博海姆教授致辞。他对受邀参加本次庆祝大会表示感谢，并对学校60周年以来取得的成绩表示祝贺，祝愿学校在下一个60年取得更大的成就。他宣读了林肯大学校长的亲笔贺信，信中表达了在60周年校庆之际对学校全体师生的祝贺，对林肯大学能够派出专门代表参加学校庆祝大会表示非常高兴，并相信这将有助于促进两校在未来建立更加密切的校际关系。

中石化集团公司代表、茂名石化公司总经理余夕志致辞。他代表中国石油化工集团公司向全体师生员工及海内外校友表示祝贺，向学校求实创新、精育良才，对石油石化事业发展作出的重要贡献表示崇高敬意和真挚谢意。他认为，学校有着悠久的石油石化办学历史、丰富的办学经验和优良的办学传统，与中国石油化工集团公司有着深厚的历史渊源。他指出，学校的不断发展，为我国石油石化行业的健康发展作出了突出贡献，中国石化也从中受益匪浅。他提出，中石化公司将一如既往地关心支持学校的建设发展，积极推进四方共建协议的落实。希望学校能够紧跟时代步伐，进一步巩固石油化工重点专业和优势专业建设，提升人才培养质量和科学研究水平，为石油石化行业实现科学有效的发展作出更大的贡献。

广东省教育厅副巡视员胡振敏讲话。他代表省教育厅向学校60周年校庆表示祝贺，向长期以来关心、支持和帮助学校的各界人士表示感谢。他指出，新一轮的高等教育大发展提出了"特色发展、优化结构、突出内涵、彰显特色"的要求。他相信，在学校党政领导班子的带领下，全体师生员工会在新一轮的高等教育大发展中突出学校的特色优势、培育新的学科专业优势，共同把学校的事业推上一个新的高度。

茂名市委副书记、市长李红军讲话。他代表茂名市委、市政府向学校全体师生、广大校友表示祝贺，向参加校庆的领导、来宾表示欢迎。他指出，60年来，学校秉承"艰苦奋斗、求实献身"的精神，砥砺前行，推动学校与时俱进、跨越发展，在人才培养、学科建设、产学研合作方面都取得了丰硕的成果。60年来，学校与茂名地方发展相互促进，相得益彰，学校充分依托茂名石油石化产业优势，始终坚持石油化工特色办学方向，始终坚持服务石油产业发展需要，为茂名经济社会发展特别是石化产业发展提供了源源不断的智力支持，极大地丰富了南方油城和石化基地的内涵，提高石油产业竞争力和可持续发展水平。

他指出，学校不愧为茂名的一张亮丽名片，并代表茂名市委、市政府对学校历届师生为茂名发展作出的巨大贡献表示衷心的感谢。他希望，学校能够以60年的辉煌为新的起点，坚持正确的办学方向，传承历史，紧抓机遇，艰苦奋斗，早日建成国内知名石化品牌大学。他强调，茂名市将全面深化校企合作，为学校的发展营造更加良好的环境，提供更加广阔的空间。

学校党委书记凌靖波在主持中说道，学校在60年的发展历程中，始终得到广东省、省教育厅、茂名市及中石化、中石油、中海油等央企的亲切关怀和兄弟院校的鼎力支持。在校庆之际，广东省副省长陈云贤发来短信祝贺；民建中央专职副主席、广东省原副省长宋海，省委组织部副部长张辉等领导分别以不同的方式对学校60华诞表示祝贺。广东省教育厅、省科技厅，茂名市委、市政府，中石化、中石油、中海油等单位和企业高度重视学校的发展，发来贺信祝贺60周年校庆。此外，英国林肯大学，以及香港浸会大学、中山大学、华南理工大学、中国石油大学（华东）等高校，中石化茂名分公司、中石油独山子石化公司、中海油惠州炼化等企业，尼日利亚石油技术发展基金会、海内外校友分会及校友也发来贺信贺电。凌靖波代表学校对以上单位及领导表示衷心的感谢。最后，凌靖波号召广大师生以校庆为发展的新起点，秉承"崇德、博学、求实、创新"的校训，践行"艰苦奋斗、求实献身"的学校精神，把校庆的喜悦、感动和激励转化为推动科学发展的责任和动力，为实现国内知名石化品牌大学的建设目标而努力奋斗。

2. 捐赠仪式

在庆祝大会的过程中，还进行了简约而隆重的捐赠仪式。仪式上，凌靖波、张清华代表学校接受来自校友及社会各界的捐赠，并颁发捐赠证书。温武队校友、姚伟明校友代表全体捐赠人员向母校献上节日的祝福。

3. 文艺演出

庆祝会结束后，与会人员共同观看了以"加油祖国，筑梦未来"为主题的庆祝广东石油化工学院建校60周年文艺演出。文艺演出包括"奋斗篇""深情篇""梦想篇""尾声"等章节。"奋斗篇"描述了学校60年发展的艰辛历程以及历代师生为学校发展所作出的贡献；"深情篇"述说了浓浓的广油师生情；"梦想篇"展现了广油学子胸怀梦想、投身祖国石油石化事业的飒爽英姿。文艺演出在慷慨激昂的歌舞大联欢《为祖国加油》中圆满结束。整场演出情景交融、气氛热烈、鼓舞人心。

（二）建校 65 周年

1. 召开高水平理工科大学建设暨建校 65 周年座谈会

2019 年 11 月 10 日上午，广东石油化工学院高水平理工科大学建设暨建校 65 周年座谈会在科技会堂召开。学校领导张清华、李华、周如金，省内外校友、中层正职领导及师生代表共聚一堂，共同回忆来时路，感受当前精彩，汲取前行力量，再谱壮丽诗篇。会议由学校副校长周如金主持。学校党委书记、校长、校友总会会长张清华致辞，介绍了近年来学校在教育教学、人才引进、重点学科建设、科研等方面取得的显著成效，对广大校友为学校发展作出的重要贡献表示感谢。

深圳校友会会长杜与钦，东莞校友会会长杨宏作为地方校友会会长代表介绍校友企业家情况，分享了组织校友会的经验。校友企业家代表广东众和化塑股份公司董事长、总经理黎广贞，深圳市喜路旅游控股集团董事长温武队，珠海横琴长乐汇资本管理有限公司董事长兼首席投资官张小仁，南通振康机械有限公司总经理顾京君分别结合企业实际作创新创业经验分享报告。

最后，广东省社会科学院、广东省情调查研究中心副主任、研究员林平凡以"广东经济形势与发展策略"为题，分别从国内经济的总体态势、广东经济发展的基本情况以及广东经济发展策略三个方面作广东经济发展形势的专题报告。

2. 举行广东石油化工学院第二届理事会换届大会

11 月 11 日，广东石油化工学院在图书馆 208 会议室举行广东石油化工学院第二届理事会换届大会。地方政府、企事业单位的领导和嘉宾，学校领导和校友代表出席大会。会议由学校副校长周如金主持。他指出，学校发展跨入高水平理工科大学建设的新征程，站在新的历史起点，学校在认真总结第一届董事会经验的基础上，根据教育部有关规定，结合学校事业发展的需要，决定将董事会更名为理事会。这既是学校深入推进综合改革、实现治理体系和治理能力现代化的必然要求，也是学校加强与社会各界联系，集聚强大发展动力的重要举措，必将对高水平理工科大学建设产生重大而深远的影响。

张清华当选为广东石油化工学院第二届理事会理事长，纪红兵、李华、杜与钦、吴飞鹏、张锅红、陈炳琳、周如金、赵文海、钟伟雄、曹光明、彭志平、温武队、黎广贞当选为副理事长（按姓氏笔画排序），周如金当选为理事会秘书长，张锅红当选为理事会副秘书长。

学校将以理事会为依托，进一步深化与社会各界的联系合作，推进资源共享，实现融合发展，促进学校和理事单位共同进步，为高等教育事业和区域经济社会发展作出新的更大贡献。

3. 铭志于树，寄情于林——西城校区植树活动

西城校区启用时恰逢学校 65 周年校庆之际，学校举办了题为"铭志于树，寄情于林"的植树活动。新华粤、众和、实华、市团委、茂名港以及东莞校友会、茂名校友会、云浮校友会以及广大校友，积极捐树、种树，为西城校区按时搬迁入驻和西城校区的美化、

绿化作出了重要贡献。11月11日，学校各级领导、校友代表、特邀嘉宾及师生代表一同来到西城校区教学综合楼周边，大家精神饱满，拿起植树工具，铲土、培土、浇水，种下象征着广油辉煌历史与美好未来的树苗。

除座谈会、理事会、植树活动外，校庆期间学校还举办了系列庆祝活动，包括学术论坛、校企联合培养基地挂牌仪式、师生钓鱼比赛、学校定制文创产品及65周年校庆纪念品发布会等，各二级学院也举办了相应的庆祝活动。

第三节　精神引领　蓄势腾飞

一、立足新方位的启航之问

2021年10月26日，这是学校发展史上具有里程碑意义的一天。《国务院学位委员会关于下达2020年审核增列的博士、硕士学位授予单位及其学位授权点名单的通知》（学位〔2021〕13号）正式发布，广东石油化工学院新增为硕士学位授予单位，电子信息、材料与化工、资源与环境等3个学位点获批硕士专业学位授权点。这标志着学校升本21年来，特别是自2009年启动申硕战略以来，在社会各界、广大校友的大力支持下，学校领导带领全校师生艰苦奋斗、永不言弃、精益求精、广结良缘，在"十四五"开局之年实现了办学层次的提升，推进学校发展进入新的历史方位。

立足新的历史方位，广油这艘在高等教育发展浪潮中坚守初心、破浪前行的航船将如何启航，又将驶向何方。这是摆在学校党委行政以及全校师生员工面前的一道必答题。事实上，在学校正式启动编制教育发展"十四五"规划时，学校领导班子就在通盘思考和谋划学校未来五年乃至今后一个时期的发展目标。2021年3月17—19日，党委书记、校长张清华、党委副书记张锅红与时任茂名市委常委、组织部部长王创就专程前往教育部拜访相关司局领导，汇报学校的建设发展情况，特别是学科建设和科技创新情况，听取对学校未来发展的意见和建议。特别是在2021年7月26日，国务院学位委员会发布了《关于2020年审核增列的博士、硕士学位授予单位及其学位授权点名单的公示》信息后，党委书记、校长张清华与学校领导班子一道立足实际、研判形势、预设目标、寻找路径。"申博改大"这一学校发展的宏大目标在学校师生员工中引发热议。

2021年10月27—28日，国家督学、广东省委教育工委原书记、广东省教育厅原党组书记、原厅长罗伟其教授应邀来校调研指导。调研期间，罗伟其作了题为《以新发展理念为指导，实现高校高质量发展》的高校"十四五"规划编制专题报告，并深入广东省石化装备故障诊断重点实验室、学校西城校区、学生创新创业孵化基地进行实地考察调研。张清华主持报告会时指出，罗伟其教授的报告站位高、视野宽、信息广、内涵深，在制定规划编制思路、明确学校发展定位以及中长期发展目标等方面有很多真知灼见和肺腑之言，对于学校"十四五"规划编制和中长期发展均具有重要的指导意义。他对下一阶段工作提出了三点意见：一是以更高的政治自觉，高站位认同学校的发展战略、发展目标和发展定位；二是以更高的思想自觉，高质量编制学校"十四五"发展规划、各专项规划和二级学院发展规划；三是以更高的行动自觉，高水平推进落实各项发展重点和主要任务。学校领导纪红兵、李华、张锅红、周如金，机关各处室主要负责人、二级党委（党总支、直属党支部）书记，二级学院院长、高层次人才、教学科研团队负责人参加报告会。罗伟其的专题辅导报告以及调研期间对学校建设发展的意见建议进一步坚定了学校党委明确将"申博改大"确定为学校未来发展目标的信心和决心。

2021年12月31日，经校长办公会议、党委常委会会议、党委全委会审议通过，《广东石油化工学院教育发展"十四五"规划》正式印发。该规划确定了学校在"十四五"时期的发展目标：到2025年，学校石油化工领域相关学科专业水平实力明显增强，力争达到更名大学的基本办学条件和主要内涵指标，基本具备新增专业博士学位授予单位申报条件，确保"十五五"中后期成功更名大学，成为新增专业博士学位授予单位，建成石化特色鲜明、优势突出的高水平理工科大学。

立足新方位的启航之问，学校党委把航定向、扬帆起航，谋篇布局开启新篇，坚定地给出了"申博改大"这一振奋人心的答案。立足新方位的启航之问，学校党委带领全校师生员工上下一心、众志成城，以科学之精神、以务实之态度、以奋斗之姿态，继续昂首阔步地走在新时代赶考之路上。

二、研判新形势的发展之路

立足新发展阶段，贯彻新发展理念，构建新发展格局，推动高质量发展，这是学校党委锚定"申博改大"总目标，对学校发展新形势的重要研判。

基于这一重要研判，学校党委在学校教育发展"十四五"规划中提出要进一步强化党建引领，落实立德树人根本任务，扎根中国大地办教育，同时提出了强化党建引领学校高质量发展、推动立德树人根本任务向纵深发展、担负服务产业和区域创新发展历史使命、全面深化体制机制综合改革和拓展国际开放办学新格局等五大基本方略。

基于这一重要研判，学校党委在学校教育发展"十四五"规划中提出要坚持把高质量作为学校教育事业发展的时代主题，着力推进规模、结构、质量、特色、效益协调并进，提升人才培养水平和科技创新能力，推动学校高质量发展。锚定"申博改大"总目标，一幅反映学校发展重点与主要任务的画卷徐徐展开，一条研判新形势的新时代发展之路继往开来。全体广油人在学校党委的坚强领导下，正围绕落实立德树人根本任务，培养高质量应用创新人才；优化学科建设整体布局，打造高质量特色优势学科；推动人才引培齐头并进，建设高质量创新人才队伍；推动创新驱动战略实施，产出高质量科技创新成果；聚焦区域产业实际需求，彰显高质量差异发展优势；拓展国际办学深度广度，形成高质量开放办学格局；凝练校园文化内涵特色，打造高质量校园文化品牌；深化体制机制综合改革，健全高质量现代大学制度；强化管理服务增效提质，构建高质量办学保障条件；提升党建引领发展能力，筑牢高质量发展组织保障等十项发展重点与主要任务，踔厉奋发、砥砺前行，朝着"申博改大"的高质量发展之路再出发。

2022年6月30日，学校在图书馆208会议室举行庆祝中国共产党成立101周年座谈会。学校领导张清华、李华、张锅红、李为民，华南理工大学帮扶队队长朱永东，党办、组织部（统战部）、宣传部、教师工作部、纪检监察室、学工部、武装部、工会、女工、团委负责人，二级党委（党总支、直属党支部）书记，老党员及学生党员代表等40多名党员参加会议。党委副书记张锅红主持会议。张清华围绕座谈主题强调了三点意见：一是喜迎二十大，要学史明理、信心满怀；二是奋进新征程，要斗志昂扬、真抓实干；三是建功新时代，要不忘初心、不懈追求。他强调，在党的全面领导下，全体师生要坚定信心，坚持听党召唤、跟党走的不变主题，坚持艰苦奋斗的不变旋律，锚定"申博改大"的新发展目标不放松，建成石化特色鲜明、优势突出的高水平理工科大学一定指日可待。

走在研判新形势的发展之路上，全体广油人责任更重大、使命更光荣。自2022年10月20日以来，南方日报、广东省新闻办官网、南方新闻网、广东组织工作网、南方＋、网易新闻、搜狐新闻、腾讯网、今日头条等报刊及网站，刊登了学校党委书记、校长张清华热议党的二十大报告感想："学校将以'申博改大'目标为牵引，实施'创新发展、协调发展、内涵发展、特色发展'四大战略，加快建成石化特色鲜明、优势突出的高水平理工科大学。"这份责任和使命必将激励全体广油人才主动回应新时代对高等教育高质量发展的奋斗豪情，更是全体广油人弘扬学校精神，发扬广油"西迁精神"，服务石油化工产业和区域经济社会高质量发展的奋斗之行。

三、开启新征程的奋斗目标

蓝图已经绘就，目标已经明晰，号角已经吹响，开展新征程的奋斗指标正引领广油继续爬坡过坎，攻克一个又一个难题，创造一项又一项佳绩。

聚焦开展新征程的"申博改大"奋斗总目标，学校"十四五"发展主要指标直接对标新增专业博士学位授予单位申报条件和更名大学的基本办学条件和主要内涵指标，围绕学科建设、人才培养、科技创新和社会服务、师资队伍、国际交流和合作、办学条件等设定了59个具体指标。全体广油人正以目标为航标，奋斗为船桨，顽强拼搏、不懈奋斗，力争推动学校人才培养更高质量、学科建设更显水平、科技创新与社会服务更有效益、师资队伍更高水平、对外交流更有成效、校园文化更富特色、办学条件更有保障，确保"申博改大"的根基更牢固、达成更稳健。

2023年3月15日，学校党委书记、校长张清华率队分别走访调研了中国石油天然气集团有限公司、中国石油化工集团有限公司、中国海洋石油集团有限公司。中国石油天然气集团有限公司董事、党组副书记段良伟，中国石油化工集团有限公司总工程师，中国科学院院士谢在库，中国海洋石油集团有限公司副总经理、党组成员俞进分别会见了张清华一行。校企双方就进一步发挥区域优势，强化办学特色，与中石化、中石油、中海油及下属公司深化务实合作，共同推进高质量发展达成广泛共识。

聚焦开展新征程的"申博改大"奋斗总目标，一场围绕学校高质量发展的主题教育深调研在学校全面铺开。张清华、李华、张锅红、周如金、李为民、万勇等学校领导和华南理工大学帮扶队队长朱永东，牢牢把握"学思想、强党性、重实践、建新功"总要求，聚焦高质量发展这一核心要务，分专题、定目标、领任务，分别深入华南沿海石油石化企业问需求、谈合作、话共赢，深入兄弟高校问对策、学经验、取真经，深入各二级学院召开各主题座谈会问难处、听意见、询建议，共计调研走访企业18家、兄弟高校7所，召开座谈会28场次，用深调研成果不断完善和丰富学校高质量发展行动计划。

2023年5月19日，一份承载着学校回应立足新方位的启航之问，研判新形势的发展之路，推动学校高质量发展的行动计划正式发布。《广东石油化工学院高质量行动发展计划》以"紧扣主题教育、坚持党建引领、聚焦发展需求、强化优势特色"为基本原则，聚焦"十个深入思考研究"统筹谋划高质量发展五大行动计划：一是高质量创新型复合型人才培养行动计划；二是高质量特色优势学科攀升行动计划；三是高质量科技创新和社会服务跃升行动计划；四是高质量创新人才队伍提升行动计划；五是高质量体制机制创新改革行动计划。高质量发展与"申博改大"奋斗总目标相得益彰，正引领广油走向更加广阔的未来。

2024年3月14日下午，学校第六轮学科建设工作研讨会在综合办公楼八楼会议室召开。学校党委书记、校长张清华出席会议并讲话。华南理工大学帮扶队队长朱永东主持会议。张清华回顾了学校自2003年启动学科建设特别是2009年规划4个申硕一级学科以来采取的系列创新举措和取得的突破性成绩。他指出，第六轮学科建设立足于学校获批硕士学位授予单位和拥有若干硕士学位点的新方位上，站在学校拥有3个ESI全球排名前1%学科、4个软科世界一流学科的新起点上，锚定学校"申博改大"总目标再出发的新征程上。在3个全新的背景下，第六轮学科建设是聚焦"促融合、高质量、上水平"而开启的学科建设发展之路。张清华对以AI赋能启动第六轮学科建设工作提出三点意见：一是准确理解"AI+"学科建设的丰富内涵，把握学科高质量发展路径；二是深刻领悟"AI+"学科建设的重大意义，积蓄学科高质量发展动力；三是全面落实"AI+"学科建设的实践要求，定位学科高质量发展目标。发规部（研究生部）、人力部、教务部、科学部、财务部、设备部负责人，各二级学院院长，高层次人才代表参加会议。

新方位、新形势、新征程、新目标，在习近平新时代中国特色社会主义思想指引下，学校将牢记"因油而生、为油奉献"的初心和办学理念，弘扬学校精神，传承"听党召唤，为国奉献"的家国情怀，弘扬"崇德、博学、求实、创新"的校训精神，肩负石化事业使命，立足南海之滨，扎根中华大地，放眼世界大同，抱百折不回之坚毅，怀勇往直前之气概，瞄准"申博改大"总目标不懈奋斗，努力为国家社会经济高质量发展、为建成石化产业强国交出一份无愧于党和人民、无愧于历史、无愧于时代的"广油答卷"。

附 录

附录1 1954—2024年大事记

广东石油化工高等专科学校大事记（1954—2000年）

1954年

夏，华南工学院附设工农速成中学成立，直属于华南工学院，校址在广州石牌。

学校实行校长负责制，由冉济川同志任校长。学校党团组织分设党、团总支。冉济川兼任党总支书记，战胜福任副书记，彭章任团总支书记。

工农速成中学的招生对象是具有三年以上工龄的优秀产业工人及工农干部。学制三年（后改四年），即在三年内完成初、高中主要基础课程，为进一步进入高等学校深造打好基础，目的是改变当时高等学校中的学生成分，培养工人阶级知识分子。第一期招生400人，另有中山大学附设工农速成中学转来的二年级学生160人。80%以上的学生是党、团员。

1955年

10月，经中央国务院决定，华南工学院附设工农速成中学改办石油中专学校，直属石油工业部领导，校名为"石油工业部广州石油学校"。冉济川任校长。学校党团组织设党总支和分团委。冉济川兼任党总支书记，战胜福任副书记，彭章任分团委书记。行政设办公室、教务处、总务处，冯昭任办公室主任，张志鸿、牛更生任教务处主任，钟英任总务处主任。石油学校开办的目的是为石油厂矿，尤其是为茂名油厂创建培养中等技术人才。原工农速成中学学生大部分服从需要转石油学校学习，小部分仍继续工读中，少数回原单位工作。改校时，省领导刘田夫亲自来校作动员报告。

1956年

年初，学校制定石油工业部广州石油学校第一个五年发展规划（1956—1960年）。学校发展规模为1600人，专业数5个，教职工240人。

1月26日，召开"石油工业部广州石油学校"成立庆祝大会。石油学校秋季开始招生，学制四年（招收初中毕业生）。当年招生80人，原工农速成中学转读石油学校403人，共有中专学生483人。开设低温干馏与造气工学、石油与石油气体工学、低温干馏与造气工厂机械及设备、石油与石油气体加工工厂机器及设备4个专业。全校教职工176人，其中教师81人。学校占地面积60多万平方米，建筑面积

12 000多平方米，课室23间。学生宿舍4栋，教工住宅18栋，图书馆1间，藏书4万多册。实验室7间，实习工厂2间，运动场1个。

9月，因中山大学附设工农速成中学也改为石油学校，故学校改名为"石油工业部广州第一石油学校"（中大工中为第二石油学校）。

10月24日，学校召开"中共广州第一石油学校第一次党员代表大会"，168名党员代表参加了大会。

1957年

2月7日，召开共青团广州第一石油学校首次团员代表大会，57名团员代表出席会议。

6月初，根据石油工业部的指示，学校与广州第二石油学校合并，改名为"石油工业部广州石油学校"，组织领导机构不变，学制仍为四年，撤消石油及石油气体加工厂机器及设备专业，保留其余3个专业。

7月，工农速成中学第一届学生毕业。

9月28日，经省委批准，由郭福田任广州石油学校党委书记（郭福田没有到校任职，仍由冉济川负责党委书记工作），牛更生任广州石油学校党委副书记。冉济川、钟英、战胜福为广州石油学校党委委员。

11月，举行建校3周年纪念活动，并确定每年11月11日为校庆日。

11月15日，根据石油工业部《关于任命冉济川等人职务的命令》，任命：

冉济川为广州石油工业部广州石油学校校长；

张志鸿为广州石油工业部广州石油学校教务校长；

钟英为广州石油工业部广州石油学校总务校长。

1958年

3月10日，经中共广东省委会议批准，由冉济川兼任广州石油学校党委书记，冯昭、苗杰为石油学校党委委员。

3月16日，召开广州石油学校第一次校务会议，讨论通过学校第一个五年规划（1956—1960年），确定学校发展规模为1600人，主要为开发茂名油页岩服务，开设低温干馏与造气工学、石油与石油气体工学、低温干馏与造气工厂机械及设备、石油与石油气体加工工厂机器及设备等4个专业，每年招收初中毕业生400人，学制四年，从1956年开始招生。

4月，组织师生学习中央颁布的"教育为无产阶级政治服务，教育与生产劳动相结合"的教育方针。

5月，学校成立实习工厂——机械厂，生产剥麻机、鼓风机、电动机等产品，纳入国家生产计划。随后又建立小型炼油厂，作为全省"小土群"炼油厂试点。此外，还建立中心化验室，为"小土群"炼油厂进行油品分析。接着，又建立了晒图、印刷等小工厂。在校内开设农场，师生分期分批被下放到校办工厂及农场劳动。

7月28日，经中共广东省委常委会批准，由韩宽定任广州石油学校党委书记，免去冉济川兼任的党委书记职务。

8月，根据上级通知，学校被下放给广东省重工业厅领导。学校改名为"广东省石油学校"，学制仍为四年，设3个专业：石油及天然气工学、人造石油工学和石油炼厂机械及设备，本年招收学生404人。

9月，学校成立民兵营，开展"全民皆兵"运动。

10月下旬，根据省委下达的"大炼钢铁"任务，全校停课，600多名师生员工到怀集县参加大炼钢铁、砍竹伐木劳动约3个月，回校后又参加建校劳动及修筑芳村铁路劳动。

1959 年

年初，为贯彻党的八届六中全会精神及"教育为无产阶级政治服务，教育与生产劳动相结合"的教育方针，学校开展教学改革运动。根据中央关于全日制学校以教学为主、建立教学新秩序的指示，发动全校师生对各专业的教学计划、教学大纲进行讨论修改，大力总结和推广先进教学经验，改进教学方法，提高教学质量。

4月，石油工业部召开全国石油系统教育会议，确定学校为11所全国性石油院校之一，负责为全国石油系统培养输送技术人才。

7月，学校第一届中专学生39人毕业，其中炼机专业21人，低温干馏专业18人。

9月，根据石油工业部指示，学校增设石油及天然气钻井、石油及天然气地质勘探及石油天然气开采3个专业，即全校共开设6个专业。本年招收学生580人，其中师资班108人。

11月11日，学校举办校庆5周年活动，总结了建校5年来所取得的成绩，概括了初步形成的"尊师爱生、遵守纪律、好学苦钻、勤俭朴素、团结互助、热爱劳动、爱校如家"的良好校风。

1960 年

6月，根据石油工业部（60）号油人培周字第116号文件和广东省工业部工培字第36号文件，以原广东省石油学校为基础，成立"华南石油学院"，由石油工业部直接领导。学校分设中专部和大学部，中专部学制四年，在原有专业的基础上增设"矿场机械及设备"专业，撤销"石油及天然气开采"专业。大学部学制五年，开设"石油炼制""石油炼厂机械""石油及天然气地质勘探"和"石油及天然气钻井"等4个专业，并开设六年一贯制的"石油炼制""石油炼厂机械"两个专业（招收初中毕业生）。学院下设炼制、机械、勘探3个系和基础学科委员会。自秋季起正式招生，本年招收大学本科班学生126人，中专班学生274人，师资班学生97人。根据广东省石油工业管理局（60）油人字15号文转广东省委的批示，由冉济川任学院副院长。上级调方定、郑雪山来校分任学校党委正、副书记。

11月，根据石油工业部（60）人油培周字第394号文件和广东省人委（60）粤办文字第574号文件，将"华南石油学院"改名为"广东石油学院"，由广东省石油工业管理局主管，招生、师资、基建等由省统一安排。

1961年

4月，贯彻国务院关于"调整、巩固、充实、提高"的八字方针，在中专部1124名学生中，压缩756人（包括提前毕业的三年级学生，支援茂名炼油厂建设、支援农业的学生），没有压缩大学部292名学生。大学部六年一贯制改为中专。秋季中专部停止招生，并撤销"矿场机械和设备"专业，大学部招生188人。

11月20日，根据石油工业部《关于广东石油学院领导关系问题的复函》，学校归属石油工业部直接领导，并改名为"中南石油学院"。

1962年

4月，成立"中南石油学院院务委员会"，由副院长冉济川、党委书记方定、副书记郑雪山以及学院办公室、人事处、教务处、总务处、炼制系、机械系、勘探系、基础学科委员会、共青团、图书馆各一名负责人，大学教师代表3人（其中副教授2名、教研室主任1名），中专教师代表1名，共17人组成。

4月，根据上级指示，学校调整、压缩教职工人数。至12月底止，全校共压缩教职工212人，剩下381人（其中教师230人，教辅人员71人，干部、工人等共80人）。

至本年末，中南石油学院的建筑面积已达33 265平方米，有实验室29个，图书馆1个，藏书51 000册。机械厂有16个工种，96名工人，生产24种产品。有小炼油厂1个，还在增城办农场1个，有水田6亩，旱地35亩，鱼塘2亩。

1963年

7月，根据石油工业部通知，撤销"中南石油学院"，学校改名为"石油工业部广州石油学校"，直属石油工业部领导。大学部炼制、机械两个系的131名学生合并到西安石油学院，勘探系149名学生合并到四川石油学院。

10月15日，石油工业部任命冉济川为广州石油学校校长，吴健、张志鸿、钟英为广州石油学校副校长。

本年度，根据石油工业部机构调整、压缩编制的精神，学校再次调整、压缩教职工95人，全校剩下教职工250人。

1964年

5月，学校组织240多名师生到花县炭步公社鸭湖大队与贫下中农"三同"（同食、同住、同劳动），进行阶级教育。

7月25日，成立校党委。

10月，根据上级指示，学校开展整党运动。全校71名党员中，有65人参加了整党运动。

本年度，学校开展"大学解放军、大学大庆、大搞学校革命化"的群众运动，科级以上干部分期分批去大庆参加轮训班学习。

1965年

1月，根据石油工业部及广东省人委关于学校迁往茂名改办半工半读的指示，学校成立迁校工作组和筹建组，负责迁校和建校的具体工作。年初，学校派出筹建组到茂名开展筹建工作。3月，第一批教职工出发到茂名，建立半工半读劳动队基地。9月份基本搬迁完毕，在茂名正式开始上课。迁校后，根据石油工业部文件，学校仍直属石油工业部领导，校名由"石油工业部广州石油学校"改为"石油工业部广东石油学校"。学校党委委员由冉济川、吴健、钟英、战胜福、王山月、孙慰祖等人组成，冉济川同志兼任党委代理书记。

8月5日，石油工业部任命孙慰祖为广东石油学校副校长。

8月31日，学校与茂名石油公司签订合办石油小学协议，开办石油小学。

1966年

6月，学校组织学习《人民日报》社论《横扫一切牛鬼蛇神》和《触及人们灵魂的大革命》。6月10日，经请示石油工业部及茂名市委同意，开始"停课闹革命"，在校党委的领导下，成立运动办公室。6月12日，茂名市委派出以何林丰为首的市委工作队10人进校领导运动。

8月初，学校成立第一届"文化革命委员会"（简称"文革会"），由易玲任文革会主任，学生徐明胜、林丽华任副主任。市委工作队撤出学校，另派两名联络员驻校了解运动情况。

8月中旬，第一届"文革会"成立第16天，改组成立以学生为主体的"文革会"，由学生徐明胜任主任，学生林丽华及教工曾卓权两人任副主任。随后成立"红卫兵"组织，批斗所谓以校长冉济川为首的"走资本主义道路当权派"，开展"横扫一切牛鬼蛇神""破四旧""立四新"等，并以"破四旧"为名，掀起了抄家风。校党委处于瘫痪状态，党员被迫停止过组织生活。在此期间，校"文革会"根据茂名市的指示，将"五类分子"遣送回原籍监督劳动改造。学校共遣送7人（其中家属3人）。随后，"红卫兵"组织分期分批派代表到北京接受毛主席的检阅，开始"革命大串联"运动。

1967年

年初，外出串联的师生员工陆续回校，群众自动组织各种"战斗队"批判校党委在"文化大革命"中的资本主义反动路线，给在"文化大革命"期间受资产阶级反动路线迫害的革命群众平反。

3月，遵照毛主席3月7日对天津延安中学关于以班为基础实现大联合的批示，开始"复课闹革命"，实现以班为基础的"革命大联合"。后因受资产阶级派性的影响，出现"倒旗联合"等论调。因此，跨班级的战斗队又陆续恢复起来，"复课闹革命"夭折流产。

4—6月，学校先后成立"井冈山兵团"和"韶山兵团"，正式形成两大派群众组织。

6月5日晚，"韶山兵团"夺取学校党委政权。

6月份，解放军支左小组进校支左，公开支持"井冈山兵团"，支左小组于七、八月离校。

9月，解放军军训团来校，为实现学校"革命大联合"开展工作。23日晚，学校两派革命群众组织遵照毛主席关于革命大联合的指示，通过双方协商，取得了一致意见，实现了革命大联合，并成立"大联委"，两派革命群众组织选派代表参加，"复课闹革命"恢复。

12月22日，学校以广油（57）文革字第1227号文，对在"文化大革命"中遭受迫害的教职工，从思想上、政治上、组织上给予彻底平反。恢复名誉的教职工有：陈端生、林钊、陈理和、许西庆、刘德周、钟森荣、唐济美、陈喜东、彭可强、陈守约、蔡宣礼、张焕然、严肃、熊南生、曾计祥、黄世芳、洪觉典、张慧、李希俊、江启煌、彭章、杨进栋、许少娥、李英、姜自喜；家属李奕芳；女保姆周翠英。

1968年

3月13日，根据茂名市委批示，学校成立石油工业部广东石油学校革命委员会，简称"革委会"。革委会设常委，由吴健、赖维汉、张克林、易玲等8人组成，吴健任主任，赖维汉、赖梅先（学生）、冯世（学生）3人为副主任。革命委员会下设3个组：政工组，组长由吴健兼任；校务组，张克林任组长；教务组，易玲任组长。

9月11日，茂名市革委会遵照毛主席关于派工宣队进驻学校，参加学校斗批改的指示，派出以茂名石油工业公司露天矿工人杨耀魁为首的第一批工宣队80多人进驻学校。

10月，开展整党建党工作，全校共有58名党员参加。学校成立整党建党领导小组，由工宣队、军训团及学校选派党员"三结合"组成。整党建党工作分三个阶段进行：第一阶段为学习、批判；第二阶段为建立党的领导核心，恢复党组织生活；第三阶段为吐故纳新，建立新党委。

12月20日，校革委会按照毛主席关于干部下放劳动的指示，将学校大部分教师、干部下放到茂名石油工业公司原油车间、露天矿及本校机械厂参加劳动。

12月下旬，以茂名石油工业公司原油车间工人权思和为首的第二批工宣队进驻学校。

1969 年

1月24日，根据茂名市革委会批示，学校重新成立革委会，由工人阶级管理学校。革委会由11名成员组成，其中工人5名（权思和、陈善桂、罗远暄、张炳清、姚志威，工宣队员占4名），干部2名（吴健、张克林），教师2名（林金带、张广达），学生2名（陶彩娥、钟锡清），设常委5人（权思和、陈善桂、吴健、张炳清、张克林），由工宣队队长权思和任主任，陈善桂（工宣队）、吴健任副主任。

6月，以何守训为首的第三批工宣队进驻学校。何守训任学校革委会副主任。

7月8日，根据茂名市革委会批复，原校长冉济川补充为校革委会常委，赖维汉补充为革委会委员，林金带调整为革委会常委。

10月，以陈仲武为首的第四批工宣队进驻学校。

11月28日，根据茂名市革命委员会政工组的批复，同意建立石油学校新党委筹备小组，由吴健任组长，陈仲武任副组长，林金带、姚志威为成员。

12月14日，根据茂名市革命委员会的批示，学校成立"中国共产党广东石油学校委员会"。党委会由冉济川、吴健、陈仲武（工宣队长）、苏志、张克林、林金带、姚志威等人组成，冉济川任党委书记，吴健任党委副书记。学校于12月15日召开新党委成立大会。

1970 年

9月，学校为茂名石油工业公司举办首期（金工、钳工、电工）专业短训班，培养技术工人，首批学员300人，同年12月结业回厂。

11月，在陈郁省长的大力支持下，经湛江市专区革委会批准，学校招收第一批工农兵学员300人，学制改为一年半，开设化工、机械两个专业。教学组织改为专业连队制（设化工连、机械连），教学方法采取"以典型生产任务组织教学"。

12月，召开学校第一届田径运动会（由于迁校来茂名前，学校在广州召开校运会的次数无资料统计，所以从迁校来茂名开始算运动会届数）。

1971 年

5月7日，根据茂名市革委会批示，冉济川任校革委会主任，免去权思和校革委会主任职务。

9月，为茂名石油工业公司举办第二期专业短训班，学员140人，于1972年1月结业回厂。

12月，经茂名市革委会批复，增补苏志为校革委会委员。

12月，召开学校第二届田径运动会。

1972 年

1月，学校成立妇女领导小组，由林璇任组长。

7月，重新建立教学管理及行政管理有关规章制度，逐步恢复正常的教学秩序。

9月，招生399人，学生主要来自应届初高中毕业生，学制改为两年，除原炼制、化工、机械3个专业外，新增石油地质专业。

11月27—30日，召开党员大会，总结第二届党委工作，选举产生第三届党委会。第三届党委会由冉济川、吴健、陈仲武（工宣队）、陈远、孙慰祖、林金带、苏志、王永生、林璇等人组成，冉济川任党委书记，吴健任党委副书记。

12月，经茂名市革委会批准，增补孙慰祖为校革委会副主任。

1973年

2月22日，经党委常委讨论决定，由赖维汉任广东石油学校团委书记。

3月，根据石油工业部的指示，为石油工业部举办炼厂机械短训班，培养炼厂检修技术骨干，学习时间10个月。学员来自湖北荆门炼油厂、湖南3101厂、南京石油化工厂、杭州炼油厂及茂名石油工业公司，两个班共78人。

5月，校妇女领导小组改为妇委会。妇委会由林璇、洪觉典等6人组成，林璇任主任，洪觉典任副主任。

6月，学校成立工会，由机械厂、小油厂工人参加。工会委员会由王永生、何德等5人组成，王永生任主任，何德任副主任。

9月，学校在上山下乡知识青年及厂矿企业工人中招收第二批工农兵学员233人。

1974年

2月，以朱光厚为首的第五批工宣队进驻学校。朱光厚任学校党委、革委会委员。

3月20日，经茂名市革委会批准，增补钟英为革委会副主任。

9月，根据石油工业部的指示，为部开办石油炼制、炼厂机械工人短训班，学习时间为10个月，学员来自安庆、杭州、湖南、湖北及茂名石化炼油厂，共67人。

下半年，第十届中专生397人毕业。招收第三批工农兵学员209人，学制为两年半，学员包括生产建设兵团成员、下乡知青、厂矿工人。

1975年

1月，学校专业连队的教学体制改为专业委员会，成立炼制、机械、地质及化工等4个专业委员会，恢复原有教研组，分别划归有关专业委员会领导，实验室及实习工厂亦对口归属各专业委员会领导。行政机关设政治处、后勤处及教育革命办公室。

1月31日，经省革委会同意，学校改称"广东石油化工学校"，增设化工专业（包括有机化学、无机化学），体制改由省石油化工局直接领导。党团组织关系和政治思想工作委托茂名石油公司党委代管。

2月，根据省石油化工局的指示，茂名石油工业公司在学校举办"七·二一"工人大学，培养工人技术骨干。开设炼厂机械和矿山开采两个专业，学员来自茂名石油工业公司所属相关单位共65人，学制两年。茂名石油工业公司党委书记方华任工人大学校长，学校党委书记冉济川、副书记吴健兼任副校长。

3月，学校在茂名市郊金塘公社五联大队创建农场一个，师生员工轮流下场学农，动手开荒种地50多亩。

4月，党委书记冉济川被调往茂名石油工业公司任党委常委、革委会副主任。

8月，以谢世明为首的第六批工宣队进驻学校。

9月4日，经茂名石油工业公司党委批示，吴健任校党委书记、革委会主任；赖维汉、陈远任党委副书记、革委会副主任。

9月30日，经茂名石油工业公司党委批准，补充钟英为校党委委员，免去其校务处副主任职务。

10月，根据省石油化工局的指示，在学校开办省石油化工"七·二一"工人大学，为省属燃化系统有关厂矿培养生产技术骨干。学员来自省内各地区燃化系统厂矿，共55人，开设化工机械及无机化工两个专业，学制两年。

11月10日，经茂名石油工业公司党委批准，补充苏志为广东石油化工学校革委会副主任。

1976年

1月8日，全校师生员工沉痛哀悼周恩来总理逝世。

8月，根据茂名市关于预防地震工作的指示，全校师生员工开展防震工作，搭防震棚在室外居住，学生延长假期，至10月解除防震警报后，教职工回宿舍居住，学生回校上课，恢复正常教学秩序。

9月9日，全校师生员工沉痛哀悼毛泽东主席逝世。

10月，全校师生员工热烈欢呼党中央一举粉碎"四人帮"，开展了揭批"四人帮"运动。

1977年

1月，根据上级指示，在全校师生员工中开展"三大讲"活动，深揭狠批"四人帮"，即大讲"四人帮"横行时，党受其害、国受其害、校（厂）受其害、身受其害的深仇大恨；大讲同"四人帮"针锋相对作斗争的经历；大讲同"四人帮"作斗争的经验和体会，建立新旧社会两本账。

7月21日，茂名石油工业公司与学校举办的"七·二一"工人大学学员65人毕业回厂工作。

10月13日，省石油化工局举办的"七·二一"工人大学学员55人毕业回厂工作。

12月7日，工宣队完成了在特定情况下的特殊任务，离校。

12月，招收第一批经过全国招生制度改革、统一考试、德智体全面衡量，择优录取的新生354人。学生包括上山下乡知青、在职工人及应届初中毕业生，部分为外省代培学员。因招生工作结束迟，该批学生推迟至1978年4月入学。

1978年

1月，学校将金塘公社办的农场转交给茂名石油工业公司农副业处统一管理。

2月28日至3月6日，石油化工部石油中专教材工作会议在学校召开。

4月16日，校党委委员、革委会副主任孙慰祖被调往天津海洋勘探局技校工作。

5月1日，经革委会扩大会议决定，恢复学生考核、升留级及退学制度。

9月15日，根据中共茂名市委的批复，学校撤销革委会，恢复校长制，原革委会正副主任改称为正副校长。吴健为校长，陈远、赖维汉、钟英、苏志为副校长。

校党委根据上级指示，于11月14日至12月5日，共用了18个半天时间，以召开党委扩大会议的形式进行整风。

12月12日，学校召开落实政策大会，党委副书记陈远代表校党委在大会上为在"文化大革命"期间受迫害的干部、教师、工人、学生及家属共45人平反昭雪，恢复名誉。

本年度，学校根据广东省计委、省高教局招生计划的通知，招收中专学生200人，学制三年；大学本科生84人，学制四年。

1979年

4月16日，学校和茂名石油工业公司、南海石油勘探指挥部共同为石油工业部举办的出国进修人员外语培训班开学。学员来自广东、广西、江汉、新疆等石油厂矿、院校及科研单位共20多人，该班于9月5日结束。

3月15日，经石油工业部批准，田颐慧任广东石油化工学校副校长。

7月6日，根据石油工业部及省革委会的通知，广东石油化工学校改为广东石油学校，实行石油工业部和广东省双重领导，以石油工业部领导为主的管理体制。原设化工专业于1981年前划出，并由石油工业部拨款100万元给广东省，另建化工学校。

1980年

3月，学校在广州沙河元岗广东省粤剧学校内开办外语培训班，为石油工业部出国进修人员培训外语。

6月30日至7月1日，学校召开第四次党代会，大会选举吴健、赖维汉、田颐慧、陈远、苏志为第四届校党委委员；陈远、钟世良、赖汉坤、易玲、张云龙为第四届校党委纪律检查小组成员；吴健任党委书记，陈远任党委副书记兼纪律检查委员会书记。

1981 年

5月23日，根据石油工业部《关于冉济川等三同志任职的通知》，冉济川兼任学校党委书记；吴健任校长、党委副书记，免去其党委书记职务；张健任党委副书记、副校长。

6月25日，学校刘德周、田颐慧、唐济美晋升为副教授。

1982 年

4月3日，召开第五届工会会员代表大会，选出战胜福任工会主席。

4月8—12日，学校召开第一届教职工代表大会。由学校领导向教职工代表汇报学校工作，并通过成立房产民主管理小组和提案审核小组的决定。

4月30日，根据广东省石油化学工业厅《关于广东石油学校管理体制问题的通知》，再次明确学校今后仍继续委托茂名石油工业公司代管。

7月，第十八届中专生346人、大学班本科生82人、数学师资班学生41人毕业。

7月25日上午，中共广东省委第一书记任仲夷在茂名市委书记赖鸿维、市长张雨田和茂名石油工业公司党委书记方华、经理简坚等的陪同下来校视察。

10月20日，中央纪律检查委员会委员、石油工业部领导黄凯来校视察。

12月26—29日，召开广东石油学校首届团代会，选出云大宽任团委专职副书记。

1983 年

1月21日，由于校办小油厂污染问题难以解决，经校长办公会议研究决定，撤销小油厂。

9月5日，根据石油工业部《关于张健等五同志任职的通知》，张健任校党委书记，张品能任党委副书记，吴儆苏任校长，田颐慧、赖维汉任副校长，原校党委正副书记、正副校长职务随即被免除。

10月10日，根据石油工业部《关于吴健同志任职的通知》，由吴健任广州外语培训中心顾问，免去其兼培训中心主任职务。

11月23日，根据茂名石油工业公司党委《关于中共广东石油学校委员会组成的批复》，校党委由张健、张品能、吴儆苏、陈远、蔡晋森等5人组成，张健任书记，张品能任副书记，陈远任纪委书记。免去冉济川、吴健、田颐慧、赖维汉等4人的党委委员职务。

1984 年

2月，学校撤销附属石油小学，原石油小学的师资、教学设备及学生全部并入茂名石油工业公司官渡小学。

6月，召开学校第六届工会会员代表大会。选举张品能、彭章、姚爱英、叶为民、黄婉嫦、黄文光、简家秀、马卓然、赖梅开等组成学校第六届工会委员会，由张品能兼任工会主席，彭章、姚爱英任工会副主席。

9月15日，成立"广东石油学校中等专业教育研究会"，刘德周任主任，唐济美任副主任。

9月16日上午，广东省副省长王屏山在茂名市委秘书长许任之、市政府副秘书长罗志浩的陪同下来学校视察。

10月11日，成立广东石油学校体育运动委员会，由田颐慧任主任。

11月11日，学校隆重举行建校30周年纪念活动。

11月15日，根据石油工业部教育司《关于广东石油学校专业设置的通知》，学校专业设置作如下调整：原石油地质、石油仪表自动化、炼厂机械、石油炼制4个专业不变，撤销轮机管理专业，增设石油机电、环境监测两个专业。

12月，实习工厂试行承包制，工厂厂长试行民主选举，选出赖梅开任厂长，余文广任副厂长。

12月，学校召开第五次党代会，选举产生第五届校党委和纪委委员。张品能、袁富善、吴徹苏、蔡晋森、余刚强等5人为第五届校党委委员；林元俸、蔡晋森、周那安、余兆庄、林张贵为纪委委员。张品能任党委书记，袁富善任党委副书记，林元俸任纪委副书记。

1985 年

4月26日，学校由石油工业部移交给中国石油化工总公司领导，双方签订了交接协议书。

5月，召开学校第十二届团代会，选举产生第十三届校团委，由云大宽任团委书记。

6月，学校成立"综合服务公司"。综合服务公司为大集体科级单位，实行独立核算，自负盈亏。

8月23日，中国石油化工总公司确定学校规模：大专部在校学生1200人，中专部在校学生800人，共2000人。大专部设3个系9个专业，即化工系（石油加工、有机化学、环境监测3个专业），机械系（化工机械、仪表自动化、石油储运3个专业），工业管理工程系（财务会计、计划统计、物资管理3个专业）。同意征地200亩进行扩建，1986、1987两年计划投资500万元。

8月，学校石油地质专业停办，原84级学生于1986年提前毕业。

9月10日，举行第一个教师节庆祝活动，表彰从事学校教育工作20年以上的教职工，并向他们赠送了纪念品。茂名市给他们颁发了荣誉证。

11月15日，经中国石油化工总公司批准同意，学校新建"广东石油化工专科学校",学制为三年制大专,学校规模为在校生 1200 人。设 3 个系 10 个专业,即化工系(石油加工、有机化学、环境监测 3 个专业),机械系(化工设备与机械、工业仪表自动化、石油储运、工业与民用建筑 4 个专业),工业管理工程系(财务管理、计划统计、物资管理 3 个专业)。1986 年,专科学校开始面向全国招生。新建立的"广东石油化工专科学校"为中国石油化工总公司的直属单位,实行广东省和石化总公司双重领导,以总公司领导为主的管理体制。

本年度,风雨球场(现体育馆)竣工启用。

1986 年

4 月,学校征地 90 亩,作为筹建广东石油化工专科学校用地。

6 月 17—22 日,召开第三届教职工代表大会第一次会议,会议审议通过吴儆苏校长作的《关于制定学校发展十年计划的报告》。报告确定学校今后十年建设的总目标:继续办好重点中专,创办高质量的大专,并为石化企业提供培训服务。

7 月 3 日,中国石油化工总公司对学校的管理和建设作出如下决定:

(1)学校是总公司直属的副局级单位,实行总公司和广东省双重领导,以总公司为主的领导体制。

(2)学校党的工作,在广东省委、茂名市委统一领导下,由茂名石油工业公司党委代管。

(3)学校的发展规划、专业设置、招生计划、教学计划和毕业分配计划,由总公司管理。

(4)学校的领导干部由总公司人事部会同茂名石油工业公司考核,总公司负责学校的中层干部任免和工作人员的调配,其中,副处级干部报茂名石油工业公司和总公司人事部备案。

(5)学校的教育事业经费计划,基本建设投资计划和劳动工资计划,由总公司有关业务部门统一归口管理。

(6)为加强教学与生产的联系,共同搞好教学改革、技术革新和技术开发工作,茂名石油工业公司的生产、科研和设计部门与学校互相支援,互相提供方便条件,创造良好的实践性教学环境。学校要挖掘学生潜力,承担为茂名石油工业公司培训人才的任务,茂名石油工业公司对学校的发展和建设要给予关心和支持。

7 月 15 日,学校成立"高级职务资格评审专家鉴定组",由田颐慧任组长。

8 月,学校招收首届大专生 103 人。

9 月 15 日,中国石化总公司决定,张品能任广东石油化工专科学校党委书记,袁富善任党委副书记;吴儆苏任广东石油化工专科学校校长,田颐慧、赖维汉、徐本刚任副校长。

9 月 20 日,学校在茂名工人影剧院隆重举行"广东石油化工专科学校成立大会暨开学典礼"。校领导、来宾及学校师生员工共1400多人参加了成立大会。

9月30日,中国石化总公司副总经理盛华仁来校视察。

10月26日,中国石化总公司副总经理张万欣来校视察。

12月5日,召开广东石油化工专科学校工会第一次会议代表大会,选出王靖、彭章任工会副主席。

12月15日,广东省高教局副局长周鹤鸣、原局长袁溥之等5人来校视察。

1987年

2月12日,增设化工仪表自动化、工业与民用建筑两个专业。

3月24日,国家体委主任李梦华、一司副司长秦驾训、秘书肖天在广东省体委主任魏振篮、茂名市副市长黄庆道等人的陪同下,到学校视察工作。

3月27日,广东省高教局局长李修宏来学校视察。

3月28日,召开广东石油化工专科学校首届、广东石油学校第三届学生代表大会,选出刘旭鸣任学生会主席。

3月,制发《广东石油化工专科学校、广东石油学校试行校长负责制实施方案》和《1986—1990年校长任期目标》。主要内容:到1990年建成适应炼厂技术发展需要的专业配套、以工程为主、工程与管理相结合的多种形式、多种层次办学的广东石油化工专科学校。大专在校生规模1200人以上,设有8个专业;中专生800人以上,设有3个专业。为中南地区石油化工经济服务,为地方工业、文化、教育事业服务。

4月25日,学校选出教师张锡鹏、学生刘旭鸣为茂南区人大代表。

4月28日,经茂名石油工业公司党委批复,同意原广东石油学校党委委员和纪委委员亦为广东石油化工专科学校党委委员和纪委委员,即张品能、吴儆苏、袁富善、蔡晋森为广东石油化工专科学校党委委员,张品能担任书记,袁富善任副书记;林元俸、蔡晋森、余兆庄、林张贵、许光连为纪委委员,林元俸任副书记。

5月,学校开始实施校长负责制。

5月8—9日,学校举行大专首届、中专第24届田径运动会。

6月3日,游泳场建成启用。

6月11—13日,召开第三届第二次教职工代表大会。会上,校长吴儆苏作了关于校长负责制实施方案和校长任期目标的报告。推选出张锡鹏、刘德周、许西庆、邓翰深为学校校务委员。

6月25日,成立工程地质勘探队,由蔡祥瑞任队长。

6月29—30日,召开大专首届、中专第十三届团代会,选出何树华任团委副书记。

6月30日,建立广东石油化工专科学校、广东石油学校校务委员会,由吴儆苏同志任主任。

9月7—9日，中国石化总公司普通中专石油加工专业指导组成立会在学校召开。总公司指定广东石油学校为石油加工专业指导组的主持学校，由朱耘青任组长。会议研究了各校的教学计划、教学大纲和中专石油加工专业指导组的工作计划，讨论了教材编写。会议还交流了各校的师资、教材、学制及教学等情况。

9月20日，经广州市经济技术协作办公室同意，学校在广州设立"广东石油化工专科学校驻广州联络处"。该联络处代表学校办理有关行政事务和开展教育事业的横向联系工作，联络处归茂名市人民政府驻广州办事处管理。

10月，学校教师钟淼荣当选为广东省第七届人大代表。

11月6—8日，中国石化总公司在广州外语培训中心召开广东石油化工专科学校扩初设计审查会议，对学校1988—1990年的基建规模进行严格审查。参加会议的有中国石化总公司、北京设计院、广东省高教局、茂名市城建局等19个单位的领导和专家，共59人。担任学校扩初设计工作的广东建筑科研设计所的三名专家就学校扩初设计情况作了说明。经过会议规划组、土建组和概算组的充分讨论审查，对学校的扩初计划表示基本同意，并提出了一些具体修改意见。按照扩初设计，到1990年，学校将建成全日制大专生1200人、中专生800人、委托代培生120人、夜大生400人的规模，初步建设成为工程与管理相结合，多形式、多层次办学的石油化工人才培养基地。12月24日，中国石化总公司批准了学校的扩初设计，概算核定为2300万元。

11月12日，经石化总公司批准，学校增设"环境监察"专业。

12月1日，广东石油化工专科学校驻广州联络处成立。

1988年

1月5日，召开广东石油化工专科学校第二届、广东石油学校第六届党员代表大会，选举产生广东石油化工专科学校第二届、广东石油学校第六届党委员会和纪律检查委员会。吴儆苏任党委书记，袁富善任党委副书记，林元俸任纪委副书记。

2月21日下午，中国石油化工总公司总经理陈锦华、副总经理李毅中、办公厅副主任阎振环、供应制造公司经理袁德鑫等人在茂名石油工业公司经理柯居涯、党委书记张德立的陪同下来学校视察。

4月19—25日，学校地掷球队代表广东省首次参加在云南昆明举行的全国地掷球比赛，获得第十二名，进入了全国甲级队的行列。

5月1—3日，在广东省第一届高等专科学校学生田径运动会上，学校有7人共获得9枚奖牌，12人次打破6项校纪录。

5月3—7日，学校举办首届艺术节。

5月16日，成立学校科技开发公司，由张小明任经理。

6月18—19日,召开广东石油化工专科学校第二届、广东石油学校第四届学生代表大会,选出刘旭鸣为学生会主席。

10月6日,召开首次思想政治工作研讨会暨思想政治工作研究会成立大会。选出吴儆苏为名誉会长,袁富善为会长。

10月14日,成立电教室,由蔡宣礼兼任电教室主任。

11月16日,经石化总公司批准,学校成立夜大学,由张品能任主任。夜大学设置石油加工、化工设备与机械专业,学制为三年制专科,从1989年开始招生。

1989年

1月9日,由田颐慧、陈文冠撰写的《石油化工大专院校坚持学生在校三年计算机教学不断线的初探》获省级教学成果奖二等奖。

1月16日,学校"离退休之家"落成剪彩。

3月9日,召开办公扩大会议,讨论决定学校中层机构设置调整如下:党群系统设党委办公室、宣传部、纪委、工会、团委;行政系统设学校办公室、人事处、总务处、教务处、基建处、科研教研处、监察审计室(副处级与纪委一套人马,两块牌子)、保卫科、学生科、财务科、膳食科;教学系统设化工系、机械系、基础部、企业管理专业科、计算机室、电教室、图书馆、体育教研室、马列主义教研室;附属机构设科研开发公司、校办工厂、工程地质勘探队、综合服务公司。决定中层干部采用聘任制。

4月24—25日,召开共青团广东石油化工专科学校第二次、广东石油学校第十四次代表大会,选出何树华任团委书记。

5月11—19日,学校地掷球队代表中国石化总公司参加在陕西宝鸡举行的全国男子地掷球赛,荣获第六名。地掷球队领队为赖维汉校长,教练为蒙树松、倪超群(兼),队员为倪超群、邹金荣、余文广、李党民,裁判员为梁明。

6月,招收首届夜大学学生118人,其中石油化工专业72人,化工设备与机械专业46人。9月1日晚上,学校举行夜大学首届学员开学典礼。

9月,学校机械工程系教授刘德周被评为"全国优秀教师"和石化总公司系统劳动模范,张锡鹏被评为广东省"优秀教师",何树华被评为广东省"优秀教育工作者"。

10月20日,根据国家教委、广东省高校工委、省高教局的通知精神,学校开始在大、中专生中开设政治形势和法制教育课。

11月11日,学校举行建校35周年庆祝活动。

12月15—16日,广东省高教局中专教育管理水平评估专家组一行8人到学校,对学校中专教学管理水平进行评估。经评估小组两天的检查评审,学校得分80.25分,在省内处于中上水平。

1990年

1月10日,在茂名市召开的广东省第三届大学生运动会论证会在学校召开。会议初定广东省第三届大学生运动会于1991年8月份召开,主会场设在学校。

4月2—4日,中国石化总公司教育处数学教学质量评估组来校,对学校中专数学教学质量进行评估,最后得分87.06分。

4月10—12日,召开大专第三次、中专第五次学生代表大会,选出李刚为学生会主席。

4月26日,学校选出吴馥萍、钟华生为茂南区第三届人民代表大会代表。

5月11日,学校开办业余党校。

6月19日,根据总石化公司决定,董健生、黎松强任广东石油化工专科学校、广东石油学校副校长,免去田颐慧广东石油化工专科学校、广东石油学校副校长职务。

7月6日,省教育工会主席雷才磷来学校指导工作。

9月2日,教师节来临之际,省高教局副局长周鹤鸣一行来学校慰问教职工。

9月14—21日,校长吴儆苏赴苏联考察。

9月24—27日,中国石化总公司中南地区职工游泳比赛在学校举行。

9月30日,成立"广东石油化工专科学校教师中级专业技术职务评审委员会",由吴儆苏任主任。

10月19日,学校成立自动化系,由陈圣宁任系主任。

11月8日,学校将计算机室改为计算机教研室。

11月,由袁富善副教授任主编,何树华、洪启煌参编的《学生干部工作指南》一书由华南理工大学出版社出版,在全国发行。

本年度,由学校教务处副处长陈文冠研制的"XJCJ学籍管理及成绩统计分析通用软件"获1990年广东省中专优秀软件一等奖。

1991年

3月15日,学校党委设立学生工作部和学生工作处(合署办公),由何树华任部(处)长。

3月25日,成立"广东石油化工专科学校关心下一代委员会"。张健任主任,陈积彪任副主任。

5月4日,中国石油化工总公司总经理盛华仁来学校视察工作。

5月10日、11日下午,学校召开大专第二次,中专第八次工会代表大会,选出赖维汉为工会主席,王靖、姚爱英为工会副主席。

5月22—28日,学校地掷球队代表中国石化总公司体协参加全国地掷球比赛,荣获第十三名。

6月8—10日，校党委召开党员大会，进行党委换届改选，选举产生大专第三届，中专第七届校党委会及纪律检查委员会。吴儆苏任党委书记，袁富善任党委副书记兼纪委书记。

8月3—9日，广东省第三届大学生运动会在茂名市和学校举行。全省有40所高校3000多名运动员参加。学校派出22名运动员（其中男13名，女9名）参加田径乙组各项比赛，共获得金牌24枚，银牌4枚，铜牌8枚，以总分326分的成绩荣获团体乙组总分第一名和本届运动会道德风尚奖。在闭幕式上，学校同时被授予"广东省高等学校体育工作先进单位"称号，获得了奖杯。

8月4日，广东省高教局局长李修宏、副局长周鹤鸣、教学处处长陈传补来校指导工作。

8月10日，广东省高校工委副书记陈绍奇来校指导工作。

8月23日，经石化总公司批准，免去赖维汉副校长职务。

8月，新教学主楼竣工启用。

9月，制定学校"八五"规划和十年规划。"八五"期间前三年稳定专科教育，后两年复办本科；十年规划建成8个系27个专业，到2000年，在校生规模拟达到3000人。

11月7日下午，召开校工会首次女职工代表大会。选举产生首届女职工委员会，由姚爱英任主任，杨国珍、梅树莲任副主任。

11月19日，成立学校综合档案室。

11月28日，制发《广东石油化工专科学校党委领导下的校长负责制暂行条例》《党委工作制度》《党委领导密切联系群众制度》《党委、领导班子成员民主生活会制度》和《领导干部回避制度》。

11月28日至12月3日，中国石化总公司中专英语评估组一行10人来校，对学校中专英语课程进行评估，总评结果为84分。

11月30日，原石油工业部第一副部长周文龙等来校视察。

1992 年

1月9日上午，中国石油化工总公司总经理盛华仁、广东省副省长张高丽，在茂名市委书记肖贤成、市长黄春藻，茂名石化公司经理柯居涯等人的陪同下到学校视察。

2月18日，学校石化系石油加工教研室的科研成果电暖器导热油获广东高校1992年科技进步三等奖。

2月19日，广东石油学校经中国石化总公司复评为合格学校。

3月25日，学校大专"高等数学"和"物理化学"课程在中国石化总公司直属院校课程评估中被评为合格课程，"材料力学"课程被评为优秀课程。

4月18日，撤销原企业管理专业科，成立管理系。

4月22日，成立学校基干民兵排。

5月25日，学校设立武装部（副处级），由邱影任武装部副部长。

5月28日，实习工厂更名为"广东石油化工专科学校化工机械厂"。

5月30日，中国石化总公司教育处宋世平来校调研思想政治工作。

5月，学校中专1990级学生参加中国石化总公司所属中专学校1990—1991学年第二学期的英语统考，荣获第一名。

6月13—14日，召开大专第五次、中专第七次学生代表大会，选出王振旗为新一届学生会主席。

7月8日，学校科技开发公司与珠海市东区石油公司联合创办珠海市东区石油精细化工制品开发公司，由校长吴儆苏任董事长，副校长黎松强任副董事长、马明任经理（法人代表）。

7月9日，"广东石油化工专科学校"更名为"广东石油化工高等专科学校"。

7月20日，学校被国家教委评为全国普通高等学校体育课程评估优秀学校。

7月，学校首届夜大学102名学生毕业。

8月，学校聘请第一位美籍教师梅琳达·哈利特·卡尔逊（Melinda Harriet Carlson），由她负责英语课教学。

9月3日，符传柏被评为全国高等学校实验室系统先进工作者。

9月6日，省总工会组织部全国秀在茂名市总工会主席陈作谋，茂名石化公司工会副主席何乃旺、夏梅瑜和工会办公室主任王振新等人的陪同下，到学校检查工会深入开展建设职工之家工作。

11月1日，学校开办乡镇企业大专班，设有工业与民用建筑、企业管理、财务会计、化工设备与机械4个专业，招生216人。

12月9—10日，石化总公司直属四所中专学校（兰州化工学校，兰州石油学校，广东石油学校，济南经济学校）教改工作会议在学校召开。

1993年

1月11日，中国石化总公司人教部副主任张文平，教育处宋世平与广东省高教局局长许学强、高教局规划办主任何玉枝，学校吴儆苏、袁富善、黎松强等领导在广州会谈商议复办广东石化学院事宜。

1月15日，陈圣宁教授被批准享受政府特殊津贴。

2月18日，区志奎、谢建中当选为茂南区第四届人大代表。

2月26日，学校在石油化工系增设"精细化工教研室"，由齐凯琴任主任。

2月28日，全国总工会原副主席黄民伟，书记处书记、全国职工思想政治工作研究会副会长刘实，候补书记、宣传部部长韩西雅，原北京市总工会主席、全国政协委员韩凯，全国总工会办公厅秘书处秘书李钢一行5人，在茂名市总工会主席陈作谋、副主席陈淑芬的陪同下，莅临学校检查指导工作。

3月25—26日，中国石化总公司人事教育部邀请有关单位领导及专家教授在茂名市召开"建立广东石油化工学院论证会"。论证会专家组通过考察，参观了学校校园、校舍、实验室、图书馆、电教中心、实习工厂等地，充分分析了在学校基础上建立广东石油化工学院的必要性和可行性，提出了《关于建立广东石油化工学院的论证报告》。

4月，校工会被授予"广东省模范职工之家"称号。

4月14日，中国石化总公司计划部陈庆祥处长、工程部葛小琼处长等陪同国家计划委员会投资司张国宝处长来校检查指导工作。

4月15日，中国石化总公司吴协刚副总经理等来学校检查指导工作。

4月16日，中国石化总公司教育处宋世平陪同国家教委计划发展司综合处、计划一处咸立亭、韩进两位处长来校检查指导工作。

5月5日，成立由新加坡ATS电脑公司授权的学校高级电脑培训中心（简称AATC），于5月20日召开成立暨开学典礼。茂名市副市长吴寿炎，新加坡ATS电脑公司总裁洪天赐先生一行3人，学校领导袁富善、黎松强、徐本刚及首期学员共80多人出席庆典。庆典仪式由培训中心主任陈喜东副教授主持，吴寿炎副市长和洪天赐先生为AATC成立剪彩挂牌。

7月3日，增补徐念农为学校党委委员。

10月，全国总工会授予学校工会"全国模范职工之家"光荣称号。

12月6日上午，广东省总工会副主席杜鉴波来校检查工会办产业情况。

12月7日，学校科研成果《电热取暖器导热油》《材料力学试题（图形）库通用软件》《计算机远程通信网的连接及信息加密》和《学生学籍管理及成绩统计分析通用软件》被国家经委外事司选入《中国优秀新产品走向世界》丛书。

12月9日，成立教材发行站，由金振中任发行站经理。

12月14日上午，广东省总工会主席陈冰、组织部副部长全国秀在茂名市总工会副主席蔡宁和茂名石化公司党委副书记黄忠诚、工会主席谭光芬的陪同下，到学校检查指导工作。

12月27日，学校苏广军被省体委批准为田径国家一级裁判员。

1994年

1月17日，刘德周、张锡鹏、邢馥生获1993年国务院政府特殊津贴。

3月11日，学校被茂名市政府授予"花园式单位"称号。

4月11日，学校在广东省广播电视大学高州分校开办校外中专班。开设计算机及应用、财务会计、文秘等专业，学制三年，招生对象为初中毕业生。

4月11—18日，由中国石化总公司与广东省高教工委、茂名石化公司党委组织部一行8人组成的考核组对学校领导班子进行考核。

6月5日，中国石化总公司经理盛华仁莅校视察。

6月15日，经中国石化总公司批准，由袁富善任广东石油化工高等专科学校党委书记；免去吴儆苏广东石油化工高等专科学校党委书记职务；免去袁富善兼任的纪委书记职务；由徐念农任广东石油化工高等专科学校党委副书记兼纪委书记。

8月26日，教师梁荣新、赵果鲜被广东省授予"南粤教坛新秀"称号。

8月30日，学校"教学科研科技服务相结合，培养应用型人才"和"中国革命史"课程建设与改革获总公司直属高校优秀成果奖。化工原理教研组的化工原理课程建设、教学教研组的教学课程建设及教书育人实践和朱耘青主编的"石油炼制工艺学"获总公司直属中专优秀教书育人奖。

9月13日，成立广东石油化工高等专科学校工程系列中级技术职务评审委员会，由吴儆苏任主任。

9月17日，中国石化总公司常务副总经理李毅中莅临学校视察。

11月11日，学校召开教育基金会成立暨首届理事会会议，正式宣告成立学校教育基金会。理事会设常务理事，由吴儆苏（会长）、袁富善、黎松强（副会长）、徐本刚、董健生、徐念农、赖维汉（秘书长）、王令德（副秘书长）组成。基金会还聘请了冉济川、麦慕贞、李文成、吴健、洪志铭、张健为名誉会长。

11月11日，学校3000多名师生员工和1000多名嘉宾、校友共聚一堂，欢庆建校40周年。

12月16日，"石油加工工艺"课程被评为省级重点课程，这是学校第一门省级重点课程。

12月26日，中国石化总公司经理盛华仁、副总经理黄春萼带领中石化办公厅、人事教育部、计划部工程建设公司、生产经营协调部、物资装备公司、中国石化报社等部门领导10人，在茂名石化公司党委书记黄忠诚的陪同下莅校视察。

1995年

4月11日，校长吴儆苏被授予"中国石油化工总公司劳动模范"称号。

5月10—11日，国家教委高等工程专科教学改革咨询评议委员会派出专家组一行5人来校，对学校申报的专业教学改革试点专业——石油加工专业进行实地考察。

5月11日，原石油工业部炼油司司长甘宁来校视察。

5月12日，广东省高教局刘育民局长、成人教育办甘百青主任在茂名石化公司普教处刘特命处长等人的陪同下来校指导工作。

5月22日，副校长黎松强被中国石化总公司授予"1994年度总公司突出贡献科技和管理专家"称号。

5月23日，国家教委计划建设司司长徐敦潢、设置处处长逄广洲、统计处处长郑富芝、规划处副处长蔡耘和广东省高教厅规划办主任何玉芝、副处级调研员刘玉兰一行6人在茂名市副市长麦慕贞，市委常委、宣传部部长宋寿金，市教育局局长龚衍超等人的陪同下来学校视察，就学校与地方合作的教育发展前景进行了座谈。

6月18—20日，广东省高等教育厅实验室评估专家组一行12人，对学校化工原理等8个基础课实验室和技术基础课实验室进行评估。经评审，8个实验室皆被评为合格实验室。

9月，国家教委教育司分别聘请学校邢馥生教授、陈喜东副教授为普通高等工程专科计算机教学委员会委员和力学课程教学委员会委员，聘期四年。

9月3日，学校教师夏传惠、齐凯琴被授予广东省"南粤教书育人优秀教师"称号。

10月20日，成立建筑工程系。

11月2日，国家教委督学、原全国教育工会主席李星万教授来校调研学校民主管理工作。

11月14日，成立学校语言文学工作委员会。吴傲苏任委员会主任。

12月4日，学校"金工实习"课程通过国家教委专家组的评估验收。

12月15日，学校与茂名石化实华股份有限公司共同投资兴建的茂名金鹰印铁罐有限公司正式投产。

12月，学校工会主席赖维汉、副主席姚爱英荣获广东省教育工会"优秀教育工作者"称号。

1996年

3月8日，教师梁荣新、张清华、谢小鹏、龙军、胡智华被评为广东省高校"千百十"工程培养人选。

3月18日，制发《广东石油化工高等专科学校"九五"事业发展计划》。

5月，召开广东石油化工高等专科学校第七届、广东石油学校第九届学生代表大会，选出苏茂广为新一届学生会主席。

6月29日，召开广东石油化工高等专科学校第五届、广东石油学校第十七届团代会，选出洪启煌为团委书记，吴文衔为副书记。

9月1日，教师陈再良、张靖仪、蒋仕全荣获广东省1996年度"南粤教坛新秀"称号。

10月11日，工会主席赖维汉荣获中国石化总公司"优秀思想政治工作者"称号。

10月20日，学校主要创始人，原广东石油学校校长、党委书记冉济川在广州逝世，享年75岁。

10月22—24日，受中国石化总公司委托，广东省普通高校函授夜大学教育评估领导小组对学校夜大学教育进行评估检查，评审结果为优良。

12月12日，学校"废水治理工程"和"机械零件"两门课程通过中国石化总公司课程评估专家组的评审，并以92分的总成绩被评为中国石化总公司优秀课程。

1997年

3月12—13日，省高教厅中专处对学校在高州、信宜、吴川等3个办学点的办学条件、办学水平进行评估。3个办学点都通过了评估，其中校本部及吴川办学点被评为优秀。

4月22日，召开大专第八届、中专第十届学生代表大会，选出崔利宝为新一届学生会主席。

5月7日，由张锡鹏、董健生、杜佩瑜、吴儆苏、朱耘青、罗玉新等参与编写的教材《炼油工艺学》及《炼油单元过程及设备》和由谢小球、蔡宣礼与兰州化工学校效荣等编写的教材《石油化工测量及仪表》和《化工仪表及自动化》获中国石化总公司1996年度科技进步三等奖。

5月20日，教师梁朝林被中国石化总公司评为"有突出贡献的科技和管理专家"，梁荣新被评为1996年度"优秀青年知识分子"。

9月5日，学校夜大学被国家教委审定为具有举办夜大学资格的普通高等学校。

9月，副校长黎松强主笔的论文《走出专科教育低谷，探索高工专办学新路》被评为全国高工专教育研究优秀论文一等奖。

10月31日，黎齐英被评为"广东省中等专业学校先进德育工作者"。

11月10日，教育基金纪念碑落成。

11月11日，在庆祝建校43周年之际，学校首次利用教育基金会的收益，对1994年以来获得省部以上教学科研成果的单位、个人、劳动模范、优秀教师、优秀教育工作者以及三好学生、优秀学生干部等进行表彰奖励。

11月25日，由石化系研制的航空油料添加剂T1602，经国家航空油料鉴定委员会专家组现场验收，并获得中国石化总公司生产管理部批准，可以正式生产。

12月，由陈再良、陈文冠、俞惠敏、周华、周瑞强等合作的《机械设计（1+3）组合教学的探索与实践》获1997年广东省普通高等学校教学成果二等奖。

1998年

1月4日，学校由中国石化总公司划转广东省人民政府管理。是日下午，中国石化总公司与广东省人民政府在省府迎宾厅举行了交接仪式。中国石化总公司副总经理阎三忠与广东省副省长卢钟鹤分别代表中国石化总公司和广东省人民政府在"关于广东石油化工高等专科学校交接工作备忘录"上签字。交接仪式后，广东省教育厅与茂名市人民政府紧接着举行省市共建广东石油化工高等专科学校签字仪式。省教育厅厅长许学强与茂名市市长张惠忠分别代表广东省高教厅和茂名市人民政府在共建协议书上签字。至此，学校成为广东省第一所省市共建的高校。

1月16日，设立心理健康辅导中心，由袁砺石兼任主任。

2月27日，徐念农当选茂南区第五届人大代表。

3月13日，学校"有机化工工艺"课程被评为广东省普通高等学校第四批省级重点课程。"石油化工工艺"课程被给予黄牌警告，其主要问题是教学研究与教材建设工作薄弱，被要求在一年内进行整改。

5月5日，袁富善当选中共茂名市第七次代表大会代表。

6月26日，学校教育科研信息网络中心落成开通。

6月29—30日，美籍华人陈树恒先生到学校考察，并题词"广东石油化工高等专科学校为建立'德明大学'而努力"。（注：陈树恒先生是民国时期广东省省长陈济棠次子，经济学博士，任美国富地实业公司董事长兼总裁，美国德明大学校长。）

7月28日，教师李德豪、蔡业彬被评为广东省1998年"南粤教坛新秀"。

7月31日，经省委批准，齐凯琴、谢小鹏任广东石油化工高等专科学校党委委员，吴傲苏、黎松强、董健生、赖维汉不再任广东石油化工高等专科学校党委委员。

8月20日，经省委批准，袁富善任广东石油化工高等专科学校、广东石油学校党委书记，齐凯琴任副校长、代校长，徐念农任党委副书记、副校长，何树华任党委副书记、纪委书记，徐本刚任副校长，谢小鹏任副校长、党委委员，林张贵任党委委员。

9月4日，学校设立师范部，师范部与基础部实行"两块牌子，一套班子"。肖厚均兼任主任。

9月7日，黎齐英被评为"广东省优秀班主任（政治辅导员）"。

9月11日，成立第五届教师系列中级专业技术职务评审委员会，由齐凯琴任主任。

9月，经广东省新闻出版管理局审核并报国家新闻出版署审批，学校《学报》由内部期刊转为正式学报类期刊，在全国公开发行。

10月，学校工会经上级工会复查验收，继续保持"全国模范职工之家"荣誉称号。

12月10日，《广东石化专报》编辑部获"广东省高校先进编辑部"，《广东石化专报》成为广东省高校首批获全国统一刊号的校报。

1999年

2月5日，"化工机械"被评为广东省普通高校第五批省级重点课程。

2月11日，茂名市华海贸易部综合楼转让给学校，综合楼楼高13层，总建筑面积约8383平方米，占地面积1864平方米。

4月，由学校教师葛建芳主持的"高岭土煅烧/络全增白合成4A沸石"和胡生泳负责的"氧气一步氧化合成硫化促进剂TMTD"两个科研项目通过广东省重大科学技术研究成果登记。

4月26—28日，学校在省高教厅组织的中专办学水平评估中，获得90.95分，被省高教厅审定为中专办学水平二级学校。

5月11日，茂名市委、市政府成立茂名学院筹备工作领导小组，由市委书记王兆林同志任组长。

5月27—28日，广东省高教厅在茂名市召开广东石油化工高等专科学校、茂名教育学院、茂名石化职工大学三校合并组建本科层次的茂名学院专家论证会。省高教厅领导李修宏等人组成的专家组实地考察了三校办学条件，听取三校合并组建茂名学院论证报告，并就建立本科茂名学院的重要性、可行性进行了研究探讨，提出许多中肯的意见和建议，最后一致同意向教育部申报组建本科层次的茂名学院。广东省高教厅、茂名市人民政府、茂名石油化工公司共同签订"关于共建茂名学院的协议书"。

7月1日至8月7日，学校体育代表团参加在深圳大学举行的广东省第五届大学生运动会丙组的游泳、田径、篮球3个项目的比赛，共获得奖牌24枚，其中金牌4枚。

9月23日，经省高教厅批准，学校开设函授专科教育。

9月，学校首次派出代表队参加全国大学生数学建模竞赛，在获得广东赛区大专组一等奖后又获得全国赛区大专组二等奖。

9月，学校获中国教育工会全国委员会授予的"学校民主管理先进单位"称号。

11月7日，教育部专家组莅临茂名，对广东石油化工高等专科学校、茂名教育学院、茂名石化职工大学三校合并组建本科茂名学院进行实地考察。

11月11日，学校隆重举行建校45周年暨成人教育开办10周年庆祝活动。

2000年

1月3日，学校新增设"机械设备维修工程"专业（专科），学制三年。

1月20日，谢小鹏副校长当选茂名市青年高级科技工作者协会第一届理事会会长。

1月21日，齐凯琴代校长当选为茂名市化工学会第七届理事会理事长。

2月24日，全国高等学校设置评议委员会第三次全体会议审议通过广东石油化工高等专科学校、茂名教育学院、茂名石化职工大学合并组建本科层次茂名学院的申请。

3月22日，经教育部批准，学校正式升格为本科院校。

4月2日，召开共青团广东石油化工高等专科学校第六次、广东石油学校第十八次代表大会，选出洪启煌任团委书记，吴文衔任团委副书记。

4月18日，学校与广东省社会科学院研究生进修学院签署联合举办在职研究生班协议。

茂名教育学院大事记（1970—2000年）

1970年

2月25日，为了掀起教育革命新高潮，促进茂名市工农业生产大跃进，经市革命委员会常委讨论决定，于2月底办起工业、农林、师范、卫生4所学校。师范学校设在原"五·七"干校茂坡总场。

3月11日，关于新办4所学校领导关系的通知，决定茂名市师范学校由文教战线革委会主管，财政开支均由主管部门作预算，由市财政部门拨款。

1971年

7月，茂名市师范学校迁回市区林业学校地址（即现在广东石油化工学院光华校区）。

1973年

7月23日至9月22日，茂名市师范学校举办一期体育教师培训班。

1975年

自1975年开始，茂名市师范学校按上级下达的国家计划，招收全日制普通师范生。

1979年

3月16日，茂名市教育局党委同意市财政将城市维护费安排给茂名市师范学校经费5万元，首先确保新建教学楼的结尾工程建设费，其余款项再用于建宿舍。

9月28日，根据中央"调整、改革、整顿、提高"八字方针，茂名师范并入电白师范办学，1979年茂名师范招收的50名学生调整录取到电白师范就读，毕业后由茂名市分配工作。

1980年

3月26日，中共茂名市教育局委员会向市委提交《关于茂名市师范改教师进修学校及校长任职的报告》。经局党委研究决定，撤销茂名市师范学校，改办茂名市教师进修学校，校址设在原茂名市师范学校，市教师进修学校由梁维纪任党支部副书记、副校长，同时明确了市进修学校的主要任务。

5月12日，经茂名市委研究同意，撤销茂名市师范学校，改办茂名市教师进修学校，由梁维纪任茂名市教师进修学校党支部副书记、副校长，免去其茂名市师范学校党支部副书记、副校长职务；原茂名市师范学校的干部和教职工，由教育局统一安排。

5月15日，经茂名市教育局党委研究决定，由陈怡森任茂名市教师进修学校教导主任，免去其茂名市师范学校教导副主任职务；罗永玑任茂名市教师进修学校教导副主任；蔡玉锴任茂名市教师进修学校总务副主任，免去其茂名市师范学校总务副主任职务。

9月20日，经茂名市教育局党委研究决定，由谭达任市教师进修学校总务主任。

9月26日，经茂名市委同意，梁维纪任市进修学校党支部书记、校长；陈怡森任市进修学校副校长，免去其市教师进修学校教导主任职务；邓淼地任市进修学校副校长，免去其市六中教导副主任职务；罗永玑任市进修学校教导主任；李赐德任市教师进修学校副主任。

1980年，茂名市教师进修学校开始举办干部培训班，主要培训对象是茂名市303名小学校长及教导主任，用一年半时间分10批进行轮训。每年办两期，每期30人，学习时间1个月。

1980年，茂名市教师进修学校招收小学、初中英语短训班学员28人。

1980年9月至1981年7月，经茂名市教育局批准，学校举办升大复习班，招收高考落榜的历届高中毕业生和社会青年。

1981年

11月9日，茂名市教育局党委会议讨论决定，周华昌任市教育局教研室副主任，免去其市教师进修学校教导副主任职务。

从1981年开始，学校举办中师函授班，开设语文、数学、教育学和心理学4门课，共招收400人，分8个班。每个公社设一个班，每班40～60人，面授辅导在公社上课。

1983年

6月24日，茂名市对学校领导班子作了调整：罗永玑任学校党支部书记，梁维纪任校长，陈怡森、邓淼地任副校长。

12月，茂名市人民政府向广东省人民政府申请创办茂名教育学院。

1984年

7月，广东省人民政府批复，同意创办茂名教育学院，具有与师范专科学校同等的地位和待遇。

9月，市政府成立"茂名教育学院筹建领导小组"，由邓刚副市长任领导小组组长，同时设立领导小组办公室。省、市拨来筹备建款。市委、市政府经过反复论证，决定以原茂名市教师进修学校为基础进行扩建。

12月，市委任命冯寿天为学院党委副书记。

1985年

2月，市政府任命叶绍为茂名教育学院院长，但他后未到职。

4月，学院试办初中校长短训班。

5月，学院设立党委办公室、学院办公室、教务科、大专函授部和政史地科、中文科、数学科和中师培训进修科。

6月，茂名市政府任命杨观镇、梁维纪任茂名教育学院副院长。（茂府干〔1985〕16号）

9月，全日制进修师专生和函授师专生先后入学。

10月，选举产生中共广东省茂名教育学院委员会，冯寿天当选为党委副书记，杨观镇、梁维纪为党委委员。

1986年

2月，增设总务科和英语科、物理科、生化科。增加事业编制40名。

3月，学院教学大楼完工。

4月，中共茂名市委宣传部副部长陈政绍任学院党委书记、院长。

6月13—15日，国家教委验收组一行7人，以广东教育学院教务处副处长彭新然为组长，组员有欧阳禄（湖南教育学院副院长、副教授），王珊章（佛山教育学院党委副书记），魏应祺（佛山市教委副主任），冯卓襟（广东省教育培训中心教研员），黄绍明（珠海教育学院副院长），林应智（珠海市教育局科长）等，来学院开展验收工作。市委领导肖贤成副书记和副市长邓刚、市委宣传部部长徐光辉、市委办公室主任吴兆奇、市政府秘书长罗志浩、市教育局副局长钟荣光参加验收会议。这次验收合格，茂名教育学院成为一所广东省人民政府批准、国家教委承认的合格的地市教育学院。

7月，根据工作需要，原党委办公室分为党委办、人事科、学生科。

12月，学院经民主选举并报上级批准，设立"广东省茂名教育学院教育工会"和"共青团广东省茂名教育学院委员会"。

1987年

3月27日，广东省副省长王屏山、高教局局长李修宏等人在黄庆道副市长的陪同下来学院视察工作。王屏山为学院题词"加强师德教育，培养新型教师"。王屏山和李修宏还进行了植树留念。

7月3日，学校举行首届毕业生毕业典礼。市委书记肖启贵、市长黄才华等领导参加了毕业典礼。

7月23日，省教育厅师范处处长袁庄来学院检查工作。

8月24日，学院举行首届广播英语师专班毕业典礼。

1988年

1月，经市编制委员会批复，学院人员编制由158人增至212人。学院增设图书馆、地理科、政史科，原设政史地科同时撤销。

1月，学院团委被茂名市团委评为"社会活动先进团委"。

1月13日，广东省教育厅厅长许任之在市政府罗志浩副秘书长的陪同下来学院视察。

2月25日，经市计划委员会批复，成立"茂名教育学院服务公司"。

7月，学院首届函授专科生1321人毕业。

8月，学院聘请新西兰籍教师玛格丽特·凯瑟琳·克莉格。

10月，广西某部两位边防战斗英雄来院做报告，对师生进行爱国主义教育和革命传统教育。

12月23日，市委副书记肖贤成、市政府副市长黄庆道来院看望外籍教师。

1989年

2月，学院聘请美籍教师邓卡林·德路伦佐（1989年2月至1990年2月）。

3月，学院出版第一期学报。

6月21日，市委副书记肖贤成、市政府副秘书长、市教育局罗志浩前来慰问学院外籍教师。

9月，陈政绍荣获国家教委授予的"全国优秀教育工作者"荣誉称号，陈惠尧荣获国家教委授予的"全国优秀教师"荣誉称号，张浪平荣获广东省高等教育厅授予的"广东省优秀教师"荣誉称号，钟竟达荣获广东省高等教育厅授予的"广东省优秀教师"荣誉称号。

9月7日，陈政绍、陈惠尧、钟竟达、李渭清、张浪平、卢瑞英（女）被茂名市委、茂名市政府授予"市优秀教师和优秀教育工作者"荣誉称号。

10月12日，陈惠尧、欧绍华被评为茂名市首批优秀专业科技人才。

11月23日，美国哈佛大学世界援教组织狄皮拉组长到学院参观指导。

11月25日，省高教局教学处孙祖余副处长和华师大副校长管林到学院指导。

12月17日，广东省文明建设检查组在副市长黄庆道的陪同下来学院检查工作。

1990年

2月8日，《南方日报》和《人民日报》报道学院师生学习马列、积极向上的情况。

3月，学院聘请美籍教师蒙妮。

4月30日，美国哈佛大学世界援教组织成员贾纳·阿希到学院了解外籍教师的教学情况和学院的教学情况。

5月，学院团委被省团委评为"达标先进团委"。

5月，广东省副省长卢钟鹤在黄庆道副市长的陪同下到学院视察。

11月17日，广东省政协考察团来院考察。

12月1日，省政协主席、原新华社香港分社副社长祈峰来学院做海湾形势报告。

12月28日，省高教局、省教育厅和省招生办领导来学院指导。

1991年

1月，选举产生中共广东省茂名教育学院委员会，陈政绍任书记，冯寿天任副书记，杨观镇、杨崇生、欧家汉任委员。

3月，聘请美籍教师唐纳塞·罗斯玲。

9月，学校李能棠荣获广东省教育厅"广东省普教系统先进教育工作者"荣誉称号。

10月，学院举办了首期初中校长岗位培训班。

1992年

2月，学院聘请美籍教师弗雷莉隆·乔伊（1991年3月至1992年3月）。

2月27日，广东省教育学院中心教研组长会议在学院召开。

3月2日，学校李瑞芬（女）被茂名市妇女联合会授予"茂名市'三八'红旗手"荣誉称号。

4月27日，广东省教育厅周国贤副厅长在黄庆道副市长、市教育局龚衍超副局长的陪同下考察学院。

5月4日，广东省教育厅林受之副厅长考察学院。

6月，学校王凤兰被广东省妇联、广东省教育厅授予"广东省家庭教育工作先进个人"荣誉称号。

7月13日，学校陈政绍、绍华被评为"茂名市第二批优秀中青年专家"。

7月25日，学校黎虎强被茂名市社科领导小组授予"茂名市第三批农村社教优秀工作人员"荣誉称号。

9月，学校刘成有被广东省教育厅授予"广东省南粤教坛新秀"荣誉称号。

9月，学校王凤兰被全国妇联、国家教委授予"全国家庭教育工作先进工作者"荣誉称号。

11月，广东教育学院院长梁琼芳教授来学校作报告。

12月，全国人大代表、广州市人大常委会副主任李瑞源率队来院考察。其一行有全国人大代表、中山大学党委书记杨应群，全国人大代表、广东省武警总队长徐其仁，全国人大代表、广东石化总厂副厂长张德齐。

12月，学校王水、杨意被茂名市社教领导小组授予"茂名市第三批农村社教优秀工作人员"荣誉称号。

1993年

1月8日，广东省人大科教文卫委员会副主任、原省高教局局长李修宏率高教局规划处何处长等来院考察，商议筹办茂名大学事宜。

4月，省语委、省高教局、省教育厅联合组成"推普"检查组来院检查"推普"工作，学院顺利通过验收。

4月26—30日，广东省师专教育学科组1993年年会在学院召开。

9月，学校谭式玫被广东省教育厅授予"广东省南粤教书育人优秀教师"荣誉称号。

10月20—23日，中南三省部分教育学院研讨会在学院召开。

1994年

1月11日，市委副书记许光辉、市教育局局长龚衍超来院参加第四期中学校长岗位培训班结业典礼。

3月18日，国家教委师范司副司长孟吉平率该司综合处处长包同曾、中师处副处长唐京伟及主办科员胡巍视察了学院，孟副司长为学院题词："为培养培训初中师资作出更大贡献"。

8月，学校戴丽娜被广东省教育厅授予"广东省南粤教坛新秀"荣誉称号。

9月5日，学院与广东教育学院合办的本科班开学。

9月9日，学校陈东华、朱伟玲（女）被茂名市委、茂名市政府授予"茂名市优秀教师"荣誉称号。

9月14日，教育厅副厅长林受之来院视察。

10月16日，隆重举行建院10周年庆典，国家教育委员会师范司专门发来贺电。学院出版了画册《十年桃李香》和电视专题片《发展中的茂名教育学院》。

12月，学院陈政绍、杨观镇、于凤兰被曾宪梓教育基金会授予"全国高等师范专科学校教师三等奖"。

1995年

1月16日，学校巫卓剑被茂名市农村基层建设领导小组授予"茂名市第二批农村基层建设先进工作者"荣誉称号。

6月2日，广东省教育厅厅长许任之来学校视察。

9月，陈惠晓被广东省教育工委、省教育厅授予"广东省南粤教书育人优秀教师"荣誉称号。

9月28日，市委原书记赖鸿维、市政协主席李树欣、市人大常委会主任邓刚三位离退休干部来院作抗日战争胜利50周年报告。

9月29日，省教育学院系统英语中心组来学院参观指导。

11月29日，省心理学第十次学术交流会的专家学者80多人来学院参观指导。

1996年

1月18日，广东省语言文字检查组一行5人来学院检查社会用字情况，对学院普通话和规范字使用评价很高。

4月2日，学院陈爱珠（女）被茂名市委办、茂名市政府办授予"茂名市档案先进工作者"荣誉称号。

6月18日，市委组织部任命叶秀峰为茂名教育学院党委副书记。

7月1日，学院党委获茂名市直工委优秀党组织奖。

8月13日，经市编委办批准，学院教学单位撤"科"建"系"。

9月，学院陈政绍院长被广东省教育厅授予"广东省南粤优秀校长"荣誉称号。

11月15日，学院被评为本市首批创建"安全文明小区"标准单位。

1997年

4月10日，市机构编制委员会批复同意学院增设"计算机科学系"（正科级）。

6月10日，市委副书记、市人大常委会主任林华景来院视察。

6月10—12日，全国地市教育学院协作会第七届年会在茂名市召开，主题为"面向21世纪的教育学院"，参加会议的有广东省教育厅、茂名市、茂名市教育局的领导，茂名教育学院的领导以及来自全国16省42所教育学院的80多位院长、嘉宾、学者。

6月20日，中国人民大学杜康傅教授来学院讲学并被学院聘为客座教授。

9月5日，学校余育强被茂名市委、茂名市政府授予"茂名市优秀教师"荣誉称号。

9月27日，省高教厅许学强厅长在市委林华景副书记的陪同下视察学校。

1998年

4月7日，粤西五所教育学院自考助学研讨会在学校召开。

4月16日，省高教厅答朝心副厅长视察学校。

4月18日，省教育厅李小鲁副厅长视察学校。

7月，学校陈一明被广东省教育厅授予"广东省南粤教坛新秀"荣誉称号。

9月1日，学校梁峰被茂名市委、茂名市政府授予"茂名市1998年教坛新秀"荣誉称号。

9月10日下午，中共茂名市委副书记、市人大常委会主任林华景，中共茂名市委常委、宣传部部长宋寿金来校宣布免去陈政绍学院院长、党委书记职务，任命杨崇生为学院党委书记，杨观镇为院长兼党委副书记。

9月19日，学校黎虎强被茂名市团委、茂名市青年联合会授予"茂名市第三届'十杰青年'"荣誉称号。

11月25日，市政府任命叶秀峰副教授为茂名教育学院副院长，免去其党委副书记职务。

1999年

3月4日，茂名市人民政府任命黎虎强、陈振纲为茂名教育学院副院长。

5月4日，学校团委被授予"茂名市红旗团委"，杨崇生被评为"茂名青年工作热心支持者"，张婉春被评为"茂名市优秀共青团干部"。

5月27日，学校顺利通过广东省专家组对升格本科院校的评估。

9月1日，学校杨观镇被授予"茂名市优秀校长"称号。学校刘成有被授予"茂名市优秀教师"称号。

2000年

5月11日、12日、18日，召开学校教代会暨工会第三届代表大会。

茂名学院大事记（2000—2010年）

2000年

7月6日，茂名学院筹备领导小组成立。省教育厅副厅长张泰岭任筹备领导小组组长；宋寿金、郑永辉、王乐夫为副组长。

7月7日，经教育部批准，将茂名学院英语、数学与应用数学、机械设计制造及其自动化、电子信息工程、环境工程、化学工程与工艺等6个专业设置为本科专业，并于2000年秋季开始招生。

8月，招收茂名学院首届本科生465名，专科生2655名。

8月23日，张清华、陈少华被评为广东省2000年度"南粤优秀教师（教坛新秀）"，陈铨禄、周汉杰被评为"南粤优秀教师（优秀班主任、政治辅导员）"。

9月8日上午，在官渡校区校门口隆重举行茂名学院挂牌仪式，中共茂名市委书记、茂名市人大常委会主任王兆林，中共茂名市委副书记、茂名市市长邓维龙共同为茂名学院挂牌。

9月15日，副院长谢小鹏被聘请为茂名市委、市政府决策顾问。

9月29日，邢馥生教授被评为"茂名市劳动模范"。

10月12日，杨观镇教授被茂名市委组织部评为"茂名市第四批优秀专家和拔尖人才"。

10月13日，学校临时党委在全校党员中开展以"讲学习、讲政治、讲正气"为主要内容的"三讲"教育活动，活动共分四个阶段进行，至2001年9月底结束。

11月16—18日，在官渡校区田径场隆重举行茂名学院成立后首届田径运动会。来自官渡校区、光华校区和双山校区的师生运动员共1000多人参加了25大项59个小项目的比赛。

12月20日，学校与华南理工大学网络教育学院合作创办"华南理工大学网络教育学院茂名分院"。

2001年

1月15日，学院心理学副教授王凤兰的家庭被国家文化部授予"优秀读书家庭"称号。

2月16日，成立茂名学院临时党委和行政班子。郑永辉任临时党委书记，王乐夫、何树华为临时党委副书记，齐凯琴、杨观镇为临时党委委员，谢小鹏同志任纪委书记、临时党委委员；王乐夫同志任院长，齐凯琴、杨观镇任副院长。

2月23日，学校在官渡校区隆重举行茂名学院成立庆祝大会暨校牌揭幕仪式。省市领导、嘉宾70多人及师生员工参加了庆祝大会。市委书记王兆林和省教育厅副厅长张泰岭共同为"茂名学院"校牌揭幕。

3月2日，学院对中层机构作如下设置：

（1）教学教辅系统：师范学院，高等职业技术学院，成人教育学院，石油化工系，机械工程系，自动化系，建筑工程系，管理系，社科部，体育部，图书馆，电化教育中心，计算机教育与网络中心。

（2）党政机关系统：党委办公室、学院办公室（合署），纪委办公室、监察处、审计处（合署），党委宣传部，党委组织部，党委学生工作部、学生处（合署），武装部、保卫处（合署），人事处，财务处，教务处，科研处，设备处，总务处，产业处。

（3）群众团体系统：工会，团委。

3月8日，《茂名学院报》创刊。

3月21日，"中国共产党茂名学院委员会"和"茂名学院"公章启用。

3月23日，经教育部及省教育厅批准，将汉语言文学、应用化学、过程装备与控制工程、市场营销4个专业设置为本科专业，电气工程及其自动化、高分子材料与工程为试办本科专业。

4月20日晚，隆重举行首届文化艺术节。

4月30日，由谢小鹏、方圣、周瑞强研究的"V100型机车柴油机摩擦学系统状态识别与维修管理研究"科研成果获得2000年度茂名市科技进步一等奖；梁朝林、胡智华、谢世华研究的"白土密相输送技术及工业应用"获二等奖。

5月，学校新领导班子在完成对各二级院（系、部）和各机关处（室）全面调研的基础上，布置召开了学校"四大工作会议"，即"教学科研工作会议""人事工作会议""党建及思想政治教育工作会议""机关工作会议"，四大工作会议讨论和审议学校管理的重要规章制度，标志着学院工作全面启动。

7月4日，学院成立第一届学术委员会专业技术资格评审委员会及教学指导委员会，由王乐夫任主任。

10月23日，制发《茂名学院后勤社会化改革总体方案》，对后勤服务实行社会化改革。

10月25日，制定《茂名学院"十五"（2001—2005）发展规划》。这是茂名学院建设发展的第一个五年规划，其奋斗目标是到2005年，把学校建设成合格的达到万人规模的多科型普通高等本科院校。

11月26日，聘请社科部讲师李广成为常年法律顾问。

11月，院长王乐夫教授经国家留学基金管理委员会批准，获得"面向21世纪教育振兴行动计划——全国重点高校系主任和研究所/实验室骨干出国研修项目"，以高级访问学者身份，赴德国研修6个月。

12月17日，成立第一届学术委员会学科建设委员会和科学技术发展委员会。学术委员会学科建设委员会由王乐夫任主任，学术委员会科学技术发展委员会由齐凯琴任主任。

12月22日，召开首届共青团代表大会，选出吴文衔为团委副书记（主持全面工作）。

12月25—27日，召开首届教职工代表及工会代表大会。选举产生首届工会委员会、工会经费审查委员会、教代会3个工作委员会。何树华当选为首届工会主席（兼），林张贵为副主席。

12月28日，召开首届女教职工代表大会，选出姚爱英任首届女职委主任。

2002年

1月17日，"广东省教育与科研计算机网茂名地区汇接中心"在学院信息与网络中心挂牌成立。

1月17日，成立《高等教育研究》编委会，由王乐夫任主任委员。

2月9日，经省教育厅批准，学校思想政治教育专业为试办本科专业。

2月27日，学校后勤集团以92.9分的成绩通过省高校后勤社会化改革规范分离验收。

2月27日，学校被省教育厅确定为开展国家助学贷款的普通高等学校。

3月26日下午，学校召开党建和思想政治工作研究会成立大会暨2002年年会。

3月，学校首次招收"专升本"插班生84名。

4月28日，计算机信息技术考试站、广东省中小学教师继续教育基地、微软ATC认证考试站、剑桥少儿英语学习系统培训点等4个培训项目在学校成人教育学院挂牌成立。

5月10日，学校成立普通话水平测试站。

5月17日至6月23日，学校举办首届学生学术科技节。

9月4日，学校教师张清华副教授负责的"电力拖动智能控制仿真系统"项目通过了广东省科技厅组织的科技鉴定。这是学校自选项目首次通过省级科学技术鉴定。

9月23日，在云南省昆明市召开的全国大中城市社科联第13次工作会议上，学校党建和思想政治工作研究会被评为2000—2001年度先进学会。

9月23日，学校与高州师范学校就联合培养大学专科生达成协议。协议规定，从2001年9月至2007年8月，双方共同培养小学教育师资人员1073人。

12月18日，茂名学院成立第一届学生委员会，由赖焱烽任主席。

12月24日，高州师范学校更名为"茂名学院高州师范分院"，属正处级事业单位。

12月26日，召开第二次教职工代表大会，院长王乐夫在会上作了《茂名学院"十五"前期（2000—2002）工作回顾与"十五"后期发展计划调整及"十一五"发展思路》的报告。

2003年

1月17日，李润、张清华当选为茂南区第六届人大代表。

1月18日，成立茂名学院科技产业公司。

2月10日，学校思想政治教育、体育教育、生物技术、土木工程、会计学等5个专业被批准设置为本科专业。

3月20日，学校被中共茂名市委、茂名市人民政府授予"茂名市创建国家园林城市先进单位"称号。

6月16日，经学校学术科技发展委员会评审并报院长批准，化工过程机械、化学工艺、控制理论与控制工程等3个专业为学校首批重点学科。工业催化、环境工程、生物物理学、马克思主义与思想政治教育等4个学科为学校首批重点扶持学科。

7月，《茂名学院学报》被选为中国学术期刊综合评价数据库统计源期刊和中国期刊全文数据库全文收录期刊。

8月1日，李富全教授当选为中国工会第十四次代表大会代表。

9月6日，第二食堂开业。

10月16日，广东省委免去郑永辉茂名学院临时党委书记、委员职务。

11月3日，成立大学生社团联合会。

11月5日下午，学校首次组织在校大学生报名参军。经严格筛选，有12名男生和1名女生被批准应征入伍。

11月6日，在广东外语外贸大学举行的"CCTV杯"全国大学生英语演讲比赛中，学校参赛选手黄梅芬取得第五名，荣获三等奖的好成绩。

11月12日，撤销产业集团下属企业化工机械厂。

11月25日，学校评选出化学工程与工艺、电气工程及其自动化、过程装备与控制工程为首批校级名牌专业；应用化学为校级重点扶持专业；化工原理、物理化学、电子技术基础为校级精品课程；古代汉语、石油炼制工程、自动控制原理、工程力学、大学物理为校级优秀课程；毛泽东思想概论、高等数学、大学英语、计算机应用基础为校级重点建设课程。

2004年

2月，学校社科部艺术教师陈伟坚在由团中央中国少年先锋队事业发展中心等单位联合举办的"首届中国青少年演艺新人推选赛"上，以9.89分的成绩获得本次全国大赛的"青年组舞蹈金奖"。

3月，学校法学、信息与计算科学、测控技术与仪器、热能与动力工程、建筑学、食品科学与工程、工业工程等7个专业获批准被设置为本科专业。

4月12—13日，广东省学位委员会组织31名专家对学校申请新增为学士学位授予单位进行评审。评审专家经认真考核，认为学校具备了授予学士学位的条件，同意新增为学士学位授予单位。同时，英语、数学与应用数学、电子信息工程、化学工程与工艺、机械设计制造及其自动化、环境工程等6个本科专业也顺利通过评审，成为学士学位授予专业。

5月12日，在深圳举行的学术交流会上，学校吴雅文、黎向良老师撰写的论文《学业受挫大学生和一般大学生上网状况比较研究》获第八届全国大学生心理健康教育与心理咨询学术论文评比二等奖。该文被收录于《高校心理健康教育专业化研究》一书公开出版。

5月17日，社会科学部主任于广东教授主持的"法律基础"课被评为2003年度广东省高校精品课程。

5月21日，成立教学单位学术委员会和教学指导委员会。

6月1日，信息与网络中心被授予"全国教育网络系统示范单位"。

6月4日，社会科学部张忠江教授申报的项目"20世纪60年代试办托拉斯研究"获国家社会科学基金批准立项，资助金额6万元。这是学校科研项目首次获得国家级科研项目立项。

6月18日，成立第一届学位评定委员会，由王乐夫任主席。

6月25日，首届500名本科生毕业，464人被授予学士学位。

6月25日，经研究决定，茂名石化公司职工大学改办为茂名石化公司职工培训中心，不再并入茂名学院。

6月28日，成立茂名学院分析测试中心，该中心挂靠化工学院，由巩育军兼任主任。

6月，广东石油学校最后一批44名中专生毕业。同年11月24日，"广东石油学校"建制正式撤销。

7月，由熊建平教授主持、茂名市静电研究所与高州市良种繁育场联合开展的"高压静电促进黄瓜优质高产的研究"，利用CTAB方法成功提取出黄瓜基因（DNA）进行研究，使黄瓜增产23.8%。成功提取出黄瓜基因在茂名市尚属首次。

8月1日，学校教职工李诗信被教育部科技司评选为"全国高校科技期刊优秀编辑"，其撰写的《边缘期刊的困境与出路》获得中国科技期刊编辑学会颁发的二等奖。

9月24日，"现代通信重点教学实验室"通过广东省教育厅教育装备中心组织专家组的结项验收。

9月27日，张清华教授被教育部评为"全国优秀教师"。

11月10日，成立茂名学院校友会理事会。王乐夫任会长，何树华任副会长。

11月11日，学校隆重举行建校50周年庆祝活动。省、市领导，中石化系统领导，广东各兄弟院校、部分企业单位领导，海内外校友和师生员工等近15 000人参加了庆祝活动。

11月，王乐夫院长申报的科研项目《贫燃条件下高抗硫储存——还原型脱NO_x的组合催化技术及原位机理研究》获得国家自然科学基金委员会立项，资助经费24万元。

12月4日，召开共青团第二次代表大会，选出吴文衔为团委书记。

12月11日，建工系学生黎阳智和欧敬科合作的毕业设计《金三角住宅设计》获"2004年中国高校环境艺术设计专业毕业设计主题年会"活动优秀奖。

2005年

3月4日，学校新增地理科学、历史学、音乐学3个专业为本科专业。

3月16日，经省委批准，王乐夫任茂名学院临时党委书记，王恒胤任茂名学院临时党委委员、副书记，何浏任茂名学院临时党委委员、副书记、纪委书记，张清华任茂名学院临时党委委员、副院长。

3月，师范学院中文系副教授向卫国、讲师肖晓英的散文作品《水果》《童年的记忆》被选编入由香港大学中文系与加拿大多伦多大学东亚系、加拿大阿伯特大学东亚系联合主编的中学生语文阅读教材"好书大家读"《我的童年》一书中。

4月20日，新增汉语言文学、应用化学、过程装备与控制工程、市场营销、电气工程及其自动化、高分子材料与工程等6个专业为学士学位授予专业。

4月26日，成立艺术系，由党劲、朱静任艺术系临时负责人。

4月30日，张清华副院长被授予"全国先进工作者"称号。

5月24日，后勤集团、产业集团和科技产业公司合并组建后勤产业集团。撤销后勤集团、产业集团和科技产业公司的建制。

7月12日至12月20日，学校在茂名市委的领导下，开展保持共产党员先进性教育活动。活动分动员学习、分析评议、整改提高等几个阶段进行，全校260多名党员参加了此次教育活动。

9月12日，制发《茂名学院学士学位授予工作细则》。

9月21日，李多民副教授主持研究的科研项目"润滑脂后处理工艺及设备研究"获得广东省科学技术奖三等奖。

11月3日上午，广东省人民政府江海燕副秘书长在茂名市政府林日娣副市长的陪同下到学校检查指导工作。

11月5日，高州师范分院隆重举行建校75周年庆典活动。

11月18日，学校7名成人教育本科毕业生首次获授学士学位。

12月23日，民革茂名学院支部成立。

12月25日，由学校艺术团舞蹈队编排的舞蹈《飞跃未来》，在参加广东省文化厅主办的广东省第三届群众音乐舞蹈花会比赛中获得金奖。

12月26—28日，学校隆重召开中国共产党茂名学院第一次代表大会，180名党代会代表参加了大会。大会选举产生了中国共产党茂名学院第一届委员会委员和中国共产党茂名学院纪律检查委员会委员。王乐夫为党委书记，何树华、王恒胤、何浏为党委副书记；何浏为纪委书记，张静为纪委副书记。

2006年

1月23日，经省政府批准，免去齐凯琴茂名学院副院长职务。

2月，经省委省政府批准，免去王乐夫茂名学院党委书记、委员、院长职务。

4月11—13日，召开第二次教职工代表大会暨工会会员代表大会，审议通过了校工会副主席吴永有作的《工会工作报告》，张清华副院长作的《学校"十一五"规划》的报告，李陈保作的《学校财务工作报告》；选举产生了学校第二届工会委员会、工会经费审查委员会，推选何浏为工会主席，吴永有为工会副主席。

4月14日，召开工会第二次女教职工代表大会。选出谢建中为女教职工委员会主任。

4月18日，学校"法律基础"课程被省教育厅评为广东省高校第一批思想政治理论课优质建设课程。

4月25日，科研处处长陈小平当选为茂名市专利奖评审委员会委员。

4月29日，李多民教授被授予"茂名市劳动模范"称号。

5月10日，制发《茂名学院"十一五"（2006—2010）规划和2020年远景规划》。

5月12日，制发《茂名学院关于进一步深化教学改革的实施办法》。

5月27日下午，召开"茂名学院办学特色校友座谈会"。邀请粤西地区石化、教育等系统的近20名校友代表就如何提炼学校办学特色展开座谈。

5月29日，教师陈兴来等人的"加氢尾油生产25#变压器油技术研究"、蔡业彬等研制的"超高功率石墨电极研制"、曾亚森等人的"润滑油灌输送系统关键技术的开发研究"获得2005年度茂名市科学技术奖二等奖；蔡业彬等人的"一步造粒中药干燥塔的研制和应用"、刘华等人的"茂名小良生态大系统控制建模的研究"，获得2005年度茂名市科学技术奖三等奖。

5月29日，经批准，计算机科学与技术、思想政治教育、电子信息科学与技术、材料成型及控制工程等4个本科专业为新增学士学位授予专业。

6月27日下午，中共茂名市委常委、宣传部部长许木咏，市委常委、秘书长廖锋等领导专门前来学校慰问周如金博士，代表市委对周博士为党和人民、为茂名市作出的突出贡献表示感谢。

7月6日，经学校学科委员会评审通过并报学校审批确认，化学工程与工艺、电气工程及其自动化、过程装备与控制工程3个专业为校级第一批名牌专业；应用化学为重点扶持建设专业，汉语言文学为第二批名牌建设专业。经学校教学指导委员会评审通过并报学校审批确认，化工原理、物理化学、电子技术基础为校级精品课程；单片机原理及应用、高级语言程序设计、化学反应工程、电路、古代汉语、高等数学、高分子化学、毛泽东思想概论、过程流体机械为校级精品建设课程；石油炼制工程、自动控制原理、大学物理、工程力学、大学英语、文学概论、数字控制机床、法理学、食品化学（双语）、计算机应用基础为校级优秀或重点建设课程。

7月6日，网络中心秦勇受聘为茂名市保密技术专家委员会主任。

7月14日，关志强任茂名学院党委委员、党委书记。

7月18日，张清华副院长主持的"电力拖动智能控制仿真系统"荣获2005年度广东省科学技术奖三等奖。

7月28日，在北京举行的2006年度全国青少年英语技能大赛总决赛上，学校师范学院英语05-1班杨宇霆同学夺得该比赛大学组全国第八名。

8月25—30日，邀请由原佛山科技学院院长秦忆教授等8名外校专家组成的专家组对学校的本科教学工作水平进行自评。

8月30日，宋垚臻任茂名学院党委委员、副书记、院长。

9月6日，召开第五次院长办公会议，会议确定了学校的办学指导思想：坚持社会主义办学方向，全面贯彻党的教育方针，树立"育人为本、人才强校、质量立校、特色兴校"的理念，以学科建设为龙头，以人才培养为中心，以本科教育为主体，以师资队伍建设为关键，以人为本，科学管理，依法治校。坚持以社会需求为导向，坚持教学的中心地位，坚持科研促发展，坚持倡导"崇德、博学、求实、创新"的校风，不断更新教育观念，深化教育教学改革，全面提高教育质量和办学效益，培养基础扎实，有创新精神和实践能力的应用型高级（专门）人才。立足广东，依托茂名，辐射全国，把学校建设成为以工为主，石油化工特色鲜明，师范教育、理、管、文、法等多学科协调发展，在省内同类院校中处于先进水平的多科性、教学型本科大学。

9月13日，孙丽华、张清华当选为茂南区第七届人大代表。

11月6日上午，学校与英国斯泰福厦大学（Staffordshire University）就师资培训、学者互访、学术交流和师生交流等方面签署了合作意向。

11月22日，经学校党委研究决定，独立设置"思想政治理论课"教学部，该部为学校二级教学单位建制。

11月25日，学校张建民家庭的电脑创作作品获第二届广东家庭电脑创作大赛第一名。

11月28日下午，学校与英国格洛斯特大学（University of Gloucestershire）就科研和著作出版、学术资源共享、学者互访和师生交流等方面签署了合作意向。

12月3—8日，以郑州大学副校长宋毛平教授为组长的教育部本科教学工作水平评估专家组一行11人莅校，对学校本科教学工作水平进行了为期5天的实地考察评估。

2007年

3月16日，经学校党委会议研究同意：成立文法学院、外国语学院；将建筑工程系、经济管理系更名为建筑工程学院、经济管理学院；成立教育发展研究与评估中心；成立外事处（港澳台事务办公室）。

3月，学校新增教育技术学、艺术设计、给水排水工程和油气储运工程4个本科专业。

4月17—24日，学校在图书馆学术报告一厅召开茂名学院第二次教职工代表大会暨工会会员代表大会第二次会议，通过了《茂名学院劳动争议调解委员会工作规程》。

4月29日，制发《茂名学院领导班子任期目标（2006—2010）》。

5月13日上午，学校与太原理工大学联合培养的第一批化工过程机械专业3名硕士研究生毕业。

5月15日下午，学校召开党建和思想政治工作研究会2007年年会，选举关志强为茂名学院党建和思想政治工作研究会第二届理事会会长。

5月18日，林钦杰等同学的《基于智能主体的仿真足球机器人系统研究》和姚耀开、沈珊等同学的《一项可打满分的德政工程、民心工程——关于茂名市泥砖房改造工程的调查》等两件作品荣获第九届"挑战杯"广东大学生课外学术科技作品竞赛一等奖。

5月，土木工程、会计学、体育教育、生物技术等4个本科专业被获准新增为学士学位授予专业。

5月27日，茂名学院高州师范分院校园网开通。

6月5日，学校成立第二届学位评定委员会，由宋垚臻任主席。

6月6日，理学院成立。

6月，化学工艺学科获批成为广东省扶持学科。

6月，文法学院中文系向卫国副教授入选"中国十大新锐诗歌批评家"。

6月22日，文法学院成立。

6月25日上午，澳大利亚宝活市市长、华裔王国忠等人在茂名市委常委、副市长林日娣的陪同下，莅临学校参观。

6月28日，外国语学院成立。

7月1日，经济管理学院成立。

7月9日，制发《茂名学院依法治校工作规划》（2007—2010）。

7月，国家开发银行广东省分行向学校428名家庭经济困难学生发放了第一笔203.64万元国家助学贷款。

7月，经英05-1班学生柯晓获全国大学生英语竞赛英语专业（B级）组一等奖，法学05-1班学生顾雅婧获非英语专业（C级）组一等奖。

7月18日，张清华副院长入选茂名市城市规划委员会成员。

8月1日下午，团省委书记谭君铁一行莅临学校调研共青团工作。

9月1日，吴世逵、张长明、王小梅等三位教师被省人事厅授予广东省2007年度"南粤优秀教师"称号，李润被授予"南粤优秀教育工作者"称号。

9月6日，学校评出王小梅、刘美、刘金锋、杨鑫莉、李润、李继凯、张长明、周如金、宣征南、黄军左等10名教师为茂名学院首批"师德标兵"。

9月19日，李德豪教授的"HCR工艺处理高含酚炼厂汽提净化污水的技术开发"研究项目获2006年度茂名市科学技术奖二等奖，文亚青等人的"加速茂名服务业发展的思路和对策研究"和熊建平、陈德坤等人的"电磁场处理瓜菜种子的分子育种研究"研究项目获得2006年度茂名市科学技术奖三等奖。

9月，经济管理学院学生吴天胜在巴林举行的第十六届世界脑力锦标赛中获得"一个小时数字记忆"项目冠军和"快速扑克记忆"项目季军，获得"世界记忆大师"称号，成为中国唯一一名拿到"世界记忆大师"称号的在校学生。

9月，梁朝林教授与谢颖副教授共同指导的队伍获得"华南地区首届大学生化工设计创业大赛"金奖，同时还获得最佳团队奖和最佳工程制图奖。学校获得最佳组织奖。

10月22—27日，在桂林举行的全国第11届大学生羽毛球锦标赛中，学校男子羽毛球队获得团体第八名，同时被组委会授予体育道德风尚奖。

10月27日，外国语学院陈嘉莹同学获2007年"CCTV杯"全国大学生英语演讲比赛广东赛区总决赛三等奖。

11月1—2日，广东省高校思想政治理论课建设评估专家组一行7人对学校思想政治理论课建设进行实地考察评估。

11月16日，经省人民政府批准，免去杨观镇茂名学院副院长的职务。

11月30日，制发《茂名学院教育教学改革实施方案》《茂名学院教学质量工程建设规划》《茂名学院专业课程建设规划》和《茂名学院素质教育工作规划》。

11月，经广东省知识产权局审定，学校被列为首批广东省知识产权试点事业单位。

12月9日，召开共青团茂名学院第三次代表大会，选出吴文衔为共青团茂名学院第三届委员会书记。

12月12日，学校解散化工机械厂、精细化工厂、地质勘察队、科技产业公司和后勤服务中心等校办企业，将后勤产业集团更名为后勤集团。

12月14日上午，学校首次实施后勤集团员工及部分校内聘用人员竞聘上岗工作制度，并制发《茂名学院后勤集团机构调整及岗位设置方案》。

12月20日下午，学校首次举行关键学术岗位受聘人员签约仪式。宋垚臻院长与遴选出来的12位学科带头人签订合约。

12月21日，中国民主同盟茂名学院总支委员会成立。

12月28日，综合办公楼建成启用。

12月28—31日，中央电视台科教频道《走近科学》栏目组对学校吴天胜同学成长为世界记忆大师的学习、生活轨迹进行了为期三天的采访拍摄，其内容作为《中国超智能人群调查》系列节目之一于中央电视台《走近科学》栏目播出。

2008年

1月10日，成立茂名学院大学生素质教育工作委员会，由关志强任主任。

1月，学校开展解放思想学习大讨论活动。20—21日，学校召开学习动员大会，关志强书记作了动员讲话，提出"解放思想，更新观念，努力当好广东高等教育科学发展的追兵；坚定信心，振奋精神，努力争当全省同类院校科学发展的排头兵；身先士卒，真抓实干，努力争当推动学校科学发展的标兵"的思想观念。

1月28日，学校新增物理学、工业设计和生物工程3个本科专业。

1月30—31日，宋海副省长一行来茂名调研，听取学校领导的工作汇报。

2月18日，由学校主持的茂名市科技信息化中长期建设规划通过茂名市科技局专家论证。

2月27日，学校制发《中共茂名学院委员会关于在全校开展"继续解放思想，坚持改革开放，争当实践科学发展观的排头兵"学习讨论活动的实施方案》和《关于开展"茂名学院精神"大讨论活动的实施方案》。

2月，由秦勇副教授主持研制的"基于IP分组重组的高性能并行宽带接入与流量负载调度器"通过由广东省科技厅组织、茂名市科技局主持的科技成果鉴定。鉴定委员会认为该项目处于国内先进水平，并建议加速该技术成果的推广应用。

3月10日，由思政部施萍、李幼斌老师合作撰写的论文荣获教育部组织的全国高校"形势与政策"课教育教学优秀论文评选二等奖。

3月13日，省教育厅组织2008年中央与地方共建特色优势学科实验室建设项目专家组，对学校化工过程机械实验室建设、环境工程实验室建设、应用化学综合实验室建设、检测与自动化技术实验室建设、现代设计与先进制造技术实验室建设等5个项目进行质询、论证，同意学校以上5个申报项目立项。

3月26日，成立《茂名学院校史》《茂名学院校友风采录》编纂委员会，由关志强、宋垚臻任主任。

3月27日，制发《茂名学院关于引进高层次人才有关待遇的暂行规定》。

3月25日，卢诚教授的《中国近现代史纲要》教案获广东省高校思想政治理论备课优秀教案二等奖、优秀教学示范课件二等奖。

5月，学校蔡宗颖、杨宇霆、蚁丽锏等8名学生提交的作品《疯狂早读》在参加"益暖中华"首届Google（谷歌）杯中国大学生公益创意大赛上成功通过总决赛，成为33个优胜项目之一。

5月，学校市场营销专业营销04-3班学生姚文璐成功申请到英国排名前十的圣安德鲁斯大学（University of St Andrews），攻读管理与信息技术（Management and Information Technology）专业硕士研究生。

5月，学校法学、信息与计算科学、测控技术与仪器、热能与动力工程、建筑学、食品科学与工程、工业工程等7个本科专业获准新增为学士学位授予专业。

7月，学校思想政治理论课被省教育厅评为2007年广东省高校思想政治理论课建设评估优秀单位。

7月5日，学校举行首次全国高等学校计算机水平考试，1484名考生参加了考试。

7月8—10日，广东电视台大型纪实系列片《志愿者》摄制组一行5人莅临学校，拍摄志愿者关爱留守少年儿童行动专题。

7月9日上午，茂名-台湾两地文化与经济学术研讨会在学校隆重召开。

7月16日，由李德豪教授主持的广东省科技计划项目"HCR工艺处理高含酚炼厂汽提净化污水技术开发""新型射流曝气一体化好氧—缺氧工艺处理小区生活污水及中水回用技术开发""ABF-BAF工艺处理屠宰废水及回用技术开发"通过广东省科技厅、茂名市科技局专家组验收。

9月5日，学校张清华、陈小平、李德豪、周如金、陈英、庞重军、李多民、蔡业彬、陈政石、彭志平、秦勇等11名教师通过江苏科技大学2008年度硕士研究生指导教师遴选，获得该校硕士研究生第一指导教师资格。

9月18—19日，学校隆重召开办学特色战略研讨会，邀请了原中石化系统的30多位专家学者、高校领导等参加研讨会。

10月7日，成立茂名学院妇女委员会，由谢建中任主任，孙丽华任副主任。

10月9日下午，广东省二类城市语言文字评估工作组到学校实地评估语言文字工作。

10月11日，学校教师向卫国家庭荣获首届茂名"十大优秀书香家庭"称号，李润家庭荣获首届茂名"书香家庭"称号。

2009年

1月12日，省委同意：张清华任茂名学院院长，李德豪、李润任茂名学院副院长，免去宋垚臻茂名学院院长职务；省委批准：张清华任茂名学院党委副书记，免去宋垚臻茂名学院党委副书记、委员职务。

2月16日，学校建筑工程学院穆建春教授被全国妇女"巾帼建功"活动领导小组授予"全国巾帼建功标兵"荣誉称号。

4月25日，经茂名市政府审核，茂名学院扩建工程被列入茂名市2009年重点建设项目计划，总投资75 000万元。

5月，由张清华教授主持的科研项目"自适应免疫网络入侵检测技术"获得广东省、教育部产学研合作专项资金立项，立项经费为30万元。该项目是学校首次作为第一单位承担的广东省、教育部产学研合作项目。

6月1日下午，学校与中国石化集团茂名石油化工公司签署产学研合作协议。根据协议，双方将合作建立"茂名学院·中国石化集团茂名石油化工公司产学研基地"，并以此为平台，建设包括科技研发、人才培训及成果转化为合作内容的"四个中心"和"三个基地"共7个项目。这些项目分别是：石油化工污染控制与清洁生产研发中心、石油化工过程与装备状态检测与故障诊断研发中心、乙烯下游产品研发中心、石油化工人才培养及继续教育培训中心、石油化工协作检测基地、石油化工技术成果转化基地、大学生实习与创新实践基地。

6月13日，在"青国青城"中国大学生校园环保行动创意大赛总决赛中，学校"绿印团队"的项目"电脑节能总动员"获得金奖（全国35个项目），该团队获得"最佳创意团队"荣誉称号（全国共7个团队）。

6月17日上午，学校与广东工业大学签署帮扶共建协议。根据协议，两校将在学科帮扶共建、科研项目申报及科技攻关、联合培养研究生、教学工作、人才培养、教师培训及学术交流等6个方面进行合作，其中的重点是广东工业大学对口帮助学校加强化学工程与技术、控制科学与工程、环境科学与工程、机械工程等学科建设。

6月25日上午，学校2009届毕业典礼在图书馆前广场隆重举行。2009年，学校共有毕业生2867人，其中本科生1792人，专科毕业生1075人。有1656人获得学士学位，学位授予率达到92.41%。有59名毕业生考上了中科院、中山大学等科研院所、高等院校的硕士研究生。

7月11—16日，在"长春工程学院杯"第九届全国机器人大赛暨2009年FIRA世界杯机器人大赛中国队选拔赛中，学校陈奕琨、谭常清和廖汉鑫团队勇夺机器人拳击项目季军（一等奖）。

8月11日，学校完成2009年本、专科招生录取工作，共向21个省（区、市）招收全日制普通高等教育本、专科生7534人。其中，普高本科生3916人（省内3305人，省外611人），本科插班生284人，普高专科生3046人，五年一贯制专科生288人。

9月1日，学校思想政治理论课教学部党总支书记卢诚教授荣获"全国优秀教师"和"全国高校优秀思想政治理论课教师"称号。

9月2日，由熊建平教授主持的科研项目"常压下强电场电离辐射诱导植物种子变异的机理研究"获国家自然科学基金立项，立项经费为38万元。这标志着学校在承担国家自然科学基金项目上实现了零的突破。

9月9日，学校"化学工程与工艺"专业荣获教育部第四批高等学校特色专业建设点（项目资助经费为20万元），这是学校首个被批准为国家级特色专业建设点的专业。

11月11日上午，学校在图书馆报告一厅隆重举行茂名学院建校55周年庆祝大会。会后，领导嘉宾及师生代表移步到学校西校门，参加西校门修葺重启仪式。中共茂名市委常委、宣传部部长陆庆彪，茂名学院原党委书记郑永辉，广东技术师范学院院长、茂名学院原党委书记、原院长王乐夫，广州石化总厂党委书记、校友陈晓文，中海油惠州炼油项目副总经理、校友陈忠保，学校党委书记关志强、院长张清华为西校门修葺重启剪彩，并共同开启西校门。

11月20日，学校首次荣获"全国普通高等学校毕业生就业工作先进集体"称号。

11月27日，学校被中国社会工作协会授予"2009年全国志愿服务工作先进集体"称号，学校青年志愿者协会被授予"2009年全国优秀志愿者组织"称号，学校团委、青年志愿者协会组织开展的"共享阳光 快乐成长"关爱留守少年儿童志愿服务项目被评为"2009年全国优秀志愿服务品牌项目"，学校团委书记吴文衔荣获

"2009年全国志愿服务工作先进个人"称号。

10—11月，学校甲型H1N1流感疫情蔓延。为控制疫情，学校在六区1楼（90个床位）建立了发烧学生观察隔离区。11月25日，由于发热隔离学生人数超过90人，学校启动应急预案，将二楼学生搬至1、3区居住，隔离区床位增加至160个。至11月27日，入住人数达122人。经对症治疗后，所有患病学生康复。

广东石油化工学院大事记（2010年至今）

2010年

2月，学校机电工程学院热能与动力工程专业05-1班荣获2009年"全国先进班集体"称号。

3月30日，省发展和改革委员会批复同意学校教学实验楼建设项目，教学实验楼共两栋，楼高13层，总建筑面积35 017平方米，总投资8730万元。

4月21日，学校申报的"教师教育综合技能训练中心"被省教育厅确定为广东省高等学校实验教学示范中心。

4月26日上午，在北京召开的2009年度全国毕业生就业典型经验高校经验交流会上，学校荣获"2009年度全国毕业生就业典型经验高校"荣誉称号。这是学校在2009年荣获"全国普通高校毕业生就业工作先进集体"称号后获得的又一殊荣，也是广东省唯一获此荣誉的高校。

5月6日，经教育部批准，茂名学院更名为"广东石油化工学院"，同时撤销茂名学院的建制；更名后学校维持原有管理体制不变。

5月9日，在广州举行的广东省科技奖励大会暨国家技术创新工程广东试点工作动员大会上，学校张清华教授的"基于无量纲免疫检测器的工业机组智能故障诊断系统"项目获2009年度广东省科学技术奖三等奖。本次是张清华教授继获得2005年度广东省科学技术奖三等奖后第二次获该级别奖项。张清华教授作为领奖代表参加了本次会议，并上台接受颁奖。

5月，学校张清华院长和澳门科技大学许敖敖校长签署校际合作协议，合作内容包括学者互访、师生交流、科研合作、教学和图书资源共享、保荐学校学生入读澳门科技大学研究生等。

6月18日，广东省冼夫人文化研究基地在学校举行揭牌仪式。

6月23日，学校成立广东省高校石油化工污染控制与清洁生产工程技术开发中心和广东省高校石油化工过程故障诊断与信息化控制工程技术中心。

6月24日上午，学校在科技会堂隆重举行2010届毕业典礼。本届毕业生是学校更名为广东石油化工学院后的第一届毕业生，共有3877人，其中本科生人数

2353 人，其他专科和专科高职人数 1524 人。

7月12—16日，在内蒙古自治区赤峰学院召开的全国地方高校学报研究会 2010 年年会上，《茂名学院学报》"教育与管理"栏目被评为全国地方高校学报特色栏目。

7月19—21日，在"北京信息科技大学杯"第十届全国机器人大赛暨 2010 年 FIRA 世界杯机器人大赛中国队选拔赛中，由学校电信学院 08 级学生龙晟锋、陈嘉俊和吴泽钦组成的代表队获得类人型机器人击剑项目一等奖、仿真型机器人足球 5VS5 比赛二等奖、类人型机器人武术项目比赛二等奖、类人型机器人拳击项目比赛二等奖、类人型机器人单人舞蹈项目比赛三等奖。

8月13日，学校完成今年本、专科招生录取工作，共向 21 个省（区、市）招收全日制普通高等教育本、专科生 8194 人，其中普高本科生 4800 人（省内 3900 人，省外 900 人），本科插班生 300 人，普高专科生 2944 人（光华校区 801 人，高州师范分院 2143 人），五年一贯制专科生 150 人。

8月26日上午，官渡校区学生第四食堂开业。新食堂占地面积 2332 平方米，可同时容纳近 1800 人就餐。

9月，教育部授予学校"全国普通高等学校毕业生预征工作先进集体"称号。这是学校继荣获"全国普通高校毕业生就业工作先进集体"和"2009 年度全国毕业生就业典型经验高校"两项荣誉称号后，毕业生就业工作又获得的一项全国先进集体称号。

9月28日，学校隆重举行广东石油化工学院发展论坛暨揭牌庆典活动。

9月28日，学校在新校区隆重举行奠基仪式。仪式由关志强书记主持，张清华校长作了热情洋溢的致辞。省教育厅党组成员、副巡视员王玉学，茂名市人大常委会副主任宋寿金，茂名市副市长陈海等领导参加仪式。

10月20日，学校与辽宁石油化工大学签定合作与共建协议。两校将在化学工程与技术、环境科学与工程、控制科学与工程及机械工程等一级学科领域开展共建合作。

2011 年

2月28日，毕业生就业指导服务中心赖新华荣获"广东省高校毕业生就业工作先进个人"称号。

3月30日，学校扩建工程被茂名市列入 2011 年重点建设项目计划。

5月，在第四届 Google（谷歌）杯中国大学生公益创意大赛总决赛中，学校蓝毅、白静雯等 15 名学生提交的创意方案"用爱建起'儒学'的'三味'书屋"成为 39 个优胜项目之一。

5月，学校计算机与电子信息学院电气 07-2 班张根明同学获 2010 年度"中国大学生自强之星"提名奖。

5月，学校关工委荣获"全国教育系统关工委先进集体单位"称号。

6月15—17日，张清华率团访问香港浸会大学、澳门科技大学，达成多方面合作意向。

6月27日，成立广东石油化工学院教师发展中心。教师发展中心与人事处合署办公，主任为正处职并兼任人事处副处长。教师发展中心不专设下属科室，由人事处师资科兼任其下属工作机构。

6月26—27日，应张清华校长邀请，香港浸会大学校长、中国科学院院士陈新滋教授偕夫人来学校访问。

6月30日上午，学校2011届毕业典礼在科技会堂隆重举行。学校今年共有毕业生3915名，其中本科生3011名，专科生904名。有87名毕业生考取了国内外重点大学硕士研究生。

7月24—27日，在"林海雪原杯"第十三届全国机器人大赛暨FIRA世界杯机器人大赛中国队选拔赛中，由学校电信学院08级学生龙晟锋、陈嘉俊和何广平三名同学组成的代表队获得一等奖2项、二等奖1项、三等奖4项。

8月15日，学校完成今年本、专科招生工作，共向27个省（区、市）招收全日制普通高等教育本、专科生8318人，其中，普高本科4678人（省内3701人，省外977人），本科插班生416人，普高专科3049人（光华校区852人，高州师范分院学院2197人），五年一贯制专科175人。

8月19日，2011年国家自然科学基金立项项目公布，学校张清华教授和梁朝林教授申报的项目获得立项，资助经费分别为63万元和60万元。这是学校申报高水平科研项目的又一重大突破。

8月，2011年（第四届）中国大学生（文科）计算机设计大赛决赛成绩公布，学校学习平台类作品《教育技术学数字化学习中心》（作者：郭学敏、曾宪茂、陈章艳；指导教师：何海燕）获三等奖。

9月29日，教育部批准学校为第二批卓越工程师教育培养计划高校。这是学校本科教学建设继化学工程与工艺专业被批准为国家级特色专业建设点后，在国家级教学项目建设方面取得的又一突破。

10月28—29日，"瑞派杯"第五届（全国）大学生化工设计创业大赛总决赛在学校举行，来自全国15所院校的参赛师生近300人参加总决赛。大赛共产生金奖10项，其中学校获得3项。

11月16日，2011年全国大学生数学建模竞赛成绩揭晓，学校共有9支代表队获奖，其中全国二等奖1项，广东赛区一等奖2项、二等奖3项、三等奖3项。

11月，学校张清华教授领衔申报的"广东省石化装备故障诊断重点实验室"项目获得立项，资助经费200万元。这是学校第一个省重点实验室。

12月9日上午，学校与茂南区人民政府签订战略合作框架协议书。

12月13日，北京校友赵东炜向学校捐赠一幅由王定烈将军亲笔书写的"石化人才摇篮"墨宝。学校校长张清华、副校长李多民亲切会见了赵东炜校友。

12月23日，省委组织部同意免去李多民的广东石油化工学院党委委员职务。

12月，在2011年第九届MDV中央空调设计应用大赛中，热动专业08级的张飞荣同学获得"杰出设计奖"，田红老师获得"优秀指导教师奖"。在2011年全国第九届艾默生杯数码涡旋中央空调设计应用大赛中，热动专业08级同学曹铭炼获得院校学生组"未来之星奖"。在2011年举办的第三届"恒星"中央空调节能设计大赛中，热动专业07级学生雷长锟获得院校学生组"二等奖"。

2012年

1月，经省人民政府批准，免去李多民广东石油化工学院副院长职务。

1月11日下午，应校长张清华的邀请，澳门科技大学校长许敖敖教授偕夫人单平女士、该校行政委员兼校长办公室主任邝应华先生、行政与管理学院副院长庞川博士来校访问。双方就如何实现高层次的合作交流展开了积极讨论并达成共识。张清华校长向许敖敖颁发了客座教授聘书。

2月14日，经教育部批准，学校成为全国第二批卓越工程师教育培养计划高校，化学工程与工艺、电气工程及其自动化2个本科专业被列为"卓越计划"试点专业。

3月23日上午，广东省副省长陈云贤来学校调研。

3月26日，学校新校区扩建工程（总建筑面积17.4万平方米）被列入2012年广东省重点建设前期预备项目，省政府已将该工程的年度投资计划和目标任务纳入茂名市政府目标管理考核系统。

4月3日，学校教务处教务科科长李小乔被评为"全国高等教育学籍学历管理工作先进个人"。

4月6日，省委组织部决定，周如金任广东石油化工学院副校长。

4月17日，学校与化州市人民政府签署战略合作框架协议。

4月，学校建筑工程学院土木08-2班蓝毅同学被评为2011年度"中国大学生自强之星"。

5月23—25日，学校隆重召开中国共产党广东石油化工学院第一次代表大会。学校党委书记关志强代表学校党委作了题为《推动科学发展，促进校园和谐，为建设特色鲜明的应用型大学而努力奋斗》的工作报告。会议选举王恒胤、文亚青、刘金锋、关志强、孙立民、李东、李润、李德豪、何浏、张庆、张清华、周如金、胡生泳、宣征南（女）、姚大斌、彭志平、黎齐英等17人为新一届党委委员，关志强、张清华、王恒胤、何浏、李德豪、李润、周如金为广东石油化工学院第一届党委常务委员会委员；关志强为党委书记，张清华、王恒胤、何浏为党委副书记。选举卢诚、吕国善、刘军、邱影、何浏、何明光、陈健（女）、陈龙彪、黎虎强等9人为新一届纪委委员，由何浏任纪委书记，邱影任纪委副书记。

5月，学校谢文玉教授被全国妇联授予"全国妇女创先争优先进个人"荣誉称号。

6月7日，学校与中国石化集团茂名石油化工公司、中国石化湛江东兴石油化工有限公司共建的国家级工程实践教育中心获教育部批准，成为首批国家级工程实践教育中心建设单位。

6月9日，德国2012年国际合唱节在法兰克福举行，学校艺术系合唱团获"民乐、世界音乐组"金奖（中国参赛队中唯一的金奖）和"表演类音乐组"第二名。

6月25日，经茂名市机构编制委员会批准，学校增加事业编制150名，所需经费自筹解决。

6月29日上午，学校与信宜市人民政府签署战略合作框架协议书。

6月29日，财政部下达2012年中央财政支持地方高校发展专项资金预算的通知，学校"电气工程及其自动化特色专业实验教学平台"和"精细石油化工实验教学平台"项目各获得150万元的国家专项资金资助。

7月15—20日，在北京举行的第十六届"外研社·亚马逊杯"全国大学生英语辩论赛总决赛上，由学校英语11–1班田青、应化10–3班江恬慧2名同学和指导老师周莹组成的C&T代表队荣获全国三等奖。

7月25—28日，在哈尔滨市举行的"远东理工杯"第十四届全国机器人锦标赛暨2012年FIRA世界杯机器人大赛中国队选拔赛和"上海太敬杯"第三届国际仿人机器人奥林匹克大赛上，由学校电信学院岳富聪、陈道恒、吴海龙同学组成的代表队在柯文德、陈珂老师的指导下获11项奖，其中一等奖2项，二等奖4项，三等奖5项。

8月1—3日，在延安大学举行的第四届全国大学生物理教学技能大赛上，由学校理学院物理学专业6名学生组成的代表队获一等奖1项、二等奖3项、三等奖2项。其中，陈碧喜同学获一等奖，骆永宽、莫玫静、覃绍娟同学获二等奖，赖梅、蔡鸿霞同学获三等奖。吴登平、于军、朱伟玲、方运良4位老师获得优秀指导教师奖。

8月7—10日，在长春举行的2012年（第五届）中国大学生计算机设计大赛（数字媒体设计类普通组）决赛上，学校学生的作品《健康在于运动》（作者：工业工程11–2班黄子健，指导老师：吴良海）获全国三等奖。

8月24日下午，学校教师彭志平的"云计算中虚拟机资源与应用系统参数的协同自适应配置研究"和林博的"高分子复杂体系的介观动力学研究"两个科研项目获国家自然科学基金资助，资助金额分别为80万元和25万元。

8月31日，学校张清华教授主持申报的"面向石化行业的工业机组复合故障无量纲免疫检测器集成诊断装置研发"项目获广东省第二批战略性新兴产业核心技术攻关项目立项，资助经费500万元。

9月3日下午，学校欢送25名同学赴台湾高雄大学、屏东科技大学、大仁科技大学3所高校研修学习，这是学校首次与台湾地区高校合作。

9月7日下午，受张清华校长委托，学校副校长李德豪与广东侨心慈善基金会理事长董华民、茂名市外事侨务局副局长杨若文共同签订"陈戈平教育基金"受助协议。

9月25日上午，学校与阿尔斯通创为实技术发展（深圳）有限公司签署产学研合作协议，双方合作内容包括共同组建"工业机组智能故障监测诊断装置研究中心"，共同研发"工业机组复合故障无量纲免疫检测器集成诊断装置"等。

9月29日，经省委批准，凌靖波任广东石油化工学院党委委员、常委、书记。10月11日，省委组织部在学校召开干部大会，宣布凌靖波的任职决定，同时免去关志强的广东石油化工学院党委书记、常委、委员职务（调任广东海洋大学党委委员、常委、书记）。

9月29日，学校周如金教授主持的广东高校果蔬加工与贮藏工程技术开发中心获批为广东省高校工程技术开发中心，资助金额为60万元。

10月，在第十届MDV中央空调设计应用大赛中，学校热动专业2009级的邹承柱同学获得"杰出设计奖"，热动2009级的陈厚馨同学获得"优秀设计奖"，田红老师获得"优秀指导教师奖"。

11月20日，在广州召开的广东省清洁生产工作会议上，学校被授予"广东省清洁生产技术服务单位"称号。

11月24—28日，在第八届中国舞蹈"荷花奖"当代舞、现代舞大赛中，学校艺术系选送的舞蹈作品《求职路上》（陈伟坚编导）入选大赛当代舞"十佳作品"。

12月14日，学校张清华教授被中国科协授予"全国优秀科技工作者"称号。

12月19日，学校申报的控制理论与控制工程、化学工艺、环境工程3个学科获批为第九轮广东省重点学科——特色重点学科。

12月28日，广东省农业农村厅副厅长程萍来校指导工作。

12月，在全国高校廉政文化作品大赛中，学校艺术系师生舞蹈情景剧《门》（指导老师：陈伟坚）荣获表演艺术类三等奖。

2013年

1月9日上午，学校与美国罗克韦尔自动化公司（Rockwell Automation）隆重举行共建石油化工自动化技术中心揭牌仪式。

1月，学校黄军左、周红军、李锦兰3位老师主编的教材《文献检索与科技论文写作》获2012年度中国石油和化学工业联合会优秀出版物奖（教材奖）一等奖。

3月4日，学校科研处副处长程丽华教授被中华全国妇女联合会授予"全国巾帼建功标兵"荣誉称号。

3月26日，雅居乐集团副主席兼联席总裁陈卓贤先生向学校捐赠165万元设立"陈戈平教育基金"。

3月，学校程丽华教授主持的"炼油企业污水回用成套技术的开发与工业示范"项目科研成果获得2012年度广东省科学技术奖三等奖。

4月15日，学校获批为广东省第一批非物质文化遗产研究基地。

4月，学校广东省石化装备故障诊断重点实验室本科生科研助理张海铭同学以第一作者的身份在无线网络领域国际会议MobiSys 2013上发表论文。这是学校本科生首次在国际会议上发表论文。

4月，2013年美国大学生数学建模竞赛成绩揭晓，学校理学院吴淦洲老师指导的由王伟城、黄斌、陈思思3名学生组成的队伍获得二等奖。

5月8日下午，广东省教育厅副厅长李学明来学校调研指导工作。

5月7日，经教育部批准，广东石油化工学院·中国石油化工股份有限公司广州分公司工程实践教育中心获批为国家级大学生校外实践教育基地。

5月8日上午，学校与台湾宜兰大学签署合作协议书。

5月12日，在北京师范大学珠海分校举行的第二届广东省高校辅导员职业技能培训暨竞赛上，学校经济管理学院秦程节老师以总分第二名获得特等奖（全省仅3名）。

5月26日，第八届中国技术过程故障诊断与安全性学术会议（CSP2013）在贵阳市召开，会议同意2014年全国技术过程故障诊断与安全性战略研讨会由学校承办。

5月28日上午，学校与英国林肯大学签署学分互认谅解备忘录。

6月3日，学校"电气工程及其自动化"专业被教育部高等教育司确定为"本科教学工程"地方高校第一批本科专业综合改革试点专业。

6月10日，学校广东省石化装备故障诊断重点实验室副主任舒磊教授的论文 Bandwidth-adaptive application partitioning for execution time and energy optimization 获得2013国际通信会议（ICC）最优论文奖。

6月16日下午，中国科学院曾毅院士访问学校。

6月21日上午，学校征地交地工作获重大进展，位于学校附近的茂南区新坡镇官渡五队的72.5亩地顺利移交给学校。

6月25日，学校建筑工程学院建筑学专业2008级关天凭同学设计的"图书馆设计"在2012年（第三届）全国绿色建筑设计竞赛中荣获一等奖。

6月25日，在2013年度中国高校校报好新闻评选中，校报毛文齐撰写的通讯《扎根基层谋民利 奉献青春展风采》获通讯类三等奖。毛文齐编排的"第244期第一版"获版面类三等奖，崔春晓编排的"第255期第三版"获版面类三等奖。

6月，学校与加拿大圣玛丽大学签署两校合作备忘录。

6月，学校共有130名学生成功考取硕士研究生。

7月3日，学校与法国电子与计算机工程学院签署谅解备忘录。

7月4日，校党委决定于2013年7月上旬至11月中下旬，在全校深入开展党的群众路线教育实践活动。

7月25日，学校首个在校大学生创业公司天乙策划有限公司正式通过茂南区工商局审批，成功注册为法人公司。

7月28日，在全国第五届"人教社杯"大学生与研究生物理教学技能展评暨自制教具与设计实验展评上，学校理学院吴慧、何辉强、吴婉文3名学生获得物理教学技能展评一等奖，何辉强同学获得自制物理教具与设计实验展评一等奖，吴婉文同学获得自制物理教具与设计实验展评三等奖。

8月19—20日，在北京举行的第三届"赛佰特杯"全国大学生物联网创新应用设计大赛上，学校电信学院学生团队的参赛作品"智慧农业"荣获全国二等奖，张锋获优秀指导教师奖。

8月20—22日，在2013年"中国石化－三井化学杯"第七届全国大学生化工设计竞赛全国总决赛上，学校化工学院陈辉、谢颖老师指导的5人同行队（成员：黄燕青、龚崇海、邓炜高、宁雨、庄伟国）获得一等奖。

11月2日，在北京举行的第十七届"外研社·亚马逊杯"全国大学生英语辩论赛总决赛上，由学校外国语学院英语11-1班田青、法律11-1班刘胜男2名学生和指导老师周莹组成的GDUPT代表队荣获全国三等奖。

11月10日，在2013第二届中国建筑与艺术"青年设计师奖"大赛上，学校环境艺术设计09级王文才同学的作品《椰风海韵——主题餐厅酒吧设计》，获"室内空间概念设计奖（餐饮类本科组）"银奖，环境艺术设计10级王崛刚的设计作品《未来派的黑与白》获"室内空间概念设计奖（公共类本科组）"银奖。

11月19日上午，广东省幼儿园园长（教师）培训基地在学校揭牌。

11月22日上午，学校举行青年教职工联合会选举大会暨成立大会。

11月，在暖通行业顶级赛事——第十一届MDV中央空调设计应用大赛中，学校热动专业2010级的陈启政同学获得"杰出设计奖"。

11月，2013年全国大学生数学建模竞赛成绩揭晓，学校理学院李伟勋老师指导的由严健、洪学标、张二兵3名学生组成的队伍获得全国一等奖。

12月12日，经广东省教育厅批准，学校获得招收外国留学生资格。首批本科学历外国留学生于2014年6月到校，学习石油化工相关专业。

12月14日，在教育部"华普亿方杯"首届全国高校创业指导课程教学大赛全国总决赛中，学校学生处、毕业生就业指导服务中心的赖新华老师获得二等奖。

12月28日，广东省人民政府与中国石油化工集团公司、中国石油天然气集团公司、中国海洋石油总公司签署四方共建学校协议。

12月，学校与澳门城市大学签署学术合作交流框架协议书。

12月，由李德豪教授主持的"广东省石油化工资源清洁利用工程技术研究中心"获得2013年广东省技术研究中心立项。

2014年

1月3日，广东省财政厅下达2013年省高等学校人才引进专项资金预算（第二批），学校舒磊、施继成、李凝、陈辉、尹启华5名教授共获140万元项目资金。

1月14日，学校与电白县人民政府签订战略合作框架协议。吴世逵、王键、彭志平、蔡业彬、孙立民、文亚青6位专家获授县政府顾问聘书。

1月17日上午，依托学校建设的广东高校石油化工污染控制与清洁生产工程技术开发中心通过广东省教育厅专家组验收。

2月10—19日，在第十七届冬季"亚洲辩论工作坊"辩论赛上，学校学生刘胜男、管悦获"最突出受训者"特别奖。刘胜男获16强决赛选手称号。

3月6日下午，学校举行党的群众路线教育实践活动总结大会。省委督导组第23组组长郑木明、副组长黄晓波及其他成员出席会议。

3月13日，学校申请增设的"石油工程"本科专业顺利通过教育部审核备案，自2014年秋季开始招生。

3月13日，学校与宜兰大学签订校际合作协议。

3月13日，化学工程学院辅导员冯晓当选"2013年广东高校辅导员年度人物"（全省10名）。

3月23日，在第三届广东省高校辅导员职业能力培训暨竞赛活动中，机电工程学院辅导员王夫营获得一等奖。

5月14日，团省委书记曾颖如一行3人来学校调研共青团工作和大学生创新创业工作。

5月18—23日，在2014年"外研社杯"全国大学生英语辩论精英邀请赛上，由刘胜男、管悦2名同学和指导老师周莹组成的GDUPT代表队获全国三等奖。

5月31日至6月1日，2014年全国技术过程故障诊断与安全性战略研讨会在学校举行。来自北京大学、清华大学等高校以及学校的知名专家学者共70多人参加了会议。

5月，在广东省2014年度环境保护科学技术奖评选中，环境与生物工程学院谢文玉教授等研发的成果"石油化工高浓度废碱液生物处理新技术开发及应用"获得一等奖。

6月9—12日，学校党委书记凌靖波一行5人赴英国爱尔兰国立高威大学、知山大学、林肯大学、北安普敦大学访问。此行与爱尔兰国立高威大学签署合作意向书。

6月14日，在2014年广东高校"唱响中国梦、百歌颂中华"合唱比赛中，艺术系合唱团荣获一等奖（第三名）。

6月，今年学校共有139名学生考取国内60多所高校的硕士研究生，创历史新高。

6月，继续教育学院被授予"全省成人教育工作先进集体"称号，胡生泳被授予"全省成人教育先进工作者"称号。

6月，广东省教育厅通报广东省普通高校毕业生就业工作督查情况，学校被评为优秀。

7月3日，思政部何小春副教授的项目"大学生社会主义核心价值观认同的内在机理与培育路径研究"获教育部人文社会科学研究青年基金项目立项。

7月5日下午，由尼日利亚石油技术发展基金会选派的首批68名留学生到学校入学报到，接受化学工程与工艺（石油炼制）、国际经济与贸易两个专业四年的本科教育。

7月，第七届广东省教学成果奖评审结果公布，周如金主持的"追求卓越的化学工程与工艺专业人才培养模式创建与实践"获一等奖，李润主持的"具有行业背景的地方高校应用型人才培养多样化创新模式探索与实践"和刘美主持的"企业深度参与的石化卓越人才CDIO培养模式的研究与实践"获二等奖。这是学校首次在该赛事上获一等奖。

7月28—30日，在"哈工大杯"第十六届全国机器人锦标赛暨"博思威龙杯"第五届国际仿人机器人奥林匹克大赛中，由电信学院柯文德、陈珂和机电学院姚玉环3位老师指导的代表队获一等奖1项（冠军）、二等奖2项、三等奖5项。

7月29日，在第七届国际英语电视大赛国际赛中，外国语学院何雨筱同学（指导教师：董坤）获得一等奖。在同日举行的第七届国际英语电视大赛全国总决赛中，外国语学院卢春明同学（指导老师：刘扬）获得成年组特等奖。

7月31日，在全国第六届"立思杯"大学生与研究生物理教学技能展评暨自制教具与设计实验展评中，学校获一等奖1项、二等奖3项。

8月13日，学校完成2014年27个省（区、市）普通高考本、专科的网上招生录取工作，共招收全日制普通高等教育本、专科生8598人。

8月13—14日，在"赛佰特杯"第四届全国大学生物联网创新应用设计大赛决赛中，由电信学院张锋老师指导的学生李凯亮、曾俊林、陆志良、温鸿天、马学朝的参赛作品《石化厂区有毒气体泄漏在线监测系统》获全国一等奖。

8月14—16日，2014年度第九届中国通信与网络国际会议（ChinaCom 2014）在茂名市召开。本次会议由欧洲创新联盟（EAI）主办、学校承办，来自美国、英国、意大利、波兰、澳大利亚、挪威、日本、越南等多个国家和中国大陆及台湾通信领域的国际知名专家学者参加了会议，参会人数达130余人。

8月，孙国玺的"旋转机械剩余寿命预测若干关键问题研究"、熊建斌的"数据融合理论、快速算法及其在船舶动力定位中的应用研究"、舒磊的"工业无线传感器网络协同睡眠调度的关键问题研究"、王寒露的"钛硅分子筛催化氧化脱硫的机理研究"等4个项目获国家自然科学基金立项。

8月，在全国第四届绿色建筑设计竞赛中，建工学院刘彦峰同学的作品《艺·三瓣——市民艺术博览中心》获得三等奖。建筑工程学院获得全国"十佳建筑学院"称号。籍存德老师获授绿色建筑杰出贡献二等奖。

8月25—28日，在第一届全国高校软件定义网络（SDN）应用创新开发大赛中，由电信学院郭棉老师指导的团队（方懂彬、梁瀚荣、唐大义）获得全国三等奖。

8月27—28日，在第三届中国创新创业大赛（广东赛区）暨第二届"珠江天使杯"科技创新创业大赛总决赛中，化学工程学院陈辉博士所率团队的项目"城市废固垃圾快速集成气化发电技术的研发与产业化"获"优秀团队奖"。

9月2日上午，团中央组织部部长万速成一行来学校调研共青团工作。

9月，学校申报的"广东石化装备安全技术协同创新发展中心"通过广东省教育厅认定，获批为广东省首批20个协同创新平台之一；"石油化工类应用型人才培养协同育人中心"通过广东省教育厅认定，获批为广东省首批40个协同育人平台之一。

9月19—29日，第十六届亚洲轮滑锦标赛在浙江省海宁市举行。学校体育学系体育11-1班范俊斌同学代表中国队参加比赛，在花样轮滑项目上获得双人滑第五名和单人舞蹈第六名。此前，范俊斌同学参加第29届全国花样轮滑锦标赛曾获得双排双人滑第二名、单人舞蹈第二名和双排轮舞蹈第三名的好成绩。

10月18日，学校成立佛教文化研究中心，由潘永辉博士任中心主任。

10月，在东北大学、宁波大学等地举行的2014年（第七届）中国大学生计算机设计大赛上，学校参赛作品《信息漏斗》荣获二等奖，《民族建筑动画四合院》和《光扫速递》荣获三等奖。

10月31日，广东省教育厅公布广东省高等学校"千百十人才培养工程"第八批培养对象名单，学校韦明肯等32位教师入选。

10月，广东省科学技术协会公布了新时期广东省杰出女科技工作者宣传人选入选名单，学校协同创新办公室主任程丽华教授成功入选，成为62名广东省杰出女科技工作者宣传人选之一。

11月6日，学校聘任中国工程院院士、清华大学教授金涌为客座教授。

11月9日上午，学校在科技楼西草坪隆重举行校史雕塑园揭幕仪式。校史群雕由"缘结石油""西迁创业""升本·更名""甲子新篇"及"铁人王进喜"五个主题雕塑组成，集中反映学校几个重要历史发展阶段，展现了"艰苦奋斗、求实献身"

的学校精神。

11月9日上午，学校在科技会堂隆重举行建校60周年庆祝大会。校长张清华作了题为"弦歌一甲子 共建谱新篇"的讲话。校友代表、国内外高校代表、中石化集团公司代表、广东省教育厅领导、茂名市委副书记、市长李红军等在大会上致贺词。

11月10日上午，学校聘请中国工程院院士、中国石化集团公司抚顺石油化工研究院高级工程师胡永康为客座教授。

11月10日，成立石油工程学院，并在学校图书馆学术报告二厅举行石油工程学院揭牌仪式暨协同办学签约仪式。学校此前已通过引进刘全稳研究员等高层次人才，重新开启石油石化上游专业。

11月11日，学校在科技会堂隆重上演庆祝学校建校60周年文艺晚会，全体校领导及各地校友、离退休老同志和在校师生齐聚一堂，共同为母校庆贺生辰。

11月11日，校史馆改造竣工并重新启用。学校在校庆日重新启用校史馆意义深远。学校发展史本身就是一部广油人听党召唤、始终与祖国石油石化事业同呼吸、共命运的艰苦创业史和光荣奋斗史。而校史馆就是这部艰苦创业史和光荣奋斗史的物化凝练，是广油办学理念、学校精神和校园文化的生动展现。

11月18日，《广东石油化工学院学报》顺利通过新闻出版广电总局第一批学术期刊认定，被认定为科技类学术期刊。

12月18日，学校开展首个聘期期满考核工作，对2011—2014年首个聘期期满的教职工进行考核，同时开展第二轮岗位聘用工作。

12月，2014年"高教社杯"全国大学生数学建模竞赛结果揭晓，学校参赛代表队获得国家二等奖1项，省级一等奖2项、二等奖5项、三等奖6项、优胜奖10项的好成绩。

12月25日下午，学校在图书馆学术报告二厅召开第一次归侨、侨眷、归国留学人员大会。会议选举产生7名学校侨联新一届委员会委员。

12月25日，据广东省科技厅公示，学校3个工程中心被认定为2014年广东省工程技术研究中心，分别为周如金教授的"广东省劣质油加工与油品精细化利用工程技术研究中心"、蔡业彬教授的"广东省橡塑材料制备与加工工程技术研究中心"、柯文德教授的"广东省云机器人（石油化工）工程技术研究中心"。

2015年

1月30日，学校杨泽鑫同学荣获2014年度"中国大学生自强之星提名奖"。

2月27日，陈伟坚老师指导的舞蹈作品《假如》荣获第三届全国高校廉政文化作品暨廉洁教育系列活动表演艺术类作品三等奖。

3月13日，学校申请增设的"安全工程"（工学）本科专业顺利通过教育部审核备案，自 2016 年秋季开始招生。至此，学校本科专业数量达到 44 个。

4 月 19 日，2014 年全国高校量化投资策略开发大赛颁奖典礼在上海交通大学举行。学校理学院应用数学系 2012 级统计与金融数学专业肖金英、郭绿茵、罗慧敏同学的作品《沪深 300 股指期货跨期套利的策略研究》荣获大赛三等奖，指导教师陈仁莲博士获大赛"优秀指导教师"。

4 月中旬，环境工程 12-2 班林燕娟和英语（师范）12-1 班周秀敏两名同学荣获 2014 年度"中国电信奖学金·飞 Young 奖"。这是学校学子首次在该奖学金项目上获奖。

5 月 10 日，2015 年第一届全国高校课程设计作业交流竞赛成绩揭晓，由建筑工程学院建筑学专业学生李娇、吴林豪、黄杰辉设计的作品《工业·记忆》获三年级组一等奖。

5 月 14 日上午，学校召开第 8 次党委常委会会议，研究同意在茂名高新区设立广东石油化工学院高新研究院。

5 月 19—22 日，学校隆重召开第四届教职工代表大会暨工会会员代表大会第一次会议，会议选举产生广东石油化工学院第四届教职工代表大会常设委员会、三个工作委员会和工会第四届委员会、经费审查委员会、劳动争议调解委员会委员。

5 月 27 日，党委制发《广东石油化工学院领导干部选拔任用与管理办法》。该办法规定中层领导干部实行任期制，每届任期一般为 4 年，连任的需重新任命，不连任的，领导职务自然解除。

6 月 8 日，化学工程学院陈辉教授、何富安研究员、环境与生物工程学院余长林教授（待引进）、经济管理学院徐延利教授入选 2014 年广东省"扬帆计划"引进紧缺拔尖人才项目，环境与生物工程学院欧阳乐军副教授入选 2014 年广东省"扬帆计划"培养高层次人才项目。

6 月 10 日，教育部公布第八届全国高校校园文化建设优秀成果评选结果，学校理学院校园文化成果《实施书香育人工程　锻造高校文化品牌——开展"书香工程"系列活动八载情》获得二等奖。这是学校校园文化成果首次获得的国家级荣誉。

6 月 17 日，2014 年度全国高校校报好新闻奖评选结果揭晓，学校校报报送的作品喜获一等奖、二等奖、三等奖各 1 项。

6 月 30 日，经省教育厅审核批准，学校化学工程与技术、环境科学与工程、机械工程 3 个学科获得高级职称评审权。

7 月 20—25 日，第十五届全国大学生田径锦标赛在广西师范大学（雁山校区）举行。学校田径代表队共获得 5 项奖。

7 月 26—29 日，在深圳市举行的第十七届全国机器人锦标赛暨第六届国际仿人机器人奥林匹克大赛上，由电信学院学生谢志浩、陈扬鑫、吴梓彪等组成的参赛队伍获得仿人型机器人拳击一等奖（亚军）、仿人型机器人摔跤一等奖（亚军）、仿人型机器人击剑二等奖、仿人型机器人单人舞蹈三等奖、仿人型机器人广播体操三等奖、仿真型5VS5机器人足球三等奖和仿真型11VS11机器人足球三等奖的好成绩。

7月31日，全国第七届大学生与研究生物理教学技能展评暨自制教具与设计实验展评在陕西理工学院落幕，理学院物理学专业4名师范生获6项奖。

8月10日，在南昌大学举行的第六届全国大学生过程装备实践与创新大赛上，学校参赛作品"家用便携3D打印机"荣获二等奖。

8月20—25日，在北京交通大学举行的2015年第九届全国大学生"西门子杯"工业自动化大赛总决赛上，由电信学院12名师生组成的3支队伍获得工程创新型三等奖2项、逻辑控制型三等奖1项。

8月21—24日，在天津大学举行的2015年"东华科技－三井化学杯"全国大学生化工设计竞赛总决赛上，学校Healer团队在陈辉教授等人的指导下获一等奖，FATE团队获二等奖，Star团队获三等奖。

9月2日，理学院孙立民教授、计算机与电子信息学院李继凯副教授荣获"南粤优秀教师"称号。

9月10日，经省委同意，免去何浏广东石油化工学院党委副书记和纪委书记、常委、委员职务。

9月，学校作为中国教育和科研计算机网络中心（CERNET）会员单位，成功接入下一代互联网（IPv6）系统。

10月18日下午，学校在图书馆学术报告一厅召开2014—2015学年学校二级学院（系、部）本科教学工作状态评估反馈会议。7位校外评估专家对学校本次评估情况作反馈。

10月22日，学校再获3个广东省工程技术研究中心，分别是"广东省岭南特色果蔬加工及应用工程技术研究中心""广东省非常规能源工程技术研究中心""广东省石油化工装备工程技术研究中心"。截至目前，学校共获得7个广东省工程技术研究中心。

10月23日，经省委批准，李华任广东石油化工学院党委委员、常委、副书记和纪委书记；彭志平任广东石油化工学院党委常委、副校长。

10月29日上午，学校召开第15次院长办公会议，研究通过《广东石油化工学院转型高水平应用技术型大学建设方案》。

11月14—15日，第二届海峡两岸大学生流通业经营模拟大赛大陆地区决赛暨2015年全国高校商业精英挑战赛流通业经营模拟竞赛总结及颁奖大会在上海对外经贸大学举行。经济管理学院"广石化经管同路人"团队获二等奖，"战魂"团队获三等奖，杨丽萍、吴嘉恩、刘根3位老师获"优秀指导教师"称号。

11月27日，校团委书记杨联斌荣获2015年全国大中专学生"三下乡"社会实践活动"优秀个人"称号。

12月9日，《广东石油化工学院章程》获广东省教育厅核准通过，即日起生效实施。

12月15日，沙特国王科技大学（KAUST）化学与生物工程系主任赖志平教授应邀来学校访问。

12月15日，在北京大学举办的全国应用型人才综合技能大赛全国总决赛上，广油学子的两项作品获一、二等奖。

12月21日，茂名市市长李红军在广东茂名幼儿师范专科学校（筹建）行政楼三楼会议室召开会议，听取学校对西城片区规划建设新校区的意见建议，会议决定，利用西城片区的1531亩土地建设广东石油化工学院新校区。

12月25日，学校被省教育厅确定为"广东省节能型示范高校"。

12月，学校通过函签的方式与台湾屏东大学、加拿大北阿尔伯塔理工学院、波兰比亚韦斯托克理工大学签署合作协议或备忘录。

2016年

1月29日，校团委被广东省精神文明建设委员会授予"广东省文明单位"荣誉称号。

2月16日，学校申请增设的"社会体育指导与管理"本科专业通过教育部审核备案，自2016年秋季开始招生。至此，学校本科专业数量达到45个。

2月23日晚，李红军市长在茂名市政府会议室召开广东石油化工学院新校区筹建工作会议，会议听取广东石油化工学院新校区建设进展情况汇报后研究决定：①由茂名市委常委吴刚强牵头，市发改局等部门参与，共同研究厘清省市共建广东石油化工学院协议的具体思路。②新校区建设指挥部要根据七月份动工建设的目标，严格按计划推进各项工作。③茂南区要抓紧完成征地工作。④为加快项目建设，广东石油化工学院可先行委托茂名市开展项目勘察设计。⑤与意向BT投资人进行对接，做好BT投资人招标的准备工作。⑥广东石油化工学院要研究用PPP模式推进项目建设。

3月14日下午，学校挂牌成立西城校区建设指挥部。时任茂名市委常委吴刚强、茂名市政协副主席梁育雄，学校校长张清华、副校长周如金，茂南区常务副区长李发出席揭牌仪式。

3月21日，广东省教育厅、财政厅公布2015年度广东省高等教育"创新强校工程"考核得分及2016年度"创新强校工程"专项建设经费分配方案。学校在"一般本科高校"考核中总分名列第一，获得专项资金拨款1728万元。

3月22日，学校被广东省扶贫开发领导小组评为"广东省扶贫开发'双到'工作优秀单位（2013—2015年）"，驻村干部冯耀勇被评为优秀个人。

4月1日，学校制定2016年科研经费目标总量5000万元。其中理工科类单位承担4550万元，人文社科类单位承担450万元。

5月4日，学校化学工程学院辅导员冯晓获全国高校第八届辅导员年度人物入围奖（全国200名）。

5月10日，茂名市发展和改革局批复学校西城校区一期建设项目。项目地址在茂南区中科云粤西产业园（茂化路南侧），规划用地面积约1363亩，总规划建筑面积60万平方米，计划分两期建设，第一期建筑面积30万平方米，建设内容包括教学楼、院系楼（部分）、网络中心、学生事务管理服务中心、学生宿舍、食堂及体育运动场所等，总投资10亿元。

5月13日，教师牛显春、周建敏家庭被全国妇联授予第十届"全国五好文明家庭"荣誉称号。

5月17—22日，2016年国际跳绳公开赛暨全国跳绳联赛分站赛在贵州省荔波县开赛。学校花样跳绳队参加了8个项目的比赛，获3枚金牌、2枚银牌、3枚铜牌的成绩。

5月17日，学校与广东省农业科学院签署共建热带亚热带果蔬加工技术国家地方联合工程研究中心（广东）分中心协议。

5月18—24日，在北京外国语大学举行的第十九届"外研社杯"全国大学生英语辩论总决赛上，广油学生李龙川、罗秋怡组成的代表队获得全国三等奖。周莹老师获得全国总决赛"优秀评委"称号。

5月26日，学校公益创业项目——星星之伙食品有限公司（负责人：宋宇聪，指导老师：问云峰）获"挑战杯·创青春"广东大学生创业大赛金奖。同时，学校有5个项目获银奖，6个项目获铜奖。

5月30日，学校建筑工程学院学生在第六届全国绿色建筑设计竞赛中获得5项奖，其中一等奖2项、二等奖1项、三等奖1项、优秀奖1项。

6月2日，学校学前教育、建筑学（五年制）2个专业新增为学士学位授予专业。至此，全校45个本科专业已有42个专业获得学士学位授予资格。

6月5日上午，学校在图书馆学术报告一厅举行共青团广东石油化工学院第一次代表大会、广东石油化工学院第一次学生代表大会。选举产生了共青团广东石油化工学院第一届委员会和广东石油化工学院第一届学生会委员会。

6月17日，经省教育厅批准同意，学校控制科学与工程、工商管理两个学科增设副教授评审权学科评议组。

6月21日上午，学校在办公楼五楼会议室召开今年第9次校长办公会议。会议研究同意成立马克思主义学院，撤销原思想政治理论课教学部建制。

6月24日上午，学校在科技会堂举行2016届毕业典礼，张清华校长在典礼上作"坚守初心"致辞。本年学校共有本、专科毕业生6886名，其中本科生4689名（含师范生545名），专科生2197名（含师范生1321名）。有214人考上研究生。

6月30日上午，学校在办公楼5楼会议室召开今年第11次党委常委会会议，会议研究西城校区规划设计单位变更事宜。因原选定设计单位负责人华南理工大学建筑设计研究院何镜堂院士无法承担规划设计任务，经研究，选定同济大学建筑与城市规划学院为新的西城校区规划设计单位。

7月11日，学校成功入围"教育部–中兴通讯ICT产教融合创新基地"第二批合作院校。

7月11日下午，中央政治局委员、广东省委书记胡春华莅临学校考察。广东省委常委、常务副省长徐少华，广东省委常委、省委秘书长邹铭，茂名市委书记许光、市长李红军，学校党委书记凌靖波、校长张清华等陪同。

7月28—31日，在广东省佛山市举行的第十八届全国机器人锦标赛暨第七届国际仿人机器人奥林匹克大赛上，由学校电信学院师生组成的代表队在11个参赛项目中获奖，其中一等奖3项、二等奖3项、三等奖5项。

7月29—31日，在哈尔滨举行的第八届全国大学生与研究生物理教学技能暨自制教具展评大赛中，理学院物理学（师范）专业魏晓静、王丽萍、易玮妮3名同学分别获得一等奖，吴登平老师获得"优秀指导教师奖"，学校还获得"优秀团体奖"。

8月3日，学校成功入选教育部数据中国"百校工程"产教融合试点院校（广东共4所高校入选）。

8月30日，"道达尔"第四届全国大学生化工安全设计大赛结果公布，学校有4支参赛队伍在陈辉和黄燕青老师的指导下参赛，获得2银2铜。

9月9日上午，学校在办公楼五楼会议室召开今年第13次党委常委会会议。会议结合学科及各院（系、部）发展需要，同意按以下方案设想进行西城校区建设规划：石油工程学院、化学工程学院、环境与生物工程学院、建筑工程学院、经济管理学院、理学院、外国语学院、艺术系（建工学院环境设计、机电学院工业设计）、体育学系、实验教学部等二级教学单位搬迁至西城校区，部分院系设置及名称将作适当调整。机电工程学院、计算机与电子信息学院、文法学院、马克思主义学院拟留校本部。

9月22日，校党委印发《广东石油化工学院"十三五"发展规划》，规划明确了未来五年学校发展的定位与战略目标。

10月28日，中国陆地冰球联盟高校基地落户广东石油化工学院，学校成为全国第一所拥有中国陆地冰球联盟高校基地的本科院校。

11月4日，学校被省教育厅列入第二批高校"易班"建设试点工作名单。

11月12日，学校徐兵、项顺伯和吴宪君3位老师的多媒体课件作品《北斗卫星导航系统》荣获第二十届全国教育教学信息化交流展示活动高等教育组课件一等奖。

12月13日，学校化学工程与技术、环境科学与工程、控制科学与工程等3个一级学科被广东省教育厅列入省级优势重点学科。

12月8日上午，学校在办公楼5楼会议室召开第18次党委常委会会议。会议研究了西城校区一期建设规模与建设内容，决定西城校区一期的建设规模为30万平方米，建设内容为院系办公楼、学生事务管理与服务中心（含后勤、保卫）、教室、实验实习场所（含体育场馆）、石油化工类应用型人才培养实践基地、潘州书院、学生宿舍、学生食堂。

12月15日下午，广东省副省长蓝佛安到学校考察调研。省政府副秘书长林积，省教育厅厅长罗伟其，茂名市委书记许光、市长李红军，学校领导凌靖波、张清华、彭志平等人陪同。党委书记凌靖波向蓝佛安介绍了学校情况，校长张清华介绍了学校的学科建设和科研工作情况。在凌靖波和张清华的陪同下，蓝佛安参观了广东省石化装备故障诊断重点实验室、广东石化装备安全技术协同创新发展中心等研究中心和办公室。蓝佛安对广东石油化工学院的建设发展，特别是转型发展、学科建设、科技创新所取得的成绩给予充分肯定。

12月20日上午，广东省人民政府在广州召开省市共建本科高校工作部署会暨共建协议签署仪式。会上，广东省教育厅与茂名市政府签署了省市共建广东石油化工学院的协议。广东省副省长蓝佛安出席签约仪式。

12月27日，学校与中兴通讯股份有限公司签署合作共建"教育部 – 中兴通讯ICT产教融合创新基地"协议。

12月28日，学校与创业板上市公司广东美联新材料股份有限公司签署共建"广油 – 美联新材料研究院"协议。这是学校成立的首个独立运作的创新型研究院，研究院设在美联公司。

12月30日，石油工程15-1班团支部荣获2016年全国高校"活力团支部"荣誉称号。

2017年

1月9—10日，澳大利亚新南威尔士州上议院副议长王国忠、澳洲中华经贸文化交流促进会荣誉主席吴飞鹏、澳大利亚穆宁士联盟有限公司董事、总经理克莱格·穆宁士一行6人来学校访问。在访问期间，学校举行了荣誉教授礼聘仪式，聘任澳大利亚澳华达集团董事长、"吴飞鹏奖助学金"创办者吴飞鹏先生为荣誉教授。

3月1日，由软科教育信息咨询发布的中国大学各项最新排名显示，广东石油化工学院以99.19%的就业率高居全国15所石油化工类高校榜首。

3月13日，学校2016年申报的物联网工程、新能源科学与工程、资源勘查工程3个本科专业获得教育部本科专业备案。至此，学校开设的普通本科专业达到48个。

3月15日，广东石油化工学院与中国重大技术装备行业的支柱型、战略型领军企业沈阳鼓风机集团测控技术有限公司签署校企战略合作协议。

3月23日,广东省教育厅关于2017年省市共建本科高校建设补助资金安排方案的公示结束,学校获得省市共建本科高校资金2.5亿元资助。

3月25日,由学校主持的科研项目"石化装备智能安全监测关键技术及应用"通过国家科技成果鉴定,项目整体技术水平达到国际先进水平,部分达到国际领先水平。

3月31日,学校召开2017年科研工作会议,提出2017年学校科研经费总目标为6000万元。

4月10日,2017年美国大学生数学建模竞赛成绩揭晓,由理学院李伟勋老师指导,林友志、马莹莹、黄洵3名学生组成的代表队获得二等奖。

4月19—21日,学校召开第四届教职工代表大会暨工会会员代表大会第四次会议。张清华校长在会上作了题为《强化内涵建设 推动学校转型发展,全面加快高水平应用型大学建设步伐》的学校工作报告。

5月2日,艺术系团总支被共青团中央授予2016年度"全国五四红旗团总支部"称号。这是建校以来首次有团组织荣获全国五四红旗团委(团总支部)称号。

5月5日,学校石油化工类应用型人才培养实践基地建设项目获国家发展和改革委员会5980万元的资金支持。

5月11日,在湖南工程学院召开的"全国地方高校新工科发展高峰论坛"会上,学校被聘为全国地方高校卓越工程教育校企联盟25个常务理事单位之一,周如金副校长被聘为常务理事。

5月15日,学校成立易班发展中心和易班学生工作站。

6月2日,学校化学工程与工艺专业顺利通过中国工程教育专业认证,有效期3年。

6月9—11日,全国第二届大学生油气储运工程设计大赛在中国石油大学(华东)举行,石油工程学院学生彭颖恩、李炜、麦俊杰、郑智聪团队和陈文才、莫嘉杰、孟凡盛、董浩楠团队获得全国三等奖。

6月22—24日,学校6项科研成果参加在惠州举行的2017年首届中国高校科技成果交易会。其中,"石化装备智能安全监测关键技术及应用"项目获得大会"优秀项目展示奖"。

6月25日晚,澳华达集团董事长吴飞鹏先生再向学校捐赠500万元人民币。

7月2日,广东省石化装备故障诊断重点实验室专职副主任舒磊教授与加拿大UBC(英属哥伦比亚大学)合作研究的论文《一个面向集成传感器网络和移动云的传感数据处理框架》获得IEEE Systems Journal的2017年度最优论文奖,该奖在IEEE Systems Council的重要会议上颁发。

8月14日,学校被广东省精神文明建设委员会评为第一届广东省文明校园。

8月18—23日,在浙江大学举行的2017年"东华科技-陕鼓杯"第十一届全国大学生化工设计竞赛总决赛上，学校化学工程学院 Chemical Man 团队获得一等奖。这是学校连续第五年获得全国总决赛一等奖。

8月24—30日，在上海应用技术大学举行的第十一届"西门子杯"（CIMC）中国智能制造挑战赛全国总决赛上，进入全国总决赛的3支队伍获得决赛一等奖1项，二等奖2项。这是学校参加该项赛事以来获得的最好成绩。

8月25—27日，学校心理健康辅导中心李旭博士荣获第九届"全国心理卫生优秀工作者"荣誉称号。

8月，学校马克思主义学院唐少莲教授的专著《生活的哲学与哲学的生活》获"2016年度全国优秀社科普及作品"荣誉称号。

9月1日，学校启动"海外委培博士计划"，分期分批选派优秀硕士教职工到国外教育、研究机构委托培养博士。

9月6日，学校召开推动简政放权放管结合优化服务改革、优化内部治理工作任务布置会，启动"放管服"改革工作。

9月21—25日，在上海浦东源深体育中心举行的2017"浦东·三林"第六届世界龙狮锦标赛上，化学工程学院高分子专15-2班黄凝婷同学获得"南狮规定套路"项目第一名。这是黄凝婷同学继2016年获得第九届全国舞龙舞狮锦标赛第一名后再度获得的殊荣。

9月26日，广东石油化工学院被国家教育行政学院授予高校干部网络培训工作"优秀组织单位"。

10月12—14日，2017年中国机器人及人工智能大赛在广东琶洲国际会展中心举行。学校电信学院师生参加的10个项目获奖，其中一等奖2项、二等奖3项、三等奖5项。

10月13日，广东石油化工学院 CDR 团队在陈辉教授的指导下获"道达尔"第五届全国大学生化工安全设计大赛银奖，陈辉教授获"最佳指导老师"称号，学校获"最佳组织奖"。

11月3—5日，在浙江中医药大学举行的首届全国大学生生命科学竞赛决赛中，环境与生物工程学院生物工程系学生获得二等奖2项、优秀奖1项。

11月6日，2016年度全国高校校报好新闻奖评选结果揭晓，《广东石油化工学院报》报送的作品喜获三等奖2项。

11月8日，团委副书记赖新华获评为2017年全国大中专学生志愿者暑期"三下乡"社会实践活动"先进个人"。

11月9—10日，学校隆重举行第十八届运动会。本届校运会教工组打破了2项纪录，学生组打破了1项纪录。

11月11日上午，学校西城校区建设工程正式开工。西城校区位于茂名市茂南区中科云粤西产业园，茂化路南侧，茂名市森林公园西侧，距离市中心约12千米。

规划用地面积1504亩，总规划建筑面积为66万平方米，可容纳学生2万人，目标是建成几十年不落后的美丽大学校园。其中一期工程建设规模为30万平方米，将建设教学楼、创新创业楼、院系楼、学生宿舍、学生食堂、运动场及化工类应用型人才培养实践基地，可满足1万名学生的使用需求，预计2018年9月底竣工并投入使用。

11月24日上午，在佛山举行的高校新工科与产业学院建设经验交流活动暨广东省新增列高水平理工科大学建设协议签署仪式上，广东省教育厅、茂名市政府与广东石油化工学院共同签署支持广东石油化工学院创建高水平理工科大学协议。根据协议，学校在2018—2022年将获得茂名市政府投入资金28亿元，其中18亿元用于西城校区建设。省财政安排专项补助经费2.5亿元。共计30.5亿元。

11月28—29日，学校召开四届五次"双代会"专题会议。会议审议通过了《广东石油化工学院岗位设置方案与管理办法（试行）》等9项"放管服"配套制度（管理办法）。

12月20日，学校聘任中国科学院院士、山东科技大学矿业与安全工程学院名誉院长宋振骐教授为"双聘院士"。

12月21日上午，广东石油化工学院与广东工业大学续签帮扶共建协议。这是两校继2009年签订帮扶共建协议之后再次续签。

12月23日，广油美联新材料研究院揭牌仪式在汕头市高新区举行。

12月26日，学校荣获"广东省首届百佳学生资助工作单位典型"称号，计算机与电子信息学院辅导员江文红获"广东省首届百佳学生资助工作者典型"称号。

12月27日，学校制发《广东石油化工学院机构调整方案》，将原化学工程学院调整为化学工程学院、化学学院、材料科学与工程学院等3个学院；将原环境与生物工程学院调整为环境科学与工程学院、生物与食品工程学院等两个学院；将计算机与信息工程学院调整为自动化学院、电子信息工程学院、计算机学院等3个学院。其他学院建制不变。

12月，第七届POCIB全国大学生外贸从业能力大赛2017—2018秋季赛落幕，由经济管理学院国际经济与贸易专业学生组成的参赛团队获得团队三等奖，吴萧同学获得个人三等奖，国贸专业教师吴肖林、何东晓获得指导教师三等奖。

2018年

1月4日上午，学校在办公楼5楼会议室召开2018年第1次校长办公会议。根据学校实际，结合"放管服"精神，会议经研究，原则上同意授予各二级学院自行开展人才引进工作权利。

1月11日，广东省教育厅公布2017年广东省重点建设学科名单，学校食品科学与工程学科被评为广东省特色重点学科。（粤教科函〔2018〕9号）

1月11日，学校食品科学与工程学科被评为广东省特色重点学科。至此，学校已有3个省级优势重点学科，4个省级特色重点学科。

2月9日，广东石油化工学院生物工程、机械设计制造及其自动化2个专业通过中华工程教育学会IEET工程及科技教育认证，有效期为3年。

3月23日，广东石油化工学院"校园一卡通"第一期建成并投入使用。

3月16日，由化学工程学院与经济管理学院学生组成的Focus团队晋级第三届"因为有你"全国大学生创新创业大赛总决赛并喜获铜奖。

3月26日，由广东石油化工学院张清华教授、清华大学周东华教授、中国石化集团茂名石油化工公司韩建宇等教授级高级工程师完成的"石化装备智能安全监测关键技术及应用"荣膺广东省科学技术奖二等奖。这是广东石油化工学院首次以第一完成单位获得的最高奖项。

4月18日，谢文玉教授主持的"广东高校石油化工污染控制重点实验室"获省教育厅2017年重点平台及科研项目立项。

4月19日，学校被省教育厅评为2015—2017年度"广东省安全文明校园"。

4月20—22日，第八届全国大学生机械创新设计大赛慧鱼组竞赛暨第十届全国慧鱼工程技术创新大赛决赛在浙江理工大学举行。广东石油化工学院参赛作品"小型小区简易半自动化停车棚"和"内外盘转动地下车库"，分别获得二等奖和三等奖，同时获优秀组织奖。

4月23日，学校荣获广东省总工会"广东省五一劳动奖状"，"张清华劳模创新工作室"获授"茂名市劳模和工匠人才创新工作室"称号，陈辉教授获授"2017年度茂名市劳动竞赛优胜个人"称号。

4月28日，2018年美国大学生数学建模竞赛成绩公布，学校3支队伍共9名学生参赛，获二等奖1项、三等奖2项。

5月3日，广东省教育厅公布2017年广东省教育教学成果奖获奖名单，学校周如金教授主持的"双体系渗透融合人才培养模式创建与实践——以化学工程与工艺专业为例"获一等奖，蔡业彬教授主持的"基于本科应用型人才培养的机械类特色专业群建设研究与实践"、李继凯副教授主持的"《电子技术基础》应用型系列精品教材建设"获二等奖。

5月12—13日，第八届中国石油工程设计大赛总决赛在中国石油大学（北京）举行。石油工程学院"随雨争锋队"获得采油气工程单项组二等奖。

5月14日，装控（卓越）15-4团支部陈发山同学获"中国大学生自强之星"称号，物理15-2团支部江凌达同学获"中国大学生自强之星提名奖"。

5月16—18日，学校召开第四届教职工代表大会暨工会会员代表大会第六次会议，校长张清华作《对比目标明差距　艰苦奋斗促提升》学校工作报告。

5月24日，学校重新修订《广东石油化工学院"海外委托博士计划"管理办法

（修订）》。有计划、有步骤地做好学校教职工到国外教育、研究机构委托培养博士工作，加强学校师资队伍建设，实现高水平理工科大学师资队伍建设目标。

6月1日，经省委批准，免去凌靖波广东石油化工学院党委书记、常委、委员职务。

6月3日，光明日报头版头条以《心若向阳　无畏绽放》为题报道学校电气（卓越）11-5班校友邹勇松的感人故事，并配发评论员文章《诠释自强不息的内涵》，引起巨大反响。人民网、新华网、人民日报公众号、中央人民广播电台网等数家国家级、省级权威媒体进行了转发报道。

6月4日，中国石化新闻网刊登了由广东石油化工学院、清华大学、中国石化茂名分公司、天津大学、中国石化广州分公司和中国石化湛江东兴石化有限公司等单位联合开发的"石化装备智能安全监测关键技术及应用"项目获广东省2018年科学技术奖励二等奖的新闻报道。报道高度赞扬了该项目成果在全国石化企业应用中所取得的经济效益和社会效益，成果总体技术达到了国际先进水平，其中石化大机组的无量纲免疫故障诊断技术处于国际领先水平。该项目成果正在全国石化企业大规模推广应用。

6月9日，广东石油化工学院荣获"广东省依法治校示范校"称号。

6月，学校文法学院马波教授被国家禁毒委员会办公室、中国禁毒基金会评为"全国青少年毒品预防教育'6·27'工程优秀校外辅导员"称号。

6月26—28日，副校长李德豪、国际交流与合作处处长张长明应邀前往马来西亚北方大学访问交流，23名赴该校在职攻读博士学位的教师随行。

7月2日上午，2018届国际学生毕业典礼暨学士学位授予仪式在学校科技会堂隆重举行，校长张清华为尼日利亚国际学生授学位。尼日利亚驻广州总领事奥罗寇先生，尼日利亚石油技术发展基金会执行干事贝罗·古绍先生，尼日利亚国家政策舆情办公室主任阿巴瑞先生，尼日利亚石油技术发展基金会教育培训部总经理格拉迪玛先生，广东省教育厅交流合作处处长李金俊，广东省外事办公室处长叶蓝，茂名市人民政府副市长崔剑，中国石油化工股份有限公司茂名分公司副总经理韩建宇，茂名市外事侨务局局长邓崇可，茂名市公安局出入境管理科长沈之的，广东石油化工学院校领导、各机关处室及教学院（系、部）负责人、国际学生所在学院领导班子和教师代表、其他二级教学院（系、部）承担国际学生授课任务的任课教师代表，以及2018届全体国际学生出席典礼。

7月6日，经济管理学院院长万勇当选中国商业史学会第七届理事会常务理事。

7月8日，在中国石油大学（北京）举行的全国第二届新能源创新创业大赛决赛上，学校石油工程学院学生团队（参赛队员：赵锦绣等；指导老师：鲍祥生）的作品"新型CO_2水合物海水淡化设备推广项目"获创意创业类三等奖，鲍祥生老师获优秀指导教师奖，广东石油化工学院获优秀组织奖。

7月19日，学校学生张晋伟以2.04米的成绩夺得第十八届全国大学生田径锦标赛阳光组男子跳高比赛冠军。

7月27日，经省委批准，免去王恒胤广东石油化工学院党委副书记、常委、委员职务。

7月27日，广东石油化工学院被广东省人民政府征兵办公室评为"2017年度广东省征兵工作先进单位"。

7月28日，省人才工作领导办公室印发2017年"扬帆计划"入选名单，学校教师翟明岳、吕运容、段林海入选科技创新领军人才项目认定人员名单，教师胡素梅入选培养高层次人才项目认定人员名单，教师王丽、孟秀红、班建峰、邓辅财、贺言、候莹玲、胡明、李启勇、刘哲、彭齐、孙同文、滕青、王超、王春雷、王慧、王威、魏臣兴、文江波、萧允艺、熊岑、徐井水、许体文、张建磊、邹承璋、陈奇、丛广佩等入选引进青年博士项目认定人员名单，中式面点师杨延雄入选培养高技能人才项目合格人员名单。（粤人才办〔2018〕10号）

7月，由广东石油化工学院张清华教授、清华大学周东华教授、中国石化集团茂名石油化工公司韩建宇教授级高级工程师等完成的"石化装备智能故障诊断与运维关键技术及应用"荣获2017年度中国石油和化工自动化行业科技进步一等奖。

8月2—5日，学校化学工程学院烯时代团队在2018年大学生化工设计竞赛暨第十二届全国大学生化工设计竞赛华南赛区决赛中荣获华南赛区特等奖，并同时获最佳答辩奖与最佳现代设计方法奖。

8月13日，学校青年教师孙建腾入选2018年广东省高等学校珠江学者岗位计划——环境科学与工程青年珠江学者人选。（粤教师函〔2018〕83号）

8月17—22日，"东华科技－陕鼓杯"第十二届全国大学生化工设计竞赛总决赛在中南大学举行。化学工程学院烯时代团队在陈辉教授、黄燕青老师的指导下荣获全国总决赛一等奖。这是学校学子连续六届获全国总决赛一等奖。

8月27日，教师谢文玉、陈辉、唐少莲教授荣获"南粤优秀教师"称号。

8月25—29日，在北京化工大学举行的第十二届"西门子杯"中国智能制造挑战赛全国总决赛上，由学校自动化学院卢均治、雷高伟老师指导的"自动化三人组"参赛队伍在总决赛中获一等奖。这也是学校参加该项赛事以来连续三届获得一等奖。

9月4日，经省委批准，张清华任广东石油化工学院党委书记。

9月4日，广东省教育厅公布了2018年度高校珠江学者岗位计划设岗学科（专业）和聘任人选名单，学校环境科学与工程成功设岗。

9月，经济管理学院学生参赛项目"跑出共融路"（指导老师：张乾坤、文亚青、晏正良），在广东省教育厅主办的第四届中国"互联网+"大学生创新创业大赛广东省分赛中荣获创意组金奖。

10月15日，第四届中国"互联网+"大学生创新创业大赛总决赛在厦门大学落幕，广东石油化工学院"心 shine"团队的"跑出共融路"项目获得铜奖。

10月24—26日，2018首届"AI+"创新创业大赛暨第二十届中国机器人及人工智能大赛在潭州国际会展中心举行。计算机学院参赛队伍荣获12项奖，其中一等奖1项、二等奖2项、三等奖3项、优秀奖6项。

10月25日，"道达尔"第六届全国大学生化工安全设计大赛初赛结果公布，由陈辉教授和黄燕青老师指导的DREAM团队与安全361°队获铜奖。

11月3日，2018年"创青春"全国大学生创业大赛终审决赛在浙江大学落下帷幕，广东石油化工学院作品"PBB情感充电桩"获铜奖，创下学校参加该项赛事以来的历史最好成绩。

11月6日，广东石油化工学院陈勇院士工作站签约仪式在图书馆208室隆重举行。中国工程院院士、广东省科协主席、中国科学院广州能源研究所研究员陈勇，茂名市委书记、市人大常委会主任李红军，市委常委、组织部部长徐晓霞，副市长崔剑，市政协副主席、科技局局长崔锡明以及学校党委书记、校长张清华，副校长李德豪、彭志平出席签约仪式。

11月8日，广东省教育厅公布高等教育"冲一流、补短板、强特色"提升计划重点建设学科名单的通知。学校化学工程与技术、控制科学与工程两个学科入选。（粤教科函〔2018〕181号）

11月14日，广东省教育厅公布2018年高等教育"创新强校工程"本科高校考核结果，广东石油化工学院在"公办一般本科高校"考核中总分名列第三。

11月，广东石油化工学院"关爱留守儿童·心手相牵快乐成长·携手共筑中国梦"百灵传梦队（艺术与设计学院组队）获评2018年全国大中专学生志愿者暑期"三下乡"社会实践活动优秀团队。这是学校大学生暑期"三下乡"社会实践工作连续4年获团中央表彰。

11月28日，2018年"创青春"全国大学生创业大赛评审委员会公布获奖名单，学校公益创业项目"PBB情感充电桩"（项目负责人：陈发山，指导老师：杨联斌、赖新华、廖达涛）获铜奖，这是学校首次获此殊荣。同时，学校在省级赛事上获金奖5项，银奖5项，铜奖7项。

12月11日，学校团委党支部入选首批全国党建工作样板支部培育创建单位。

12月14日，台湾大仁科技大学副校长黄国光、两岸事务处副执行长赖文亮教授一行到校访问。

12月25日，经省委批准，纪红兵任广东石油化工学院党委委员、常委、副书记、副院长。

12月29日，广东省学位委员会印发《广东省学位委员会关于调整广东省博士硕士学位授予立项建设单位的通知》，学校被增列为硕士学位授权立项建设单位。

12月29日，广东石油化工学院获评"西部计划"全国优秀高校项目办（全国

150 所、广东 7 所获此殊荣），这是学校首次获此殊荣。

12 月，首批华南理工大学帮扶工作队（张锅红、欧阳新平、牛晓君、陆继东、康文雄）来学校挂职帮扶。

12 月，学校与乌克兰国立科技大学通过函签形式签署《战略合作框架协议》，该框架协议为学校与乌克兰高校开展学术交流合作奠定了基础。

12 月，根据科研处 2018 年的工作报告，学校科研经费首次突破 1 亿元，外源科研经费达 10 128 万元。

2019 年

1 月 15 日，经学校第 2 次校长办公会议研究，同意增设广东省石油化工污染过程与控制重点实验室，该实验室直属科研机构。

1 月 18 日，广东石油化工学院大学生社团联合会获评为全国学生优秀社团联合会（广东唯一高校）、机械科技协会获评为全国学生最具影响力科技创造社团（广东唯一高校）、创行协会获全国学生社团影响力展示活动提名奖。这是学校学生社团工作首次获得全国先进表彰。

2 月 10 日，教育部办公厅发布了《教育部办公厅关于公布 2020 年度国家级和省级一流本科专业建设点名单的通知》，学校首次获批 2 个国家级一流本科专业建设点（化学工程与工艺、环境工程）并新增 3 个省级一流本科专业建设点（过程装备与控制工程、能源与动力工程、生物工程）。至此，学校共有 11 个专业获批"双万计划"一流专业建设点，其中国家级一流本科专业建设点 2 个，省级一流本科专业建设点 9 个。（教高厅函〔2021〕7 号）

3 月 16 日，广东省教育厅 2018 年"新时代　新作为——立志·修身·博学·报国"主题教育系列活动获奖情况公布，学校连续两年荣获优秀组织奖，参赛学生共斩获二等奖 2 项，三等奖 6 项，优秀奖 4 项。

3 月 21 日，学校 2018 年申报的智能科学与技术、能源化学工程、环保设备工程、焊接技术与工程等 4 个本科专业通过教育部备案。至此，学校本科专业数达 52 个。

3 月 25 日，学校机电工程学院学生陈发山获评为第七届"感动南粤校园"广东大学生年度十大人物。这是学校学子首次获此殊荣。

3 月 25 日，学校在图书馆 208 会议室召开 2019 年科研工作会议。会议通报了 2018 年科研工作的完成情况，对 2019 年的科研任务进行了分配。

3 月 28 日，经校长办公会议研究，同意增设"分析测试中心"为学校附属机构，设置领导职数 2 名（主任 1 名、副主任 1 名，分别为正处级、副处级岗位），下设办公室，设科级职数 1 名。

4 月 26 日，经省委研究同意，免去李德豪广东石油化工学院党委常委、委员职务。

4月26—29日，学校召开第四届教职工代表大会暨工会会员代表大会第七次会议，大会表决通过了《关于变更学校类别的报告》等7个文件。

4月30日，广东石油化工学院团委获评"全国五四红旗团委"。这是学校首次获此殊荣。

4月30日，学校下达2019年科研经费目标任务量13 000万元。

4月，学校获广东省教育厅批准，成立"第二批广东省高校大学生心理健康教育与咨询区域中心（第十一片区）"。

5月6日，学校工业设计专业学生苏志荣（指导老师：金鑫）的作品"骑行助手"，荣获第三届中国国际个人交通工具创新设计大赛"金辕之光奖"。

5月7日，广东省教育厅公布了关于2019—2023广东省本科高校教学指导委员会拟定主任委员名单，广东石油化工学院成功申报成为新一届的广东省本科高校化工与制药类专业教学指导委员会主任委员单位，学校党委副书记、副校长纪红兵为新一届教学指导委员会主任委员。根据《广东省高等学校教学指导委员会章程》，将由学校提名该教学指导委员会成员名单并主持该教学指导委员会日常工作。

5月8日，广东石油化工学院国旗护卫队在广东省教育厅主办的第一届广东省学校国防教育成果交流展示活动暨第三届广东省学校国旗护卫队交流展示活动中夺得团体二等奖，实现学校国旗护卫队组建以来省级奖项零的突破。

5月11—12日，在广西南宁和甘肃兰州两地联网同步盛大开赛的第十届全国高等院校"斯维尔杯"BIM应用技能大赛总决赛上，学校代表队成功入围总决赛，获得本科组全国全能一等奖、建筑设计专项一等奖、工程管理专项一等奖、工程造价专项一等奖。

5月15日，广东石油化工学院代表队荣获全国大学生智慧供应链创新创业大赛特等奖。

5月15日上午，学校在办公楼5楼会议室召开今年第13次党委常委会会议。会议结合四届七次"双代会"审议结果，同意学校将办学类别由"综合型院校"申请变更为"理工型院校"。

5月16日，为进一步发掘、凝练和弘扬学校"西迁精神"，激励广大师生不忘初心、牢记使命、艰苦创业，勇做"西迁精神"新传人，开创学校改革发展新局面，广东石油化工学院举行"西迁精神"挖掘凝练工作启动仪式。

5月18日，在中国石油大学（北京）举行的第九届中国石油工程设计大赛总决赛上，学校石油工程学院代表队共获得采油气工程单项组二等奖1项、采油气工程单项组三等奖4项、油气藏工程三等奖1项、钻完井工程单项组成功参赛奖1项；石油工程学院罗天雨老师被评为大赛优秀指导教师与先进个人。

5月22日，经省政府批准，免去李德豪广东石油化工学院副院长职务。（粤人

社发〔2019〕71号）

5月31日，省学位委员会批准学校安全工程专业为新增学士学位授予专业。至此，学校已有44个专业获得学士学位授予资格。

6月5日，广东省高校大学生心理健康教育与咨询区域中心（第十一片区）在学校正式挂牌成立。

6月13日，广东石油化工学院环境工程专业通过工程教育专业认证，有效期6年。

7月3日，经省委批准，纪红兵继续担任广东石油化工学院副院长，任期5年。

7月15—16日，校党委召开中国共产党广东石油化工学院第二次代表大会。党委书记、校长张清华代表中国共产党广东石油化工学院第一届委员会作题为《高举习近平新时代中国特色社会主义思想伟大旗帜　不忘初心、牢记使命　奋力推进高水平理工科大学建设》的工作报告。以书面形式审议了纪委工作报告。大会选举产生了中国共产党广东石油化工学院第二届委员会委员和中国共产党广东石油化工学院纪律检查委员会委员，表决通过了《中国共产党广东石油化工学院第二次代表大会关于党委工作报告的决议》和《中国共产党广东石油化工学院第二次代表大会关于纪委工作报告的决议》。

7月22日，经省政府批准，广东石油化工学院新一届行政领导班子任期5年，成员为：校长张清华，副校长周如金、彭志平。

7月30日，中国青年志愿者协会、中国残疾人联合会公布30个入围全国优秀助残志愿服务的项目。由广东石油化工学院学生（心shine跑团）和茂名市盲人协会共同发起的"光明路——青年志愿者'体育助盲'服务"项目名列全国前十（广东唯一入围项目），获5万元立项资助进行复制推广。

8月1日，在哈尔滨理工大学举行的第十三届"三菱电机杯"全国大学生电气与自动化大赛全国总决赛上。自动化学院"电气腾智团队"凭借参赛项目"家用全自动酿酒设备"荣获二等奖。

8月7日，广东省教育厅公布了2019年度高校珠江学者岗位计划设岗学科（专业）和聘任人选名单，学校工业催化、检测技术与自动化装置2个学科成功设岗。至此，学校共有珠江学者岗位设岗学科3个，另有2位教师成功获聘珠江学者特聘教授，1位教师获聘青年珠江学者，这在学校的办学历史上尚属首次。

8月12日，经省教育厅批复，同意学校的办学类别由"综合大学"变更为"理工院校"。

8月18—23日，2019年"东华科技-陕鼓杯"第十三届全国大学生化工设计大赛总决赛在中北大学举行。化学工程学院"酯为烯炔"团队在陈辉教授、黄燕青老师的指导下荣获全国总决赛一等奖。

8月21—22日，在意大利乌尔巴尼亚市举办的第九届意大利"圣天使"国际声乐比赛中，艺术与设计学院音乐表演教研室主任蒋快安副教授荣获艺术歌曲组一等奖，歌剧咏叹调组二等奖，为学校赢得了荣誉。

8月28日，在辽宁科技大学举行的2019年第十三届"西门子杯"中国智能制造挑战赛全国总决赛上。自动化学院荣获省赛特等奖的星海一梦队获得离散行业自动化赛项国家二等奖。

8月29日，广东省实验室（第三批）建设启动会在广州举行。中共广东省委书记李希、省长马兴瑞为岭南现代农业科学与技术、先进能源科学与技术、人工智能与数字经济3家省实验室授牌。其中，先进能源科学与技术广东省实验室由惠州市主建，中科院近代物理研究所牵头承建，广东石油化工学院为主要参建单位。同时，学校参建岭南现代农业科学与技术广东省实验室茂名分中心。

8月，广东石油化工学院篮球协会喜获"全国高校百强学生社团"称号。

9月，学校西城校区一期工程完成公共教学楼、学生宿舍、学生食堂和部分二级院系楼等39栋单体建筑（21万平方米）的建设，并交付使用。

9月4日，陈辉教授荣获"全国优秀教师"荣誉称号。

9月6日，广东石油化工学院西城校区正式启用，8个二级学院近8000多名学生搬迁入西城校区。

9月9日，学校首个学生事务一站式服务大厅在西城校区启用。

9月10日，广东石油化工学院西城校区校名石落成揭幕。

9月23日，国家自然科学基金委员会公布了2019年度国家自然科学基金集中申报项目立项结果，张清华教授主持的"大型石化装置异常工况智能诊断、预测与维护"项目和纪红兵教授主持的"仿生催化轻烃选择性氧化的自由基调控基础与工业过程强化"项目入选。学校共立项面上项目3项、青年项目3项，总经费合计849万元，这是学校首次获得国家自然科学基金重点项目。

9月24日，广东石油化工学院举行博士工作站揭牌仪式。

10月16—18日，在山东单县举行的中国大学生高分子材料创新创业大赛决赛上，材料学院超疏水团队，在材料学院院长曹更玉教授、何富安研究员的指导下，荣获大赛二等奖。学校荣获"优秀组织奖"。

10月19—20日，第二届"浪潮铸远杯"智慧企业共享财务大赛全国总决赛在哈尔滨工业大学举行。经济管理学院代表队荣获全国总决赛第一名，罗玉波、曾海亮获得"优秀辅导教师奖"。

10月21日，彭志平教授主持的"乙烯裂解炉炉管智能检测关键技术及应用"获2019年度第九届"吴文俊人工智能科学技术进步奖"三等奖。

10月25日，学校在科技会堂召开本科教学审核评估迎评动员大会。

11月9—10日，在华南理工大学举行的第七届全国大学生化工安全设计大赛决赛上，学校CS小分队团队获得决赛一等奖（银奖），陈辉和黄燕青老师获最佳指导老师。

11月10日上午，广东石油化工学院在科技会堂召开高水平理工科大学建设暨建校65周年座谈会。

11月11日校庆日，学校举行第二届理事会换届大会。会议在总结第一届董事会经验的基础上，决定将董事会更名为理事会。张清华当选为广东石油化工学院第二届理事会理事长。

11月18—21日，由中山大学原校长黄达人教授等9位专家组成的本科教学工作审核评估专家组进驻学校，对学校本科教学工作开展实地考察。21日下午，举行了专家组意见反馈会。

11月25日，广东石油化工学院"弘扬红色革命精神·传承优秀传统文化·助力乡村振兴发展"追光盛夏志愿服务队（化学工程学院组队）荣获2019年全国大中专学生志愿者暑期"三下乡"社会实践活动优秀团队，这是学校暑期"三下乡"社会实践活动连续5年获团中央表彰。

11月28日，经省纪委研究决定，李华任广东省监委驻广东石油化工学院监察专员。

12月23日，中国高校校报2018年度好新闻奖评选结果揭晓，《广东石油化工学院报》报送的作品喜获二等奖2项、三等奖2项。

12月24日，教育部办公厅关于公布2019年度国家级和省级一流本科专业建设点名单的通知，学校机械设计制造及其自动化、高分子材料与工程、电气工程及其自动化、电子信息工程、化学工程与工艺、环境工程等6个专业入选首批省一级本科专业建设点。

12月27日，学校化学工程学院石油化工系党支部入选为第二批全国党建工作样板支部培育创建单位。

12月30日，省教育厅公布2019年全国大学生数学建模竞赛广东分赛获奖名单，学校获本科组一等奖1项、三等奖4项。其中，理学院吴淦洲老师荣获"优秀指导教师奖"。

12月，纪红兵教授团队申报的"乙烯行业废油资源化综合利用若干科学问题"项目获准国家自然科学基金委员会（NSFC）国际（地区）合作与交流项目资助，资助金额为直接经费170万元。这是广东石油化工学院作为依托单位首次获准国家自然科学基金国际（地区）合作与交流项目。

12月，据统计，2019年度，学校高层次人才队伍建设取得丰硕成果，自主培养了3名"珠江学者"，其中有两名特聘教授，1名青年学者；1人当选省本科高校化工与制药类专业教学指导委员会主任委员；博士数量大幅提升，博士人数达440人，占比达35%。学校整体办学实力和社会影响力大幅跃升，社会综合排名再创新高。2019年，在软科中国最好大学中排名324位，较前一年上升119个位次；在艾瑞森校友会中国大学中排名322位，较前一年上升118个位次。

2020年

1月13日，广东石油化工学院团委青年传媒中心荣获"2019年度全国百强校园媒体"称号。

1月17日，茂名高新区·广东石油化工学院大学科技园在国信创谷挂牌成立，建筑面积约1.1万平方米，主要建设化工与新材料研发中心、环境污染控制技术研发中心、氢能研发中心。

1月23日，学校成立"防控新型冠状病毒感染疫情工作领导小组"，应对突如其来的新型冠状病毒感染，并制定了疫情防控工作方案。

2月5日，为进一步加强疫情防控工作，学校2020年春季学期开学延期至3月2日，暂采取"学生在家不返校"的措施，采用网上授课的方式进行教学，开启了学校建校以来第一个无学生在校上课的学期。

2月28日，学校申报的功能材料、人工智能、数据科学与大数据技术等3个专业通过教育部备案。至此，学校本科专业数达55个。

3月11日，经省委批准，同意增加学校领导职数1名，增加后共有8名院领导职数，并将其结构调整为：党委书记1名、院长1名（为中共党员的兼任党委副书记）、专职党委副书记1名、纪委书记1名、副院长4名。其他机构编制事项维持不变。

3月12日，广东省教育厅发布了《广东省教育厅关于公布2019年广东省教育教学成果奖获奖项目的通知》。广东石油化工学院在2019年广东教育教学成果奖（高等教育类）评选中斩获佳绩。其中，由学校教师主持的项目荣获一等奖1项、二等奖2项；学校教师参与的项目荣获一等奖2项。（粤教人函〔2020〕6号）

3月27日，广东省科技厅公布了2020年度广东省重点领域研发计划"先导性新材料与技术"重点专项立项结果。由学校施继成教授主持的"三联芳膦钯碳氮偶联催化剂的研发及产业化"获得立项，并获资助经费1000万元。这是广东石油化工学院作为依托单位首次获得广东省重点领域研发计划重点专项，实现了学校在该类项目上的重大突破。（粤科资字〔2020〕76号）

4月23日，学校报送的《发挥高校优势，"扶贫"与"扶志（智）"相结合，实现脱贫致富》入选《全国教育扶贫典型案例汇编》。

5月21日上午，学校召开第10次党委常委会会议。会议传达了学习习近平总书记在陕西考察时会见西安交大14位西迁老教授的重要讲话精神，提出要丰富发展"广油西迁精神"的内涵和外延。

5月28—29日，广东石油化工学院五届一次"双代会"在科技会堂和图书馆学术报告一厅线上线下同时召开。学校党委副书记、副校长纪红兵作了《不忘初心、

牢记使命 切实提高执行力 奋力开创高水平理工科大学建设新局面》的学校工作报告，党委书记、校长张清华教授在会上作了题为"不忘初心担使命、凝心聚力快作为，全力推进高水平理工科大学建设再上新台阶"的讲话。大会选举了新一届的工会委员会、工会经费审查委员会和教代会执行委员会。

5月22日，学校"社会体育指导与管理"专业通过广东省学位委员会评审，获学士学位授予权。至此，学校拥有学士学位授权的专业总数达到45个。

5月29日，高分子16-2团支部黎增田荣获2019年度"中国电信奖学金·飞Young奖"。

5月，经省委批准，张锅红任广东石油化工学院党委委员、常委、副书记；李为民任广东石油化工学院党委常委、副院长。

6月13日，建筑工程学院土木16-3和16-4班的幸龙升、张鹏、刘璟雯、李家仕、李家豪等同学在第十一届全国高等院校"斯维尔杯"BIM-CIM创新大赛中荣获全能奖一等奖1项，单项奖规划与设计一等奖1项、工程造价二等奖1项、工程管理二等奖1项、绿色建筑分析三等奖1项；指导老师李胜强获得"优秀指导老师"荣誉称号。

6月20日，第二届"全国大学生结构设计信息大赛"落下帷幕，建筑工程学院参赛学生荣获一等奖2项、二等奖2项、三等奖1项。

7月6日，学校申报的油气储运工程、石油工程、材料成型与控制工程、过程装备与控制工程、电气工程及其自动化等5个第二学士学位专业通过教育部备案，学制2年。

7月11日，学校积极响应教育部和广东省委省政府的号召，面向27个省（自治区、直辖市）招收全日制普通高等教育本科生10 743人（其中，普通高考招生计划7600人、本科插班生计划3143人），较2019年大幅扩招5393人。

7月20—24日，受学校党委和张清华书记、校长的委托，党委宣传部、离退休处、网信中心相关同志一行5人到广州、惠州、东莞等地，围绕广油"西迁精神"与广油"西迁故事"展开专题采访，采访队一行先后采访了当时亲历或见证学校"西迁"的17位老同志。挖掘学校1965年从繁华大都市广州一路西迁到粤西小城茂名这一艰辛历程的素材和背后感人的故事，总结、凝练出以"听党召唤、为国奉献；艰苦创业、忠诚担当"为内核的广油"西迁精神"。

7月，学校已有6个优势专业通过工程教育专业认证，学校的工程教育水平跻身全省高校前列，引起了良好的社会反响。"学习强国"学习平台及《人民日报》《中国教育报》等20多家媒体集中报道了广东石油化工学院6个优势专业通过工程教育专业认证的情况。

8月16—23日，2020年"东华科技杯"第十四届全国大学生化工设计大赛全国总决赛在合肥工业大学举行。化学工程学院"月明新烯"团队在陈辉教授和黄燕青老师的指导下，荣获全国总决赛一等奖。这是广油学子连续 8 年获得全国大学生化工设计竞赛全国一等奖。

8 月 22 日，学校下达 2020 年科研经费目标总量为 16 000 万元。

8 月 25 日，学校在学术报告一厅召开第二次学生代表大会。大会选举产生第二届学生会委员会和学生会主席团成员。

8 月，在第十三届中国大学生计算机设计大赛全国决赛中，广油学子获三等奖 5 项和优胜奖 1 项。

9 月 9 日，学校在图书馆 208 会议室举行广东石油化工学院与斯洛文尼亚卢布尔雅那大学合作共建的"先进材料智能制造研究院"线上签约仪式。

9 月 17 日，国家自然科学基金委员会公布了 2020 年度国家自然科学基金集中申报项目立项结果。学校共获得国家自然科学基金资助 16 项，直接经费 609 万元，其中面上项目 6 项，青年项目 10 项，较 2019 年立项数增幅达 100%。这是学校加快推进高水平理工科大学建设，实现内涵式发展的标志性成果。（国科金发计〔2020〕64 号）。

9 月 18—19 日，全国技术过程故障诊断与安全性战略研讨会在学校召开。该研讨会进行了 2020 年度新委员的增选，签订沈阳鼓风机集团测控技术有限公司、广东茂化建集团有限公司和广东石油化工学院三方结成石化装备安全智能化共同体协议，联手为石化类企业提供新的设备安全解决方案，此做法在全国石化行业尚属首创。

9 月 25 日，童汉清、海金萍家庭被授予 2020 年茂名市"十大优秀书香之家"荣誉称号。

10 月 9 日，据中国科学文献计量评价研究中心和中国学术期刊（光盘版）电子杂志社发布的《中国学术期刊影响因子年报（自然科学与工程技术·2020 版）》，《广东石油化工学院学报》（2020 版）复合影响因子 CIF 为 0.264，综合影响因子 JIF 为 0.157。在省内同类十所公办本科院校中，复合影响因子位列第四位，综合影响因子位列第二位。

10 月 19 日，校团委获评为 2020 年全国大学生志愿者暑期"三下乡"社会实践活动优秀单位。

10 月 19 日，2020 年全国高校商业精英挑战赛国际贸易总决赛在浙江宁波圆满结束。经管学子荣获全国总决赛三等奖，罗先智、吴肖林两位老师荣获"优秀辅导教师奖"。

10 月 27 日，为鼓励品学兼优、德智体美劳全面发展的考生报考，学校特设立广东石油化工学院 2020 年普高本科"广油新星"奖学金，50 名新生共获得 97 万奖学金。

11 月 1 日，在昆明举办的 2020 年（新加坡）全球品牌策划大赛中国地区选拔赛上，学校荣获二等奖 2 项、最佳指导老师奖 2 项和最佳组织奖 1 项。

11 月 2 日，学校理学院教育技术 17-1 团支部汪硕同学获得 2019 年度"中国大学生自强之星"荣誉称号。这是广油学子连续 3 年获此殊荣。

11 月 5 日，"航天科工杯"第七届"创青春"中国青年创新创业大赛暨 2020 中国青年创新创业交流会在哈尔滨落下帷幕。学生创业团队项目"纳米银花——领跑 5G 时代散热新材料"获商工组创新类铜奖。

11 月 11 校庆日，学校在西城校区隆重举行教育发展基金捐赠仪式。校友企业及校友向母校捐资助学金 300 万元。截至 2020 年 11 月，学校基金会接受捐赠总值达 1000 万元。

11 月 11 日，广东石油化工学院大学生创新创业孵化基地在西城校区启用。

11 月 14 日下午，华盛橡胶杯·第八届中国大学生高分子材料创新创业大赛全国总决赛在山东广饶落下帷幕。材料科学与工程学院"NanoFun"团队的"面向 5G 电子散热的高性能银基高分子复合热界面材料研究与应用"项目荣获全国总决赛一等奖。

11 月 15 日，第七届"创青春"中国青年创新创业大赛（互联网组）总决赛在江西省共青城市举行。广油风向标学生创业团队项目"脱硫新锐——无硫时代的推进者"获互联网组创新类国赛铜奖。

11 月 16 日上午，西城校区临时图书馆揭牌启用。

11 月 17 日上午，学校召开第 17 次校长办公会议。会议根据学校章程有关规定，结合澳华达集团董事长吴飞鹏先生长期以来积极捐资助学、大力支持学校建设、为学校教育事业发展作出重要贡献等实际情况，经研究后，同意授予吴飞鹏先生"荣誉校友"称号。

11 月 20 日，由国家自然科学基金委员会计划局与广东省科技厅联合主办的"国家自然科学基金优秀成果对接活动"在广州举行。由学校计算机学院甄先通博士主持的国家自然科学基金面上项目入选人工智能领域优秀成果对接会，并参加广州（国际）科技成果转化路演。这是学校国家基金项目首次入选国家自然科学基金优秀成果对接会。

11 月 21—22 日，学校在深圳举办了首届校友企业家精英论坛。此次活动由广油深圳校友会承办。学校副校长、校友总会常务副会长周如金，30 多名校友企业家代表及深圳校友会企业家校友代表参加了论坛。

11 月 24 日，学校周如金教授主持的"石油炼制工程"课程（团队其他主要成员：程丽华、谢颖、范钦臻、王慧）获评为首批国家级一流本科课程。

12 月 14 日，省教育厅印发《关于调整广东石油化工学院等 5 所省市共建高校的办学体制工作方案》，将广东石油化工学院、韶关学院、嘉应学院、惠州学院、肇庆学院等 5 所省市共建高校调整为省属高校，化解了学校办学体制"双重主体"

的遗留问题。（粤教人〔2020〕18号）

12月21日，广东省总工会发文公布《广东省总工会关于命名2020年广东省劳模和工匠人才创新工作室的决定》。学校张清华创新工作室被命名为广东省劳模和工匠人才创新工作室。这是学校首个省级劳模创新工作室。

12月23日，2020全国大学生物理实验竞赛（创新赛）组委会公布获奖名单。校代表队获得国家级奖项7项，其中二等奖1项、三等奖1项、优秀奖3项，广东石油化工学院获"优秀组织奖"，赖国霞、申惠娟老师获"优秀指导教师奖"。

12月24日，纪红兵教授荣获2020年度"全国石油和化工优秀科技工作者"荣誉称号。

12月28日，杨东娥老师获"全国无偿献血促进奖"。

12月，中国高校科技期刊研究会发布了2020年度优秀论著评选结果通告。学校学报编辑部选送的由贺嫁姿等撰写并发表的论文《破除"SCI至上"背景下一流科技期刊发展的若干思考》荣获中国高校科技期刊研究会"2020年优秀论著金笔奖"。

12月，广东石油化工学院被团中央维护青少年权益部授予"全国十强院校"荣誉称号。

2021年

1月29日上午，广东石油化工学院等5所高校办学体制调整签约仪式在广州举行。省教育厅党组成员、副厅长、一级巡视员朱超华代表省教育厅分别与韶关市、梅州市、惠州市、茂名市、肇庆市政府及5所高校代表在办学体制调整协议上签约。此次办学体制调整后，5所本科高校正式成为由省政府主办、省教育厅主管的高校。省委教育工委书记、省教育厅党组书记、厅长景李虎出席仪式。

2月10日，教育部办公厅发布了《教育部办公厅关于公布2020年度国家级和省级一流本科专业建设点名单的通知》。学校首次获批两个国家级一流本科专业建设点（化学工程与工艺、环境工程），新增3个省级一流本科专业建设点（过程装备与控制工程、能源与动力工程、生物工程）。至此，学校共有11个专业获批"双万计划"一流专业建设点，其中国家级一流本科专业建设点两个，省级一流本科专业建设点9个。（教高厅函〔2021〕7号）

3月5日，学校计算机科学与技术、过程装备与控制工程通过中华工程教育学会（IEET）工程及科技教育认证，生物工程、机械设计制造及其自动化通过期中审查，认证有效期为3年。

3月10日，省委第十三巡视组进驻学校，对广东石油化工学院党委工作进行为期3个月的巡视考察。

3月30日，学校党委成立中共广东石油化工学院委员会党的建设工作领导小组。

4月6日，广东省人民政府发布《广东省国民经济和社会发展第十四个五年规划和2035年远景目标纲要》，"点名"提出重点支持学校特色学科建设。这是省委、省政府对学校近年来在办学条件等方面取得的一系列突出成绩的肯定，也是学校发展的新机遇，为学校进一步厘清了"十四五"发展的重点目标任务。（粤府〔2021〕28号）

4月22日，全球性信息分析公司爱思唯尔正式发布了2020年中国高被引学者榜单。学校纪红兵教授入选"高被引学者"名单，意味着学校学者在其所研究领域具有世界级的影响力，其科研成果为该领域的发展作出了突出贡献。

4月23日，美国大学生数学建模竞赛官方网站公布了2021年大学生数学建模比赛结果。广东石油化工学院代表队荣获一等奖。

4月23日，第三届"全国大学生结构设计信息大赛"落下帷幕。建筑工程学院参赛师生荣获特等奖1项、二等奖4项、三等奖3项、优秀指导老师奖1项。

4月27日，经省委同意，免去彭志平广东石油化工学院党委常委职务。

4月，在易班总部举办的第一届"易班优课操作培训"活动竞赛中，学校团队荣获"全国十强"称号，吴锡凤荣获"优秀指导老师"称号。

5月12日，全国第六届大学生艺术展演活动在成都落下帷幕。广东石油化工学院的3件作品获二、三等奖。

5月22—23日，学校国旗护卫队在由广东省教育厅、广东省国防动员委员会联合举办的第二届广东省学校国防教育成果交流展示活动暨第四届学校国旗护卫队比赛中获得全省一等奖，实现参赛成绩的新突破。

5月25日，经省政府批准，免去彭志平广东石油化工学院副院长职务。（粤府人字〔2021〕50号）

5月26日，高等教育评价专业机构软科正式发布2021"软科世界一流学科排名"。学校"通信工程"学科入选2021年软科世界一流学科，一流学科数量并列广东省入选高校第6名。

5月28日，第六届全国大学生测井技能大赛在中国石油大学（北京）圆满落幕。由石油工程学院师生组成的广油代表队获得全国总决赛三等奖和最佳新团队奖的优异成绩。

5月30日，2021年全国高校商业精英挑战赛品牌策划竞赛全国总决赛暨（新加坡）全球品牌策划大赛中国地区选拔赛圆满落幕。广油学子获得一等奖3项、二等奖2项、三等奖1项的优异成绩。学校获得"最佳院校组织奖"荣誉称号。

5月，学校建工学子在BIM-CIM创新大赛中捷报频传，先后获得第七届全国高校BIM毕业设计创新大赛（本科组）一等奖1项，三等奖3项；第十二届全国高等院校学生"斯维尔杯"BIM-CIM创新大赛综合应用一等奖1项，土建建模一等奖3项、二等奖5项、三等奖2项，机电建模一等奖3项、二等奖2项、三等奖1项的优异成绩。

6月10日，全国第三方大学评价机构艾瑞深校友会网（Cuaa.net）独家撰写，科学出版社正式出版发布2021校友会中国一流专业排名，广东石油化工学院环境工程专业在中国环境科学与工程类一流专业排名中，并列排于全国应用型环境工程专业榜首，星级排名为6星，办学层次为中国顶尖应用型专业。

6月11日，广东石油化工学院高分子材料与工程专业通过中国工程教育专业认证，有效期6年。

7月14—15日，学校在科技会堂召开五届三次"双代会"。会议审议通过《广东石油化工学院专职思想政治课教师职称评审标准（试行）》等系列规章制度。

7月18日，第十六届"挑战杯"广东大学生课外学术科技作品竞赛落下帷幕。广东石油化工学院共获得特等奖1项、一等奖4项、二等奖3项、三等奖10项，首度捧得"大挑"赛事"优胜杯"（全省15所本科高校获此殊荣）。

7月28日，在全国第七届孔雀杯高等艺术院校声乐展演大赛上，学校艺术与设计学院青年教师翟欢博士以一曲《冰凉的小手》荣获全国综合师范院校教师美声组金孔雀奖、男高音第一名的优异成绩。

7月29日，广东省教育厅下发《关于公布高等教育"冲一流、补短板、强特色"提升计划三年（2018—2020年）建设期满建设成效考核结果的通知》。学校被评为粤东西北高校振兴计划A级单位。省级重点建设学科"化学工程与技术""控制科学与工程"为A级学科，"环境科学与工程"为B级学科。

8月11日，第七届中国国际"互联网+"大学生创新创业大赛广东省分赛决赛（以下简称省决赛）顺利举行。学校荣获高教主赛道和"青年红色筑梦之旅"赛道两个"优秀组织奖"，参赛项目获得了1金7银10铜的好成绩，获奖数量名列全省本科院校第三，实现了学校参加该项赛事获奖数量和质量的新突破。

8月16—22日，2021年"天正设计杯"第十五届全国大学生化工设计大赛全国总决赛在厦门大学举行。化学工程学院"头脑单醇"团队在陈辉教授和黄燕青老师的指导下荣获全国一等奖。广东石油化工学院成为广东省唯一一所连续九届进入全国总决赛并获得一等奖的高校。

8月24日，第四届全国"互联网+化学反应工程"课模设计大赛颁奖典礼暨国家一流本科课程建设报告会在大连理工大学举行。学校GDUPT三剑客团队荣获竞赛一等奖。

8月25日，广东省教育厅公布了2021年广东教育教学成果奖（高等教育类）拟获奖成果名单。学校获得一等奖1项、二等奖2项。

8月27日，教师王丽和黎海燕被省教育厅评为2021年广东省"南粤优秀教师"，刘美被评为"南粤优秀教育工作者"。

8月31日，由学校环境科学与工程学院林燕同学领衔的联合培养研究生团队荣获第十四届全国大学生节能减排社会实践与科技竞赛一等奖。广东石油化工学院成为广东省内高校中唯一获得一等奖的参赛单位。

9月1日，广东石油化工学院入选广东省红十字标准校创建单位。

9月9日晚，科睿唯安公布了ESI从2011年1月1日到2021年6月30日的统计数据。中国大陆共有5所高校的学科新晋进入全球ESI前1%。学校工程科学学科历史性地新晋全球ESI前1%，标志着学科建设取得重大突破。

9月12日，学校代表队在全国大学生英语辩论赛（CUDC）全国总决赛上获得三等奖，周莹获得优秀指导老师奖。

9月12日，学校召开共青团广东石油化工学院第二次代表大会、广东石油化工学院第三次学生代表大会。会议选举产生共青团第二届委员会和第三届学生会委员会。

9月26日，由中国化工教育协会主办，南京工业大学承办的第四届全国大学生化工实验大赛全国总决赛圆满落幕。化学工程学院的乘风破浪团队获得华南赛区一等奖，并首次荣获全国总决赛二等奖。

10月14日，中国化工教育协会公布了2021年全国石油和化工教育青年教学名师、优秀教学团队、优秀教学管理人员认定名单。史博教授获得"全国石油和化工教育青年教学名师"荣誉称号。黄军左教授和史博教授带领的高分子材料与工程专业教学团队获得"全国石油和化工教育优秀教学团队"荣誉称号。刘美教授获得"全国石油和化工教育优秀教学管理人员"荣誉称号。

10月14日，广东石油化工学院机电工程学院师生团队，在上海交通大学举办的"徕卡杯"第十届全国大学生金相技能大赛上获得二等奖1项、三等奖2项、优秀指导老师奖1项（李伟明）的良好成绩。

10月26日，国务院学位委员会公布了2020年新增博士、硕士学位授予单位名单。学校成为硕士学位授予单位，并获批电子信息、材料与化工、资源与环境3个专业硕士学位授权点。（学位〔2021〕13号）

10月，学校艺术与设计学院副教授、茂名市油画学会艺术总监、茂名市宣传思想文化领军人才吴峰风创作的油画《足迹·辉煌》成功入选第五届中国油画展。

11月11日，广东石油化工学院迎来建校67周年，学校在官渡校区举行庆祝建校67周年座谈会。

11月29日，"天赐材料杯"第八届全国大学生安全设计大赛决赛暨化工安全教育论坛在华南理工大学落下帷幕。广东石油化工学院的"心醇气和"团队获得全国决赛一等奖银奖，黄燕青和陈辉荣获"最佳指导老师奖"。这是广油学子连续五次荣获全国大学生化工安全设计大赛一等奖银奖。

11月，学校经济管理学院教师、茂名市政协委员、民进茂名市委会副主委张润舒获评"民进全国反映社情民意信息工作先进个人"。

12月5日，2021年第七届全国大学生物理实验竞赛成绩正式公布。广油学子获得一等奖1项、三等奖1项、优秀奖3项。广东石油化工学院获得优秀组织奖。

12月15日，环境科学与工程学院环境工程18-2团支部吴晓冰同学获得2020年度"中国大学生自强之星"荣誉称号。这是广油学子连续4年获此殊荣。

12月19日，2021年全国大学生电子设计竞赛评审结果揭晓。电子信息工程学院学生团队勇夺国家级二等奖1项，实现了学校参加全国大学生电子设计竞赛国奖零的突破。

12月19日，第五届"经世IUV杯"全国大学生现代通信网络部署与优化设计大赛决赛顺利结束。电子信息工程学院电信21-1班岳林韩获得本科组三等奖。

12月22日，广东石油化工学院团委荣获2021年全国大中专学生志愿者暑期"三下乡"社会实践活动优秀单位。这是学校"三下乡"工作连续7年获得全国先进表彰。另外，学校还获得2021年全国大中专学生志愿者暑期"三下乡"社会实践"镜头中的三下乡"全国优秀单位，一批集体和个人获省级"三下乡"先进表彰。

12月23—24日，学校在科技会堂召开五届四次"双代会"。大会审议通过《广东石油化工学院教育发展"十四五"规划（稿）》。

12月24日，计算机学院物联网18-2团支部李桂涛荣获2020年度"中国电信奖学金·飞Young奖"。这是广油学子连续3年获此殊荣。

12月28—29日，第十届中国创新创业大赛全国总决赛在广州高新区举行。生物与食品工程学院的参赛团队获得全国大学生生命科学竞赛（2021，创新创业类）一等奖。自动化学院的广油测控一队获得2021年第六届全国大学生生物医学工程创新设计竞赛全国总决赛二等奖。材料科学与工程学院的"NanoFun"团队和"绿色阻垢"团队获得第九届中国大学生高分子材料创新创业大赛全国总决赛二等奖。吴铠、杨营、姚棋获优秀指导老师奖。

12月29日，由学校环境学院杨春平教授和吴少华副教授领衔、广东石油化工学院联合湖南大学等单位共同完成和申报的科研成果"难降解有机废水高级氧化处理关键技术研究与应用"获得2021年度中国商业联合会科学技术奖一等奖。生物与食品工程学院欧阳乐军教授负责的校级重点培育学术创新团队"岭南特色农林生物资源挖掘与种质创新"团队获得2021年度中国商业科技进步奖二等奖1项、三等奖2项。

12月29日，首届全国物流与供应链专业教师职业能力竞赛总决赛圆满落幕。经济管理学院物流工程系讲师杨伟健博士荣获一等奖。广东石油化工学院获得教学创新典范奖、赛事最佳组织奖。

12月30日，学校关心下一代工作委员会主任袁富善获评"全国教育系统关心下一代工作先进工作者"荣誉称号。

12月30日，2019—2020中国建筑学会建筑设计奖获奖名单揭晓。广东石油化工学院作为第一单位联合中国中元国际工程有限公司研发、设计的装配式医疗单元设施——"汉尔姆装配式医疗项目"荣获室内设计三等奖。

12月，经省委省政府批准，免去纪红兵广东石油化工学院党委副书记、常委、委员、副院长职务。

2022年

1月5日，学校李德豪、谢文玉教授团队完成的"石油化工重度点源污水治理关键技术及应用"科技成果荣获2021年中国产学研合作创新成果奖一等奖。欧阳乐军科研团队完成的"桉树体胚诱导再生与高效遗传转化体系建立及应用"荣获2021年中国产学研促进会创新成果优秀奖。材料科学与工程学院曹更玉教授被授予2021年度"中国产学研促进会产学研合作创新奖（个人）"。

1月8日，学校胡绍林科研团队完成的"大数据驱动的复杂结构动态系统故障智能预测与诊断技术"荣获中国自动化学会CAA科技进步奖二等奖。

1月12日下午，华南理工大学第二轮"组团式"帮扶工作队（朱永东、牛晓君、张智军、江燕斌、卢开聪）进驻学校。

4月12日，广东石油化工学院获第十七届"挑战杯"全国大学生课外学术科技作品竞赛（专项赛）优秀组织奖。报送的作品中有两件获"挑战杯"二等奖，1件获得"黑科技"专项赛卫星奖。

4月14日，经省政府批准，万勇任广东石油化工学院副院长，试用1年，（粤府人字〔2022〕33号）。

4月15日，广东省科技创新表彰大会在广州召开。广东石油化工学院首次以第一完成单位的身份获得3项广东省科学技术奖，其中，张清华教授团队完成的"旋转机械时频域融合智能故障诊断关键技术及应用"项目成果荣膺2021年度广东省科学技术奖一等奖。程丽华教授团队完成的"油气管道泄漏检测关键技术与应用"项目成果和谢文玉教授团队完成的"石化高盐高浓度污水处理关键技术及应用"项目成果均荣获2021年度广东省科学技术奖二等奖。

4月20日，学校高层次人才谷宇教授被评为俄罗斯工程院外籍院士。

4月25日，爱思唯尔发布2021"中国高被引学者榜单"。学校余长林、杨春平、荆晓远教授分别入选化学学科、环境科学与工程学科和信息与通信工程学科2021年"中国高被引学者榜单"。

4月28日，周如金教授主持的"目标问题导向式课程教学模式的创新与实践"荣获第六届中国石油和化工教育教学优秀成果（本科院校组）二等奖。

5月9—10日，学校召开五届五次"双代会"，党委书记、校长张清华作了题为《乘势而上　接续奋斗　勇毅前行奋力走好高水平理工科大学建设新的赶考路》的工作报告。

5月20日，第四届"全国大学生结构设计信息大赛"落下帷幕。广油学子获得一等奖3项、二等奖2项和三等奖3项的优异成绩。

6月10日，广东石油化工学院首次发布硕士专业学位研究生招生信息。学校将于2023年在电子信息、材料与化工、资源与环境3个专业学位授权点招收首届硕士研究生。

6月，教育部办公厅下发《教育部办公厅关于公布2021年度国家级和省级一流本科专业建设点名单的通知》，公布了2021年度国家级和省级一流本科专业建设点名单。广东石油化工学院电子信息工程专业入选2021年度国家级一流本科专业建设点，应用化学、自动化、计算机科学与技术、食品科学与工程、会计学等5个专业入选省级一流本科专业建设点。（教高厅函〔2022〕14号）

6月30日，学校制发《广东石油化工学院研究生招生工作领导小组议事规则》。（广油〔2022〕53号）

7月15日，广东省教育厅核准学校修订的《广东石油化工学院章程》。

7月19日，高等教育评价专业机构软科正式发布"2022软科世界一流学科排名"。广东石油化工学院共有2个学科入选，上榜学科数量位居内地高校第203位，学科总体排名较往年大幅攀升。其中，"通信工程"学科位居世界排名201～300，内地排名49～72，排名稳中有升；"计算机科学与工程"学科首次入选"软科世界一流学科排名"榜单，位居世界排名301～400，内地排名70～90。这是学校继2021年首次跻身世界一流学科排名后的又一重大突破。

7月，孙国玺等人完成的科研项目"瓷砖胶粉状物混合成套生产自动控制装置关键技术研发与应用"荣获2022年中国科技产业化促进会科技创新二等奖。

8月10日，2022年"陶氏杯"第五届全国"互联网＋化学反应工程"课模设计大赛公布了获奖名单。广油代表队"醇真年华"团队作品"顺酐合成马来酸二甲酯反应器设计"荣获全国二等奖。

8月15日，2022年第九届"大唐杯"全国大学生移动通信5G技术大赛全国总决赛公布了获奖名单。电信21-1班林炳伟和计算机21-1班邓俊文同学获得全国总决赛本科B组三等奖。

8月16—22日，2022年"天正设计杯"第十六届全国大学生化工设计竞赛全国总决赛在华东理工大学举行。广东石油化工学院"醇真年华"团队荣获全国总决赛一等奖。这是广东石油化工学院连续十届蝉联全国总决赛一等奖。学校成为广东省唯一一所连续十届进入全国总决赛并获一等奖的高校。

8月19日，全国大学生节能减排社会实践与科技竞赛官方网站公布了第十四届全国大学生节能减排社会实践与科技竞赛获奖名单。环境学院周紫阳同学领衔的本科生团队荣获全国三等奖。

8月30日，智慧树官方网站公布了第二届"智慧树杯"课程思政示范案例大赛获奖名单。广东石油化工学院获得 6 个本科赛道二等奖。

8 月 31 日，余长林教授荣获 2021 年度生产力促进奖（服务精英）三等奖。

8 月，化学学院张淑华教授在线粒体靶向抗癌药物和分子探针领域取得重要研究进展，并经过专家提名和评审，获得 2022 年国际新科学发明研究奖"最佳创新奖"。

9 月，全球学者库发布了 2022 全球学者学术影响力排行榜。广东石油化工学院余长林、张冬青、杨春平 3 位教授入选全球前 10 万名学者名单。

9 月，根据国家研究生招考工作安排，2023 年广东石油化工学院将在电子信息、材料与化工、资源与环境 3 个专业学位类别面向全国招收硕士研究生。这是学校于 2021 年 10 月获批硕士学位授予单位后自主招收的首届研究生。学校党委高度重视首届研究生的招生宣传工作。研究生处通过聚焦"四个一"，即一个主题网站、一本出版物、一本宣传册、一部宣传片等形式，高质量做好首届研究生招生宣传工作。同时，学校成立了研究生招生工作领导小组，遴选了 146 名硕士生导师，建立了学校研究生招生网站，制定了一系列规章制度，发布多个研究生招生考试相关的高质量推文，为做好首届研究生招生和培养工作奠定了坚实的基础。

10 月 10 日，美国斯坦福大学发布了全球前 2% 顶尖科学家榜单 2022 年版最新排名。广东石油化工学院环境学院杨春平教授再次入选全球前 2% 顶尖科学家年度影响力榜单。

10 月 16 日，校党委制发《广东石油化工学院机构设置方案》，将原机电工程学院调整为机电工程学院、能源与动力工程学院两个学院。其他学院建制不变。

10 月 26 日，2022 年第 15 届中国大学生计算机设计大赛圆满落幕。广油学子在软件应用与开发、微课与教学辅助、信息可视化设计、数媒静态设计等类别上获得二等奖 1 项、三等奖 4 项的良好成绩。

10 月，教师门金龙的科研项目"危险化学品事故风险监测预警与应急救援关键技术及应用示范"荣获中国安全生产协会安全科技进步奖二等奖。

11 月 5 日，广东石油化工学院 3 名同学获团中央专项表彰。机电学院材控 18-1 团支部范康凯、化学学院应化 19-1 团支部陈衍有获评 2021 年度"中国大学生自强之星"；生物与食品工程学院食品 19-1 团支部陈泽钦获评 2021 年度"中国电信奖学金·飞 Young 奖"。

11 月 11 日，广东石油化工学院在图书馆 208 会议室以线上线下相结合的方式举行庆祝建校 68 周年座谈会暨校歌发布仪式和研究生教育基金捐赠仪式。

12 月 8 日，第十二届"新华三杯"全国大学生数字技术大赛全国总决赛公布获奖名单。计算机学院参赛队伍获得个人赛三等奖 1 项，团队赛三等奖 1 项，价值 4 万元的 2 个 H3CIE-RS 培训 + 认证考试名额，以及广东赛区一等奖 1 项、二等奖 1 项、三等奖 2 项，"优秀指导教师"（王爱国）等良好成绩。

12月13日,广东省科学技术厅、广东省教育厅联合发布了《广东省科学技术厅　广东省教育厅关于公布2022年度省级大学科技园认定结果的通知》。广东石油化工学院大学科技园被认定为省级大学科技园。(粤科函高字〔2022〕1649号)

12月16日,团中央发布了《基层团组织、团干部开展帮扶一般院校低收入家庭学生就业工作典型经验做法》。学校校团委入选基层团组织典型。

12月24—25日,2023年全国硕士研究生招生考试如期举行,学校首次设置考点。本次共有报考5个招生单位(含本校)的1534名考生在广油考点参加考试。

12月30日,民革茂名市委会市委委员、秘书长、民革广油支部主委吴登平被民革中央授予"民革全国宣传思想工作先进个人"荣誉称号。

12月31日,学校张清华创新工作室被省总工会考核评定为省级优秀等级。

12月,材料科学与工程学院的黎相明博士作为第一作者在材料领域国际权威期刊 Journal of Materials Chemistry A 发表了题为"聚乙烯亚胺改性等离子体光催化剂提高纯水中 H_2O_2 的光催化产率"的研究论文。该论文的通讯作者分别为材料学院的付萌博士和许体文博士,广东石油化工学院为论文第一完成单位。

2023年

1月4日,广油师生获"莱卡杯"第十一届全国大学生金相技能大赛3项国奖,5项省奖的优异成绩。

1月15日,广东石油化工学院荣获广东省教育厅2022年度"国有资产管理优秀单位"。

1月,学校理学院数学系10件作品荣获第四届全国师范生微课大赛决赛二等奖。

2月1日,化工学院余长林教授荣获"2022年中国产学研合作创新奖(个人)"。

2月7日,广东石油化工学院首次荣获全国无偿献血促进奖(集体)。《人民日报》报道学校荣获全国无偿献血促进奖先进事迹。

2月27日,余长林和张冬青两名教授分别入选"2023全球学者学术影响力(终身学术影响力榜)"化学学科和环境科学与工程学科终身学术影响力榜。

2月,环境科学与工程学院孙建腾教授团队在国际环境领域顶级期刊《环境科学与技术》(Environmental Science & Technology)发表研究论文"水稻和根际微生物群对有机磷脂的生物转化:多种代谢途径,机制和毒性评估"。这是学校首次作为第一完成单位在该期刊上发表论文。

3月15日,学校党委书记、校长张清华率队赴中国海洋石油集团有限公司、中国石油天然气集团有限公司、中国石油化工集团有限公司走访。中国海洋石油集团有限公司副总经理、党组成员俞进,中国石油天然气集团有限公司董事、党组副书记段良伟,中国石油化工集团有限公司总工程师、中国科学院院士谢在库分别会见了张清华一行。

3月20日，第十三届"挑战杯"中国大学生创业计划竞赛落下帷幕。广东石油化工学院大学生项目"智油科技——石化装备安全检测与智能诊断专家"获得国赛铜奖。

3月20日，化学工程学院"红色追光少年梦"实践育人项目和体育学院"体育助盲跑"实践育人项目成功入选2022年全国高校大学生社会实践项目优秀案例，二者均成为广东省6个入选项目之一。

3月21日，广油学子在第三届"天食杯"食品研究与开发创新创意大赛决赛中荣获一等奖。

3月28日，余长林教授继2021年后，再次入选"中国化学学科高被引学者榜单"。

3月，艺术学院公共艺术教研室吴峰风副教授的两幅油画作品入选全国高规格美术作品展。

4月4日，广东石油化工学院申报的集成电路设计与集成系统、智能建造2个本科新专业获教育部批准备案。

4月15日，《人民日报》头版刊登学校党委书记、校长张清华学习习近平总书记考察广东重要讲话、重要指示精神的感想文章。人民日报海外版、中国共产党新闻网、求是网、人民网、人民日报客户端、环球时报、中共中央党史和文献研究院、环球网等权威媒体及网站，以及今日头条、网易新闻、搜狐网、新浪网等全国性网站先后进行了转载报道。

4月20日，广东石油化工学院赖新华老师获评全国优秀共青团干部称号。

4月24日，第六届全国油气地质大赛（NPGC）在东北石油大学举行。广油资源勘查工程专业代表队首次参赛即获得本科生"油气藏评价"组一等奖的优异成绩。

5月9日，2023年美国大学生数学建模竞赛和交叉学科建模竞赛（MCM/ICM）成绩揭晓。理学院数学与应用数学2020级丁子豪、林思溢、徐子康同学（指导老师：吴淦洲）获得二等奖。这是广油学子连续3年在美国大学生数学建模竞赛获奖。

5月11—12日，学校在科技会堂召开五届六次"双代会"。张清华作了题为《以学铸魂、以学增智、以学正风、以学促干，为加快建设高水平理工科大学而努力奋斗》的讲话。

5月17日，经省委组织部批准，万勇任广东石油化工学院副院长。（粤组干〔2023〕205号）

5月21日，第八届西浦全国大学教学创新大赛评选出年度教学创新各大奖项，王丽教授带领的"石油化工工艺学"团队获得"年度教学创新特等奖"（全国仅5项）和"最佳人气奖"。

5月21日，第十三届中国石油工程设计大赛在中国石油大学（北京）圆满落幕。石油工程专业学生冼银燕和黄欣愉勇夺全国总决赛一等奖。

5月23日，第五届全国大学生结构设计信息大赛落下帷幕。广油参赛团队荣获一等奖1项、二等奖2项、三等奖2项的良好成绩。

5月28日，第六届全国大学生智慧供应链创新创业挑战赛在安徽工程大学圆满落幕。由经济管理学院物流工程专业张佳扬、杨鑫、植名扬、王济春四位同学组成的代表队荣获全国总决赛银奖。

5月28日，第十七届"挑战杯"广东大学生课外学术科技作品竞赛在中山大学落下帷幕。学校共获得特等奖2项、一等奖2项、二等奖7项、三等奖10项。获奖质量和获奖数量均为历年最高。

5月29日，经省纪委研究决定，赖新华被确定为三级高级监察官，许婵贞被确定为四级高级监察官。（粤纪任〔2023〕116号）

5月30日，教育部公布入选第二批国家级一流本科课程认定名单。广东石油化工学院刘美教授课程团队申报的"化工仪表及自动化"线下课程、王丽教授课程团队申报的"石油化工工艺学"、孟秀红副教授课程团队申报的"化工原理"线上线下混合式一流课程成功入选。（教高函〔2023〕7号）

5月，广东石油化工学院"岭南特色农产品营养与安全创新团队"成员赵新淮教授、张强教授及李化强副教授的研究论文《牛乳铁蛋白的低水平铜强化：重点研究其对脂多糖刺激的巨噬细胞体外抗炎活性的影响》被国际期刊《当前的食品科学研究》接收并在线发表。

5月，化工学院余长林教授团队在国际权威期刊《高级材料》发表研究论文《原子气凝胶材料（或单原子气凝胶）：材料科学中一个有趣的新范式》。

6月1日，环境科学与工程学院孙建腾教授与华南理工大学环境与能源学院卢桂宁研究员联合培养的硕士研究生幸欢欢作为第一作者在环境领域国际顶级期刊《环境科学与技术》（Environmental Science & Technology）发表研究论文《邻苯二甲酸酯与水稻植株的相互作用：新的转化途径和代谢网络扰动》，并入选为封面论文。

6月4日，在中国石油大学（华东）举办的第八届全国大学生油气储运工程设计技能大赛上，学校参赛团队首次获得全国总决赛一等奖，同时获得二等奖1项、三等奖4项的优异成绩。广东石油化工学院首次获评优秀组织单位，石油工程学院许诺、邵倩倩老师获评为优秀指导教师。

6月12日下午，美国田纳西州立大学工程学院院长李林教授来校访问。

6月16日，经省委批准，免去张锅红广东石油化工学院党委副书记、常委、委员职务。（粤组干〔2023〕191号）

6月16日，广东石油化工学院在科技会堂举行2023届毕业典礼暨学位授予仪式，欢送2023届毕业生走向社会，开启人生新征程。

6月23日，CCTV-1综合频道和CCTV-13新闻频道《新闻30分》栏目播出的《多种方式服务考生志愿填报》，报道了广东石油化工学院校园开放日暨高中大学融合发展论坛。

6月25日,《羊城晚报》以"紧扣绿色石化产业之问 建设高水平理工科大学"为标题,报道了广东石油化工学院70年的发展成就和今后的发展蓝图,受到社会各界和广大师生校友的热切关注。

6月,化学工程学院王丽老师团队、艺术学院蒋快安老师团队、材料科学与工程学院史博老师团队和环境科学与工程学院马寅老师团队主讲的"石油化工工艺学""声乐""高分子化学"和"固体废物处理与处置"4门省级课程思政示范课程成功上线新华网"课程思政——全国高校课程思政教学资源服务"平台,面向全社会开放及共享。这是学校首批课程入选主流媒体课程思政案例课。

7月16日,在北方工业大学举行的第十届"大唐杯"全国大学生新一代信息通信技术大赛全国总决赛上,电信20-3班林沛颖和钟敏慈同学荣获(本科B组)一等奖。

7月30日,化学工程学院余长林教授团队主持完成的"非常规结构光催化剂制备及其在环境净化中的应用"获全国商业科技进步奖一等奖。

7月30日,全国劳模张清华教授主持的项目"石化大机组故障集成诊断关键技术及工业应用"荣获首届广东省职工优秀创新成果一等奖。

7月,广东石油化工学院电气工程及其自动化专业通过中国工程教育专业认证,有效期6年。

8月2日,艺术学院2020级音乐学专业学生周静微荣获"广东省见义勇为勇士榜"。

8月9日,中国化工教育协会公布了第三届全国本科院校化工类专业教师课程思政能力竞赛获奖名单。化学工程学院教师单书峰、孙晋分别代表"石油化工工艺学"和"石油炼制工程"教学团队斩获一等奖。

8月16—22日,在中国石油大学(华东)举行的"天正设计杯"第十七届全国大学生化工设计大赛全国总决赛上,化学工程学院"腈烯何烯"团队斩获全国总决赛一等奖。这是学校自2013年参加全国大学生化工设计竞赛以来,连续11年荣获全国一等奖,是广东省唯一一所连续11年获全国一等奖的高校。

8月25日,计算机学院计算机科学与技术20-1团支部葛晓云同学、自动化学院测控技术与仪器20-2团支部李宇航同学当选2022年度"中国大学生自强之星"。

8月28日,2023年全国大学生电子设计竞赛初评结果公布。广东石油化工学院有4支参赛队喜获全国二等奖。

9月11日上午,广东石油化工学院开启研究生教育发展大会暨2023级硕士研究生开学典礼在科技会堂隆重举行。茂名市委书记、市人大常委会主任庄悦群,茂名市委常委、组织部部长黄毅,学科顾问、企业代表、研究生联培单位代表,学校领导张清华、李华、李为民、万勇,华南理工大学帮扶队队长朱永东出席会议。学校副科级以上干部，研究生导师，2023级全体硕士研究生，本科生代表约800人参加会议。会议由学校党委常委、副校长周如金主持。

9月20日，2023年（第16届）中国大学生计算机设计大赛圆满落幕。广油学子3部作品获得二等奖，4部作品获得三等奖。

10月4日，美国斯坦福大学和爱思唯尔数据库发布第六版"年度全球前2%顶尖科学家榜单"，根据"生涯影响力"和"年度影响力"遴选出世界排名前2%的科学家。广东石油化工学院有8位学者荣登榜单。余长林教授入选2022年全球2%顶尖科学家"生涯影响力"榜单。余长林、吴少华、Farrukh Shahzad、李泽胜、李桂银、文成林、李艳松、Oleg Bazaluk 8人入选2022年全球2%顶尖科学家"年度影响力"榜单。

10月20—22日，能源与动力工程学院学生团队在首届"捷安杯"安全科学与工程类专业技能竞赛全国总决赛中荣获一等奖2项。学校获最佳组织单位奖及竞赛支持奖。同时，在第9届全国高校安全科学与工程大学生实践与创新作品大赛中获二等奖1项、三等奖1项。

10月27日，高等教育评价专业机构软科正式发布2023"软科世界一流学科排名"。广东石油化工学院共有3个学科入选，较去年新增2个学科，上榜学科数量位列全国高校第220～240位、广东高校第17位。其中，"计算机科学与工程"学科连续两年上榜，排名位居世界排名401～500位，中国排名96～117位。"化学工程""环境科学与工程"2个学科首次入选"软科世界一流学科排名"榜单。"化学工程"学科位居世界排名301～400位，中国排名135～167位。"环境科学与工程"学科位居世界排名401～500位，中国排名108～131位。这是学校继2021年首次跻身世界一流学科排名后的又一重大突破，上榜学科数量再创学校历史新高。

10月30日，在第十八届"挑战杯"全国大学生课外学术科技作品竞赛中，广东石油化工学院作品"声悬浮智能生物反应平台"获得二等奖。这是学校作为全省23所入围国赛高校之一，连续两届取得"大挑"国赛二等奖。

11月9日，根据科睿唯安公布的2023年11月ESI最新统计数据，学校化学学科新晋ESI全球排名前1%。学校为全国化学学科新晋9所高校之一。

11月10日，经省委批准，李为民任广东石油学院党委副书记。（粤委干〔2023〕594号）

11月10日，经省委组织部同意，孙国玺同志任广东石油化工学院党委委员、常委。（粤组干〔2023〕523号）

11月11日，在广东石油化工学院建校69周年之际，学校在西城校区举行了以"六十九载桃李芬芳　奋楫扬帆乘势而上"为主题的西城校区四个主题园区（"厚德园""创新园""求实园""起凤园"）建设工程启动仪式。

11月15日，在第十一届中国大学生高分子材料创新创业大赛全国总决赛上，材料科学与工程学院学生团队荣获国赛一等奖1项、二等奖2项、三等奖2项，以及获得"优秀组织奖"。

11月25日，2023大湾区教育数字化高质量发展研讨会在学校召开。本次会议由广东省高新技术企业协会、广东省云计算应用协会主办，广东石油化工学院、广东省云计算应用协会教育数字化专委会承办，由广东石油化工学院现代教育技术中心负责人主持。学校党委常委、副校长万勇出席会议。来自广东省各高校和IT行业共120余名专家学者参加会议，共同研究探讨教育数字化时代的网络数字安全新技术和新应用，为教育数字化转型、教育云、教育大数据、智慧校园建设高质量发展聚智聚力。

11月30日，经省政府批准，孙国玺任广东石油化工学院副院长，试用期一年；免去李为民广东石油化工学院副院长职务。（粤府人字〔2023〕120号）

12月6日，校团委获评全国"三下乡"社会实践优秀单位，冯耀勇获评全国优秀个人，这是学校连续第9年获得全国先进表彰。

12月6日，在天津大学举行的中国国际大学生创新大赛（2023）全国总决赛上，学校项目"水财童净水科技——用'芯'做全国饮水健康先行者"斩获金奖，实现学校在该项赛事举办9年来首获金奖。学校成为广东省8所获高教主赛道国赛金奖的院校之一。

12月19—20日，学校召开五届七次"双代会"。本次大会的主要议程是审议《广东石油化工学院绩效工资分配办法（修订）》及其相关附件。

12月29日，学校首个"一站式"学生社区在西城校区北华A区揭牌。

12月，学校申请注册的校名中英文商标22枚，获国家知识产权局商标局审核通过并颁发证书。

附录2 党政管理、教辅、附属机构和院（系）一览表

2013年广东石油化工学院机构设置

2017年广东石油化工学院机构设置

2022年广东石油化工学院机构设置

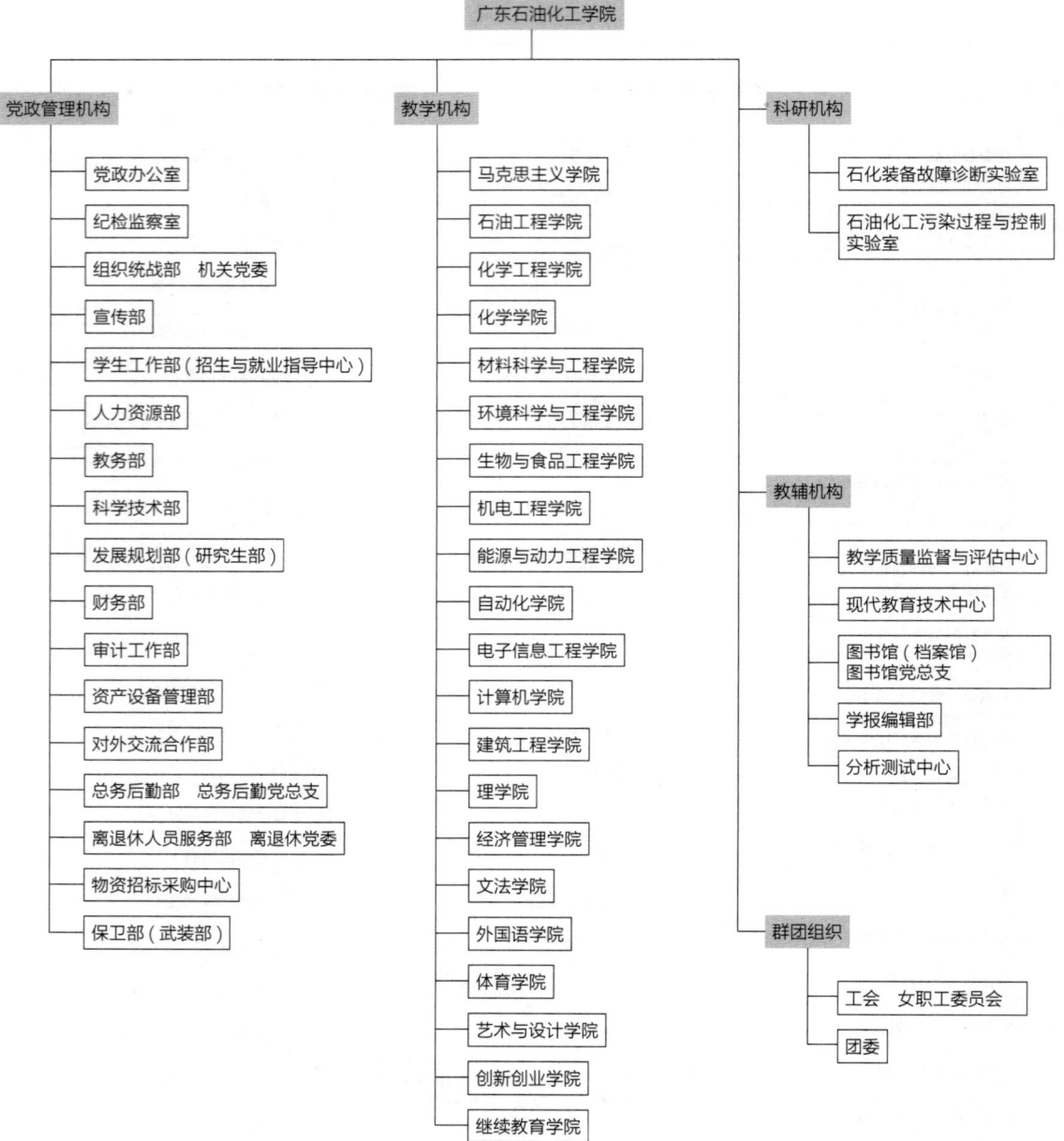

附录3　历届党政领导任职情况表

表1　广东石油化工高等专科学校

姓名	校名	校址	所任职务	任职时间
冉济川	华南工学院附设工农速成中学、广州石油学校	广州	校长	1954.08～1958.03
	广州石油学校	广州	校长兼党委书记	1958.03～1958.07
	广东省石油学校	广州	校长	1958.08～1960.05
	中南（华南、广东）石油学院	广州	副院长	1960.06～1963.06
	广州石油学校	广州	校长兼代党委书记	1963.07～1965.07
	广东石油学校、广东石油化工学校	茂名	校长兼代党委书记	1965.08～1968.02
			党委书记	1969.12～1971.04
			党委书记兼革委会主任	1971.05～1975.09
	广东石油化工学校		党委书记	1981.05～1983.08
战胜福	华南工学院附设工农速成中学、广州石油学校	广州	党总支副书记	1954～1957.05
牛更生	华南工学院附设工农速成中学、广州石油学校	广州	党总支书记	1955.10～1957.05
	广州石油学校、广东省石油学校		党委副书记	1957.06～1960.05
钟英	广州石油学校、广东省石油学校	广州	副校长	1957.11～1960.05
				1963.07～1965.07
	广东石油学校（含广东石油化工学校）	茂名	副校长	1965.08～1968.02
			革委会副主任、副校长	1974.03～1982.05
张志鸿	广州石油学校、广东省石油学校	广州	副校长	1957.11～1960.05
				1963.07～1965.07
	广东石油学校	茂名	副校长	1965.08～1968.02
				1981.05～1983.08
韩宽定	广东省石油学校	广州	党委书记	1958.08～1960.05
方定	中南（华南、广东）石油学院	广州	党委书记	1960.06～1963.06
郑雪山（女）	中南（华南、广东）石油学院	广州	党委副书记	1960.06～1983.06

续表

姓名	校名	校址	所任职务	任职时间
吴 健	广州石油学校 广东石油学校 广东石油化工学校 广东石油学校	广州 茂名	副校长 副校长 革委会主任 革委会副主任 革委会副主任兼党委副书记 革委会主任、校长兼党委书记 校长兼党委副书记	1963.07～1965.07 1965.08～1968.02 1968.03～1968.12 1969.01～1969.11 1969.12～1975.08 1975.09～1981.04 1981.05～1983.08
孙慰祖	广东石油学校、广东石油化工学校	茂名	副校长 革委会副主任	1965.08～1968.02 1972.12～1978.04
陈 远	广东石油化工学校、广东石油学校	茂名	革委会副主任、副校长兼党委副书记 副校长	1975.09～1981.04 1981.05～1983.08
赖维汉	广东石油学校、广东石油化工学校 广东石油化工高等专科学校 （含广东石油学校）	茂名	革委会副主任、副校长兼党委副书记 副校长 副校长	1975.09～1980.07 1980.08～1985.10 1985.11～1991.08
苏 志	广东石油化工学校、广东石油学校	茂名	革委会副主任、副校长	1975.09～1983.08
田颐慧	广东石油化工学校、广东石油学校 广东石油化工高等专科学校 （含广东石油学校）	茂名	副校长 副校长	1978.09～1985.10 1985.11～1990.05
张 健	广东石油学校	茂名	副校长兼党委副书记 党委书记	1981.05～1983.08 1983.09～1984.12
吴儆苏	广东石油学校 广东石油化工高等专科学校 （含广东石油学校）	茂名	校长 校长 校长兼党委书记 校长	1983.09～1985.10 1985.11～1987.12 1988.01～1994.06 1994.06～1998.07
张品能	广东石油学校 广东石油化工高等专科学校 （含广东石油学校）	茂名	党委副书记 党委书记 党委书记	1983.09～1984.12 1985.01～1985.10 1985.11～1987.12
袁富善	广东石油学校 广东石油化工高等专科学校 （含广东石油学校）	茂名	党委副书记 党委副书记 党委副书记兼纪委书记 党委书记	1985.01～1985.10 1985.11～1991.06 1991.06～1994.06 1994.06～2001.01
徐本刚	广东石油化工高等专科学校 （含广东石油学校）	茂名	副校长	1986.09～1998.07
黎松强	广东石油化工高等专科学校 （含广东石油学校）	茂名	副校长	1990.06～1998.07

续表

姓名	校名	校址	所任职务	任职时间
董健生	广东石油化工高等专科学校（含广东石油学校）	茂名	副校长	1990.06～1998.07
徐念农	广东石油化工高等专科学校（含广东石油学校）	茂名	党委副书记兼纪委书记 党委副书记兼副校长	1994.06～1998.07 1998.07～2001.01
齐凯琴	广东石油化工高等专科学校	茂名	副校长、代校长	1998.07～2001.01
何树华	广东石油化工高等专科学校	茂名	党委副书记兼纪委书记	1998.07～2001.01
谢小鹏	广东石油化工高等专科学校	茂名	副校长	1998.07～2001.01

表2 茂名教育学院

姓名	校名	校址	所任职务	任职时间
梁维纪	茂名市师范学校 茂名市教师进修学校 茂名市教师进修学校 茂名市教师进修学校 茂名教育学院	茂名	党支部副书记、副校长（主持全面工作） 党支部副书记、副校长（主持全面工作） 党支部书记 校长 副院长	1970.03～1980.05 1980.05～1980.09 1980.09～1983.06 1980.09～1984.07 1985.06～1990.09
罗永玑	茂名市教师进修学校	茂名	党支部书记	1983.06～1984.07
冯寿天	茂名教育学院	茂名	党委副书记	1984.12～1993.03
杨观镇	茂名教育学院	茂名	副院长 院长兼党委副书记	1985.06～1998.09 1998.09～2001.01
陈政绍	茂名教育学院	茂名	党委书记、院长	1986.04～1998.09
杨崇生	茂名教育学院	茂名	副院长 党委书记	1991.12～1998.09 1998.09～2001.01
叶秀峰	茂名教育学院	茂名	党委副书记 副院长	1996.06～1998.11 1998.11～2001.01
陈振纲	茂名教育学院	茂名	副院长	1999.03～2001.01
黎虎强	茂名教育学院	茂名	副院长	1999.03～2001.01

表 3　茂名学院、广东石油化工学院

姓名	校名	校址	所任职务	任职时间
郑永辉	茂名学院	茂名	党委书记	2001.01～2003.10
王乐夫	茂名学院	茂名	院长兼党委副书记 党委书记兼院长	2001.01～2006.02 2005.03～2006.02
关志强	广东石油化工学院 （茂名学院）	茂名	党委书记	2006.07～2012.09
凌靖波	广东石油化工学院	茂名	党委书记	2012.10～2018.06
宋垚臻	茂名学院	茂名	院长兼党委副书记	2006.08～2009.01
张清华	广东石油化工学院 （茂名学院）	茂名	副院长 （临时负责学校行政工作） 院长兼党委副书记 党委书记兼院长 党委书记	2005.03～2009.01 （2006.03～2006.08） 2009.02～2018.09 2018.09～2024.06 现职，自2024年6月起任
何树华	茂名学院	茂名	党委副书记 （临时负责党委工作）	2001.01～2009.05 （2006.03～2006.07）
齐凯琴	茂名学院	茂名	副院长	2001.01～2006.01
杨观镇	茂名学院	茂名	副院长	2001.01～2007.11
谢小鹏	茂名学院	茂名	纪委书记	2001.01～2003.01
王恒胤	广东石油化工学院 （茂名学院）	茂名	党委副书记	2005.03～2018.07
何　浏	广东石油化工学院 （茂名学院）	茂名	党委副书记兼纪委书记	2005.03～2015.09
李德豪	广东石油化工学院 （茂名学院）	茂名	副院长	2009.01～2019.04
李　润	广东石油化工学院 （茂名学院）	茂名	副院长	2009.01～2015.06
李多民	广东石油化工学院	茂名	副院长	2010.12～2012.01
周如金	广东石油化工学院	茂名	副院长	现职，自2012年4月起任
李　华	广东石油化工学院	茂名	党委副书记兼纪委书记	现职，自2015年10月起任
彭志平	广东石油化工学院	茂名	副院长	2015.10～2021.04
纪红兵	广东石油化工学院	茂名	党委副书记 副院长	2018.12～2021.11 2018.12～2021.12
张锅红	广东石油化工学院	茂名	党委副书记	2020.05～2023.06

续表

姓名	校名	校址	所任职务	任职时间
李为民	广东石油化工学院	茂名	副院长 党委副书记	2020.06～2023.11 现职，自 2023 年 11 月起任
万　勇	广东石油化工学院	茂名	副院长	现职，自 2022 年 4 月起任
孙国玺	广东石油化工学院	茂名	副院长	现职，自 2023 年 11 月起任
梁　浩	广东石油化工学院	茂名	院长	现职，自 2024 年 6 月起任

附录 4　高层次人才名单

序号	姓名	性别	学术头衔及获得时间	备注
1	张清华	男	广东省"扬帆计划"入选者（2013）	
2	施继成	男	广东省"扬帆计划"入选者（2013）	
3	陈　辉	男	广东省"扬帆计划"入选者（2014）	
4	何富安	男	广东省"扬帆计划"入选者（2014）	
5	欧阳乐军	男	广东省"扬帆计划"入选者（2014）	
6	鲍祥生	男	广东省"扬帆计划"入选者（2015）	
7	陈金鹏	男	广东省"扬帆计划"入选者（2015）	
8	马　李	男	广东省"扬帆计划"入选者（2015）	
9	陈振亚	男	广东省"扬帆计划"入选者（2015）	
10	刘卫兵	男	广东省"扬帆计划"入选者（2015）	
11	岳超超	男	广东省"扬帆计划"入选者（2016）	
12	罗天雨	男	广东省"扬帆计划"入选者（2016）	
13	刘大伟	男	广东省"扬帆计划"入选者（2016）	
14	翟明岳	男	广东省"扬帆计划"入选者（2017）	
15	吕运容	男	广东省"扬帆计划"入选者（2017）	

续表

序号	姓名	性别	学术头衔及获得时间	备注
16	段林海	男	广东省"扬帆计划"入选者（2017）	
17	王 丽	女	广东省"扬帆计划"入选者（2017）	
18	孟秀红	女	广东省"扬帆计划"入选者（2017）	
19	班建峰	男	广东省"扬帆计划"入选者（2017）	
20	邓辅财	男	广东省"扬帆计划"入选者（2017）	
21	贺 言	男	广东省"扬帆计划"入选者（2017）	
22	侯莹玲	女	广东省"扬帆计划"入选者（2017）	
23	胡 明	男	广东省"扬帆计划"入选者（2017）	
24	李启勇	男	广东省"扬帆计划"入选者（2017）	
25	刘 哲	男	广东省"扬帆计划"入选者（2017）	
26	彭 齐	男	广东省"扬帆计划"入选者（2017）	
27	孙同文	男	广东省"扬帆计划"入选者（2017）	
28	滕 青	男	广东省"扬帆计划"入选者（2017）	
29	王 超	男	广东省"扬帆计划"入选者（2017）	
30	王春雷	男	广东省"扬帆计划"入选者（2017）	
31	王 慧	女	广东省"扬帆计划"入选者（2017）	
32	王 威	男	广东省"扬帆计划"入选者（2017）	
33	魏臣兴	男	广东省"扬帆计划"入选者（2017）	
34	文江波	男	广东省"扬帆计划"入选者（2017）	
35	萧允艺	男	广东省"扬帆计划"入选者（2017）	
36	熊 岑	女	广东省"扬帆计划"入选者（2017）	
37	徐井水	男	广东省"扬帆计划"入选者（2017）	
38	许体文	男	广东省"扬帆计划"入选者（2017）	
39	张建磊	男	广东省"扬帆计划"入选者（2017）	
40	邹承璋	男	广东省"扬帆计划"入选者（2017）	
41	陈 琦	男	广东省"扬帆计划"入选者（2017）	
42	丛广佩	男	广东省"扬帆计划"入选者（2017）	
43	胡素梅	女	广东省"扬帆计划"入选者（2017）	
44	蔡业彬	男	广东省"千百十工程"省级培养对象（2008）	

续表

序号	姓名	性别	学术头衔及获得时间	备注
45	周如金	男	广东省"千百十工程"省级培养对象（2010）	
46	彭志平	男	广东省"千百十工程"省级培养对象（2010）	
47	刘 美	女	广东省"千百十工程"省级培养对象（2012）	
48	万 勇	男	广东省"千百十工程"省级培养对象（2012）	
49	韦明肯	男	广东省"千百十工程"省级培养对象（2014）	
50	曹更玉	男	中科院引进海外人才"百人计划"学者（2000）	
51	杨春平	男	国家万人计划领军人才（2018） 科技部创新人才推进计划入选者 芙蓉学者	
52	胡绍林	男	入选部委级人才工程"双百计划"第一层次"科技领军人才"	
53	谢文玉	女	广东省"扬帆计划"入选者（2017）	
54	纪红兵	男	长江学者特聘教授（2016）	
55	黎海燕	女	"广东特支计划"（2014）	
56	郭祥峰	男	龙江学者（2010）	
57	荆晓远	男	教育部新世纪优秀人才（2009） 湖北省楚天学者特聘教授	
58	谷 宇	男	珠江学者省级特聘教授（2019）	
59	王素华	男	中科院引进海外人才"百人计划"学者（2010）	
60	文成林	男	河南省级特聘教授（2013）	
61	余长林	男	珠江学者省级特聘教授（2019）	

附录 5　重点学科一览表

类别	数量/个	具体名称
ESI 排名前 1% 学科	3	工程科学、化学、环境/生态学
软科世界一流学科	4	通信工程、计算机科学与工程、化学工程、环境科学与工程
省级优势重点学科	3	化学工程与技术、控制科学与工程、环境科学与工程
省级特色重点学科	4	控制理论与控制工程、化学工艺、环境工程、食品科学与工程
"珠江学者"设岗学科	3	环境科学与工程、检测技术与自动化装置、工业催化
"冲补强"提升计划重点建设学科	4	化学工程与技术、控制科学与工程、环境科学与工程、动力工程及工程热物理
硕士学位授权点（专业硕士）	3	电子信息、材料与化工、资源与环境

附录 6　重点科研项目一览表

序号	项目名称	项目级别（本校认定）	负责人	二级单位
1	一步造粒中药干燥塔的研制与应用	省部级	蔡业彬	机电工程学院
2	电磁场处理瓜菜种子的分子育种研究	省部级	熊建平	计算机与电子信息工程学院
3	原油储油罐油泥中碳氢化合物分离体系研制	省部级	谢小鹏	机电工程学院
4	高效除磷脱氮膜泥法 OCO 污水处理工艺开发	省部级	李德豪	环境科学与工程学院
5	高抗硫储存–还原性脱 NO_x 催化剂及其原位 FT-IR 机理研究	省部级	王乐夫	化学工程学院
6	CO_2 微孔发泡塑料挤出成型板材的开发研究	省部级	蔡业彬	机电工程学院

续表

序号	项目名称	项目级别（本校认定）	负责人	二级单位
7	HCR 工艺处理高含酚炼厂汽提净化污水技术开发	省部级	李德豪	环境科学与工程学院
8	20 世纪 60 年代试办托拉斯研究	国家级	张忠江	马克思主义学院
9	强电场和强磁场诱导种子基因突变的研究	省部级	熊建平	计算机与电子信息工程学院
10	超临界 CO_2 进入聚合物熔体时的气泡形成与界面形态研究	省部级	蔡业彬	机电工程学院
11	基于人工免疫系统的化工大机组智能故障诊断系统	省部级	张清华	自动化学院
12	中央空调冷/热流量计的研制	省部级	李富全	理学院
13	聚丙烯反应过程基于小波网络的通用建模与控制优化方法研究	省部级	吴晓帆	计算机与电子信息工程学院
14	偏高岭土制备及环保型内墙干粉涂料研究	省部级	周如金	化学工程学院
15	高岭土基高效吸附干法处理热电厂尾气污染的放大试验	省部级	陈小平	化学工程学院
16	化学探伤剂的研制	省部级	胡智华	化学工程学院
17	KQ106A/B 双组份电子灌封硅胶	省部级	葛建芳	化学工程学院
18	贫燃条件下高抗硫储存－还原性脱 NO_x 的组合催化技术及原味机理研究	国家级	王乐夫	化学工程学院
19	基于无量纲指标免疫检测器的机组故障诊断技术研究	省部级	张清华	自动化学院
20	基于实时多级并行大规模 IP 公组的网络负载体系	省部级	秦　勇	计算机与电子信息工程学院
21	含 α、β 不饱和羰基化合物定量结构活性相关研究	省部级	周如金	化学工程学院
22	新型射流曝气一体化好氧－缺氧工艺处理小区生活污水及中水回用技术开发	省部级	李德豪	环境科学与工程学院
23	超临界 CO_2 发泡挤出纳米复合增强塑料板材	省部级	蔡业彬	机电工程学院
24	强电磁辐射育种的机理及应用研究	省部级	熊建平	计算机与电子信息工程学院
25	ABR-BAF 工艺处理屠宰废水及回用技术开发	省部级	陈少华	环境科学与工程学院
26	超临界 CO_2 发泡挤出中延伸能对气泡成核的影响研究	省部级	蔡业彬	机电工程学院
27	基于分层强化学习的协商僵局消解机制研究	省部级	彭志平	电信学院
28	蔬菜强电磁诱变育种技术研究	省部级	熊建平	电信学院

续表

序号	项目名称	项目级别（本校认定）	负责人	二级单位
29	地沟油清洁制备生物柴油工艺开发	省部级	林培喜	化学学院
30	基于无量纲免疫检测器的机组并发故障智能诊断系统	省部级	张清华	电信学院
31	乙烯工业下游重点化工产品1,3-丙二醇合成集成工艺开发	省部级	陈小平	化学工程学院
32	超临界CO_2发泡塑料挤出机组微机在线自动测控系统研制	省部级	蔡业彬	机电工程学院
33	用油页岩渣制造新型墙体材料的研究	省部级	穆建春	建工学院
34	新型糖酯类防腐保鲜剂开发及荔枝保鲜研究	省部级	张 庆	化学学院
35	脉冲激光烧蚀金属铜诱导等离子体发光的动力学研究	省部级	黄庆举	理学院
36	丙烯醛水合过程酸催化规律研究	省部级	陈小平	化学工程学院
37	微系统低黏着长寿命织构化复合薄膜的制备与性能评价	省部级	庞重军	化学学院
38	用于生物柴油清洁生产的磁性纳米固体碱催化剂	省部级	陈 英	化学工程学院
39	新型一体化除磷脱氮工艺及其污泥回流影响因素研究	省部级	李德豪	化学工程学院
40	基于免疫检测器证据理论集成的机组复合故障诊断技术	省部级	张清华	电信学院
41	桉树人工林地力衰退的机理及生物修复的研究	省部级	刘 华	理学院
42	面向自主计算的BDI-PC Agent研究及其应用	省部级	彭志平	电信学院
43	应用微波和热泵技术节能型干燥装置的研制	省部级	曾亚森	机电工程学院
44	SO_3磺化法生产白油的工艺技术研究	省部级	吴世逵	化学工程学院
45	废渣资源利用在水泥行业中的应用与示范	省部级	穆建春	建工学院
46	省知识产权试点单位经费	省部级	陈小平	化学工程学院
47	石油化工行业知识产权发展战略的对策研究	省部级	陈小平	化学工程学院
48	炼油企业污水回用成套技术的开发与工业示范	省部级	程丽华	化学工程学院
49	水滑石用于苯甲醇液相氧化制苯甲醛的绿色合成技术	省部级	黄军左	化学工程学院
50	特色水果产地快速预冷保鲜节能型集成技术	省部级	宋垚臻	机电工程学院
51	中高浓纸浆多孔介质特性及气体运移的研究	省部级	宣征南	机电工程学院
52	广东居住小区雨水综合利用技术体系研究	省部级	陈 雄	建工学院
53	5000吨/年r-PET/PP塑料合金工业制备关键技术研发	省部级	蔡业彬	实验教学部
54	双硅复合改性丙烯酸树脂的开发与应用	省部级	王 键	化学学院

续表

序号	项目名称	项目级别（本校认定）	负责人	二级单位
55	常压下强电场电离辐射诱导植物种子变异的机理研究	国家级	熊建平	电信学院
56	自由分类标签聚成网状分类结构的研究与实现	省部级	吴 江	高州分院
57	高活性富马酸糖酯合成、结构表征及结构–活性关系研究	省部级	张 庆	化学学院
58	温度对连续挤出微孔塑料泡孔结构的影响研究	省部级	蔡业彬	实验教学部
59	超临界CO_2萃取分离废旧家电塑料中多溴二苯醚的研究	省部级	彭绍洪	化学学院
60	自适应免疫网络入侵检测技术	省部级	张清华	电信学院
61	荔枝果汁生产关键技术及产业化	省部级	周如金	化学学院
62	新复合型聚丙烯抗氧剂技术开发	省部级	陈小平	化学工程学院
63	高效节能减排新型湿式静电除尘设备的研究与开发	省部级	钟华文	化学工程学院
64	石油化工企业污水零排放技术开发	省部级	李德豪	化学工程学院
65	壳聚糖酶生产技术开发与应用研究	省部级	尹爱国	化学学院
66	油页岩废渣场土壤污染综合调控与生态修复技术的研究	省部级	刘 华	理学院
67	化工行业污水处理关键设备技术的开发与工业示范	省部级	李多民	机电工程学院
68	石油化工企业高浓度废碱液生物预处理技术开发及工业示范	省部级	谢文玉	化学工程学院
69	超临界水氧化技术用于处理印染废水应用技术研究	省部级	刘宝生	化学工程学院
70	油页岩矿坑与排土场土地资源开发工程特性评价与综合治理方法研究	省部级	金仁和	建工学院
71	催化裂化油浆的分离与综合利用	省部级	谢 颖	化学工程学院
72	多酚类物质提取工艺及对蔗汁澄清效果等影响的研究	省部级	李春海	化学学院
73	电白县乡土红树植物白骨壤育苗技术的推广	省部级	韩寒冰	化学学院
74	石油化工装备安全检测与信息化控制工程研发中心	省部级	张清华	电信学院
75	石油化工污染控制与清洁生产	省部级	李德豪	化学工程学院
76	石油化工行业换热设备清洗周期优化与结垢特性研究	省部级	王大成	机电工程学院
77	化工大机组复合故障多免疫检测器集成诊断系统	省部级	张清华	电信学院
78	新型厌氧迁移式污泥床反应器（AMBR）处理规模化畜禽养殖废水研究	省部级	朱越平	化学工程学院
79	石油污染土壤的微生物修复研究及应用	省部级	黄 敏	化学学院

续表

序号	项目名称	项目级别（本校认定）	负责人	二级单位
80	复合防水保温隔热板的研制与应用	省部级	李胜强	建工学院
81	超临界介质中环氧乙烷甲酰化过程研究	省部级	陈小平	化学工程学院
82	面向互联网信息检索的个性化语义排序学习研究	省部级	彭志平	电信学院
83	近红外激光动力诊断与治疗肿瘤研究	省部级	张昌莘	理学院
84	茂名市地震监测和应急快速反应平台建设	省部级	王爱国	电信学院
85	食糖生产过程及产品中铝含量检验技术的应用研究	省部级	王志辉	化学学院
86	广东省创新能力的空间分布及其经济增长效应的实证研究	省部级	万 勇	经管学院
87	树形嵌段用于构筑刺激稳定聚合物及组装规律研究	省部级	史 博	化学工程学院
88	稀土金属配合物催化的环酯可控活性聚合	省部级	齐民华	化学工程学院
89	海洋微生物纤维素酶的研发	省部级	刘杰凤	化学学院
90	劣质渣油生成弹丸焦的机理研究及预防对策	国家级	梁朝林	化学工程学院
91	旋转机械复合故障无量纲免疫检测器集成诊断方法研究	国家级	张清华	电信学院
92	广东省石化装备故障诊断重点实验室	省部级	张清华	电信学院
93	工业机组复合故障无量纲免疫检测器集成诊断关键技术	省部级	张清华	电信学院
94	阳极氧化法制备纳米 ZnO 及其光催化降解苯酚的研究	省部级	张 业	化学学院
95	电解液性质对等离子体电解氧化作用机理研究	省部级	王 丽	化学工程学院
96	基于认知理论的 FAST TCP 协议关键问题研究	省部级	陈晓龙	电信学院
97	石油化工工业污水移动冲洗罩滤池自动控制关键技术的研究与应用	省部级	李多民	机电工程学院
98	浮动曝气一体化污水处理工艺研究	省部级	廖 艳	化学工程学院
99	报废汽车破碎残余物制备清洁固体燃料的技术研究	省部级	彭绍洪	化学工程学院
100	虚拟化云计算中资源自治管理研究及应用	省部级	彭志平	电信学院
101	水葫芦协同城市生活垃圾干式厌氧发酵制并网燃气研究与开发	省部级	程丽华	化学工程学院
102	新型防灾减灾技术——植钢抗震加固技术的研发与应用推广	省部级	穆建春	建工学院
103	农业废弃物的循环流化床（CFB）燃烧的关键技术及设备的研究	省部级	田 红	机电工程学院

续表

序号	项目名称	项目级别（本校认定）	负责人	二级单位
104	高性能无卤阻燃防静电聚丙烯的开发与应用	省部级	农兰平	化学学院
105	荔枝渣低温发酵生产乙醇的新技术研究	省部级	邱松山	化学学院
106	石油化工废水回用缓蚀阻垢技术研究	省部级	朱越平	化学工程学院
107	石油化工公共测试中心	省部级	李德豪	化学工程学院
108	茂名高新区污水集中处理及回用关键技术研究与开发	省部级	李德豪	化学工程学院
109	广东省高州龙利果蔬深加工农业科技创新中心	省部级	周如金	化学工程学院
110	高纯度纳米聚合氯化铝工业技术开发及应用	省部级	牛显春	化学工程学院
111	酯/醚共聚型聚酯弹性体的研制及产业化	省部级	周如金	化学工程学院
112	新型复合型水泥助磨剂技术的应用	省部级	陈小平	化学工程学院
113	高精刀剪专用数控磨床研发及产业化	省部级	陈银清	机电工程学院
114	脱硫灰渣用作水泥掺和材料的工业化技术研究	省部级	彭绍洪	化学工程学院
115	沿海原油储罐纳米功能防腐涂敷材料及涂装系统研究与开发	省部级	程丽华	化学工程学院
116	天然植物（无花果、芒果等）提取烟用香料关键技术的开发及应用	省部级	周天	化学学院
117	2000mL特大容量复合纸砖形液体食品全自动无菌包装机研制	省部级	蔡业彬	机电工程学院
118	全自动计量混合包装机的研制	省部级	邓昌奇	机电工程学院
119	后现代之后的文学史编纂学	省部级	杨飏	文法学院
120	绿色石油化工技术研究中心	省部级	李德豪	化学工程学院
121	行政事业单位固有资产与预算管理相结合模式研究	省部级	张润舒	财务处
122	全方位射流式喷射搅拌机	省部级	蔡业彬	机电工程学院
123	湖北省盐化工产业技术路线图	省部级	刘扬	外语学院
124	广藿香优质高产栽培技术的应用推广	省部级	韩寒冰	化学学院
125	甘蔗多酚深加工关键技术的示范与推广	省部级	邱松山	化学学院
126	基于北斗/GPS双系统高精度测绘终端研制及产业化	省部级	肖明	电信学院
127	道路施工低碳新材料的研制及产业化——沥青混合料新型改性剂的研制及产业化	省部级	李春海	化学学院
128	以机器人竞赛为载体培养计算机专业大学生科技技能创新能力的研究	省部级	柯文德	电信学院

续表

序号	项目名称	项目级别（本校认定）	负责人	二级单位
129	以设计工作室为依托的本科建筑设计研究型教学模式研究	省部级	陈 雄	建工学院
130	新课改后广东省高校新生入学理工科学术科学素养情况的调查研究	省部级	吴登平	理学院
131	以职业化为导向的地方本科院校人才培养模式研究	省部级	冯 波	思政部
132	有效发挥冼夫人文化在粤西大学生思想政治教育中的作用研究	省部级	王高贺	思政部
133	变电站交直流一体化电源	省部级	刘 美	电信学院
134	适用于污水回用循环水系统的无磷缓蚀的研制	省部级	李德豪	化学工程学院
135	化工输送管道隔热保温涂料的开发研究	省部级	童汉清	实验教学部
136	基于无量纲免疫检测器集成的工业机组复合故障诊断装置	省部级	张清华	电信学院
137	石化装备故障诊断重点实验室	省部级	张清华	电信学院
138	全方位射流式喷射搅拌器	国家级	蔡业彬	机电工程学院
139	网络化反馈系统中的动态量化器设计和最优化估计	国家级	田志波	电信学院
140	中国科技创新能力的空间分布规律及其经济增长效应的实证研究	国家级	万 勇	经管学院
141	高阶时标动态方程解的振动性和渐进性	国家级	林全文	理学院
142	云计算中虚拟机资源与应用系统参数的协同自适应配置研究	国家级	彭志平	电信学院
143	高分子复杂体系的介观动力学研究	国家级	林 博	化学工程学院
144	元代以来北方方言能性结构研究	国家级	毛元晶	文法学院
145	宽工况直接蒸发式风冷新风机组的研究与开发	省部级	王 倩	机电工程学院
146	云计算环境下Web结构挖掘研究及应用	省部级	陈 珂	电信学院
147	利用农业废弃物去除制革废水中重金属铬的关键技术研究	省部级	牛显春	化学工程学院
148	废旧电视机外壳塑料的绿色再生技术研究	省部级	彭绍洪	化学工程学院
149	基于炼油污水回用的高浓度污水处理技术开发和研究	省部级	钟华文	化学工程学院
150	冷冻冷藏对罗非鱼理化品质的影响及抗冻剂配方的筛选和优化	省部级	关志强	化学学院
151	油页岩灰渣制备超细白炭黑和纳米聚合氯化铝的关键技术研究	省部级	周建敏	化学学院

续表

序号	项目名称	项目级别（本校认定）	负责人	二级单位
152	现代渔业专业镇科技服务对接示范工程建设	省部级	周 天	化学学院
153	新型碳氮合金化耐磨损涂层材料的性能研究	省部级	邓 宇	机电工程学院
154	水力流浆箱的优化设计及流动特性研究	省部级	刘 伟	机电工程学院
155	一种防火型建筑外保温材料的优化与应用开发	省部级	习会峰	建工学院
156	超临界流体技术回收利用废弃印刷线路板	省部级	童汉清	实验教学部
157	茂名高岭土尾矿综合利用技术研究	省部级	李胜强	建工学院
158	中国当前意识形态格局下红色传统的境遇与前景	省部级	潘永辉	文法学院
159	高分子复杂体系的介观动力学研究	省部级	林 博	化学工程学院
160	构建五元和六元氮、氧杂环化合物的新策略	省部级	刘卫兵	化学学院
161	仿人机器人相似性动作设计关键技术研究	省部级	柯文德	电信学院
162	超临界体系萃取页岩油过程及反应机理研究	省部级	陈小平	化学工程学院
163	生物质微观热裂解机理与生物油品质调控的量子化学研究	省部级	田 红	机电工程学院
164	线性电源低耗待机集成电路的研制及产业化	省部级	熊建斌	电信学院
165	基于"工学结合、校企合作"的高等职业教育课程改革的研究与实践	省部级	王 丽	化学工程学院
166	ZnO纳米颗粒对污水生物处理系统的毒性效应及机制研究	省部级	刘正辉	化学工程学院
167	溶解分离电子塑料中多溴联苯醚的相分配机制及调控策略	省部级	彭绍洪	化学工程学院
168	茂名石化产业链延伸关键技术研究及产业化2	省部级	李春海	化学学院
169	茂名石化产业链延伸关键技术研究及产业化1	省部级	林培喜	化学学院
170	油菜花果壳综合利用的关键技术研究及产业化开发	省部级	黄 敏	化学学院
171	荔枝酶低温发酵生产荔枝白兰地关键技术研究	省部级	李春海	化学学院
172	基于齿状炔烃的亲核钯化/串联反应构筑芳香稠环化合物	省部级	周 鹏	化学学院
173	体现卓越工程师培养理念的土木建筑类工程专业培养体系研究	省部级	金仁和	建工学院
174	广东高校创业教育与设计教育的融合模式及其效应的研究	省部级	朱 云	建工学院
175	基于复杂性科学的建筑适应性生态设计策略研究	省部级	陈 雄	建工学院

续表

序号	项目名称	项目级别（本校认定）	负责人	二级单位
176	空间视角的创新绩效与经济发展关联的实证研究	省部级	万 勇	经管学院
177	高等教育与区域经济协同发展路径研究	省部级	杨娟娟	经管学院
178	广东传统村落个性化保护与旅游开发研究	省部级	谢 莉	理学院
179	具有 Parity-Time 对称光学系统中的光传输特性研究	省部级	胡素梅	理学院
180	地方工科院校校园文化与企业文化互动发展研究	省部级	张忠江	思政部
181	网络时代大学生国家安全教育与理性爱国引导研究	省部级	曹晓飞	思政部
182	积极行为支持对留守儿童心理弹性的干预研究	省部级	李 旭	思政部
183	云计算环境下图书馆信息资源共享与著作权保护问题研究	省部级	杨 丽	图书馆
184	和谐社会视域中的价值冲突与协调	省部级	潘华实	外国语学院
185	冼夫人文化资源调查与开发研究	省部级	陈元福	文法学院
186	海蜇脑肽类产品生产关键技术开发与应用	省部级	程水明	化学学院
187	小家电专用高结晶度高耐热纳米聚丙烯复合材料的技术研究	省部级	张世杰	化学工程学院
188	基于无线传感器网络的石化企业有毒气体智能检测	省部级	舒 磊	计算机学院
189	智能数据融合理论及其在船舶动力定位中的应用研究	省部级	熊建斌	电子信息工程学院
190	高阶混合型泛函数微分方程概周期解及其相关问题的研究（参与）	省部级	林全文	理学院
191	改性油页岩灰渣净化含砷铬废水的研究	省部级	谭丽泉	化学学院
192	生物原油提质组合工艺多产绿色柴油关键技术和催化剂的开发	省部级	陈 辉	化学工程学院
193	糖蜜酒精废液能源化新技术与新型循环床焚烧炉的开发应用	省部级	王志辉	生物与食品工程学院
194	多孔石墨烯/纳米碳化钨复合体的设计合成及燃料电池助催化性能研究	省部级	李泽胜	化学学院
195	粤西典型红树林湿地中有机磷阻燃剂的分布、迁移与富集规律研究	省部级	余 梅	化学工程学院
196	石墨烯接枝聚合物/聚偏氟乙烯高介电常数复合材料其微观结构与性能的研究	省部级	何富安	材料科学与工程学院
197	咪唑啉季铵盐复配缓蚀剂在 H_2S 环境下抑制碳钢局部腐蚀的防腐机理研究	省部级	于 湘	化学工程学院

续表

序号	项目名称	项目级别（本校认定）	负责人	二级单位
198	多种废弃材料在人工鱼礁中环保利用的研究	省部级	李霞	环境科学与工程学院
199	化橘红标准化生产与加工技术的应用示范	省部级	韩寒冰	生物与食品工程学院
200	炼油含酚污水生物预处理新技术研究与开发	省部级	谢文玉	石油化工污染过程与控制实验室
201	三华李果酒酿造技术的开发研究	省部级	海金萍	生物与食品工程学院
202	光致异构储能材料太阳光谱特性及储/释热机理研究	省部级	李春海	生物与食品工程学院
203	好氧颗粒污泥共代谢深度处理石化废水及微生物群落研究	省部级	黄梅	环境科学与工程学院
204	猪粪中抗生素和消毒剂残留对沼气发酵优势菌群的抑制研究	省部级	韦明肯	生物与食品工程学院
205	企业数字化管理系统平台研究与开发	省部级	黄永生	机电工程学院
206	熔融盐横掠外管束传热与热应力耦合机理研究	省部级	李石栋	能源与动力工程学院
207	地方院校创业教育课程体系与实践教学研究——以粤西高校为例	省部级	张法清	机关单位
208	基于细观结构特征的泡沫混凝土本构关系及其破坏行为的研究	省部级	习会峰	建筑工程学院
209	载药超声微囊的力学建模与实验研究	省部级	肖潭	建筑工程学院
210	旋转机械剩余寿命预测若干关键问题研究	国家级	孙国玺	电子信息工程学院
211	基于供需对接的茂名有机农业发展对策研究	省部级	刘根	经济管理学院
212	广东省城镇化与港口物流协调发展的机理与路径研究	省部级	罗永华	经济管理学院
213	协同理论视阈下高等教育与区域经济协调发展的路径研究——基于广东省2000—2010数据的实证分析	省部级	杨娟娟	经济管理学院
214	应用型本科国际经济与贸易专业实验教学改革与创新研究	省部级	吴肖林	经济管理学院
215	广东省限制和降低碳排放的驱动机制研究	省部级	肖萍	经济管理学院
216	基于粮食自给率的中国农业对外开放适度性研究	省部级	杨少文	经济管理学院
217	基于免疫检测器集的高速网络自适应入侵检测系统	省部级	杨忠明	理学院
218	高阶混合型泛函数微分方程概周期解及其相关问题的研究	省部级	林全文	理学院
219	Parity-Time对称光学系统中的相变点调控特性研究	省部级	胡素梅	理学院

续表

序号	项目名称	项目级别（本校认定）	负责人	二级单位
220	云计算中面向基因测序的熵优化资源评估及调度优化研究	省部级	左利云	计算机学院
221	传统治道文化与国家治体系现代化研究	省部级	唐少莲	马克思主义学院
222	大学生社会主义核心价值观认同的内在机理与培育路径研究	省部级	何小春	马克思主义学院
223	高校国家安全教育协同创新机制研究	省部级	曹晓飞	马克思主义学院
224	基于企业体育文化建设"校企合作"模式的研究	省部级	揭光泽	体育学院
225	茂名地方文献资源共建共享模式研究	省部级	杨小凤	图书馆
226	杜甫诗歌在英美的翻译研究	省部级	李特夫	外国语学院
227	红色文化传统的传承与中国梦的实现	省部级	潘永辉	文法学院
228	中国节庆文化资源的旅游产品开发研究	省部级	淦凌霞	文法学院
229	化州"跳花棚"音乐文化分析研究	省部级	冯丽	艺术学院
230	现代诗歌的接受与教育研究	省部级（创强）	向卫国	文法学院
231	高校国家安全教育协同创新机制研究——以政学军协同为切入点	省部级（创强）	曹晓飞	马克思主义学院
232	林砺儒教育实践与教育思想研究	省部级（创强）	陈元福	文法学院
233	数据融合理论、快速算法及其在船舶动力定位中的应用研究	国家级	熊建斌	电子信息工程学院
234	增温和施氮条件下AM真菌对松嫩草地植物和土壤C、N、P化学计量特征的影响	国家级	周天	生物与食品工程学院
235	钛硅分子筛催化氧化脱硫的机理研究	国家级	王寒露	化学学院
236	石墨烯中超快载流子弛豫与输运动力学的飞秒吸收光谱研究	国家级	朱伟玲	理学院
237	工业无线传感器网络协同睡眠调度的关键问题研究	国家级	舒磊	计算机学院
238	新型纳米碳化钨/多孔石墨烯共协同效应低铂电催化剂的构建及ORR性能研究	国家级	李泽胜	化学学院
239	Heisenberg群哈代空间上的乘子定理与哈代不等式	国家级	肖劲森	理学院
240	生物质成套可控快速气化的关键技术开发与集成示范	省部级	陈辉	化学工程学院
241	餐厨垃圾原位可控炭化与催化气化组合工艺的研发与示范	省部级	陈辉	化学工程学院

续表

序号	项目名称	项目级别（本校认定）	负责人	二级单位
242	基于分子管理的丙烷脱沥青装置资源优化中试研究	省部级	程丽华	化学工程学院
243	新型形貌、结构MFI型分子筛的可控合成、表征与催化应用	省部级	邓益强	化学工程学院
244	钛硅分子筛催化氧化噻吩类硫化物的机理研究	省部级	王寒露	化学学院
245	PEO防腐涂层设计及其介质阻挡层作用机理研究	省部级	王丽	化学工程学院
246	灯笼桂圆肉加工关键技术研发及产业化1	省部级	姜翠翠	生物与食品工程学院
247	灯笼桂圆肉加工关键技术研发及产业化2	省部级	李春海	生物与食品工程学院
248	食品安全监测中光纤生物传感技术研究与应用	省部级	李春海	生物与食品工程学院
249	罗非鱼胶原蛋白肽高效生产关键技术及应用	省部级	李春海	生物与食品工程学院
250	茂名高新区精细化工产业集群技术研发平台建设	省部级	李德豪	环境科学与工程学院
251	耐受纳米ZnO污染的硝化反硝化功能微生物资源开发	省部级	刘正辉	环境科学与工程学院
252	MBR工艺处理皮革废水研究及应用示范	省部级	聂丽君	环境科学与工程学院
253	PBU诱导尾巨桉体胚发生的受体基因分离及与miR166应答机制研究	国家级	欧阳乐军	生物与食品工程学院
254	灯笼桂圆肉加工关键技术研发及产业化3	省部级	邱松山	生物与食品工程学院
255	化州特色果蔬精深加工技术研究	省部级	邱松山	生物与食品工程学院
256	含硫含酚高浓度碱性污水生物降解机理研究	省部级	谢文玉	石油化工污染过程与控制实验室
257	养猪场污水氮磷资源化预处理新工艺模式与示范工程研究	省部级	张冬梅	环境科学与工程学院
258	广东省石油化工资源清洁利用工程技术研究中心	省部级	钟华文	环境科学与工程学院
259	广东省橡塑材料制备与加工工程技术研究中心建设	省部级	蔡业彬	机电工程学院
260	刀剪专用数控双头磨床关键技术研究	省部级	陈银清	机电工程学院
261	纳米级润滑膜厚度的动态测量技术开发与润滑剂综合测试平台研制	省部级	陈英俊	机电工程学院
262	槽式太阳能热发电自动跟踪控制系统的研究与实现	省部级	廖辉	机电工程学院
263	石油化工装备制造产业知识产权战略研究	省部级	莫才颂	机电工程学院
264	基于启发式递阶优化与仿真的多层生产计划综合集成方法研究及其系统开发	省部级	赵晶英	机电工程学院

续表

序号	项目名称	项目级别（本校认定）	负责人	二级单位
265	基于模拟竞赛视域下的高校创业教育课程体系改革与实践教学研究	省部级	张法清	党委学生工作部
266	基于软件定义网络的数据中心网络 QoS 保障研究	省部级	郭　棉	电子信息工程学院
267	面向油罐壁缺陷检测及泄漏应急封堵的爬壁机器人研制	省部级	柯文德	计算机学院
268	广东省云机器人（石油化工）工程技术研究中心建设	省部级	柯文德	计算机学院
269	新一代智能高效国产化血液透析生态系统关键技术研究及产业化	省部级	彭志平	计算机学院
270	瓦楞纸板生产线桥式纠偏和张力控制系统关键技术的研发及应用示范	省部级	熊建斌	电子信息工程学院
271	基于移动互联网的徐闻珊瑚礁国家级自然保护区科普平台建设	省部级	徐　兵	计算机学院
272	茂名市科技政策宣讲和移动信息平台建设	省部级	徐　兵	计算机学院
273	茂名市水果产业科技服务创新平台建设	省部级	徐　兵	计算机学院
274	基于北斗和无线传感网的石化危险品监控云服务平台	省部级	徐　兵	计算机学院
275	广东省石化装备故障诊断重点实验室运行经费	省部级	张清华	自动化学院
276	广东省石化装备故障诊断重点实验室	省部级	张清华	自动化学院
277	基于云计算平台的吸果夜蛾虫害预警系统的研发与攻关	省部级	左敬龙	电子信息工程学院
278	尿动力学分析仪的研发及产业化	省部级	左敬龙	电子信息工程学院
279	大力发展工业设计背景下广东传统特色家具文化的传承与创新研究	省部级	朱　云	建筑工程学院
280	茂名市北运蔬菜产业技术路线图	省部级	文亚青	经济管理学院
281	异质性劳动与企业选择效应、集聚效应：中国地区间生产率差距成因探析	省部级	朱炎亮	经济管理学院
282	新型棒状晶 SnO_2 湿敏材料的湿敏特性及导电机理研究	省部级	胡素梅	理学院
283	相变存储薄膜的光致相变机理与存储特性优化研究	省部级	朱伟玲	理学院
284	高校思想政治教育闲暇资源及其开发研究	省部级	黎海燕	马克思主义学院
285	高州木偶戏现状调查和传承发展研究	省部级	周汉杰	马克思主义学院
286	新型比赛跨栏架的研制及产业化——基于发明专利"二级缓冲式跨栏架"的二次研发	省部级	王　萍	体育学院

续表

序号	项目名称	项目级别（本校认定）	负责人	二级单位
287	广东省石化装备故障诊断重点实验室运行经费（2014—2016公益类）	省部级	张清华	自动化学院
288	提高金融工程的教学质量，推进金融工程在金融领域的应用	省部级（创强）	陈小国	经济管理学院
289	滞后随机系统的分时采样反馈控制研究	国家级	任红卫	自动化学院
290	基于环境稳定性的树形构筑单元对高分子刷形貌设计及其功能研究	国家级	史 博	材料科学与工程学院
291	高低温下不同细观结构的泡沫金属及复合结构的冲击力学行为的研究	国家级	习会峰	建筑工程学院
292	光学Parity-Time对称系统中破坏点的全光调控特性研究	国家级	胡素梅	理学院
293	酸性溶液环境下红层软岩崩解特性及损伤破坏机制研究	国家级	张 磊	建筑工程学院
294	Heisenberg群上的k-平面变换	国家级	肖劲森	理学院
295	中国地区生产率差距研究——基于异质性企业、劳动力与产业空间分布的视角	国家级	朱炎亮	经济管理学院
296	理论研究3d过渡金属掺杂四方相多铁材料的磁电性能改良	国家级	陈星源	理学院
297	有向图的Balaban指标优化与计算	国家级	邓 波	理学院
298	根子镇荔枝、龙眼产业升级示范2	省部级	尹爱国	生物与食品工程学院
299	根子镇荔枝、龙眼产业升级示范1	省部级	周 天	生物与食品工程学院
300	茂名化工三剂特色产业基地综合服务平台建设	省部级	吴世逵	化学工程学院
301	新形势下我国国家外语教育规划与外语教育的再思考——以新加坡、马来西亚为例	省部级	张长明	外国语学院
302	"一带一路"背景下广东外贸竞争优势实证研究	省部级	吴肖林	经济管理学院
303	产学研一体化视角下区域创新体系的构建——基于粤西地区的研究	省部级	夏 丹	经济管理学院
304	企业环境绩效与出口模式的选择——基于异质性企业贸易理论	省部级	姚翠红	经济管理学院
305	基于Altmetrics工具的图书学术影响力评价研究	省部级	林晓华	图书馆
306	粤籍翻译家伍光建研究——布尔迪厄文化社会学视角	省部级	肖 娴	外国语学院
307	基于容器技术的云工作流任务与虚拟化资源协同自适应调度研究	国家级	崔得龙	电子信息工程学院

续表

序号	项目名称	项目级别（本校认定）	负责人	二级单位
308	复杂环境下复合故障实时诊断理论及其在石化大型机组中的应用验证	国家级	张清华	自动化学院
309	改革开放后中国共产党治理能力现代化研究	省部级	唐少莲	马克思主义学院
310	广东高校大学生就业质量评价指标体系的构建及应用研究	省部级	陈洪源	马克思主义学院
311	价值观多元化背景下"90后"大学生社会主义核心价值观的培育	省部级	夏丹	经济管理学院
312	党的十六大以来广东教科文卫领域改革实践研究	省部级	张忠江	马克思主义学院
313	转型期粤东西北高校英语教师职业焦虑及应对策略	省部级	韦建华	外国语学院
314	静电纺丝制备金属有机骨架-纤维纳米复合物材料及其气体吸附性能研究	省部级	杨营	材料科学与工程学院
315	有向图的Balaban指标优化与计算	省部级	邓波	理学院
316	基于钯催化邻位不饱和烃取代芳基卤羰基叠氮化的多米诺反应研究	省部级	周鹏	化学学院
317	小分子干扰RNA沉默耐药基因整合子的研究	省部级	赵俊仁	生物与食品工程学院
318	稀土Ce在电弧喷涂碳氮合金化耐高温磨损合金中的行为研究	省部级	邓宇	机电工程学院
319	基于多维信号及信息融合的换热器故障诊断方法研究	省部级	黄剑锋	机电工程学院
320	Web社会网络建模与态势分析理论和方法研究	省部级	陈珂	计算机学院
321	石化仿人机器人相似性时变运动的动态多目标优化关键技术研究	省部级	柯文德	计算机学院
322	光学Parity-Time对称结构中的线性和非线性特性研究	省部级	陈海波	理学院
323	偏振参量演化与分布结构对光学成像性能影响的理论研究	省部级	何颖君	理学院
324	入井流体损害煤层气多尺度传质机理研究	省部级	刘大伟	石油工程学院
325	猪场废水MAP沉淀预处理与厌氧产氢/产甲烷协同调控机理研究	省部级	张冬梅	环境科学与工程学院
326	旋转机械故障预测与诊断中的振动信号分析方法研究	省部级	何俊	电子信息工程学院
327	绿色环保水基金属脱漆剂的研究	省部级	刘卫兵	材料科学与工程学院
328	茂名市石油化工产业转型升级技术创新公共服务平台	省部级	李德豪	环境科学与工程学院

续表

序号	项目名称	项目级别（本校认定）	负责人	二级单位
329	油茶果壳综合利用及示范	省部级	黄 敏	机电工程学院
330	粤西石化产业科技信息服务平台建设	省部级	项顺伯	计算机学院
331	北斗卫星导航系统移动科普平台建设	省部级	徐 兵	计算机学院
332	天津港"8·12"特大火灾爆炸事故警示下大学生预防危险化学品危害科普服务	省部级	赖新华	机关单位
333	基于秸秆资源化利用的农田土壤毒害污染物削减关键技术研发及应用	省部级	牛显春	环境科学与工程学院
334	垃圾热裂解高效转化装置	省部级	李 凯	机电工程学院
335	规模化猪场的猪群健康养殖智能集成系统	省部级	李 凯	机电工程学院
336	信宜市青年电子商务创业中心建设	省部级	邱松山	生物与食品工程学院
337	茂名荔枝品种结构改良科技示范基地建设	省部级	刘杰凤	生物与食品工程学院
338	基于"课例研究"理念的职前物理教师培养模式研究	省部级	吴登平	理学院
339	网络多元社会思潮传播背景下青年社会主义核心价值观认同培育研究	省部级	秦程节	马克思主义学院
340	提高高校意识形态工作科学化水平研究	省部级	何小春	马克思主义学院
341	以创新人才培养为导向的研究型建筑设计教学模式的探索与实践	省部级（创强）	陈 雄	建筑工程学院
342	应用型试点高校人才培养模式改革与实践	省部级（创强）	黄 妍	机关单位
343	理工科高校化工类专业化工原理实验教学改革	省部级（创强）	李 燕	化学工程学院
344	地方文化融入高校德育教育的践行模式研究	省部级（创强）	陈小霞	马克思主义学院
345	以"科研成果"为导向的研究性物化实验教学模式探讨及实践支持系统构建	省部级（创强）	李泽胜	化学学院
346	水下移动传感器网络中自适应安全定位的关键问题研究	国家级	舒 磊	计算机学院
347	氮掺杂型"多级孔石墨烯/双金属碳化物"复合体的可控构筑及氧还原电催化功能探究	国家级	李泽胜	化学学院
348	基于钯对邻位三唑取代卤苯的氧化加成/C-H活化串联环化反应研究	国家级	周 鹏	化学学院
349	面向分时电价的大极板锌电解过程建模与优化控制方法	国家级	何 俊	电子信息工程学院

续表

序号	项目名称	项目级别（本校认定）	负责人	二级单位
350	基于 SCD-Zebrafish-CMOEA 三联法对紫穗槐保肝降酶活性组分的定量组效关系研究	国家级	许波	电子信息工程学院
351	共轭聚合物和铋系氧酸盐多尺度异质结光催化降解抗生素效能与机理	国家级	李德豪	环境科学与工程学院
352	多租户多数据中心的容器云平台虚拟资源调度研究	国家级	彭志平	计算机学院
353	多层级可逆"牺牲键"增韧橡胶的双重网络设计与机理研究	省部级	付文	材料科学与工程学院
354	单羰基邻位 sp^3C-H 键导向的交叉偶联反应及官能化研究	省部级	刘卫兵	材料科学与工程学院
355	高电致形变石墨烯/热塑性弹性体复合材料的设计制备与性能机理研究	省部级	何富安	材料科学与工程学院
356	溶剂诱导高分子膜形成的介观动力学研究	省部级	林博	化学工程学院
357	氮掺杂型"多级孔石墨烯/双金属碳化物"非贵金属电催化剂的构建及 ORR 电催化性能研究	省部级	李泽胜	化学学院
358	常见危险化学品的安全使用与应急处理科普平台	省部级	黄燕	化学工程学院
359	CRISPR/Cas9 介导的基因组定点编辑技术在南方工业用材林新种质培育中的应用	省部级	欧阳乐军	生物与食品工程学院
360	辣木茶精深加工关键技术研发及应用	省部级	姜翠翠	生物与食品工程学院
361	基于 CRISPR/Cas9 基因组靶向编辑技术研究 miR165/166 应答 CKX 基因调控尾巨桉体胚发生的作用机制	省部级	欧阳乐军	生物与食品工程学院
362	猪场废水资源化处理技术研究及应用示范	省部级	聂丽君	环境科学与工程学院
363	茂名高新技术开发区环境监测技术中心	省部级	彭绍洪	材料科学与工程学院
364	北运菜重金属防治技术研究及应用示范	省部级	尹爱国	生物与食品工程学院
365	聚氯乙烯表面印刷用聚氨丙烯醋水性油墨的应用及其关键技术研究	省部级	盘茂森	机电工程学院
366	基于 PVD 制备的 TiAl 基纳米多层材料的结构调控及其强韧性研究	省部级	马李	机电工程学院
367	弹流脂润滑的动态测试方法与非牛顿润滑机理研究	省部级	陈英俊	机电工程学院
368	东莞市华立实业股份有限公司科技特派员工作站建设	省部级	盘茂森	机电工程学院
369	广东西翼物流产业的比较评价及发展对策研究	省部级	赵晶英	机电工程学院
370	茂名高新区精细化工产业参加中国（东莞）2016 国际科技合作周招商宣传项目	省部级	范忠烽	机关单位

续表

序号	项目名称	项目级别（本校认定）	负责人	二级单位
371	深化职称制度改革背景下高校学术期刊的管理与经营机制改革研究	省部级	贺嫁姿	机关单位
372	容器云平台资源调度研究及应用	省部级	李启锐	计算机学院
373	面向云存储的在线/离线公钥可搜索加密的研究	省部级	项顺伯	计算机学院
374	多源异质数据的复杂事件分析	国家级	张磊	计算机学院
375	石化安全生产校园科普互助平台建设	省部级	熊建斌	电子信息工程学院
376	货币政策与企业投资行为的关系研究：预期传导效应与动态调整机制	省部级	马黎政	经济管理学院
377	珠三角企业共创新与社会网络之研究	省部级	黄世政	经济管理学院
378	第一性原理研究四方相多铁材料的自旋声子耦合效应	省部级	陈星源	理学院
379	PT对称介质中的非线性效应及其调控机理研究	省部级	胡素梅	理学院
380	异构无线网络接入选择中资源分配关键技术研究	省部级	梁根	理学院
381	民国期间广东救济难侨活动研究（1929—1945）	省部级	闫亚平	马克思主义学院
382	区域（学校）德育特色品牌研究	省部级	陈小霞	马克思主义学院
383	青年社会主义核心价值观培育和践行的"生活化"研究	省部级	秦程节	马克思主义学院
384	互联网领域提升高校思想政治教育针对性研究	省部级	黎海燕	马克思主义学院
385	互联网时代大学生社会主义核心价值观培育融入日常生活研究	省部级	王夫营	马克思主义学院
386	基于无线传感网络监测的石化产业安全生产公共服务平台	省部级	吴宪君	计算机学院
387	基于"互联网+"背景下的大学生创新创业资源体系构建研究	省部级	杨翠萍	图书馆
388	新媒体视域下粤西传统音乐文化活态传承研究	省部级	安静	艺术学院
389	广东省舞蹈类非物质文化遗产在健身排舞中的推广研究	省部级	赵丽娜	艺术学院
390	校企共享分析测试平台协同培养应用型人才机制研究	省部级（创强）	蒋达洪	化学学院
391	智能型计算机类实验管理系统助力实验教学研究	省部级（创强）	孟亚辉	理学院
392	"互联网+"时代的音乐教育创新模式研究	省部级（创强）	陈晓艳	艺术学院

续表

序号	项目名称	项目级别（本校认定）	负责人	二级单位
393	基于可视化理论的4D思维导图教学实践研究——以土木工程专业为例	省部级（创强）	杨云英	建筑工程学院
394	胜任力理论视阈下的市场营销专业体验式实践教学体系构建研究	省部级（创强）	余丽琼	经济管理学院
395	"突出特色、面向工程、强化实践"的油气储运工程应用型人才培养模式研究	省部级（创强）	文江波	石油工程学院
396	氮掺碳纳米材料杂化促进层层自组装微囊菌剂对农田污染土壤中多环芳烃的降解	国家级	邓辅财	环境科学与工程学院
397	石化装置关键静设备质量性能检测评价与控制技术研究（2017YFF0210400）	国家级	吕运容	石油化工污染过程与控制实验室
398	非马尔科夫近似下量子几何相位及其量子调控的研究	国家级	于雁霞	理学院
399	金属卟啉基聚氨酯有机共价多孔材料催化氧化脱硫及机理研究	省部级	任清刚	化学工程学院
400	橡胶中牺牲键双重网络的构筑方法、性能效应和机理研究	省部级	付 文	材料科学与工程学院
401	非碱性条件下选择性催化氧化甘油制备丙醇二酸的催化剂设计、制备及性能研究	省部级	谭 华	化学学院
402	仲胺-钯协同催化多组份多米诺反应构筑复杂五元环研究	省部级	蒋达洪	化学学院
403	基于分子管理的石油馏分溶剂抽提过程相平衡模型设计及应用研究	省部级	王 丽	化学工程学院
404	贫燃条件下NO_x和PM同时去除的催化剂设计和反应机理研究	省部级	孟秀红	化学工程学院
405	超稀酸体系中荔枝渣废弃物的高效催化转化研究	省部级	马 浩	化学学院
406	竞争力提升视角下"课程思政"嵌入新工科大学生创新创业培养策略探索与实践	省部级	孙 健	生物与食品工程学院
407	开设"乡村振兴创新创业实践班"，开展SIYB专题农村电商创业培训	省部级	孙 健	生物与食品工程学院
408	高州市丰盛食品公司科技特派员工作站建设	省部级	邱松山	生物与食品工程学院
409	茂名市香蕉产业技术协同创新中心	省部级	韩寒冰	生物与食品工程学院
410	广东省石油化工污染过程与控制重点实验室	省部级	李德豪	环境科学与工程学院
411	高州市高良村南药益智、砂仁产业精准扶贫科技支撑服务	省部级	李春海	生物与食品工程学院

续表

序号	项目名称	项目级别（本校认定）	负责人	二级单位
412	黄酮醇类衍生物的结构-性质关系及作用机制研究	省部级	邱松山	生物与食品工程学院
413	基于竹林立体化生产竹筒酒的关键技术及产业化	省部级	张玲	生物与食品工程学院
414	百香果贮运保鲜与精深加工技术应用与推广	省部级	李颖	生物与食品工程学院
415	农业种养技术指导	省部级	韦明肯	生物与食品工程学院
416	牛大力组织培养快繁技术育苗的应用及推广	省部级	韩寒冰	生物与食品工程学院
417	岭南佳果新型干燥等加工技术推广及指导	省部级	李春海	生物与食品工程学院
418	粤西农产品销售与加工创新创业公共服务平台	省部级	王志辉	生物与食品工程学院
419	岭南佳果荔枝、龙眼提质增效栽培及鲜果加工技术示范应用	省部级	欧阳乐军	生物与食品工程学院
420	信宜名果三华李增产提效技术示范	省部级	李莉梅	生物与食品工程学院
421	特色橄榄白兰地、三华李酒发酵酿造关键技术研究及应用	省部级	邱松山	生物与食品工程学院
422	紫甘薯色素提取纯化工艺关键技术研发及应用	省部级	姜翠翠	生物与食品工程学院
423	花卉、蔬菜种植技术、观光农园规划服务技术指导	省部级	柯春亮	外国语学院
424	南药牛大力种植技术指导	省部级	刘杰凤	生物与食品工程学院
425	龙豆种植技术示范推广	省部级	马超	生物与食品工程学院
426	甜柿植保技术	省部级	岳茂峰	生物与食品工程学院
427	不确定性下炼化装置的可靠性建模和维修决策研究	省部级	李志海	能源与动力工程学院
428	基于DSP的开关磁阻电机非线性建模及速度控制关键理论研究	省部级	乔东凯	机电工程学院
429	基于深度学习的跨维度多类型情感分析理论与方法研究	省部级	陈珂	计算机学院
430	基于多核学习相关向量机和证据理论的石化旋转机械复合故障诊断方法	省部级	朱兴统	计算机学院
431	氟化工过程设备协同管控与故障在线诊断技术研究	省部级	吕运容	石油化工污染过程与控制实验室
432	全尾砂絮体分形演化规律及沉降机理研究	省部级	展勤健	建筑工程学院
433	石化装备闭环非线性系统故障诊断基础研究	省部级	孙国玺	电子信息工程学院
434	宇称-时间对称系统中的光波操控特性研究	省部级	陈海波	理学院
435	新时代互联网领域高校思想政治理论教育话语权研究	省部级	黎海燕	马克思主义学院

续表

序号	项目名称	项目级别（本校认定）	负责人	二级单位
436	以总体国家安全观为指导的大学生国家安全教育体系研究	省部级	曹晓飞	马克思主义学院
437	社会主义核心价值观融入大学生思想政治教育的规律与策略研究	省部级	何小春	马克思主义学院
438	新时代大学生政治安全教育研究	省部级	曹晓飞	马克思主义学院
439	地质封存过程中 CO_2 注入对断层稳定性的影响机理	省部级	胡罡	石油工程学院
440	易凝高粘原油－水体系的流动乳化特性及管输规律研究	省部级	文江波	石油工程学院
441	石油及天然气储运工程实训中心建设	省部级	龙志勤	石油工程学院
442	煤层气储层混合润湿特征研究	省部级	马飞英	石油工程学院
443	南海海域可燃冰储层定量预测技术研究	省部级	鲍祥生	石油工程学院
444	云计算中面向多应用特性和资源约束的调度优化研究	省部级	左利云	计算机学院
445	广东汉语方言调查·恩平	省部级	黄敏	文法学院
446	兼具催化解聚与异构化功能双酸型离子液体的构建及催化纤维素醇解制备乙酰丙酸酯的研究	国家级	马浩	化学学院
447	具有马尔科夫跳变的随机复杂网络有限时间同步控制	国家级	任红卫	自动化学院
448	酸性矿山废水环境中富 Cd/Pb 施氏矿物电沉积调控机制研究	国家级	陈梅芹	环境科学与工程学院
449	断层岩古泥质含量恢复及古侧向封闭能力定量评价	国家级	王超	石油工程学院
450	考虑断层岩成岩程度的张性断层侧向封闭性定量评价	国家级	刘哲	石油工程学院
451	张性断裂交汇部位油气运聚机理及有利类型预测	国家级	孙同文	石油工程学院
452	半导体纳米晶太阳能电池中俄歇复合的界面调控研究	国家级	贺言	理学院
453	大型石化装置异常工况智能诊断、预测与维护	国家级	张清华	自动化学院
454	仿生催化轻烃选择性氧化的自由基调控基础与工业过程强化	国家级	纪红兵	化学工程学院
455	乙烯行业废油资源化综合利用若干科学问题	国家级	纪红兵	化学工程学院
456	场地土壤与地下水污染物多介质界面过程和调控机制	国家级	孙建腾	环境科学与工程学院
457	硼化物基超高温陶瓷材料热冲击及热力耦合作用下断裂失效行为的研究与评价	国家级	刘宝良	建筑工程学院
458	面向空基监视的时空多变场景下表征学习研究	国家级	甄先通	计算机学院
459	数据驱动的石化过程故障安全关键技术研究	国家级	胡绍林	自动化学院

续表

序号	项目名称	项目级别（本校认定）	负责人	二级单位
460	专家知识与深度分析融合的石化工业视频异常行为感知研究	国家级	张 磊	计算机学院
461	高盐胁迫下光催化剂的界面与活性调控及其对高盐有机废水的强化处理机制	国家级	杨春平	环境科学与工程学院
462	纳米颗粒-超支化聚合物泡沫流体提高超稠油采收率机理研究	国家级	王继刚	能源与动力工程学院
463	基于水性黏结剂负载纳米陶瓷颗粒改性聚烯烃隔膜的绿色构建及其应用研究	省部级	曹更玉	材料科学与工程学院
464	润滑油精制废白土制备4A分子筛研究	省部级	李 燕	化学工程学院
465	延迟焦化粉焦的生成机理及对策研究	省部级	肖业鹏	化学工程学院
466	催化油浆的分离及加工路线技术研究	省部级	杨 冲	化学工程学院
467	化工残液资源化关键技术的开发及工业示范	省部级	王 慧	化学工程学院
468	油气储运重大基础设施灾害防御关键技术及装备研发与示范	省部级	程丽华	化学工程学院
469	典型化工行业挥发性有机物控制技术集成及示范	省部级	纪红兵	化学工程学院
470	炼化企业油气回收工艺尾气净化技术及示范应用	省部级	纪红兵	化学工程学院
471	钼酸铋直接Z型异质结的表界面调控制备及可见光的氧化降解机制研究	省部级	易均辉	化学工程学院
472	双"Z型"三元钛基光催化构建及界面调控机制研究	省部级	余长林	环境科学与工程学院
473	高折光率耐黄变LED封装硅胶研制	省部级	康新平	化学学院
474	可控制备功能导向型多孔仿生催化剂用于CO_2转化	省部级	陈亚举	化学学院
475	畜禽养殖固体废物厌氧发酵资源化关键技术与装备研究	省部级	杨春平	环境科学与工程学院
476	层层自组装微囊固定化强化多环芳烃降解菌性能的机制研究	省部级	邓辅财	环境科学与工程学院
477	银基光催化剂的结构与活性的有效关系及处理高盐废水的活性调控机制	省部级	杨春平	环境科学与工程学院
478	荔枝果园化肥减量防治配方施肥技术应用	省部级	孙建腾	环境科学与工程学院
479	重金属污染农田安全利用关键技术及应用	省部级	孙建腾	环境科学与工程学院
480	石化装备失效特征规律与智能监控系统研发	省部级	吕运容	石油化工污染过程与控制实验室
481	斜入式智能激光打印机的研发与产业化	省部级	盘茂森	机电工程学院

续表

序号	项目名称	项目级别（本校认定）	负责人	二级单位
482	油茶籽壳发酵生产木糖醇的关键技术研究	省部级	黄 敏	机电工程学院
483	绿色无磷阻垢缓蚀剂的制备及在工业污水回用水中的应用	省部级	黄 敏	机电工程学院
484	基于视频的行人重识别关键技术及其校园应用研究	省部级	荆晓远	计算机学院
485	基因测序应用场景中基于熵与深度学习的边缘云资源调度优化方法研究	省部级	左利云	计算机学院
486	创新空间关联、溢出效应与"粤港澳大湾区"城市群协同创新研究	省部级	王春雷	经济管理学院
487	粤港澳大湾区建设背景下珠三角与粤东西北地区协调发展的实证研究	省部级	刘辛元	经济管理学院
488	Heisenberg 群上奇异 Radon 变换的反演问题	省部级	肖劲森	理学院
489	宇称-时间对称光学系统中光控光的全光调控特性研究	省部级	胡素梅	理学院
490	理论研究 3d 过渡金属掺杂四方相多铁材料的自旋声子耦合效应	省部级	陈星源	理学院
491	乡村文化振兴研究	省部级	陈小霞	马克思主义学院
492	新中国成立 70 周年来中国共产党思想政治话语权的研究及基本经验研究	省部级	黎海燕	马克思主义学院
493	化橘红叶功能成分的提取及其产品开发研究	省部级	韩寒冰	生物与食品工程学院
494	基于核酸适配体的水产品重金属快速可视化检测技术研究	省部级	王 丽	生物与食品工程学院
495	QuEChERS 净化结合高效液相色谱串联质谱定量监测加工食品中的有害物质	省部级	张 玲	生物与食品工程学院
496	基于尖晶石基玻璃陶瓷化的含重金属固废资源化利用研究	省部级	王 春	生物与食品工程学院
497	速溶龙眼粉的制备技术研究及应用示范	省部级	尹爱国	生物与食品工程学院
498	基于水土保护的山地丘陵果园高效生草技术研究与示范	省部级	岳茂峰	生物与食品工程学院
499	蔬菜新品种栽培技术研究与示范	省部级	周 天	生物与食品工程学院
500	龙眼核保健酒加工关键技术研究与示范	省部级	张 玲	生物与食品工程学院
501	蘑菇渣复合基质在北运菜育苗的应用研究	省部级	尹爱国	生物与食品工程学院
502	蔬菜高效生产技术产业化与示范	省部级	王 春	生物与食品工程学院
503	北运蔬菜工厂化育苗关键育种技术研究（合作）	省部级	赵永国	生物与食品工程学院

续表

序号	项目名称	项目级别（本校认定）	负责人	二级单位
504	华南特色功能食品及饲用微生物组学研究与应用	省部级	韦明肯	生物与食品工程学院
505	竹筒酒生产关键技术研究及推广	省部级	张 玲	生物与食品工程学院
506	茂名荔枝龙眼保鲜与深加工应用研究及示范推广	省部级	周 天	生物与食品工程学院
507	基于基因高效编辑技术研究 miRNA396 应答 PBU 调控尾巨桉体胚高频发生的分子机制	省部级	欧阳乐军	生物与食品工程学院
508	铁氧感知因子 Fur 调控植物乳杆菌 WU14 亚硝酸盐降解机制	省部级	徐 波	生物与食品工程学院
509	椰棕活性炭纤维修饰物的制备及对荔枝酒品质改良的应用示范	省部级	张 玲	生物与食品工程学院
510	高阶煤储层煤层气跨尺度传质提效机理及方法研究	省部级	刘大伟	石油工程学院
511	汉学家德庇时在粤期间中国古典文学译著考论（1815—1844）	省部级	肖 娴	外国语学院
512	公共文化服务体系建设下的广东高校艺术审美教育发展路径研究	省部级	陈 肯	艺术学院
513	岭南传统文化与现代音乐艺术创编手法的融合与传承问题研究	省部级	黎明辉	艺术学院
514	基于不连续控制的随机复杂网络有限时间同步控制	省部级	任红卫	自动化学院
515	广东石油化工学院"铁人计划"实践探索	省部级（创强）	张海明	机关单位
516	"一带一路"区域化工安全科普体系建设研究	省部级（创强）	胡炜杰	化学学院
517	含"EDLL"激活域的转录因子 ERFs 调控采后香蕉果实蔗糖合成机理解析	国家级	萧允艺	生物与食品工程学院
518	绿色边缘计算网络资源优化配置方法研究	国家级	郭 棉	电子信息工程学院
519	微管道中牛顿-非牛顿双层流体界面不稳定性研究	国家级	邓曙艳	建筑工程学院
520	形貌、表面异质相结调控对促进 Ag_2CO_3 光催化活性和稳定性机理研究	国家级	李泽胜	化学学院
521	Ca-Fe 改性橄榄石的积碳规律及微波活化机理研究	国家级	张尤华	化学工程学院
522	基于神经网络算法的生物固氮模拟酶催化剂构效关系及催化氮气活化机理	国家级	陶磊明	理学院
523	介孔碳封装铁基双金属氧化物的构筑及电驱动化学链合成氨研究	国家级	崔宝臣	化学工程学院

续表

序号	项目名称	项目级别（本校认定）	负责人	二级单位
524	基于3D刻孔石墨烯的多元复合纳米构造设计及电催化分解水协同增强效应机制	国家级	李泽胜	化学学院
525	酞酸酯（PAEs）类污染物在典型植物中的代谢转化与分子机制	国家级	孙建腾	环境科学与工程学院
526	miR396应答新型细胞分裂素PBU调控尾巨桉体胚高频发生的分子机制研究	国家级	欧阳乐军	生物与食品工程学院
527	数据驱动的石化设备故障表征、诊断及预测研究	国家级	刘美	自动化学院
528	多重响应液晶弹性体的构筑及双向可逆形状记忆效应研究	省部级	班建峰	材料科学与工程学院
529	用于高效光催化产 H_2O_2 的石墨烯/g-C_3N_4/AuNP界面组装自清洁材料研究	省部级	黎相明	材料科学与工程学院
530	磁性金属纳米线可控制备及柔性储能应用研究	省部级	吴铠	材料科学与工程学院
531	低生热高值化特种炭黑的开发及工艺研究	省部级	许体文	材料科学与工程学院
532	化橘红鲜果自动切果去瓤机的研制与应用示范	省部级	李新超	电子信息工程学院
533	基于智能信息化的荔枝蛀蒂虫害预警系统的研发	省部级	梁根	理学院
534	面向用户个性化业务需求的异构无线网络接入选择关键技术研究	省部级	梁根	理学院
535	强扰动下无线传感网络的复合故障诊断研究及系统开发	省部级	刘晋胜	创新创业学院
536	共碳化法制备优质油系针状状焦的工艺开发	省部级	肖业鹏	化学工程学院
537	改性胶粉在温拌沥青技术中的应用	省部级	陈小平	化学工程学院
538	基于钼基有机-无机杂化纳米晶前体的加氢脱硫催化剂活性相组成和形貌调控方法研究	省部级	单书峰	化学工程学院
539	早强型聚羧酸减水剂用嵌段聚醚的开发与应用研究	省部级	邓益强	化学工程学院
540	劣质油超声辅助热转化生焦机理研究	省部级	范钦臻	化学工程学院
541	热作用下劣质重油纳微尺度固含物可控絮凝及其稳定化机制	省部级	林存辉	化学工程学院
542	高效全固态Z型Bi_2MoO_6异质结光催化剂的设计合成及其降解水中抗生素的机制研究	省部级	易均辉	化学工程学院
543	在原子尺度和纳米尺度调控多级孔MOFs中的配位不饱和金属活性位及其在石油脱硫、多相催化等领域应用的研究	省部级	郭鹏虎	化学学院

续表

序号	项目名称	项目级别（本校认定）	负责人	二级单位
544	基于易引起化工工厂区多米诺灾难事故的危化品泄漏远距离红外识别技术研究	省部级	胡炜杰	化学学院
545	多元素共掺杂石墨烯电极材料的制备及绿色储能技术应用	省部级	李泽胜	化学学院
546	三维多孔石墨烯/双金属磷化物/氮化碳量子点复合体设计及电催化分解水效能与机理	省部级	李泽胜	化学学院
547	三联芳膦钯碳氮偶联催化剂的研发及产业化	省部级	施继成	化学学院
548	木质素磺酸盐基单分散金属硫化物的制备及其催化木质素转化性能研究	省部级	滕俊江	化学学院
549	甘蔗渣全组分定向分步氧化制备含氧平台化学品的研究	省部级	滕俊江	化学学院
550	氟化两亲性Janus纳米颗粒的可控制备及其泡沫体系驱油机理研究	省部级	王 刚	化学学院
551	基于高分子及无机多元异质结界面的复合光驱动抗菌自清洁材料研究	国家级	黎相明	材料科学与工程学院
552	新型电子功能性复合碳材料的构筑及其对超深度加氢脱硫催化剂活性相调控机理研究	国家级	李 磊	化学工程学院
553	酸性矿山废水中Nano-$Fe_xO_y(SO_4)_z$前驱体诱导施氏矿物生长的调控机制	省部级	陈梅芹	环境科学与工程学院
554	二维$Bi_xLn_{(1-x)}OBr$（Ln=La，Gd和Yb）光电极的制备及其性能增强机制	省部级	樊启哲	环境科学与工程学院
555	高聚能型智能化电饭锅系列产品研发及应用	省部级	黄崇林	机电工程学院
556	焊管成型先进工艺研发及应用	省部级	李 凯	机电工程学院
557	火电厂超低硬度循环冷却水系腐蚀控制技术研究	省部级	莫才颂	机电工程学院
558	纳米纤维素基微纳颗粒的构筑、成型机制及协同超疏水效应的研究	国家级	余成华	化学学院
559	基于目标级联分析法协调的多云多工作流调度研究	省部级	何杰光	计算机学院
560	工业管式高温反应器智能监测关键技术研究及应用	省部级	李启锐	计算机学院
561	石化安全生产环境异常智能预警平台研究	省部级	张 磊	计算机学院
562	纳米载药超声造影剂的非局域多层球壳模型	省部级	肖 潭	建筑工程学院
563	粤港澳大湾区"卡脖子"技术协同创新路径与机制研究	省部级	万 勇	经济管理学院
564	粤港澳大湾区价值观认同与经济辐射效应研究	省部级	夏 丹	经济管理学院

续表

序号	项目名称	项目级别（本校认定）	负责人	二级单位
565	基于区块链的粤港澳大湾区共享物流服务云平台构建研究	省部级	杨娟娟	经济管理学院
566	全球后疫情背景下"双循环"推动广东制造业高质量发展路径研究	省部级	张大为	经济管理学院
567	基于异质性企业空间定位选择行为视角下的地区生产率差距研究	省部级	朱炎亮	经济管理学院
568	Bi系半导体修饰MOFs"吸附-光催化降解"双功能材料的制备及性能机制	国家级	窦容妮	环境科学与工程学院
569	石墨烯中电子自旋弛豫动力学的飞秒时间分辨磁光谱研究	省部级	朱伟玲	理学院
570	湖相原油NO化合物特征及其地球化学意义	省部级	纪　红	理学院
571	新型石墨烯基双光电极系统及其处理污水耦合产能机制	国家级	钟永鸣	环境科学与工程学院
572	近红外荧光硫化物纳米点/半导体聚合物纳米粒子用于供氧增强性光动力诊疗	国家级	朱后娟	理学院
573	面向癌症数据的因果推断研究及其在致病基因识别的应用	国家级	张　浩	计算机学院
574	双重可控载药磷脂微胶囊的构建及药物的双重调控释放	省部级	毕洪梅	生物与食品工程学院
575	菜心薹茎发育中糖转运蛋白BcSWEETs的功能解析	省部级	黄新敏	生物与食品工程学院
576	基于荔枝的复合水果酵素食品的生产技术开发与应用研究	省部级	刘杰凤	生物与食品工程学院
577	一种可视化基因高效编辑技术在南方工业用材林新种质培育中的应用	省部级	欧阳乐军	生物与食品工程学院
578	利用群体基因组学挖掘棉花种间基因渐渗	省部级	沈　超	生物与食品工程学院
579	释迦果采后新型防腐保鲜关键技术应用示范	省部级	王　春	生物与食品工程学院
580	荔枝龙眼果干高品质加工处理关键技术应用示范	省部级	王　春	生物与食品工程学院
581	新型陶瓷功能材料产业化关键技术研究及应用示范	省部级	王　春	生物与食品工程学院
582	鳜鱼苗种规模化繁育病害绿色控制技术研究	省部级	韦明肯	生物与食品工程学院
583	双极膜生物电化学系统阴极对典型电子受体类污染物的强化去除及其机制	省部级	向音波	生物与食品工程学院
584	氢氧化镁纳-微胶囊阻燃剂芯-壳结构控制与阻燃机理及阻燃效应	省部级	徐井水	材料科学与工程学院

续表

序号	项目名称	项目级别（本校认定）	负责人	二级单位
585	荔枝复合果酱加工工艺研究	省部级	尹爱国	生物与食品工程学院
586	微波协同酶法耦合制备高性能木薯变性淀粉关键技术研究及应用示范	省部级	尹爱国	生物与食品工程学院
587	去皮荔枝单体速冻技术应用示范	省部级	张 玲	生物与食品工程学院
588	罗非鱼涂膜保鲜技术研发应用	省部级	张 玲	生物与食品工程学院
589	仔猪无抗功能性发酵饲料的开发及应用转化	省部级	周 天	生物与食品工程学院
590	糖转运蛋白 BcSWEET1 和 BcSWEET12 在菜心薹茎发育中的功能及调控研究	国家级	黄新敏	生物与食品工程学院
591	岭南地区六祖慧能民间文化调查、整理与研究	省部级	区锦联	文法学院
592	先秦出土文献中的"鸟虫书"研究	省部级	邢建丽	文法学院
593	环境犯罪刑罚体系研究——配置、裁量、执行	省部级	张婷婷	文法学院
594	黄友棣抗战歌曲研究	省部级	蒋快安	艺术学院
595	粤西音乐类非遗文化口述史与声像图谱数据平台建设研究	省部级	李奕兰	艺术学院
596	珠江口水体悬浮颗粒物介导的反硝化和厌氧氨氧化协同脱氮过程与作用机制	国家级	孙 巍	生物与食品工程学院
597	原油－水混合体系的黏度特性研究及基于整合稳定/非稳定态体系的统一黏度预测模型构建	国家级	文江波	石油工程学院
598	大数据与人工智能融合的安全监控与诊断预测的数学理论与方法	省部级	胡绍林	自动化学院
599	欠驱动自主机器人的智能运动规划与鲁棒跟踪控制研究	省部级	潘昌忠	自动化学院
600	基于和谐系数及证据推理的石化机组复合故障诊断研究（参与）	省部级	邵龙秋	自动化学院
601	和谐与存在——莱布尼茨自然有机论研究	省部级	朱新春	马克思主义学院
602	提升大学外语教师课堂评估素养"学习共同体"模式探索与实践	省部级	邓超群	外国语学院
603	乡村振兴战略下高校"设计下乡"服务地方的联动机制研究	省部级（创强）	方 芳	艺术学院
604	高校心理咨询师专业胜任力模型及培养路径研究	省部级（创强）	李 旭	文法学院
605	广东社区音乐文化建设与高等艺术院校互动性研究——以粤西地区为例	省部级（创强）	蒋快安	艺术学院

续表

序号	项目名称	项目级别（本校认定）	负责人	二级单位
606	新时代美育视阈下公共艺术实践教学研究	省部级（创强）	胡洋	艺术学院
607	高校公共艺术教育质量保障研究	省部级（创强）	陈肯	艺术学院
608	总体国家安全观视域下大学生网络意识形态安全教育研究	省部级（创强）	秦程节	马克思主义学院
609	习近平新时代青年思想研究	省部级（创强）	张法清	马克思主义学院
610	"后疫情"时代粤港澳大湾区制造业高质量发展路径研究	省部级（创强）	张大为	经济管理学院
611	"一带一路"倡议下来粤留学生法治教育研究——基于国别法律差异性视角	省部级（创强）	邱雪璐	文法学院
612	基于工业云的石化智能生产管控的成果转化	省部级	孙国玺	电子信息工程学院
613	数据驱动的信息物理系统入侵检测与识别	国家级	李沁雪	电子信息工程学院
614	针对小分子污染物的在线分析方法及其应用研究	国家级	王素华	环境科学与工程学院
615	荧光标记 Grubbs 催化剂功能分子的设计用于烯烃高灵敏检测	国家级	孙明泰	环境科学与工程学院
616	基于类不平衡深度特征学习的石化动设备故障信号分类研究	国家级	荆晓远	计算机学院
617	基于贝叶斯不确定性的分布外泛化方法研究	国家级	甄先通	计算机学院
618	Pt@X-Cu/Si 纳米线（X=F，Cl，Br 和 I）光阴极材料的构建及其光电催化 CO_2 还原合成 C^{2+} 机制研究	国家级	魏龙福	环境科学与工程学院
619	钙钛矿型钴酸镧光热催化氧化 VOCs 的晶面效应研究	国家级	陈汉林	环境科学与工程学院
620	结构与功能导向的金属卟啉基多孔仿生聚合物协同催化 CO_2 制环状碳酸酯的研究	国家级	陈亚举	化学学院
621	十溴联苯醚微生物降解过程的稳定碳同位素分馏研究	国家级	朱锡芬	环境科学与工程学院
622	有机磷阻燃剂羟基化产物对大肠杆菌生物标志物和代谢网络的扰动机制	国家级	于晓龙	环境科学与工程学院
623	钴氮共掺杂碳活化过一硫酸盐的机制调控及强化处理高盐有机废水研究	国家级	吴少华	环境科学与工程学院
624	纳米颗粒——超支化聚合物稳泡流的构筑及驱油机理研究	省部级	王继刚	机电工程学院
625	基于机理和数据融合驱动的乙烯裂解炉过程智能间接感知研究	省部级	崔得龙	电子信息工程学院

续表

序号	项目名称	项目级别（本校认定）	负责人	二级单位
626	轻中重稀土掺杂对铋基半导体的物理结构和光催化性能调控机制	省部级	余长林	分析测试中心
627	面向柴油深度脱硫的氧化石墨烯基复合材料的构筑及反应机制研究	省部级	曾兴业	化学工程学院
628	杂化锌电池钴基多功能阴极的原位构筑及其储能机理研究	省部级	崔宝臣	化学工程学院
629	氧原子供体及催化剂孔道结构对生物油催化重整制氢影响机理研究	省部级	张尤华	化学工程学院
630	多元素共掺杂三维多孔石墨烯的可控制备及电容去离子净化重金属污水机制探究	省部级	李泽胜	化学学院
631	多功能耦合有机杂化材料协同催化蔗糖制备2,5-呋喃二甲酸的研究	省部级	马浩	化学学院
632	负载Au催化剂氧化甘油制备二羟基丙酮载体的晶面效应研究	省部级	谭华	化学学院
633	剑麻纤维碳纸基材料的制备及其超级电容器性能研究	省部级	刘志森	石油化工污染过程与控制实验室
634	新型环境污染物多溴二苯氧基苯的植物代谢转化行为	省部级	孙建腾	环境科学与工程学院
635	铁氮共掺杂多孔碳的构建及其活化过一硫酸盐高效降解高盐有机废水的机制研究	省部级	吴少华	环境科学与工程学院
636	化工聚集区多米诺重大事故风险与态势推演研究	省部级	门金龙	机电工程学院
637	面向民航空域监视系统的轻量级安全技术研究	省部级	徐辉	计算机学院
638	面向石化开放条件下环境异常小样本智能感知	省部级	张磊	计算机学院
639	微尺度下双层非牛顿流体电动流动问题研究	省部级	邓曙艳	建筑工程学院
640	复杂因素耦合作用下斜拉索损伤退化机理及抗震性能评估研究	省部级	钟金兔	建筑工程学院
641	离子型稀土原地浸矿溶质运移及空间异质性研究	省部级	陈陵康	理学院
642	川陈皮素调控CD36基因表达干扰肠细胞摄取脂肪酸的分子机制	省部级	张强	生物与食品工程学院
643	糖基化酪蛋白消化物对脂多糖诱导IEC-6细胞屏障损伤的缓解作用与机制	省部级	赵新淮	生物与食品工程学院
644	聚合物QCM传感器型电子鼻信号漂移抑制技术研究	省部级	谷宇	自动化学院
645	基于AR（增强现实）技术的粤西音乐类非物质文化遗产保护和传承研究	省部级	安静	艺术学院

续表

序号	项目名称	项目级别（本校认定）	负责人	二级单位
646	粤东西北诗歌创作现状调查与发展策略研究	省部级	向卫国	文法学院
647	广东南路抗战历史研究	省部级	陈舒媛	马克思主义学院
648	基于和谐系数理论及证据推理的石化机组复合故障诊断研究（参与）	省部级	邵龙秋	自动化学院
649	获得感视域下广东高校思想政治教育区域差异研究	省部级	张鹏浩	马克思主义学院
650	"双循环"推动粤西特色产业对接粤港澳大湾区建设演化路径研究	省部级	黄秀丽	经济管理学院
651	社会生态学视角下体质弱势青少年体力活动促进研究	省部级	李国强	体育学院
652	粤西民族传统体育产业化策略研究	省部级	刘付新	体育学院
653	粤港澳大湾区企业生态创新机制及其创新模式研究	省部级	黄世政	经济管理学院
654	粤港澳大湾区企业绿色创新机理与辐射效应研究	省部级	曾海亮	经济管理学院
655	粤港澳大湾区高校大学生就业质量评价指标体系的构建及应用研究	省部级	陈洪源	马克思主义学院
656	反条件作用在条件性恐惧记忆消退中的效果及机制研究	省部级	李 旭	文法学院
657	基于SWOT分析的传统音乐文化及其产业化研究——以粤西地区音乐类非遗为例	省部级	吕春媚	艺术学院
658	《庄子》的佛学诠释研究	省部级	周黄琴	马克思主义学院
659	界炮镇圣女果、马铃薯等优势产业发展技术指导与服务	省部级	欧阳乐军	生物与食品工程学院
660	南山镇特色北运菜的种植加工技术研究与推广	省部级	马 超	生物与食品工程学院
661	北界镇特色水果及花卉提质增效种植技术研究与推广	省部级	刘杰凤	生物与食品工程学院
662	荔枝化肥农药减施增效关键技术研究与示范	省部级	岳茂峰	生物与食品工程学院
663	荔枝栽培与加工技术在国家农业科技园的推广及应用	省部级	尹爱国	生物与食品工程学院
664	茂名市热带特色作物优异基因资源挖掘与生物育种技术创新中心	省部级	欧阳乐军	生物与食品工程学院
665	基于混合模型和知识图谱的乙烯裂解炉管智能结焦诊断研究	省部级	崔得龙	电子信息工程学院
666	基于核酸适配体的海产品麻痹性贝类毒素可视快检技术研究	省部级	张 强	生物与食品工程学院
667	基于边云协同的厂级石化装备故障智能诊断方法研究	省部级	左利云	计算机学院
668	水稻对微塑料的吸收、代谢与毒性响应分子机制研究	省部级	张冬青	环境科学与工程学院

续表

序号	项目名称	项目级别（本校认定）	负责人	二级单位
669	新型棒状晶湿敏材料在石化安全检测系统中的应用研究	省部级	胡素梅	理学院
670	新型燃气胶拍材料的开发	省部级	付　文	材料科学与工程学院
671	公馆镇高品质特色种养殖科技指导	省部级	韦明肯	生物与食品工程学院
672	电白区树仔镇圣女果种植技术的集成与示范推广	省部级	王　春	生物与食品工程学院
673	沉香高效栽培技术应用与推广	省部级	徐海明	生物与食品工程学院
674	荔枝龙眼提质增效种植与加工技术研究与推广	省部级	尹爱国	生物与食品工程学院
675	特色莲子酒酿造工艺关键技术研究与示范	省部级	李化强	生物与食品工程学院
676	合江镇中草药高效种植技术研究与推广	省部级	纪　红	理学院
677	罗非鱼养殖技术应用与推广	省部级	杜　诚	环境科学与工程学院
678	荔枝病虫害绿色防控及化肥减施关键技术集成与示范	省部级	陆光远	生物与食品工程学院
679	化橘红种质资源收集及新品种选育与推广	省部级	韩寒冰	生物与食品工程学院
680	高品质脆肉罗非鱼绿色养殖及深加工技术开发和示范推广	省部级	李春海	生物与食品工程学院
681	新型岭南特色果蔬冻干加工研发中心	省部级	王　春	生物与食品工程学院
682	农村科技特派员助力乡村振兴	省部级	岳茂峰	生物与食品工程学院
683	海水罗非鱼新品种的选育、养殖、加工及应用示范技术研究	省部级	马　超	生物与食品工程学院
684	丰智农业创新创业孵化基地的创建	省部级	汤志梅	生物与食品工程学院
685	高州大田顶生态农业循环示范	省部级	张　玲	生物与食品工程学院
686	燕窝果的高产栽培技术研究与示范推广	省部级	尹爱国	生物与食品工程学院
687	基于智能色选技术的优质中药饮片炮制工艺研究与应用	省部级	周　天	生物与食品工程学院
688	组建科技特派员团队精准对接服务乡村振兴	省部级	尹爱国	生物与食品工程学院
689	发挥农村科技特派员作用，全面助力乡村振兴	省部级	尹爱国	生物与食品工程学院
690	化橘红鲜果智能旋挖去囊机的研制及应用示范	省部级	李新超	电子信息工程学院
691	基于云平台的荔枝智慧育种与栽培关键技术研究及集成示范	省部级	欧阳乐军	生物与食品工程学院
692	国际视域下广东地区傩文化传播力提升研究	省部级	赵　婷	艺术学院
693	新型氰基二苯乙烯基液晶聚氨酯的构筑与光致形变研究	省部级	廖军秋	材料科学与工程学院

续表

序号	项目名称	项目级别（本校认定）	负责人	二级单位
694	聚异戊二烯胶乳技术研究及产业化	省部级	莫才颂	机电工程学院
695	大学科技园新型木薯淀粉胶黏剂关键性技术研究	省部级	岳超超	化学学院
696	海产养殖尾水节能高效无害化处理技术开发	省部级	李长刚	环境科学与工程学院
697	千正农业产业提升双创孵化基地创建	省部级	刘晋胜	电子信息工程学院
698	固体酸催化精馏合成丙二醇甲醚醋酸酯工艺研究及产业化	省部级	乔艳辉	化学学院
699	疫情背景下及后疫情时代广东高校开展"云外事"工作机制研究	省部级	张长明	外国语学院
700	马克思主义在广东的早期传播（1899—1927）	省部级	刘永俊	电子信息工程学院
701	媒体融合背景下高校开展马克思主义中国化时代化大众化教育路径研究	省部级	张晓红	马克思主义学院
702	中华优秀传统文化融入思想政治理论课教学的研究——以孝道文化为例	省部级	李 丽	马克思主义学院
703	一流本科课程建设背景下《环境生态修复技术》课程改革与实践	省部级	王开峰	环境科学与工程学院
704	"目标—问题"导向教学模式下抗疫元素融入高校思想政治理论课教学研究	省部级	刘习根	马克思主义学院
705	职业经理人目标导向下的地方高校与酒店集团的品牌联盟创新路径研究	省部级	刘梦华	文法学院
706	高水平理工科大学建设背景下以大学生学业合理"增负"为导向的人才培养质量保障体系的构建——以广东石油化工学院食品科学与工程专业为例	省部级	徐 波	生物与食品工程学院
707	"新师范"背景下实践导向的物理师范生培养模式研究	省部级	吴登平	理学院
708	"课程思政"视阈下工程伦理教育"三融合"育人模式构建与实践——以土木工程专业为例	省部级	金 焕	建筑工程学院
709	总体国家安全观融入高校思想政治教育理论课教学研究	国家级	曹晓飞	马克思主义学院
710	面向虚拟编组的城轨列车群调控一体化理论与关键技术	国家级	文成林	自动化学院
711	能级调控和原子级分散金属负载对提升 In_2S_3 基异质结光催化产 H_2O_2 的机理研究	国家级	余长林	环境科学与工程学院
712	基于超吸水微球限域效应的核酸无扩增便携式高灵敏检测研究	国家级	袁 超	环境科学与工程学院

续表

序号	项目名称	项目级别（本校认定）	负责人	二级单位
713	铁氮共修饰碳布对高浓度有机废水厌氧生物处理性能的强化特征及机制	国家级	杨春平	环境科学与工程学院
714	乙烯裂解炉结焦时空知识图谱构建与智能诊断	国家级	彭志平（授权崔得龙）	自动化学院
715	比较群体基因组学解析棉花重组演化和遗传变异机制	国家级	沈 超	生物与食品工程学院
716	仿生信号在磷脂膜中的传导与调控性能研究	省部级	毕洪梅	生物与食品工程学院
717	可见光辅助 Bi 基催化剂 /Fe-MOFs 活化 PS 性能与机制	省部级	窦容妮	环境科学与工程学院
718	基于 ZSM-5 限域的多金属协同 Pt 亚纳米团簇调控及其丙烷脱氢性能	省部级	段林海	化学工程学院
719	自修复型高电致形变纳米碳 /SBS 弹性体复合材料的设计、制备与性能提升机理研究	省部级	何富安	材料科学与工程学院
720	新型Ⅳ族半导体纳米结构中激子倍增和俄歇复合对光电性能调控的理论研究	省部级	贺 言	理学院
721	糖转运蛋白在 GA 调控菜心薹茎发育中的功能及分子机制研究	省部级	黄新敏	生物与食品工程学院
722	原子层厚二维金属 / 半导体异质结微纳器件构筑及电催化析氢研究	省部级	李 方	化学工程学院
723	凝胶晶化法构建针状莫来石嵌入式高结构稳定性的 ZIF-8 膜与丙烯 / 丙烷分离性能	省部级	李岭领	化学工程学院
724	乙烯裂解炉运行关键参量智能预测方法研究	省部级	李启锐	计算机学院
725	利用新一代表型平台 SeedGerm 解析高活力芥菜种子的遗传基础	省部级	陆光远	生物与食品工程学院
726	组合射流耦合作用下天然气水合物破碎回收一体化技术研究	省部级	秦大伟	石油工程学院
727	藻蓝蛋白金属有机框架的限域荧光增效及诊疗探究	省部级	史 博	材料科学与工程学院
728	石化机组运行过程早期故障诊断与预测方法研究	省部级	苏乃权	机电工程学院
729	红树林生态系统硝化与反硝化耦合脱氮过程与作用机制研究	省部级	孙 巍	生物与食品工程学院
730	核用事故容错锆合金包壳管表面附近氢化物的形成和取向机制及理论建模	省部级	覃 文	理学院

续表

序号	项目名称	项目级别（本校认定）	负责人	二级单位
731	基于光声光谱特征的几种典型气体污染物分析方法	省部级	王素华	环境科学与工程学院
732	钼基催化剂中内置电场的构建及其强化氧化脱硫性能的机制研究	省部级	杨春平	环境科学与工程学院
733	壳聚糖基多功能型超疏水材料的构建及性能调控研究	省部级	余成华	化学学院
734	微生物菌群 ZY1 对磷酸三甲苯酯三种同分异构体的降解及分子机制研究	省部级	余元元	环境科学与工程学院
735	CNT2 介导橘皮素抑制小肠细胞吸收嘌呤核苷的分子调控机制	省部级	张 强	生物与食品工程学院
736	基于分布外泛化的石化机械故障早诊断研究	省部级	甄先通	计算机学院
737	基于农林废弃物综合利用的林下食用菌高效栽培技术集成及示范推广中心	省部级	李莉梅	生物与食品工程学院
738	荔枝及其废弃物深加工及利用技术创新中心	省部级	尹爱国	生物与食品工程学院
739	粤西濒危仪式戏剧文献调查、整理与研究	省部级	郑苏文	文法学院
740	高校辅导员队伍建设文献史料的整理与研究	省部级	黎育生	艺术学院
741	核电站折流杆换热器强化传热技术研究	省部级	莫才颂	机电工程学院
742	多罐型水产罐头自动化生产线关键技术研究及装备示范	省部级	李 颖	生物与食品工程学院
743	广东南路革命学生运动研究	省部级	周汉杰	马克思主义学院
744	海上丝路音乐文化传播的形态变迁——粤西地区与东南亚传统音乐文化现状比较研究	省部级	黎明辉	艺术学院
745	字轮式机械水表摄像示值数字智能识别关键技术研发及产业化应用	省部级	朱冠华	石油化工污染过程与控制实验室
746	有机水溶肥料智能加液机关键技术研究及产业化应用	省部级	朱冠华	石油化工污染过程与控制实验室
747	面向工业生产场景的"AI+视频"智能安监管理系统的研究开发	省部级	朱冠华	石油化工污染过程与控制实验室
748	高品质脂肪酸甲酯乙氧基化物生产技术开发与应用	省部级	邓益强	化学工程学院
749	用于新能源汽车冷却系统的双重防蚀散热液关键技术研发及产业化	省部级	程 亮	化学工程学院
750	对甲酚双环戊二烯高聚物脱色技术研发及应用	省部级	李石栋	机电工程学院
751	以提质增效为目标的龙眼规范化生产技术推广应用	省部级	李化强	生物与食品工程学院

续表

序号	项目名称	项目级别（本校认定）	负责人	二级单位
752	冻干荔枝冰皮月饼制作关键技术研究及产品品质评价	省部级	李化强	生物与食品工程学院
753	露地瓜类蔬菜智慧生产技术研究	省部级	李化强	生物与食品工程学院
754	利用富氧焚烧硫磺制取高浓度二氧化硫炉气生产保险粉的关键技术研究与应用	省部级	朱冠华	石化装备故障诊断实验室
755	组织实施科技帮扶，有效促进乡村振兴	省部级	尹爱国	生物与食品工程学院
756	罗非鱼养殖与加工技术在农业科技园的推广及应用	省部级	尹爱国	生物与食品工程学院
757	石油化工仪表智能监测关键技术研究及应用	省部级	李启锐	计算机学院
758	高品质荔枝汁生产关键技术研究及示范	省部级	李春海	生物与食品工程学院
759	葡萄绿色高效栽培技术研究及示范	省部级	尹爱国	生物与食品工程学院
760	龙眼栽培与加工技术在农业科技园的推广及应用	省部级	尹爱国	生物与食品工程学院
761	脆肉罗非鱼脆度检测及过程控制关键技术研究与示范	省部级	韦明肯	生物与食品工程学院
762	热带海参人工繁养核心产业技术研发与标准化	省部级	张 强	生物与食品工程学院
763	供应欧盟生物柴油高效绿色生产关键技术研发与应用	省部级	王 春	生物与食品工程学院
764	新时代高校组织员队伍建设研究	省部级	李海健	计算机学院
765	后疫情时代中国海外留学生"国家认同"现状研究	省部级	温云峰	经济管理学院
766	讲好中国故事视域下高校思想政治理论课话语创新研究	省部级	刘永俊	马克思主义学院
767	文化自信背景下粤西民族传统体育文化现代传承与发展研究	省部级	杨彩虹	体育学院
768	"大智移云"时代下会计人才教育教学改革探索——基于目标问题导向的教学实践	省部级	姚翠红	经济管理学院
769	乡村振兴战略背景下地方高校食品科学与工程专业产学研协同育人培养模式研究	省部级	张 强	生物与食品工程学院
770	基于"学堂在线"慕课平台的《石油化工工艺学》在线开放课程设计创新研究	省部级	王 丽	化学工程学院
771	基于目标问题导向的《通信原理》课程教学改革与实践	省部级	谢玉鹏	电子信息工程学院
772	基于"目标问题导向式教学理念"讲深讲透讲活高校思政课研究	省部级	江文红	马克思主义学院
773	地方高校国家一流环境工程专业人才培养模式研究	省部级	孙建腾	环境科学与工程学院
774	学生中心—体系优化—持续改进：高校内部教学质量保障的创新探索与实践	省部级	周 敏	继续教育学院

续表

序号	项目名称	项目级别（本校认定）	负责人	二级单位
775	基于 IHCE 的物流工程专业融合体验式教学改革模式研究——以广东石油化工学院为例	省部级	杨娟娟	经济管理学院
776	数智空间高校德育样态和优化路径研究	省部级	张永贞	马克思主义学院
777	蔬菜大棚产业化种植技术研究与推广	省部级	李化强	生物与食品工程学院
778	盐渍海蜇高效脱矾盐技术及设备研发	省部级	张 玲	生物与食品工程学院
779	桂圆果粉加工关键技术研究与应用示范	省部级	周 天	生物与食品工程学院
780	营养健康型荔枝黄酒加工关键技术研究及应用	省部级	尹爱国	生物与食品工程学院
781	机器人感知信息精细获取与高可靠控制	国家级	文成林	自动化学院
782	植物中抗生素代谢与抗性基因传播机制及风险	国家级	孙建腾	环境科学与工程学院
783	乙烯装置事故防控与安全稳定运行关键技术研究	国家级	胡绍林	自动化学院
784	硼氮掺杂碳点/二硫化钼基纳米酶荧光-电化学双模同步逻辑传感平台检测肝癌标志物研究	国家级	李桂银	化学学院
785	化学强化嗜酸性单质硫还原菌耦合处理酸性矿山废水的作用机制	国家级	孙容容	环境科学与工程学院
786	典型液晶单体污染物在水稻及其根际微生物组中的迁移转化分子机制	国家级	余元元	环境科学与工程学院
787	基于磁场诱导镍纳米线的柔性可拉伸电极制备及柔性应变传感性能研究	国家级	吴 铠	材料科学与工程学院
788	波长窗口可调的二维近红外光电探测器构筑及双模式作用机制研究	国家级	李 方	化学工程学院
789	异质的碰撞：晚明耶佛对话与正统性的论辩	国家级	周黄琴	马克思主义学院
790	沉管隧道管节接头抗震力学性能及减震措施研究	国家级	程新俊	建筑工程学院
791	动态键驱动形状可编程液晶聚合物的制备及可逆形变应用研究	省部级	班建峰	材料科学与工程学院
792	面向片上异质集成的高灵敏二维红外光电探测器设计及研究	省部级	李 方	化学工程学院
793	双盐离子液体催化废旧瓶级 PET 聚酯醇解转化制备 BHET 单体的研究	省部级	马 浩	化学学院
794	高灵敏液态芯片技术的构建及其在疾病早期诊断中的应用	省部级	袁 超	环境科学与工程学院
795	高效电子转移的 S 型异质结体系的定向构建及其对四环素类抗生素的降解机理研究	省部级	黄加兴	环境科学与工程学院

续表

序号	项目名称	项目级别（本校认定）	负责人	二级单位
796	湿地植物根系对新型全氟/多氟烷基化合物的吸收和响应分子机制	省部级	张冬青	环境科学与工程学院
797	水热炭介导Fe（Ⅲ）还原与氧化活性物种调控的研究	省部级	吴少华	环境科学与工程学院
798	面向大型石化装置异常工况的边云联合智能诊断方法研究	省部级	左利云	计算机学院
799	软件缺陷预测关键技术和新方法研究	省部级	荆晓远	计算机学院
800	石化过程复杂环境下基于深度跨域学习的轴承故障识别方法研究	省部级	吴松松	计算机学院
801	无服务器架构边缘计算环境下工作流调度方法研究	省部级	何杰光	计算机学院
802	碳纤维增韧ZrB_2-SiC基复合材料（Cf/ZrB_2-SiC）界面损伤机理研究	省部级	刘宝良	建筑工程学院
803	油气管线钢中夹杂物的氢脆临界尺寸效应及理论建模	省部级	覃 文	理学院
804	毒黄素核酸适配体筛选、优化及其快速检测技术研究	省部级	王 丽	生物与食品工程学院
805	红树林生态系统不完全反硝化过程驱动的N_2O产生过程与释放机制	省部级	孙 巍	生物与食品工程学院
806	纳米金属氧化物强化微生物电合成系统转化二氧化碳的作用与机制	省部级	向音波	生物与食品工程学院
807	深水环境下易凝高黏原油-水混合体系蜡沉积规律及普适性预测模型研究	省部级	文江波	石油工程学院
808	DoS攻击下的多智能体安全一致性研究	省部级	任红卫	自动化学院
809	管式加热炉燃烧控制与安全监控的数理方法研究	省部级	胡绍林	自动化学院
810	柑橘黄龙病新型绿色防控技术研发与应用示范	省部级	岳茂峰	生物与食品工程学院
811	北界镇特色稻红米黑米绿色种植技术集成示范推广	省部级	刘杰凤	生物与食品工程学院
812	化橘红多组学精准育种技术开发及新优品种选育	省部级	黄新敏	生物与食品工程学院
813	茂名特色果蔬气调保鲜技术及应用示范	省部级	张 玲	生物与食品工程学院
814	高州市南塘镇特色农产品保鲜与加工技术成果转化与应用	省部级	李 颖	生物与食品工程学院
815	优质食用菌高效栽培技术集成及应用推广	省部级	李莉梅	生物与食品工程学院
816	特优新农产品番荔枝绿色种植技术集成与推广	省部级	赵永国	生物与食品工程学院
817	荔枝产业化加工关键技术研究及成果转化推广	省部级	吴菲菲	生物与食品工程学院
818	农村水污染防治助力乡村振兴	省部级	张战军	化学工程学院

续表

序号	项目名称	项目级别（本校认定）	负责人	二级单位
819	罗坑镇"三农"科技服务基地建设	省部级	李化强	生物与食品工程学院
820	中国共产党跳出历史周期率的"两个答案"及其相互关系研究	省部级	黎海燕	马克思主义学院
821	稀土金属调控 Fe/N/C 氢燃料电池催化剂研制与应用	省部级	李广环	材料科学与工程学院
822	环己烷控制电氧化制备环己酮关键技术研发	省部级	程辉成	化学学院
823	花生壳、稻糠饲用酵素制备关键技术的研究与应用	省部级	李化强	生物与食品工程学院
824	高品质脆嫩罗非鱼多元杂交育种关键技术的研究及应用	省部级	李化强	生物与食品工程学院
825	山茶籽油高效压榨和物理精炼技术的研究与应用	省部级	李化强	生物与食品工程学院
826	高品质荔枝干生产复合干燥关键技术研究及示范	省部级	李化强	生物与食品工程学院
827	龙眼加工关键技术研发及成果示范推广	省部级	吴菲菲	生物与食品工程学院
828	创面治疗仓智能设备研发	省部级	吴宪君	计算机学院
829	公共文化空间构建对文化认同的影响研究——以粤西为例	省部级	淦凌霞	文法学院
830	舆论与政治：全面抗战时期《新华南》的民众动员研究	省部级	张红春	马克思主义学院
831	粤西地区国家级非遗舞蹈口述史研究	省部级	赵丽娜	艺术学院
832	问题性短视频使用与青少年心理健康的纵向关系及差异化干预路径研究	省部级	皮陆杨	文法学院
833	广东俚语民俗中"敢为人先"精神历史文化基因研究	省部级	吴冬梅	马克思主义学院
834	速冻虾滑品质提升关键技术研究及应用	省部级	王 丽	生物与食品工程学院
835	二氧化碳与炔丙醇制环状碳酸酯关键技术开发	省部级	陈亚举	化学学院
836	多产轻烃原位晶化催化裂化助剂的可控制备及应用技术研究	省部级	王 慧	化学工程学院
837	高活性 2-乙烯氧基乙氧基丙烯酸乙酯的研发及应用	省部级	李石栋	能源与动力工程学院
838	荔枝标准化种植技术研究及示范	省部级	李春海	生物与食品工程学院
839	水东芥生长模型构建及数字化种植系统研发	省部级	王 春	生物与食品工程学院
840	农业生产托管服务营利创新模式的研发	省部级	周 莉	经济管理学院
841	基于"目标问题导向式"教学理念的《化工安全与环保》教学改革与实践	省部级（创强）	林存辉	化学工程学院

续表

序号	项目名称	项目级别（本校认定）	负责人	二级单位
842	目标问题导向式理念下《经济法》混合式教学模式的创新实践研究	省部级（创强）	于 婧	经济管理学院
843	留守流动经历对大学生社会心态的影响机制及干预策略研究	省部级（创强）	赵 佩	马克思主义学院
844	三级体系光学虚拟仿真实验创新课程的设计与探索	省部级（创强）	古 迪	理学院
845	"内卷化与后疫情"时代下工科大学生"慢就业"思潮与职业规划路径探索	省部级（创强）	孙 健	创新创业学院
846	数字化转型赋能审计学课程混合式教学改革探索——基于目标问题导向的教学实践	省部级（创强）	张芹秀	经济管理学院
847	大学生问题性短视频使用的纵向研究：影响因素、心理作用机制与教育干预策略	省部级（创强）	皮陆杨	文法学院
848	基于移动互联网的高校思政课混合式教学研究——以马克思主义基本原理课程为例	省部级（创强）	张 玲	文法学院
849	"新工科"背景下应用创新能力导向的有机化学实验课程体系的构建与实践——以广东石油化工学院为例	省部级（创强）	程辉成	化学学院
850	拔尖创新人才培养计划推动现代产业学院高质量发展的研究与实践	省部级（创强）	门金龙	能源与动力工程学院
851	粤西高校民族传统体育课程思政机制研究	省部级（创强）	刘付新	体育学院
852	新工科背景下目标问题导向教学法的可视化《线性代数》智慧教学研究与实践	省部级（创强）	梁 燕	理学院
853	石化机组旋转机械运行过程微小故障诊断技术研究	省部级	苏乃权	自动化学院
854	广东新市民政治态度生成机制及调适路径研究	省部级	赵 佩	马克思主义学院
855	马克思主义在广东传播史料整理与研究（1919—1949）	省部级	刘永俊	马克思主义学院
856	新民主主义革命时期中共抗战纪念的历史考察与基本经验研究	省部级	赵 芳	马克思主义学院
857	新中国成立初期中国共产党发挥社会号召力的历史经验研究	省部级	李海媚	马克思主义学院
858	疫情背景下罗尔斯国际正义理论稳定性的批判研究	省部级	谭宇生	文法学院
859	产业链空间离散化与地区生产率差距问题研究	省部级	朱炎亮	经济管理学院
860	大变局下21世纪美国印第安文学的危机书写研究	省部级	张慧荣	外国语学院
861	新时期粤西青少年民族传统体育文化传承研究	省部级	杨彩虹	体育学院

续表

序号	项目名称	项目级别（本校认定）	负责人	二级单位
862	高校公共体育课程思政建设研究——以区域红色文化资源融入公共体育教学研究为例	省部级	蒋士亚	体育学院
863	区块链驱动的供应链信息共享契约决策研究	省部级	杨娟娟	经济管理学院
864	价值共创背景下企业突破性创新能力培养的实证研究——基于顾客参与的视角	省部级	刘 根	经济管理学院
865	曾钊研究	省部级	张纹华	文法学院
866	不同基因型菠萝蜜果肉芳香产品研发	省部级	张 玲	生物与食品工程学院
867	荔枝壳、核活性物质提取及过程产物高值化利用技术研究与应用	省部级	张 强	生物与食品工程学院
868	罗非鱼鱼鳞钙螯合肽制备技术研发及产业示范	省部级	张 强	生物与食品工程学院
869	低值罗非鱼明胶的酶法冻力提升技术研发与应用	省部级	赵新淮	生物与食品工程学院
870	大型复杂钢结构自动焊接工艺研究与应用	省部级	李月明	机电工程学院
871	智能厨房家电关键技术研发与应用	省部级	李月明	机电工程学院
872	热弯曲面玻璃关键技术研究与应用	省部级	李月明	机电工程学院
873	大思政背景下高校思想政治教育智库建设研究	省部级（创强）	刘永俊	马克思主义学院
874	粤西热带海洋生态环境野外科学观测研究站	省部级	孙建腾	环境科学与工程学院
875	化橘红产品深加工技术开发及应用	省部级	黄新敏	生物与食品工程学院
876	水稻新优品种及机械化种植技术集成示范推广	省部级	黄新敏	生物与食品工程学院
877	大专项－保险粉连续合成反应生产工艺技术的研发	省部级	张志华	化学工程学院
878	海上风电机组健康监测与故障损伤诊断研究	省部级	崔得龙	电子信息工程学院
879	BiOCl 微纳结构构筑及激子效应协同的光催化柴油脱硫新机制	省部级	曾兴业	化学工程学院
880	钴酸镧基催化剂的电子结构调控及其催化氧化 VOCs 机理研究	省部级	陈汉林	环境科学与工程学院
881	CCUS-EOR 过程中顶部注 CO_2 非混相稳定刚性气驱判别模型研究	省部级	胡 罡	石油工程学院
882	石化大型机组故障特征提取与智能故障诊断方法研究	省部级	胡 勤	自动化学院
883	石化大机组异变感知与故障预测的数理方法研究	省部级	胡绍林	自动化学院
884	多层级等离激元光催化材料中活性氧的生成机制及其净水性能研究	省部级	黎相明	材料科学与工程学院

续表

序号	项目名称	项目级别（本校认定）	负责人	二级单位
885	氮掺杂石墨烯包覆 Ni_3S_2 纳米线的生长机理及电解水催化特性研究	省部级	李泊林	化学工程学院
886	载氧体氧空位对称性对乙烷化学链氧化脱氢制乙烯影响机制研究	省部级	李广环	材料科学与工程学院
887	基于 LNG-ANG 耦合的天然气吸附储存 MOFs 及其复合材料的优化设计及吸附机理研究	省部级	孟秀红	化学工程学院
888	金属配合物荧光功能传感阵列用于空气污染物 SO_2/NO_x 的同步快速分析方法研究	省部级	孙明泰	环境科学与工程学院
889	基于渐变阈值的机械产品竞争失效可靠性技术研究	省部级	王新刚	机电工程学院
890	p-n 异质结界面处内建电场的构建及其高效光催化 CO_2 还原性能研究	省部级	魏龙福	环境科学与工程学院
891	全局性转录因子 Fur 与 Fnr 参与植物乳杆菌 WU14 亚硝酸盐降解的多层次偶联调控机制	省部级	徐波	生物与食品工程学院
892	石化行业疏水性轻烃与亲水性 VOCs 生物过滤协同净化的过程强化及调控机制	省部级	杨春平	环境科学与工程学院
893	含氟调聚物醇类污染物对典型植物生物标志物组和分子网络的干扰机制	省部级	于晓龙	环境科学与工程学院
894	壬基酚同分异构体在水稻及其根际微生物组中的迁移转化分子机制	省部级	余元元	环境科学与工程学院
895	布洛芬和双氯芬酸在植物根系吸收、代谢及其调控分子机制	省部级	张冬青	环境科学与工程学院
896	典型含氟液晶单体的好氧微生物降解机理研究	省部级	朱锡芬	环境科学与工程学院
897	面向石化装备群故障的多域联合分析与协同诊断方法研究	省部级	左利云	计算机学院

附录7 省级及以上教学项目一览表

表1 省级及以上教学质量与教学改革工程项目一览表

序号	级别	年度	项目类型	项目名称	负责人
1	省级	1994	重点课程	石油加工工艺	朱耘清
2	省级	1998	重点课程	有机化工工艺	杨鑫莉
3	省级	1999	重点课程	化工器械	李多民
4	省级	2003	精品课程	法律基础	于广东
5	省级	2006	优质课程	法律基础	于广东
6	省级	2007	高等学校实验教学示范中心	化学与化工基础实验教学中心	吴世逵
7	省级	2008	优质课程	中国近现代史纲要	卢 诚
8	国家级	2009	特色专业	化学工程与工艺	吴世逵
9	省级	2009	高等学校实验教学示范中心	教师教育综合技能训练中心	李 润
10	省级	2010	优质课程	形势与政策	张忠江
11	省级	2010	精品课程	石油炼制工程	程丽华
12	省级	2010	精品课程	水污染控制工程	谢文玉 李德豪
13	省级	2010	高等学校实验教学示范中心	现代通信与电子技术实验教学中心	彭志平
14	省级	2011	高等学校实验教学示范中心	广东石油化工学院石油化工工程教育中心	宣征南
15	省级	2011	教学团队	化学工程与工艺专业团队	吴世逵
16	省级	2011	精品课程	石油炼制工程	程丽华
17	省级	2011	精品课程	水污染控制工程	李德豪
18	省级	2011	特色专业	过程装备与控制工程	宣征南
19	省级	2011	特色专业	环境工程	谢文玉
20	省级	2011	特色专业	机械设计制造及其自动化	蔡业彬
21	国家级	2012	工程实践教育中心	广东石油化工学院·湛江东兴石油化工有限公司工程实践教育中心	周锡堂

续表

序号	级别	年度	项目类型	项目名称	负责人
22	国家级	2012	工程实践教育中心	广东石油化工学院·茂名石油化工公司工程实践教育中心	周锡堂
23	国家级	2012	专业综合改革试点	电气工程及其自动化专业综合改革试点项目	刘 美
24	省级	2012	大学生校外实践教学基地	广东石油化工学院·茂名石油化工公司工程实践教育中心	周锡堂
25	省级	2012	大学生校外实践教学基地	广东石油化工学院·茂名绿园食品有限公司理科实践教育基地	周 天
26	省级	2012	精品视频公开课	儒家伦理文化与人生智慧	唐少莲
27	省级	2012	精品资源共享课	化工仪表及自动化	刘 美
28	省级	2012	人才培养模式创新实验区	化学工程领域石油化工应用型人才培养模式创新实验区	周如金
29	省级	2012	人才培养模式创新实验区	"校企互通，工学结合"的卓越电气工程师后备人才培养模式创新实验区	王 涛
30	省级	2012	实验教学示范中心	现代机械工程训练中心	蔡业彬
31	省级	2012	专业综合改革试点	电气工程及其自动化专业综合改革试点项目	刘 美
32	国家级	2013	工程实践教育中心	广东石油化工学院·中国石油化工股份有限公司广州分公司工程实践教育中心	周锡堂
33	省级	2013	大学生校外实践教学基地	广东石油化工学院·广东省茂名石化工业区工程实践教育中心	周锡堂
34	省级	2013	大学生校外实践教学基地	广东石油化工学院·茂名市教育局师范实践中心	李 润
35	省级	2013	精品资源共享课（升级）	水污染控制工程	谢文玉
36	省级	2013	精品资源共享课（新建）	单片机原理及应用	刘 美
37	省级	2013	精品资源共享课（新建）	高分子物理	黄军左
38	省级	2013	实验教学示范中心	石油化工实验与实践中心	谢 颖
39	省级	2013	专业综合改革试点	化学工程与工艺专业	吴世逵
40	省级	2013	专业综合改革试点	过程装备与控制工程专业	宣征南
41	省级	2014	大学生校外实践教学基地	广东石油化工学院·茂名市明湖百货有限公司校外综合实践实训基地	文亚青
42	省级	2014	大学生校外实践教学基地	广东石油化工学院·广州雅纯化妆品制造有限公司理科实践教学基地	滕俊江

续表

序号	级别	年度	项目类型	项目名称	负责人
43	省级	2014	教学团队	电气工程及其自动化教学团队	刘 美
44	省级	2014	教学团队	环境工程专业教学团队	谢文玉
45	省级	2014	教学团队	石油炼制工程教学团队	程丽华
46	省级	2014	教学团队	机械设计制造及其自动化专业教学团队	蔡业彬
47	省级	2014	精品教材	数字电子技术及应用	李继凯
48	省级	2014	精品教材	石油炼制工艺学	程丽华
49	省级	2014	精品资源共享课	物理化学	周建敏
50	省级	2014	精品资源共享课	有机化学	黄 敏
51	省级	2014	人才培养模式创新实验区	广东石油化工学院·广东轻工职业技术学院协同培养创新实验区	宣征南
52	省级	2014	人才培养模式创新实验区	广东石油化工学院·广东水利电力职业技术学院协同培养创新实验区	刘 美
53	省级	2014	人才培养模式创新实验区	信息与计算科学专业"EDC-工融合"应用型人才培养式创新实验区	孙立民
54	省级	2014	实验教学示范中心	生物与食品工程实验教学中心	刘杰凤
55	省级	2014	试点学院	机电工程学院	蔡业彬
56	省级	2014	协同育人平台	石油化工类应用型人才培养协同育人中心	张清华
57	省级	2014	应用型人才培养示范基地	化学化工类应用型石化特色人才培养示范基地	齐民华
58	省级	2014	应用型人才培养示范专业	化学工程与工艺	谢 颖
59	省级	2014	应用型人才培养示范专业	电气工程及其自动化	王 涛
60	省级	2014	战略性新兴产业特色专业	能源与动力工程（新能源科学技术）战略性新兴产业特色专业建设	田 红
61	省级	2014	专业综合改革试点	环境工程	牛显春
62	省级	2014	专业综合改革试点	机械设计制造及其自动化	黄崇林
63	省级	2014	专业综合改革试点	电子信息工程	左敬龙
64	省级	2014	卓越人才培养计划	过程装备与控制工程专业	王大成
65	省级	2015	大学生校外实践教学基地	广东石油化工学院·化州孔庙国学与"思政课"实践教学基地	唐少莲
66	省级	2015	大学生校外实践教学基地	广东石油化工学院·广东诚挚律师事务所法学教育实践基地	马 波

续表

序号	级别	年度	项目类型	项目名称	负责人
67	省级	2015	教学团队	高等数学教学团队	孙立民
68	省级	2015	教学团队	传递工程教学团队	周锡堂
69	省级	2015	精品教材	模拟电子技术及应用	李继凯
70	省级	2015	精品教材	化工仪表及自动化	刘 美
71	省级	2015	精品视频公开课	走进多彩的信号世界	孙国玺
72	省级	2015	精品资源共享课	翻译理论与实践	韦建华
73	省级	2015	精品资源共享课	高分子化学	杨鑫莉
74	省级	2015	精品资源共享课	过程装备制造工艺	宣征南
75	省级	2015	精品资源共享课	机械制图	冀晓辉
76	省级	2015	精品资源共享课	环境监测	牛显春
77	省级	2015	人才培养模式创新实验区	基于结果导向的（OBE）化工类石化特色工程技术人才培养模式创新实验区	齐民华
78	省级	2015	实验教学示范中心	环境工程实验教学中心	谢文玉
79	省级	2015	协同育人平台	突出创新创业能力培养的协同育人中心	周如金
80	省级	2015	应用型人才培养示范基地	广东石油化工学院机械类应用型人才培养示范基地	王大成
81	省级	2015	应用型人才培养示范专业	会计学（注册会计师方向）	罗玉波
82	省级	2015	战略性新兴产业特色专业	高分子材料与工程	付 文
83	省级	2015	专业综合改革试点	法学专业综合改革	马 波
84	省级	2015	专业综合改革试点	能源与动力工程专业综合改革	王 倩
85	省级	2015	自主特色项目	生物工程（生物化工工艺）本科高职2+2联合培养实践	韦明肯
86	省级	2015	自主特色项目	高分子材料加工技术本科——高职联合培养的设计与实施	史 博
87	省级	2016	大学生校外实践教学基地	广东石油化工学院·南方电网粤能电力有限公司电气与自动化校外实践教学基地	王 涛
88	省级	2016	教学团队	过程装备与控制工程专业教学团队	宣征南
89	省级	2016	精品资源共享课	宏观经济学	万 勇
90	省级	2016	精品资源共享课	市场营销学	尹启华
91	省级	2016	人才培养模式创新实验区	基于"工作室"模式的建筑类专业人才培养实验区	李胜强

续表

序号	级别	年度	项目类型	项目名称	负责人
92	省级	2016	实验教学示范中心	电气与仪表自动化实验教学中心	陈金鹏
93	省级	2016	特色专业	应用化学	滕俊江
94	省级	2017	创新创业教育课程	市场营销学	尹启华
95	省级	2017	应用型人才培养课程	应用化学大学课程群	周建敏
96	省级	2017	大学生实践教学基地	广东石油化工学院·茂名市第一污水处理厂工程实践教育中心	张冬梅
97	省级	2017	教学团队	高分子材料加工教学团队	黄军左
98	省级	2017	精品资源共享课	石油化工工艺学	王丽
99	省级	2017	在线开放课程	信号与系统	孙国玺
100	省级	2017	重点专业	高分子材料与工程	史博
101	省级	2018	教学团队	化工仪表及自动化课程群教学团队	刘美
102	省级	2018	大学生实践教学基地	广东石油化工学院·广东立威化工有限公司工程实践教学基地	乔艳辉
103	省级	2018	产业学院	广东石油化工学院ICT产业学院	李继凯
104	省级	2018	特色专业	食品科学与工程	张钟
105	省级	2018	示范性教师教育实践基地	广东石油化工学院·茂名市第十六中学教师教育基地	吴登平
106	省级	2018	示范性教师教育实践基地	广东石油化工学院·茂名市蓓蕾实验幼儿园教师教育实践基地	毛元晶 蒋仕全
107	省级	2018	系列在线开放课程、线上一流课程	思维创新与创造力开发	唐少莲
108	省级	2018	慕课	小城镇民宿创业	刘梦华
109	省级	2019	产业学院	广油-瑞派创新设计学院	谢颖
110	省级	2019	重点专业	测控技术与仪器	李喜武
111	省级	2019	在线开放课程	过程装备制造工艺	郭福平
112	省级	2019	在线开放课程	生活中的化工原理	孟秀红
113	省级	2019	实验教学示范中心	先进制造工程实验教学中心	王大成
114	省级	2019	一流本科专业建设点	机械设计制造及其自动化	黄崇林
115	省级	2019	一流本科专业建设点	高分子材料与工程	史博
116	省级	2019	一流本科专业建设点	电气工程及其自动化	王忠勇
117	省级	2019	一流本科专业建设点	电子信息工程	崔得龙

续表

序号	级别	年度	项目类型	项目名称	负责人
118	省级	2019	一流本科专业建设点	化学工程与工艺	吴世逵
119	省级	2019	一流本科专业建设点	环境工程	孙建腾
120	省级	2019	系列在线开放课程、线上一流课程	石油炼制工程	周如金
121	省级	2020	示范性教师教育实践基地	广东石油化工学院·芝麻林优才幼儿园教师教育实践基地	高 雷
122	国家级	2020	线下一流本科课程	石油炼制工程	周如金
123	省级	2020	在线开放课程	物理化学	余 梅
124	省级	2020	在线开放课程	市场营销学	余丽琼
125	省级	2020	在线开放课程	石油化工工艺学	王 丽
126	省级	2020	在线开放课程	大学英语读写	邓超群
127	省级	2020	产业学院	石油化工与应急管理产业学院	刘 美
128	省级	2020	大学生校外实践教学基地	广油-犀灵机器人智能制造大学生实践基地	王忠勇
129	省级	2020	特色专业	安全工程	门金龙
130	省级	2020	重点专业	自动化	胡绍林
131	省级	2020	示范性产业学院	广油-瑞派创新设计学院	周如金
132	省级	2020	一流本科专业建设点	生物工程	尹爱国
133	省级	2020	一流本科专业建设点	能源与动力工程	李石栋
134	省级	2020	一流本科专业建设点	过程装备与控制工程	李志海
135	国家级	2020	一流本科专业建设点	化学工程与工艺	吴世逵
136	国家级	2020	一流本科专业建设点	环境工程	孙建腾
137	省级	2020	线上线下混合式一流本科课程	化工原理	孟秀红
138	省级	2020	线上线下混合式一流本科课程	大学英语读写(一)	邓超群
139	省级	2020	线上线下混合式一流本科课程	石油化工工艺学	王 丽
140	省级	2020	线上线下混合式一流本科课程	高分子物理(含课程实验)	黄军左
141	省级	2020	线下一流本科课程	化工仪表及自动化	刘 美
142	省级	2020	线下一流本科课程	模拟电子技术基础	李继凯
143	省级	2020	线下一流本科课程	石油炼制工程	周如金
144	省级	2020	系列在线开放课程、线上一流课程	空调工程	王 倩

续表

序号	级别	年度	项目类型	项目名称	负责人
145	省级	2021	大学生社会实践教学基地	广东石油化工学院·广东昌华海利科技有限公司大学生社会实践教学基地	刘根
146	省级	2021	教师教学发展中心	广东石油化工学院教师教学发展中心	周如金
147	省级	2021	课程教研室	化工原理教研室	孟秀红
148	省级	2021	课程教研室	大学外语拓展课程教研室	邓超群
149	省级	2021	专项人才培养计划	卓越智能制造人才培养计划	王忠勇
150	省级	2022	示范性产业学院	石油化工与应急管理产业学院	刘美
151	国家级	2021	一流本科专业建设点	电子信息工程	崔得龙
152	省级	2021	一流本科专业建设点	应用化学	乔艳辉
153	省级	2021	一流本科专业建设点	自动化	刘美
154	省级	2021	一流本科专业建设点	计算机科学与技术	吴良海
155	省级	2021	一流本科专业建设点	食品科学与工程	张玲
156	省级	2021	一流本科专业建设点	会计学	万勇
157	省级	2021	线上一流课程	声乐	蒋快安
158	省级	2021	线下一流课程	大学物理	吴登平
159	省级	2021	线下一流课程	化工安全与环保	吴世逵
160	省级	2021	线下一流课程	中国现代文学	姚国军
161	省级	2021	线上线下混合式一流课程	环境影响评价	涂宁宇
162	省级	2021	线上线下混合式一流课程	空气调节	王倩
163	省级	2021	线上线下混合式一流课程	审计学	张芹秀
164	省级	2021	社会实践一流本科课程	大学生创新与创业基础社会实践	方芳
165	省级	2022	科产教融合基地	广东石油化工学院·广东奥克化学有限公司科产教融合实践教学基地	乔艳辉
166	省级	2022	专项人才培养计划	环境工程专业专项人才培养计划（创新班）	孙建腾
167	省级	2022	课程教研室	宏观经济学课程教研室	万勇
168	省级	2022	课程教研室	工业催化课程教研室	段林海
169	省级	2022	课程教研室	石油化工工艺学课程群教研室	王丽
170	省级	2022	示范性教师教育实践基地	广东石油化工学院·茂名市第五中学教师教育实践基地	邓超群

续表

序号	级别	年度	项目类型	项目名称	负责人
171	省级	2022	示范性教师教育实践基地	广东石油化工学院·茂名市育才学校教师教育实践基地	区锦联
172	省级	2022	示范性教师教育实践基地	广东石油化工学院·春晓中学教师教育实践基地	刘习根
173	省级	2022	示范性教师教育实践基地	广东石油化工学院·茂名行知中学教师教育实践基地	王 瑜
174	国家级	2023	线上线下混合式一流本科课程	化工原理	孟秀红
175	国家级	2023	线上线下混合式一流本科课程	石油化工工艺学	王 丽
176	国家级	2023	线下一流本科课程	化工仪表及自动化	刘 美
177	省级	2023	线上一流本科课程	商务口译	郑少惠
178	省级	2023	线上线下混合式一流本科课程	过程装备制造工艺	郭福平
179	省级	2023	线上线下混合式一流本科课程	混凝土与砌体结构（一）	金 焕
180	省级	2023	线上线下混合式一流本科课程	大气污染控制工程	陈梅芹
181	省级	2023	线上线下混合式一流本科课程	高级财务会计	姚翠红
182	省级	2023	线上线下混合式一流本科课程	第二外语（一）日语	李 琳
183	省级	2023	线上线下混合式一流本科课程	商务英语	冯 薇
184	省级	2023	线上线下混合式一流本科课程	化学反应工程	单书峰
185	省级	2023	线上线下混合式一流本科课程	通信原理	谢玉鹏
186	省级	2023	线下一流本科课程	材料力学	于月民
187	省级	2023	线下一流本科课程	形势与政策	周汉杰
188	省级	2023	线下一流本科课程	成本会计	张芹秀
189	省级	2023	专项人才培养计划	"智油班"人才培养计划	余长林
190	省级	2023	专项人才培养计划	锂电卓越工程师专项人才培养计划	史 博
191	省级	2023	科产教融合实践教学基地	石油化工与应急管理实践教学基地	门金龙
192	省级	2023	大学生社会实践教学基地	冼夫人与非遗文化大学生社会实践教学基地	姚国军
193	省级	2023	虚拟教研室	茂名市大中小学思政课一体化共同体虚拟教研室	黎海燕
194	省级	2023	课程教研室	石油化工类课程群教研室	周如金
195	省级	2023	课程教研室	《化工仪表及自动化》课程教研室	刘 美

表2 省级及以上教育教学改革研究项目一览表

序号	级别	年度	项目类型	项目名称	负责人
1	省级	2006	重点项目	新办本科高校工程类专业人才培养模式研究与实践	汪富泉
2	省级	2006	一般项目	本科院校高分子材料与工程专业实验教学模式创新探索与实践	杨鑫莉
3	省级	2007	—	地方院校理工类专业毕业设计（论文）教学改革研究与实践	张清华
4	省级	2008	资助项目	地方院校本科人才培养模式改革的研究与实践	胡生泳
5	省级	2008	非资助项目	基于校企共建工程研究中心的大学生实践能力和创新能力培养模式的研究与实践	周如金
6	省级	2008	非资助项目	地方院校实验教学质量监控体系的构建与实践	彭志平
7	省级	2010	资助项目	CDIO理念的石油化工自动化特色人才培养研究与实践	刘 美
8	省级	2010	非资助项目	油气储运工程专业应用型人才培养研究	周锡堂
9	省级	2011	专业大类	基于"卓越计划"理念的机械设计制造及其自动化专业应用型本科人才培养模式的创新实践	黄崇林
10	省级	2011	专业大类	教学型本科院校学科专业建设彰显办学特色研究	黄军左
11	省级	2011	总体研究	石油化工应用型培养模式综合改革试点研究与实践	周锡堂
12	省级	2012	一般资助	基于"卓越工程师教育培养计划"企业深度参与的校企合作人才培养模式的研究与实践	邓 宇
13	省级	2012	一般资助	多企业多层次交互式人才培养模式的研究与实践	左敬龙
14	省级	2012	一般资助	基于"卓越计划"的装控专业人才培养模式综合改革与实践	高红利
15	省级	2012	体制改革项目依托	基于目标、体系和过程的"三位一体"应用型人才培养模式的研究与实践	李 润
16	省级	2012	一般资助	立体化教学法在工科类专业基础化学课程群的研究与实践	黄 敏
17	省级	2012	一般资助	基于CCAI的大学计算机公共课程混合学习研究与实践	陈一明
18	省级	2012	一般资助	以"竞赛专题设计"为主线的工业设计创新应用型人才培养模式的研究和实践	雷鸿源
19	省级	2012	一般资助	"三位一体"应用型人才培养模式在热能与动力工程专业中的应用研究	田 红
20	省级	2013	重点项目	给水排水专业高素质应用型人才培养的研究	李 霞

续表

序号	级别	年度	项目类型	项目名称	负责人
21	省级	2013	重点项目	高校"思政课"的人本教育教学模式改革及其实践研究	唐少莲
22	省级	2013	重点项目	层次式立体化晋级机制课程教学改革研究	余桂兰
23	省级	2013	一般项目	立足"卓越计划"的"油类"课程群教学模式的探索与实践	程丽华
24	省级	2014	一般类	校企协同培养工科大学生创新能力的研究与实践——以机械设计制造及其自动化专业为例	乔东凯
25	省级	2014	一般类	提升计算机类专业学生编程技能途径的研究与实践	姚 明
26	省级	2014	一般类	基于"三位一体"的测控专业CDIO工程培养模式研究与实践	徐小玲
27	省级	2014	一般类	"卓越计划"驱动下的工科类院校大学英语教学改革探索和实践研究	邓超群
28	省级	2014	一般类	基于应用型人才培养目标的"三位一体"体育人才培养研究与实施	王 萍
29	省级	2014	一般类	基于CDIO模式的立体化EDA课程教学改革探究	吕晓兰
30	省级	2014	一般类	基于协同创新的电类专业嵌入式技术人才培养机制探讨	李绍平
31	省级	2014	综合类	从课程体系出发尝试多元思维训练,培养卓越工程人才的研究与实践	宣征南
32	省级	2014	综合类	"高等数学"课程优秀教学团队建设研究与实践	孙立民
33	省级	2014	综合类	"三位一体"应用型人才培养模式在土木工程专业的探索及实践	李胜强
34	省级	2014	综合类	电气工程专业知识、能力、素质三位一体课程体系建设的研究与实践	王 涛
35	省级	2014	综合类	工科特色与经济管理类专业深度融合的课程建设与改革研究——基于地方应用型工科高校背景	万 勇
36	省级	2014	综合类	基于"三位一体"的开放式教师教育技能训练创新模式的研究	张灵峰
37	省级	2014	综合类	基于CDIO的"三位一体"工业工程专业实验改革研究	黄剑锋
38	省级	2014	综合类	基于石化特色"三位一体"环境工程专业应用型人才培养模式的实践教学体系研究与探索	牛显春
39	省级	2015	一般类	以社会主义核心价值教育为导向的"思想道德修养与法律基础"课教学改革探索与实践	何小春

续表

序号	级别	年度	项目类型	项目名称	负责人
40	省级	2015	一般类	基于"课例研究"理念的物理师范生培养模式研究	吴登平
41	省级	2015	一般类	基于区域创新为导向,培养创新创业型应用人才的探索与实践——以给排水科学与工程专业为例	聂丽君
42	省级	2015	一般类	地方院校教学质量保障与监控体系的构建与实施——以广东石油化工学院为例	方　丹
43	省级	2015	一般类	储运专业新增燃气工程方向教学体系构建	张帮亮
44	省级	2015	综合类	石油化工类应用型人才培养协同机制的研究与实践	刘　美
45	省级	2015	综合类	广东石油化工学院学分制运行机制的探索与实践	黄　妍
46	省级	2015	综合类	法学专业"三位一体"应用型人才培养模式构建研究	马　波
47	省级	2015	综合类	本科院校实践型英语（旅游方向）人才培养创新模式研究	袁骅笙
48	省级	2016	一般类	校企共建油气储运数值模拟实例库	施　雯
49	省级	2016	一般类	基于SPOC的"数字电子技术"课程教学模式研究与实践	杨　艳
50	省级	2016	一般类	从设计到研究——基于研究的环境设计专业设计工作室创业教学模式探索	周仲伟
51	省级	2016	一般类	基于OBE理念的过程装备与控制工程专业生产实习的改革与实践	陈志静
52	省级	2016	一般类	基于学习成果的"产品造型设计"课程教学构建与实施	徐小欢
53	省级	2016	一般类	基于OBE教学模式下"高等数学"实验教学的研究	李伟勋
54	省级	2016	一般类	基于OBE视角下的"国际商务英语谈判"教学改革研究	董　坤
55	省级	2016	一般类	地方高校本科"教学质量与教学改革工程"建设项目的后评估机制探究——以广东石油化工学院为例	代　静
56	省级	2016	综合类	成果导向理念下音乐类人才培养方案制定的研究与实践	孟庆民
57	省级	2016	综合类	基于成果导向的校企协同工程实践教育创新模式研究——以石化装备专业应用型人才培养为例	刘　伟
58	省级	2016	综合类	基于OBE教育理念和科研平台引导食品科学与工程专业教学与考核改革与实践	邱松山
59	省级	2016	综合类	面向大学生创新能力训练的高校科研平台的开放模式及机制研究	彭绍洪

续表

序号	级别	年度	项目类型	项目名称	负责人
60	省级	2016	综合类	基于OBE理念下计算机科学与技术专业应用型人才培养机制的研究与实践	李启锐
61	省级	2017	新工科研究与实践	双体系渗透融合人才培养模式创建及其理论基础和新工科特征研究	周如金
62	省级	2017	综合类	"资源共享,互惠共赢"校企合作育人新机制的研究与实践	牛显春
63	省级	2017	综合类	创建理论与实验一体化的基础化学课程体系,引领基础课程教学改革	周建敏
64	省级	2017	综合类	基于校企协同的工业工程专业生产实习创新与实践	赵晶英
65	省级	2017	综合类	基于培养生物技术专业学生创新精神和实践能力的教学改革研究	王 春
66	省级	2017	综合类	地方高校经管类专业应用型转型发展的研究与实践	刘 根
67	省级	2017	一般类	"应用热工基础"课程综合改革研究	周锡堂
68	省级	2017	一般类	基于CDIO理念的生物化学实践教学改革研究——以参加IEET工程认证的生物工程专业为例	欧阳乐军
69	省级	2017	一般类	基于成果导向的"机械制图"课程创新教学模式的研究与实践	冀晓辉
70	省级	2017	一般类	基于翻转课堂的环境规划与管理教学改革研究	杜 诚
71	省级	2017	一般类	基于OBE理念的机械设计制造及其自动化专业生产实习的改革探索与实践	龚勇镇
72	省级	2017	一般类	基于学生创新与创业能力培养为目标的创新创业课程体系研究与实践——以化学工程与工艺专业为例	王 丽
73	省级	2017	一般类	应用型本科高校创业教育模块化课程的体系构建实践——基于对广东应用型本科高校创业教育课程发展现状的调查分析	陈洪源
74	省级	2017	一般类	以众创空间为平台的大学生创新创业教育模式改革	马远佳
75	省级	2017	一般类	应用型转型背景下油气储运工程专业课程体系构建研究	王海秀
76	省级	2017	一般类	基于绿色化学理念的实验教学改革:塑造21世纪卓越化学工程师	蒋达洪
77	省级	2018	金融学类	互联网金融人才培养模式研究	丰琼英
78	省级	2018	综合类	基于OBE教育理念的应用型本科自动化专业课程体系研究	禹柳飞
79	省级	2018	综合类	工程认证助力的高分子材料与工程专业内涵建设	史 博

续表

序号	级别	年度	项目类型	项目名称	负责人
80	省级	2018	一般类	以创新为导向的应用型本科深化产教融合校企合作的有效路径探索和实践	任红卫
81	省级	2018	一般类	双体系人才培养模式下素拓教育体系的构建及其内涵和特性研究	刘艳艳
82	省级	2018	一般类	思政课"微博课堂"构建与实践	卢 诚
83	省级	2018	一般类	新工科"应用大学物理"创新教育实践研究	陈海波
84	省级	2018	一般类	应用型大学英语智慧教学模式研究与实践	朱晓艳
85	省级	2018	一般类	基于学生工程实践能力培养的电工电子技术课程群建设与改革	李继凯
86	省级	2018	一般类	应用型高校契合地域文化的建筑学课程教学改革	罗 佩
87	省级	2018	一般类	基于石油化工应用型创新人才培养，化工设计课程教学模式的探索与实践	陈 辉
88	省级	2018	一般类	基于OBE教育理念的工科专业大学外语教学研究与实践	邓超群
89	省级	2018	一般类	以培养应用型人才为导向的油库设计与管理课程教学改革	王 琪
90	省级	2018	一般类	基于校企合作"互联网+"创新教育平台的应用型建筑人才培养模式改革研究	陈 雄
91	省级	2018	一般类	测控技术与仪器专业高本三二分段二年制"双体系"融合渗透人才培养模式研究与实践	黄瑞龙
92	省级	2018	一般类	高职本科"3+2"分段培养课程衔接问题的研究与实践——以机械设计制造及其自动化专业为例	黄崇林
93	省级	2018	校企合作协同育人	众图学院高校建筑教育创新项目	陈 雄
94	省级	2018	仪器类专业新工科建设	基于新工科特征的双体系渗透融合人才培养模式研究与实践	刘 美
95	省级	2019	综合类	基于新工科理念的全景式多学科跨领域人才培养模式研究	王忠勇
96	省级	2019	综合类	产教融合背景下的创新型人才培养模式改革与实践	王爱国
97	省级	2019	综合类	以"八个相统一"为导向的"中国近现代史纲要"课教学新体系构建研究	闫亚平
98	省级	2019	综合类	以IEET工程教育认证为抓手推动能源与动力工程专业内涵建设和发展	李石栋

续表

序号	级别	年度	项目类型	项目名称	负责人
99	省级	2019	综合类	基于创新能力培养的石油工程教学方式方法改革研究与实践	罗天雨
100	省级	2019	一般类	基于创新能力培养的电类基础课程实践教学改革的研究与实践	张锋
101	省级	2019	一般类	基于OBE的阶梯递进式实践教学体系研究——以电子信息工程专业为例	吕晓兰
102	省级	2019	一般类	双体系人才培养模式下多元化考核机制的研究与构建	钟源
103	省级	2019	一般类	以能力产出为导向的大学计算机基础课程项目教学法改革与实践	赖锦辉
104	省级	2019	一般类	创新导向下化工原理课程教学改革	李燕
105	省级	2019	一般类	整合性·动态性·开放性：形势与政策课"三性"教学体系的建构与实践	周汉杰
106	省级	2019	一般类	面向"新工科"的机械基础课程改革的探索	苏乃权
107	省级	2019	一般类	案例式教学法在材料力学教学中的研究与实践	于月民
108	省级	2019	一般类	混合式教学模式下的大学英语语用能力培养研究——基于《中国英语能力量表》标准	冯薇
109	省级	2019	一般类	新工科背景下新能源科学与工程专业实践教学体系研究	罗国平
110	省级	2019	校企合作协同育人	人工智能+物联网专业技术资培训项目	李喜武
111	省级	2019	大学英语教改项目	电力专业本科生ERPP写作语料库建设的研究与实践	邓超群
112	国家级	2020	新工科专业改革类项目	基于多方协同的石化安全应急创新人才培养平台建设探索与实践	纪红兵
113	省级	2020	综合类	三全育人体制机制改革探索与实践	刘美
114	省级	2020	综合类	基于"4+0"协同育人的土木工程专业应用型人才培养体系重构与实践	薛志成
115	省级	2020	综合类	石化特色高校安全应急新工科人才培养科产教深度融合路径探索	门金龙
116	省级	2020	综合类	基于校企合作产教融合的应用型人才培养改革的研究与实践	齐民华
117	省级	2020	综合类	课程思政在专业课程建设中的探索与实践——以"高聚物反应基础及合成工艺"课程为例	杨鑫莉

续表

序号	级别	年度	项目类型	项目名称	负责人
118	省级	2020	一般类	"目标问题导向式"+线上线下混合教学模式的研究与实践	孟秀红
119	省级	2020	一般类	以企业需求为创新创业驱动力的食品科学与工程专业实践教学及多元化评价体系的构建	徐 波
120	省级	2020	一般类	基于双体系渗透融合人才培养模式的多重Capstone课程体系及其教学成效Rubrics评量的探索与实践	田 红
121	省级	2020	一般类	课程思政背景下的食品科学与工程专业EIS-CDIO工程教育模式	海金萍
122	省级	2020	一般类	生态文明建设背景下"环境影响评价"课程思政教学改革路径研究与探索	涂宁宇
123	省级	2020	一般类	乡村振兴战略下校地合作开设绿色创业课程探索与实践	孙 健
124	省级	2020	一般类	基于移动平台的目标问题导向式教学模式对专业英语课堂焦虑感影响实证研究	许莹婧
125	省级	2020	一般类	基于工程教育专业认证的电信专业课目标问题导向式教学研究与实践	龙青云
126	省级	2020	一般类	基于问题导向模式的过程装备与控制工程专业实习探索研究	陈志静
127	省级	2020	一般类	多维度交互式教学模式在程序设计类课程中的探索与实践	徐 辉
128	省级	2021	高等教育教学改革项目	基于"目标问题导向"的"石油化工工艺学"混合式教学创新改革与实践	王 丽
129	省级	2021	高等教育教学改革项目	高校层级递进式"课程思政"协同育人机制的构建	代 静
130	省级	2021	高等教育教学改革项目	基于目标问题导向的"混凝土结构设计原理"混合式教学创新改革与实践	金 焕
131	省级	2021	高等教育教学改革项目	党建引领课程思政改革模式在高分子专业课程中的应用与研究	杨 营
132	省级	2021	高等教育教学改革项目	理工科专业课程"课程思政"建设策略研究——以电子信息工程专业为例	崔得龙
133	省级	2021	高等教育教学改革项目	专业认证背景下我校师范类专业培养模式研究	吴登平
134	省级	2021	高等教育教学改革项目	专业认证契机下"高分子物理"目标问题导向混合式教学的初探	班建峰

续表

序号	级别	年度	项目类型	项目名称	负责人
135	省级	2021	高等教育教学改革项目	新工科背景下食品化学课程 CDIO-OBE 模式教学体系的构建	赵俊仁
136	省级	2021	高等教育教学改革项目	非会计类专业"财务管理"教学模式改革——基于目标问题导向的 BOPPPS 体验式教学模式的创新与实践	于 婧
137	省级	2021	高等教育教学改革项目	基于移动互联网的"学生深度参与式"有机化学教学模式改革	蒋达洪
138	省级	2021	高等教育教学改革项目	化学工程与工艺专业双体系人才培养模式改革理论研究与实践	邓益强
139	省级	2021	高等教育教学改革项目	基于目标问题导向的动态进阶式教学模式在石油工程专业课程教学的探索与实践	秦大伟
140	省级	2021	高等教育教学改革项目	通信原理课程融入思政工作的教学理念与方法	谢玉鹏
141	省级	2021	高等教育教学改革项目	新工科背景下功能材料专业实验实训体系的构建	李广环
142	省级	2021	高等教育教学改革项目	协作性高分子化学实验线上线下混合式教学初探	潘露露
143	省级	2021	高职教改	基于目标问题导向的"土木工程施工（一）"课程思政教学模式研究	杨云英
144	省级	2021	高职教改	本科—高职"课程思政"校际协同育人机制的研究与实践	代 静
145	省级	2021	高职教改	高职联培专业基于核心能力培养的模块化课程体系构建	王 丽
146	省级	2022	高等教育教学改革项目	"目标问题导向式"教学模式下课程教学设计与评价研究——以审计学为例	张芹秀
147	省级	2022	高等教育教学改革项目	审核评估视域下的地方本科高校内部教学质量保障体系的优化研究与实践	周 敏
148	省级	2022	高等教育教学改革项目	"马克思主义基本原理"目标问题导向专题化教学体系建构的创新研究	吴冬梅
149	省级	2022	高等教育教学改革项目	基于设计专业表现技法课程创新能力培养的教学改革与实践	金勤可
150	省级	2022	高等教育教学改革项目	目标问题导向式课赛融合的化工计算机应用教学模式探索与实践	陈 辉
151	省级	2022	高等教育教学改革项目	目标问题导向式"化学反应工程"教学改革与实践	单书峰

续表

序号	级别	年度	项目类型	项目名称	负责人
152	省级	2022	高等教育教学改革项目	虚拟仿真技术在光学实验教学中的应用研究	古 迪
153	省级	2022	高等教育教学改革项目	智能化趋势下电子信息类专业本科生数据计算能力培养研究	邓向武
154	省级	2022	高等教育教学改革项目	基于校企深度融合的应用型人才培养改革与实践——以高分子材料与工程为例	付 文
155	省级	2022	高等教育教学改革项目	基于新工科创新人才培养的给排水科学与工程专业改革与实践	张 荔
156	省级	2022	高等教育教学改革项目	"大概念"视阈下目标问题导向式教学模式的构建与运用研究	姚翠红
157	省级	2022	高等教育教学改革项目	智能制造时代的多学科交叉新工科人才培养模式的研究与实践	任红卫
158	省级	2022	高等教育教学改革项目	基于"目标问题导向式"教学理念的"化工安全与环保"案例式教学方法探索与实践	林存辉
159	省级	2022	高等教育教学改革项目	新工科背景下自动控制原理课程教学改革研究与实践	李喜武
160	省级	2023	高等教育教学改革项目	AI+知识图谱驱动的专业课程建设与教学改革实践	马 寅
161	省级	2023	高等教育教学改革项目	基于OBE教育理念的基础化学综合设计实验课程改革研究	程辉成
162	省级	2023	高等教育教学改革项目	面向绿色石化产业的政产学研用协同培养复合型人才路径研究	万 勇
163	省级	2023	高等教育教学改革项目	基于AI+流程模拟的"石油炼制工程"课程教学创新改革与实践	孙 晋
164	省级	2023	高等教育教学改革项目	基于CDIO实施多课程融合和项目驱动培养系统建模能力的"系统工程"教学改革研究——以工业工程专业为例	吴小东
165	省级	2023	高等教育教学改革项目	基于"目标问题"导向式教学理念的"材料力学"课程教学改革与实践	于月民
166	省级	2023	高等教育教学改革项目	数智时代产教融合背景下应用型本科高校毕业实习—设计—论文融合改革研究	李海波
167	省级	2023	高等教育教学改革项目	"数字化转型"背景下"一站式"学籍管理的研究	车雅倩
168	省级	2023	高等教育教学改革项目	AI驱动数控加工实践教学课程创新与优化	凌伯杰

续表

序号	级别	年度	项目类型	项目名称	负责人
169	省级	2023	高等教育教学改革项目	人工智能（AI）赋能下材料成型及控制工程专业人才培养模式探索和实践——以"模具数控加工及编程技术"为例	何照荣
170	省级	2023	高等教育教学改革项目	"分析化学"目标问题导向式教学改革的研究与实践	赵志凤
171	省级	2023	高等教育教学改革项目	基于目标问题导向教学模式的"学→析→研→用→创"五位一体贯通式程序设计能力培养模式	赖锦辉
172	省级	2023	高等教育教学改革项目	AI与环境工程专业相融合的课程教学改革——以"绿色化工与环保"为例	吴少华
173	省级	2023	高等教育教学改革项目	新文科背景下商务口译混合式教学改革与实践	郑少惠

表3 省级课程思政项目一览表

序号	级别	年度	类别	项目名称	负责人
1	省级	2020	课程思政示范课程	化工仪表及自动化	刘 美
2	省级	2020	课程思政示范课程	石油化工工艺学	王 丽
3	省级	2020	课程思政示范课程	化工原理	孟秀红
4	省级	2020	课程思政示范课堂	环保设备设计与应用（固体废物处理与处置）	马 寅
5	省级	2020	课程思政示范课堂	通信原理（通信系统的性能指标）	谢玉鹏
6	省级	2021	课程思政示范团队	高分子材料加工课程思政教学团队	黄军左
7	省级	2021	课程思政示范课程	固体废物处理与处置	马 寅
8	省级	2021	课程思政示范课程	高分子化学（含课程实验）	史 博
9	省级	2021	课程思政示范课堂	高分子物理（含课程实验）第四章第二节	班建峰
10	省级	2021	课程思政示范课堂	网络营销第十二章第二、三节	黄世政
11	省级	2021	课程思政示范课堂	高级财务会计第七章第一节	姚翠红
12	省级	2022	课程思政示范团队	化学工程与工艺专业课程思政示范团队	吴世逵
13	省级	2022	课程思政示范课程	声乐	蒋快安
14	省级	2022	课程思政示范课堂	《材料力学》第九章压杆稳定	于月民
15	省级	2022	课程思政示范课堂	《石油炼制工程》第五章第四节	孙 晋

附录8 省部级及以上科技奖励一览表(2010—2023)

序号	项目名称	获奖名称	获奖人	颁发年份	发证机关	类型
1	深水浊积砂岩油藏勘探开发理论与关键技术及规模应用	2022年度石油和化工自动化学会科技进步奖一等奖	吴克强、朱筱敏、宋来明、王微微、杨海长、张会来、苑志旺、刘存革、潘滨、曾清波、段瑞凯、王龙、康博韬、张旭、张春宇	2023	中国石油和化工自动化应用协会	社会科技奖
2	粉状物料混合机组运行安全检测关键技术及应用	2022年中国产学研合作创新与促进奖产学研合作创新成果奖二等奖	朱冠华、荆晓远、王广宁、林水泉、谭胜民、张韶锦、陈金富、王焮灏、黎家宝	2023	中国产学研合作促进会	社会科技奖
3	石化系统典型过程与装备运行安全的检测与预防关键技术及应用	2022年中国职业安全健康协会科学技术奖一等奖	文成林、何潇、文韬、朱冠华、林水泉、孙永奎、程丽华、谭胜民、林雄生、王广宁、陈金富、王世华、胡小溪、马雪、孙晓辉	2023	中国职业安全健康协会	社会科技奖
4	高效处理典型污染物光催化材料的构建及性能促进机制	2022年江西省科学技术奖自然科学奖二等奖	杨凯(江西理工大学),余长林(广东石油化工学院),朱丽华(江西理工大学),周晚琴(广东石油化工学院)	2023	江西省人民政府	政府奖
5	润滑油钢桶自动化生产制造关键技术研发与应用	2023年度包装行业科学技术奖三等奖	蔡业彬、李月明、吴灿林、王广宁、王焮灏、马庆尧、莫才颂、朱国霖、黎家宝、唐炜东	2023	中国包装联合会	社会科技奖
6	高效换热容器设计制造及工业应用	2023年中国石油和化学工业联合会科技进步奖二等奖	黄余、郭少宏、邓波、莫才颂、甄亮、江楠、周团元、熊汉生、杨木茂、邹志豪	2023	中国石油和化学工业联合会	社会科技奖
7	新型叠片式及带导流筒换热容器关键技术的开发及应用	2023年中国腐蚀控制技术协会科学技术奖科技进步奖一等奖	莫才颂、郭少宏、邓波、甄亮、云晗、黄余、江楠、邹志豪、杨木茂、周团元	2023	中国腐蚀控制技术协会	社会科技奖

续表

序号	项目名称	获奖名称	获奖人	颁发年份	发证机关	类型
8	基于复杂地层试验设备创新的地铁多工况动态建造成套技术研发	2023年度发明创业奖创新奖二等奖	李勇、王志敏、孙钱程、李天雨、徐志华、陈海明	2023	中国发明协会	社会科技奖
9	钢桶生产轨道输送自动化物流控制技术研发与应用	2023年中国物流与采购联合会科技进步奖三等奖	荆晓远、王广宁、林水泉、阮文春、李辉林、朱国霖、马庆尧、陈俊均、王燚灏	2023	中国物流与采购联合会	社会科技奖
10	粉煤灰基胶结充填体控制覆岩运移及地表沉陷技术研究与工程应用	2022年中国煤炭工业协会科学技术奖二等奖	刘宝良、陈维新、李巍、关显华、金珠鹏、张红华、吕利娜、李凤义、张词博、冯晓艳、郭继坤、熊慧芳、盖芳芳	2022	中国煤炭工业协会、中国煤炭学会	社会科技奖
11	非常规结构光催化剂制备及其在环境净化中的应用	2022年度中国商业联合会科学技术奖全国商业科技进步奖一等奖	余长林、杨凯、李泽胜、陈步东、吴启军、樊启哲、王书红、殷祚炷、周晚琴、张冬青、李方、魏龙福	2022	中国商业联合会	社会科技奖
12	电器产品认证检测关键技术与创新服务	第十四届中国商业联合会服务业科技创新奖二等奖	朱冠华、郑重、李石栋、王广宁、林水泉、杨春永、王燚灏、许启宏、罗聪、胡丹丹、李祖鹏、甘梓润	2022	中国商业联合会	社会科技奖
13	水稻新优品种及配套新技术的示范推广	2022年度中国商业联合会科学技术奖全国商业科技进步奖三等奖	沈超、曹征、李勇、黄华英、钟日生、萧允艺、周少华、刘国平、邹优永、邱传明、赖晓、黄再娣	2022	中国商业联合会	社会科技奖
14	危险化学品事故风险监测预警与应急救援关键技术及应用示范	中国安全生产协会安全科技进步奖	纪红兵、门金龙、黄凯、罗云庆、方岩雄、李京祥、王毅、余良军、张正贵、杨彦	2022	中国安全生产协会	社会科技奖
15	大数据驱动的复杂结构动态系统故障智能预测与诊断技术	CAA科技进步奖二等奖	胡绍林、张彩霞、张文生、王晓峰、王世华、谢国、周星、高萌、苏乃权、郭静	2022	中国自动化学会	社会科技奖
16	旋转机械时频域融合智能故障诊断关键技术及应用	2021年广东省科技进步奖一等奖	张清华、周东华、韩建宇、商明虎、蔡业彬、孙国玺、荆晓远、何潇、彭志平、文成林、胡绍林、栗雪勇、朱冠华、莫观华、王世华	2022	广东省人民政府	政府奖

续表

序号	项目名称	获奖名称	获奖人	颁发年份	发证机关	类型
17	油气管道泄漏检测关键技术与应用	2021年广东省科技进步奖二等奖	沈书乾、程丽华、李栋、黄余、曹建树、孙伟栋、曹福想、段志宏、王迪、陈阮	2022	广东省人民政府	政府奖
18	石化高盐高浓度污水处理关键技术及应用	2021年广东省科技进步奖二等奖	李德豪、陈春茂、谢文玉、王庆宏、李长刚、谭国强、温福、申屠灵女、钟华文、阎光绪	2022	广东省人民政府	政府奖
19	桉树体胚诱导再生与高效遗传转化体系建立及应用	2021年中国产学研促进会创新与促进奖产学研合作创新成果奖优秀奖	欧阳乐军、黄真池、吴志华、赵永国、李莉梅、周转道、曾富华、王泽琛、沈超、萧允艺	2022	中国产学研合作促进会	社会科技奖
20	石油化工重度点源污水治理关键技术及应用	2021年中国产学研合作创新与促进奖产学研合作创新成果奖一等奖	李德豪、谢文玉、陈春茂、李长刚、詹亚力、王郁现、谭国强、温福、钟华文、阎光绪	2022	中国产学研合作促进会	社会科技奖
21	瓷砖胶粉状物混合成套生产自动控制装置关键技术研发与应用	2022年中国科技产业化促进会科技创新奖	孙国玺、梁根、张华威、郭小雪、王广宁、陈金富、喻连香、刘军、刘前林、黄建林、甘梓润、章杰	2022	中国科技产业化促进会	社会科技奖
22	一种彩焰蜡烛	2021年度专利奖二等奖	周如金、邱松山、唐少宇、吴明、聂丽君	2022	中国石油和化工自动化应用协会	社会科技奖
23	盾构法隧道与浅埋暗挖法隧道并行及叠交段施工技术研究	2021年产学研促进会创新成果奖优秀奖	李勇、王志敏、刘宝良、徐志华、潘团结、孙钱程、李彦宁、宋晓峰、张丽娟、王钰哲	2022	中国产学研合作促进会	社会科技奖
24	电网变压器边云协同的智能监控平台设计与仿真	广东省电子信息科学技术奖科技进步奖三等奖	胡绍林、张彩霞、侯彦东、王世华、左利云、秦春斌、陈茹、陈金鹏、雷高伟、朱文博、李喜武、苏乃权	2021	广东省电子协会	社会科技奖
25	炼化行业重度污染源治理的技术创新与推广应用	发明创业奖创新奖一等奖	陈春茂、王庆红、刘海燕、谢文玉、孟祥海、詹亚力	2021	中国发明协会	社会科技奖

附　录

续表

序号	项目名称	获奖名称	获奖人	颁发年份	发证机关	类型
26	生态环保腻子粉生产自动控制关键技术研发与应用	2021年度中国建筑材料流通协会科学技术奖二等奖	孙国玺、梁　根、王广宁、陈金富、章　杰、肖晶津、庞良升、胡绍林、陈瀚乾、甘梓润	2021	中国建筑材料流通协会	社会科技奖
27	煤矿井下灾害事故抢险救援关键技术研究	2021年度中国煤炭工业协会科学技术奖二等奖	郭继坤、张宏炜、刘付刚、张洪全、张显明、孙国玺、李慧慧、张文祥、陈少云、冯晓艳、谢玉鹏、谢　胜、张涛	2021	中国煤炭工业协会、中国煤炭学会	社会科技奖
28	难降解有机废水高级氧化处理关键技术研究与应用	2021年全国商业科技进步奖一等奖	杨春平、吴少华、林　燕、李　翔、刘海洋、肖国军、娄　伟、邹　鑫、牛秋雅、殷　凯、邹俊聪、钟袁元	2021	中国商业联合会	社会科技奖
29	道地化橘红种质资源收集鉴定与开发利用	全国商业科技进步奖二等奖	韩寒冰、曹　征、赵俊生、黄新敏、彭　颖、曾祥有、钟　声、欧阳乐军、陈孙荣、陈剑锋	2021	中国商业联合会	社会科技奖
30	桉树体胚诱导再生与高效遗传转化体系建立及应用	全国商业科技进步奖三等奖	欧阳乐军、黄真池、吴志华、李莉梅、周转道、曾富华、尹爱国、韩寒冰、王泽琛、沈　超	2021	中国商业联合会	社会科技奖
31	冬种茄果类和豆类蔬菜集成栽培技术推广	全国商业科技进步奖三等奖	沈　超、邱传明、赵永国、曹　征、孙淑玲、周少华、欧阳乐军、吴燕丽、邱家富、赖　晓	2021	中国商业联合会	社会科技奖
32	风险可控有机污染场地土壤联合修复技术体系及应用	全国商业科技进步奖三等奖	纪红兵、杨　彦、龙　涛、陈　樯、盛　峰、张　文、马建锋、吴海波、李启灵、殷晓东、王旭裕、陈浩佳	2021	中国商业联合会	社会科技奖
33	基于专利转化技术标准的协同创新服务	全国服务业科技创新奖三等奖	朱冠华、王广宇、林水泉、赵善达、刘海平、王焮灏、唐炜东	2021	中国商业联合会	社会科技奖
34	天然气管道泄漏检测关键技术及应用	2021年度中国石油和化工自动化行业科学技术奖科技进步奖一等奖	沈书乾、程丽华、李　栋、黄　余、曹建树、段志宏、曹福想、陈　阮、王　迪、林　楠、范　芳、谢永志、何建成、柯文丽	2021	中国石油和化工自动化应用协会	社会科技奖

续表

序号	项目名称	获奖名称	获奖人	颁发年份	发证机关	类型
35	铁碳微电解-Fenton氧化一体化处理难降解有机废水技术及应用	2021年度中国石油和化工自动化行业科学技术奖科技进步奖二等奖	周如金、邱松山、毛淦民、朱钟霞、聂丽君、袁飞、钟华文、张战军、曾兴业、米世伍	2021	中国石油和化工自动化应用协会	社会科技奖
36	提高地震资料解释精度关键技术及应用	2021年度中国石油和化工自动化行业科学技术奖科技进步奖三等奖	鲍祥生、荆晓远、陈军、蔡占虎、谭军、张雅君	2021	中国石油和化工自动化应用协会	社会科技奖
37	炼油低浓度污水生物高效处理与循环冷却水回用技术	2021年度中国石油和化工自动化行业科学技术奖科技进步奖三等奖	李德豪、朱越平、殷旭东、谢文玉、毛玉凤、谭国强	2021	中国石油和化工自动化应用协会	社会科技奖
38	云环境下乙烯裂解炉炉管智能健康管理关键技术及应用	2019年度广东省科学技术奖科技进步奖二等奖	彭志平、尹兆林、何杰光、付公燚、李启锐、邱金波、陈锦丰、张清华、邓锡海、赵俊峰	2020	广东省人民政府	政府奖
39	低碳高性能沥青混凝土关键技术创新及产业化应用	2019年度广东省科学技术奖科技进步奖二等奖	李明、赵普、张琼之、王媛、潘鑫、何唯平、宋科、李春海、徐世国、高云龙	2020	广东省人民政府	政府奖
40	新型荧光探针材料制备与产业应用开发	发明创业奖创新奖二等奖	王素华、孙明泰、余欢、朱后娟	2020	中国发明协会	社会科技奖
41	地球强中纬力理论及在油气勘探中的应用	2020年度中国石油和化工自动化行业科学技术奖科技进步二等奖	刘全稳、王学军、鲍祥生、王运所、王身建、王威、李建国、张放东、陈琦、秦大伟	2020	中国石油和化工自动化应用协会	社会科技奖
42	特种润滑材料的研制及全生命周期应用技术	2020年度中国石油和化工自动化行业科学技术奖技术发明奖一等奖	纪红兵、晏金灿、戴恩期、程丽华、谢贞文、钟龙凤、杨祖金、谢颖、禤耀明、韩生、张波、刘华	2020	中国石油和化工自动化应用协会	社会科技奖
43	石油化工行业挥发性有机物净化材料制备及应用	2019年中国产学研合作创新成果二等奖	纪红兵、马飞、陈家枢、余长林、王永庆、姜久兴、杨彦、童叶翔、梁鹏、李启灵	2019	中国产学研促进会	社会科技奖

续表

序号	项目名称	获奖名称	获奖人	颁发年份	发证机关	类型
44	乙烯裂解炉炉管智能检测关键技术及应用	2019年（第九届）吴文俊人工智能科学技术奖科技进步奖三等奖	彭志平、尹兆林、邱金波、赵俊峰、崔得龙	2019	中国人工智能协会	社会科技奖
45	软塑粉质黏土层地铁施工诱发临近建筑物灾变控制技术研究	2019工程建设科学技术进步奖二等奖	潘团结、李勇、张凯、陈哲宏、李彦玲、陆国天、孙涛、徐志华、白中伟、姚灼	2019	中国施工企业管理协会	社会科技奖
46	基于声发射检测的石油储罐腐蚀状态评价技术及应用	中国石油和化工自动化行业科技进步奖二等奖	程丽华、沈书乾、龙飞飞、段志宏、郑国华、张汝波、黄敏、郭福平、陈阮、林楠	2019	中国石油和化工自动化应用协会科技奖励工作办公室	社会科技奖
47	石化装备智能安全监测关键技术及应用	2017年度广东省科学技术奖二等奖	张清华、周东华、韩建宇、孙国玺、陈辉、何潇、陈旭、蔡业彬、宣征南、刘雁	2018	广东省人民政府	政府奖
48	丁烯循环利用关键技术研发及产业化	2017年度广东省科学技术奖二等奖	曹光明、林尤雄、林培喜、许晓芳、江海涛、张浩杰、康新平、何晓文、邱晓鹏、钟国囡	2018	广东省人民政府	政府奖
49	端烯基聚醚生产关键技术及产业化	2017年度广东省科学技术奖三等奖	朱建民、程丽华、范雷、杨鑫莉、吴炳谋、刘兆滨、董振鹏	2018	广东省人民政府	政府奖
50	超临界机组水汽系统复合防蚀关键技术及应用	2017年度广东省科学技术奖三等奖	陈其忠、盘茂森、刘世念、朱志平、王成、李石栋、马存仁	2018	广东省人民政府	政府奖
51	石化装备智能故障诊断与运维关键技术及应用	2017年度中国石油和化工自动化行业科学技术奖科技进步奖一等奖	张清华、周东华、韩建宇、彭志平、孙国玺、陈辉、何潇、陈旭、蔡业彬、宣征南、李志海、周如金、栗雪勇、黄善祥、蒋利军	2018	中国石油和化工自动化应用协会科技奖励工作办公室	社会科技奖
52	大容量复合纸砖形液体食品全自动无菌包装机	2016年度广东省科学技术奖三等奖	蔡业彬、吴章荣、黄崇林、陆宏胜、邓宇、陆江海、廖辉	2017	广东省人民政府	政府奖

续表

序号	项目名称	获奖名称	获奖人	颁发年份	发证机关	类型
53	高流动高透明无规聚丙烯生产关键技术的研究与产业化	2016年度广东省科学技术奖二等奖	余夕志、钟向宏、杨鑫莉、钟东文、梁胜彪、易志勤、程丽华、肖树萌、梁平、罗伟	2017	广东省人民政府	政府奖
54	燃煤电厂节能减排综合利用技术及应用	2016年度广东省科学技术奖三等奖	吴锋、莫才颂、邓元凯、邓华裕、何旭东、李劲、李月明	2017	广东省人民政府	政府奖
55	工业油罐全方位自动清洗、搅拌与油泥处理装置	2015年度广东省科学技术奖三等奖	蔡业彬、黄崇林、何宏鹰、曾钦繁、李瑞芳、吕广红、陈强	2016	广东省人民政府	政府奖
56	面向网络异常与入侵的免疫检测技术及应用	2014年度广东省科学技术奖三等奖	张清华、秦勇、张越、杨忠明、袁华强、柯宗贵、舒磊	2015	广东省人民政府	政府奖
57	石油化工高浓度废碱液生物处理新技术开发及应用	2014年度广东省科学技术奖三等奖	谢文玉、陈建军、钟华文、李德豪、张钧正、王沛滋、钟理	2015	广东省人民政府	政府奖
58	乙烯副产物异戊二烯合成戊橡胶关键技术	2013年度广东省科学技术奖二等奖	崔广军、吴世逵、于俊伟、李超芹、丛浩、胡中玉、王锦昌、张文文、范秀景、黄军左	2014	广东省人民政府	政府奖
59	炼油企业污水回用成套技术的开发与工业示范	2012年度广东省科学技术奖三等奖	程丽华、陈建军、曾松、张钧正、钟华文、黄敏、何东升	2013	广东省人民政府	政府奖
60	基于无量纲免疫检测器的工业机组智能故障诊断系统	广东省科学技术奖三等奖	张清华等	2010	广东省人民政府	政府奖

附录9 省部级及以上教学奖励一览表（2016—2024）

序号	年度	赛事名称	获奖	获奖教师姓名	备注
1	2016	广东省第三届高校青年教师教学大赛	广东省三等奖	邓超群	广东省总工会、广东省教育厅联合举办
2	2018	广东省第四届高校青年教师教学大赛	广东省三等奖	柯　蓝	广东省总工会、广东省教育厅联合举办
3	2019	2019年广东省高校思想政治理论课青年教师教学基本功比赛	广东省三等奖	陈小霞	广东省教育厅主办，现场参赛
4	2019	2019年广东省高校思想政治理论课青年教师教学基本功比赛	广东省三等奖	陈舒媛	广东省教育厅主办，现场参赛
5	2019	2019年全省高校军事课教师授课比赛	广东省二等奖（集体）	广东石油化工学院	广东省教育厅主办，广东省国防教育学会承办，现场参赛
6	2019	2019年全省高校军事课教师授课比赛	广东省二等奖	曹晓飞	广东省教育厅主办，广东省国防教育学会承办，现场参赛
7	2019	2019年全省高校军事课教师授课比赛	广东省二等奖	陈小霞	广东省教育厅主办，广东省国防教育学会承办，现场参赛
8	2019	2019年全省高校军事课教师授课比赛	广东省三等奖	吴冬梅	广东省教育厅主办，广东省国防教育学会承办，现场参赛
9	2020	2020年"5·25"大学生心理健康月系列活动——"坚强的意志，勇敢的心"心理拓展训练微视频征集活动	广东省一等奖	皮陆杨	广东省教育厅主办，提交材料和微课视频

续表

序号	年度	赛事名称	获奖	获奖教师姓名	备注
10	2020	2020年"5·25"大学生心理健康月系列活动——"坚强的意志，勇敢的心"心理拓展训练微视频征集活动	广东省三等奖	王冉冉	广东省教育厅主办，提交材料和微课视频
11	2020	2020年"5·25"大学生心理健康月系列活动——"坚强的意志，勇敢的心"心理拓展训练微视频征集活动	广东省三等奖	周乐鸿	广东省教育厅主办，提交材料和微课视频
12	2020	2020年第十一片区广东高校大学生心理健康教育课教学基本功比赛	广东省二等奖	皮陆杨	广东省高校大学生心理健康教育与咨询区域中心（第十一片区），广东石油化工学院大学生心理发展指导中心主办
13	2020	2020年第十一片区广东高校大学生心理健康教育课教学基本功比赛	广东省二等奖	李旭	广东省高校大学生心理健康教育与咨询区域中心（第十一片区），广东石油化工学院大学生心理发展指导中心主办
14	2020	广东省第五届高校青年教师教学大赛	广东省三等奖	梁燕	广东省总工会、广东省教育厅联合举办
15	2021	广东省首届高校教师教学创新大赛	广东省三等奖	于月民	广东省教育厅主办，现场参赛
16	2021	广东省首届高校教师教学创新大赛	广东省三等奖	王丽	广东省教育厅主办，现场参赛
17	2021	广东省首届高校课程思政教学比赛	广东省二等奖	金焕	广东省教育厅主办，现场参赛
18	2021	广东省首届高校课程思政教学比赛	广东省二等奖	江蓉	广东省教育厅主办，现场参赛
19	2021	广东省首届高校课程思政教学比赛	广东省二等奖	周莹	广东省教育厅主办，现场参赛
20	2021	广东省首届高校课程思政教学比赛	广东省三等奖	谢玉鹏	广东省教育厅主办，现场参赛
21	2021	广东省首届高校课程思政教学比赛	广东省优秀奖	杨云英	广东省教育厅主办，现场参赛
22	2021	广东省首届美育教师教学基本功大赛	广东省一等奖	吴峰风	广东省教育厅主办，现场参赛

续表

序号	年度	赛事名称	获奖	获奖教师姓名	备注
23	2021	广东省首届美育教师教学基本功大赛	广东省一等奖	蒋快安	广东省教育厅主办,现场参赛
24	2021	广东省首届美育教师教学基本功大赛	广东省一等奖	陈伟坚	广东省教育厅主办,现场参赛
25	2021	广东省首届美育教师教学基本功大赛	广东省二等奖	胡洋	广东省教育厅主办,现场参赛
26	2021	广东省首届美育教师教学基本功大赛	广东省二等奖	金勤可	广东省教育厅主办,现场参赛
27	2021	广东省首届美育教师教学基本功大赛	广东省三等奖	李奕兰	广东省教育厅主办,线上参赛
28	2021	首届全国高等院校化工原理课程教学能力大赛	全国一等奖	孟秀红	中国化工教育协会举办,现场教学比赛
29	2021	首届全国高等院校(本科)化工类专业教师课程思政能力大赛	全国二等奖	孟秀红	中国化工教育协会举办,线上教学讲课比赛
30	2021	第五届全国高等学校电子信息类专业青年教师授课竞赛	全国三等奖	谢玉鹏	中国电子学会举办,现场教学比赛
31	2021	广东省首届高校大学数学课程教学创新示范交流活动	广东省一等奖	梁燕	广东省数学会举办,线上教学(教学视频)比赛
32	2021	广东省首届高校大学数学课程教学创新示范交流活动	广东省二等奖	江蓉	广东省数学会举办,线上教学(教学视频)比赛
33	2022	广东省第二届高校教师教学创新大赛	广东省二等奖	孙晋	广东省教育厅主办,现场参赛
34	2022	广东省第二届高校教师教学创新大赛	广东省二等奖	陈梅芹	广东省教育厅主办,现场参赛
35	2022	广东省第二届高校教师教学创新大赛	广东省三等奖	蒋快安	广东省教育厅主办,现场参赛
36	2022	广东省第二届高校教师教学创新大赛	广东省优秀奖	王倩	广东省教育厅主办,现场参赛
37	2022	广东省第二届高校教师教学创新大赛	广东省优秀组织奖	广东石油化工学院	广东省教育厅主办,现场参赛

续表

序号	年度	赛事名称	获奖	获奖教师姓名	备注
38	2022	广东省第六届高校（本科）青年教师教学大赛	广东省一等奖	李奕兰	广东省教育厅和广东省工会联合主办，现场参赛
39	2022	广东省第六届高校（本科）青年教师教学大赛	广东省二等奖	秦慧博	广东省教育厅和广东省工会联合主办，现场参赛
40	2022	广东省第六届高校（本科）青年教师教学大赛	广东省二等奖	单书峰	广东省教育厅和广东省工会联合主办，现场参赛
41	2022	广东省第六届高校（本科）青年教师教学大赛	广东省二等奖	黄秀丽	广东省教育厅和广东省工会联合主办，现场参赛
42	2022	广东省第六届高校（本科）青年教师教学大赛	广东省二等奖	徐辉	广东省教育厅和广东省工会联合主办，现场参赛
43	2022	广东省第六届高校（本科）青年教师教学大赛	广东省三等奖	胡洋	广东省教育厅和广东省工会联合主办，现场参赛
44	2022	广东省第六届高校（本科）青年教师教学大赛	广东省三等奖	庞磊	广东省教育厅和广东省工会联合主办，现场参赛
45	2022	广东省第六届高校（本科）青年教师教学大赛	广东省三等奖	王刚	广东省教育厅和广东省工会联合主办，现场参赛
46	2022	广东省第六届高校（本科）青年教师教学大赛	广东省三等奖	熊岑	广东省教育厅和广东省工会联合主办，现场参赛
47	2022	广东省第六届高校（本科）青年教师教学大赛	广东省三等奖	杨云英	广东省教育厅和广东省工会联合主办，现场参赛
48	2022	第二届"智慧树杯"课程思政示范案例教学大赛	全国二等奖	江蓉	东西部高校课程共享联盟运营服务单位智慧树网主办
49	2022	第二届"智慧树杯"课程思政示范案例教学大赛	全国二等奖	金勤可	东西部高校课程共享联盟运营服务单位智慧树网主办
50	2022	第二届"智慧树杯"课程思政示范案例教学大赛	全国二等奖	林存辉	东西部高校课程共享联盟运营服务单位智慧树网主办
51	2022	第二届"智慧树杯"课程思政示范案例教学大赛	全国二等奖	王丽	东西部高校课程共享联盟运营服务单位智慧树网主办
52	2022	第二届"智慧树杯"课程思政示范案例教学大赛	全国二等奖	马寅	东西部高校课程共享联盟运营服务单位智慧树网主办
53	2022	第二届"智慧树杯"课程思政示范案例教学大赛	全国二等奖	庞磊	东西部高校课程共享联盟运营服务单位智慧树网主办
54	2023	广东省第三届高校教师教学创新大赛	广东省二等奖	单书峰	广东省教育厅指导，广东省高等教育学会和中山大学主办，现场参赛

续表

序号	年度	赛事名称	获奖	获奖教师姓名	备注
55	2023	广东省第三届高校教师教学创新大赛	广东省三等奖	杨云英	广东省教育厅指导，广东省高等教育学会和中山大学主办，现场参赛
56	2023	广东省第三届高校教师教学创新大赛	广东省优秀组织奖	广东石油化工学院	广东省教育厅指导，广东省高等教育学会和中山大学主办，现场参赛
57	2023	第八届西浦全国大学教学创新大赛	全国特等奖	王丽	西交利物浦大学主办，现场参赛
58	2023	第八届西浦全国大学教学创新大赛	全国最佳人气奖	王丽	西交利物浦大学主办，现场参赛
59	2023	第五届全国高校混合式教学设计创新大赛	全国一等奖	单书峰	广东省教育厅指导，华南师范大学主办，现场参赛，全国高校混合式教学设计创新大赛组委会、华南师范大学（代章）
60	2023	第五届全国高校混合式教学设计创新大赛	全国设计之星	单书峰	广东省教育厅指导，华南师范大学主办，现场参赛，全国高校混合式教学设计创新大赛组委会、华南师范大学（代章）
61	2023	第五届全国高校混合式教学设计创新大赛	全国优胜奖	薛鹏	广东省教育厅指导，华南师范大学主办，现场参赛，全国高校混合式教学设计创新大赛组委会、华南师范大学（代章）
62	2023	第五届全国高校混合式教学设计创新大赛	全国优胜奖	马寅	广东省教育厅指导，华南师范大学主办，现场参赛，全国高校混合式教学设计创新大赛组委会、华南师范大学（代章）
63	2023	2023年度广东高校新生入学教育微课征集活动	广东省三等奖	钟书文	广东高校网络思想政治工作中心、广东高校易班发展中心主办，提交微课视频
64	2023	2023年度广东高校新生入学教育微课征集活动	广东省三等奖	胡华	广东高校网络思想政治工作中心、广东高校易班发展中心主办，提交微课视频

续表

序号	年度	赛事名称	获奖	获奖教师姓名	备注
65	2023	2023年度广东高校新生入学教育微课征集活动	广东省三等奖	林衍君	广东高校网络思想政治工作中心、广东高校易班发展中心主办，提交微课视频
66	2023	2023年广东省高等学校物理基础课程青年教师讲课比赛	广东省二等奖	薛鹏	广东省物理学会主办，现场参赛
67	2023	2023"外教社杯"全国高校日语教师微课大赛（大学日语组）	全国一等奖	邓雅纯	指导：教育部高等学校外国语言文学类专业教学指导委员会日语分委员会，主办：中国日语教学研究会、上海外国语大学中国外语教材与教法研究中心、上海外语教育出版社，提交材料和微课视频
68	2023	2023"外教社杯"全国高校日语教师微课大赛（大学日语组）	全国二等奖	吴华霞	指导：教育部高等学校外国语言文学类专业教学指导委员会日语分委员会，主办：中国日语教学研究会、上海外国语大学中国外语教材与教法研究中心、上海外语教育出版社，提交材料和微课视频
69	2023	第六届全国数字创意教学技能大赛	广东赛区三等奖	吴良海	主办：全国高等院校计算机基础教育研究会，承办：全国高等院校计算机基础教育研究会数字创意专业委员会，提交材料和微课视频
70	2023	第七届全国高等学校电子信息类专业青年教师授课竞赛	全国三等奖	谢玉鹏	中国电子学会举办，现场参赛
71	2023	第七届全国高等学校电子信息类专业青年教师授课竞赛	华南赛区三等奖	谢玉鹏	中国电子学会举办，提交材料和教学视频
72	2023	第三届全国本科院校化工类专业教师课程思政能力竞赛	全国一等奖	单书峰	中国化工教育协会主办，现场参赛
73	2023	第三届全国本科院校化工类专业教师课程思政能力竞赛	全国一等奖	孙晋	中国化工教育协会主办，现场参赛

续表

序号	年度	赛事名称	获奖	获奖教师姓名	备注
74	2023	首届"智慧树杯"混合式教学案例创新大赛	全国一等奖	薛 鹏	智慧树网主办，提交材料和视频
75	2023	首届"智慧树杯"混合式教学案例创新大赛	全国二等奖	庞 磊	智慧树网主办，提交材料和视频
76	2023	第三届"智慧树杯"课程思政示范案例教学大赛	全国特等奖	孙 晋	国家级课程思政研究中心与智慧树网主办，提交材料和教学视频
77	2023	第三届"智慧树杯"课程思政示范案例教学大赛	全国特等奖	薛 鹏	国家级课程思政研究中心与智慧树网主办，提交材料和教学视频
78	2023	第三届"智慧树杯"课程思政示范案例教学大赛	全国一等奖	郑少惠	国家级课程思政研究中心与智慧树网主办，提交材料和教学视频
79	2023	第三届"智慧树杯"课程思政示范案例教学大赛	全国二等奖	班建峰	国家级课程思政研究中心与智慧树网主办，提交材料和教学视频
80	2023	第三届"智慧树杯"课程思政示范案例教学大赛	全国二等奖	陈仁莲	国家级课程思政研究中心与智慧树网主办，提交材料和教学视频
81	2023	第三届"智慧树杯"课程思政示范案例教学大赛	全国二等奖	单书峰	国家级课程思政研究中心与智慧树网主办，提交材料和教学视频
82	2023	第三届"智慧树杯"课程思政示范案例教学大赛	全国二等奖	梁 燕	国家级课程思政研究中心与智慧树网主办，提交材料和教学视频
83	2023	第三届"智慧树杯"课程思政示范案例教学大赛	全国二等奖	马 寅	国家级课程思政研究中心与智慧树网主办，提交材料和教学视频
84	2023	第三届"智慧树杯"课程思政示范案例教学大赛	全国二等奖	汤志梅	国家级课程思政研究中心与智慧树网主办，提交材料和教学视频
85	2023	第三届"智慧树杯"课程思政示范案例教学大赛	全国二等奖	王 慧	国家级课程思政研究中心与智慧树网主办，提交材料和教学视频
86	2024	广东省第四届高校教师教学创新大赛	广东省一等奖（同时获特等奖）	张 乐	广东省教育厅指导，广东省高等教育学会和南方医科大学主办，现场参赛

续表

序号	年度	赛事名称	获奖	获奖教师姓名	备注
87	2024	广东省第四届高校教师教学创新大赛	广东省二等奖	薛鹏	广东省教育厅指导,广东省高等教育学会和南方医科大学主办,现场参赛
88	2024	广东省第四届高校教师教学创新大赛	广东省三等奖	廖军秋	广东省教育厅指导,广东省高等教育学会和南方医科大学主办,现场参赛
89	2024	广东省第四届高校教师教学创新大赛	广东省优秀奖	余丽琼	广东省教育厅指导,广东省高等教育学会和南方医科大学主办,现场参赛
90	2024	广东省第四届高校教师教学创新大赛	广东省优秀奖	谢玉鹏	广东省教育厅指导,广东省高等教育学会和南方医科大学主办,现场参赛
91	2024	广东省第四届高校教师教学创新大赛	广东省优秀组织奖	广东石油化工学院	广东省教育厅指导,广东省高等教育学会和南方医科大学主办,现场参赛

附录 10　省部级及以上特色专业、示范专业、一流专业等一览表

表 1　国家级、省级特色专业

序号	立项年度	项目类型	级别	专业	负责人	所属学院
1	2009	特色专业	国家级	化学工程与工艺	吴世逵	化工与环境工程学院
2	2010	特色专业	省级	化学工程与工艺	吴世逵	化工与环境工程学院
3	2010	特色专业	省级	电气工程及其自动化	陈政石	计算机与电子信息学院
4	2011	特色专业	省级	过程装备与控制工程	宣征南	机电工程学院
5	2011	特色专业	省级	环境工程	谢文玉	化工与环境工程学院
6	2011	特色专业	省级	机械设计制造及其自动化	蔡业彬	机电工程学院
7	2016	特色专业	省级	应用化学	滕俊江	化学工程学院
8	2018	特色专业	省级	食品科学与工程	张　钟	生物与食品工程学院
9	2020	特色专业	省级	安全工程	门金龙	机电工程学院

表 2　国家级、省级专业综合改革试点项目

序号	立项年度	项目类型	级别	专业	负责人	所属学院
1	2012	专业综合改革试点项目	国家级	电气工程及其自动化	刘　美	计算机与电子信息学院
2	2012	专业综合改革试点项目	省级	电气工程及其自动化	刘　美	计算机与电子信息学院
3	2013	专业综合改革试点项目	省级	化学工程与工艺	吴世逵	化工与环境工程学院
4	2013	专业综合改革试点项目	省级	过程装备与控制工程	宣征南	机电工程学院
5	2014	专业综合改革试点项目	省级	环境工程	牛显春	环境与生物工程学院
6	2014	专业综合改革试点项目	省级	机械设计制造及其自动化	黄崇林	机电工程学院
7	2014	专业综合改革试点项目	省级	电子信息工程	左敬龙	计算机与电子信息学院

续表

序号	立项年度	项目类型	级别	专业	负责人	所属学院
8	2015	专业综合改革试点项目	省级	法学	马波	文法学院
9	2015	专业综合改革试点项目	省级	能源与动力工程	王倩	机电工程学院

表3　省级战略性新兴产业特色专业

序号	立项年度	项目类型	级别	专业	负责人	所属学院
1	2014	战略性新兴产业特色专业	省级	能源与动力工程（新能源科学技术）	田红	机电工程学院
2	2015	战略性新兴产业特色专业	省级	高分子材料与工程	付文	化学工程学院

表4　省级应用型人才培养示范专业

序号	立项年度	项目类型	级别	专业	负责人	所属学院
1	2014	应用型人才培养示范专业	省级	化学工程与工艺	谢颖	化学工程学院
2	2014	应用型人才培养示范专业	省级	电气工程及其自动化	王涛	计算机与电子信息学院
3	2015	应用型人才培养示范专业	省级	会计学（注册会计师）	罗玉波	经济管理学院

表5　省级重点专业

序号	立项年度	项目类型	级别	专业	负责人	所属学院
1	2017	重点专业	省级	高分子材料与工程	史博	化学工程学院
2	2019	重点专业	省级	测控技术与仪器	李喜武	自动化学院
3	2020	重点专业	省级	自动化	胡绍林	自动化学院

表6 国家级、省级一流本科专业建设点

序号	立项年度	项目类型	级别	专业	负责人	所属学院
1	2020	一流本科专业建设点	国家级	环境工程	孙建腾	环境科学与工程学院
2	2020	一流本科专业建设点	国家级	化学工程与工艺	周如金	化学工程学院
3	2021	一流本科专业建设点	国家级	电子信息工程	崔得龙	电子信息工程学院
4	2019	一流本科专业建设点	省级	机械设计制造及其自动化	黄崇林	机电工程学院
5	2019	一流本科专业建设点	省级	高分子材料与工程	史 博	材料科学与工程学院
6	2019	一流本科专业建设点	省级	电子信息工程	崔得龙	电子信息工程学院
7	2019	一流本科专业建设点	省级	电气工程及其自动化	王忠勇	自动化学院
8	2019	一流本科专业建设点	省级	环境工程	孙建腾	环境科学与工程学院
9	2019	一流本科专业建设点	省级	化学工程与工艺	吴世逵	化学工程学院
10	2020	一流本科专业建设点	省级	生物工程	尹爱国	生物与食品工程学院
11	2020	一流本科专业建设点	省级	能源与动力工程	李石栋	机电工程学院
12	2020	一流本科专业建设点	省级	过程装备与控制工程	李志海	机电工程学院
13	2021	一流本科专业建设点	省级	应用化学	乔艳辉	化学学院
14	2021	一流本科专业建设点	省级	自动化	刘 美	自动化学院
15	2021	一流本科专业建设点	省级	计算机科学与技术	吴良海	计算机学院
16	2021	一流本科专业建设点	省级	食品科学与工程	张 玲	生物与食品工程学院
17	2021	一流本科专业建设点	省级	会计学	万 勇	经济管理学院

表7 国家级、省级卓越计划试点专业

序号	立项年度	项目类型	级别	专业	所属学院
1	2012	卓越工程师教育培养计划	国家级	化学工程与工艺	化工与环境工程学院
2	2012	卓越工程师教育培养计划	国家级	电气工程及其自动化	计算机与电子信息学院
3	2014	卓越人才培养计划	省级	过程装备与控制工程	机电工程学院

跋

2024年11月,广东石油化工学院将迎来建校70周年华诞。为了追溯建校的历史渊源,展示学校办学成就,凝练办学理念,弘扬优良传统,推进文化建设,在学校党委的领导下,经过校史编纂委会、编辑部和各单位近一年的努力,《广东石油化工学院史(1954—2024)》如期出版。这部校史较为详实地记录了学校的发展历程、光辉业绩和历史经验,编写目的在于充分发挥校史"以史为鉴,资政育人"的作用,传承大学精神,弘扬学校文化。学校党委书记张清华、校长梁浩作序,学校党委常委会和校长办公会对编纂工作进行了专题研究部署。这既体现了学校领导对编纂工作的高度重视,也表明了对学校未来发展的殷切希望。

本次编纂工作坚持"实事求是、直书直录、凝聚力量、继往开来"的原则。学校于2024年2月制定了校史编纂工作方案,方案包括编写原则、年限、质量标准、工作步骤、编写大纲、编写规范等内容。开学初,学校召开校史编纂工作部署会和校史编纂工作培训会。随后,各部门按照分工启动编纂工作,并在4月初完成初稿。宣传部于4月中完成一稿编纂并返回给各部门修改。5月初,宣传部完成二稿统稿,并印刷成册给各部门征集修改意见。6月中下旬,宣传部完成校史第三次修改,形成待审定稿,报送给编纂委员会和顾问审核。7月底,经相关领导审阅后,宣传部再次对文稿进行了完善、修改,经编纂委员会审定,形成《广东石油化工学院史(1954—2024)》定稿并交付出版社出版。

本次编纂工作,在学校建校60年所编写的校史《弦歌一甲子》基础上,重点对建校初期的史料进行了挖掘完善,对近十年的建设成就进行了补充,对附录部分进行了扩充。全书编撰任务分工为:党委宣传部负责全书统稿、图片收集整理、跋的撰写、前60年校史(即本书第一、二、三篇及第四篇第一章)的修订、第四篇第六章统稿,宣传部主要执笔人有程妙玲、蔡雯姬、陈星宇、吴嘉城、刘华旋、胡丹玲;党委组织部负责第四篇第二章统稿,主要执笔人有黄小润、庞海全、左素萍;总务后勤部负责第四篇第三章统章统稿，主要执笔人有彭波、梁淑娟；人力资源部负责第四篇第四章统稿，主要执笔人有蔡业彬、江振丽、张馨月；发展规划部负责第五章第四篇统稿，主要执笔人有范忠烽、吴嘉恩；附录部分由党政办公室负责统稿，主要执笔人有孙丽霞、张健刚。

  学校党政领导班子高度重视校史编纂工作，在审稿过程中，领导班子成员从不同角度、不同方面指出了草稿存在的问题和疏漏之处，并提出了详细的指导意见和建议。更值得一提的是，学校党委书记张清华在暑假期间抽空逐字逐句阅读全书，手写30余条批注。宣传部负责人张海明在假期期间全程跟进指导修改工作。

  此外，本次编纂工作得到了校内外各方的关心、支持和帮助，得到了历届老领导、老同志、校内各单位的大力支持，在此一并表示感谢。校史编纂工作涉及面广，工作量大，任务繁重，时间仓促，加之编撰人员的水平有限，难免有疏漏和错误之处，敬请各级领导、广大师生和校友、读者批评指正！

2024 年 7 月